A Evolução do Capitalismo

O GEN | Grupo Editorial Nacional reúne as editoras Guanabara Koogan, Santos, Roca, AC Farmacêutica, Forense, Método, LTC, E.P.U. e Forense Universitária, que publicam nas áreas científica, técnica e profissional.

Essas empresas, respeitadas no mercado editorial, construíram catálogos inigualáveis, com obras que têm sido decisivas na formação acadêmica e no aperfeiçoamento de várias gerações de profissionais e de estudantes de Administração, Direito, Enfermagem, Engenharia, Fisioterapia, Medicina, Odontologia, Educação Física e muitas outras ciências, tendo se tornado sinônimo de seriedade e respeito.

Nossa missão é prover o melhor conteúdo científico e distribuí-lo de maneira flexível e conveniente, a preços justos, gerando benefícios e servindo a autores, docentes, livreiros, funcionários, colaboradores e acionistas.

Nosso comportamento ético incondicional e nossa responsabilidade social e ambiental são reforçados pela natureza educacional de nossa atividade, sem comprometer o crescimento contínuo e a rentabilidade do grupo.

MAURICE DOBB
da Universidade de Cambridge

A Evolução do Capitalismo

NONA EDIÇÃO

Tradução
MANUEL DO RÊGO BRAGA
Professor de História da Universidade Gama Filho, RJ

Revisão de Texto e
Revisão Técnica
ANTONIO MONTEIRO GUIMARÃES FILHO
Professor do Departamento de Sociologia da PUC–Rio

SÉRGIO GOES DE PAULA
*Mestre em Economia pelo
Instituto de Pesquisa Econômica da USP
Professor de Política Econômica
no Mestrado de Desenvolvimento Agrícola da FGV, RJ*

O autor e a editora empenharam-se para citar adequadamente e dar o devido crédito a todos os detentores dos direitos autorais de qualquer material utilizado neste livro, dispondo-se a possíveis acertos caso, inadvertidamente, a identificação de algum deles tenha sido omitida.

Não é responsabilidade da editora nem do autor a ocorrência de eventuais perdas ou danos a pessoas ou bens que tenham origem no uso desta publicação.

Apesar dos melhores esforços do autor, do tradutor, do editor e dos revisores, é inevitável que surjam erros no texto. Assim, são bem-vindas as comunicações de usuários sobre correções ou sugestões referentes ao conteúdo ou ao nível pedagógico que auxiliem o aprimoramento de edições futuras. Os comentários dos leitores podem ser encaminhados à **LTC — Livros Técnicos e Científicos Editora** pelo e-mail ltc@grupogen.com.br.

Studies in the Development of Capitalism
Traduzido da edição revista, publicada em 1963, por
Routledge and Kegan Paul, Ltd., Londres

Copyright © 1963 by Maurice Dobb

Direitos exclusivos para a língua portuguesa
Copyright © 1987 by
LTC — Livros Técnicos e Científicos Editora Ltda.
Uma editora integrante do GEN | Grupo Editorial Nacional

Reservados todos os direitos. É proibida a duplicação ou reprodução deste volume, no todo ou em parte, sob quaisquer formas ou por quaisquer meios (eletrônico, mecânico, gravação, fotocópia, distribuição na internet ou outros), sem permissão expressa da editora.

Travessa do Ouvidor, 11
Rio de Janeiro, RJ — CEP 20040-040
Tels.: 21-3543-0770/11-5080-0770
Fax: 21-3543-0896
ltc@grupogen.com.br
www.ltceditora.com.br

CIP-BRASIL. CATALOGAÇÃO-NA-FONTE
SINDICATO NACIONAL DOS EDITORES DE LIVROS, RJ.

D661e

Dobb, Maurice Herbert, 1900-1976
A evolução do capitalismo / Maurice Dobb ; tradução Manuel do Rêgo Braga. Revisão de texto e revisão técnica Antonio Monteiro Guimarães Filho, Sérgio Goes de Paula - [Reimpr.]. - Rio de Janeiro : LTC, 2015.
396p.: 14x21cm

Tradução de: Studies in the development of capitalism (9.ed.)
Inclui bibliografia e índice
ISBN 978-85-216-1058-8

1. Capitalismo - História. 2. História econômica. I. Título.

09-0257.   CDD: 330.122
                                            CDU: 330.142.1

SUMÁRIO

Prefácio   *vii*

Capítulo I
O Capitalismo   11
Definição, origem e uso da palavra "capitalismo" — "Capitalismo" para Sombart, para Marx e para os historiadores — A moderna concepção socioeconômica do capitalismo — Síntese da evolução do sistema capitalista, em seus aspectos econômico e político.

Capítulo II
O Declínio do Feudalismo e o Crescimento das Cidades   42
Definição de "feudalismo" — O crescimento do comércio na Europa ocidental — Desenvolvimento e produtividade no feudalismo — Fatores políticos e sociais do fim do feudalismo — O crescimento do mercado e o aparecimento das cidades.

Capítulo III
Os Começos da Burguesia   91
A autonomia das coletividades urbanas — Controle do mercado e monopólio urbano — A expansão dos mercados — Os aventureiros e a criação dos privilégios — A nova burguesia mercantil.

vi sumário

Capítulo IV
O Surgimento do Capital Industrial 129
Marx e o capital mercantil — Os primeiros sistemas industriais — A organização política no plano local e nacional e sua influência na ascensão do capital industrial em vários países da Europa.

Capítulo V
A Acumulação de Capital e o Mercantilismo 181
Problemas da acumulação de capital — O instrumento histórico da acumulação — As guerras e as crises econômicas como causas dos embaraços financeiros dos séculos XV e XVI — As exportações e o comércio colonial.

Capítulo VI
Crescimento do Proletariado 224
Causas do crescimento do proletariado desde o fim do feudalismo — Evolução da posição dos operários no sistema industrial — Crescimento do mercado de trabalho.

Capítulo VII
A Revolução Industrial e o Século XIX 257
Fatores que determinaram a Revolução Industrial — A influência das modificações técnicas na estrutura socioeconômica — A Grande Depressão do século XIX.

Capítulo VIII
O Período entre as Duas Guerras e Suas Consequências 321
A influência da Primeira Guerra Mundial na evolução socioeconômica — Aspectos de um modelo da economia capitalista — O monopólio e o equilíbrio econômico — Problemas da expansão econômica depois de 1920 — Traços novos do capitalismo.

Pós-Escrito
Depois da Segunda Guerra Mundial 386
As novas funções econômicas do Estado — A taxa de crescimento e a margem de desemprego nos países capitalistas — Conclusões.

Índice de Nomes 393

PREFÁCIO

Um trabalho desta natureza, que trata de generalizações sobre o desenvolvimento histórico baseadas em material já coletado e organizado por outros, incorre no grave risco de naufragar entre Cila e Caríbdis, desagradando tanto ao economista, que muitas vezes não dispõe de tempo para examinar a história, quanto ao historiador, que o poderá desprezar como insuficientemente fundado no conhecimento de primeira mão advindo do efetivo trabalho de pesquisa. Ao economista, o autor talvez pareça um peregrino fora de seu setor, e ao historiador pareça um amador intruso. Desse perigo e de seu próprio preparo imperfeito, o autor tem ciência, mas ainda assim foi levado a perseverar, pela crença obstinada de que a análise econômica só faz sentido e pode dar frutos quando ligada a um estudo do desenvolvimento histórico, e que o economista assoberbado pelos problemas atuais tem algumas perguntas próprias a fazer aos dados históricos. Fortaleceu-nos a crença de que um estudo do capitalismo em suas origens e crescimento, tarefa tão desprezada pelos economistas (exceto os de orientação marxista), constitui fundamento essencial de qualquer sistema realista da Economia.

Existe quem negue a história poder fazer mais pelo economista do que comprovar se determinadas suposições (a da concorrência perfeita, por exemplo), em algum sentido simples, são verdadeiras quanto a determinados períodos e diga que tudo o mais é extrapolação fácil e perigosa de tendências passadas projetadas no futuro. Tais pessoas parecem ignorar, em primeiro lugar, o fato de que qualquer previsão econômica tem de se estribar em certas suposições (ou em sua ausência) sobre as tendências de variação da probabilidade daquilo que absolutamente não podemos estimar, sem referência ao passado; em segundo, que a *pertinência* das perguntas às quais uma determinada teoria tenta responder — se uma dada estrutura de suposições e definições comporta um modelo abstrato suficientemente representativo da verdade para ser útil — só pode ser julgada à luz do conhecimento da forma de desenvolvimento e da sequência dos acontecimentos no passado. Em outras palavras, não é apenas questão de verificar determinadas suposições, mas de examinar as relações dentro de um conjunto complexo de suposições e entre esse conjunto em seu todo e a realidade em transformação. Trata-se de descobrir, com base em estudo de seu crescimento, como uma situação total se acha realmente construída: quais os elementos nessa situação são mais suscetíveis de modificar-se e quais os mais influentes na produção de modificação de outros. Trata-se de fazer perguntas sobre o desenvolvimento econômico para descobrir as perguntas corretas a fazer, tanto no passado quanto no presente, e quais as relações decisivas onde concentrar a atenção.

De qualquer modo, esta coletânea de estudos históricos não foi empreendida apressadamente e não faltaram ao autor a orientação e a instrução de amigos, técnicos em diversos setores do terreno examinado. Partindo da semente de alguns capítulos insípidos, escritos vinte anos atrás sobre as origens da empresa capitalista, a obra cresceu de modo descontínuo nesse período. Tal crescimento desordenado, com remendos e reconstruções periódicas, pode ter levado sua forma final a se mostrar amorfa e difusa em diversos pontos. Depois de nascida, no entanto, a criança se mostrou demasiado intratável para sofrer remodelação completa; assim, pois, morreria na obscuridade ou enfrentaria o público com todos os traços desengonçados de sua criação.

Sobre a informação acerca de muitos aspectos da história do período final da Idade Média, o autor se confessa profundamente agradecido ao Professor Postan, ao Dr. Beryl Smalley e a Edward Miller, e quanto à orientação referente à era dos Tudor e Stuart, a Christopher Hill e a Rodney Hilton; o mesmo se estende a EL Beales no referente à Revolução Industrial. R.B. Braithwaite nos proporcionou orientação quanto a um ponto especial que interessava à Filosofia e a Senhorita Dona Torr nos ofereceu inúmeras e ricas sugestões e críticas fundamentadas em seu arsenal de conhecimento histórico, principalmente do século XIX e da literatura do marxismo. Quanto aos vestígios ainda presentes neste livro da ignorância que tais amigos não conseguiram levar o autor a superar, não deverão eles ser responsabilizados de modo algum.

Talvez devêssemos acrescentar não termos absolutamente a pretensão de que os presentes ensaios possam conseguir algo mais do que apenas responder a determinadas perguntas. Apenas alguns aspectos do desenvolvimento econômico foram escolhidos, embora tal seleção fosse feita na crença de que os mesmos apresentam importância capital. Dados comparativos originados de outros países foram apresentados apenas na medida em que a comparação parecesse esclarecer tais indagações específicas. O autor não alimenta qualquer ilusão de ter escrito uma história do capitalismo, e o leitor talvez se mostre mais tolerante quanto a estes ensaios se lembrar que os mesmos não pretendem proporcionar mais do que um primeiro esboço de certas partes de um quadro histórico completo.

Cambridge, M.H.D.
novembro de 1945

NOTA À SEGUNDA EDIÇÃO

Acrescentamos um breve pós-escrito sobre o cenário do pós-guerra, para cobrir o lapso de década e meia transcorrido desde a primeira publicação do livro. De outra forma, tentativa alguma foi feita no sentido de rever ou reescrever, e o texto do original permaneceu inalterado.

Cambridge, M.H.D.
outubro de 1962

CAPÍTULO I

O CAPITALISMO

1

Talvez não constitua total surpresa que o termo *capitalismo*, de tão ampla circulação na fala popular e na literatura histórica dos anos mais recentes, seja usado de forma tão variada e não tenha gerado acordo quanto ao seu uso. Mais notável ainda é que na teoria econômica exposta pelas escolas tradicionais o termo muito raramente ou nunca surgisse.[1] Existe até uma escola de pensamento, a que pertencem economistas e historiadores, que se tem negado a admitir a possibilidade de conferir significado exato a capitalismo enquanto nome de um determinado sistema econômico. No caso dos economistas, isso se deve, em boa parte, a que os conceitos centrais de sua teoria, como apresentados costumeiramente, modelam-se num plano abstrato desligado dos fatores historicamente relativos e somente em termos dos quais o capitalismo pode ser definido. No caso dos historiadores que adotam essa posição niilista, sua atitude parece advir de uma ênfase conferida à variedade e complexidade de acontecimentos históricos, tão grande que rejeita quaisquer dessas categorias gerais formadoras da tessitura da maioria das teorias de interpretação histórica e nega qualquer validade a linhas fronteiriças entre épocas históricas. Dizem que período algum da história é feito de um só tecido; e, como todos os períodos são misturas complexas de elementos, revela-se simplificação enganadora rotular qualquer parte do processo histórico com o título de um único elemento. Um sistema como o capitalismo poderá ser mencionado

---

[1] Sombart, em seu artigo sobre o assunto na *Encyclopaedia of the Social Sciences,* diz: "Este termo não se encontra em Gide, Cauwes, Marshall, Seligman ou Cassel, para mencionar apenas os textos mais conhecidos. Em outros tratados, como os de Schendler, Adolf Wagner, Richard Ehrenburg e Philipovich, há algum exame do capitalismo, mas o conceito é rejeitado em seguida." Nem o *Palgrave's Dictionary of Political Economy* nem o *Dictionnaire de l'Économie Politique* incluem o termo *capitalismo.*

11

abstratamente como descrevendo *um* aspecto que, em medida vária, caracterizou numerosos períodos da história, mas como tal constitui uma noção econômica abstrata, e não histórica; e fazer o levantamento das origens de qualquer "sistema" é em geral uma busca vã que pode não ter fim. Podemos desconfiar que tal atitude é reforçada por uma consideração mais tópica. Se o capitalismo não existe como entidade histórica, os críticos da ordem econômica atual que clamam por uma mudança de sistema estão lutando contra moinhos de vento; e especialmente Marx, que foi originalmente o responsável pelas observações a respeito de um sistema capitalista, seguia mero capricho ao levantar a questão. Há quem seja bem franco a esse respeito e que, como um crítico de *Religion and the Rise of Capitalism*, do Professor Tawney, denuncie o termo como sendo apenas um artifício político.

Hoje, após meio século de pesquisa intensa na história econômica, tal atitude raras vezes é considerada sustentável pelos historiadores econômicos, ainda que estes apresentem desconfianças quanto à origem do termo. É verdade que encontramos o principal historiador do mercantilismo a desprezar a noção de "capitalismo moderno", chamando-o "aquele indigesto cozido irlandês",[2] mas a opinião predominante dos que examinaram o desenvolvimento econômico dos tempos modernos acha-se resumida pelo Professor Tawney em passagem bem conhecida. "Após mais de meio século de trabalho sobre o assunto, executado por estudiosos de meia dúzia de nacionalidades e com as mais diversas opiniões políticas, negar que o fenômeno exista, ou sugerir que se existe é coisa singular entre as instituições humanas por ter, como Melquisedeque, existido por toda a eternidade, ou dar a entender que, se tem uma história, a decência impede que seja desenterrada, é incorrer voluntariamente em cegueira... Um autor... não deverá entender grande coisa da história europeia nos últimos três séculos se, além de evitar a palavra, ignorar o fato."[3] No entanto, se em nossos dias o capitalismo recebeu reconhecimento autorizado como categoria histórica, tal esforço não nos garante que os que alegam estudar esse sistema estejam falando da mesma coisa. Alguns poderiam pensar que uma variedade de uso proporcionaria pouca base para comentários e não poderia causar grande mal, mas a diferença de uso verbal está ligada não só a uma ênfase diferente à busca do que é pertinente entre a multidão de incidentes históricos e a um princípio diferente de seleção na

---

[2] O Professor E. Heckscher, em *Economic History Review*, vol. VII, p. 45. Ele acrescenta que o mesmo só poderá ter "um significado distinto" se estiver "ligado àquilo que na ciência econômica se chama capital" — em cujo sentido, isto é, da existência de capital, as diferentes etapas da história só diferiram em grau.
[3] Prefácio à edição de 1937 de *Religion and the Rise of Capitalism*.

composição da crônica de acontecimentos, mas tende a levar a um modo diferente de interpretação e a uma estória causal-genética diferente. Se é o padrão que os acontecimentos históricos nos impõem, e não nossas próprias predileções, isso é decisivo em nosso uso do termo *capitalismo* e deverá então haver uma definição de acordo com a forma real do desenvolvimento histórico e outras que, em contraste com ela, estejam erradas. Mesmo quem crê no relativismo histórico deve acreditar que exista uma descrição correta do ponto de vista de qualquer conjunto homogêneo de observações históricas. Além disso, não é incomum suceder que quem escreve sobre o capitalismo aparentemente despreze qualquer problema de significado, deixando de esclarecer o sentido em que pretende seja tomada a palavra, além de não mostrar grande coerência em seu emprego.

Talvez devêssemos esclarecer que a palavra "capitalista", que se tornou moda entre alguns economistas, principalmente entre os partidários da Escola Austríaca, pouco tem em comum com o capitalismo como categoria de interpretação histórica. "Capitalista" tem sido usado pelos economistas num sentido puramente técnico, ao se referirem ao uso dos chamados métodos de produção "indiretos" ou que encurtam o tempo, e em grande parte se prendeu a uma visão particular da natureza do capital. Não diz respeito à modalidade de propriedade dos instrumentos de produção, e se refere apenas à sua origem econômica e à medida de seu uso. Como toda produção, excetuada a mais primitiva, sempre foi em algum grau "capitalista" nesse sentido técnico, o termo apresenta pouco valor para fins de diferenciação histórica, e seus inventores não tentaram usá-lo desse modo. O uso que dele fazem, na verdade, é, por implicação, uma negativa de qualquer significado específico ao capitalismo como sistema histórico especial.

Pouco mais útil é a outra concepção que vemos implícita no contexto em que o termo é frequentemente usado, e que apresenta a fraqueza de confinar o capitalismo a um espaço de tempo tão pequeno que traça uma fronteira entre fenômenos sociais que apresentam as marcas nítidas da semelhança familiar. De acordo com ela, o capitalismo se identifica com um sistema de empresa individual sem obstáculos: um sistema em que as relações econômicas e sociais são governadas por contrato, em que os homens são agentes livres na busca de sua subsistência, e em que estão ausentes quaisquer compulsões e restrições legais.[4] Desse modo, o capitalismo tor-

---
[4] Pode-se citar, talvez, como exemplo não muito sério dessa concepção, o seguinte: "O verdadeiro capitalismo quer dizer uma economia de concorrência livre e justa pelo lucro e a oportunidade de trabalho para todos" (J.H.R. Cromwell e H.E. Czerwonky, em *In Defense of Capitalism*, 5). Essa definição é tão exigente nas virtudes que registra que nos faz duvidar de poder o "verdadeiro capita-

na-se virtualmente sinônimo de um regime de *laissez-faire* e, em alguns usos do termo, de um regime de livre concorrência. Dicey não empregou o termo capitalismo, mas encarou como decisivo o contraste entre o que chamava o período de Individualismo, em certo sentido correspondente à noção ora examinada, e o período de Coletivismo, datando o início deste último a partir da década de 1870.[5] Embora uma preocupação com esse tipo de distinção entre Individualismo e *Étatisme* talvez possa ser tomada como pertencente ao passado e não ao presente e, entre os historiadores econômicos, raramente tenha proporcionado uma base para definir o capitalismo, sua marca sobre o pensamento ainda persiste, e grande parte dos debates hoje encontrados parece por implicação identificar o capitalismo a um sistema de "livre empresa", contrastando-o com qualquer invasão de controle estatal à custa do *laissez-faire*. A deficiência de um significado tão estreito mostra-se bastante evidente. Poucos países que não a Inglaterra e os Estados Unidos no século XIX se assemelharam realmente a um regime de "individualismo puro" do tipo manchesteriano clássico; mesmo esses dois países logo iriam ultrapassá-lo, encaminhando-se para uma era de empreendimento corporativo, monopólio ou semimonopólio, quando o *laissez-faire* como norma entrou em declínio. Se o capitalismo deve ser tão limitado no tempo assim, como deveremos caracterizar o sistema que o precedeu e aquele que o sucedeu, ambos assemelhados a ele numa série de aspectos importantes?

Por terem exercido forte influência sobre a pesquisa e a interpretação históricas, três significados separados atribuídos à noção de capitalismo surgem com destaque. Embora em alguns aspectos os mesmos se sobreponham, cada um deles se associa a uma visão distinta da natureza do desenvolvimento histórico; cada qual acarreta fronteiras cronológicas bem diferentes para o sistema e resulta num relato causal diferente quanto à origem do capitalismo e ao crescimento do mundo moderno.

Em primeiro lugar, e talvez desfrutando maior difusão, encontramos o significado divulgado pelas obras de Werner Sombart, que buscou a essência do capitalismo não em qualquer dos aspectos de sua anatomia econômica ou sua

---

lismo" ter existido em qualquer época. Exemplos mais ponderáveis encontram-se em autores que às vezes recusam o termo capitalismo a uma economia fascista e contrastam-no com "totalitarismo". Cf. também o *Handworterbuch der Staatswissenschaften* (1923): "Der Kapitalismus hat die privatwirtschaftliche oder individualistische Wirtschaftsordnung zur Voraussetzung und ist ohne diese gar nicht denkbar." ("O capitalismo pressupõe a ordenação econômica individualista ou de economia privada e, sem ela, não é por certo possível." (Tradução do Revisor.)
[5] *Law and Opinion in England, passim.*

fisiologia, mas na totalidade dos aspectos representados no *Geist* ou *espírito* que tem inspirado a vida de toda uma época. Tal espírito é uma síntese do espírito de empreendimento ou aventura com "o espírito burguês" de prudência e racionalidade. Acreditando que "em épocas diferentes têm reinado sempre atitudes econômicas diferentes, e que é esse espírito que tem criado a forma que lhe corresponde, e com isso uma organização econômica",[6] Sombart buscou a origem do capitalismo no desenvolvimento de estados de espírito e de comportamentos humanos conducentes à existência das formas e relações econômicas características do mundo moderno. "Em algum momento do passado remoto o espírito capitalista deve ter existido — em estado embrionário, se assim quiserem — antes de qualquer empreendimento capitalista poder tornar-se uma realidade."[7] O homem pré-capitalista era um "homem natural" que concebia a atividade econômica como o simples aprovisionamento de suas necessidades naturais e em épocas pré-capitalistas "no centro de todo esforço e preocupação estava o homem vivente, medida de todas as coisas: *mensura omnium rerum homo*".[8] Contrariamente, o capitalista, "desarraigando o homem natural", com sua "visão primitiva e original" e "revirando todos os valores da vida", vê na acumulação de capital o motivo dominante da atividade econômica, e numa atitude de racionalidade sóbria e através dos métodos de cálculo quantitativo preciso subordina tudo o mais na vida a esse fim.[9] Max Weber definiu mais simplesmente o capitalismo como "presente onde quer que a provisão industrial para as necessidades de um grupo humano seja executada pelo método de empresa", e "um estabelecimento capitalista racional" como "um estabelecimento com contabilização do capital". E usou a expressão espírito do capitalismo "para descrever a atitude que busca o lucro, racional e sistematicamente".[10]

Em segundo lugar, existe um significado que encontramos mais frequentemente implícito no tratamento do material histórico do que explicitamente formulado e que virtualmente identifica o capitalismo com a

---

[6] *Der Moderne Kapitalismus* (ed. de 1928), I, 25. Isso ele descreveu como "a ideia fundamental (*Grundgedanke*)" de sua obra.
[7] *Quintessence of Capitalism*, 343-4.
[8] *Der Moderne Kapitalismus*, vol. I, 312.
[9] *Quintessence*, 13-21, 239.
[10] *General Economic History*, 275; *The Protestant Ethic and the Spirit of Capitalism*, 64. A opinião de Weber liga-se bastante à de Sombart, mas ao mesmo tempo apresenta certas diferenças. Talcott Parsons acentuou que existe uma distinção entre o "capitalismo em geral" de Weber, que "é uma categoria puramente econômica" (diversamente da de Sombart) e que se refere a qualquer intercâmbio com fito de lucro, racionalmente conduzido (o que se aproxima do segundo significado que vamos mencionar adiante), e sua noção histórica de "capitalismo moderno" que é a mesma de Sombart. (*Journal of Political Economy*, vol. 37, p. 34.)

organização de produção para um mercado distante.[11] Enquanto o regime da antiga guilda artesanal, onde o artesão vendia seus produtos a varejo no mercado da cidade, presumivelmente não se incluiria nessa definição, o capitalismo poderia ser considerado como já presente assim que os atos de produzir e de vender a varejo se separaram no espaço e no tempo pela intervenção de um comerciante atacadista que adiantava dinheiro para a compra de artigos com o fito de subsequente venda com lucro. Em grande parte, essa noção é descendente linear do esquema de desenvolvimento empregado pela Escola Histórica Alemã, com sua distinção primária entre a "economia natural" do mundo medieval e a "economia monetária" que a sucedeu, e sua ênfase sobre a área do mercado como definidora dos estágios no crescimento do mundo econômico moderno. Nas palavras de Bücher, o critério essencial é "a relação existente entre produção e consumo de bens ou, para ser mais exato, a extensão da rota percorrida pelos bens, ao passarem do produtor ao consumidor".[12] Não é incomum acharmos isso em íntima conjunção com uma definição do capitalismo como sistema de atividade econômica dominado por certo tipo de motivo, o motivo lucro; seja a existência, em qualquer período, de número substancial de pessoas que confiam no investimento de dinheiro com o objetivo de extrair uma renda, seja tal investimento no comércio, na agiotagem ou na produção, tomada como demonstração da existência de um elemento de capitalismo. Assim, encontramos o capitalismo descrito pelo Professor Earl Hamilton, o historiador da revolução dos preços do século XVI, como "o sistema em que a riqueza outra que não a terra é usada com o fito definido de conseguir uma renda";[13] enquanto Pirenne parece aplicar o termo a qualquer uso "aquisitivo" do dinheiro, declarando que "as fontes medievais situam a existência do capitalismo no século XII além de qualquer dúvida".[14] Quando tal noção é ligada à de capitalismo como sistema comercial — como produção para o mercado — temos o tipo de definição usada pelo Professor Nussbaum: "um sistema de economia de trocas" no qual o "princípio orientador da atividade econômica é o lucro irrestrito" (ao que, no entanto, ele acrescenta como característica adicional que tal sistema se distingue por uma diferenciação da população em "proprietários e trabalhadores sem

---

[11] Cf. referência de Marx a Mommsen, o historiador da Roma antiga, de que "descobre um modo de produção capitalista em qualquer economia monetária" (*Capital*, vol. III, 914).
[12] *Industrial Evolution*, 89. Cf. também Schmoller, *Principes d'Économie Politique*, passim.
[13] Em *Economica*, novembro de 1929, 339.
[14] *Economic and Social History of Medieval Europe*, 163; cf. também Pirenne, em *American Historical Review*, 1914, 494 em diante.

propriedades"[15]). A tendência dos que assim encaram o termo é buscar as origens do capitalismo nas primeiras invasões de transações especificamente comerciais sobre os estreitos horizontes econômicos e a suposta "economia natural" do mundo medieval, e assinalar os principais estágios no crescimento do capitalismo de acordo com estágios na ampliação do mercado ou com as formas variáveis de investimento e empresa comercial às quais tal ampliação se ligava. Em muitos aspectos, tal noção apresenta afinidade com a de Sombart, e se sobrepõe à mesma; porém o foco de sua atenção continua substancialmente diferente.

Em terceiro lugar, temos o significado inicialmente conferido por Marx, que não buscava a essência do capitalismo num espírito de empresa nem no uso da moeda para financiar uma série de trocas com objetivo de ganho, mas num determinado modo de produção. Por modo de produção, ele não se referia apenas ao estado da técnica — ao que chamou de estágio de desenvolvimento das forças produtivas — mas ao modo pelo qual se definia a propriedade dos meios de produção e às relações sociais entre os homens que resultavam de suas ligações com o processo de produção. Desse modo, o capitalismo não era apenas um sistema de produção para o mercado — um sistema de produção de mercadorias, como Marx o denominou — mas um sistema sob o qual a própria capacidade de trabalho "se tornara uma mercadoria" e era comprada e vendida no mercado como qualquer outro objeto de troca. Seu pré-requisito histórico era a concentração da propriedade, dos meios de produção em mãos de uma classe, que consistia apenas numa pequena parte da sociedade, e o aparecimento consequente de uma classe destituída de propriedade, para a qual a venda de sua força de trabalho era a única fonte de subsistência. Desse modo, a atividade produtiva era suprida pela última, não em virtude de compulsão legal, mas na base de um contrato salarial. Torna-se claro que tal definição exclui o sistema de produção artesanal independente, onde o artesão era proprietário de seus próprios e modestos implementos de produção e empreendia a venda de seus próprios artigos. Nisso não existia divórcio entre propriedade e trabalho; e, a não ser onde o artesão recorria em qualquer medida ao emprego de jornaleiros, era a venda e compra de artigos inanimados, e não de força humana de trabalho, o que constituía sua preocupação primária. O que diferencia o uso dessa definição quanto às demais é que a existência do comércio e do empréstimo de dinheiro, bem como a presença de uma classe especializada de comerciantes ou financistas, ainda que fossem homens de

---

[15] *History of Economic Institutions of Europe*, 61. Em outras partes de sua obra, entretanto, o autor surge como adepto fiel da opinião de Sombart.

posses, não bastam para constituir uma sociedade capitalista. Os homens de capital, por mais aquisitivos, não bastam — seu capital tem de ser usado na sujeição do trabalho à criação da mais-valia no processo de produção.

Não pretendemos debater aqui os méritos das definições rivais, mas simplesmente tornar claro que nos ensaios seguintes será no último desses três sentidos em que empregaremos o termo capitalismo, sublinhando algumas das implicações de seu uso nesse sentido. A justificativa de qualquer definição, afinal, deve repousar no seu emprego bem-sucedido ao esclarecer o processo real de desenvolvimento histórico, na medida em que dá uma forma ao nosso quadro deste processo correspondente aos contornos que a paisagem histórica demonstra ter. Como nossa base para rejeitar os outros dois desse trio de significados familiares, devem bastar as seguintes observações sumárias.

Tanto a concepção de Sombart do espírito capitalista quanto uma concepção de capitalismo como sendo primariamente um sistema *comercial* compartilham o defeito, em comum com as concepções que focalizam a atenção no fato de uma inversão lucrativa de dinheiro, de serem insuficientemente restritivas para confinar o termo a qualquer época da história, e de parecerem levar inexoravelmente à conclusão de que quase todos os períodos da história têm sido capitalistas, pelo menos em certo grau. À medida que nosso conhecimento das primeiras sociedades econômicas aumenta, a tendência por parte dos que conferem tais significados ao termo é fazer recuar as fronteiras do capitalismo para um tempo mais distante. Hoje compreendemos que as transações monetárias e a produção para um mercado eram muito mais comuns nos tempos medievais do que supúnhamos. Como observou Brentano, a Quarta Cruzada já demonstrara "uma verdadeira orgia de capitalismo", nesse sentido da palavra.[16] E, à medida que aumenta nosso conhecimento acerca das condições econômicas do mundo antigo, acumulam-se evidências de que, com base em tais definições, a presença do capitalismo não pode ser negada até mesmo na Grécia e Roma clássicas. O uso lucrativo do dinheiro não é coisa exclusivamente moderna. A compra de escravos na antiguidade era presumivelmente um emprego "lucrativo" de dinheiro, tanto quanto o contrato de trabalhadores assalariados hoje. O mundo clássico tinha seus agiotas, e *lucri rabies* não era pecado desconhecido para o mundo medieval. Se tivermos de considerar ambos como sociedades capitalistas, teremos de concluir que qualquer busca das origens do sistema dentro dos limites dos oito últimos séculos é inútil, e que o capitalismo deve ter estado presente, intermitentemente, na

---

[16] Sombart admitiu francamente que fosse assim, e tentou de modo pouco convincente fazer frente à objeção, afirmando que o comércio nos tempos medievais não era comércio em qualquer sentido maduro, mas se inspirava no espírito de artesanato e não num espírito capitalista.

maior parte da história escrita. O que necessitamos claramente, no entanto, é de uma definição para descrever as distintas instituições econômicas do mundo moderno de séculos recentes; e o que não sirva para isso será inútil para o objetivo intentado pela maioria dos investigadores.

Outra dificuldade, que se relaciona com a concepção idealista de Sombart, Weber e sua escola, é a de que, se o capitalismo como forma econômica é a criação do espírito capitalista, a gênese deste último terá de ser explicada antes de podermos explicar a origem do capitalismo. Se tal espírito capitalista for, ele próprio, um produto histórico, o que causou seu aparecimento no cenário histórico? A este enigma, nenhuma resposta satisfatória foi apresentada até hoje, a não ser a da coincidência acidental no tempo de diversos estados de espírito que convenientemente fundidos numa síntese de espírito de empresa e racionalidade formam o *élan vital* de uma era capitalista. A busca de uma causa levou ao debate insatisfatório e inconclusivo quanto a ser verdade se o protestantismo engendrou o espírito capitalista (na afirmação de Weber e Troeltsch). E poucos motivos mais parece existirem para considerar o capitalismo como filho da Reforma do que para sustentar, com Sombart, que em grande parte foi criação dos judeus.[17] Tampouco tal dificuldade em rastrear as *causae causantes* se prende, *mutatis mutandis*, como se supõe às vezes, a uma explicação das origens capitalistas apresentada em termos puramente econômicos. Embora seja verdade que por trás de qualquer transformação econômica devemos procurar uma ação humana, a ação iniciadora da transformação decisiva pode ser inspirada por intenção inteiramente estranha ao resultado final e, assim, mostrar-se simples produto da situação anterior; ao passo que, se o aparecimento de um novo sistema econômico deve ser explicado em termos de uma *ideia*, esta deverá abarcar "embrionariamente" a essência do futuro sistema; e o aparecimento maduro da ideia desse sistema, antes e na ausência do próprio sistema, tem de ser explicado.

Por outro lado, torna-se claro que, na medida em que nosso conhecimento se enriqueceu pela extensão da pesquisa na história econômica moderna das últimas décadas, a definição de capitalismo atualmente em uso pela historiografia marchou cada vez mais no sentido daquela inicialmente adotada e desenvolvida por Marx. A ênfase tem sido colocada cada vez mais no aparecimento de um

---

[17] À afirmação de Weber e Troeltsch de que a ética protestante incentivou o espírito de cálculo, H.M. Robertson (em *Aspects of the Rise of Economic Individualism*) replicou, com algum peso, que pouco havia a escolher entre os autores protestantes e católicos em suas atitudes quanto a questões tais como cálculo comercial e livre comércio; Brentano e outros, desde seus tempos (Pirenne, por exemplo) têm mostrado ser possível achar muita aquisitividade calculista antes da Reforma. Cf. P.C. Gordon Walker sobre "Capitalism and the Reformation", em *Econ. Hist. Review*, novembro de 1937; também A.E. Sayous em *Revue d'Histoire Économique et Sociale*, 1930, 427-44.

novo tipo de diferenciação de classes entre capitalista e proletário, ao invés de o ser no lucro como motivo da atividade econômica, focalizando-se a atenção cada vez mais no aparecimento de uma relação entre produtor e capitalista, análoga à relação de emprego entre patrão e assalariado no sistema industrial totalmente amadurecido no século XIX. Em geral, parece mais provável que tal se deva ao fato de ter o material descoberto pela pesquisa imposto tal ênfase à atenção dos historiadores, em sua busca das diferenças essenciais da era moderna, do que os mesmos se tenham predisposto a ela graças às obras de Marx. Assim temos Lipson pretendendo que os pontos essenciais do capitalismo já estavam presentes alguns séculos antes da Revolução Industrial e afirmando também que "o traço fundamental do capitalismo é o sistema salarial, sob o qual o trabalhador não tem direito de propriedade sobre os artigos por ele fabricados — não vende os frutos de seu trabalho, mas o seu próprio trabalho — distinção esta de significação econômica vital".[18] Até mesmo Cunningham chegou bem perto dessa posição, ao afirmar que "o traço distintivo da organização capitalista da indústria é a posse dos materiais pelo empregador, que contrata o trabalhador e paga seus salários, alcançando subsequentemente um lucro pela venda dos bens" e ao acrescentar que "a intrusão de capital pode não causar grande modificação aparente nas condições sob as quais o trabalho é executado, mas causa tremenda modificação nas relações pessoais entre o trabalhador e seus companheiros, quando reduzido a uma posição de dependência". No entanto, ele não restringiu o termo capitalismo a uma determinada organização de indústria, dando-lhe em vez disso uma definição mais ampla e comercial como "uma fase em que a posse de capital e o hábito de aumentar o comércio se tornaram dominantes em todas as instituições da sociedade".[19]

2

Em nossa preocupação com a definição de um sistema econômico, não devemos deixar implícito que as fronteiras entre os sistemas devam ser traçadas nas

---
[18] *Economic History*, 3ª ed., vol. II, XXVI. Contudo, Lipson acrescenta a isso que "se os bens não lhe pertencem porque o material é fornecido por outra pessoa, nesse caso é um assalariado, quer lhe pertençam os instrumentos de produção ou não". Se, no entanto, "a prova real é se o trabalhador tem qualquer propriedade sobre os bens que produz", e a propriedade dos meios de produção é posta de lado, não se estenderá então a definição também ao que geralmente se chama um sistema socialista? Em outro lugar, e de modo bastante curioso, Lipson fala da "aldeia medieval" como "organizada numa base capitalista". (*Ibid.*, 372.)
[19] *The Progress of Capitalism in England*, 24, 73.

páginas da história como uma linha divisória bem clara. Como têm insistido corretamente aqueles que desconfiam de toda a falação sobre épocas, na realidade os sistemas jamais se encontram em sua forma pura, e, em qualquer período da história, elementos característicos, tanto de períodos anteriores, quanto dos posteriores, podem ser achados, às vezes, misturados numa complexidade extraordinária. Elementos importantes de cada nova sociedade, embora não forçosamente o embrião completo da mesma, acham-se na matriz da anterior, e as relíquias de uma sociedade antiga sobrevivem por muito tempo na nova. O que se acha implicado numa concepção de capitalismo como a por nós adotada é que, a não ser por intervalos de transição comparativamente breves, cada período histórico é modelado sob a influência preponderante de uma forma econômica única, mais ou menos homogênea, e deve ser caracterizado de acordo com a natureza desse tipo predominante de relação socioeconômica. Daí mostrar-se mais esclarecedor em qualquer período dado falarmos em termos de um sistema homogêneo, e ignorarmos as complexidades da situação, pelo menos como primeira aproximação, do que proceder do modo contrário. Nosso interesse principal não estará no primeiro aparecimento de alguma forma econômica nova, nem o simples aparecimento da mesma justificará uma descrição do período posterior por um nome novo. De importância muito maior será o estágio em que a forma nova tiver atingido proporções que lhe permitam imprimir sua marca no todo da sociedade e exercer influência principal na modelagem da tendência do desenvolvimento. Também é verdade que o processo de modificação histórica, em sua maior parte, é gradual e contínuo. No sentido de que não há acontecimento que não possa ser ligado a algum acontecimento imediatamente anterior numa cadeia racional, ele poderá ser descrito como contínuo em toda parte. Mas o que parece forçosamente estar implicado em qualquer concepção do desenvolvimento dividido em períodos ou épocas, cada qual caracterizado por seu sistema econômico distinto, é que há pontos decisivos no desenvolvimento econômico nos quais o *ritmo* se acelera além do normal, e nos quais a continuidade é rompida, no sentido de uma mudança acentuada de direção na corrente de acontecimentos.

Tais pontos de mudança abrupta na direção do fluxo histórico correspondem às revoluções sociais que marcam a transição de um velho sistema para um novo. A opinião de que o desenvolvimento se caracteriza por revoluções periódicas permanece, portanto, em contraste com as opiniões de desenvolvimento econômico exclusivamente modelado em termos de variação quantitativa contínua, que veem a mudança como uma simples função de algum fator crescente, seja ele população, produtividade, mercado, divisão de trabalho ou estoque de capital. Um dos principais defeitos destas últimas é sua tendência a ignorar, ou pelo menos a minimizar, aquelas cruciais novas propriedades que, em certos estágios, podem surgir e transformar radicalmente o resultado — seja a ambição aventureira do empresário capitalista num período de crescentes oportunidades de lucro, seja a nova atitude quanto ao trabalho, numa sociedade coletivista e igualitária — e o caráter tendencioso que há em sua vocação para interpretar situações novas recorrendo a categorias de pensamento que são produto de situações passadas e para estabelecer "verdades universais" super-históricas, modeladas no que dizem ser traços imutáveis da natureza humana ou certos tipos invariáveis de "necessidade" econômica ou social. As teorias do desenvolvimento formuladas em termos do "espírito de uma época", singular e inconfundível, apresentam pelo menos o mérito de evitar essa tendência. Quando deixamos de falar metaforicamente, não é fácil definir imediatamente o tipo de acontecimentos aos quais a expressão "revolução social" geralmente pretende referir-se. Embora uma revolução social pareça conter a noção de descontinuidade, no sentido em que nos referimos a uma mudança abrupta de direção, esta perde seu significado simples quando deixamos de exprimi-la em termos de analogias espaciais. Embora tal revolução evidentemente inclua, também, a noção de um *ritmo* de mudança acelerado, seu significado não se confina a tal mudança. Os que concebem a mudança em termos de crescimento quantitativo simples podem admitir que a taxa de crescimento não é constante, mas sujeita a flutuações, passando às vezes por fases de aumento acelerado, como sucedeu com o aumento demográfico na parte final do século XVIII, sem introduzir em seu quadro qualquer noção de transições revolucionárias em que ocorra uma mudança qualitativa de sistema.

Se for correto sustentar que a concepção de sistemas socioeconômicos, marcando estágios distintos no desenvolvimento histórico, não é simplesmente uma questão de conveniência, mas uma obrigação — não uma questão de títulos adequados para os capítulos, mas algo que diz respeito à construção essencial da narrativa, se esta deve ser verdadeira — então isso deve ser porque há uma qualidade nas situações históricas que, ao mesmo tempo, propicia a homogeneidade de configuração a qualquer tempo dado, e torna os períodos de transição, quando existe um equilíbrio de elementos discretos, inerentemente instáveis. Assim deve ser porque a sociedade se acha constituída de tal maneira que o conflito e a interação de seus elementos principais, ao invés do crescimento simples de algum único elemento, formam o fator principal de movimento e mudança, pelo menos no que diz respeito às transformações principais. Se esse for o caso, uma vez que o desenvolvimento tenha atingido um certo nível e os diversos elementos que constituem essa sociedade estejam dispostos de certo modo, os acontecimentos deverão marchar com rapidez incomum, não apenas no sentido de crescimento quantitativo, mas no de uma mudança de equilíbrio dos elementos constitutivos, resultando no aparecimento de composições novas e mudanças mais ou menos abruptas na tessitura da sociedade. Usando uma analogia mais esclarecedora, é como se, em certos níveis de desenvolvimento, fosse acionado algo como uma reação em cadeia. Está claro que o traço da sociedade econômica que produz esse resultado, e por isso se mostra fundamental à nossa concepção de capitalismo como uma ordem econômica distinta, característica de um período distinto da história, é que a história até hoje tem sido a de *sociedades de classes*, ou seja, de sociedades divididas em classes, nas quais uma delas, ou então uma coalizão de classes com algum interesse comum, constitui a classe dominante e se mostra em antagonismo parcial ou completo com a outra ou com as demais classes.[20] Isso tende a impor a qualquer período histórico dado uma certa uniformidade qualitativa, pois a classe social e politicamente dominante na época usará naturalmente seu poder para conservar e aumentar tal modo determinado de produção — tal forma determinada de relação entre classes — da qual depende sua renda. Se a modificação dentro dessa sociedade atingisse um ponto onde a hegemonia contínua dessa classe dominante fosse seriamente questionada, e o antigo equilíbrio de forças mostrasse sinais de perturbação, o desenvolvimento teria atingido um estágio crítico, onde a mudança que até então marchara teria de ser detida, ou, se continuasse, a classe dominante não poderia mais sê-lo e a outra, nova e ascendente, teria de tomar seu lugar. Tendo ocorrido essa transformação no equilíbrio de poder, o interesse da classe que ora ocupa as posições estratégicas estará claramente baseado na aceleração da transição, no rompimento das resistências de sua rival e antecessora e no aumento de sua própria resistência. O antigo modo de produção não será necessariamente eliminado de todo, mas logo reduzir-se-á em escala até não ser mais um sério competidor do novo.[21] Durante certo período o novo modo de produção, ligado às novas forças produtivas e potencialidades econômicas, deverá expandir-se muito além dos limites dentro dos quais o antigo sistema estava destinado a se mover, até que, por sua vez, as relações de classes e as formas

---

[20] Cf. as observações de Pirenne que demonstram uma atitude quanto a essa concepção de desenvolvimento descontínuo devido ao surgimento sucessivo de diferentes classes: "Acredito que para cada período em que nossa história econômica [do capitalismo] possa ser dividida existe uma classe distinta e separada de capitalistas". Como o grupo capitalista de uma época "não surge do grupo capitalista da época precedente", segue-se que "a cada modificação na organização econômica encontramos uma quebra de continuidade", e a história não é um plano inclinado, mas uma escada ("Stages in the Social History of Capitalism", em *American Historical Review*, 1914, 494-5).
[21] Não é necessário supor que tal seja feito como parte de um plano consciente a longo prazo, embora, na medida em que a classe dominante siga uma linha política definida, isso aconteça. Mas supõe, pelo menos, que os membros de uma classe adotem ação comum sobre determinadas questões (como acesso à terra, a mercados ou à mão de obra), e que a força maior lhes permita despojar seus rivais.

políticas determinadas, nas quais a nova classe dominante afirma seu poder, entrem em conflito com algum desenvolvimento ulterior das forças produtivas, e a luta entre as duas seja levada a um clímax mais uma vez. No século XIX, em grande parte sob a influência de Hegel, geralmente se acreditava que a história da civilização consistia em uma sucessão de épocas marcadas pelo domínio de culturas nacionais sucessivas. De acordo com nossa ênfase atual, tal história antes consistiu em uma sucessão de sistemas de classes, cada qual com seu modo próprio de extrair renda para sua classe dominante. Na história econômica da Europa, pelo menos, algo se destaca e merece observação especial — o grau surpreendente de semelhança dos estágios principais pelos quais o desenvolvimento econômico passou. A cronologia desses estágios, naturalmente, tem-se mostrado bem diversa, e os pormenores da narrativa, formas e fases determinadas dentro de cada estágio principal, têm-se revelado notavelmente dessemelhantes. Mas uma unidade como a que podemos atribuir à Europa parece, com toda a probabilidade, dever-se à semelhança fundamental na forma que o desenvolvimento econômico de suas diversas partes tem mostrado no decorrer dos últimos dez séculos.

O interesse comum que estabelece um certo grupo social como classe, no sentido em que temos discorrido, não deriva de uma semelhança quantitativa de rendas, como às vezes se supõe: uma classe não consiste forçosamente em pessoas no mesmo nível de renda, nem as pessoas situadas num dado nível de renda, ou próximas dele, são obrigatoriamente unidas por uma identidade de objetivos. Também não basta dizer que uma classe consiste naqueles que derivam sua renda de uma fonte comum, embora seja a fonte e não o tamanho da renda o que se mostra aqui importante. Neste contexto, devemos referir-nos a algo inteiramente fundamental concernente às raízes que um grupo social possui numa determinada sociedade, ou seja, a relação que o grupo como um todo mantém com o processo de produção e, portanto, com os outros setores da sociedade. Em outras palavras, a relação que pode engendrar, num caso, um interesse comum em conservar e ampliar um determinado sistema econômico e, em outro, um antagonismo de interesses quanto a esta questão, deve ser uma relação com um determinado modo de extrair e distribuir os frutos do trabalho excedente, além e acima do trabalho que vai suprir o consumo do produtor efetivo. Como tal trabalho excedente constitui seu sangue vital, qualquer classe dominante terá de tratar a relação determinada que mantém com o processo de trabalho como sendo de importância decisiva para sua própria sobrevivência; e qualquer classe em ascensão que aspire a viver sem trabalhar com certeza considerará sua própria carreira, prosperidade e influência futuras como dependentes da aquisição de algum direito sobre o trabalho excedente alheio. "Um excedente do produto do trabalho além e acima dos custos de manutenção do trabalho", disse Friedrich Engels, "e a formação e aumento, por meio desse excedente, de uma produção social e fundo de reserva, foi e é a base de todo progresso social, político e intelectual. Na história, até nossos dias, tal fundo tem sido posse de uma classe privilegiada, à qual também têm cabido, juntamente com essa posse, a supremacia política e a liderança intelectual."[22]

A forma sob a qual o trabalho excedente tem sido apropriado difere nos diversos estágios da sociedade e tais variedades de forma têm sido associadas ao uso de diversos métodos e instrumentos de produção e aos diferentes níveis de produtividade. Marx se referiu ao próprio capitalismo dizendo estar ele "como qualquer outro modo de produção definido, condicionado a certo estágio de produtividade social e à forma historicamente desenvolvida das forças produtivas. Esse pré-requisito histórico é em si próprio o resultado histórico e o produto de um processo precedente, do qual o novo modo de produção faz sua partida como de sua dada fundação. As condições de produção correspondentes a esse modo de produção específico, historicamente determinado, apresentam um caráter passageiro, específico e histórico".[23] Num estágio de desenvolvimento social em que a produtividade do trabalho se mostra bem baixa, qualquer renda substancial e regular para uma classe ociosa, vivendo da produção mas sem contribuir para ela, se tornará inconcebível, a menos que se fundamente na rigorosa compulsão dos produtores; e nesse sentido, como Engels observou, a divisão em classes num estágio primitivo de desenvolvimento econômico "apresenta certa justificação histórica".[24] Numa sociedade predominantemente agrícola, as relações decisivas estarão ligadas à posse da terra; e, posto que provavelmente a divisão do trabalho e a troca poderão mostrar-se pouco desenvolvidas, o trabalho excedente tenderá a ser executado diretamente como obrigação pessoal ou tomar a forma da entrega de uma certa cota de seu produto, pelo cultivador, como tributo em espécie, a um senhor. O crescimento da indústria, que acarreta a invenção de novos e variados instrumentos de produção, produzirá novas classes e, por criar novos problemas econômicos, requererá novas formas de apropriação do trabalho excedente em benefício dos donos dos novos instrumentos de produção. A sociedade medieval se caracterizava pela execução obrigatória de trabalho excedente pelos produtores: produtores que se achavam na posse de seus próprios instrumentos primitivos de cultivo e estavam ligados à terra. A sociedade moderna, em contraste, se caracteriza, como vimos, por uma relação

---
[22] *Anti-Dühring*, 221.
[23] *Capital*, vol. III, 1023-4. Marx acrescenta que "as condições de distribuição mostram-se essencialmente idênticas a essas condições de produção, sendo seu lado oposto".
[24] *Op. cit.*, 316.

entre o trabalhador e o capitalista, que toma uma forma puramente contratual e se mostra indistinguível, em aparência, de qualquer das outras transações múltiplas de mercado livre de uma sociedade de trocas. A transformação da forma medieval de exploração do trabalho excedente para a moderna não foi processo simples que possa ser apresentado como uma tabela genealógica de descendência direta, mas ainda assim, entre os remoinhos desse movimento, é possível distinguirem-se certas linhas de direção do fluxo. Tais linhas incluem não apenas modificações na técnica e o aparecimento de novos instrumentos de produção, que aumentaram grandemente a produtividade do trabalho, mas uma crescente divisão do trabalho e, por consequência, o desenvolvimento das trocas, bem como uma crescente separação entre o produtor e a terra e os meios de produção e seu aparecimento como proletário. Dessas tendências orientadoras da história dos cinco séculos passados, uma importância especial se prende à última, não só porque tem sido tradicionalmente atenuada e decorosamente velada por fórmulas acerca da passagem de uma relação caracterizada pelo *status* a outra caracterizada pelo contrato, mas porque trouxe para o centro do palco histórico uma forma de compulsão ao trabalho em favor de outrem de índole puramente econômica e "objetiva", lançando assim uma base para essa forma peculiar e mistificadora pela qual uma classe ociosa pode explorar o trabalho excedente das outras e que é a essência do sistema moderno ao qual chamamos capitalismo.

3

O desenvolvimento do capitalismo se classifica numa série de estágios, caracterizados por níveis diversos de maturidade e cada qual reconhecível por traços bastante distintos. No entanto, quando buscamos fazer o levantamento de tais estágios, e escolher um deles como marcando o estágio inicial do capitalismo, surge uma consideração imediata acerca da qual é de alguma importância não existir confusão. Se falarmos do capitalismo como modo de produção específico, segue-se que não podemos datar a aurora desse sistema dos primeiros sinais do aparecimento do comércio em grande escala e de uma classe mercantil, nem podemos falar de um período especial de "capitalismo mercantil", como têm feito muitos. Temos de buscar o início do período capitalista apenas quando ocorrem mudanças no modo de produção, no sentido de uma subordinação direta do produtor a um capitalista.[25] Não

---
[25] Alguns parecem, no entanto, ter usado o termo "capitalismo mercantil" como se aplicando não à mera existência de grandes capitais e mercadores especializados na esfera do comércio, mas ao

se trata aqui apenas de uma questão de terminologia, mas de substância; pois significa que, se estivermos certos, o aparecimento de uma classe puramente mercantil não terá por si só significado revolucionário; que seu surgimento exercerá uma influência muito menos fundamental sobre a configuração econômica da sociedade do que o surgimento de uma classe de capitalistas cujas fortunas estejam intimamente ligadas à indústria; e que, embora uma classe dominante, quer de proprietários de escravos, quer de senhores feudais, possa passar a comerciar ou entrar em aliança íntima com comerciantes, é improvável que uma classe mercantil, cujas atividades são essencialmente as de intermediário entre produtor e consumidor, procure converter-se em uma classe dominante naquele sentido radical e exclusivo do qual falávamos há pouco. Como sua riqueza tenderá a se prender ao modo de produção existente, será mais provável que seja induzida a preservar esse modo de produção, ao invés de transformá-lo. Ela deverá esforçar-se por "entrar" numa forma existente de apropriação do trabalho excedente, mas não é provável que tente modificar essa forma.

Quando examinamos a história do capitalismo concebida desse modo, torna-se claro que devemos situar sua fase inicial na Inglaterra, não no século XII como faz Pirenne (que pensa principalmente na Holanda), nem mesmo no século XIV com seu comércio urbano e ligas artesanais como têm feito outros, mas na segunda metade do século XVI e início do século XVII, quando o capital começou a penetrar na produção em escala considerável, seja na forma de uma relação bem amadurecida entre capitalista e assalariados, seja na forma menos desenvolvida da subordinação dos artesãos domésticos, que trabalhavam em seus próprios lares, a um capitalista, própria do assim chamado "sistema de encomendas caseiro". É bem verdade que já antes disso podem ser encontrados exemplos bem numerosos de uma situação transitória em que o artesão perdera grande parte de sua independência, pela dívida ou diante do monopólio dos comerciantes atacadistas, e se apresentava em relações de alguma dependência com um mercador, dono de capital. Também é verdade que no século XIV, ou mesmo antes, existia em número considerável o que podemos chamar (para usar a terminologia moderna) de tipos *kulak* de empreendimento — o camponês bem de vida na aldeia, o comerciante local, ou trabalhador-proprietário nos artesanatos urbanos, empregando trabalho assalariado. Estes, no entanto, parecem ter sido pouco numerosos e insuficientemente amadurecidos, para serem tomados como muito mais do que um

---

período inicial do capitalismo, quando a produção se subordinava ao "mercador-fabricante" no sistema de trabalho caseiro ou externo. Os comentários no texto, é claro, não se referem a esse uso do termo.

capitalismo adolescente, não chegando a justificar que situemos a existência do capitalismo, já nessa altura, como novo modo de produção, suficientemente claro e extenso a ponto de constituir um desafio sério a outro mais antigo. De qualquer forma, podemos dizer com bastante certeza que um modo capitalista de produção e uma classe particular de capitalistas especificamente ligados ao mesmo não alcançaram importância decisiva como influência sobre o desenvolvimento social e econômico até as décadas finais da era dos Tudor.

Na carreira do capitalismo, a partir dessa data, torna-se evidente que existem dois momentos decisivos. Um deles está no século XVII: nas transformações políticas e sociais desse período decisivo, inclusive a luta dentro das corporações privilegiadas, que as pesquisas de Unwin trouxeram à luz, e a luta parlamentar contra o monopólio, com seu ápice na revolução cromwelliana, cujos resultados estiveram muito longe de desaparecer, a despeito de certa medida de compromisso e de reação, durante o período da Restauração. O segundo momento é o da Revolução Industrial no final do século XVIII e primeira metade do século XIX, cuja importância foi essencialmente econômica, apresentando um reflexo dramático menos importante, porém nunca desprezível, sobre a esfera política. Ela se mostrou tão decisiva para todo o futuro da economia capitalista, tão radical como transformação da estrutura e organização da indústria, que levou alguns a considerá-la como as dores do parto do capitalismo moderno, e, portanto, o momento mais decisivo no desenvolvimento econômico e social desde a Idade Média. Não obstante, o conhecimento e juízo mais maduros de hoje indicam claramente que aquilo que a Revolução Industrial representou foi a transição de um estágio inicial e ainda imaturo do capitalismo, em que o modo de produção pré-capitalista fora penetrado pela influência do capital, subordinado ao mesmo, despido de sua independência como forma econômica, mas ainda não inteiramente transformado, para um estágio em que o capitalismo, com base na transformação técnica, atingira seu próprio processo específico de produção apoiado na unidade de produção em grande escala e coletiva da fábrica, efetuando assim um divórcio final do produtor quanto à participação de que ainda dispunha nos meios de produção e estabelecendo uma relação simples e direta entre capitalista e assalariados.

Mas, se localizarmos a origem do modo de produção capitalista dessa forma, parece que se nos apresenta de imediato uma séria dificuldade. Para sermos coerentes, não deveríamos reconhecer três momentos decisivos, em vez de apenas dois, na transição do modo de produção medieval para o capitalista: o terceiro, e primeiro deles no tempo, seria o que marca a desintegração do feudalismo? E, se admitirmos a existência de um tal período anterior decisivo de transição, como iremos caracterizar o sistema econômico do período que transcorre entre esse momento e fins do século XVI, período esse que, de acordo com nossa cronologia, parece não ter sido feudal, nem ainda capitalista, no que diz respeito ao modo de produção? Certamente é verdade que o século XIV testemunhou uma crise da antiga ordem feudal, seguindo bem de perto o surgimento das cidades corporativas com grau considerável de autonomia local, política e econômica, bem como uma influência grandemente aumentada nos negócios nacionais. Nessa crise o modo de produção feudal, baseado na servidão, foi seriamente abalado e atingiu um adiantado estágio de desintegração, cujos efeitos foram vistos na *malaise* da economia senhorial do século seguinte. Contudo, a menos que identifiquemos o fim do feudalismo com o processo de comutação — assunto sobre o qual falaremos mais adiante — não poderemos falar ainda do fim do sistema medieval e ainda menos do destronamento da classe dominante medieval. Também é verdade, e de importância excepcional para qualquer compreensão adequada dessa transição, que a desintegração do modo de produção feudal já alcançara um estágio adiantado *antes* do modo de produção capitalista se desenvolver, e que tal desintegração não prosseguiu em qualquer ligação íntima com o crescimento do novo modo de produção na matriz do antigo. Os pouco mais de duzentos anos transcorridos entre Eduardo III e Elisabete foram certamente de caráter transitório. Uma burguesia mercantil crescera em riqueza e influência. Tendo conquistado certa medida de privilégios, surgia mais em posição de parceira do que de antagonista da nobreza e, nos tempos dos Tudor, fundiu-se parcialmente com a mesma. Seu aparecimento exerceu pouco efeito direto sobre o modo de produção, e seus lucros vinham da extração de vantagens de diferenças de preço no espaço e no tempo, devidas à imobilidade prevalecente de produtores e seus modestos recursos — diferenças essas que buscava manter e mesmo ampliar graças a seus privilégios monopolistas.[26] Nos artesanatos urbanos e no surgimento de agricultores livres de boa ou média posição, vemos um modo de produção que conquistara sua independência com relação ao feudalismo: a pequena produção do trabalhador-proprietário, artesão ou camponês, que não era ainda capitalista, embora contivesse em si o embrião das relações capitalistas e até mesmo mostrasse sinais de submeter-se ao capital de fora. Tal tipo de econo-

---

[26] Cf. o penetrante comentário de Marx, no sentido de que "o Capital Mercantil é a forma histórica de capital bem antes do capital ter submetido a produção ao seu controle... O capital se desenvolve na base de um modo de produção independente e exterior a ele, (e) o desenvolvimento independente do capital mercantil se apresenta, portanto, em proporção inversa ao desenvolvimento geral da sociedade" (*Capital*, vol. III, 384). Também Pirenne: "Numa era em que a fome local era contínua, bastava comprar uma quantidade pequena de cereais por preço baixo nas áreas onde se mostravam abundantes para se conseguir lucros fabulosos, que podiam então ser aumentados pelos mesmos métodos. Assim a especulação... contribuiu bastante para a fundação das primeiras fortunas comerciais (*Economic and Social History of Medieval Europe*, 48).

mia continuou, no entanto, a ser um elemento subordinado na sociedade, sendo preciso lembrar que a maioria dos pequenos arrendatários, embora pagasse uma renda em dinheiro (mais um pagamento costumeiro do que uma "renda econômica"), achava-se ainda em grande parte presa de diversos modos e subordinada à autoridade senhorial; e, malgrado as terras fossem em sua maior parte trabalhadas por assalariados, esse trabalho se achava ainda sujeito a boa dose de compulsão *de facto* e vinha em grande parte de pessoas que ainda tratavam os salários como uma forma suplementar, e não de subsistência. O trabalhador podia ser forçado a aceitar trabalho por um salário legal e era impedido de mudar de aldeia sem permissão do senhor local. Na verdade, a legislação do século XIV roubava dos homens livres mais pobres o que antes os distinguira dos *villani adscripti glebae*: a liberdade de mudar-se à vontade. As relações sociais no campo, entre produtores e seus senhores e patrões, mantinham boa parte de seu caráter medieval, e, pelo menos, boa parte do invólucro da ordem feudal.

Discussões sobre se certas mudanças, como as do final do século XVIII, merecem ou não o título de revolução, concentraram-se frequentemente não só no *ritmo* da transformação, mas em sua simultaneidade em ramos diferentes da indústria, como se isso constituísse uma questão decisiva. Para evitar o mal-entendido, talvez seja melhor declarar logo que a história do capitalismo e os estágios de seu desenvolvimento não apresentam forçosamente as mesmas datas para as diferentes partes do país ou indústrias diversas e, em certo sentido, estaríamos certos em falar não de uma única história do capitalismo, e da forma geral apresentada por ela, mas de uma coleção de histórias do capitalismo, todas com uma semelhança geral de forma, mas cada qual separadamente datada no que diz respeito aos seus estágios principais. Em outras palavras, diversas regiões da Inglaterra (e, em certa medida até mesmo diversas cidades desse país) tiveram, digamos, nos séculos XIV e XV, suas diferentes histórias econômicas, do mesmo modo como o desenvolvimento econômico de diversas nações europeias no século XIX é corretamente tratado como narrativas em grande parte separadas. Isso parece mais verossímil à medida que retrocedemos nos séculos e menos verdadeiro para o presente período. Nesse particular, o aparecimento do próprio capitalismo é uma poderosa influência coordenadora. Quando vemos o país como um todo, alguma transição decisiva poderá dar a aparência de ser um processo tão demorado que torne o título de revolução econômica uma denominação imprópria, mas em qualquer setor semiautônomo o ritmo de movimento poderá mostrar-se muito mais claramente delineado. Importante é a velocidade com que, em qualquer dado setor, uma cadeia de mudanças consideráveis se segue à ocorrência de algum acontecimento decisivo — velocidade comparada com a taxa de mudança nesses fatores em tempos mais normais — e não necessariamente a simultaneidade desse acontecimento decisivo e sua cadeia de consequências nos diversos setores. Nessa conexão, realmente, encontramos uma distinção importante entre transições principais de uma forma de hegemonia de classe para outra, das quais já falamos, e as transições secundárias que marcam os estágios dentro da vida de um dado sistema econômico (às quais aparentemente se referia o Professor Pirenne ao falar de desenvolvimento do capitalismo como tendo a forma de "uma escada"). Onde uma nova classe, ligada a um novo modo de produção, se torna dominante e expulsa os representantes da antiga ordem econômica e social antes dominantes, a influência dessa revolução política terá necessariamente de sentir-se em toda a área daquela unidade política dentro da qual o poder foi transferido, e as consequências imediatas devem nesse caso ser aproximadamente simultâneas por toda essa área. É essa mudança de política, e daí de direção em que sua influência se exerce, em nível *nacional*, o que dá a momentos como a revolução inglesa do século XVII, 1789 na França ou 1917 na Rússia, seu significado especial.

O desenvolvimento do capitalismo através das fases principais de sua história se ligou essencialmente à transformação técnica que afeta o caráter da produção e por esse motivo os capitalistas ligados a cada nova fase tenderam a ser, pelo menos inicialmente, uma camada diferente de capitalistas com relação àqueles que tinham aplicado seu capital no tipo mais antigo de produção. Foi acentuadamente esse o caso na Revolução Industrial. Os pioneiros das novas formas técnicas eram, em sua maioria, homens novos, desprovidos de privilégio ou posição social, que empreendiam uma luta contra os privilégios de interesses estabelecidos, mais antigos, em nome do liberalismo econômico. Para expandir-se, esses homens novos muitas vezes tinham de recorrer ao capital em parceria com capitalistas de posição mais antiga; às vezes, fabricantes-comerciantes que antes tinham financiado a indústria doméstica montaram fábricas e, gradualmente, o capital se transferiu dos antigos para os novos, de modo que o antagonismo entre as camadas capitalistas mais antigas e os *nouveaux-riches* da nova indústria nunca se aprofundou demais. Por sua vez, a alteração na estrutura da indústria afetou as relações sociais dentro do modo de produção capitalista, influenciando radicalmente a divisão do trabalho, diminuindo as fileiras do pequeno trabalhador-proprietário subempreiteiro, artesão intermediário entre capitalista e assalariado, e transformando a relação entre o trabalhador e o próprio processo produtivo.

Seria engano, no entanto, supor que tais relações sociais fossem o reflexo passivo de processos técnicos e ignorar a medida em que as modificações nelas ocorridas exerceram uma influência recíproca, às vezes decisiva, sobre a forma de desenvolvimento. Na verdade, elas são a concha dentro da qual tem lugar o próprio crescimento técnico. Se a concepção de capitalismo e de seu desenvolvimento aqui adotada é válida, pareceria seguir-se que qualquer modificação nas circunstâncias que afetam a venda dessa mercadoria decisiva, a força de trabalho, quer diga respeito à abundância e escassez relativas de mão de obra, ou ao grau em que os trabalhadores se acham organizados e agem em conjunto ou podem exercer influência política, deve afetar vitalmente a prosperidade do sistema e com isso o ímpeto de seu movimento, as normas social e econômica dos dirigentes da indústria e até mesmo a natureza da organização industrial e a marcha da técnica. No caso extremo, ela será decisiva em afetar a estabilidade do sistema. Nos capítulos seguintes, a influência exercida pelas condições mutáveis do mercado de trabalho será, certa ou erradamente, um tema recorrente. Pode ser que tal influência se estenda a esferas situadas fora do alcance deste estudo, com efeitos menos evidentes do que aqueles dos quais logo falaremos. Por exemplo, dois autores recentemente sugeriram uma ligação entre a condição mutável do mercado de trabalho e a atitude do Estado quanto à punição de crime, sendo essa atitude aparentemente menos dura e mais inclinada a considerações de ordem humana em épocas de escassez de mão de obra, quando o trabalho dos condenados era muito procurado, do que em épocas em que a reserva de mão de obra era grande e a vida proletária, por consequência, bem barata.[27] A respeito da influência desse fator sobre a política econômica, aventuraremos uma afirmação geral, quando menos como uma hipótese para investigações mais especializadas. Parece existir pelo menos uma evidência *prima facie* para ligarmos períodos nos quais a política do Estado numa sociedade de classes marcha em direção da regulamentação econômica a períodos de escassez de mão de obra, real ou temida, e períodos nos quais a política do Estado se inspira num espírito de liberalismo econômico a uma situação oposta. Os motivos que levam o Estado em qualquer época a promover uma intervenção na produção podem ser variados e complexos, como também o podem ser as possíveis formas e objetos de intervenção. Uma situação conducente a um tipo de intervenção pode não o ser a outro. Mas quando a intervenção do Estado ocorreu no passado como política examinada e determinada, adaptada às circunstâncias normais do tempo de paz, os dois objetivos que parecem principalmente ter nela atuado são a execução de um monopólio em favor de algum grupo de capitalistas, ou o reforço das obrigações da disciplina de trabalho,[28] e devemos esperar que os esforços do Estado numa

---

[27] G. Rüsche e Kirchheimer, *Punishment and Social Structure*.
[28] Fala-se aqui primordialmente de regulamentos e controles governando o preço, produção ou entrada num ofício ou mudança de emprego, do tipo comum sob o sistema mercantilista e também em tempos recentes, e não de legislação como as Leis Fabris ou previdência social, que não afetam tão diretamente as relações de intercâmbio ou de produção e geralmente possuem uma motivação e significado diferentes.

sociedade capitalista, no sentido de controlar salários e restringir a liberdade de movimento do trabalhador, sejam maiores se a reserva de mão de obra se mostrar exaurida do que quando ela for bem ampla. A suposição de que um *motif* dominante do *Étatisme* numa sociedade de classes está no controle do mercado de trabalho é reforçada pelo fato de que a intervenção estatal tendeu a crescer em países da Europa ocidental no século XIV e início do século XV, período de escassez quase mundial de mão de obra (por exemplo, na França, a proclamação de João, o Bom, destinada a controlar as organizações profissionais em Paris, e, na Inglaterra, o controle estatutário dos salários) e, de novo, no século XVII, que foi na França, por exemplo, a era de Sully, Laffemas e Colbert; enquanto o século XIX, um período de abundante reserva de mão de obra e rápido aumento demográfico, testemunhou os maiores triunfos do *laissez-faire*.[29] A hipótese tem, pelo menos, muita coisa a recomendá-la, ao afirmar que a liberdade floresce melhor sob o capitalismo quando, por motivo de um proletariado superabundante, o modo de produção se acha seguro, ao passo que a compulsão legal se destaca logo que os empregos competem em busca de quem os ocupe e o modo de produção se torna menos lucrativo como fonte de renda para o capital, e menos estável.

Em contraste com o quadro de uma política flutuante do Estado quanto à indústria, como realmente a encontramos, o capitalismo às vezes tem sido representado sob o aspecto de uma luta constante pela liberdade econômica,

---

[29] Cf. E. Heckscher (*Mercantilism*, vol. I), que sugere que o aumento dos salários após a Peste Negra "proporcionou um motivo poderoso para a primeira intervenção por parte do Estado" (p. 138), que "quase sempre se exerceu do lado dos mestres" (p. 148). Aproximando-se o final do século XV, no entanto, houve uma modificação da política oficial na França, e uma reversão parcial a um regime de autogoverno da guilda. Quanto ao século XVII, cf. P. Boissonnade, *Le Socialisme d'État: l'Industrie et les Classes Industrielles en France, 1455-1661*, que se refere à disciplina rígida a que aprendizes e trabalhadores se encontravam submetidos naquele século, "semelhante à dos quartéis militares ou dos conventos", e à política estatal, concernente às guildas, que favorecia o *patronat* contra o trabalhador e, em vista das queixas gerais de escassez de mão de obra, proibia as associações e assembleias de trabalhadores, punindo os que mudassem de emprego (pp. 295-305). A despeito dos *syndicats* ilegais e das revoltas e insurreições dos trabalhadores em diversas cidades em vários anos entre 1622 e 1660, esse parece ter sido um período de piores condições entre os trabalhadores, que "vivem num estado próximo à nudez", em condições de "miséria assustadora" (pp. 307-8): estado de coisas que continuou sob Colbert (Boissonnade, *Colbert, 1661-83*; H. Hauser, *Les Débuts du Capitalism*, 36-9, 102-6, 161 em diante). Cf. também a referência de Weber ao caráter não desenvolvido de um proletariado no continente europeu como motivo do "cultivo deliberado pelo Estado" da indústria na França e Alemanha (*General Econ. History*, 164). É bem verdade que no século atual temos novamente uma era de arbitramento compulsório, de salários tanto mínimos quanto máximos, e do Estado Corporativo, combinado a um desemprego total aumentado entre as duas guerras. Mas essa situação moderna é peculiar nesse aspecto, por ser dominada pelo surgimento de organizações poderosas da classe assalariada. Há evidente ligação, no entanto, entre o crescimento das despesas com armamento na década de 1930, diminuindo a reserva de mão de obra, e o crescimento da coação pelo Estado sobre a mesma.

pois só na ausência de regulamentação e controle ele pode achar condições favoráveis para expansão. Conforme essa opinião, o capitalismo é o inimigo histórico da restrição legal e do monopólio, sendo este último o produto da intromissão ilegítima do Estado no domínio econômico, empenhado na busca do poder, em vez de visar à abundância ou à estabilidade social à custa da prosperidade comercial. No entanto, vemos aí pouca semelhança com o quadro real e, mais adiante, o papel do monopólio nos diversos estágios do capitalismo, ajudando, num primeiro momento, o aparecimento da burguesia e o progresso da acumulação de capital, e, de outras vezes, detendo o desenvolvimento técnico, será acentuado com frequência. Embora ao atingir a maturidade, o capitalismo movesse guerra contra os privilégios monopolistas das guildas artesanais e corporações comerciais que lhe barravam o caminho, posteriormente revelou não ser de todo hostil à aceitação de privilégios econômicos e à regulamentação estatal do comércio em seu próprio interesse, como demonstra a história subsequente do mercantilismo. No século XIX, principalmente na Inglaterra, temos também a nova indústria fabril a erguer a bandeira de livre acesso aos mercados e às fontes de mão de obra e a reivindicar o direito de competir em termos de igualdade com os rivais estabelecidos há mais tempo, a fim de abrir caminho para suas forças produtivas notavelmente aumentadas. Mas, a não ser nas circunstâncias especialmente favoráveis da Inglaterra como pioneira da nova técnica, tal entusiasmo pela liberdade de comércio raras vezes se mostrou incondicional e, em fins do século, a concorrência iria novamente ceder lugar ao monopólio, com o comércio livre retirando-se antes da aurora do que tem sido chamado uma era de neomercantilismo. Podemos até dizer que só em períodos excepcionais, quando mercados e oportunidades lucrativas se expandem em grau incomum, é que cessa o medo crônico ao aumento dos produtos e da capacidade produtiva que esse sistema parece nutrir, e sua tendência inata para as normas restritivas, nascida desse medo, passa a estado latente.

Dois comentários finais de natureza geral parecem pertinentes, como introdução aos estudos mais detalhados que virão a seguir. A ênfase de nossa abordagem à interpretação do capitalismo está em que as modificações no caráter da produção, e nas relações sociais que giram em torno dele, exerceram em geral uma influência mais profunda e poderosa sobre a sociedade do que as modificações nas relações comerciais *per se*. No entanto, tal não deve ser tomado como implicando que o comércio e os mercados não tenham, por sua vez, tido uma importante influência recíproca sobre a produção e não devam representar papel destacado em diversos pontos da narrativa. Não só foi o comércio o terreno do qual surgiu primeiramente uma burguesia; não só seu impacto sobre a aldeia medieval teve poderosa influência, ainda que indireta, pela promoção de uma diferenciação entre o campesinato em camponeses prósperos e camponeses pobres, fomentando assim o crescimento de um semiproletariado rural entre os últimos; não só os mercados formaram os moldes pelos quais a indústria se estabeleceu, sendo eles mesmos dependentes do crescimento da produção; mas também podemos dizer que são os períodos de mercados em crescimento rápido, bem como de crescente oferta de trabalho, os períodos *par excellence* de expansão industrial, de progresso tanto na técnica produtiva quanto nas formas de organização; enquanto é aparentemente quando os mercados se contraem que a preocupação quanto a uma rotina segura e a consolidação de uma posição estabelecida tendem a expulsar o espírito de aventura e se instala um enrijecimento nas juntas da indústria capitalista. Comparado a sistemas anteriores, não resta dúvida que o capitalismo moderno se mostrou progressista em grau elevado — de acordo com o tributo bem conhecido que lhe é prestado por Marx e Engels no *Manifesto Comunista*, "a burguesia desempenhou papel extremamente revolucionário no palco da história... foi a primeira a nos mostrar o que a atividade humana pode realizar... não pode existir sem revolucionar constantemente os instrumentos de produção e, por consequência, as relações de produção". Mas tal influência progressista do capitalismo não se deveu tanto a que, por alguma qualidade duradoura de sua natureza, o sistema prospere pela inovação contínua quanto ao fato de seu período de maturação estar associado a uma flutuação incomum de mercados, bem como a uma taxa anormal de crescimento de sua oferta de trabalho. Que tal tenha sido o caso no século XIX e, na América, durante as três primeiras décadas do século XX, não justifica supormos que tal constelação favorável vá continuar indefinidamente, e logo veremos que não falta evidência a sugerir que isso já pode ser coisa do passado. Essa influência a longo prazo, no entanto, como aquela que a configuração mutável dos mercados exerceu sobre o desenvolvimento econômico, parece ter ocorrido primordialmente *através* de seu efeito sobre a produção, como um dos fatores condicionantes da última, e, à parte isso, a esfera de comércio não parece ter sido a fonte de qualquer onda poderosa de influência que se tenha espalhado diretamente a partir dali, em círculos amplos, por toda a superfície da sociedade.[30]

---

[30] Não pretendemos fazer, com isso, uma afirmação sobre a ordem de "importância" dos diferentes fatores na promoção da mudança. Trata-se simplesmente de uma afirmação a respeito do *modus operandi* das sequências causais e do papel operacional diferente de diversos fatores num processo de desenvolvimento. A distinção referida parece semelhante à feita por J.S. Mill entre um acontecimento que é a *causa* imediata de alguma mudança e um acontecimento (ou mais de um) que exerce uma influência, não por produzir diretamente a mudança, mas por *predispor* certos elementos de uma situação na direção relevante, "um caso de causação no qual o efeito é investir um objeto com uma certa propriedade" ou a "preparação de um objeto para a produção de um efeito" (*System of Logic*, 9ª ed., vol. I, 388-90).

36 a evolução do capitalismo

Se a forma do desenvolvimento econômico for como a descrevemos, parece seguir-se um corolário específico para a análise econômica: corolário esse da maior importância, pois vale dizer que, para compreender os movimentos do sistema econômico em qualquer dado período, as qualidades peculiares ao sistema são mais importantes do que as que possa ter em comum com outros sistemas; e não compreenderemos grande coisa de suas tendências de desenvolvimento a longo prazo se derivarmos nossos conceitos simplesmente das relações de troca, traçando uma linha entre elas e aquele tipo especial de fator institucional que compõe o que Marx chamou de modo de produção da época. A teoria econômica, pelo menos desde Jevons e os austríacos, tem sido modelada cada vez mais em termos de propriedades comuns a qualquer tipo de sociedade de trocas; e as leis econômicas principais têm sido formuladas nesse nível de abstração.[31] O material institucional ou histórico-relativo,

---

[31] Alguns parecem ter reivindicado para as proposições da teoria econômica um caráter universal e necessário, semelhante ao das chamadas "proposições sintéticas *a priori*". O Professor Hayek, seguindo uma linha de pensamento aberta por Weber, declarou que os objetos que constituem a matéria das Ciências Sociais não são "fatos físicos", mas totalidades "constituídas" de "categorias familiares às nossas próprias mentes". "As teorias das Ciências Sociais não consistem em 'leis' no sentido de regras empíricas sobre o comportamento de objetos definíveis em termos físicos": tudo que proporcionam é "uma técnica de raciocínio que nos ajuda a ligar fatos individuais, mas que, como a Lógica ou a Matemática, não é sobre os fatos", e "nunca pode ser verificada ou negada por referências aos fatos". "Tudo quanto podemos e devemos verificar é a presença de nossas suposições no caso particular... A própria teoria... só pode ser testada com relação à consistência" ("The Facts of the Social Sciences", em *Ethics*, outubro de 1943, pp. 11, 13).

Essa afirmação bastante surpreendente advém da opinião de que as "totalidades" de que tratam as teorias sociais lidam com relações não definíveis em termos de propriedades físicas comuns, mas apenas em termos *teleológicos* de atitudes que reconhecemos como semelhantes por analogia com o caráter de nossas próprias mentes. Daí, do conhecimento de nossas próprias mentes podermos derivar *a priori* todas as noções gerais que constituem a forma da matéria da teoria social. No que diz respeito à Economia, essa opinião parece depender da seleção do *mercado* como a província única da Economia, e do problema de "adaptar meios escassos a dados fins" como o aspecto do mercado sobre o qual se focaliza o estudo econômico ("fins" definindo-se subjetivamente em termos de desejos humanos).

Tal opinião reconhecidamente não se aplica a fenômenos passíveis de medição estatística (estatística vital, por exemplo) nem presumivelmente a instituições tais como o trabalho forçado, a posse individual de propriedade, a distinção entre homens com propriedade e outros sem ela; parecendo tudo isso inteiramente passível de classificação em termos de suas propriedades físicas, sem referência às atitudes mentais. Além disso, não está absolutamente claro porque se supõe que coisas como dinheiro ou capital não são definíveis em termos dos usos reais que vemos deles serem feitos, em vez de "em termos das opiniões que as pessoas têm a seu respeito". [Se o dinheiro for definido como algo que não dá satisfação direta, mas *considerado* apenas como um meio pelo qual as coisas que permitem satisfação podem ser adquiridas, nesse caso tal definição deverá ser em termos do juízo mental das pessoas; mas não se o dinheiro for definido substancialmente como algo costumeiramente *usado* como meio de adquirir coisas que as pessoas comem, vestem, usam como combustível ou para ornar suas casas, sem ser por si próprio usado em qualquer desses modos. O fato de que nem sempre possamos decidir se classificamos como ornamentos ou como dinheiro certos colares usados pelos ilhéus do oceano Pacífico, sem intuição quanto aos seus processos mentais, não parece bastante para

o capitalismo 37

embora não de todo excluído, tem sido introduzido apenas no segundo andar do edifício, sendo tratado em sua principal parte como variações em "dados" capazes de influenciar o valor das variáveis, pertinentes, mas sem alterar as próprias equações principais, pelas quais as relações dominantes são definidas. Daí traçar-se uma linha demarcatória entre uma esfera autônoma de relações de troca dotada de propriedades e governada por necessidades em sua maior parte independentes de qualquer mudança de "sistema" — esfera que é a província dos economistas — e a esfera de instituições de propriedade e relações de classes que é o território onde sociólogos e historiadores das instituições, com seus discursos sobre "sistemas", podem fazer todo o espalhafato que quiserem. Mas, se o fator principal no desenvolvimento econômico e social, senão no político, dos últimos quatro ou cinco séculos tem sido algo chamado capitalismo, e este é como o descrevemos, tal dicotomia é insustentável.[32] Uma esfera autônoma de relações de troca, cujos conceitos ignoram a diferença qualitativa na ligação de diversas classes com a produção e, portanto, entre si, para concentrar-se em sua semelhança como fatores quantitativos num problema abstrato de determinação de preços, não pode claramente revelar muita coisa sobre o desenvolvimento econômico da sociedade moderna. Além disso, a alegada autonomia dessa esfera entra, ela própria, em questão.

Considerar as relações de troca como território autônomo para uma ciência econômica especial parece significar que uma narrativa causal quase completa dos processos essenciais pode ser construída sem sair-se de seus limites. Há quem sustente que, embora um estudo das relações de troca em si mesmas deva ser reconhecidamente incompleto, a menos que passe a levar em conta a influência por elas recebidas de determinadas instituições como a estrutura de classes da sociedade, as leis reveladas pelo primeiro são, não obstante, fundamentais e exprimem necessidades que governam

---

invalidar o último tipo de definição para a maioria dos fins.] Não é a questão de não podermos, em certas circunstâncias, aprender *mais,* pela dedução dos motivos de outras pessoas a partir dos nossos próprios motivos do que pela simples generalização a respeito de seu comportamento: é questão de saber se a matéria da teoria econômica e interpretação histórica se confina ao que podemos aprender por intermédio dos primeiros.

[32] J.S. Mill fez a concessão considerável de sustentar que as leis de distribuição eram relativas a determinadas instituições, mas sustentou também que as leis de produção não o eram. Tal opinião, no entanto (chamada por Marx de "uma ideia gerada pela crítica incipiente, mas ainda rudimentar, da economia burguesa", *Capital,* vol. III, 1030), traça uma dicotomia dentro do corpo da própria Economia, que parece ainda mais difícil de sustentar. Por exemplo, na doutrina de Mill a taxa de lucro, figurante na determinação do valor, dependia daquelas condições que determinavam a distribuição, e nesse sentido a teoria de valor apoiava-se numa teoria de distribuição. A Economia moderna, entretanto, não tem dado oportunidade a esse tipo de dicotomia já que tem integrado formalmente a distribuição (ou seja, a determinação de preços dos fatores de produção) à estrutura do equilíbrio geral de preços.

qualquer tipo de sistema econômico. Não está totalmente claro em que sentido a moderna teoria de equilíbrio de preços pode ser tida como exprimindo "necessidades" para qualquer tipo de sociedade, e o que resta de tais "necessidades" quando as mesmas têm de ser suplementadas em qualquer medida maior por dados institucionais historicamente relativos.[33] Porém, expresso em termos formais, um significado possível a ser conferido a tal afirmação é que a influência dos fatores institucionais sobre as relações de troca não é de molde a modificar quaisquer das equações governantes, ou a privar qualquer das variáveis independentes que têm figurado nessas equações de sua suposta independência. Se tal condição se sustentar, as variações dos fatores institucionais poderão razoavelmente ser simplesmente tratadas como modificações dos "dados" que afetam somente os valores a serem atribuídos a essas variáveis. No entanto, se tal suposição conveniente não se sustentar — se a influência dos dados institucionais particulares for mais radical do que isso — então as necessidades que tais leis expressam modificarão seu caráter diante de qualquer modificação fundamental de sistema; e o próprio enunciado das mesmas em uma forma que seja simultaneamente realista e determinada será impossível, a menos que se leve em conta a situação institucional.

A afirmação de que os princípios econômicos podem ser formulados sem levar-se em conta as condições institucionais particulares pode parecer, a muitos, vulnerável a tão óbvia objeção que cause surpresa ser possível fazer tal afirmação com seriedade. Não é óbvio que o modo pelo qual os preços são determinados e a troca regulamentada, sob condições de concorrência, *deve* ser diferente do modo pelo qual são determinados sob condições de monopólio? Ou que o padrão dos preços em qualquer ocasião determinada (e, consequentemente, os movimentos dos preços no correr do tempo) deve ser diferente, quando cada vendedor ignora os atos que outros vendedores se propõem, dos casos em que tal ignorância estivesse ausente parcial ou totalmente (como sucederia sob condições de planejamento econômico)? Se assim for, o enunciado de que uma mudança de circunstância não afeta as próprias equações pelas quais as "necessidades" econômicas são definidas não poderá ser verdade, no que se refere à determinação de preços. Presumivelmente, o enunciado só pode ser seriamente apresentado quando aplicado aos postulados em um nível mais alto de generalidade, ou seja, a

---
[33] Um significado particular que os próprios subscritores dessa opinião deram à mesma é a alegada necessidade de adoção de certos mecanismos de preço e de mercado por uma economia socialista, que tem figurado no debate a respeito do problema do cálculo econômico numa economia socialista, em torno do qual surgiu uma literatura considerável.

o capitalismo 39

princípios dos quais as teorias particulares podem ser tratadas como casos especiais.[34] Os únicos postulados desse tipo são os que concernem à relação entre preços e demanda, postulados que afirmam que uma dada estrutura de preços terá um determinado efeito sobre a demanda, e, segundo se tem sustentado, implicam o corolário de que, em qualquer dado estado de oferta de recursos produtivos, apenas um conjunto de preços (e uma alocação de recursos produtivos que lhe correspondem) resultará numa "satisfação ótima" da demanda — corolário este que também requer para sua validade certas suposições acerca da natureza da preferência dos consumidores ou da utilidade. Contudo, tais enunciados não bastam para proporcionar uma explicação determinada de como as relações de troca são realmente determinadas.

Uma analogia que, por ser conhecida, talvez se possa recomendar aos economistas, pode ser citada com base nos recentes debates acerca da Teoria Quantitativa da Moeda. Tal teoria, expressando uma relação invariável entre as variações na quantidade de dinheiro e as variações nos preços, costumava ser enunciada numa forma em que era considerada como tendo validade geral para qualquer tipo de situação. Em grande parte, isso se devia a uma suposição implícita de que outras variáveis decisivas eram independentes da quantidade de dinheiro, ou que, se ligadas à última, tal ligação se limitava a uma certa forma.[35] Hoje se compreende que tal suposição não se mostra verdadeira com relação a todos os tipos de situação, particularmente uma situação caracterizada por uma capacidade excedente de mão de obra e maquinaria. Portanto, na medida em que a teoria afirma contar uma história causal, sua alegada generalidade se desfaz, pois existem situações nas quais a relação por ela afirmada entre a moeda e os preços não é verdadeira, enquanto, se ela modificar seu *status* para o de uma simples

---

[34] A diferença entre a determinação de preço sob concorrência e sob concorrência imperfeita tem sido enunciada formalmente deste modo: a produção será determinada pela condição de igualdade de custo marginal e rendimento marginal, sendo a concorrência perfeita tratada como um caso especial em que os rendimentos marginal e médio são iguais (porquanto a demanda é infinitamente elástica), e consequentemente o custo marginal é igual ao preço, e não menor que ele. Mas, quando lidamos com a indústria como um todo, essa condição crucial (a elasticidade da demanda para a firma individual) terá de ser introduzida quando a concorrência for imperfeita como uma condição separada (isto é, separada da demanda para toda a indústria), como terá de sê-lo também uma condição como a presença de restrições ao ingresso de firmas na indústria.

[35] Por exemplo, até onde a velocidade de circulação mudava como consequência de variações de preço (ou da expectativa das mesmas), isso tendia a ser numa direção que *reforçasse*, e não contrabalançasse, a influência de variações na quantidade de dinheiro sobre os preços. A produção era tida como não afetada pelas variações na demanda em virtude de uma suposição implícita de pleno emprego, isto é, oferta inelástica de produção como um todo.

"equação de identidade", a história causal[36] da relação real entre moeda e preços ficará para ser contada, e contada em termos de situações particulares. Quando mais essa história causal estiver inteiramente narrada, pode ser que surja algum novo princípio geral, em termos do qual num sentido puramente formal situações particulares possam novamente ser expressas como casos especiais (por exemplo, um estado de pleno emprego como aquele em que a oferta de produção apresenta elasticidade zero, em vez de alguma elasticidade positiva). A questão é que tais princípios gerais só podem surgir corretamente como resultado de classificação e análise anteriores das peculiaridades concretas de situações particulares, e não como resultado do isolamento de alguns traços comuns daquelas situações por um método de analogia superficial. O estudo comparativo das instituições sociais proporciona, para dizer o mínimo, uma forte presunção de que a moderna teoria de equilíbrio de preços pode possuir, sob esse aspecto, considerável analogia com a Teoria Quantitativa da Moeda. Nas palavras de Friedrich Engels, a Economia Política como uma "ciência histórica" "deve investigar primeiramente as leis especiais de cada estágio separado na evolução da produção e da troca e só quando tiver completado tal investigação poderá estabelecer as poucas leis bem gerais aplicáveis à produção e à troca consideradas como um todo".[37]

Este não é tema que possamos aqui tratar convenientemente, mas também não pode ser inteiramente ignorado no presente contexto. Embora não se possa seriamente negar que existam traços que diferentes tipos de sociedade econômica têm em comum, e que tais analogias mereçam estudo e tenham sua parcela de importância quando colocadas no devido lugar, parece evidente que as principais questões referentes ao *desenvolvimento* econômico, como as tratadas nos estudos seguintes, não podem ser absolutamente respondidas, a menos que se ultrapassem os limites daquele tipo tradicional de análise econômica em que o realismo é tão impiedosamente sacrificado à generalidade, e a menos que a fronteira existente entre o que está em moda rotular como "fatores econômicos" e como "fatores sociais" seja abolida. Além disso, não se trata apenas de que esse tipo limitado de investigação econômica seja impotente para responder a certas questões. Ao confinar seu exame da sociedade ao nível do mercado, esse tipo de investigação contribui também para aquela mistificação a respeito da natureza

---

[36] O relato causal é usado aqui no sentido de uma teoria adequada que nos permite fazer alguma predição quanto aos acontecimentos reais: nesse caso, a respeito do efeito provável de uma dada variação na quantidade de dinheiro.
[37] *Anti-Dühring*, 167-8.

essencial da sociedade capitalista da qual a história da Economia, com suas teorias de abstinência e jogos verbais a respeito de "produtividade", é tão prolífica em exemplos. Ao nível do mercado, todas as coisas disponíveis para a troca, inclusive a força de trabalho dos proletários, aparecem como entidades semelhantes, porquanto foi feita abstração de quase todas as demais qualidades, exceto aquela de ser um objeto de troca. Por isso, tudo é visto, nesse nível de análise, como uma troca de equivalentes; o possuidor de títulos à propriedade contribuiu tanto quanto o trabalhador para o processo de troca, e a essência do capitalismo, como uma forma particular da apropriação de trabalho excedente por uma classe possuidora de poder e privilégios econômicos, é, desse modo, oculta por escamoteação. Mudar o foco da investigação econômica de um estudo de sociedades de troca em geral para um estudo da fisiologia e crescimento de uma economia especificamente capitalista — estudo que deve ser necessariamente associado a um estudo comparativo das diferentes formas de economia — é uma mudança de ênfase que, pelo menos na Grã-Bretanha, parece vir com bastante atraso.

CAPÍTULO II

O DECLÍNIO DO FEUDALISMO
E O CRESCIMENTO DAS CIDADES

1

A Grã-Bretanha não se tem mostrado imune ao debate sobre o significado de feudalismo, e os usos do termo têm sido variados e contraditórios. Como observou a Dra. Helen Cam, o historiador constitucional tem-se inclinado a encontrar a essência do feudalismo no fato de que "a posse da terra é a fonte do poder político"; para o jurista, sua essência era o *"status* determinado pela *tenure"* e, para o historiador da economia, "o cultivo da terra pelo exercício de direitos sobre pessoas".[1] De modo geral, no entanto, a questão não provocou, na Grã-Bretanha, grande controvérsia. A definição não se prendeu a filosofias sociais rivalizantes, como sucedeu em outros lugares, mais notavelmente na Rússia do século XIX. A própria existência de um tal sistema não foi posta em questão, e os planos para o futuro não se fizeram na dependência de qualquer impressão que esse sistema possa ter deixado sobre o presente. Na Rússia, ao contrário, a discussão mobilizou a opinião com muito mais vigor do que em outras partes, e a questão de saber se o feudalismo no sentido ocidental jamais existiu naquele país tornou-se um ponto principal no famoso debate entre eslavófilos e ocidentalistas na primeira metade e meados do século XIX. De início, a ênfase foi conferida à relação que o vassalo mantinha com seu príncipe ou suserano e à forma de posse da terra, proporcionando o que, fundamentalmente, era uma definição jurídica: uma definição certamente de acordo com a etimologia da palavra, pois como Maine observou, o termo feudalismo "tem o defeito de chamar a atenção para o conjunto apenas de seus incidentes característicos". Exemplo amadurecido disso é a definição que o falecido Professor P. Struve recentemente apresen-

---

[1] *History*, vol. XXV (1940-1), p. 216.

tou na *Cambridge Economic History of Europe*: "um vínculo contratual, mas indissolúvel entre serviço e cessão de terras, entre obrigação pessoal e direito real". A partir dessa definição, seguia-se que, embora o feudalismo tivesse existido na Rússia, seu começo só podia ser situado em torno de 1350, com o término da posse alodial da terra e o surgimento da ocupação da terra mediante prestação de serviços, e que presumivelmente esse padrão terminou no século XVII, quando o *pomiestie* foi assimilado ao *votchina* (isto é, tornou-se hereditário) e houve uma reversão ao princípio alodial.[2] Com a crescente influência do marxismo sobre os estudos russos de história agrária, um segundo tipo de definição entrou em destaque, conferindo lugar de honra às relações econômicas, em vez das jurídicas. O Professor M.N. Pokrovsky, por exemplo, que durante muitos anos foi o *decano* dos historiadores marxistas, parece ter considerado o feudalismo *inter alia* como um sistema de "economia natural" autossuficiente, em contraste com uma "economia de troca" monetária — como "uma economia que tem o consumo como objetivo".[3] Tal noção de que o feudalismo se apoiava na economia natural como sua base econômica parece partilhada, pelo menos implicitamente, por uma série de historiadores econômicos no Ocidente e poder-se-ia dizer que tem maior afinidade com as concepções de autores da Escola Histórica Alemã, como Schmoller, do que com as de Marx. Há evidência suficiente para sugerir que os mercados e a moeda desempenharam um papel mais destacado na Idade Média do que se costumava supor. Contudo, tal noção, de qualquer modo, partilha, com aquela puramente jurídica, a grande inconveniência (para dizer o mínimo) de tornar o termo nem mesmo aproximadamente confinante com a instituição da servidão. No caso de Pokrovsky, por exemplo, tal definição leva-o a falar do século XVI na Rússia como um período de declínio do feudalismo (intitulando o capítulo correspondente à matéria em seu *Brief History* de "A Dissolução do Feudalismo na Moscóvia"), pela razão de que o comércio estava revivendo nessa época e a produção para o mercado aumentando. O século XVI, no entanto, foi o período em que a servidão de camponeses antes livres ou semilivres estava aumentando bastante e as obrigações feudais (no uso econômico comum da expressão) do campesinato estavam sendo acres-

---

[2] *Cambridge Economic History of Europe*, vol. I, 427, 432.
[3] *Brief History of Russian*, vol. I, 289. Essa definição *inter alia* granjeou-lhe críticas enérgicas por parte de outros historiadores soviéticos no início da década de 1930. Os críticos de Pokrovsky alegavam ter ele tentado simultaneamente adiantar tanto essa concepção quanto outra, puramente política e jurídica, e que, influenciado especialmente por uma obra muito discutida de Pavlov-Silvanski em 1907 (advogando a ideia de que o feudalismo no sentido ocidental existira na Rússia), jamais rompera de todo com essa última concepção (cf. S. Bakhrushin, em *Protiv Historicheski Conseptsii M.N. Pokrovskovo*, 117-18).

44 a evolução do capitalismo

cidas em grande escala. Alguns historiadores econômicos ingleses, ao que parece, têm tentado aparentemente evitar esse dilema, em primeiro lugar, por uma identificação virtual da servidão com a prestação de serviços ou com o trabalho obrigatório diretamente executado na propriedade do senhor e, em segundo, tentando demonstrar que tais prestações de serviço usualmente desapareciam e eram transformadas em uma relação contratual em termos monetários à medida que o comércio e a produção para troca num mercado amplo se desenvolviam no final da Idade Média. No entanto, isso não parece proporcionar-nos absolutamente um modo satisfatório de fugir à questão, como tentaremos demonstrar neste capítulo.

Os ingleses habituaram-se a desprezar discussões sobre definições como sendo meras disputas acerca de palavras; tal instinto provavelmente é sadio, tendo-se em conta que muitas discussões de tal tipo têm sido pouco mais do que um exercício para pedantes. Questões de definição, no entanto, não podem ser inteiramente descartadas, por mais desejosos que estejamos de que os fatos falem por si mesmos. Já dissemos que, ao ligarmos um significado definido, explícita ou implicitamente, a um termo como feudalismo ou capitalismo, estamos *ipso facto* adotando um princípio de classificação a ser aplicado na seleção e ordenação de acontecimentos históricos que façamos. Decidimos como romperemos o *continuum* do processo histórico; a matéria-prima que a história apresenta à historiografia — que acontecimentos e que sequências devem ser postos em destaque. Como a classificação deve necessariamente preceder e formar a base da análise, segue-se que, assim que passarmos da descrição à análise, as definições por nós adotadas deverão ter influência crucial sobre o resultado.

Para evitarmos uma prolixidade indevida, deve ser suficiente, sem ulterior discussão, postularmos a definição de feudalismo que nos propomos adotar doravante. A ênfase dessa definição estará baseada não na relação jurídica entre vassalo e suserano, nem na relação entre produção e destinação do produto, mas na relação entre o produtor direto (seja ele artesão em alguma oficina ou camponês cultivador da terra) e seu superior imediato, ou senhor, e no teor socioeconômico da obrigação que os liga entre si. De conformidade com a noção de capitalismo discutida no capítulo anterior, tal definição caracterizará o feudalismo primordialmente como um "modo de produção" e isso formará a essência de nossa definição. Como tal, será virtualmente idêntica ao que geralmente queremos dizer por servidão: uma obrigação imposta ao produtor pela força e independentemente de sua vontade para satisfazer certas exigências econômicas de um senhor, quer tais exigências tomem a forma de serviços a prestar ou de taxas a pagar em dinheiro ou em espécie —

de trabalho ou do que o Dr. Neilson chamou de "presentes para a despensa do senhor".[4] Essa força coercitiva pode ser a militar, possuída pelo superior feudal, a do costume apoiado por algum tipo de procedimento jurídico ou a força da lei. Tal sistema de produção contrasta, por um lado, com a escravidão, no sentido de que (como Marx o exprimiu) "o produtor direto acha-se aqui na posse de seus meios de produção, das condições materiais de trabalho necessárias à realização de seu trabalho e à produção de seus meios de subsistência. Ele empreende sua agricultura e as indústrias caseiras rurais a ela ligadas como um produtor independente", ao passo que "o escravo trabalha com condições de trabalho pertencentes a outrem". Ao mesmo tempo, a servidão implica que "a relação de propriedade deve afirmar-se como uma relação direta entre senhores e servos, de modo que o produtor direto não seja livre": "Uma ausência de liberdade que pode variar desde a servidão com o trabalho forçado até o ponto de uma simples relação tributária".[5] A servidão contrasta com o capitalismo no sentido de que, sob este último, o trabalhador, em primeiro lugar (como sob a escravidão), não é mais um produtor independente, mas acha-se divorciado de seus meios de produção e da possibilidade de prover sua própria subsistência, mas, em segundo (diversamente da escravidão), sua relação com o proprietário dos meios de produção que o emprega é puramente contratual (um ato de venda ou assalariamento terminável a curto prazo): perante a lei, ele é livre, tanto para escolher como para trocar de patrão, não estando sob qualquer obrigação, a não ser a imposta por um contrato de serviço, de contribuir com trabalho ou pagamento para um patrão. Esse sistema de relações sociais, ao qual nos referimos como servidão feudal, tem sido associado na história, por uma série de motivos, a um baixo nível de técnica, no qual os instrumentos de produção são simples e em geral baratos, e o ato de produção tem caráter em grande medida individual;

---

[4] N. Neilson, *Customary Rents* (cm *Oxford Studies in Social and Legal History*), 15. Cf. Vinogradoff, *Villeinage in England*, 405: "A relação entre trabalho e serviço, embora bem marcante e predominante na maioria dos casos [no período feudal], não é de modo algum a única que se deveria levar em conta."

[5] *Capital*, vol. III, 918. Marx vai além, a ponto de dizer que "sob tais condições o trabalho excedente para o proprietário nominal da terra não lhes pode ser (aos servos) roubado por quaisquer medidas econômicas, mas tem de ser extraído deles por outros meios, seja qual for a forma que assumam", acrescentando ainda as observações seguintes: "A forma econômica específica em que o trabalho excedente não pago é bombeado dos produtores diretos determina as relações de governantes e governados... É sempre a relação direta entre os proprietários das condições de produção e os produtores diretos que revela o segredo mais íntimo, o alicerce oculto de toda a construção social, e... da forma correspondente do Estado." No entanto, "isso não impede que a mesma base econômica mostre variações e graduações infinitas em sua aparência", devido a "numerosas circunstâncias externas, ambiente natural, peculiaridades raciais, influências históricas externas, e assim por diante, todas as quais devem ser apuradas por cuidadosa análise".

a divisão do trabalho (e consequentemente a coordenação dos indivíduos na produção como um processo socialmente integrado) mostra-se em nível bem primitivo de desenvolvimento. Historicamente, tem sido igualmente associado (e por motivo semelhante quanto ao essencial) a condições de produção para as necessidades imediatas do domicílio ou comunidade de aldeia, e não a um mercado mais amplo, embora a "economia natural" e a servidão estejam bem longe de ser limítrofes, como veremos adiante. O ápice de seu desenvolvimento era caracterizado pelo cultivo da propriedade senhorial, geralmente em escala considerável, por prestação de serviços compulsória. Mas o modo de produção feudal não se restringia a essa forma clássica. Finalmente, esse sistema econômico tem sido associado, pelo menos durante parte de sua história e muitas vezes em suas origens, a formas de descentralização política, com a posse condicional da terra pelos senhores baseada em algum tipo de ocupação da mesma por serviços por eles prestados e (mais geralmente) com a posse por um senhor com funções judiciárias ou semijudiciárias em relação com a população dependente. Mais uma vez, no entanto, tal associação não é invariável, e a servidão pode ser encontrada associada tanto a formas estatais bem centralizadas quanto à posse hereditária da terra, em vez daquela fundamentada em serviços prestados por seus ocupantes. Para inverter uma descrição feita por Vinogradoff (que fala de servidão como "corolário característico do feudalismo"[6]), podemos dizer que a posse da terra sob a forma de feudo é uma característica comum, mas não invariável, da servidão feudal como um sistema econômico, no sentido em que o estamos usando.

2

O revivescimento do comércio na Europa ocidental depois de 1100 e seu efeito perturbador sobre a sociedade feudal constituem uma história bem conhecida. Como o crescimento do comércio trouxe por consequência o comerciante e a comunidade comercial, que se nutriu como um corpo estranho dentro dos poros da sociedade feudal; como sobreveio uma circulação crescente de dinheiro através da troca, penetrando a autossuficiência da economia senhorial; como a presença do mercador incentivou uma inclinação crescente no sentido de permutar produtos excedentes e produzir para o mercado — tudo isso, com grande riqueza de detalhes, já foi narrado muitas vezes. As conse-

---
[6] Artigo sobre a Servidão na *Encyclopedia Britannica*.

quências para a tessitura da antiga ordem foram bastante radicais. A renda em dinheiro, bem como os serviços dos servos, passaram a ser uma ambição dos senhores, desenvolvendo-se um mercado de empréstimos e outro de terras. Como disse um autor, falando da Inglaterra: "as grandes estradas que ligam Londres ao litoral são as artérias pelas quais flui o dinheiro, o solvente mais destruidor do poder senhorial".[7]

Não se pode duvidar de que esse processo fosse de excepcional importância naqueles séculos, e é bastante evidente que estivesse ligado às mudanças tão marcantes ocorridas no final da Idade Média. Desenvolveu-se a tendência a comutar a prestação de serviços por um pagamento em dinheiro e a arrendar a propriedade senhorial por dinheiro ou continuar seu cultivo com mão de obra assalariada, que obviamente teve como condição necessária o crescimento do mercado e das transações efetuadas em dinheiro. Questionável, no entanto, é se a ligação era tão simples e direta como muitas vezes tem-se descrito, e se a ampliação do mercado pode ser admitida como tendo sido uma condição *suficiente* para o declínio do feudalismo — se uma explicação é possível em termos de que este é o fator único ou mesmo decisivo. Não tem sido incomum atribuir ao efeito solvente da troca e do dinheiro não só uma influência excepcional, mas singular, na transformação da sociedade feudal em capitalista. Muitas vezes encontramos o quadro de uma economia mais ou menos estável que se desintegrava ao impacto do comércio agindo como uma força externa e desenvolvendo-se fora do sistema que finalmente sobrepujou. Dão-nos uma interpretação da transição da antiga ordem para a nova, na qual se veem as sequências causais dominantes dentro da esfera de troca entre a economia senhorial e o mundo exterior. A "economia natural" e a "economia de troca" são duas ordens econômicas que não se podem misturar e a presença última, ao que nos dizem, é bastante para fazer a primeira dissolver-se.

Logo que a influência do comércio sobre a estrutura do feudalismo em diferentes partes da Europa, ou mesmo da Inglaterra, é submetida a um estudo comparativo, surgem sérias dúvidas a respeito da adequação de tal interpretação. Por exemplo, se os efeitos destruidores das transações efetuadas em dinheiro na antiga ordem, baseada no trabalho servil, verdadeiramente fossem o fator decisivo em funcionamento, poderíamos naturalmente esperar achar uma maior evidência da comutação de serviços por um pagamento

---

[7] W.H.R. Curtler, *The Enclosure and Redistribution of our Land*, 41. Pirenne diz que "a decadência do sistema senhorial aumentou em proporção ao desenvolvimento do comércio" *(op. cit.*, 84). O Professor Nabholz atribui a transição das taxas feudais para arrendamentos em dinheiro ao fato de que "o senhor deve ajustar-se a uma economia monetária" (*Cambridge Economic History*, vol. I, 503; também 554-5).

em dinheiro na Inglaterra, digamos, por volta do século XIV, nos condados mais próximos ao mercado londrino — em mais estreito contato com aquelas "artérias pelas quais flui o dinheiro, o solvente mais destruidor do poder senhorial". Na verdade, foi no Sudeste da Inglaterra que se registrou a maior proporção de prestação de serviços nessa data e, no Norte e no Oeste do país, a menor.[8] Por si só, isso poderia ser considerado insuficiente como evidência em contrário, porquanto a importância relativa das prestações de serviço entre as taxas feudais variava nas diversas partes do país, com o tipo de cultivo e a dimensão da propriedade arável; e muitos pagamentos em dinheiro eram sobrevivências de longa data e não produtos de comutação recente. Mas, também é verdade, ao estudarmos a tendência no correr de diversos séculos, que "nas partes mais atrasadas do país, mais distantes dos grandes mercados, acima de tudo, no Noroeste, as prestações de serviço foram abandonadas em primeiro lugar, enquanto o Sueste mais progressista as reteve por mais tempo".[9] Em segundo lugar, uma explicação da transformação em termos de influências de mercado levar-nos-ia a esperar encontrar uma correlação íntima entre o desenvolvimento do comércio e o declínio da servidão em diferentes áreas da Europa. Em certa medida, é verdade que existe tal correlação. Mas as exceções são bastante notáveis. O caso mais destacado em que a ligação não se aplica é o recrudescimento do feudalismo na Europa oriental, no final do século XV — aquela "segunda servidão" a que se referiu Friedrich Engels:[10] um revivescimento do antigo sistema que estava associado ao crescimento da produção para o mercado. De forma semelhante, nos Estados bálticos, na Polônia e na Boêmia, as oportunidades crescentes para exportação de cereais levaram, não à abolição, mas ao aumento ou revivescimento das obrigações servis impostas ao campesinato, e ao cultivo arável para o mercado nas grandes propriedades, numa base de trabalho servil.[11] Da mesma forma, na Hungria, o crescimento do comércio, do cultivo de grandes propriedades e crescentes imposições sobre os camponeses marcharam lado a lado.[12] Em terceiro lugar, não há evidência de que o início da transformação na Inglaterra se ligasse ao crescimento da produção para o mercado, ainda que os dois se associassem nos estágios posteriores

---

[8] Cf. H.L. Gray em *English Historical Review*, outubro de 1934, 635-6. É verdade que Londres não tinha ainda a preeminência sobre outras cidades que iria adquirir mais tarde. Mas as duas cidades seguintes em importância, Norwich e Bristol, também se achavam na metade meridional da Inglaterra.
[9] M. Postan em *Trans. Ryl. Hist. Society* (NS.), vol. XX, 171.
[10] *Marx-Engels Correspondence*, 407-8.
[11] Cf. H. Sée, *Modern Capitalism*, 161; também cf. W. Stark, *Ursprung und Aufstieg des landwirtschaftlichen Grossbetriebs in den Bohmischen Landern, Camb. Econ. History*, vol. I, 405.
[12] *Camb. Econ. History*, vol. I, 410.

do declínio da servidão.¹³ Hoje se reconhece que existiu um movimento bem considerável no sentido da comutação já no século XII, sucedido no século XIII por uma reação no sentido de um aumento das prestações de serviço e uma intensificação da pressão sobre o campesinato.¹⁴ No entanto, o crescimento do comércio e dos mercados urbanos foi uma característica do século XIII, quando a reação feudal estava ocorrendo, e não do século XII, quando se encontra a tendência à comutação.

Na verdade, parece haver tanta evidência de que o crescimento de uma economia monetária *per se* levou a uma intensificação da servidão como há evidência de que foi a causa do declínio feudal. Se quisermos multiplicar os exemplos, veremos a história da Europa oriental mostrar-se especialmente rica em testemunhos do primeiro tipo. O fato de que as colônias gregas nas costas do mar Negro, nos séculos II e III da era cristã, fossem em tão grande escala colônias comerciais não as impediu que se constituíssem (na descrição que faz Rostovstev) "em comunidades militares de proprietários territoriais e comerciantes que governavam uma população nativa de servos".¹⁵ O fato de que as primeiras cidades russas como Kiev e Novgorod prosperassem tanto como centros de comércio, ao longo da grande rota comercial Báltico-lago Ládoga-Dnieper-mar Negro, não impediu que sua classe dominante tivesse escravos como objetos de produção, bem como de comércio, e desenvolvesse uma forma de servidão em suas terras.¹⁶ Quatro séculos depois, foram precisamente mosteiros prósperos como o Troitsa Sergeievsky, perto de Moscou, ou o de São Cirilo no mar Branco, entre os mais empreendedores e vitoriosos centros de comércio do período, que vieram primeiramente a impor prestação de serviços (em vez de taxas em dinheiro ou espécie) ao campesinato em suas propriedades. Algo semelhante ocorria nos mosteiros alemães e nas empresas colonizadoras da Igreja a leste do Elba, que reduziam o campesinato vênedo nativo à servidão, ou até mesmo à escravidão, em suas próprias terras anteriormente livres, e em geral mantinham um regime mais severo de servidão nas terras da Igreja do que o predominante nas propriedades leigas. Na Polônia do século XV, uma transição de um sistema de pagamento de tributos

---

[13] Entretanto, tal associação dificilmente é verdadeira quanto ao século XV, tendo o mesmo assistido a um crescimento bem rápido do trabalho assalariado na agricultura; no entanto, em sua maior parte, foi um século de comércio em declínio, em vez de em expansão.
[14] Cf. Kosminsky em *Econ. Hist. Review*, vol. V, nº 2, pp. 43-4, que fala de um real "servilismo dos livres"; também sua *Angliskaia Derevnia v. 13ª veke*, 211-16, 219, de que o artigo é um resumo; e Postan, *loc. cit.*, 174-8, 185-7; N. Neilson, *Economic Conditions of the Manors of Ramsey Abbey*, 50 e *passim*.
[15] M. Rostovstev em *American Historical Review*, vol. XXVI, 222.
[16] Ver adiante, p. 76.

em dinheiro e em espécie (que caracterizara o período inicial de colonização da nova terra) para um sistema extensivo de prestação de serviços coincidiu com o crescimento da exportação de cereais, em seguida à Paz de Torun em 1466, que dera à Polônia uma saída para o mar;[17] e na Ucrânia ocupada pelos poloneses do século XVI descobrimos que "a servidão fez seu aparecimento inicial na Ucrânia ocidental, onde a demanda de cereais (para exportar) surgiu pela primeira vez na segunda metade do século XVI".[18] Na Rússia, o século XVIII — século de Pedro o Grande e de Catarina, a déspota esclarecida, a "época dourada da nobreza russa" — assistiu a servidão russa aproximar-se mais da escravidão do que em qualquer outra época, tornando-se o servo virtualmente objeto de seu senhor, que podia vendê-lo separadamente da terra e torturá-lo (ou até mesmo matá-lo) quase impunemente. No entanto, também foi o século que testemunhou um desenvolvimento maior do comércio do que qualquer outro anterior desde as glórias de Kiev, e também um crescimento nada desprezível da manufatura.

Penso que, quanto à questão de se existe algum motivo para supor que o crescimento da economia monetária por si só devesse animar um senhor feudal a cancelar ou afrouxar as obrigações tradicionais de seus servos e substituí-las por uma relação contratual, a resposta deve ser negativa. É bastante óbvio que o senhor não visse qualquer incentivo em comutar as prestações de serviço por pagamento em dinheiro, a menos que o uso de dinheiro se desenvolvesse até certo ponto; e é nesse sentido que um certo crescimento do mercado foi condição essencial da mudança. Mas daí não se segue que a disseminação do comércio e do uso de dinheiro leve necessariamente à comutação das prestações de serviço (ainda menos à emancipação do produtor de todas as obrigaçoes feudais) e ao arrendamento da propriedade do senhor ou ao seu cultivo com base no trabalho assalariado. Não existe igualmente bom fundamento para supor que o crescimento do comércio ocasionasse uma intensificação da servidão, para fornecer trabalho forçado ao cultivo da propriedade para fins de mercado? Não existe também bom motivo para considerar o que sucedeu na Europa oriental ou na Inglaterra do século XIII como a consequência natural do comércio em expansão, como sucedeu na Inglaterra dos séculos XIV e XV, ou na França e Renânia dos mesmos séculos? Se um dos dois devesse ser considerado o desfecho mais provável, tal pareceria ser o primeiro, pois nos períodos iniciais da história o efeito do comércio tinha sido aparentemente o

---

[17] J. Rutkowski, *Histoire Economique de la Pologne avant les Partages*, 31-6. A modificação parece ter vindo antes, e ter sido mais completa, na vizinhança de rios navegáveis como o Vístula, e mais tardia e menos desenvolvida em regiões distantes onde o transporte era difícil.
[18] M. Hrushevsky, *A History of the Ukraine*, 172-4.

de incentivar a substituição da escravidão, que permite um grau mais alto de organização e disciplina, pela servidão, com seus vínculos mais frouxos.[19] Na discussão anterior do declínio do feudalismo, a suposição de que a produção de mercadorias para um mercado implica necessariamente a produção à base de trabalho assalariado parece ter-se infiltrado com demasiada frequência na argumentação.

A interpretação tradicional carece claramente de uma análise das relações internas do feudalismo como um modo de produção e da parte por elas desempenhada na determinação da desintegração ou sobrevivência do sistema. E, embora o desfecho real tenha de ser tratado como um resultado de uma interação complexa entre o impacto externo do mercado e essas relações internas do sistema, há um sentido em que as últimas podem ser tomadas como tendo exercido a influência decisiva. Conforme Marx observou, a "influência dissolvente" que o comércio terá sobre a antiga ordem depende do caráter desse sistema, "sua solidez e articulação interna" e, em particular, "o novo modo de produção que tomará o lugar do antigo é coisa que não depende do comércio, mas do caráter do próprio modo de produção antigo".[20]

Assim que inquirirmos até onde as forças internas da economia feudal foram responsáveis por seu declínio, voltar-nos-emos numa direção a que se tem dedicado menos estudo e onde a evidência não é abundante nem conclusiva. A evidência de que dispomos, no entanto, indica com vigor que a ineficiência do feudalismo como um sistema de produção, conjugada às necessidades crescentes de renda por parte da classe dominante, foi fundamentalmente responsável por seu declínio, uma vez que essa necessidade de renda adicional promoveu um aumento da pressão sobre o produtor a um ponto em que se tornou literalmente insuportável. A fonte da qual a classe dominante feudal extraía sua renda, e a única a partir da qual tal renda podia ser aumentada, era o tempo de trabalho excedente da classe servil, além daquele que se fazia necessário para prover a própria subsistência da última. Com o estado baixo e estacionário da produtividade de trabalho nessa época, pouca margem restava para que esse produto excedente pudesse ser aumentado, e qualquer tentativa de fazê-lo seria certamente à custa do tempo dedicado pelo produtor ao cultivo de sua própria e modesta terra, levando logo a sobrecarregar sua força além de limites humanos, ou então a reduzir sua subsistência abaixo do nível de uma simples existência animal. Que tal sucedesse assim não impedia, é claro, que a pressão para obter um excedente maior fosse imposta;

---

[19] Marx comenta o fato de que, "no mundo antigo, o efeito do comércio e o desenvolvimento do capital mercantil sempre resultam em economia escravista" (*Capital*, vol. III, 390).
[20] *Ibid.*

mas o resultado eventual para o sistema como um todo continuava desastroso, pois no fim levou a uma exaustão, ou desaparecimento real da força de trabalho da qual o sistema se nutria. Nas palavras de um autor francês, "para o cavaleiro ou barão, o camponês, servo ou livre, era apenas uma fonte de renda; em tempo de paz, eles o oprimiam tanto quanto podiam, com impostos e *corveias*; em tempo de guerra em territórios estrangeiros, eles o pilhavam, assassinavam, queimavam e esmagavam... O camponês era nada mais que uma criatura a ser explorada no país e destruída no exterior". Até na literatura da época, como nas *chansons de geste*, plenas de gentil cavalheirismo, "não há uma palavra de piedade para com os camponeses, cujas casas e colheitas são queimadas, e que são massacrados às centenas, ou levados com pés e pulsos agrilhoados".[21] O vilão, que por toda parte encontramos desprezado como uma criatura inferior, não é considerado como um fim da política, mas apenas como um instrumento — um meio de enriquecimento de seus senhores. Com o sistema que se apoiava nesses fundamentos, a história iria ter o seu próprio ajuste de contas particular.

Não só a produtividade do trabalho permanecia muito baixa na economia senhorial, devido tanto aos métodos em uso quanto à falta de incentivo ao trabalho, como também o rendimento da terra permanecia tão modesto que levou algumas autoridades no assunto a sugerirem que existia uma tendência real do sistema de cultivo a resultar na exaustão do solo. A rotação primitiva, a falta de plantio suficiente de espécies com raízes e gramíneas como a alfafa, davam pouca oportunidade de recuperação ao solo depois da colheita; e, embora a estrumação fosse conhecida e às vezes praticada, a pobreza do camponês médio impedia-o de adotar adequadamente em sua própria terra o que "o solo cultivado pelo sistema medieval de plantio requeria para não perder seu poder produtivo".[22] Até o recolhimento de suas próprias ovelhas em sua terra nem sempre era possível, devido ao *jus faldae* do senhor — seu direito de exigir que as ovelhas senhoriais fossem colhidas em sua propriedade. De qualquer modo, havia pouco ou nenhum incentivo à melhoria. Como afirmou uma autoridade em história da Europa medieval, "qualquer melhoria no solo era apenas o pretexto para uma exigência nova", e o senhor, sendo um "mero parasita... desencorajava a iniciativa e consumia toda a energia em sua fonte, tomando do vilão uma parte exorbitante dos frutos de seu trabalho, de modo que este era meio estéril".[23] Não constitui surpresa o fato de que os senhores se queixassem

---

[21] A. Luchaire, *Social France at the time of Philip Augustus*, p. 384.
[22] H.S. Bennett, *Life on the English Manor, 1150-1400*, p. 78.
[23] P. Boissonnade, *Life and Work in Medieval Europe*, pp. 140-1, também p. 145. Cf. as observações

dos vilões que "trabalhavam com fervor diante de um homem, mas devagar e mal quando este lhes dava as costas", ou que se tivesse dito dos servos (o setor mais explorado da sociedade feudal) que, "sendo comprados e vendidos como animais, surrados com varas e mal parando para descansar ou respirar", eles, "quando não submetidos pelo medo, tornavam-se fortes e orgulhosos face aos mandamentos de seus suseranos".[24] Quão desgraçada era a sorte da massa dos produtores e quão próximos do mínimo irredutível se achavam é algo graficamente demonstrado pelas narrativas da época, como a do homem que "tangia quatro novilhas enfraquecidas a ponto de se poder contar suas costelas, tal o seu aspecto miserável", e "quando pisava o chão seus artelhos surgiam pelos buracos de seus sapatos gastos, suas meias pendiam em volta dos jarretes de todos os lados", enquanto, ao seu lado, sua mulher "andava descalça sobre o gelo, a ponto de sangrar". A doutrina comum do bailio era a de que "o plebeu, como o salgueiro, brota melhor quando podado" — doutrina que, embora verdadeira, deve ter operado dentro de limites bem estritos — e um título não pouco invejado, frequentemente merecido pelos bailios, era o de *excoriator rusticorum*. O abade de Burton mal precisava lembrar a seus servos que estes possuíam *nihil praeter ventrem*.[25]

Ao mesmo tempo, as necessidades da classe dominante feudal no sentido de uma renda crescente exigiam uma pressão maior e novas exações impostas aos produtores. Em primeiro lugar, havia uma tendência (que parece ter operado com mais vigor no continente do que na Inglaterra) para que o número de vassalos se multiplicasse, por um processo conhecido como subenfeudação, a fim de fortalecer o poderio militar dos senhores maiores. Combinado ao crescimento natural das famílias nobres e a um aumento no número de dependentes, isso aumentava o tamanho da classe

---

de Adam Smith, *Wealth of Nations*, ed. de 1826, pp. 360-3. Denton se refere à fertilidade da terra arável inglesa no final do século XV como exaurida *(England in the Fifteenth Century*, p. 153), e Lorde Ernle sugeriu até mesmo um declínio de 30 ou 40% em rendimento por acre entre os séculos XIII e XV. Cf. também Harriet Bradley, *Enclosures in England*, pp. 47 em diante, onde se faz referência "à evidência esmagadora da pobreza do camponês no século XIV — pobreza que só pode ser explicada pela esterilidade de sua terra" (56). Opinião oposta é encontrada em R. Leonard, em *Econ. Journal*, março de 1922; também sobre a questão mais ampla da exaustão do solo e história, ver A.P. Usher em *Quarterly Journal of Economics*, maio de 1923, p. 385. Dados estatísticos mais completos (como os de *Sir* William Beveridge) não sustentam a opinião de que houvesse um declínio real em rendimento nesse período, mas a de que, como certo autor recente resumiu a questão, "temos a impressão de que o período caracterizou-se por estagnação agrícola, mas não por retrocesso, porque o nível de técnica agrícola pode no início ter estado tão baixo quanto poderia estar" (M.K. Bennett, em *Econ. History*, fevereiro de 1935, 22).
[24] Cit. G.G. Coulton, *Social Life in Britain from the Conquest to the Reformation*, pp. 340, 341-2.
[25] H.S. Bennett, *op. cit.*, pp. 164, 185-6, 305.

parasita que tinha de ser sustentada pelo trabalho excedente da população servil.[26] Acresciam-se a isso os efeitos da guerra e do banditismo, que podiam ser quase tomados como partes integrantes da ordem feudal e que aumentavam as despesas das casas feudais e da Coroa ao mesmo tempo que espalhavam desperdício e devastação pelo país.[27] Enquanto a exação e a pilhagem diminuíam as forças produtivas, as exigências feitas ao produtor aumentavam. A série de cruzadas acarretou um esgotamento especial de rendas feudais nesse período; e, à medida que avançava a idade da cavalaria, as extravagâncias das casas nobres aumentavam também, com seus profusos festins e exibições custosas, emulando em seu culto à *magnificentia*. De início, o crescimento do comércio, com a atração de artigos exóticos que ele tornava disponíveis e as possibilidades que ele abria de produzir um excedente para o mercado, reforçava a tendência a intensificar a pressão feudal sobre o campesinato; e, como já observamos, o século XIII na Inglaterra foi marcado por um aumento na obrigação de trabalho nas maiores propriedades do país, especialmente nas terras do clero. Uma narrativa contemporânea se queixa de que os senhores "estão destruindo os camponeses pelas exações e tributos", e "exigindo-lhes tributos pela força e opressão".[28] Foi provavelmente esta a raiz da transformação observada por Vinogradoff, ao dizer que "a vontade e a influência do senhor são muito mais distintas e despóticas nos documentos do final do século XIII e do século XIV do que nos registros anteriores".[29] Ao mesmo tempo, é possível que as propriedades menores, que deviam dispor de suprimento insuficiente de trabalho servil, possam ter exibido uma tendência a incentivar os arrendamentos em dinheiro pagos pelos arrendatários e a confiar, para o cultivo da propriedade senhorial, onde fosse praticável, no trabalho assalariado de homens livres.[30] Na França do século XII, ouvimos ocasionalmente vozes como a do abade de Cluny denunciando os opressores do campesinato que, insatisfeitos com as obrigações costumeiras, apresentavam novas exigências.[31]

---

[26] No referente ao tamanho dos estabelecimentos da Igreja no final da Idade Média, cf. algumas observações de Sombart, *Der Moderne Kapitalismus*, vol. I, 160-2.
[27] Cf. as observações de M. Bloch, *La Société Féodale: les classes et le gouvernement des hommes*, 16-24. Ver também nota 42.
[28] Cit. H.S. Bennett, *op. cit.*, pp. 138-9; também 105.
[29] *Villeinage in England*, p. 408.
[30] Kosminsky, *loc. cit.*
[31] Cit. Levasseur, *La Population Française*, vol. I, p. 147. Pirenne se refere a um estado de embaraço financeiro entre cavaleiros e mosteiros, em meados do século XIII, no continente (*op. cit.*, p. 82).

O resultado dessa pressão maior foi não só exaurir a galinha que punha ovos de ouro para o castelo, mas provocar, pelo desespero, um movimento de emigração ilegal das propriedades senhoriais: uma deserção *en masse* por parte dos produtores, que estava destinada a retirar do sistema seu sangue vital e a provocar a série de crises nas quais a economia feudal iria achar-se mergulhada nos séculos XIV e XV. Essa fuga de vilões da terra muitas vezes assumia proporções catastróficas tanto na Inglaterra como em outros lugares, e não apenas servia para aumentar a população das cidades crescentes, mas, principalmente no continente, contribuía para o predomínio das quadrilhas de proscritos, da vagabundagem e das *jacqueries* periódicas.[32] Na França, "quando o senhor permanecia inflexível, sua terra era abandonada: era o êxodo de toda a aldeia, ou mesmo de todo o cantão", e "as deserções eram numerosas e contínuas".[33] No século XII, por exemplo, os habitantes da Îie de Ré desertaram *en masse* devido à severidade de seu senhor, que foi obrigado a fazer concessões para poder ficar com alguns trabalhadores.[34] Os senhores, por sua vez, recorreram, nos séculos XII e XIII, a acordos de ajuda mútua para a captura dos servos fugitivos, acordos esses que proporcionavam uma troca de cativos ou davam o direito de perseguição em território alheio. Entretanto, tão considerável se tornara o problema dos fugitivos e tão grande a necessidade de mão de obra que, a despeito dos tratados e promessas mútuas, desenvolveu-se uma competição para atrair e furtar os servos de um domínio vizinho — competição que necessariamente acarretava algumas concessões e cuja existência impunha seus próprios limites ao crescimento ulterior da exploração feudal. Em alguns casos, um senhor, para repovoar sua terra, abandonada devido à sua própria opressão, era forçado a vender imunidades, pondo limites às exações senhoriais, em troca de um arrendamento ou pagamento em dinheiro. Em certas províncias francesas, desenvolveu-se, desse modo, uma série de comunas rurais, formadas por uma associação de aldeias que, como as cidades, possuíam prefeito e jurisdição próprios.[35]

---

[32] A legislação inglesa cominava punições severas para essa fuga do serviço feudal, que incluíam a prisão ou marcação a fogo na testa. Havia até punições contra o aprendizado de um artesanato por parte daqueles que estivessem ligados a um solar, sendo proibido a qualquer homem que possuísse terras de valor anual inferior a £20 tornar seu filho aprendiz de um ofício (Denton, *op. cit.*, p. 222). Cf. também Lipson: "O sistema senhorial foi solapado não pela comutação, mas pela dispersão do campesinato... A deserção *en masse* da propriedade senhorial acelerou o fim da condição de vilão na Inglaterra." *Econ. History of England*, vol. I (Middle Ages), ed. de 1937, 92-4.
[33] A. Luchaire, *op. cit.*, pp. 407-8.
[34] *Ibid.*, p. 407.
[35] *Ibid.*, pp. 404-6, 411-14; M. Bloch, *La Société Féodale: La Formation des Liens de Dépendance*, 422-3.

Em certa medida, a sede feudal por uma renda maior foi satisfeita por um aumento da população; e o fato de ter havido certo crescimento demográfico até o ano de 1300 sugere que até então houvera certas regiões onde novas ofertas de terras cultiváveis se tornaram disponíveis, ou então a pressão das exações feudais não chegara ainda ao seu limite. Os dados referentes à população nessa época são poucos, mas aparentemente houve um crescimento demográfico considerável, tanto na Inglaterra como no continente, nos séculos XII e XIII.[36] É verdade que isso teria servido para proporcionar mais mão de obra para sustentar o sistema e fornecer uma renda feudal adicional, mas, a não ser em regiões onde o aumento em números foi seguido por um aumento de terra cultivável disponível para os camponeses (que, por sua vez, teria exigido um aumento suficiente em animais de tiro e instrumentos em mãos dos cultivadores), o resultado eventual tendia a ser um aumento na carga suportada pelos camponeses, devido à maior pressão sobre a terra disponível. De fato, tentativas consideráveis foram feitas para aumentar a área de cultivo no decorrer da Idade Média. Houve alguns esforços corajosos de colonização e recuperação de terras, aos quais certas ordens religiosas como a de Cluny e a cisterciense deram uma contribuição importante, como também o fizeram com relação à manutenção de estradas e ao incentivo das atividades artesanais; na Inglaterra, houve invasão de terras abandonadas e foram feitas entradas na floresta primeva; em Flandres, houve recuperação de terras conquistadas ao mar no século XII; na Alemanha, foram drenados os pântanos do Elba, Óder e Vístula. Entretanto, em geral havia pouco incentivo ou meios de melhorar a terra e há suficiente evidência de falta de terra no final do século XIII para sugerir que a extensão da área cultivável não acompanhara o aumento demográfico, e, exceto em alguns poucos lugares, provavelmente este último não fora suficiente para contrabalançar a tendência ao declínio da produtividade do trabalho. Pressão sobre o solo já estava surgindo nos Países Baixos, na Saxônia, na Renânia, na Baviera e no Tirol por volta de 1200 e foi um fator no início da migração para o oriente;[37] tendo-se afirmado que depois do final do século XIV "os limi-

---

[36] Na Inglaterra, a população parece ter crescido de cerca de 2 milhões para 3,5 milhões entre a conquista normanda e o início do século XIV. Na França, o aumento foi provavelmente maior ainda. Levasseur sugere um aumento de 7 milhões no século XI para entre 20 a 22 milhões no século XIV, cifra que não foi superada no século XVI ou até mesmo durante a primeira década do século XVIII (*La Population Française*, vol. I, p. 169).
[37] J. Westfall Thompson, *Feudal Germany*, 496 e 521: "No século XII, em alguns distritos prósperos, a terra parece ter atingido doze vezes o valor que tivera no século IX, e daí em diante, até a segunda metade do século XIII, pode-se observar um aumento de cerca de 50%.

tes de aquisição de terra no solo florestal da Alemanha norte-oriental e interior da Boêmia já estavam atingidos".[38] Após 1300, no entanto, na maior parte da Europa ocidental, a população, em vez de aumentar como sucedera desde o ano 1000, parece ter entrado em declínio acentuado.[39] É impossível dizer com algum grau de verossimilhança se isso estava relacionado com um declínio da produtividade do trabalho nas terras dos camponeses, em virtude do crescimento demográfico dos séculos anteriores, ou se era um resultado direto das imposições feudais maiores sobre o campesinato. Parece muito provável, em vista disso, que tenha havido alguma ligação. De qualquer modo, seu efeito imediato foi ameaçar a sociedade feudal com uma retração da renda e precipitar o que podemos chamar de uma crise da economia feudal no século XIV. Em geral, tal declínio, tanto em número como em renda feudal, tem sido atribuído exclusivamente à devastação causada pelas guerras e pela peste. Ambas foram claramente responsáveis por muita coisa, mas, uma vez que o declínio começara algumas décadas antes do início da Peste Negra,[40] evidentemente tinha raízes econômicas. O próprio efeito destruidor da peste deve ter sido facilitado pelo estado de subnutrição da população (sendo a mortalidade advinda da pestilência, ao que parece, proporcionalmente maior entre as massas) e a escassez local de víveres atingiu tal proporção devido à ausência de reservas. Há alguma evidência a sugerir que o declínio agrícola na Inglaterra surgiu logo após 1300,[41] e provavelmente pela mesma época na França. Na Inglaterra do século XIV o despovoamento dos campos, e com ele a escassez de mão de obra, chegara a tal ponto que, mesmo antes da Peste Negra, causara séria queda da renda feudal e uma tendência, em sentido oposto, a melhorar a propriedade senhorial e a reduzir seu tamanho por meio de arrendamentos feitos aos camponeses. Hoje, parece claro

---

[38] Nabholz em *Camb. Econ. History*, vol. I, 396.
[39] Denton sugere que, na Inglaterra, a população parou de aumentar por volta do final do reinado de Eduardo II, e depois caiu repentinamente em meados do século XIV, após o que tendeu a manter-se estacionária num nível pouco superior à cifra do *Domesday* (cadastro das terras inglesas, estabelecido por ordem de Guilherme, o Conquistador) até a ascensão de Henrique VII (*England in the Fifteenth Century*, pp. 129-30). Quanto à Europa em geral, no século XIV, Pirenne diz ter ela entrado num período "não talvez de declínio, mas cessação de todo o progresso" (*loc. cit.*, p. 193).
[40] Lipson, por exemplo, fala dos salários como tendo "subido durante uma geração antes da peste varrer a Inglaterra", acrescentando: "por conseguinte, a grande pestilência apenas intensificou, mas não originou, a crise econômica, pois o equilíbrio alterado no mercado de trabalho já começara a produzir seus efeitos" (*Econ. History of England*, vol. I, ed. de 1937, pp. 113-14).
[41] R.A.L. Smith apresenta os anos anteriores a 1320 como o início de "depressão agrícola aguda" em Kent; e, a partir dessa época, situa a política de exigir mais uma vez a execução de prestação de serviços anteriormente comutada nas propriedades da Igreja de Cristo, Canterbury — "os monges buscavam explorar ao máximo seus recursos de trabalho compulsório" (*Canterbury Cathedral Priory*, 125-7).

que esse arrendamento das propriedades foi mais uma expressão de crises econômicas do que fruto da crescente ambição de comerciar e desenvolver a que comumente se o tem atribuído no passado. No século XV, a evidência mostra que houve uma redução da área cultivada total, sendo maior a quantidade de terra retirada das propriedades senhoriais do que aquela arrendada a locatários.[42]

Na França, a escassez de mão de obra parece ter sido, mesmo antes do século XV, um fator contrário à extensão do cultivo das propriedades senhoriais. Não só grandes cessões de terra tinham sido feitas pelos senhores a seus vassalos e homens de armas, mas também terra tinha sido arrendada aos pequenos arrendatários em troca de uma parte da colheita (*tenures à champart*). Já mencionamos a tentativa de prender os trabalhadores à terra, como fonte de renda, pela emancipação parcial de servos a partir do século XIII em diante, tendência que encontramos não só na França como também na Renânia e em Flandres, às vezes por manumissão individual, às vezes pela venda da liberdade a aldeias inteiras (na Borgonha, onde o campesinato se mostrava especialmente pobre, em troca da entrega de parte de sua terra ao senhor). A par disso, desenvolveu-se uma tendência a trocar serviços de *corvées* na propriedade senhorial por pagamentos em dinheiro ou em espécie. Mas tais medidas, forçadas como eram mais pela revolta e pela fuga do que por iniciativa do senhor, não bastaram para deter a tendência ao despovoamento. "Em todas as partes (da França), aldeias inteiras, às vezes durante gerações seguidas, foram abandonadas", com a floresta invadindo, em certas regiões, o que antes eram campos de cultivo e vinhedos; e "os dois últimos séculos da Idade Média foram em toda a Europa ocidental e central um

---

[42] M. Postan, em *Econ. Hist. Review*, maio de 1939. O Professor Postan pergunta: até onde esse declínio das rendas senhoriais foi responsável pelo "gangsterismo político da época", que teve o efeito de solapar ainda mais a força da nobreza feudal? Tal gangsterismo, embora provavelmente aumentasse no século XV, parece ter caracterizado também o feudalismo em séculos anteriores (como o fez até mesmo de modo mais notório no continente, por exemplo, os "barões ladrões" da Renânia e de outras partes). Jusserand dá exemplos de assaltos e extorsões nas estradas por parte de bandos armados no século XIV, bandos que, sob o sistema conhecido como "manutenção", recebiam apoio dos mais destacados elementos do país, inclusive pessoas da corte e membros da família real, não excluindo o Príncipe de Gales, os prelados da Igreja e "a querida consorte" de Eduardo III, "a rainha". "Os grandes da terra e algumas pessoas de projeção menor também tinham os seus próprios homens, juramentados a seu serviço e prontos a fazer qualquer coisa que lhes ordenassem, o que consistia nos feitos mais monstruosos, tais como conseguir propriedades ou outros bens os quais nem seus patrões nem quaisquer outros que pagassem a seus patrões para serem 'protegidos' tinham qualquer direito. Eles aterrorizavam os donos legais, os juízes e os jurados, raptando, espancando e mutilando qualquer oponente" (J.J. Jusserand, *Eng. Wayfaring Life in the Middle Ages*, 150-7).

período de 'mal-estar' e despovoamento rurais".[43] Na Alemanha ocidental e central uma influência importante foi a migração para o oriente, iniciada no século XII sob a atração do movimento colonizador, patrocinado por senhores guerreiros e pela Igreja nas novas terras além do Elba: colonização que ganhou impulso depois da "cruzada contra os vênedos" (essa "mistura sinistra de fanatismo e sede de terra", como Westfall Thompson a chama), resultando no extermínio parcial das tribos subjugadas e numa necessidade premente, por parte dos mosteiros e da Igreja, de suprimento de mão de obra para substituir os eslavos que pagavam tributos nos novos territórios. Para povoar essas terras, concessões especiais foram feitas, de início para atrair colonos, e o resultado foi difundir a escassez de mão de obra não só na Saxônia e Vestefália, mas até mesmo tão longe quanto Holanda e Flandres, de onde vinham os imigrantes.[44] A ameaça constante de perder a população de suas terras, principalmente nas regiões onde as cidades crescentes e os *burgos* privilegiados agiam como ímã poderoso, juntamente com a resistência firme do campesinato à execução da prestação de serviços, foi um fator preponderante, na Alemanha ocidental, no declínio do cultivo das propriedades feudais e na tendência dos senhores "a reduzir suas exigências de prestação de serviços, para dissuadir os arrendatários de desertarem de suas propriedades", que vigorou com firmeza depois do século XII.[45]

3

A reação da nobreza a essa situação não foi absolutamente uniforme; e é da diferença nessa reação em diferentes regiões da Europa que depende uma grande parte da diferença na história econômica dos séculos seguintes. Em alguns casos, para atrair ou prender a mão de obra (como em partes da França, principalmente no Sul, depois da Guerra dos Cem Anos), os senhores foram forçados a concessões que representavam uma mitigação das obrigações servis e até, em certas ocasiões, uma substituição de uma relação obrigatória por outra contratual, corporificada num pagamento em dinheiro. Já em outros

---
[43] M. Bloch, *Les Caractères Originaux de l'histoire rurale française*, 117-18; também 99-100, 104, 111-14; cf. também *Camb. Econ. Hist.*, vol. I, 295-321, e Bloch, *La Société Féodale: la formation des liens de dépendance*, 422-5. No século XVI, a atitude senhorial quanto à manumissão dos servos se enrijecera, e tal disposição deu lugar à oposição a concessões posteriores.
[44] J. Westfall Thompson, *Feudal Germany*, 400-39, 485, 501-2, 610.
[45] F.L. Ganshof, em *Camb. Econ. History*, vol. I, 295.

60 a evolução do capitalismo

casos eles reagiram com um estreitamento das obrigações feudais, com medidas mais firmes para a fixação dos servos a uma propriedade e para a captura dos fugitivos e uma reimposição de obrigações servis onde as mesmas tinham antes sido afrouxadas — a "reação feudal" sobre a qual tem havido tanto debate. Na Europa oriental, tal reação foi mais acentuada e mais bem-sucedida. Mesmo na Inglaterra existe evidência de uma tentativa de apertar os laços da servidão no século XIV. Hoje afirma-se em geral que essa reação à escassez de mão de obra que se seguiu à Peste Negra foi menos difundida do que se supunha e que raramente teve alguma medida de êxito apreciável. Contudo, é notório que tal tentativa foi feita, especialmente em certas propriedades monásticas.[46] Do virtual renascimento da servidão ocorrido em algumas partes do continente já citamos exemplos: nós o encontramos na Dinamarca e nos Bálcãs, bem como, mais tarde, nos Estados bálticos, na Rússia, na Polônia, na Hungria e na Boêmia. Na Espanha, muçulmanos e judeus nas propriedades foram reduzidos à servidão e os camponeses foram degradados a ponto de serem mais tarde descritos como "piores do que escravos das galés". Houve até certo revivescimento do tráfico de escravos no Mediterrâneo, para suprir os proprietários de terras com agricultores.[47]

É evidente que, aqui, fatores políticos e sociais desempenharam papel importante na determinação do curso dos acontecimentos. A força da resistência camponesa, o poder político e militar dos senhores locais, tornando o rumo fácil ou difícil, conforme o caso, para vencer a resistência camponesa e evitar pela força a deserção das propriedades, e a medida na qual o poder dos reis exercia sua influência para fortalecer a autoridade senhorial ou, pelo contrário, acolhia uma oportunidade de enfraquecer a posição de partes rivais da nobreza — tudo isso foi de grande importância para decidir se a concessão ou a renovação da coerção viria a constituir a resposta senhorial à deserção e despovoamento e se, no caso da coerção ser tentada, a mesma daria bom resultado. Alguns autores têm manifestado a opinião de que, na Inglaterra, a

---

[46] Isto é, em Canterbury (onde se iniciou antes de 1330), Ely, Crowland e em algumas propriedades do Bispado de Durham. Devemos lembrar, além disso, que o Estatuto dos Trabalhadores de 1351 não só estipulava o controle de salários, mas também tornava compulsório o serviço a um senhor para todas as pessoas pobres, *fossem servas ou livres*, e impunha restrições à sua liberdade de movimento; enquanto as decisões dos tribunais superiores quanto à aplicação das mesmas estipulavam que um senhor podia recapturar um vilão, a despeito de um contrato estatutário entre o último e outro empregador. Isso sugere que "a maquinaria dos tribunais senhoriais tornara-se inadequada para a tarefa de recobrar os vilões fugitivos, que os senhores precisavam de outros meios de reter trabalhadores, e que, portanto, um remédio foi-lhes proporcionado por intermédio do Governo central" (B.H. Putnam, *Enforcement of Statutes of Labourers*, 222, também 200-6).
[47] Cf. Boissonnade, *op. cit.*, 325-6. Também J.S. Schapiro, *Social Reform and the Reformation*, 54 em diante; J.K. Ingram, *History of Slavery and Serfdom*, 113 em diante.

influência dos tribunais e juízes reais agia como uma proteção (sem dúvida apenas parcial) dos direitos dos vilões contra atos arbitrários de opressão por parte de seus senhores, pelo menos quando tais atos não eram aprovados pela tradição,[48] e que, na França, o triunfo da monarquia absolutista serviu quando teve lugar, para limitar a extensão da "reação feudal".[49] Os territórios a leste do Reno (até chegar-se à Polônia e Moscóvia), ao contrário, não testemunharam poder central comparável, ciumento da autonomia de senhores e príncipes e capaz de refrear o exercício desmedido de sua autoridade. Na Europa oriental e na Espanha, pareceria que tanto a força militar como a autoridade política dos senhores locais continuaram relativamente altas. Na França e em Flandres, o feudalismo fora seriamente debilitado pela Guerra dos Cem Anos; ainda assim, em certas partes da França, a autoridade política dos senhores aparentemente continuou, por algum tempo, quase que intacta, e, acima de tudo, a Igreja, como organização internacional bem coesa, manteve sua força. Na Inglaterra, o baronato, que, ao contrário da Coroa (que em virtude da conquista normanda conseguira para si própria uma fonte independente de renda nas grandes propriedades da Coroa), nunca fora forte, foi posteriormente enfraquecido pelas Guerras das Rosas, a tal ponto que os nobres convocados para o primeiro parlamento de Henrique VII mal chegavam a ultrapassar a metade dos que tinham sido convocados no início do século.[50]

No entanto, embora possam ter contribuído, fatores políticos desse tipo dificilmente podem ser considerados suficientes para explicar as diferenças no curso dos acontecimentos nas diversas partes da Europa. A centralização política na Moscóvia e a redução do poder dos *boiardos* marcharam de par com uma intensificação da servidão, e, embora o surgimento da monarquia absolutista na França possa ter posto limites à reação feudal, não a fez reverter (pelo menos como consequência inicial). Todas as indicações sugerem que na configuração dos resultados os fatores econômicos devem ter exercido a influência principal. Todavia, no que concerne ao caráter preciso e à importância de tais fatores, não estamos plenamente supridos de dados idôneos. Uma influência para a qual nossa atenção se volta imediatamente é o tipo predominante de cultivo. Um predomínio de pastos com relação à terra arável, por exemplo, afetaria claramente o desejo senhorial de presta-

---

[48] No entanto, esse fato é negado por Kosminsky (e antes dele por autoridades tais como Pollock e Maitland), que afirma que a lei comum inglesa defendia o direito dos senhores de aumentar os serviços dos vilões, sem restrição, e se recusava a ouvir as reclamações destes contra seus senhores (*Angliskaia Derevnia* v. 13º *veke*, 206-9). A proteção, quando conferida em épocas posteriores, advinha provavelmente dos tribunais privilegiados, em vez dos de lei comum.
[49] M. Bloch, *op. cit.*, 132, 139.
[50] Denton, *op. cit.*, 257.

ção de serviços, tanto quanto esta própria seria influenciada pela escassez ou abundância de mão de obra. A qualificação de grandes áreas no Oeste e Norte da Inglaterra para a criação de ovelhas, bem como o desenvolvimento do comércio de lã, devem evidentemente ter predisposto os senhores situados nessas áreas aos pagamentos em dinheiro, em vez da prestação de serviços, que seria necessária em quantidade muito maior como base para o cultivo das propriedades senhoriais aráveis. No caso da Boêmia, um fator para o qual o Dr. Stark[51] chamou a atenção foi a necessidade imposta ao cultivo extensivo na base mais barata possível pelo comércio exportador de cereais e a limitação do mercado interno. Se tivesse prevalecido um cultivo mais intensivo, a qualidade do trabalho ter-se-ia mostrado uma consideração mais importante comparada à sua barateza e a preferência dos senhores pelo trabalho servil compulsório nos grandes *latifundia* poderia não ter prevalecido. Entretanto, que isso possa por si só dificilmente ser aceito como explicação satisfatória nos é sugerido ao considerarmos que a escolha de métodos extensivos de cultivo em tal caso deve ter sido, ela própria, determinada pela escassez e elevado preço do trabalho disponível para assalariamento (ou, alternativamente, a disponibilidade ou não de agricultores-arrendatários em potencial para cultivar a terra mediante uma renda em dinheiro), comparados à abundância de terra; e que houve outros casos, como o da Inglaterra e Países Baixos, onde a exportação crescente de cereais coexistia com uma tendência final distante das prestações de serviço.[52]

Em alguns casos nos quais as prestações de serviço fixadas pelo costume eram leves, poderia haver dificuldade em mobilizá-las; em tais casos, uma mudança para pagamentos em dinheiro poderia ser um modo de aumentar as obrigações do servo que mais aceitável lhe parecia, pois lhe oferecia maior liberdade pessoal, apresentando ao senhor a linha de menor resistência. É fato bem conhecido que o trabalho compulsório tendia a ser muito menos eficiente do que o trabalho efetuado pelos cultivadores em suas próprias terras e em seu próprio tempo; e, mesmo que o senhor se esforçasse por adotar uma supervisão adequada do trabalho, o rendimento desses serviços obrigatórios permanecia frequentemente incerto e baixo. Às vezes, questões aparentemente sem importância, como o preço das provisões, podem ter influenciado a decisão (onde algumas provisões eram fornecidas aos trabalhadores nas propriedades

---
[51] Stark, *op. cit.*
[52] No século XIII pode ter sido verdade, com relação à Inglaterra, que o crescimento da exportação de cereais fortaleceu a servidão. Kosminsky indica que naquele século a produção para exportação fortaleceu a servidão, mais notadamente nas regiões exportadoras de cereais, nos condados centrais e no vale do Tâmisa (*ibid.*, 227-8).

senhoriais, mesmo quando não passavam de um pão ou um peixe e alguma cerveja); e encontramos diversas vezes, no Winchester Pipe Rolls, no decorrer do século XIV, a observação de que "o trabalho não vale o desjejum".[53] Em tais casos, a substituição do trabalho por tributos em espécie ou em dinheiro (pagos pelo trabalho mais eficiente do servo em sua própria terra) poderia tornar-se uma alterrnativa mais lucrativa para o senhor.

Mas, embora indubitavelmente muitos fatores tais como os acima referidos exercessem também influência contribuidora, parece evidente que a consideração fundamental deve ter sido a abundância ou escassez, o preço baixo ou elevado do trabalho assalariado na determinação da disposição do senhor em comutar ou não as prestações de serviço por pagamento em dinheiro, e se era lucrativo ou não para o mesmo, se forçado a tal.[54] De qualquer forma, tal consideração deve ter prevalecido onde a preocupação da economia feudal era produzir para um mercado e não apenas prover diretamente a casa senhorial. Se o senhor feudal dispensasse as prestações de serviço diretas, as alternativas à sua disposição seriam arrendar a propriedade ou contratar trabalho para seu cultivo por um salário em dinheiro. Tomemos o caso em que ele escolhesse esta última. O que fazia então o senhor feudal era converter um tipo existente de excedente (o de seus servos) de uma forma para outra (de serviços diretos para um pagamento em dinheiro ou em espécie) e investir na aquisição de um novo tipo de excedente — o proporcionado pelo trabalho assalariado. Para o emprego dessa mão de obra adicional era necessária a retenção de parte da terra como bem de raiz e a substituição, em seu cultivo, do antigo trabalho servil pelo novo trabalho. O camponês trabalhava agora durante todo o seu tempo, em vez de apenas parte dele, em sua "própria" terra — a terra à qual tinha estado tradicionalmente ligado, pagando ao senhor o produto desse tempo adicional de trabalho (ou então o resultado de sua venda no mercado local). Mas o novo tipo de cultivo da propriedade senhorial apresentava esta diferença em relação ao antigo. Qualquer tempo de trabalho dedicado à propriedade senhorial sob o regime da prestação de serviços era excedente puro para o senhor (à parte poucas despesas incidentais como o pão e a cerveja fornecidos aos trabalhadores nos campos que já mencionamos). A subsistência dos produtores era provida não com o produto de seu trabalho, mas com o tempo de trabalho gasto em sua própria terra. Era esta última que proporcionava, por assim dizer, o modo de cobrir a "despesa" do

---
[53] A.E. Levett, *Results of the Black Death*, em *Oxford Studies in Social and Legal Hist.*, vol. V, 157.
[54] Cf. as observações de Kosminsky, *Angliskaia Derevnia v. 13º veke*, 52, 163; e de M. Postan, em *Trans. Ryl. Hist. Society*, 1937, 192-3.

senhor — a terra distribuída a seus servos para o próprio cultivo destes e tal tempo de trabalho do qual não desejava apropriar-se, deixando-o disponível para os servos tratarem de sua própria subsistência. Portanto, o cultivo das propriedades senhoriais por esse método podia ser lucrativo até mesmo num baixo nível de produtividade do trabalho. A baixa produtividade reduzia a quantidade de produto disponível para nutrir o produtor e sua família, bem como a extensão do produto do senhor (dada a divisão do tempo de trabalho do servo entre trabalho para si próprio e trabalho obrigatório para seu senhor). Como sob o sistema de *métayage*, de partilha da produção, as más colheitas reduziam em muito a parcela do camponês e a do senhor feudal, mas não podiam fazer desaparecer de todo a parcela do último enquanto houvesse algum produto líquido a dividir. Sob o novo tipo de cultivo da propriedade senhorial, no entanto, a força de trabalho tinha, antes de mais nada, de ser comprada com salários, e, do produto desse trabalho, o equivalente a tais salários tinha de ser subtraído antes que começasse o que era o excedente para o senhor. Para que tal novo tipo de cultivo fosse vantajoso — aumentando o excedente disponível como renda feudal pelos métodos tradicionais — não bastava que o trabalho assalariado fosse mais eficiente do que o trabalho servil compulsório. A produtividade deve ter alcançado um certo *nível mínimo*. Em suma, podemos dizer que as precondições para uma comutação das prestações de serviço e a transição para o cultivo da propriedade senhorial pelo trabalho assalariado foram duplas: a existência de uma reserva de mão de obra (sem terra, ou com terra insuficiente para manter sua subsistência, como a maior parte dos aldeões ingleses, e com tempo de trabalho disponível) e um nível de produtividade desse trabalho assalariado maior do que seus salários em quantidade significativa. Essa "quantidade significativa" que o excedente disponível do novo modo de produção tinha de atingir era uma espécie de *minimum sensible* necessário para atrair os donos de propriedades para seu uso. Às vezes, como se torna claro, essa margem teria de ser bastante ampla para vencer o conservantismo natural e persuadir os donos de propriedades de que o cultivo pelo trabalho assalariado apresentava vantagens substanciais e duradouras. Porém, no caso das propriedades que sempre tinham sido deficientemente supridas de trabalho servil, o fato de que o trabalho assalariado podia produzir até mesmo uma estreita margem de excedente acima do equivalente de seus próprios salários poderia bastar para sua adoção, desde que a reserva de mão de obra fosse prontamente disponível. Na verdade, temos o paradoxo de que, uma vez que tal nível de produtividade (relativo ao preço do trabalho assalariado) tivesse sido atingido, o trabalho assalariado poderia mesmo ter sido *menos* eficiente do que o servil, e ainda assim seu uso ter-se mostrado vantajoso.[55] Essa condição que postulamos para o funcionamento de uma tendência à comutação por iniciativa do senhor poderia ser satisfeita pelo trabalho excepcionalmente barato ou pelo trabalho excepcionalmente produtivo em relação aos padrões primitivos da época. Mas, além de barato ou produtivo, o trabalho tinha de estar disponível em dado momento e lugar com abundância. Daí, segue-se que a transição para o trabalho assalariado deveria ocorrer com mais probabilidade em tipos de cultivo onde o produto líquido do trabalho fosse alto e que o trabalho servil deveria ser mantido com mais probabilidade onde predominassem tipos de cultivo nos quais a produtividade do trabalho fosse baixa, ou por períodos de história econômica em que os métodos produtivos não tinham avançado para além de um nível muito baixo (a menos que este fosse contrabalançado pelo preço do trabalho assalariado sendo equivalentemente baixo, devido à miséria da população). Defrontamo-nos, também, com outro paradoxo: a própria miséria dos camponeses, tal como a descrevemos, criando o perigo de despovoamento das propriedades senhoriais, poderia levar os senhores a se mostrarem mais inclinados às concessões que reduziam as obrigações feudais, ou a comutar as prestações de serviço por um arrendamento, para evitar o despovoamento e porque a miséria que provocava a migração em massa tendia a tornar o trabalho assalariável bem barato (como pode ter sido fator significativo na França, por exemplo, durante e após a Guerra dos Cem Anos e em Flandres, durante o século XIII).[56] De modo inverso, onde a situação do cultivador era menos desesperadora e a terra disponível para ele mais abundante, ou, alternativamente, onde a mão de obra era excepcionalmente escassa devido ao avançado estágio alcançado pelo despovoamento (como parece ter sido um fator decisivo na Europa oriental depois da Guerra dos Trinta Anos), a autoridade senhorial ter-se-ia inclinado a insistir na re-

---

[55] O excedente disponível do trabalho assalariado não precisava ser *maior* do que o proporcionado pelo trabalho servil (= o produto do trabalho servil quando a serviço do senhor), pois, embora estejamos supondo que o trabalho assalariado está sendo substituído pelo servil na propriedade senhorial, não está sendo substituído, mas *adicionado* ao servil como uma *fonte de excedente.* Se supusermos que o senhor tenha comutado a prestação de serviços ao equivalente ao que o tempo de trabalho excedente dos servos poderia produzir quando dedicado ao cultivo da propriedade senhorial, então o senhor ganharia com a mudança, se o novo trabalho assalariado produzisse qualquer excedente acima de seus salários, pois teria agora tal excedente como um acréscimo ao que receberia como taxas comutadas de seus servos.
[56] Parece existir alguma evidência de que a tendência à comutação e manumissão ocorridas em Flandres a partir da segunda metade do século XII foi acompanhada pelo aparecimento de uma classe substancial de camponeses com posses pequenas demais para delas obter seu sustento e, até mesmo, de uma classe sem terra (cf. L. Dechesne, *Histoire Economique et Sociale de la Belgique,* 62-5).

tenção das prestações de serviço e a aumentá-las com novas exigências, em vez de comutá-las. Constitui, seguramente, testemunho muito significativo da importância destacada desse princípio citado por nós que o século de trabalho escasso e caro na Inglaterra tivesse assistido a tentativas de reimposição das antigas obrigações, enquanto tal reação deveria ter enfraquecido e dado lugar a uma tendência renovada à comutação em meados do século XV, quando as lacunas na população tinham sido suficientemente preenchidas para que ocorresse alguma baixa nos salários, a partir do auge da parte final do século XIV.[57] Certamente também é significativo que fosse a leste do Elba, onde o trabalho estava mais estreitamente difundido em comparação à terra disponível, que a "segunda servidão" tivesse encontrado sua guarida mais segura; e que na Rússia, por exemplo, tenha sido nos séculos em que a fronteira em expansão da colonização cossaca no Sul e Sudeste entrasse em evidência, atraindo o trabalho camponês fugitivo da Moscóvia central com a visão de terra livre, que o movimento no sentido da servidão definitiva do cultivador e sua ligação legal ao solo se tenha desenvolvido.[58]

Se considerarmos a outra alternativa possível para o senhor feudal — substituir as prestações de serviço, não pelo cultivo de sua propriedade com trabalho assalariado, mas pelo arrendamento desta a arrendatários — considerações análogas parecem aplicar-se. É verdade que, para a escolha senhorial de arrendar a propriedade, certas considerações especiais são pertinentes e não encontram paralelo entre as influências que decidem sua escolha entre o cultivo da propriedade com servos ou com trabalho assalariado. Pelo arrendamento, por exemplo, ele poderia poupar certa quantidade (talvez considerável) de despesas de sobrecusto de administração da propriedade — o recebimento de aluguel, em outras palavras, poderia mostrar-se muito mais barato do que a manutenção de um quadro de intendentes e bailios. Talvez mais importante poderia ser o estado favorável ou desfavorável do mercado local para os produtos da propriedade, especialmente a proporção entre preços

---

[57] Cf. H. Nabholz em *Camb. Econ. History*, vol. I, 520. Os salários, entretanto, continuaram substancialmente mais altos do que no *início* do século XIV, e em 1500 podem ter alcançado quase o dobro do que tinham alcançado em 1300.
[58] Quanto à escassez de mão de obra na época, cf. P. Liashchenko, *Istoria Narodnovo Khoziaistva*, *S.S.R.R.*, vol. I, 157; A. Eck, *Le Moyen Âge Russe*, 225, 257. Não há contradição real entre o que se diz aqui e a referência feita acima à fuga de camponeses na França do século XIII e alhures, o que levava a concessões senhoriais na forma de manumissões e comutações. Tal tendência em seus estágios iniciais pode resultar em concessões para *restringir* o êxodo, mas, quando chega ao ponto de despovoamento real, é bem mais provável que resulte em medidas compulsórias para trazer de volta os fugitivos e prendê-los ao solo. Há também uma distinção entre a comutação *forçada* a um senhor contra a sua vontade, pela ameaça de rebelião camponesa, e aquela com a qual concorda de bom grado, ou até mesmo é de sua iniciativa.

agrícolas e preços de produtos artesanais e mercadorias importadas; um movimento desfavorável do qual, no século XIV (devido em parte ao crescente fortalecimento das guildas urbanas), pode ter sido um fator a predispor os donos de propriedade ao arrendamento da propriedade senhorial.[59] Um fator que talvez tenha contribuído pode ter sido o surgimento de uma camada de camponeses mais prósperos, ávidos por reunir um campo a outro como meio de aperfeiçoar o cultivo e o progresso social, sobre o qual falaremos adiante. Não há dúvida de que fatores como estes foram decisivos na determinação de *qual* alternativa para as prestações de serviço o senhor feudal adotava: arrendar ou assalariar mão de obra. *Grosso modo*, entretanto, para que se fizesse a escolha entre prestação de serviços e arrendamento e aquela entre a primeira e trabalho assalariado, os mesmos fatores fundamentais na situação, em ambos os casos, eram evidentemente pertinentes. Quanto mais escassa a terra com relação à mão de obra em qualquer dado momento e lugar, mais alta deveria ser a rentabilidade da terra e, por isso, tanto maior o incentivo a adotar uma política de arrendamento, em vez do cultivo de propriedades com prestação de serviços, enquanto o oposto deveria aplicar-se onde a terra fosse abundante e os seres humanos fossem escassos.

No entanto, quando aludimos aqui ao que talvez possamos chamar de proporção entre terra e mão de obra em determinado lugar e momento, devemos nos precaver para não conceber a mesma num sentido demasiadamente abstrato. O que era relevante para a demanda do senhor por mão de obra (ou, alternativamente, de locatários) era, é claro, a terra em sua posse (e no caso de sua demanda de mão de obra, a quantidade de terra que desejava cultivar), além daquela que, por antiga tradição, era dos camponeses, ao passo que não apenas a ausência ou abundância de mão de obra disponível para fazer frente a essa demanda senhorial se mostrava decisiva, mas também sua explorabilidade — sua concordância em receber sobrecargas em troca de uma renda modesta, ou pagar um arrendamento elevado como preço de uma pequena concessão de terra; isso tendia a estar em proporção inversa à quantidade de *terra camponesa* disponível, comparada à população campesina, e também

---

[59] No que diz respeito a isso, baseei-me em E. Miller do St. John's College, Cambridge, que atribui a mudanças nessa "tesoura de preços" um papel destacado nos acontecimentos em fins da Idade Média. Entretanto, o efeito preciso de tais mudanças de preço poderia não ser sempre uniforme, uma vez que dependeria, por um lado, de quão inelástica fosse a demanda de renda por parte dos proprietários de terra e, por outro, das possibilidades de arrendar a propriedade senhorial em termos favoráveis. Já observamos que, nas propriedades do Priorado da Igreja de Cristo, em Canterbury, o declínio das receitas advindo da venda de cereais a partir da terceira década do século XIV, que pode ter-se ligado a um movimento desfavorável dos preços de mercado, foi acompanhado por uma *intensificação* das prestações de serviço e não o contrário. "As contas de todas as propriedades mostram que entre 1340 e 1390 foram executadas prestações de serviço completas" (Smith, *op. cit.*, 127).

à quantidade de gado, animais de tração e instrumentos de trabalho possuídos pelos camponeses e à qualidade do solo e da técnica agrícola da aldeia.

Além disso, a extensão da diferenciação social entre os próprios camponeses, criando uma *camada* de camponeses empobrecidos com pequenas posses, poderia, nesse particular, ser ainda mais importante do que a superfície total de terra camponesa disponível para toda a aldeia. É bem possível que qualquer ligação existente entre o crescimento do mercado e a transição para arrendamentos ou para assalariamento do trabalho funcionasse *através* do efeito do comércio sobre esse processo de diferenciação entre os próprios camponeses, em vez de fazê-lo *através* de sua influência direta sobre a política econômica do senhor, como se tem admitido habitualmente.

Para evitar uma simplificação indevida, mais uma vez temos de lembrar que a posição com referência ao suprimento de trabalho servil era muitas vezes diferente em propriedades de tamanhos diferentes; tal consideração explica muita coisa que, a princípio, parece contraditória, bem como muito das políticas conflitantes entre as diversas categorias da nobreza feudal. Sucedia com frequência que as propriedades menores — os *barones minori* na Inglaterra, os cavaleiros na Alemanha e os pequenos *pomiestchiki* do século XVI na Rússia — fossem muito menos supridas de trabalho servil em comparação às suas necessidades do que acontecia com as propriedades maiores, especialmente as da Igreja. Além disso, quando as "atrações" ou sequestros de servos por um proprietário à custa de outro ocorriam, eram os pequenos proprietários os que mais sofriam com a competição e depredação por parte de seus vizinhos mais ricos e mais poderosos, mostrando-se por isso os mais desejosos de adquirir a proteção da lei para melhor prenderem a mão de obra à terra e devolverem os fugitivos a seus legítimos donos. Como exemplo, basta citar a legislação de Bóris Godunov na Rússia, especialmente seus decretos de 1597 e 1601. Com eles, o tzar despertou a inimizade dos grandes *boiardos,* por sua consideração pelos interesses dos pequenos proprietários. Às vezes, no entanto, como observamos antes, isso apresentava um efeito oposto. Se a quantidade de trabalho servil que uma propriedade conseguia mobilizar se situasse abaixo de certa cifra limite, seu senhor era forçado pela necessidade a confiar principalmente no trabalho assalariado, se achasse que valia a pena cultivar a propriedade; e a questão da medida de serviços compulsórios que podia obter de cada um de seus servos relativamente pouco lhe concernia, sendo de qualquer modo muito menos importante para ele que para seu vizinho mais rico. Se o trabalho assalariado não fosse disponível, a alternativa possível não era aumentar ou estender as prestações de serviço (pois estas seriam inadequadas em qualquer caso), mas abandonar o cultivo da propriedade e achar para a terra arrendatários que lhe pudessem pagar um aluguel pelo seu uso.[60] Quer tenha sido a má situação econômica, em particular a dessas pequenas propriedades nos anos difíceis dos séculos XIV e XV na Inglaterra, ou o empreendimento dos aldeões ambiciosos, o fator mais responsável, uma posterior série de acontecimentos parece ter contribuído em grau nada pequeno para o aumento dos arrendamentos e o crescente uso do trabalho assalariado. Trata-se da já mencionada diferenciação econômica crescente entre os próprios camponeses e do surgimento, na aldeia, de uma facção de camponeses-agricultores relativamente prósperos, por essa época. Ambiciosos e capazes de acumular uma pequena importância de capital e incentivados pelo crescimento do comércio local e seus mercados, tais agricultores foram provavelmente capazes de executar um cultivo mais eficiente, ansiosos por aumentar suas posses arrendando mais terra e por usar os serviços assalariados de seus vizinhos mais pobres. Como titulares solventes de tais arrendamentos feitos pelo senhor da propriedade, o que lhes faltava em explorabilidade derivada da pobreza (e nesse particular não resta dúvida que podiam ser pechincheiros dos mais espertos), eles poderiam ter mais do que compensado pelo desejo de adquirir mais terra como especulação sobre os lucros aumentados da agricultura melhorada. O registro detalhado dos animais que criavam não estava presente nos relatórios dos bailios, como sucedia com o cultivo das propriedades senhoriais, por isso eles se mostram uma das páginas mais obscuras da história. Parece provável, no entanto, que formassem um tipo de classe *kulak* na aldeia inglesa dos séculos XIV e XV, cuja história, quando inteiramente narrada, poderá apresentar muita coisa em comum com sua contrapartida na história da aldeia russa no século XIX. Tal desenvolvimento em tal época poderá à primeira vista parecer estar em contradição com o quadro de pobreza aldeã e crises agrárias traçado acima. Não resta dúvida de que é uma qualificação desse quadro, porém deixa de ser uma contradição se examinarmos mais de perto a situação. Na verdade, a inclusão desse elemento em nosso quadro pode explicar muita coisa aparentemente intrigante na evidência contrária a respeito da economia aldeã da época. É claro que as desigualdades em tipo de solo, situação e fortuna dariam naturalmente lugar a diferenciações entre os próprios camponeses, e até mesmo entre a população de uma determinada propriedade; diferenciação que, no decorrer de um século, tenderia a

---

[60] Cf. Eileen Power sobre "Effects of the Black Death on Rural Organization in England", *History*, iii (NS.), 113.

aumentar e a tornar-se considerável por meios hoje bastante conhecidos. Pode ser que um número apreciável daqueles que arrendavam (ou, às vezes, até mesmo compravam) terra nesse período fosse de pessoas numa posição especial, como alcaides ou funcionários senhoriais.[61] Marx comentou que "alguns historiadores demonstraram espanto pela possibilidade de trabalhadores forçados, ou servos, adquirirem qualquer propriedade independente... sob tais circunstâncias, pois o produtor direto não é um proprietário mas apenas um explorador e porque todo o seu trabalho excedente pertence legalmente ao dono da terra"; e assinalou que, na sociedade feudal, a tradição e o costume desempenham um papel muito poderoso e fixam a partilha do produto entre servo e senhor durante longos períodos. O resultado, portanto, pode ser o de que o senhor se veja excluído do direito aos frutos de qualquer produtividade anormal do tempo de trabalho de um servo, dedicado à sua própria terra.[62] Na Inglaterra do século XIII, Kosminsky afirma ter achado "uma *camada* distinta de campesinato superior", juntamente com "uma seção bem significativa de campesinato pobre", sendo tal diferenciação observável tanto entre as posses dos vilões quanto entre as propriedades "livres", embora mais pronunciada entre as últimas do que entre as primeiras.[63] Entre essa época e a abertura do século XV, tais diferenças devem ter aumentado consideravelmente. Em 1435, ao que se diz, um servo numa propriedade do castelo de Combe deixou 2.000 libras ao morrer, e os arrendatários servis são vistos cultivando centenas de acres.[64] O fato de que a massa da população aldeã na qual o sistema confiava para sua força de trabalho era miseravelmente pobre não deveria impedir uma camada *kulak* superior, que acumulara bastante capital para dispor de métodos aperfeiçoados, mais terra e algum trabalho assalariado (talvez apenas em certas estações do ano), de ser moderadamente próspera. Ao contrário, a pobreza aldeã tem sido sempre o solo no qual o usurário da aldeia e o pequeno empregador podem nutrir-se melhor. Existe evidência de que aldeões às vezes serviam como trabalhadores sob os arrendatários maiores e alguns residentes das aldeias chegavam a assalariar mão de obra para ajudá-los

---

[61] Cf. M. Postan em *Econ. Hist. Review*, vol. XII, 11-12. Nas propriedades do Priorado da Igreja de Cristo em Kent, no final do século XIV, os arrendamentos das mesmas eram às vezes feitos pelos sargentos dessas propriedades — funcionários "recrutados principalmente entre a classe emergente de camponeses prósperos". Em geral, "há muita evidência a demonstrar que os *firmarii* eram via de regra camponeses prósperos e pequenos proprietários" (Smith, *op. cit.*, 193).
[62] *Capital*, vol. III, 923-4.
[63] Artigo sobre "O campesinato inglês no século XIII", em *Srednia Veka*, publicado pelo Instituto de História, Academia de Ciências, U.R.S.S., p. 46; e *op. cit.*, 219-23. Kosminsky admite, no entanto, que sua evidência a respeito dessa camada superior seja menor do que desejaria que fosse.
[64] Curtler, *op. cit.*, 62.

nos trabalhos de colheita para o senhor.⁶⁵ E o número crescente daqueles cujas posses ou equipamento eram inadequados para seu sustento, que era um aspecto da diferenciação econômica, era evidentemente, em si mesmo, um fator importante nas modificações econômicas dos séculos XV e XVI, afetando como afetava tão diretamente a reserva imediata de mão de obra barata para assalariamento. Tampouco era a prosperidade desses agricultores plebeus melhorados incompatível com uma crise do cultivo da propriedade senhorial. É bem possível que o surgimento dessa camada de camponeses mais prósperos se relacionasse com a tendência à consolidação de faixas e de rotação melhorada que podemos observar por volta do fim do século XV, e que esse grupo favorecido da população rural ganhasse bastante com a queda no valor do dinheiro nos tempos dos Tudor. Essa queda (em vista dos arrendamentos em dinheiro pré-fixados ou "variáveis") servia para transferir-lhes renda da classe proprietária da terra e, assim, para assimilar a pequena nobreza e o campesinato superior daquela maneira que foi tão característica da Inglaterra dos Tudor.⁶⁶

No entanto, não devemos supor que o simples fato de uma mudança de prestações de serviço para pagamentos em dinheiro, ou uma transição para arrendamento da propriedade senhorial, representassem uma libertação do cultivador das obrigações servis e sua substituição por uma relação contratual livre entre ele e o dono do solo. E a opinião comum que virtualmente identifica um declínio das prestações de serviços com uma dissolução da servidão feudal é claramente falsa. O movimento que tinha ocorrido num estágio inicial do feudalismo, de um sistema de tributo compulsório, em espécie ou em dinheiro, para um sistema de cultivo da propriedade senhorial com prestação de serviços numa era em que a necessidade feudal de renda tornara-se relativamente grande e o trabalho relativamente escasso, estava invertido agora. Mas, embora o tributo mais uma vez substituísse os

---

⁶⁵ *Cf. Custumals of Battle Abbey* (Camden Socy. Pubns.) xviii, xxxix, 22-3. Para um exemplo no século XIV de vilões que empregavam aradores e não conseguiam êxito em queixa legal contra seu senhor, o abade, sob o fundamento de ter este lhes tirado os servos, ver B.H. Putnam, *op. cit.*, 95.
⁶⁶ Quanto à evidência detalhada desse surgimento de uma seção próspera do campesinato, cf. Tawney, *Agrarian Problem in the Sixteenth Century*, principalmente 72-97. O autor também deve a Rodney Hilton, de Balliol, Oxford, esclarecimentos sobre este ponto, tirados de obra inédita sua. No Leicestershire, no século XVI, um estudo de inventários mostra que "mesmo se omitirmos a classe dos proprietários rurais (menos ricos que muitos pequenos proprietários rurais, pelo menos em propriedades pessoais) descobriremos que 4% da população rural possuía um quarto das propriedades pessoais, e 15,5% metade delas", havendo provavelmente "uma medida maior de desigualdade na propriedade da terra" (W.G. Hoskins, *The Leicestershire Farmer in the Sixteenth Century*, 7-8). Na segunda metade do século, houve muita compra de terra pelos pequenos proprietários rurais, inclusive propriedades senhoriais completas, tornando-se os últimos desse modo proprietários rurais (*ibid.*, 29).

serviços, não perdeu necessariamente seu caráter compulsório, enquanto o produtor não teve liberdade de mudar-se e sua subsistência esteve virtualmente dependente da vontade do senhor. Nem podemos supor sempre que a comutação acarretasse um alívio real dos encargos feudais. O quanto a comutação constituía uma modificação substancial das relações feudais variava amplamente com as circunstâncias do caso. Em muitos casos, é verdade que a mudança de serviços obrigatórios para um pagamento em dinheiro representava alguma modificação dos mais antigos encargos e uma mudança de forma que abria o caminho para posteriores alterações mais substanciais. Onde a mudança ocorria como concessão obtida pela pressão dos próprios cultivadores, esse era mais notadamente o caso. O mesmo sucedia com o arrendamento da propriedade senhorial, que se devia primordialmente aos embaraços econômicos do proprietário. No entanto, existiam também muitos exemplos em que a comutação envolvia não uma mitigação, mas um aumento dos encargos feudais. Nesse caso, tratava-se apenas de uma alternativa para uma imposição direta de serviços adicionais. A comutação mostrava esse caráter com mais probabilidade onde o recurso à mesma era principalmente iniciativa do senhor, e a tentativa de aumentar a renda feudal presumivelmente assumiu essa forma devido a uma relativa abundância de mão de obra. É muito possível que a tendência à comutação que achamos na Inglaterra já no século XII fosse desse tipo. Grande parte da comutação ocorrida nesse período se efetuou aparentemente a um preço bem superior do valor de mercado dos serviços (tanto quanto isso possa ser avaliado). De modo algum todas as mudanças para pagamentos em dinheiro constituíram uma comutação no sentido apropriado do termo. Muitas delas assumiram a forma de *opera vendita*, não permanentemente, mas de ano para ano, à vontade do senhor, que retinha o direito de reverter à sua exigência de prestação de serviços quando lhe convinha.[67] Foi provavelmente a pressão da população sobre a terra disponível da aldeia, tornando mais difícil

---

[67] Lipson, *op. cit.*, 91-2; Levett, *op. cit.*, 150. Sobre a natureza temporária de muitos pagamentos em dinheiro e o direito do senhor em reverter às prestações de serviço, cf. *Camb. Econ. History*, vol. I, 511; também N. Neilson, *Customary Rents* (em *Oxford Studies in Social and Legal History*), 49. Sobre as propriedades do Priorado de Canterbury, os serviços que tinham anteriormente sido postos *ad denarios* foram exigidos novamente depois de 1315. (Cf. R.A.L. Smith, *op. cit.*, 125-6.) Isso pode bem ter-se ligado ao ligeiro aumento de salários que parece ter-se seguido às más colheitas (e escassez de mão de obra como resultado das mortes) em 1315, 1316 e 1321. (Thorold Rogers em *Economic Interpretation*, 16-17.)
    Na verdade, como Richard Jones assinalou, as rendas em dinheiro, em vez de constituírem marcos de independência do agricultor, em geral agiam nas comunidades primitivas em desvantagem desse último e em vantagem do senhor, posto que depositavam as dificuldades e riscos de comercialização sobre os ombros do camponês (*Lectures and Tracts on Pol. Economy*, Whewell ed., 634).

ao aldeão obter sua subsistência e, consequentemente, tornando o trabalho assalariado barato e relativamente abundante — o tempo de trabalho disponível dos aldeões mais pobres e das famílias para as quais não existia terra nos campos abertos — que proporcionou incentivo a essa comutação.[68] O Professor Kosminsky, que fala da "economia de aldeões" nessa época como representando "uma reserva de mãos trabalhadoras para as propriedades", observa também que "'a posse livre' via de regra é posse feudal dependente, pagando renda feudal, muitas vezes próxima em aparência a uma posse servil, da qual emergira recentemente. As posses por arrendamento, em qualquer forma que surgissem. muitas vezes estavam ligadas à execução de obrigações do tipo servil".[69] Contrariamente, um século mais tarde, a tendência inversa no sentido da restauração das prestações de serviço pode ter sido devida a uma drenagem da mão de obra para as cidades nascentes, tanto quanto ao estímulo proporcionado por um mercado em expansão para o cultivo da reserva senhorial; exatamente como foi a escassez de mão de obra e os salários crescentes das décadas médias do século XIV o que mais uma vez fortaleceu a relutância dos donos da terra em aceitar pagamentos em dinheiro *em lugar* das prestações de serviço, levando-os a cobrar um preço maior em dinheiro pela comutação onde a mesma ocorreu[70] (embora a ameaça de deserção da propriedade, que após a Peste Negra assumiu sérias proporções, viesse, pouco mais tarde e em muitos casos a forçar os senhores a fazerem concessões substanciais a seus dependentes).

Talvez a medida de comutação efetuada no primeiro período tenha sido exagerada, e aqueles que a tenham acentuado tenham sido levados a fazê-lo, em parte por uma suposição demasiado fácil de que, onde as rendas em dinheiro eram encontradas, constituíam produtos da comutação em alguma data recente, em vez de serem sobrevivências por todo o período feudal (como sugerem o Professor Kosminsky e o Dr. Neilson),[71] e em parte porque tenham suposto que as obrigações perante um senhor *avaliadas* em dinheiro nos registros fossem obrigatoriamente *pagas* a ele sempre em forma

---
[68] Kosminsky, *op. cit.*,114.
[69] Kosminsky, "Angliskoe Krestianstvo v. 13º veke" em *Collected Papers, History*, Univ. Estatal de Moscou, 41, 1940, pp. 113-14. Noutras partes, Kosminsky assinala que "o vilão pagando renda em dinheiro continuava a ser um vilão, e sua posse ficava à vontade do senhor e de acordo com o costume senhorial" (em *Srednia Veka*, Instituto de História, Academia de Ciências, U.R.S.S., 63), enquanto acentua ao mesmo tempo que "as fronteiras (entre a posse servil e a livre), tão claras na teoria jurídica, na prática achavam-se muito longe disso, estando as últimas às vezes sujeitas a obrigações tais como o *merchet* (proporcionar a armadura ao senhor, no momento de herdar) e o *heriot* (entregar a melhor besta) (*ibid.*, 44).
[70] Lipson, *op. cit.*, 106.
[71] Neilson, *op. cit.*, 48; Kosminsky, *Angliskaia Derevnia v.* 13º *veka*, 75-6, 176-80.

74 a evolução do capitalismo

monetária.[72] No entanto, fosse em grande ou relativamente pequena escala, essa primeira transição de serviços para pagamentos em dinheiro nada mais era que o início de uma tendência que iria operar com força muito maior no século XV. Em fins desse século, a ordem feudal se desintegrara e enfraquecera sob vários aspectos. É verdade que a revolta camponesa do século anterior fora suprimida (ainda que pela astúcia e pela força das armas), mas seu fantasma continuara a assombrar a antiga ordem na forma de uma ameaça constante de fuga dos camponeses da propriedade para as florestas ou montanhas, ou para engrossar o número crescente de jornaleiros e artesãos das cidades. As fileiras da antiga nobreza achavam-se diminuídas e divididas, e as propriedades menores, carentes de prestações de serviço, passaram a arrendar ou a assalariar o trabalho assim que o aumento de população e especialmente o dos contingentes do campesinato mais pobre tornaram novamente barata a mão de obra. Os mercadores estavam comprando terras, propriedades estavam sendo hipotecadas e uma classe *kulak* de camponeses-agricultores mais prósperos estava se tornando séria competidora nos mercados locais e como empregadora rural de trabalho. Mas isso não era ainda o fim, e nem a batalha de Bosworth nem os cercamentos dos campos no século XVI marcaram a desintegração final do modo de produção feudal, que só viria com o século da guerra civil inglesa. "A servidão pessoal" (como afirma Lipson) "sobreviveu à decadência da servidão econômica" e muitos servos continuaram servos sob os Tudor. Em 1537, a Câmara dos Lordes rejeitou um projeto de lei para a manumissão dos vilões. A obrigação de moer no moinho do senhor, o pagamento do *heriot*, os trabalhos de usança e até mesmo "jornadas de colheita" sobreviveram em algumas partes do país no final do século XVI. Os foreiros continuaram, no século XVII, a ocupar suas terras "pelos costumes da propriedade senhorial" (isto é, sujeitas à jurisdição do tribunal senhorial) e não foi senão em 1646, sob o Commonwealth, que as tenências feudais finalmente foram abolidas.[73] Além disso, durante o século XVII, e até o século XVIII, a liberdade de movimento do trabalhador no campo era na prática severamente restringida pelo fato de que deixar a freguesia requeria virtualmente a permissão de

---

[72] *Ibid.*, 96. Quanto à evidência relativa à East Anglia, de pagamentos generalizados em dinheiro, tanto pelos arrendatários livres quanto pelos não livres no século XII, cf. D.C. Douglas no vol. IX de *Oxford Studies in Social and Legal History*. Quanto às rendas em dinheiro ainda mais antigas na Inglaterra saxônica, que podem ter sobrevivido na Inglaterra normanda, cf. J.E.A. Jolliffe, *Constitutional Hist. of Medieval England*, 20-1, e *Pre-Feudal England*, passim.
[73] Lipson, *op. cit.*, 111-112. Também L. Rowse, *Tudor Cornwall*, 48-9.

seu antigo senhor (sob o sistema pelo qual tinha de obter um atestado do Constable para tornar legal sua partida).[74] A respeito das obrigações feudais existem, portanto, duas perguntas analiticamente distintas, que são distinguidas com menos frequência do que requer a clareza de pensamento. Em primeiro lugar, vem a questão da *natureza* da obrigação imposta ao servo, por exemplo, se o excedente lhe é exigido na forma de trabalho direto nas *reservas* senhoriais, ou na forma de produto que tenha cultivado em sua própria terra (como no caso do antigo *gafol* saxão), ou diretamente como produto, ou em dinheiro, como parte do rendimento do mesmo depois de vendido. Em segundo lugar, temos a questão do *grau* de subordinação no qual o servo se situa relativamente ao seu senhor e o consequente grau de exploração a que o primeiro se acha sujeito. Uma mudança na primeira questão de modo algum se acha ligada a uma mudança da segunda. E os motivos para uma alteração na quantidade de obrigações feudais e em sua natureza não apresentam necessariamente grande afinidade entre si. Aconteceu que, na "reação feudal", o desejo de fixar de modo mais firme o camponês à terra, privando-o de liberdade de movimento, e o de aumentar as obrigações que lhe eram impostas coincidiram na maioria dos casos, com uma tendência à volta ao uso das prestações de serviço no cultivo da reserva senhorial, ao passo que, na Inglaterra dos últimos dias de servidão, a tendência à comutação parece ter marchado paralela a um abrandamento dos encargos feudais. Entretanto, tal coincidência nem sempre se registrou. Contudo, em suas raízes históricas, os dois tipos de mudança parecem ter em comum o seguinte: vimos que a escassez de mão de obra (comparada à terra que o senhor tinha disponível para cultivo e às necessidades dos modos de cultivo predominantes) em geral conferirá grande valor às medidas de compulsão para prender a mão de obra à terra e aumentar as obrigações a que ela está sujeita, ao passo que, se o cultivo da reserva senhorial for praticado pelo senhor, a escassez de mão de obra conferirá ao mesmo tempo grande valor ao cultivo daquela terra pelas prestações de serviço diretas, em vez de trabalho assalariado. Fartura e barateza da mão de obra, em qualquer caso, tenderão a ter um efeito contrário. Portanto, permanecendo iguais as demais condições,

---

[74] Esse sistema de passaporte ou licença para trabalhadores datava de um Estatuto de 1388, onde se determinava que "nenhum servo ou trabalhador, homem ou mulher, parta... para servir ou residir noutra parte, a menos que tenha consigo uma carta-patente contando a causa da ida e a data de seu regresso, caso tenha de regressar, sob a autoridade do Rei". Cf. *English Economic History: Select Documents*, Bland, Brown and Tawney, orgs., 171-6; também 334-5, 352-3; também E. Trotter, *Seventeenth Century Life in the Country Parish*, 138-9, onde é dado também um exemplo de arrendatários que pagavam ainda "atados" à execução de certos serviços no século XVII (no Yorkshire), *ibid.*, 162.

há razões, nesse sentido preciso, para esperar que a reação feudal e aumento das obrigações de serviços se apresentem associados, do mesmo modo que o declínio das obrigações de serviços e o abrandamento dos vínculos feudais.[75] Embora exista muita diferença entre o feudalismo na Inglaterra e o feudalismo na Rússia, com sua cronologia e condições ambientais diversas, a história do último nos dá uma ilustração tão clara do fato de que a transição de pagamentos de taxas em serviços para pagamento de taxas em dinheiro não é incompatível com a preservação dos traços essenciais da servidão, que merece nossa atenção. Na Rússia, não apenas o predomínio, em certa época, de pagamentos em dinheiro ou em espécie (*obrok*) e, em outras, de prestações de serviço (*barshchina*) caracterizaram estágios diferentes de servidão, como também sua mutável importância relativa não apresentou correlação íntima com o grau de liberdade ou servidão do cultivador.

No Rus kieviano dos séculos XI e XII havia pessoas em posição servil, cultivando propriedades de príncipes e boiardos. Algumas, sendo escravas, estabeleceram-se na terra (*kholopi*). Outras, chamadas *zakupi,* trabalhavam com arado, rastelo e, às vezes, até com um cavalo cedido pelos seus senhores — "um camponês que recentemente tinha perdido a possibilidade de desenvolver sua economia independente e viu-se na necessidade de submeter-se, devido a vínculos de dívida, à dependência de um senhor-credor, para quem ficou obrigado a trabalhar parte de seu tempo, deixando o resto para si".[76] Além disso, havia camponeses semilivres (*smerdi*), que possuíam sua própria terra e instrumentos de trabalho, mas que vieram a se situar em algum tipo de relação tributária para com um senhor, a quem pagavam taxas em espécie.[77] No período que se seguiu ao apogeu de Kiev e em que se assistiu à colonização da região entre o Oka e o Volga, que mais tarde iria

---
[75] A discussão é conduzida as vezes como se a questão crucial fosse se as condições (como a existência de um mercado ou o tipo de solo) favorecessem, em primeiro lugar, o cultivo das grandes reservas senhoriais. Mas é claro que as necessidades, de um mercado ou da própria economia doméstica do senhor, podem ser igualmente satisfeitas, *quer* pelo cultivo das reservas senhoriais *a*) com trabalho compulsório, *b*) com trabalho assalariado, *quer* por taxas em espécie (ou em dinheiro) pagas pelos arrendatários. O fator decisivo será a lucratividade relativa de um método de servir a um dado fim, em comparação a outros. Onde o tipo de solo e, portanto, o tipo predominante de cultivo podem contar, é a medida que torna a escassez ou abundância de mão de obra de pouca ou nenhuma importância (como na comparação entre criação de ovelhas e terra arável).
[76] B. Grekov, na Introdução a *Khoziaistvo Krupnovo Feodala 17º veka*, vol. I; também Grekov, *Kievskaia Rus* (4ª ed., 1944), 113 em diante.
[77] O processo de servidão (*zakābalenie*) do *smerd* parece ter começado no século X, e por volta do XI uma parte substancial dos mesmos se aproximava, no servilismo de seu *status*, aos *kholops* estabelecidos na terra, embora alguns *smerds* possam, por sua vez, ter possuído *kholops* (Liashchenco, *op. cit.*, 90-2).

converter-se na Moscóvia, a relação predominante nesses territórios recém-colonizados parece ter sido tributária. Posseiros das chamadas "terras negras" foram gradualmente submetidos à soberania de algum príncipe e seus vassalos e à obrigação de pagar taxas em espécie (taxas fixas ou algum tipo de partilha de produtos). Os príncipes e os *boiardos*, e principalmente os mosteiros, também possuíam suas propriedades, trabalhadas pelos *kholopi* servis. Mas a quantidade destes era pequena e logo se tornou insuficiente para as necessidades do serviço doméstico feudal; um historiador da Rússia medieval escreveu que "a questão da mão de obra agrícola domina a história do domínio senhorial na Rússia medieval... e a luta pela mão de obra é um dos principais fenômenos da evolução social nessa época".[78] Entre os séculos XIV e XVI, surge uma tendência a exigir-se prestações de serviço do campesinato na terra dos grandes proprietários. Nas propriedades monásticas, já encontramos tais serviços no século XIV.[79] E, no reinado de Ivã III, segundo um autor alemão, seis dias de trabalho por semana estavam sendo exigidos de seus camponeses pelas propriedades monásticas. Dificilmente isso poderia ter sido regra geral nesse período e, no século XVI, parece haver ainda uma mistura considerável de taxas em espécie, em dinheiro e prestação de serviços ou *barshchina*. Nos distritos centrais, não mais que 10% das famílias camponesas executavam trabalho na propriedade senhorial, embora na região das estepes a proporção fosse bem maior e, na região de Orei, acima de 50%.[80] O restante do campesinato estava sujeito a taxas em dinheiro ou a algum tipo de sistema de *métayage* (meação). No final do século XVI, entretanto, produz-se um rápido crescimento das prestações de serviço em relação às taxas de dinheiro, aumento que só foi detido pela crise da economia senhorial resultante do extensivo despovoamento dos anos anteriores e posteriores às Eras de Discórdias, resultado conjunto da guerra, da fome e da fuga dos camponeses para as livres terras fronteiriças do sul. Esse despovoamento foi de tal grandeza que determinou o abandono de uma proporção entre metade a nove décimos da terra cultivada em muitas áreas, e uma reversão do sistema de três campos a métodos mais primitivos e extensivos de cultivo.[81] Essa escassez de mão de obra na Moscóvia cen-

---

[78] A. Eck, *Le Moyen Âge Russe*, 225.
[79] *Ibid.*, 145.
[80] *Ibid.*, 225; Liashchenko, *op. cit.*, 157-8.
[81] Cf. a passagem muito citada do relatório de um embaixador da Rainha Elisabete da Inglaterra, no ano de 1588: "Muitas aldeias e cidades de meia milha ou uma milha de comprimento encontram-se despovoadas, tendo o povo fugido para outros lugares devido aos usos e exigências extremos que lhe foram impostos, de modo que no caminho para Moscou, entre Vologda e Yaruslaveley, há à vista pelo menos cinquenta aldeias, algumas com meia milha de comprimen-

78 a evolução do capitalismo

tral na primeira metade do século XVII levou a um declínio do cultivo da reserva senhorial e das prestações de serviço, ao mesmo tempo que suscitou medidas legais severas para trazer de volta camponeses fugitivos e prender o *krestianin* à propriedade de seu senhor, o que Kluchevsky chamou de "o coroamento da obra da construção jurídica da servidão campesina" por parte do Estado moscovita.[82] No século XVIII, de Pedro, o Grande, e Catarina, da arquitetura dos Rastrellis e da abertura da "janela para o Ocidente" na Rússia, encontramos em vigor não só a *barshchina* como o *obrok*, com uma tendência aparente (à parte os camponeses designados para trabalhar nas novas fábricas e minas) do último a superar a primeira, e do encargo do *obrok* a aumentar, principalmente entre a década de 60 e a de 90 (talvez duplicando em média durante o século). Ainda nessa época, contribuições em espécie — coisas variadas como ovos, aves domésticas, carne e tecido feito em casa — continuavam a ser prestadas, juntamente com pagamentos em dinheiro e obrigações de serviço diretas, reflexo, talvez, do caratér subdesenvolvido do mercado local, onde o camponês podia vender seu produto e obter meios de efetuar um pagamento em dinheiro.

Um fato impressionante do século seguinte, o século da Emancipação, foi o crescimento em importância, mais uma vez, das prestações de serviço com relação às demais taxas, que se registrou principalmente na região de estepes, claramente estimulado pela expansão do mercado de cereais e sua exportação. Por ocasião da Emancipação, cerca de dois terços dos servos nas propriedades privadas na região de estepes achavam-se sujeitos à *barshchina* e não ao *obrok*. No entanto, é muito curioso que não fossem esses donos de terra meridionais os que mais se opunham ao projeto de Emancipação do Imperador. Sucedia justamente o oposto. O motivo não está longe de se ver e mostra-se bem de acordo com o tipo de explicação apresentado por nós acima. As propriedades dos camponeses nessa parte do país eram em geral bem pequenas, pequenas demais em muitos casos para render bastante para o sustento de uma família. Por esse motivo, existiam todas as condições de uma mão de obra farta e barata para cultivar as propriedades maiores, se as obrigações tradicionais de prestação de serviço fossem suprimidas.[83]

---

to, que se encontram despovoadas e desoladas, sem qualquer habitante" (Giles Fletcher, *Of the Russe Common Wealth*, 61).
[82] V.O. Kluchevsky, *History of Russia*, vol. 3, 191.
[83] G.T. Robinson, *Rural Russia under the Old Régime*, 12-60; P. Liashchenco, *op. cit.*, esp. 90 em diante, 119-25, 157-162; B. Grekov, sobre "Kiev Russia" e S. Bakhrrushin, sobre "Feudal Order" em *Protiv Historicheski Konseptsii M.N. Pokrovskovo*, 70-116, 117-39; A. Eck, *op. cit.*, esp. 84-93, 225, 257-8, 273-95; V.O. Kluchevsky, *op. cit.*, esp. vol. I, 185 em diante, 343 em diante, vol. II, 217-241, vol. III, 175-193, vol. V, 60-75.

4

Na medida em que o crescimento do mercado exerceu uma influência desintegradora sobre a estrutura do feudalismo, e preparou o terreno para o crescimento de forças que iriam enfraquecê-lo e suplantá-lo, a história dessa influência pode ser em grande parte identificada com o surgimento de cidades, como organizações corporativas, ao passarem a possuir independência econômica e política em diversos graus. A influência de sua presença como centros comerciais, principalmente sobre as propriedades menores dos cavaleiros, foi profunda: sua existência proporcionava uma base para transações monetárias, e, por conseguinte, para pagamentos em dinheiro, efetuados pelo camponês ao seu senhor (os quais, entretanto, nunca estiveram de todo ausentes durante o período feudal). Se a pressão da exploração feudal e o declínio da agricultura ajudaram a suprir as cidades com imigrantes, a existência destas como oásis mais ou menos livres numa sociedade que não era livre agia por si só como um ímã sobre a população rural, incentivando o êxodo das propriedades senhoriais para escapar às exações feudais que desempenhou papel tão poderoso na fase de declínio do sistema feudal que tentamos descrever. Na Inglaterra, os donos das propriedades menores, que eram mais suscetíveis à influência urbana, passaram a adotar cada vez mais o hábito de contrair empréstimos com os mercadores, principalmente quando os tempos eram ruins e a guerra ou a fome os faziam defrontar-se com a ruína. Muitas vezes colocavam os filhos como aprendizes num artesanato urbano, ou até mesmo casavam um deles com a filha de um mercador — aquele "mercado para herdeiras entre a aristocracia inglesa", de que fala o Professor Tawney.[84] Quando a época era favorável e acumulavam um excedente, às vezes compravam sua participação numa guilda urbana e se empenhavam no comércio. No século XVI, muitos deles, incentivados pelo comércio de lã, cercaram terras para pasto e, às vezes, tornaram-se intermediários. Como observou com surpresa um autor italiano, "até homens de sangue nobre tratavam de negócios rurais e vendiam sua lã e gado, não considerando qualquer desdouro trabalhar na indústria rural".[85]

Mas, embora tais comunidades urbanas, na medida em que eram centros independentes de comércio e de transações contratuais, em certo sentido se constituíssem em corpos estranhos cujo crescimento contribuía para a desintegração da ordem feudal, seria errôneo encará-las, nesse estágio, como

---

[84] *The Agrarian Problem in the Sixteenth Century*, 187.
[85] *Apud* J.R. Green, *History of the English People*, 18.

microcosmos do capitalismo. Fazê-lo seria antecipar desenvolvimentos que pertencem a um estágio posterior. Tampouco podemos encarar sua existência como sendo necessariamente, em todas as circunstâncias, um solvente das relações feudais. É verdade que o elemento comercial nutrido por tais comunidades reunia em suas mãos os primeiros germes do capital mercantil e prestamista que, mais tarde, seria empregado em grande escala, mas outros instrumentos de acumulação que não uma simples tendência do tipo bola de neve teriam de intervir antes que esse capital se tornasse tão dominador e ubíquo como sucederia em séculos posteriores. Em seu estágio inicial, muitas cidades, se não a maioria, achavam-se subordinadas à autoridade feudal; nesse aspecto, só diferiam em grau dos arrendatários livres de uma propriedade senhorial que, embora desobrigados dos serviços onerosos de um vilão, ainda assim deviam certas obrigações a um senhor. Em seu estágio inicial, pelo menos, essas comunidades eram meio servas e meio parasitas no corpo da economia feudal. O modo de produção por elas consagrado no artesanato urbano representava uma forma de produção mercantil simples, de um tipo sem classes, camponês, onde os instrumentos utilizados eram de propriedade dos artesãos: uma forma que diferia do artesanato empreendido numa propriedade feudal apenas na medida em que o artesão fabricava seus artigos para vender num mercado e não os fabricava como obrigação de serviço para um senhor (e esse último caso podia às vezes aplicar-se também a artesãos de aldeia). Nada existia nesses primeiros tempos (isto é, antes do final do século XV) na Inglaterra[86] com respeito a esse modo de produção que o tornasse capitalista: embora o artesão aceitasse aprendizes e empregasse um jornaleiro ou dois para ajudá-lo, esse recurso ao trabalho alheio se jazia ainda em escala pequena demais para constituir, em qualquer sentido, o esteio da renda do artesão ou qualificá-lo como trabalhador autônomo. Seriam necessários alguns desenvolvimentos históricos importantes, que constituirão assunto de posterior consideração, para que uma transição se efetuasse desse artesanato livre e em pequena escala para um modo de produção especificamente capitalista. No entanto, é verdade que, com o tempo, tais comunidades conquistaram sua liberdade, em geral com luta, da autoridade senhorial e que, ao

---

[86] Tal afirmação não é verdadeira com relação a certas partes do continente, como a Holanda e algumas cidades italianas, onde o capital mercantil achava-se muito mais desenvolvido e havia alguns sinais de autêntica penetração capitalista na produção já em 1200.
  Devemos lembrar que muitas cidades desse período eram pouco maiores do que o que hoje chamaríamos de grandes aldeias. Era raro uma cidade ultrapassar 20.000 habitantes. No século XIV, só na Itália e em Flandres se encontravam cidades de 40.000-50.000 habitantes. York tinha apenas uns 11.000 e Bristol 9.500. Mesmo no século XV, Hamburgo só tinha uns 22.000, Nuremberg 20.000-25.000, Ulm 20.000 e Ausburgo 18.000 (Sombart, *Der Moderne Kapitalismus*, I, 215-16).

fazê-lo, solaparam a força da economia feudal, já que o controle econômico que elas agora exerciam permitia-lhes regular suas relações comerciais com o campo de modo a transferir para si o lucro desse comércio, que de outra forma caberia ao príncipe, senhor ou *abbé* do lugar. É verdade, também, que, contemporaneamente a essa crescente liberdade e prosperidade das cidades, surgiram os primeiros sinais de diferenciação de classe dentro da própria comunidade urbana, e apareceu uma oligarquia exclusivamente comercial dentro das guildas principais e do governo da cidade.

A origem dessas comunidades urbanas está longe de ser clara e tem sido matéria de alguma controvérsia. As evidências são raras e as condições variam bastante de uma cidade para outra e de um país para outro. Apresentou-se algumas vezes a sugestão de que as cidades medievais eram sobrevivências de antigas cidades romanas que, tendo declinado nos dias de anarquia, voltaram a ter destaque quando alguma medida de ordem trouxe um período de paz e um retorno da prosperidade. É verdade que, provavelmente, uma ou duas das cidades maiores[87] mantiveram alguma continuidade de instituições durante todo o período de devastação bárbara. Pode ter acontecido que guarnições feudais e instituições episcopais tenham continuado a existir nesses antigos centros e que mais tarde, uma vida urbana viesse a se desenvolver em volta deles; ou ainda que as congregações urbanas medievais se tenham dirigido para o que eram sítios quase desertos de antigas cidades. Como explicação geral, entretanto, tal teoria de continuidade parece manifestamente inadequada. Hoje, a maioria das autoridades parece acreditar que a Idade Média foi suficientemente devastadora em seus efeitos sobre a vida urbana para tornar improvável qualquer continuidade considerável das antigas cidades para as novas.[88] Devemos lembrar que é a continuidade, não de sítios ou edifícios, ou mesmo de alguns elementos de população, mas de instituições e de modos de vida o que importa no presente contexto. Pode ser que houvesse continuidade, nesse sentido relevante, em um ou dois centros romanos mais importantes, mas é difícil crer que tal sucedesse de modo geral. Lipson nos afirma que, na Inglaterra, "segundo todas as aparências não houve continuidade de desenvolvimento entre as cidades da Bretanha romana e as da Inglaterra saxônica... Em geral as cidades foram abandonadas, e, quando não realmente destruídas pelo fogo, ficaram desabitadas — destino que por muitos anos aparentemente atingiu até mesmo Londres e Canterbury".[89] Na maioria dos casos, estamos lidando com novos agrupamentos demográfi-

---

[87] Como Colônia, Mogúncia, Estrasburgo, Rheims, Paris. Cf. Cunningham, *Western Civilization*, 58; também F.L. Ganshoff em *Bulletin of the International Committee Historical Sciences*, 1938, 243.
[88] Cf. Ashley, *Surveys*, 179 e 195.
[89] *Econ. History*, vol. I (ed. revista), 188.

cos e novos tipos de associação, que passaram a existir depois do século IX. E, embora tais agrupamentos possam ter-se formado em volta do sítio de uma antiga cidade romana, o fato de que tal congregação se fizesse em determinada época requer uma explicação.

Há também quem argumente que as cidades desse período tiveram origem puramente rural, desenvolvendo-se a partir de um aumento da densidade da população em certas *centenas* (subordinações administrativas de condado) rurais. Existia continuidade entre a comunidade aldeã e a urbana, e em especial entre o tribunal centurial anterior e o posterior tribunal urbano, opinião patrocinada por uma autoridade como Stubbs. No continente, a gênese da cidade foi atribuída por uma influente escola de autores ao *landgemeinde* ou distrito rural (nas obras de Maurer e Below, por exemplo). Como a cidade cresceu dentro da estrutura da sociedade feudal, seus habitantes mantiveram certas relações de dependência para com um senhor, e a qualificação para cidadania continuou essencialmente agrícola — a propriedade de terra dentro das fronteiras; só mais tarde é que o comércio tornou-se ocupação principal dos habitantes. A única linha divisória que podemos traçar, ao que se afirma, entre a aldeia inicial e a cidade posterior, está na fortificação do lugar numa certa data, quando se erigia um muro para a proteção de seus habitantes, convertendo-a assim num *oppidum*.[90] No entanto, mesmo nos casos em que tal explicação crucial: Porque uma comunidade, agrícola em sua origem, deveria, em algum estágio posterior, adotar o comércio e o artesanato como base econômica? E uma teoria da continuidade com a aldeia é a menos apta para explicar tal transição.

Em terceiro lugar, temos a explicação, que se deve principalmente a Pirenne, de que as cidades se originaram de acampamentos das caravanas de mercadores. Os comerciantes, de início vendedores itinerantes viajando entre as diversas feiras ou de uma residência feudal para outra, geralmente em caravanas, para protegerem-se mutuamente — "uma classe de pessoas de mui pobre condição", como Adam Smith os qualificou, "como os vendedores ambulantes de nosso tempo"[91] —, no correr do tempo formaram acampa-

---

[90] Cf. Ashley, "Beginnings of Town Life", em *Quarterly Journal of Economics*, vols. X, 375-7, 392, 402 em diante. Embora jamais atingisse a posição de burgo privilegiado, Clare, no Suffolk, proporciona um exemplo de uma aldeia desenvolvendo-se por algum tempo até tornar-se uma considerável cidade com um mercado. Também Burford era ainda uma aldeia numa propriedade senhorial, quando seu senhor lhe conseguiu uma das cartas-patentes registradas mais antigas (R.H. Gretton, *The Burford Records*, 5 em diante). Sucedia às vezes que "o título de burgo era dado a pequenos pedaços de terra, separados da propriedade senhorial vizinha e tendo alguns habitantes privilegiados" (G.A. Thornton, em *Trans. Ryl. Hist. Society*, 1928, 85).
[91] *Wealth of Nations*, ed. de 1826, 370.

mentos, como madeireiros e caçadores fazem hoje no Noroeste do Canadá. Para acampamento, poderiam escolher o sítio de uma antiga cidade romana, devido à sua situação favorável no encontro das estradas romanas, os muros protetores de algum *castrum* feudal, com sua guarnição. Poderiam ainda ser atraídos a abrigar-se nos mosteiros pelo costume ou pelo refúgio (santuário) que estes podiam proporcionar. Mais tarde, para conseguir proteção mais completa, o acampamento comercial poderia erigir um muro, unindo às vezes o muro desse *burg* com obras de defesa existentes no *castrum*, o que lhe conferia uma identidade separada que anteriormente lhe faltava e também certa vantagem militar. Não poucas vezes tais acampamentos, ao adquirirem certas dimensões e influência, se tornavam objeto de privilégios e proteção especiais por parte do Rei, ao preço de um pagamento em dinheiro ou de um empréstimo, como sucedia com os mercadores alemães e italianos na Inglaterra. Esses privilégios outorgados pelo rei em geral lhes conferiam liberdade, em grau variado, quanto à autoridade senhorial e suas imposições. Em certo estágio desse desenvolvimento, a associação frouxa dos dias das caravanas tomou provavelmente a dignidade mais formal de hansa e guilda, e tal organização tendeu a reclamar não apenas imunidade em relação à jurisdição feudal, mas também certa medida de controle sobre o comércio local, o que inevitavelmente levou-a a um agudo conflito com o senhor local.[92]

Em quarto lugar, temos a explicação que liga o crescimento das cidades ao direito de *sauveté*, ou refúgio (santuário) concedido pela autoridade feudal. Embora isso não seja necessariamente incompatível com a explicação anterior, tem uma ênfase diferente, indicando uma distinção que pode ter sido de importância crucial. De acordo com essa opinião, as cidades foram menos crescimentos espontâneos do que criações da própria iniciativa feudal para seus próprios fins. Estabelecimentos feudais com guarnição precisavam de mercadores e artesãos para suprir suas necessidades e, com isso, seriam um ímã natural para aqueles elementos soltos da população não subordinados ao senhor. Numa era sem lei, igrejas e mosteiros, possuindo o direito de *sauveté*, eram um abrigo natural para peregrinos e fugitivos de todos os tipos, que viriam a constituir uma população leiga separada, empenhada em ocupações subsidiárias para as quais o estabelecimento local criava um mercado. Muitas vezes, igualmente, um senhor poderia fazer uma oferta de privilégios especiais a recém-chegados de modo a instituir um mercado para sua própria conveniência. Outras vezes a *sauveté* se tornava objeto de uma concessão

---

[92] Ashley, *op. cit.*, 389-92; Pirenne, *Belgian Democracy*, 15 em diante, e *Medieval Cities*, 177 em diante; Carl Stephenson, *Borough and Town*, esp. 6 em diante.

secular, conferindo certa dose de imunidade em relação à jurisdição feudal. Semelhante a essa é a chamada "teoria de guarnição", sugerida por Maitland (e a teoria "militar" paralela de Keutgen na Alemanha), de que as cidades eram encaradas como bastiões para ocasiões de emergência, aos quais os habitantes das vizinhanças poderiam recolher-se, e que, de início, diversos senhores mantiveram casas ali, bem como um quadro de ocupantes reduzido ao mínimo necessário. Cidades como Chichester e Canterbury, na Inglaterra, por exemplo, na época do *Domesday*, tinham cada uma entre 100 e 200 casas ligadas respectivamente a 44 e 11 propriedades senhoriais diferentes.[93]

Em vista do conhecimento limitado de que dispomos, teremos provavelmente de nos contentar por enquanto com uma explicação eclética do surgimento das cidades medievais: uma explicação que atribui peso diferente às diversas influências nos diferentes casos. Certas cidades inglesas parecem ter tido uma origem puramente rural, embora seu desenvolvimento urbano fosse sem dúvida atribuível à sua posição à margem de um vau ou próxima ao estuário de um rio, o que as levou a se tornarem centros de comércio. Manchester surgiu de uma aldeia e parece ter-se mantido consistentemente agrícola e não comercial quanto ao caráter por algum tempo, mesmo depois de conseguir a posição de burgo.[94] Cambridge surgiu, ao que parece, próxima a um castelo e acampamento militar antigos, de uma fusão de aldeias (como também Birmingham), mas sua posição à margem de um vau de rio foi sem dúvida responsável por seu crescimento posterior, como sucedeu também com Oxford. Já Glasgow, ao que se diz, originou-se dos agrupamentos religiosos em volta do santuário de São Niniano, porque os mesmos proporcionavam grandes oportunidades para o comércio.[95] Norwich deveu muito de sua posição à influência dinamarquesa, ao fato de os comerciantes escandinavos terem acampado ali em data antiga e à sua posição na trajetória do intercâmbio comercial com a Europa setentrional.[96] A explicação de Pirenne pareceria ajustar-se também ao desenvolvimento de Londres (onde se diz que os mercadores alemães possuíam estabelecimentos no reinado de Ethelred). Mas a proteção proporcionada pelas fortificações e estabelecimentos religiosos deve ter desempenhado também seu papel na atração dos elementos da população que não se achavam presos ao solo ou eram fugitivos. O mesmo aplicar-se-ia em grande parte a

---

[93] Lipson, *op. cit.*, 192.
[94] M. Bateson, *Medieval England*, 395.
[95] Cunningham, *Growth* (Early and Middle Ages), 95-6; Maitland, *Township and Borough*, 41 em diante, 52; Lipson, *op. cit.*, vol. I, 185-9; Carl Stephenson, *op. cit.*, 200-2; H. Cam, *Liberties and Communities in Mediaeval England*, 3-10.
[96] Lipson, *op. cit.*, 194.

cidades continentais tais como Paris (que, no século IX, nada mais era do que uma pequena ilha cercada por muralhas romanas) e Genebra, a cidades das margens do Reno, como Colônia, que bem antes abrigara uma colônia de mercadores estrangeiros, e a outras cidades alemãs ou flamengas como Bremen, Madeburgo, Ghent e Bruges. No entanto, existiam muitos centros importantes, onde a comunidade urbana originou-se claramente de grupos de comerciantes e artesãos estabelecidos dentro das muralhas de um mosteiro ou castelo, não só pela proteção militar proporcionada pelo último, ou por uma situação favorável numa rota comercial existente, mas porque certos privilégios foram oferecidos a eles para que pudessem servir às necessidades do estabelecimento feudal. Desse modo, no século XI, encontramos a abadia de Saint Denis, na França, atraindo população à sua volta pela criação de uma área com o direito de *sauveté*. "Quatro cruzes de madeira foram levantadas nos cantos de uma faixa de terra bastante grande para conter um *burg*, e, à faixa assim delimitada, o Rei Felipe I concedeu liberdade completa com relação à jurisdição externa, de taxa de portagem e prestação de serviço militar."[97] Na Inglaterra, cidades como Durham, St. Albans, Abingdon, Bury St. Edmunds e Northampton, cresceram ao redor de castelos e mosteiros e, nas fronteiras do País de Gales, o baronato normando concedeu privilégios especiais para atrair comerciantes e artesãos para formarem comunidades urbanas, como meio de colonizar e fortalecer a fronteira. Em Bury, o *Domesday Survey* nos informa que uma comunidade de padeiros, cervejeiros, alfaiates, sapateiros etc. "serve diariamente ao Santo, ao Abade e aos Irmãos", havendo aqui certa evidência de atividade comercial e a existência de cunhagem de moeda antes da conquista normanda.[98]

Quanto ao motivo para o revivescimento das cidades depois de seu declínio e desaparecimento completo em muitas regiões, entre os séculos VIII e X, Pirenne formulou a opinião de que fator dominante foi o ressurgimento do comércio marítimo no Mediterrâneo, com seu consequente estímulo ao movimento de caravanas comerciais transcontinentais e, por sua vez, aos acampamentos locais de comerciantes. Tal comércio marítimo fora rompido anteriormente pelas invasões islâmicas, mas, no século XI, as antigas rotas comerciais tinham sido reabertas e a expansão desse comércio com o Oriente nos anos seguintes seguira de perto os cruzados. Justifique-se ou não a ênfase de Pirenne, tenha ou não o declínio do comércio e das cidades antes do ano 1000 sido tão grande quanto ele supõe, parece não restar dúvida de que

---
[97] Ashley, *loc. cit.*, 374.
[98] Lipson, *op. cit.*, 190; M.D. Lobel, *The Borough of Bury St. Edmunds*, 1-15.

a reativação do comércio mediterrâneo desempenhou papel importante no revivescimento do comércio transcontinental e, portanto, na vida urbana nos séculos XI e XII. Ao mesmo tempo é provável que o tamanho crescente dos estabelecimentos feudais, com o aumento do número de seus dependentes, fazendo crescer a demanda de produtos de regiões distantes, tenha contribuído substancialmente como um estímulo para a renovação do comércio e como um ímã para as comunidades urbanas.

A possibilidade de que cidades tenham crescido devido à iniciativa das próprias instituições feudais, mais do que a partir de grupos de comerciantes formando uma comunidade semi-independente (como acentua Pirenne), indica uma distinção que pode conter um ponto de certa substância. É evidente que, se tal linha puder ser traçada, deverá ser importante a distinção entre cidades que surgiram como "cidades livres", independentes da sociedade feudal, do modo sugerido por Pirenne, ou por franquias concedidas às comunidades aldeãs como sucedeu na França do século XIII, e cidades que, partindo da iniciativa de alguma autoridade feudal ou anteriormente subordinadas ao controle de um senhor feudal, cresceram como elementos da sociedade feudal, servindo aos interesses senhoriais e devendo obrigações feudais individual ou coletivamente. Dever-se-ia atribuir, ao que parece, maior importância a tal distinção do que às diferenças entre cidades que provieram de aldeias ampliadas, se apoiaram no sítio de alguma cidade romana ou se aglomeraram em volta do ponto de junção de uma rota comercial. É claro que nenhuma linha demarcatória pode ser traçada com precisão. Sem dúvida, um grande número de cidades foi do tipo intermediário e seria difícil de classificar em qualquer dos campos. Com o correr do tempo a linha divisória mudaria; cidades antes dependentes se afirmavam e conseguiam certa medida de independência, ou a liberdade de outras era eliminada em favor de maior controle feudal. Outras, que apresentavam toda a aparência de ser independentes parecem muitas vezes ter sido, de início, dominadas por algumas famílias aristocráticas que possuíam alguma terra dentro da cidade (como se mostrou característica frequente e importante de cidades italianas).[99] Parece provável, se pudermos aventurar um juízo aproximativo, que a maioria das cidades se originou da iniciativa de alguma instituição feudal, ou, de algum modo, como um elemento da sociedade feudal, ao invés de surgirem como corpos inteiramente estranhos. Na Inglaterra, lugares como Bury, Abingdon, Durham, St. Albans e Canterbury foram provavelmente exemplos do primeiro

---

[99] Também de muitas cidades da Europa oriental, como as da Polônia, onde o patriciado comerciante parece em grande parte ter sido recrutado na nobreza (J. Rutkowski, *op. cit.*, 39).

tipo. Uma curiosa sobrevivência dessa situação é o fato de que, até o século XIX, o deão e o capítulo de Peterborough continuaram a exercer o direito de nomear os magistrados da cidade. No entanto, em localizações especiais, estrategicamente dispostas para se tornarem *entrepôts* importantes de comércio, as cidades podem ter tido um caráter independente desde o início, como algumas das cidades da Hansa e do Reno e, possivelmente, Londres. E a expansão subsequente de muitas outras pode ter se devido principalmente, senão inteiramente, a acampamentos de mercadores. Algumas cidades que se originaram em épocas muito mais remotas podem ter continuado a manter uma posição mais ou menos autônoma durante todo o período medieval; ao passo que, em partes recentemente colonizadas da Europa ou onde a autoridade feudal era fraca, cidades podem ter provindo de comunidades aldeãs de camponeses mais ou menos livres, desenvolvendo-se como comunidades livres de artesãos e pequenos comerciantes que se associaram para resistir às intromissões de um senhor. Na Rússia, por exemplo, as cidades mais antigas como Kiev e Pskov, Novgorod e Smolensk provavelmente deviam sua origem a acampamentos tribais (*gorodische*) que cresceram e se tornaram cidades, mantiveram até período bem posterior grande parte do caráter democrático advindo de sua origem, e só gradualmente caíram sob o domínio político e econômico de uma aristocracia boiarda dona de terra e de servos. Também muitas das cidades mais novas do Nordeste da Rússia, entre o Oka e o Volga, dos séculos XI e XII, como Suzdal, Rostov e Yaroslav, parecem ter sido fundadas como centros para artesãos e comércio pelos senhores feudais. Já Vladimir, de modo oposto, parece ter-se originado como uma associação livre de artesãos, cuja submissão os boiardos locais procuraram obter através de uma guerra.[100] Lvov iniciou-se como cidade-fortaleza fundada pelo príncipe de Galicz no século XIII. A própria Moscou surgiu de uma aldeia na propriedade de um pequeno príncipe.

Na verdade, até que ponto os estabelecimentos feudais, especialmente a Igreja, se interessavam pelo comércio e organizavam eles próprios o arte-

---

[100] Cf. B. Grekov e A. Jakubovski, *La Horde d'Or*, 170-2; P. Liashchenco, *op. cit.*, vol. I, 135-8. Grekov mostra uma diferença importante: enquanto cidades como Suzdal tinham um Kremlin com muralhas com as instalações dos artesãos *por fora,* outras, como Vladimir, apresentavam uma muralha que encerrava *tanto* o Kremlin quanto a cidade. Ele cita uma passagem esclarecedora da Crônica de Nikon, de 1177, para ilustrar a atitude dos boiardos da vizinhança com relação ao estabelecimento dos artesãos em Vladimir: "A cidade não possui qualquer soberania; é um *faubourg* que constitui nossa propriedade e onde residem nossos servos: nossos pedreiros, carpinteiros, trabalhadores e outros." De modo bastante curioso, Eck parece adotar um ponto de vista contrário ao de Grekov, ao falar de Rostov e Suzdal como cenário de conflito entre os príncipes e as comunas urbanas democráticas, enquanto fala de Vladimir como "une ville princière par excellence, où la population était venue sur l'appel du prince et dépendait du prince" (A. Eck, *op. cit.*, 30).

sanato em escala considerável é um fato digno de alguma ênfase. É preciso evitar o engano de conceber a época feudal como um período em que o comércio houvesse desaparecido de todo e ao qual o uso do dinheiro fosse inteiramente estranho. Daí ser natural que o controle das cidades e sua fundação viessem a ser tomados como fonte valiosa de renda feudal adicional. Já no século VIII, agentes dos mosteiros franceses mostravam-se ativos nas Flandres comprando lã para manufatura. No comércio de vinho da Borgonha, eram os mosteiros os centros importantes. E as abadias sobre o Loire e o Sena possuíam uma frota de embarcações fluviais para realizar seu comércio. Diz-se que a indústria de lã de Florença data do estabelecimento (1238) de uma ordem monástica, os Umiliati: o trabalho era executado pelos irmãos leigos sob a superintendência dos sacerdotes.[101] Na Inglaterra, o mais antigo estabelecimento de comerciantes alemães parece ter sido uma ordem de monges, "há muito empenhados alternativamente no comércio e na guerra", que chegaram em navios a Billingsgate e conseguiram patrocínio do rei.[102] Em Berkshire, vemos que o mercado principal foi o da abadia de Abingdon, de onde os navios do abade partiam para comerciar pelo Tâmisa abaixo até Londres. Há indicações de que, no século XIII, a abadia foi um centro de tecelagem.[103] Os cistercienses estavam por toda parte empenhados ativamente no comércio de lã com mercadores flamengos e italianos. Em Yorkshire, a mineração de ferro e sua fundição no século XII eram realizadas principalmente por casas religiosas, e vemos os monges de Fountains Abbey suficientemente enriquecidos com seu comércio para emprestar dinheiro a Roger de Mowbray no reinado de Henrique II.[104] Bem numerosas na Europa eram as oficinas instaladas nas grandes propriedades, dirigidas por servos. Anexos, havia os chamados *gynecea*, onde as mulheres teciam e fiavam sob a superintendência da esposa do senhor.[105]

---

[101] E. Dixon, "The Florentine Wool Trade", *Ryl. Hist. Society Trans.* Ns. XII, 158. Cf. também Gertrude Richards, *Florentine Merchants in the Age of the Medici*, 39.
[102] G. Walford, "Outline Hist. of Hanseatic League", *Ryl. Hist. Society Trans.* IX (1881), 83.
[103] *V.C.H. Berks*, vol. II; 371, 388.
[104] *V.C.H. Yorks*, vol. II; 342-3.
[105] No século IX, por exemplo, a Abadia de St. Riquier foi centro de uma cidade de 2.500 habitantes, onde residiam artesãos agrupados em ruas conforme suas ocupações, achando-se sob a obrigação coletiva de fornecer artigos à Abadia. Mesmo antes, vemos a Abadia de St. Germain des Prés com um *gyneceum* onde linho e sarja eram fabricados, e as esposas dos servos da abadia deviam fornecer quantidades estipuladas de tecido. Já foi dito que tais estabelecimentos faziam lembrar bastante "fábricas" baseadas em trabalho escravo durante o período clássico: "com raras exceções, tais grupos eram meros agregados de mulheres, e nenhuma organização real de trabalho se conseguia mantendo-as reunidas. Trabalhavam lado a lado, talvez num único aposento." (A.P. Usher, *Introd. to Ind. Hist. of England*, 55-7.) Cf. também Bucher, *Industrial Evolution*, 102 em diante.

De fato, por volta do século XI, parece ter existido no continente uma classe superior semicomercial e privilegiada nos territórios episcopais, que se enriquecia com o comércio, usura e lucros auferidos de um trabalho semiescravo, que adquiria cargos eclesiásticos e estava possuída pela *lucri rabies* tão convictamente quanto qualquer lombardo ou judeu. Por isso, é difícil estabelecer uma linha divisória entre, de um lado, os artesãos dependentes e os irmãos leigos dos mosteiros e, do outro, os artesãos e os comerciantes das comunidades urbanas que mais tarde construíram, eles próprios, uma muralha externa à muralha do *castrum*, lutaram por certa medida de independência perante seu senhor feudal ou "protetor" e conseguiram para si uma entidade separada com o estatuto de burgo. Existe até quem tenha sugerido que foram os artesãos de estabelecimentos feudais os chefes da comunidade urbana insurgente que lutou por sua autonomia. Parece haver pouca evidência direta nesse sentido e, em muitos casos, há sinais de que tais artesãos continuaram como dependentes leigos do abade ou senhor, vindo a constituir uma classe de *ministeriales* separada dos burgueses.[106] Podem ter existido ocasiões em que os dois elementos fizessem causa comum e a linha que os dividia, não resta dúvida, era muitas vezes difícil de traçar. Exemplos de que os próprios burgueses deveram serviços a um senhor, como qualquer dependente feudal, são bem abundantes. Em Hereford, os burgueses deviam três dias de trabalho na ceifa em épocas de colheitas e serviços periódicos de fenação, que mais tarde conseguiram transformar numa quitação paga. Em Bury St. Edmunds, os habitantes da cidade tinham a obrigação de trabalhar na reserva senhorial durante a colheita: uma obrigação que o abade só foi persuadido a transformar quando submetido a forte pressão. No *Domesday* há muitos exemplos de burgueses que deviam serviços de vilões aos senhores, pagando o *heriot* e taxas similares.[107] Tão tarde quanto no século XVIII, Manchester se achava ainda presa ao uso do moinho do senhor e ao seu forno de padaria.[108] Parece provável, no entanto, que a iniciativa na luta pela independência urbana tenha vindo inicialmente daqueles elementos menos sujeitos à dominação feudal, porque eram mercadores atraídos ao lugar vindos de fora, ou, desde o início, achavam-se dotados de uma posição privilegiada por alguma concessão ou patente especial. Tais elementos estariam inclinados a situar-se incomoda-

---

[106] Cf. Ashley, *loc. cit.*, 378; também Pirenne, *Belgian Democracy*, 40-1. Na Alemanha, onde a classe de *ministeriales* assumira importância bem maior do que em outras partes, chegaram a se aproximar em muitos casos à pequena nobreza, sendo recompensados com terra, emolumentos e honras (J. Westfall Thompson, *op. cit.*, 324 em diante).
[107] Cf. Carl Stephenson, *op. cit.*, 78-80, 91.
[108] Lipson, *op. cit.*, 201, que acrescenta: "os mosteiros, especialmente, aferraram-se com tenacidade ao monopólio e jamais puderam ser levados espontaneamente a abandonar seus lucros."

mente no corpo da economia feudal precisamente porque, embora a posse de terra dentro do burgo fosse geralmente condição de cidadania, sua fonte de subsistência consistia essencialmente no comércio — fazendo mercadorias para venda, ou agindo simplesmente como intermediários ambulantes. Foram eles os que mais provavelmente formaram, em data bem recuada, uma hansa ou guilda entre si — uma guilda mercantil, como veio a ser chamada, e vieram a lutar pelo direito dessa guilda, ou do governo da cidade que a guilda de fato dominava, controlar o artesanato e o mercado locais em seu próprio proveito.

Essa luta das cidades pela autonomia, que se estendeu pelos séculos XIII e XIV na Inglaterra, em muitos casos foi violenta, e, em algumas cidades continentais (por exemplo, nas Flandres e na Itália no final do século XI e nos séculos XII e XIII), tomou a forma de uma prolongada guerra civil. Mesmo na Inglaterra, entretanto, a luta democrática esteve longe de ser inteiramente pacífica. Certa vez, os burgueses de Dunstable, diante da ameaça de excomunhão, declararam que "desceriam todos juntos ao inferno" antes de se submeterem às imposições arbitrárias do prior. Em 1327, em Bury, os habitantes da cidade invadiram o mosteiro e levaram o abade e os monges para a prisão até que estes permitissem a constituição de uma guilda de mercadores. No mesmo ano, em Abingdon, uma multidão reforçada por aliados vindos de Oxford, sitiou a abadia e queimou seus portões. Em St. Albans, houve um sítio de dez dias ao mosteiro porque o abade recusara aos cidadãos o direito de construir seus próprios moinhos. Em Norwich, irrompeu em 1272 uma guerra aberta entre a cidade e a catedral, com distúrbios durante os quais a igreja catedral foi incendiada. O descontentamento urbano "formou um elemento considerável na Revolta dos Camponeses" de 1381.[109] O ponto crítico econômico estava evidentemente nas vantagens que o controle do mercado local podia oferecer — vantagens não tanto da cobrança de pedágios e taxas diversas, mas da capacidade de controlar os regulamentos do mercado para influenciar as condições de comércio em vantagem própria. O fato de os próprios estabelecimentos feudais se empenharem no comércio e muitas vezes terem alimentado um mercado local para se suprirem de uma fonte barata de provisões foi evidentemente um dos principais motivos pelos quais os clamores dos burgueses pela autonomia encontraram resistência tão vigorosa.

---

[109] Lipson, *op. cit.*, 207; N.M. Trenholme em *Amer. Hist. Review*, VI, 652, 659, 663; Cunningham, *Growth* (Middle Ages), 210.

CAPÍTULO III

OS COMEÇOS DA BURGUESIA

1

Não é fácil determinar até que ponto as comunidades urbanas que conseguiram finalmente conquistar autonomia parcial ou completa em face da autoridade feudal foram igualitárias em seu começo. Sem dúvida, a situação diferia muito em diferentes localidades, e em grande número de casos é provável que se tenha desenvolvido com rapidez uma distinção de meios econômicos e talvez também de posição social entre os habitantes iniciais, donos de terra dentro das fronteiras da cidade, e os que chegaram depois, imigrantes vindos de longe ou do campo circundante, que compraram terra a algum cidadão da geração mais antiga de burgueses ou durante algum tempo residiram com outro, ou mesmo se instalaram em terra devoluta fora das muralhas da cidade. É claro que, nas maiores cidades continentais, além dos burgueses propriamente ditos, residiam em seu interior algumas das mais antigas famílias aristocráticas, donas de terra na cidade e em suas vizinhanças imediatas. Estas representavam um elemento da sociedade feudal que continuou a existir dentro da nova sociedade urbana, retendo às vezes uma identidade separada, a despeito do acidente de contiguidade geográfica, ou, como em Florença, sendo absorvidas pelas atividades econômicas do corpo burguês e dominando-o.[1] Em muitas cidades italianas essas famílias feudais parecem não só ter dominado o governo urbano, convertendo a cidade e o campo circundante em repúblicas feudo-comerciais, mas ter usado seus privilégios feudais para adquirir direitos exclusivos no comércio de longa distância, especialmente no comércio com o Levante; como, por exemplo, as cinco

---

[1] Em Florença, cerca de um terço dos banqueiros e dos grandes mercadores exportadores da sociedade da Calimala eram, aparentemente, membros dessa nobreza urbana. (Cf. J. Luchaire, *Les Démocraties Italiennes*, 75-6.)

famílias que controlavam o comércio genovês no século XII.[2] Sua presença nesses casos serviu para complicar a luta política dos burgueses contra a autoridade feudal, convertendo-a frequentemente numa guerra interna de classes dentro da comunidade urbana, bem como numa competição com a autoridade externa. Mesmo em certas cidades inglesas descobrimos traços de uma distinção entre uma camada superior e uma camada inferior de burgueses, já em data bem recuada. Em Hereford, certo tipo de posição superior parece ter-se ligado aos burgueses de montaria que formaram uma guarda montada durante uma visita do rei; os cavaleiros de Nottingham parecem ter ocupado uma posição semelhante. Em Winchester, Huntingdon, Norwich e Derby os burgueses pobres residindo fora das muralhas eram evidentemente tratados como de posição inferior,[3] enquanto em Canterbury há indícios de que precedência era atribuída às mais antigas famílias proprietárias de terras situadas na cidade e cercanias.[4] Também na luta contra o Abade de St. Albans achamos uma distinção entre os *majores*, ou burgueses superiores, e os *minores*; estes, em 1327, recomendavam métodos violentos, enquanto os primeiros só ousavam apoiar a revolta em segredo, tentando resolver a questão com o Abade mediante a intervenção de advogados.[5]

Ainda assim, as desigualdades existentes nas cidades inglesas antes do século XIV não eram muito acentuadas. Embora seja possível que, geralmente, a Guilda de Mercadores não contivesse mais que uma parte dos habitantes da cidade — os empenhados no comércio em escala substancial[6] — os artesãos não parecem ter sido dela excluídos, e qualquer cidadão que comerciava por atacado ou a varejo podia nela ser admitido, pagando uma taxa de ingresso.[7] É verdade que o *status* de vilão frequentemente cons-

---
[2] Cf. E.H. Byrne sobre "Genovese Trade with Syria", em *Amer. Hist. Review*, 1920, 199-201. Pirenne sugeriu um contraste nesse aspecto entre o Norte e o Sul da Europa: no Sul, a nobreza continuava a ter residências nas cidades; no Norte, esta se retirava para o campo (*Mediaeval Cities*, 169-171).
[3] C.W. Colby, "The Growth of Oligarchy in English Towns", *Eng. Hist. Review*, vol. V (1890), 634. Ashley sugere que "a posse hereditária da terra conferia uma superioridade econômica às antigas famílias quando uma classe de homens livres sem terra começou a crescer na cidade" (*Early Hist. of Eng. Wool Industry*, em Publications of American Econ. Association, 1887, 18).
[4] Brentano, em English Guilds, 2.
[5] N.M. Trenholme, em *Amer. Hist. Review*, vol. VI (1900-1), 652-3.
[6] Entretanto, não parece ter sido esse o caso de Bury St. Edmunds, por exemplo, onde aparentemente houve "uma fusão elaborada das funções de guilda mercantil e comunidade do burgo" (M.D. Lobel, *The Borough of Bury St. Edmunds*, 79).
[7] Cf. Gross, *Gild Merchant*, 107. Ashley, entretanto, exprime a opinião de que todos os artesãos, a não ser os mais ricos, teriam, de fato, sido excluídos pelo montante da taxa de ingresso

tituía motivo para proibir a entrada na Guilda,[8] e, ao mesmo tempo, em muitas cidades inglesas, os membros da Guilda retinham grande parte de seu *status* agrícola, e o direito burguês, isto é, a cidadania, estava ligado à posse de um lote ou de uma casa dentro dos limites urbanos. Nesses casos, o comércio provavelmente não era mais que uma fonte incidental de renda. Dentro das próprias profissões pode ter existido pouca diferenciação entre mestre e jornaleiros e a disparidade de ganhos não parece ter sido grande.[9] O jornaleiro trabalhava juntamente com seu empregador na oficina e muitas vezes comia à sua mesa. Aparentemente, sua posição era mais a de um companheiro de trabalho que a de um serviçal assalariado, chegando uma autoridade a afirmar categoricamente que "é impossível descobrir qualquer distinção de *status* entre um comerciante, um mestre e um jornaleiro", nas primeiras guildas.[10] Se isso é verdade, a falta de distinção é, sem dúvida, explicada pela relativa facilidade com que o jornaleiro médio, se fosse diligente e laborioso, poderia finalmente tornar-se mestre, e, entrando para a guilda, conseguir o direito de ter sua própria oficina, empenhando-se no comércio varejista. Essa possibilidade de melhoria poderia bastar não apenas para identificar em grande parte os interesses do jornaleiro com os de seus mestres, mas também, pela influência dessa mobilidade ascensional e a concorrência resultante dentro das fileiras dos próprios artesãos-mestres e comerciantes, para eliminar qualquer grande disparidade de ganhos entre as diversas fileiras da sociedade urbana.

Mais importante do que a presença ou a ausência de marcantes desigualdades de renda ou de *status* é o método pelo qual os cidadãos dessas primeiras cidades adquiriam uma renda. Aqui, antes de tudo, poderia ter havido pequena ou nenhuma diferenciação na maioria dos casos dentro da comunidade urbana. Com o tempo, como aumentassem a população e as dimensões da cidade,

---

(*Surveys*, 216-17). Na Escócia, a Guilda Mercantil parece ter sido mais exclusiva do que na Inglaterra.
[8] Cf. H.S. Bennett, *Life on the Engtish Manor, 1150-1400*, 301. Quanto a Londres, cf. Riley, *Memoriais of London*, 58-9.
[9] Cf. Sra. Green, *Town Life*, II, 64. Também Pirenne: "A desigualdade de fortunas entre os artesãos parece ter sido bem rara; e essa organização merece o título de não capitalista" (*Belgian Democracy*, 90).
[10] R.H. Gretton, *English Middle Class*, 65. Cf. também: "Um conflito de interesses era geralmente desconhecido, com o jornaleiro sempre ansiando pela ocasião em que seria admitido à liberdade do ofício. Via de regra, isso não era difícil de ser atingido por um trabalhador hábil... Foi um período de supremacia do trabalhador sobre o capital, e o mestre, embora nominalmente assim se chamasse, era menos um empregador do que um dos empregados... Na maioria dos casos, as relações eram harmoniosas e, portanto, não havia uma classe assalariada tão distinta dos empregadores ou capitalistas e hostil aos mesmos" (E.R.A. Seligman, *Two Chapters on the Mediaeval Gilds*, Publications of the Amer. Econ. Assocn., 1887, 90).

os primeiros donos da terra urbana certamente enriqueceram vendendo-a ou arrendando-a por uma alta taxa. E isso, como alguns autores acentuaram,[11] provavelmente formou uma importante fonte de acumulação de capital nos séculos XIII e XIV. Mas, de início, é evidente que a base essencial da sociedade urbana estava no que Marx chamou de "pequeno modo de produção", isto é, um sistema em que a produção era executada por pequenos produtores, donos de seus próprios instrumentos de produção, que comerciavam livremente seus próprios produtos. De qualquer forma, assim foi, na verdade, com relação ao artesanato e, embora desde o início possam ter existido alguns cidadãos exclusivamente comerciantes, poucos deles na Inglaterra poderiam ter sido muito mais que mascates que viajavam entre o mercado da cidade e as propriedades senhoriais vizinhas, e suas atividades dificilmente poderiam ter sido de grande envergadura quando o grosso do comércio era local e tomava a forma de uma troca de artigos artesanais vendidos a varejo no mercado da cidade contra os produtos agrícolas ali trazidos pelo camponês[12] para vender. Em tal economia estava a base para uma prosperidade modesta, julgada pelos padrões da época, mas a margem de poupança permanecia pequena e pouca margem poderia existir para a acumulação de capital, além de lucros inesperados ou o incremento dos valores da terra urbana. A produtividade do trabalho e a unidade de produção eram igualmente pequenas demais. É evidente que a fonte de acumulação de capital tem de ser buscada, não dentro, mas fora desse pequeno modo de produção que os artesanatos urbanos entronizavam: nos desenvolvimentos que logo viriam perturbar a simplicidade primitiva dessas comunidades urbanas. Esses desenvolvimentos tomaram a forma do surgimento de uma classe privilegiada de burgueses que, separando-se da produção, começaram a se empenhar exclusivamente no comércio atacadista. Nesse caso, num mercado mais amplo e crescente, estavam ricas oportunidades de ganho, que ultrapassavam de muito a modesta subsistência que um artesão que trabalhava com suas próprias mãos e vendia a varejo seus artigos no mercado local poderia desejar.

Logo nos defrontamos com a questão de saber qual a fonte final, tão distinta da imediata, dessa nova riqueza burguesa. Na sociedade feudal, a fonte de riqueza da aristocracia — das exibições suntuosas das casas feudais, torneios e festivais extravagantes, das despesas militares, dos investimentos munificentes das ordens monásticas e da Igreja — é bastante clara. Ela consistia no

---

[11] Especialmente Sombart (*Der Moderne Kapitalismus*, vol. I, 643-50), e, seguindo-o, J.A. Hobson em sua *Evolution of Modern Capitalism*.
[12] Contudo, as exceções a essa afirmação são notáveis, pelo menos no século XIII, como no caso de Laurence de Ludlow, *mercator notissimus*, e seu pai Nicholas, mencionado por Eileen Power, em *The Mediaeval Wool Trade in England*, 112-13.

trabalho obrigatório dos servos, ou seja, era fruto do trabalho excedente, além do que lhes era permitido para prover sua própria subsistência, de uma classe servil cujos encargos eram numerosos e pesados e cujo padrão de vida era extraordinariamente baixo. E, embora o número de trabalhadores que servia a cada senhor fosse relativamente grande, a produtividade de trabalho era baixa o bastante para tornar o excedente total disponível bem modesto, não fosse a parte dos próprios produtores reduzida a um nível miserável e os encargos a eles impostos excepcionalmente severos. Outrossim, não é difícil de encontrar, na produção capitalista desenvolvida em época posterior, a fonte de renda capitalista e de acumulação contínua, embora velada sob a forma de relações contratuais e livre troca de equivalentes. Em analogia com a sociedade feudal, está na exploração de um proletariado dependente — em seu trabalho excedente além do necessário para proporcionar o equivalente real de seus próprios salários. Nesse caso, entretanto, trata-se de um excedente enormemente acrescido, por causa da produtividade de trabalho aumentada, tornada possível pela técnica moderna. Entretanto, que dizer da riqueza e da acumulação da burguesia inicial — aquela burguesia urbana dos séculos XIV e XV, que não tinha servos labutando para si e não investira ainda no emprego de um proletariado industrial? Sua renda, em qualquer forma que fosse imediatamente adquirida, representava necessariamente uma parcela no produto do cultivador camponês ou do artesão urbano — uma dedução feita ao produto que, de outra forma, teria ido para os próprios produtores ou então como renda feudal para a aristocracia. Por qual mecanismo esse capital mercantil inicial atraiu essa parcela para si — uma parcela bastante substancial para formar a base daquelas primeiras fortunas burguesas, da magnificência burguesa das cidades continentais do século XIV, de casas bancárias como as lombardas e as florentinas?

Uma resposta que os economistas não se têm cansado de dar a tal pergunta, desde os dias de Adam Smith, é a de que essa riqueza burguesa era num sentido real "produzida", em vez de "adquirida" — "produzida" pelos próprios serviços que a disseminação do comércio executava para o produtor direto ou o consumidor aristocrático. O comércio, pela ampliação dos mercados e tornando os suprimentos em maior variedade disponíveis em lugares ou estações do ano onde jamais o tinham sido, servia para elevar o padrão de vida do produtor extraindo assim seus ganhos como uma parcela desse aumento geral e não como invasão de um padrão imutável de consumo. É bem verdade que a disseminação do comércio teve um efeito de aumentar o padrão de comunidades anteriormente confinadas aos estreitos limites de um mercado local, assim como, numa etapa posterior, criou as condições dentro da própria produção para uma maior divisão do trabalho e com isso uma produtividade de trabalho grandemente aumentada, do modo tão convincentemente descrito por Adam Smith. Trazendo sal e especiarias de terras distantes, ela tornava possível comer carne que, de outra forma, poderia ter apodrecido ou se tornado intragável. Buscando matérias-primas de longe, melhorava a qualidade dos tecidos feitos em determinado local, ou mesmo permitia que se fiasse e tecesse onde antes seria impossível. Descobrindo um escoadouro para as colheitas quando a época se mostrava generosa e compensando as deficiências de um ano desfavorável com suprimentos vindos de fora, muitas vezes ajudava o lavrador a escapar à tragédia alternada de um mercado local saturado ou da fome. Tudo isso é verdade. Entretanto, dificilmente nos proporciona uma explicação para as grandes fortunas e acumulações características da classe mercantil desse período. Que o próprio comércio fosse útil, ou aumentasse a soma de bens de uso não explica por si só por que sua atividade proporcionava um excedente considerável, ao passo que o artesanato por si só não o conseguia, nem explica por que o comércio era a base de um ganho *diferencial* tão grande. É verdade que lucros inesperados poderiam ser mais abundantes numa esfera nova e não explorada antes, mas estes dificilmente podem explicar uma renda persistente e continuada em escala tão grande: no decorrer do tempo seria de esperar que a concorrência nessa esfera, se desimpedida, trouxesse a expectativa normal de ganho a uma equiparação com a da indústria urbana.

Evidentemente, a explicação que buscamos é dupla. Em primeiro lugar, boa parte do comércio naqueles tempos, especialmente o exterior, consistia na exploração de alguma vantagem política ou em pilhagem quase declarada. Em segundo lugar, a classe de mercadores, assim que assumiu qualquer forma de corporação, adquiriu prontamente poderes de monopólio que protegiam suas fileiras da concorrência e serviam para transformar as relações de troca em sua própria vantagem, em seus negócios com produtor e consumidor. É evidente que esse caráter duplo de comércio em tal período constituía a base essencial da riqueza da burguesia emergente e da acumulação de capital mercantil. O primeiro aspecto pertence ao que Marx denominou "acumulação primitiva", à qual dedicaremos mais atenção posteriormente. O segundo pode ser considerado como uma espécie de "exploração pelo comércio", por meio da qual um excedente advinha ao capital mercantil à custa tanto dos artesãos urbanos quanto do produtor camponês e até mesmo à custa do consumidor aristocrático mais poderoso, de quem uma parte da renda feudal ou acumulação feudal passava para mãos burguesas. Em passagem reveladora, Marx fala do lucro comercial nessa época como consistindo principalmente em "lucro sobre a alienação". Em muitos casos, "os ganhos principais foram alcançados não pela exportação dos produtos das indústrias do país, mas pela promoção da troca de produtos oriundos de sociedades não desenvolvidas comercial ou economicamente e pela exploração de ambas as esferas de produção... Comprar barato para vender caro é a regra do comércio que não se supõe ser uma troca de equivalentes. A proporção quantitativa em que os produtos são trocados mostra-se de início bem arbitrária".[13] Foi precisamente a falta de desenvolvimento do mercado — a incapacidade dos produtores para efetuar uma troca de seus produtos em escala mais do que regional — o que deu ao capital mercantil sua oportunidade magna. Foi a separação entre a matéria-prima e o artesão, e entre este e o consumidor nesse período, além do fato de que os recursos em mãos do produtor eram tão escassos e de que sua escassez estreitava tanto seu horizonte no espaço e tempo, o que formou a fonte de lucro comercial. Era através da própria coexistência da superabundância e da fome locais que o capital mercantil prosperava. Além disso, em condições de comunicações primitivas, a existência de pequenos mercados locais, cada qual separado dos demais, fazia com que qualquer pequena variação no volume de compras ou nas quantidades oferecidas à venda tendesse a exercer um efeito desproporcionalmente grande sobre o preço de mercado, de modo que a tentação de impor regulamentações no interesse dos que comerciavam entre esses mercados era muito grande. Enquanto tais condições primitivas continuaram, as oportunidades de ganhos excepcionais para quem tinha os meios de explorá-las também continuaram, sendo apenas natural que a perpetuação de tais condições, e não sua eliminação, viesse a se tornar a política consciente do capital mercantil. Por esse motivo, não só o monopólio fazia parte da essência da vida econômica da época, como também, embora a influência do comércio como dissolvente das relações feudais fosse considerável, o capital mercantil continuou, não obstante, a ser em grande parte um parasita da antiga ordem, e seu papel consciente, quando ultrapassou sua adolescência, mostrou-se conservador e não revolucionário. Além disso, uma vez que o capital começou a se acumular a partir de lucros comerciais ou de valores da terra urbana, descortinou-se ante ele novo panorama de aumento próspero, pois esse capital podia agora aumentar com os frutos da usura, praticada, por um lado, contra os pequenos produtores e, por outro, contra a sociedade feudal decadente — contra os cavaleiros e barões feudais empobrecidos, e as necessidades ainda menos saciáveis da Coroa.

---

[13] *Capital*, III, 387, 388. Marx vai além, indicando que "o intercâmbio continuado e a reprodução mais regular para intercâmbio reduzem gradualmente essa arbitrariedade... Por seus próprios movimentos, ele (o mercador) estabelece a equivalência das mercadorias". Retardar essa tendência niveladora foi o objetivo essencial dos monopólios comerciais da época de capital mercantil. Em outras partes, Marx diz, da cidade, nesse período, que ela "por toda parte e sem exceção explora a terra economicamente por seus preços de monopólio, seu sistema de taxação, suas organizações de guildas, sua fraude mercantil direta e sua usura" (*ibid.*, 930).

De início, o controle exercido pela guilda mercantil e pela administração urbana sobre o mercado exerceu-se, sem dúvida, por um lado, como uma política para beneficiar a cidade como um corpo coletivo em suas transações com o campo, e, por outro, com os mercadores estrangeiros. Um aspecto do controle sobre seu próprio mercado, conquistado pelas cidades à autoridade feudal, tem sido geralmente enfatizado: incluía o direito de cobrar taxas de mercado e de portagem, o que proporcionava uma importante fonte de renda para a cidade e aliviava parcialmente os burgueses do pesado encargo que eram os pagamentos de *scots* e *lots* que tinham de efetuar como parte da responsabilidade coletiva da *Firma Burgi*, ou pelo preço das concessões e privilégios municipais. Entretanto, outro aspecto desse controle, menos enfatizado, mostrou-se mais fundamental em muitas circunstâncias. Como a autoridade municipal tinha o direito de regulamentar sobre quem podia comerciar e quando o devia fazer, possuía um poder considerável de inclinar a balança de todas as transações de mercado em favor dos residentes urbanos. Se podia limitar certas transações, ou pelo menos dar-lhes a prioridade a seus próprios cidadãos, impor preços mínimos às mercadorias que os residentes urbanos tinham para vender e preços máximos às coisas que desejassem comprar e limitar não só fontes alternativas de venda ou compra disponíveis para o campo circundante como o direito de mercadores estrangeiros de lidar diretamente com a gente do campo ou com qualquer outra pessoa, a não ser eles próprios, então, evidentemente, a cidade possuía considerável poder de influenciar as relações de troca em seu próprio benefício.[14] Na verdade, vemos as cidades em sua regulamentação do mercado urbano tentando fazer tudo isso. E, na regulamentação por elas adotada, havia uma uniformidade notável.

Em primeiro lugar, havia os Padrões de Pão, Cerveja e Vinho, destinados a baratear o fornecimento de mercadorias das quais a cidade figurava como consumidor. "O interesse principal da cidade pelos preços de cereais era impedir que estes fossem aumentados pelas partes interessadas. Tal foi o objetivo fundamental de todas as regulamentações."[15] Às vezes, coisas como madeira, carvão, peles, lã, sebo e velas eram também submetidas à regulamentação. Não

---

[14] Cf. Schmoller: "A alma dessa política é a colocação dos concidadãos em vantagem e dos concorrentes externos em desvantagem. Todo o complicado sistema de regulamentação com relação a mercados e compra preferencial nada mais era do que um dispositivo hábil para regular a oferta e a procura entre o homem da cidade que compra e o homem do campo que vende, de modo que o primeiro se possa achar numa posição tão favorável quanto possível, ao contrário do último, nas negociações. A regulamentação de preços dentro da cidade é, em certa medida, uma simples arma contra o vendedor de cereais, madeira, caça e legumes trazidos do campo" (*Mercantile System*, 8-9). Cf. também Ashley, *Introduction*, 7 em diante.
[15] N.S.B. Gras, *Evolution of the English Corn Market*, 68.

só se impunham preços máximos, como as transações de uma determinada mercadoria eram comumente reservadas a certas ruas ou a uma certa parte da cidade, a fim de impedir possíveis canais de transações a preços maiores, com um consequente desvio dos suprimentos. A maior parte das regulamentações sobre "compra preferencial" e "açambarcamento" se inspirava em propósito semelhante. Em geral, os estrangeiros não podiam comprar antes dos residentes urbanos terem tido a primeira oferta, como no caso das Portarias de Southampton, de acordo com as quais "nenhum simples habitante ou estrangeiro negociará ou comprará qualquer tipo de mercadoria que chegue à cidade antes dos burgueses da Guilda Mercantil, enquanto um membro desta estiver presente e desejar negociar ou comprar a mercadoria", ou no das portarias da Companhia de Açougueiros de Londres, que proibiam os açougueiros estrangeiros de adquirir animais em Smithfield antes das 10 horas da manhã, podendo os homens livres do mister iniciar suas compras às 8 horas da manhã.[16] As leis da Guilda Mercantil de Berwick proibiam todos, exceto seus membros, de comprar peles ou lã, e proibiam os açougueiros de sair da cidade para receber animais que chegassem para serem vendidos.[17] Em Paris, havia uma proibição no sentido de que ninguém saísse ao encontro de um comboio de suprimentos, por terra ou pelo rio, visando a fazer um contrato antecipado além de um certo raio a partir do centro da cidade.[18] "Em Bristol, quando um navio aportava, os comerciantes da cidade reuniam-se para decidir 'o que deve ser feito nesse sentido para o bem da referida sociedade', ou seja, impediam a concorrência por um acordo prévio com relação aos preços pelos quais as cargas deviam ser compradas."[19] Em épocas de grande escassez, a administração urbana adotava até mesmo o expediente de compra coletiva em nome de seus cidadãos, como em Liverpool, onde todas as importações tinham de ser primeiramente oferecidas ao Prefeito para compra em nome da cidade, antes de serem expostas à venda.[20]

Em segundo lugar, havia as regulamentações referentes a estrangeiros e cujo objetivo era impedir que estes transacionassem diretamente com o campo circundante e forçá-los a comprar e vender exclusivamente aos comerciantes da cidade como intermediários. A maior parte dos artigos que os mercadores estrangeiros traziam para vender era composta de artigos de luxo para o bom gosto não só de burgueses prósperos como da pequena nobreza da vizinhança,

---

[16] A. Pearce, *History of the Butcher's Company*, 43.
[17] D.B. Morris, *Stirling Merchant Gild*, 43.
[18] Saint-Leon, *Histoire des Corporations de Métiers*, 153.
[19] Lipson, *op. cit.*, 245.
[20] Ashley, *Introduction*, livro II, 33-9; Cunningham, *Progress of Capitalism*, 67; Gross, *op. cit.*, 135-7.

100 a evolução do capitalismo

ou então de matérias-primas para algum artesanato. Às vezes, os mercadores estrangeiros também eram compradores dos artigos locais e também poderiam ter sido compradores de matérias-primas locais, como lã ou couro oriundos das aldeias, caso lhes tivesse sido permitido. Por isso, ordenava-se aos estrangeiros que transacionassem apenas com membros da Guilda e se hospedassem com alguém que fosse cidadão e residente na cidade, capaz de responsabilizar-se pela não realização de cabala secreta ou transações ilícitas em sua casa. Só em épocas de feira é que se permitia a um estrangeiro armar uma tenda e vender a todos. As prerrogativas especiais concedidas pela Coroa a grupos de mercadores estrangeiros em Londres, que incluíam o direito de possuir alojamento próprio, como o Steelyard, eram encaradas como excepcionais e constituíam um pretexto especial para a impopularidade dos estrangeiros nessa cidade. Ocasionalmente, tais estrangeiros conquistavam junto à Coroa o direito de comerciar a varejo ou por atacado em todo o reino, mas os governos de burgos parecem ter quase universalmente desafiado os direitos de os estrangeiros venderem a varejo ou comerciarem diretamente com o campo ou com outros mercadores estrangeiros. Essa questão era causa constante de conflitos no século XIV.[21] Ashley afirmou que "os comerciantes estrangeiros eram bem-vindos, quando traziam mercadorias estrangeiras sobre as quais os mercadores burgueses pudessem lucrar com sua venda a varejo, ou quando compravam para exportar as mercadorias reunidas pelos burgueses para esse fim junto aos artesãos e agricultores ingleses. Eram bem-vindos enquanto se mostrassem prontos a servir aos interesses burgueses, e quando procuravam deixá-los de lado pareciam estar violando as próprias condições nas quais sua presença era permitida".[22] Um exemplo perfeito disso é proporcionado nas cidades escocesas. A licença dada a Stirling no século XIII determinava que os mercadores estrangeiros não podiam comprar ou vender em qualquer parte *fora* do burgo, sendo obrigados a trazer sua mercadoria à cidade para a venda. A licença geral concedida a todos os burgueses da Escócia, assinada pelo rei escocês em Perth, no ano de 1364, é bem explícita acerca desse monopólio burguês: "ninguém venderá senão aos mercadores desses burgos dentro de cujo privilégio resida, e terá de trazer sua mercadoria ao Mercado e Praça dos burgos para que os mercadores possam comprá-la ali, com monopólio eficaz da mesma, sem restrições."[23]

---

[21] Alice Beardwood, *Alien Merchants in England, 1350-77*, 39-40, 55-6.
[22] Ashley, *Introduction*, livro II, 14. Cf. também Sra. Green, *Town Life*, II, 37-40; Schmoller, *op. cit.*, 11; Gross, *op. cit.*, 46-8. De certa feita, houve em Londres queixas contra fanqueiros estrangeiros, visto que estes traziam tecidos "e os vendiam secretamente em diversas hotelarias" (Riley, *Memoriais of London*, 551).
[23] D.B. Morris, *op. cit.*, 53, 63.

Em terceiro lugar, existiam as diversas regulamentações das guildas, destinadas a restringir a concorrência entre os próprios artesãos da cidade. Existiu na França uma limitação ao direito do concorrente de anunciar em voz alta seus artigos, ou de importunar um freguês quando este estivesse negociando numa barraca próxima. Da mesma forma, os tecelões londrinos consideravam uma ofensa atrair o freguês de outrem.[24] Se era comum a fixação de preços mínimos para os artigos artesanais, é coisa meio obscura; tal não se admitia geralmente como um dos direitos das guildas artesanais, embora fosse bastante praticado, mais ou menos abertamente em alguns dos casos e secretamente em outros. A regulamentação detalhada concernente à qualidade, sobre a qual tanto se tem escrito, também tratava em grande parte (como as regras demarcatórias entre as uniões artesanais no mundo sindical do século XIX) de impedir que a concorrência tomasse a forma de mudanças sub-reptícias na qualidade ou a invasão de uma seção de um artesanato na prerrogativa de outro. Para impedir a prática de trabalhos feitos em segredo para fregueses especiais e evitar a vigilância dos "olheiros" oficiais sob a proteção da noite (bem como no interesse da restrição da produção, presumivelmente), o trabalho noturno e a venda de artigos efetuada na casa de um artesão "à luz de velas" eram geralmente proibidos. No caso dos Cuteleiros de Londres, um artesão não podia trabalhar "dentro de qualquer beco, quarto ou torre", ou em qualquer outro lugar que não "na loja aberta diante da rua", e os Armeiros e Bronzistas proibiam quaisquer vendas "em lugares interiores e privados".[25] Às vezes, cidadãos de uma cidade tinham o monopólio de compra de algum material essencial ao artesanato. "Ou, com o fito de impedir que qualquer vantagem que pudesse constituir monopólio da cidade pudesse cair em mãos dos habitantes dos distritos vizinhos, ordenava-se que certas mercadorias não fossem vendidas a pessoas 'residentes fora da cidade'."[26] Os açougueiros da cidade, por exemplo, às vezes só podiam vender seu sebo aos fabricantes de velas.

É claro que tais regulamentações teriam exercido pouco efeito sobre as relações de comércio entre os moradores da cidade e seus fregueses e fornecedores se os mercados rivais pudessem existir dentro de uma distância acessível, podendo o aldeão recorrer a eles para a troca de seu produto por artigos urbanos. De qualquer forma, a proximidade desses mercados rivais teria imposto limites estreitos ao efeito que a política de guildas pudesse exercer sobre as relações comerciais. O direito de possuir um mercado sem temer rival dentro de certa região era, por conseguinte, um privilégio zelosamente buscado e mantido. Um monopólio local

---

[24] Saint-Leon, *op. cit.*, 152; F. Consitt, *London Weaver's Company*, 83, 90.
[25] C. Welch, *History of Cuttlers' Company of London*, vol. I, 142; S.H. Pitt, *Notes on the History of the Worshipful Company of Armourers and Brasiers*, 13.
[26] Ashley, *op. cit.*, 20.

desse tipo era o ponto crítico da famosa política do Empório. E a rivalidade pelos direitos de empório constituiu, em toda a Europa, uma das causas principais de conflito entre cidades e de guerras entre elas. "Todos os recursos da diplomacia municipal", afirma Schmoller, "... e, no último grau, de violência, eram empregados para conquistar o controle sobre as rotas comerciais e os direitos de empório: fazer com que tantas rotas quanto possível levassem à cidade, tão poucas quanto possível passassem ao largo e com que o tráfego por caravana ou navio passasse, se possível, por ela e nela se detivesse, sendo suas mercadorias *en route* expostas e oferecidas à venda aos burgueses".[27] Uma fonte de dificuldades constantes entre Bristol e o Lorde de Berkeley era a pretensão deste em manter um mercado separado na Rua Redcliffe. Em Canterbury, os mercados do Arcebispo em Westgate e Wingham ocasionavam sério conflito entre a cidade e o cabido. Vemos o Abade de St. Edmunds protestar tão vigorosamente como qualquer burguês quando os monges de Ely instalaram um mercado em Lakenheath, com ameaças de que "iria armado a cavalo destruir o mercado" — ameaças cumpridas com uma expedição de 600 homens armados na calada da noite.[28] Em 1302, o Prior de Rufford foi impedido de manter um mercado em Haddenham, em detrimento de Thame.[29] O mercado em Lyme foi condenado por ser muito próximo de Bridport. Londres tentou impedir que seus cidadãos frequentassem as feiras ou mercados fora da cidade. Os artesãos londrinos eram proibidos de vender tecidos, a não ser dentro das fronteiras urbanas, ou qualquer cidadão de descer o Tâmisa até Southwark para comprar cereais, animais ou outras mercadorias "por causa das quais possa haver mercado ali".[30] Os mercadores de Lynn tentaram monopolizar a função de intermediários no comércio de exportação de cereais do Cambridgeshire, impedindo que os colegas de Cambridge e Ely vendessem a outros além deles próprios. Os peixeiros londrinos eram comerciantes livres em Yarmouth, onde iam adquirir suprimentos importados, mas não conseguiram ser monopolistas em Londres, tentando, por isso, banir a concorrência dos mercadores de Yamouth.[31] "O conselho de Stratford empregou homens armados de cacetes para afugentar os comerciantes de Coventry. Os luveiros de Leicester tentaram com todas as suas forças impedir que os colegas de Ashby e Loughgorough comprassem peles em seu mercado."[32] "Ely tinha ciúme de Cambridge, Bath de Bristol, Lynn de Boston, Oxford e Winchester — e, de fato, as demais — de Londres."[33]

---
[27] *Mercantile System*, 10.
[28] Lipson, *Economic History* (Middle Ages), 213.
[29] H. Liddell, *History of Oxford*, 553.
[30] Lipson, *op. cit.*, 212; H.T. Riley, *Liber Albus*, 238.
[31] Unwin, *Finance and Trade under Edward III*, 234, 237.
[32] Unwin, em *Commerce and Coinage in Shakespeare's England*, vol. I, 315.
[33] A. Law, "English Nouveaux-Riches of the Fourteenth Century", *Trans. Ryl. Hist. Society*, NS. IX, 51.

De fato, geralmente "as cidades medievais do mesmo país encaravam-se dum ponto de vista mercantil com muito mais ciúme e hostilidade do que os diversos Estados hoje".[34] No exterior, o Empório de tecidos de Antuérpia se empenhou em séria luta, durante um século, contra o Empório de lã de Calais. Em 1546, a rivalidade da Hansa em relação aos mercadores de Copenhague levou a uma guerra de seis anos entre a Dinamarca e Lübeck.[35] E, de 1563 a 1570, Lübeck, agora em aliança com a Dinamarca, guerreou contra a Suécia pelo direito de comerciar com Narva.[36]

Num estágio mais adiantado, esse monopólio urbano tomou a forma do que pode ser chamado de um tipo de "colonialismo urbano" em relação ao campo. Mesmo na Inglaterra, ouvimos com bastante frequência falar de cidades que estendiam sua autoridade ao distrito vizinho, exercendo, desse modo, pressão sobre as aldeias para que negociassem apenas com o mercado da cidade em questão.[37] As cidades escocesas tinham o direito de cobrar taxas e fazer valer os privilégios de certos comércios e artesanatos em grandes áreas circunvizinhas. Os direitos de cobrar taxas nas porteiras e pontes das proximidades eram ciosamente encarados em toda parte, pois na canalização ou desvio do tráfego numa direção desejada tais taxas desempenhavam o mesmo papel desempenhado pelos subsídios ao transporte e controle das tarifas nas políticas comerciais dos Estados de nossos dias. No continente, a tendência das repúblicas burguesas prósperas a dominar e explorar uma hinterlândia rural achava-se muito mais desenvolvida: as comunas italianas, as cidades imperiais alemãs e as cidades holandesas e suíças tornavam-se assim pequenos principados. Vemos Ulm e Florença, por exemplo, obrigando a que todo o gado dos distritos vizinhos fosse trazido para a cidade, e, no século XII, Colônia barrando aos mercadores flamengos o acesso ao Reno superior. Vemos, no século XIII, Veneza proibindo que Ragusa negociasse diretamente com as cidades do Adriático norte (a menos que fosse com o propósito de importar gêneros alimentícios para Veneza), forçando Ravena a abandonar todas as importações diretas vindas pelo mar e até mesmo do Norte da Itália e de Ancona, e impedindo que Aquileja exportasse mercadorias para o território interior que Veneza encarava como seu território especial. Gênova impediu que os mercadores franceses comerciassem além dos limites da cidade para o sul, e, já no século XII, Pisa e Luca empenhavam-se em séria luta diante do desejo da última de ter direitos de Empório ao tráfego entre Pisa e o Norte. Viena mostrou-se bastante poderosa para impedir que os

---
[34] Gross, *op. cit.*, 51.
[35] C. Walford, em *Trans. Ryl. Hist. Society*, NS. IX, 114.
[36] H. Zimmern, *The Hanse Towns*, 296.
[37] Sra. Green, *Town Life*, vol. I, 3.

mercadores da Suábia, Regensburgo e Passau viajassem Danúbio abaixo, com suas mercadorias, até a Hungria, forçando-os a oferecer sua mercadoria aos seus cidadãos. Rutkowski nos conta como "no século XIV, a Cracóvia buscou impedir que os mercadores de Torun negociassem com a Hungria, alegando o direito de *entrepôt* para si, e fechar a reta para o Oriente aos mercadores de Breslau, enquanto Lvov tentava monopolizar o comércio com 'as terras tártaras' a Leste". Os mercadores de Novgorod impediram que os da Hansa comerciassem além de sua cidade e eles próprios mantiveram o direito de agir como intermediários entre os mercadores estrangeiros e as cidades do interior. A luta final entre Novgorod e Moscou, que terminou com a sujeição impiedosa da primeira, girou em torno do cobiçado monopólio do campo *zavolochie* — a região a nordeste, que se estendia até os Urais e além, rica em peles e metais. Mais tarde, no século XVII, as guildas mercantis russas mostraram-se bastante poderosas para impedir que os mercadores ingleses, de um modo geral, comerciassem mais ao sul de Arcângel, e que os mercadores persas chegassem ao norte de Astracã, enquanto em Astracã o comércio era rigorosamente limitado aos membros das guildas mercantis, ou *gosts*. Assim mantiveram o monopólio de comércio entre a Europa setentrional e a Pérsia e especialmente o cobiçadíssimo comércio de seda, conseguindo manter em Astracã o preço de venda dos produtos russos, tais como linho e peles, entre 50 e 100% acima de seu preço de custo, inclusive o custo do transporte, e o preço da seda de Arcângel em mais de 50% acima do que vigorava em Astracã.[38] Na Suécia, os mercadores das cidades-empório exerciam um monopólio na exportação de ferro em barras e impediam que os compradores estrangeiros entrassem nos distritos ferríferos para comprar diretamente aos proprietários. "A Liga Hanseática", diz Heckscher, "tentou cortar às cidades do interior qualquer ligação direta com o Báltico e negar às demais o acesso aos mercados do interior". Em 1582, o Conselho Eleitoral de Brandeburgo descreveu a política de Hamburgo como "preocupada apenas com extorquir cereais a baixo preço e em suas próprias condições ao Eleitor de Brandeburgo e seus súditos, revendendo-os por preço tão alto quanto lhe aprouvesse".[39]

---

[38] No século XVI, tinha sido conferido aos mercadores ingleses o direito de comerciar diretamente com a Pérsia através da Rússia. Mas, no século XVII, sob pressão das guildas mercantis russas, tal privilégio foi revogado. Em 1649, os privilégios de comerciar ao sul de Arcângel foram cancelados e, pelo regulamento de 1667, os mercadores estrangeiros foram proibidos de vender a varejo ou comerciar com quem não fosse mercador russo. Em 1619, o governo tzarista fechou a rota marítima do Obi, pela qual os mercadores ingleses, holandeses e alemães tinham buscado um caminho para a Mangazeia e as riquezas da Sibéria, a todos os estrangeiros (cf. R.H. Fischer, *The Russian Fur Trade, 1550-1700*, 78).

[39] E. Heckscher, *Mercantilism*, vol. II, 60-76; Schmoller, *Mercantile System*, 13-14, 31; A.L. Jenckes, *The Staple of England*, 6-7; J.L. Sismondi, *History of Italian Republics* (Boulting ed.), 244; J.

2

Existem todas as indicações de que tais políticas mais ambiciosas foram um produto não tanto do interesse coletivo da cidade quanto do interesse de classe de uma parcela próspera de mercadores atacadistas, que há muito tinha submetido o governo urbano ao seu controle exclusivo. O sistema de controle do mercado e de monopólio urbano por nós descrito podia ser usado com vantagem especial por um grupo de negociantes especializados cujo ganho consistia numa margem entre dois conjuntos de preços: os preços pelos quais podiam adquirir produtos locais ao aldeão ou artesão e os preços pelos quais podiam revendê-los ao estrangeiro ou ao consumidor urbano; ou então, os preços pelos quais podiam comprar artigos exóticos vindos de longe e vendê-los aos compradores locais. Onde as regulamentações estruturadas nos interesses dos artesãos contrariavam o interesse do mercador atacadista como comprador dos produtos artesanais locais, o poder recentemente adquirido pelo último permitia-lhe afrouxar ou evitar tais regulamentações. E onde as restrições feitas aos estrangeiros impediam-lhe o acesso a outros mercados, estreitando seu campo de ação, conseguia frequentemente um *status* privilegiado para si, graças a tratados feitos com mercadores de outras cidades, pelos quais cada um concordava em afrouxar as restrições impostas ao comércio do outro, em seu benefício. Tais concessões comerciais mútuas constituíram, por exemplo, a base da Hansa das cidades do Norte da Alemanha e das cidades flamengas. Na verdade, quando o crescimento do capital mercantil chegara a esse estágio, os esforços comuns de mercadores atacadistas ou exportadores tendiam a dirigir-se para o enfraquecimento do regime do monopólio urbano, que nutrira sua infância, no interesse de fortalecer o monopólio de sua própria organização interurbana. Pelo menos, foi o que se deu com aquela parte do sistema das regulamentações urbanas que serviram para proteger a posição das guildas artesanais. Ocorreu, por exemplo, nas cidades flamengas, onde levou a uma verdadeira guerra entre os governos das cidades e os interesses capitalistas da Hansa, que operava numa escala nacional e buscava desenvolver a indústria do campo em concorrência com os artesanatos urbanos.[40] Em Ulm, os Fugger conseguiram subtrair uma parte do território próximo ao controle daquela cidade, de modo a poderem empregar tecelões do campo em concorrência com o artesanato têxtil urbano. Porém, tal episódio diz respeito a um estágio posterior.

Rutkovski, *op. cit.*, 70-1; M.N. Pokrovsky, *History of Russia from the Earliest Times to the Rise of Commercial Capitalism*, 267-9.
[40] Ver adiante, pp. 157-161.

As origens de um interesse comercial organizado nas cidades, distintas do artesanal, assumiram quase mundialmente duas formas paralelas. Em primeiro lugar, um elemento especificamente comercial, frequentemente recrutado (pelo menos na Inglaterra) entre os artesãos mais prósperos, separou-se da produção e formou organizações exclusivamente comerciais que passaram a monopolizar alguma esfera especial de comércio atacadista. Em segundo lugar, essas novas organizações comerciais logo passaram a dominar o governo das cidades e a usar seu poder político para aumentar seus próprios privilégios e subordinar os artesãos. Em muitas regiões do continente, já por volta de 1200, vemos ocorrer esse processo. Na Holanda, as guildas das maiores cidades, tendo afirmado sua posição contra a Igreja e a nobreza, estavam-se tornando corporações fechadas dos mercadores mais ricos, que buscavam monopolizar o comércio atacadista, cobravam uma taxa de admissão que, como observa Pirenne, estava "além do alcance dos menores", e excluíam explicitamente de suas fileiras os que pesavam no *tron*, ou balança da cidade — os varejistas — e os de "unhas azuis" — os artesãos.[41] Ao mesmo tempo, é claro que o controle político nessas mesmas cidades começou a situar-se nas mãos dos burgueses mais ricos, que passaram a ser conhecidos como "o patriciado". O cargo de *échevins*, para o qual a eleição fora feita por todo o corpo burguês, era agora ocupado por nomeação dos patrícios entre si, e seus ocupantes supervisionavam o artesanato, regulamentavam os salários e controlavam o mercado da cidade. "O poder passou insensivelmente para as mãos dos mais ricos. A forma de governo nesses centros de comércio e manufatura inevitavelmente se modificou, primeiramente de democracia para plutocracia, e depois para oligarquia."[42] De forma semelhante, nas cidades do Norte da Itália, o poder estava nas mãos de uma plutocracia burguesa (geralmente aliada à nobreza local). Essa classe dominante que reinava sobre as cidades-repúblicas da Lombardia, Toscana e Venécia extraía sua riqueza do rico comércio exportador com o Levante e do valioso comércio têxtil além dos Alpes, com a Europa ocidental e setentrional. A arrecadação das rendas papais formava um investimento lucrativo para essas famílias burguesas ricas, e, em algumas cidades, como Florença, a atividade bancária e o empréstimo de dinheiro até mesmo superavam o comércio em importância. Em Florença, os *Arti Maggiori* de banqueiros e mercadores-exportadores (como os famosos Calimala) controlavam o governo da cidade desde meados do século XIII, com exceção de uma curta vitória dos *Arti Minori* entre 1293 e 1295.[43] Nas cidades da Alemanha oriental do século XIV, "os vereadores eram

---

[41] Pirenne, *Belgian Democracy*, 112; também Brentano, em *Eng. Guilds*, cvii.
[42] Pirenne, *op. cit.*, 110; também Pirenne, *Histoire de Belgique*, vol. I, 369 em diante.
[43] Sismondi, *op. cit.*, 237-9, 442, 564; Luchaire, *op. cit.*, 95-6, 108 em diante.

recrutados entre algumas famílias destacadas de mercadores, têxteis ou latifundiários, e elegiam seus próprios sucessores, não tendo as guildas artesanais e os cidadãos comuns qualquer participação no governo da cidade".[44] Em Paris, a posição dominante ocupada pelos seis principais *Corps de Métiers* apresentava bastante semelhança com a hegemonia dos *Arti Maggiori* nas cidades italianas, como também sucedia com as do *Herrenzünfte* em Basileia.[45] Já no século XIII, o governo de Paris estava aparentemente em mãos de uma Hansa de mercadores — provavelmente os *marchands de l'eau* que tinham adquirido privilégios no final do século anterior. Em meados do século XIV, vemos os mais ricos tecelões parisienses tornarem-se Fanqueiros, subordinando não só os tecelões artesanais como os pisoeiros e tintureiros a essa nova organização comercial. De forma semelhante, os Seleiros Parisienses tornaram-se uma organização do interesse comercial, que elevou suas taxas de admissão para excluir recém-chegados, afirmou seu direito exclusivo de comprar qualquer artigo de couro para revender e assegurou o direito de controle e inspeção (o direito de "busca") do artesanato de couro.[46]

Nas cidades inglesas, tais desenvolvimentos parecem ter ocorrido principalmente no século XIV e a transformação dos "insignificantes vendedores ambulantes dos séculos XI, XII e XIII" na "importante plutocracia do século XIV"[47] constitui característica notável da época. Aqui, o novo desenvolvimento envolveu uma usurpação real de privilégios econômicos e controle político por parte da nova plutocracia burguesa, pois há na Inglaterra indícios da existência de uma democracia urbana anterior, abolida no século XIV, bem como indícios de que privilégios comerciais tinham sido mais ou menos abertos (pelo menos, *de jure*, ainda que não *de facto*) aos cidadãos em geral. As formas reais que tal usurpação tomou foram várias. Em alguns casos, a Guilda Mercantil, que pode muito bem ter sido composta inicialmente da maioria dos burgueses, inclusive os artesãos, tendeu a se tornar uma organização fechada e a excluir os artesãos dos privilégios do comércio atacadista.[48] Em 1363, encontramos trabalhadores manuais sendo excluídos do comércio atacadista em Shrewsbury.[49] Em Newcastle, a Guilda excluía

---

[44] F.L. Carsten, em *Trans. Ryl. Hist. Society*, 1943, 73 em diante.
[45] Cf. Ashley, *Introduction*, livro II, 644-5, 647-51.
[46] Cf. Lespinasse et Bonnardot, *Les Métiers et Corporations de la Ville de Paris*, iv; Levasseur, *Hist. de Classes Ouvrières en France* (ed. de 1859), tomo I, 285 em diante; Unwin, *Industrial Organization in Sixteenth and Seventeenth Centuries*, 24, 31; Wergeland, *History of Working Classes in France*, 32; Charles Normand, *La Bourgeoisie Française au XVII e Siècle*, 153-6.
[47] A. Law, "English Nouveaux-Riches in the Fourteenth Century", em *Trans. Ryl. Hist. Society*, NS. IX, 49.
[48] Ashley, *Introduction*, livro I, 80.
[49] Cunningham, "Gild Merchant of Shrewsbury", *Trans. Ryl. Hist. Society*, NS. IX, 103.

todos os que tivessem "unhas azuis" ou vendessem artigos nas ruas.[50] Em Coventry, a Guilda Mercantil (formada muito tarde) excluía todos os artesãos e logo se tornava o órgão governante da cidade. Ali, a Guilda da Trindade (como se chamou), formada em 1340, "logo se arrogou o poder exercido pelos governantes municipais": "tornou-se costume em tempos bem recuados que o mesmo homem servisse em anos diferentes como prefeito e mestre da fraternidade mercantil"; e "os poucos mercadores ricos que dominavam a cidade não eram de modo algum responsáveis por seus atos junto a seus concidadãos, dizendo a comunidade que eles abusavam de sua autoridade".

No século XV, torna-se claro que o grupo controlador da cidade consistia em negociantes de fazendas e fanqueiros, e que os últimos usavam seu poder para subordinar os artesanatos empenhados na fabricação e acabamento de tecidos e excluí-los do comércio de suas matérias-primas ou de seus produtos acabados, a não ser através dos fanqueiros.[51] Em Winchester, Oxford, Beverley, Marlborough e algumas outras cidades, torna-se evidente, mesmo em data recuada, uma distinção clara entre os homens livres da cidade, que podiam comerciar, e os tecelões, que não eram homens livres da cidade e não podiam comerciar — não sendo claro se devido à sua condição de vilões, ou porque eram recém-chegados à cidade, não dispondo de meios para adquirir terra e uma casa. De modo semelhante, em Leicester, no século XIII, a Guilda proibiu aos tecelões venderem a quem não fosse burguês.[52] Em Derby, em 1330, havia queixas de que a Guilda excluíra a maioria dos cidadãos pela severidade de sua taxa de admissão e proibira aos moradores da cidade vender a outros que não seus próprios membros.[53] Na Escócia, a Guilda Mercantil parece ter sido um órgão exclusivo desde seu início, e a Guilda e o Burgo mostraram-se intimamente identificados em organização. Já no século XII, encontramos tintureiros, açougueiros e sapateiros a quem se recusava admissão, a menos que abjurassem o exercício de seu artesanato e o deixassem para os empregados. E no século XIII, os pisoeiros e tecelões já eram excluídos da Guilda pelos termos da sua patente em Aberdeen, Stirling e Perth.[54]

---

[50] Gretton, *op. cit.*, 65.
[51] M. Dormer Harris, *Life in an Old English Town*, 88-93, 258-66.
[52] Ashley, *op. cit.*, 83. Ashley sugere que isso possa ter sido devido ao fato de que os tecelões eram forasteiros, e assinala que as restrições tenderam posteriormente a desaparecer. Lipson, no entanto, rejeita essa interpretação (*Econ. Hist.*, 323-4). A Senhorita E.M. Carus-Wilson nos diz que há "evidência positiva" de que os tecelões eram excluídos (juntamente com os pisoeiros) da Guilda Mercantil, embora os tintureiros fossem membros da mesma *(Econ. Hist. Review*, vol. XIV, nº I, 41-2).
[53] G. Unwin, *Finance and Trade under Edward III*, 234.
[54] Gross, *op. cit.*, 213; D.B. Morris, *op. cit.*, 54, 78 em diante; cf. Cunningham, *Growth of Eng. Industry and Commerce* (Middle Ages), 348.

Na maioria das cidades inglesas, entretanto, não parece ter sido a Guilda Mercantil inicial o instrumento do novo monopólio comercial (como sugeriu Brentano). E, talvez porque, em seu início, muitas cidades inglesas dificilmente se distinguissem de aldeias, inclinando-se por isso a serem mais democráticas e igualitárias em caráter, não achamos aquela continuidade entre a guilda comercial inicial e a plutocracia burguesa posterior que se torna evidente nas cidades continentais e na Escócia. É muito curioso que na maioria dos casos a velha Guilda Mercantil pareça ter desaparecido por volta da época em que o novo monopólio do comércio atacadista começava a se fortalecer. No curso dos séculos XIII e XIV aparentemente ela perdeu, na maioria dos casos, sua função inicial e continuou, se é que continuou mesmo, como pouco mais do que um simples nome. Ao mesmo tempo, testemunhamos a formação de novas guildas mercantis, ou misteres, compostos inteiramente de mercadores distintos dos artesãos e dotados, em suas patentes, de direitos exclusivos sobre determinado ramo do comércio atacadista.[55] A concentração de direitos comerciais em tais órgãos significava que o artesão comum, para fins outros que não a venda a varejo em sua barraca ou loja na cidade, era obrigado a negociar exclusivamente com os membros da guilda mercantil apropriada. Não podia vender diretamente a qualquer mercador estrangeiro, nem podia fazer qualquer contrato para exportar seus artigos da cidade, a não ser usando um dos membros do círculo limitado de mercadores atacadistas prósperos da cidade como intermediário. Em alguns casos, a antiga e única guilda se dividia numa série de companhias especializadas. Em Andover, por exemplo, houve uma tripartição em Fanqueiros, Armarinheiros e Coureiros, e em Devizes, ocorreu uma divisão em Fanqueiros, Negociantes de Fazendas e Coureiros.[56] Era mais comum a divisão ocorrer numa variedade de guildas, tanto artesanais quanto mercantis, possuindo as primeiras o monopólio de uma certa linha de produção, e as últimas direitos exclusivos em certa esfera de comércio. Em Reading, por exemplo, a função da guilda inicial e única foi aparentemente transferida para cinco companhias.[57] Qualquer que tenha sido sua ancestralidade, de qualquer forma é muito comum acharmos tanto companhias gerais de mercadores surgindo nas cidades do século XIV como também órgãos mais especializados de mercadores. Em Londres, no reinado de Eduardo III, a primeira das Livery Companhias conseguiu incorporação.

---

[55] Gross, *op. cit.*, 116, 127-9; S. Kramer, *Graft Gilds and the Government*, 24; Cunningham, *op. cit.*, 225; A.P. Usher, *Introduction*, 181; Gretton, *op. cit.*, 67; Ashley, em *Publications Amer. Econ. Assocn.* (1887), 36-7, 58-9; Kramer, em *Eng. Hist. Review*, XXIII, 250-1.
[56] Gross, *op. cit.*, 118-20.
[57] Gretton, *op. cit.*, 67.

Das doze principais, metade se compunha, no início, exclusivamente de mercadores, como os negociantes de fazendas, merceeiros, fanqueiros e armarinheiros. Porém, mesmo as que incluíam artesãos logo iriam cair sob o domínio do elemento comercial mais rico, como sucedeu com os ourives, onde uma minoria de ourives mercadores tomou a si a nomeação de guardiães da companhia, contra os protestos dos artesãos. Unwin nos conta que esse "controle estabelecido pelos mercadores" e "toda a subordinação dos artífices encontra paralelo próximo em cada uma das doze grandes companhias que se tinham originado num artesanato ou incluíam um elemento artesanal".[58] Aparentemente, sua incorporação despertou grande clamor entre os cidadãos londrinos da época, alegando-se que os preços tinham subido um terço como resultado de sua influência.[59] Outro exemplo da nova tendência foi "a briga" que se travou em "Chepe e Crepelgate" no reinado de Eduardo III entre Seleiros, por um lado, e Marceneiros, Pintores e Ferreiros, por outro. Estes alegaram que os seleiros tinham resolvido, "por conspiração e conluio", monopolizar para si o comércio de "qualquer tipo de mercadoria que pertença ao seu próprio ofício" e forçar os artesãos em questão a vender somente a eles. Quando os artesãos se recusaram a isso, diz-se que os seleiros os atacaram com armas.[60] Seja qual for a verdade acerca da disputa, parece claro que os seleiros eram o elemento comercial, e já estavam começando a se situar numa relação de empregadores para com os artesãos. Tampouco é este um exemplo isolado, sendo a tendência das guildas artesanais mais pobres a subordinar-se a uma guilda comercial que começa a fazer o papel de um *entrepreneur* na indústria, ocorrência muito comum nesse período: os Alfagemes e Tosquiadores, por exemplo, caem sob o controle dos Cuteleiros, caindo os Preparadores e Surradores de Couro sob o controle dos Peleiros.[61]

O mais impressionante de todos foi o caso dos tecelões, não só em Londres mas também em outras cidades, como Winchester, Oxford, Marlborough e Beverley, que, já na segunda metade do século XIII, parecem ter chegado à posição de subordinação econômica aos *burellers*.* Seja qual for a origem dos *burellers*, eram homens de algumas posses que se ocupavam com mais de um ramo da indústria têxtil, comprando lã, providenciando sua fiação e urdidura e provavelmente supervisionando também o fingimento e acabamento do tecido.

---

[58] Unwin, *Industrial Organization*, 42-4; também W.C. Hazlitt, *Livery Companies of London*, 68; Lipson, *op. cit.*, 379-81, que diz: "em Londres e cidades provincianas uma classe definida de mercadores se diferenciava dos artesãos" (385).
[59] *Ibid.*, 383-4.
[60] Riley, *Memoriais of London*, 156-9.
[61] Cf. A.H. Johnson, *History of Worshipful Company of Drapers*, vol. I, 24.
*Negociantes e fabricantes de tecidos brutos, aniagens etc. (N.T.)

Por volta de 1300, é evidente que constituíam um elemento comercial situado num tipo de relação de empregador com respeito aos tecelões; e finalmente, ao que parece, organizaram-se com outros mercadores de tecidos na Drapers' Company. Os tecelões, que tinham estado entre os primeiros artesãos, ocupavam anteriormente uma posição bastante protegida, ainda que subordinada. No início do século XIV, vemos ser desfechado um ataque geral contra seus direitos, claramente inspirado pelos *burellers*, que alegavam que a Guilda dos Tecelões estava restringindo o número de teares e aumentando os preços mediante acordos entre si. Os tecelões empreenderam uma obstinada ação de retaguarda durante várias décadas, mas, em meados do século, os privilégios dos Tecelões Londrinos tinham sido drasticamente reduzidos (inclusive, bastante significativamente, seu direito a parar de trabalhar no caso de uma disputa entre *burellers* e tecelões) e a guilda passou a ter suas portarias rigorosamente subordinadas à autoridade do Prefeito. Em 1364, os Fanqueiros Londrinos receberam o direito de monopolizar o comércio de tecidos, ordenando-se aos tecelões, pisoeiros e tintureiros que "se mantivessem em seu próprio mister e que não se intrometessem de modo algum na confecção, compra ou venda de qualquer tipo de tecido ou fancaria". A sujeição do artesanato ao elemento comercial era completa, e, não contentes com isso, os Fanqueiros Londrinos, no final do século XIV, instituíram o Bakewell Hall como *entrepôt* nacional, com o objetivo de "impedir que os fanqueiros do país negociem diretamente com os fregueses dos fanqueiros londrinos e vendam seu tecido a estes".[62] Em outras cidades, a situação dos tecelões era ainda pior: "tinham seu comércio dificultado por todos os tipos de regulamentações opressivas, proibidos de comprar suas ferramentas, de possuir qualquer riqueza, ou de vender seus artigos, a não ser a um homem livre da cidade, enquanto nos tribunais da cidade atribuía-se-lhes o *status* de vilões e estrangeiros".[63]

Paralelamente a esses desenvolvimentos, verificava-se a concentração do poder político nas cidades nas mãos de uma oligarquia burguesa: esta parece ter sido idêntica à seção de mercadores ricos que estava adquirindo o monopólio do comércio atacadista. Até em dias mais democráticos aparentemente foi comum que os burgueses mais ricos e influentes fossem eleitos para a comissão dos doze que conduzia os negócios da cidade. Mas o direito à eleição

---

[62] W.J. Ashley, *Early History of the English Woollen Industry* (Publications American Econ. Assocn., 1887), 66-7.
[63] Sra. J.R. Green, *Town Life*, vol. II, 142; também Consitt, *op. cit.*, 8-29; Johnson, *op. cit.*, vol. I, 206. Parece bem claro que a tendência crescente a subordinar as guildas artesanais à autoridade do governo urbano do século XIV foi promovida pelos interesses das guildas artesanais dominantes, e não pode ser encarada como subordinação de produtores nos interesses de "toda a população da cidade considerada como consumidores", conforme sugere a Sra. Green (134-60).

112 a evolução do capitalismo

parece ter prevalecido, com todos os cidadãos participando nas eleições do burgo. Além disso, embora os burgueses mais ricos governassem, faziam-no com consentimento de toda a cidade. Por volta do ano de 1300, "um seleto e aristocrático órgão usurpou o lugar do conselho comum dos cidadãos", e, no fim do reinado de Eduardo III, a maioria dos burgueses "achava-se inteiramente excluída do direito de sufrágio nas eleições parlamentares".[64] Em Beverley, é notório que uma oligarquia surgira durante o século XIV. Por volta do século XV, Nottingham tomara-se uma oligarquia fechada, e, em York, os Negociantes de Fazendas conquistaram o governo da cidade.[65] Em Winchester, no século XIV, houve queixas "a respeito de opressões infligidas pelos vinte e quatro cidadãos principais", que tinham usurpado a eleição dos bailios da cidade.[66] No fim do século anterior, os burgueses de Gloucester e de Oxford falam de usurpação pelos *divites et potentes* e da taxação injusta dos pobres em benefício dos ricos. Em Bury, vemos o poder político concentrado em mãos dos burgueses mais ricos, e, por volta do século XV, até o próprio órgão burguês torna-se muito pequeno: um órgão seleto que age como "um tipo de conselho de reserva" para os vereadores.[67] Em Lynn e Shrewsbury, ouve-se falar do domínio dos doze; em Newcastle, os burgueses mais pobres queixam-se do poder da guilda mercantil e, em Scarborough, das transgressões por parte dos *divites,* que estavam excluindo a massa de cidadãos de qualquer participação no governo do burgo.[68] Por essa época, é muito comum uma distinção de *status* entre *potentiores, medíocres, inferiores*: distinção que, evidentemente, corresponde à oligarquia comercial rica, aos artesãos mais prósperos que possuíam meios moderados, mas ainda se confinavam ao mercado local, e aos artesãos e jornaleiros mais pobres, que logo iriam cair em dependência econômica de um ou outro dos dois graus mais ricos de cidadãos.[69] Nas cidades da Cornualha, encontramos uma distinção semelhante (bem mais tardia que em outras partes, no século XVI) entre "burgueses da capital" e "residentes menores", sendo o governo da cidade concentrado nas mãos dos primeiros.[70] Em Londres, o método inicial de eleição para o conselho comum tinha sido feito pelos cidadãos nos diversos distritos urbanos, e, durante um breve período, isso foi transformado em eleição feita pelas guildas

---

[64] C.W. Colby, "Growth of Oligarchy in English Towns", em *Eng. Hist. Review*, vol. V (1890), 643,648.
[65] Cf. Maud Sellers, *York Mercers and Merchant Adventurers*, xiii.
[66] Colby, *op. cit.*, 646-7.
[67] M.D. Lobel, *The Borough of Bury St. Edmunds*, 93.
[68] Colby, *op. cit.,* 644, 646, 648.
[69] Cf. Ashley, *op. cit.*, 133-4; também Haslitt, *op. cit.*, 69.
[70] A. L. Rowse, *Tudor Cornwall*, 90.

principais. Mas, provavelmente devido à oposição popular, reverteu-se à eleição por distritos.[71] Os vereadores, no entanto, tinham de ser "bons e discretos", com bens no valor de mil libras, e passaram a ser nomeados em caráter vitalício pelo prefeito, entre quatro candidatos indicados pelos distritos. Já o próprio prefeito era escolhido pelo seu antecessor e pelos vereadores entre dois vereadores indicados em concordância com o Conselho Comum e com os Mestres e Guardiães das principais Livery Companies. Por volta do século XV, tornara-se comum os vereadores anularem as eleições distritais, nomeando cada qual um membro de seu distrito para o conselho, de modo que o prefeito e os vereadores tornaram-se virtualmente um órgão autoperpetuador. De qualquer forma, a maioria dos vereadores, xerifes e todos os prefeitos, durante muitos anos, era invariavelmente composta de membros de uma das doze Livery Companies, podendo-se dizer que estas monopolizavam continuamente o governo da cidade. Como indicou o historiador de uma destas, a relação entre as guildas principais e a cidade é bem semelhante à que existe entre os colégios e a universidade em Oxford ou Cambridge.[72]

A conexão entre essa mudança política e a política econômica da nova classe comerciante é bem clara. Naturalmente, é verdade que, em alguns casos, o poder foi monopolizado por um grupo de interesses comerciais, com exclusão dos demais, e nisso uma certa parcela dos comerciantes conjugou esforços com as guildas artesanais para resistir a tal usurpação. Por exemplo, em Beverley, os fanqueiros conjugaram esforços com os alfaiates, açougueiros e sapateiros, numa insurreição, em 1380, contra a minoria dominante.[73] Em Londres, no século XIV, fanqueiros, negociantes de fazendas, alfaiates, ourives e armarinheiros uniram-se em oposição à hegemonia das guildas de vitualhas. Em certos casos, a oligarquia urbana pode ter-se composto dos mais antigos proprietários de terra da cidade e não de *parvenus* comerciais. Na maioria dos casos, entretanto, é claro que, no século XIV, tal concentração de poder nas cidades representou o domínio do capital mercantil e que um de seus principais efeitos foi restringir os artesanatos ao comércio varejista no mercado local, e onde este não constituía a saída principal de seus produtos, subordinar os artesãos a uma corporação fechada de mercadores com quem, e em cujos termos, os produtores não tinham outra opção senão negociar. Além

---

[71] Em 1354, na verdade, vemos o Parlamento intervindo no governo de Londres sob a alegação de seu conhecido fracasso por parte do prefeito, vereadores e delegados, que estavam principalmente interessados na preservação dos monopólios das guildas e na elevação dos preços (cf. G. Unwin, *Finance and Trade under Edward III*, 239).
[72] A.H. Johnson, *History of the Worshipful Company of the Drapers of London*, vol. I, 27-8, 41, 52, 54-8; H.T. Riley, *Liber Albus*, 18, 35.
[73] *V.C.H. Yorks,* vol. III, 443.

disso, em muitos casos, as regulamentações criadas para dar proteção econômica aos artesãos voltavam-se agora contra eles. Às vezes, os preços dos artigos artesanais eram controlados,[74] enquanto os artesãos eram impedidos de fixar preços mínimos entre si. Em Coventry, os fanqueiros, que governavam a cidade, impediram que os pisoeiros e alfaiates agissem de acordo com sua patente, que lhes outorgava certos direitos como guildas artesanais e insistiram, em vista da oposição da associação dos tintureiros, que se permitisse aos fanqueiros dedicar-se ao tingimento, proibindo aos tintureiros trabalhar com qualquer tecido que não fosse fornecido por um fanqueiro local e, aos tosquiadores, importar qualquer tecido para a cidade.[75] Em Bristol, houve dificuldades em 1317, acompanhadas de tumulto e luta na câmara municipal, devido aos privilégios que quatorze dos *majoribus* tinham anexado a si próprios com relação ao porto e o mercado.[76] Em alguns casos, o novo regime acarretava a decadência do antigo Padrão do Pão e dos arranjos de compra privilegiada de materiais por parte dos artesãos. "Os padeiros e fornecedores ricos que ascenderam aos cargos municipais transformaram o padrão do pão e a inspeção das cozinhas numa letra morta"; e a multa imposta pelos regulamentos aos transgressores passou a ser tratada pelo especulador próspero como uma taxa que lhe permitia continuar suas atividades — uma taxa que o mercador que transacionasse em grande escala poderia perfeitamente pagar, ao contrário do transgressor mais pobre.[77] Em Yarmouth, em 1376, os "residentes pobres" peticionaram para que lhes fosse permitido comprar e vender seus artigos como antigamente. Em Grimsby, os burgueses dominantes não "permitiram que os homens pobres de Grimsby participassem com eles na questão da compra e venda de acordo com as liberdades concedidas aos mesmos".[78] Em Newcastle e em Hull, os artesãos também se achavam excluídos do comércio exterior. Em Exeter, uma restrição semelhante — contra a qual a Guilda dos Alfaiates lutou vigorosamente — se aplicava a quem se "aventurasse além dos mares". Em Bristol e Chester, "os homens de arte manual" e os que vendiam a varejo achavam-se excluídos do comércio atacadista com mercadores que não fossem burgueses da cidade.[79]

---

[74] Cf. Saltzmann, *Industries in the Middle Ages*, 201-10.
[75] M.D. Harris, *History of the Drapers Company of Coventry*, 6-13.
[76] Colby, op. cit., 649-50; John Latimer, *History ofthe Society of Merchant Adventure of Bristol*, 8. O povo de Bristol "fazia oposição afirmando que todos os burgueses eram de uma única condição". A luta resultou em vinte mortos, e a rebelião popular durou intermitentemente mais de dois anos. Latimer se refere a 1312 como o ano da "grande insurreição" da comunidade.
[77] Sra. Green, op. cit., 49; Gretton, op. cit., 53.
[78] Lipson, op. cit., 321; Colby, loc. cit., 645.
[79] Kramer, em *Eng. Hist. Review*, XXIII, 28-30. Parece que o princípio de "cada homem, um ofício", estabelecido por uma lei de 1363, e talvez destinado pelos interesses feudais a reduzir as tendências

A nova aristocracia mercantil não era um círculo inteiramente fechado para aqueles que tivessem o dinheiro para pagar sua admissão ao mesmo, e, nos séculos XV e XVI, houve uma infiltração positivamente constante, em suas fileiras, de elementos vindos do grupo dos mestres-artesãos mais ricos, que se inclinavam a deixar o artesanato pelo comércio e até mesmo a tornar-se empregadores de outros artesãos, assim que tivessem acumulado capital bastante para permitir-lhes explorar horizontes mais amplos do que aqueles que o comércio varejista de um mercado local lhes proporcionava. Era inevitável que a ambição de *parvenu* desses homens viesse a achar irritantes e embaraçosos os privilégios exclusivos das companhias mercantis. Duas opções de progresso eram-lhes possíveis. Podiam comprar uma posição numa das companhias pirivlegiadas e abandonar sua antiga profissão, ou lutar para conseguir, para sua própria guilda artesanal, o *status* de um órgão comercial. A primeira era frequentemente adotada no caso das Livery Companies londrinas, sendo que a admissão nestas geralmente era possível a um burguês da cidade mediante o pagamento da taxa de admissão deliberadamente alta, vendo-se membros mais ricos entre os pisoeiros, tosquiadores, tecelões e tintureiros conseguindo entrar para uma companhia como a dos Fanqueiros. Um exemplo da segunda tendência foi o amálgama de pisoeiros e tosquiadores de Londres, em 1530, formando a companhia dos trabalhadores têxteis como companhia mercantil negociando com tecidos acabados em rivalidade com a Companhia dos Fanqueiros.[80] No capítulo seguinte, discorreremos mais sobre tais desenvolvimentos nas Livery Companies de Londres. No entanto, quando tal coisa ocorria numa cidade provinciana onde o comércio era mais especializado e o grupo dominante mais homogêneo em seus interesses, algo como uma revolução no governo urbano tendia a ocorrer, ou, de qualquer modo, uma longa batalha pelas vantagens do cargo. Por exemplo, em Exeter, no final do século XIV, os mestres-alfaiates mais ricos, que controlavam a guilda dos alfaiates, quiseram ter os direitos de alfaiates mercadores para vender diretamente aos comerciantes estrangeiros. Para esse fim, compraram uma patente à Coroa, pela qual adquiriam o *status* de uma companhia comercial. Isso não agradou à oligarquia mercantil que mantinha o controle político da cidade, passando o Prefeito a expulsar os alfaiates libertários da cidade. Finalmente chegaram

---

açambarcadoras dos merceeiros, logo foi invocado pelas guildas mercantis, como a dos fanqueiros, "contra a independêndia dos diversos artesanatos". De qualquer forma, no ano seguinte ao da lei, o Rei passou a conceder cartas às companhias de atacadistas ricos, como os vinhateiros, fanqueiros e peixeiros, dando a cada qual um monopólio de seus diversos ofícios (Unwin, *Finance and Trade under Edward III*, 247-50).
[80] Unwin, *Industrial Organization*, 44-5.

a um acordo, pelo qual os alfaiates participavam dos privilégios do comércio e da administração pública, "e as tristezas da derrota foram deixadas para o populacho em geral".[81] Tal tipo de acordo parece ter sido surpreendentemente comum nos séculos XV e XVI na Inglaterra, com a oligarquia mercantil mantendo sua posição pela administração das guildas artesanais mais ricas à participação no poder e no privilégio econômico.

3

Embora houvesse alguma infiltração nas fileiras privilegiadas, à medida que o capital se acumulava entre os próprios artesanatos, a posição monopolista do capital mercantil na Inglaterra pouco se enfraqueceu com isso e o aumento de sua riqueza não foi retardado. Com o crescimento do mercado e principalmente do comércio exterior, havia lugar para que as fileiras privilegiadas crescessem sem qualquer congestionamento sério. Internamente, o mercado se expandia, não só pelo crescimento das cidades e multiplicação dos mercados urbanos, mas também pela penetração maior da economia monetária na propriedade senhorial com o crescimento do trabalho assalariado e o arrendamento da propriedade por aluguel em dinheiro. Ainda assim, foi o comércio exterior o que proporcionou as maiores oportunidades para o progresso comercial rápido, sendo nessa esfera que se formaram as maiores fortunas. Aqui, por algum tempo, predominaram os mercadores estrangeiros, com sua posição fortalecida por privilégios especiais concedidos pela Coroa inglesa. Tais mercadores foram, de início, os da Hansa flamenga, e, posteriormente, os italianos, que compravam lã diretamente aos mosteiros e proprietários de terras, muitas vezes adiantando empréstimos mediante a garantia de futuras entregas desse produto. Para que os mercadores ingleses pudessem saborear os ricos frutos dessa esfera, os privilégios dos mercadores estrangeiros tiveram de ser reduzidos, o que não foi fácil, pois a Coroa inglesa não só devia a esses concessionários estrangeiros, como também tinha necessidade constante de novos empréstimos. Segundo certa lenda, o rei cruzado Ricardo negociara privilégios com mercadores da Hansa para se libertar de um cárcere alemão. Em certa altura do século XIV, as coroas reais estiveram empenhadas a Colônia e Trier, e em outra ocasião a Rainha e seu filho tiveram de ficar em Antuérpia após uma visita, como garantia de uma dívida de 30.000 libras.

---
[81] Sra. Green, *op. cit.*, 173-81; cf. também B. Wilkinson, *The Mediaeval Council of Exeter.*

Até que surgissem mercadores ingleses de porte suficiente para financiar a despesa do Rei, particularmente suas guerras e a coleta de seus impostos, o *status* privilegiado das corporações estrangeiras não pôde ser abalado. Ao aproximar-se o fim do século XIII, e mais ainda no XIV, a Coroa começou a contar com uma renda proporcionada por um imposto de exportação sobre a lã e os empréstimos desse artigo, feitos pelos exportadores de lã ingleses. E os mercadores ingleses, organizados na Sociedade do Empório, conseguiram tirar vantagem da necessidade régia de negociar empréstimos em troca de direitos monopolistas no valioso comércio exportador de lã. O Professor Unwin e o Professor Power demonstraram convincentemente como essa questão motivou a crise constitucional do século XIV e se entrelaçou com o crescimento do Parlamento. Em 1313, na Holanda, por meio de um edito real, foi estabelecido um Empório obrigatório para a lã: toda a lã para exportação tinha de ser trazida a ele e oferecida à venda "às ordens do Prefeito e da Companhia de Mercadores". Isso foi considerado pelos membros da companhia inglesa como uma arma contra seus concorrentes estrangeiros no comércio exportador, acarretando vigorosa oposição por parte dos últimos. Mas a Companhia que desfrutava os lucros desse monopólio era um órgão pequeno e exclusivo, e, aparentemente, conseguiu não só aumentar o preço para os fregueses estrangeiros e expulsar os mercadores estrangeiros do comércio exportador com Flandres, como também reduzir o preço da lã no país. Logo surgiu uma nova exigência no sentido de se revogarem os privilégios do Empório com base em vários motivos: que os mesmos eram demasiado favoráveis aos flamengos e desfavoráveis aos que se empenhavam no comércio interno de lã na Inglaterra. Os interesses pela produção de lã (poderosamente representados no Parlamento) teriam naturalmente preferido a abolição total dos direitos do Empório, porquanto um comércio exportador livre lhes teria proporcionado um preço competitivo para sua lã. Muitos dos menores burgos desejavam que os mercadores estrangeiros frequentassem seus mercados para aumentar seu comércio e, nesse particular, discordavam de Londres e das cidades portuárias. Contudo, mercadores das maiores cidades inglesas, que queriam ter uma base no tráfego lucrativo ou desfrutar o papel de intermediários entre criadores e exportadores, desejavam simplesmente a substituição do Empório único de lã, em Bruges, por diversos outros numa série de cidades inglesas escolhidas para isso. Um dos motivos principais de sua queixa contra o sistema existente era a antiga alegação de que os mercadores de Bruges estavam em posição de impedir que os compradores de lã tivessem livre acesso ao mercado de lã da cidade e que os mercadores menores das cidades flamengas negociassem diretamente com os mercadores ingleses que ali comerciavam a lã inglesa. Em contraste, argumentou-se que a transferência do Empório para os portos ingleses atrairia compradores estrangeiros às novas cidades dotadas de Empórios e proporcionaria aos mercadores do país um acesso direto a uma faixa mais ampla de compradores. Ao mesmo tempo, proibindo-se os mercadores estrangeiros de comprar lã, a não ser nas cidades com Empório, esperava-se manter o comércio intermediário de compra de lã às abadias e aos proprietários de terra e a venda do produto para exportação nas mãos dos negociantes de lã ingleses.[82]

Quanto ao término dos privilégios exclusivos do Empório de Bruges, houve para isso um acordo geral (com exceção de um pequeno círculo de uns trinta coletores de impostos ricos, como William de la Pole, que ganhavam com os privilégios de um estreito monopólio exportador) e os representantes dos condados e burgos no Parlamento uniram-se para peticionar ao Rei nesse sentido. Nos reinados de Eduardo II e Eduardo III, a política esteve sujeita a mudanças frequentes. O primeiro proibira a todos, com exceção da nobreza e dos dignitários eclesiásticos, o uso de roupas estrangeiras. O segundo, no curso de uma série de tentativas desesperadas de financiar uma guerra continental mediante um subsídio em lã e os frutos de um monopólio desse artigo, substituiu, em dois breves períodos (1326-7 e 1332-4), o Empório em Bruges por uma série de Empórios ingleses, chegando mesmo, em alguns anos da década de 50, a conceder permissão para um comércio livre de lã para exportação e proibir a importação de tecido estrangeiro. Mas o triunfo dos comerciantes livres de lã durou pouco. Em 1359, o Empório de Bruges foi restaurado,[83] e os privilégos do pequeno círculo de exportadores organizado nos Mercadores Ingleses do Empório, renovados. A persistência desse monopólio trouxe poucos benefícios à grande maioria dos mercadores ingleses e ameaçava restringir o mercado para a lã inglesa, ao invés de ampliá-lo. O progresso ulterior teve de contar com uma manobra de flanco: um incentivo oficial crescente à fabricação de tecidos ingleses e o desenvolvimento do comércio exportador de tecidos ingleses, rivalizando com a indústria flamenga. Na verdade, como assinalou Eileen Power, o próprio monopólio do Empório, reduzindo os canais de exportação e mantendo uma "imensa margem entre os preços nacionais e estrangeiros de lã", involuntariamente estimulou o crescimento das atividades têxteis inglesas: "os baixos

---

[82] Cf. G. Unwin, *Finance and Trade under Edward III*, 213; A.L. Jenckes, *Staple of England*, 14 em diante, 40 em diante; Eileen Power, *Wool Trade in English Medieval History*, 91; Alice Beardwood, *Alien Merchants in England, 1350-1377*, 38-40, 55-6.
[83] Quatro anos mais tarde, entretanto, houve um novo acordo — uma mudança do Empório de lã inglesa para Calais; e no final do século os emporistas consolidaram-se como a Companhia do Empório de Calais. Seu monopólio de exportação, entretanto, não era completo, pois certos mercadores italianos receberam licença para comprar madeira na Inglaterra e exportá-la para a Itália sem passar por Calais.

preços internos faziam com que o tecido inglês pudesse ser vendido, não só ali como no exterior, bem mais barato do que o estrangeiro, que tinha de pagar uma soma imensamente maior pela mesma matéria-prima; e a exportação de tecido tornou-se cada vez mais lucrativa do que a exportação de lã".[84] Quase dois séculos depois, vemos os Mercadores do Empório criticando ao mesmo tempo os negociantes de roupas (porque, *inter alia*, causaram uma queda nos negócios) e os Mercadores Aventureiros, unindo-se na exigência de que a indústria têxtil se confinasse às cidades corporativas.[85]

Nesse novo setor de exportação de tecidos, os primeiros a chegar parecem ter sido os negociantes de fazendas, que começaram a montar fábricas (como os negociantes de fazendas de York, por exemplo) em lugares como Bruges, Antuérpia e Bergen.[86] Em 1358, ano que antecedeu a restauração do Empório de Bruges, um órgão conhecido como a Fraternidade de St. Thomas à Becket, originada da London Mercers' Company, conseguiu obter certos privilégios do Conde de Flandres e estabelecer em Antuérpia um depósito para seu comércio de tecido inglês. Isso foi encarado como sério desafio ao Empório de lã em Bruges. Seguiu-se uma acerba luta, entre os Aventureiros ingleses e a Hansa, pelo comércio de Flandres e do mar do Norte, e, entre os primeiros, que pleiteavam um monopólio de tecidos, e os emporistas de lã. No século XV, "um grande número de mercadores ricos de diversas grandes cidades e portos marítimos da Inglaterra, inclusive Londres, York, Norwich, Exeter, Ipswich e Hull", logrou constituir a Companhia de Mercadores Aventureiros e parece ter adquirido direitos exclusivos de comerciar com tecidos tanto entre Inglaterra e Holanda como entre Brabante e Flandres. Tal organização era a descendente direta da Fraternidade de St. Thomas à Becket, e sua vinculação com os negociantes de fazendas mostrava-se ainda próxima: os Mercadores Aventureiros e os Negociantes de Fazendas de Londres partilharam o mesmo livro de atas até 1526. Era um órgão tão exclusivo que somente os membros mais ricos das Companhias de Negociantes de Fazendas e Fanqueiros e alguns filhos da pequena nobreza conseguiram admissão em suas fileiras.[87] A guerra comercial entre os mercadores de tecidos ingleses e a Hansa foi longa e intransigente. Navios ingleses eram atacados e apresados, e os mercadores ingleses vingavam-se sempre que podiam. Certa vez o estabelecimento inglês em Bergen foi saqueado. Tais eram os riscos advindos dos lucros do mono-

---

[84] Eileen Power, *op. cit.*, 101.
[85] E.E. Rich, *The Ordinance Book of the Merchants of the Staple*, 24-5.
[86] Maud Sellers, *York Mercers and Merchant Adventures*, xli.
[87] Cf. W.E. Lingelbach, "Merchant Adventurers in England", em *Trans. Ryl. Hist. Society*, NS. XVI, 41-2.

pólio: riscos surgidos não da ordem natural das coisas, mas porque a aquisição do monopólio constituía o *leitmotif* de todo comércio. Em Dantzig, até meados do século XVI, os mercadores ingleses só podiam comerciar um dia por semana, e, mesmo assim, apenas com os burgueses, sendo impedidos de fazê-lo em qualquer das demais cidades da Prússia. Diz-se que os mercadores ingleses eram tratados de maneira "pior do que quaisquer outros estrangeiros, com exceção apenas dos judeus", embora isso talvez seja exagero e parcialismo. No entanto, com o crescente apoio da Coroa nos séculos XV e XVI (apoio que aumentou com a capacidade dos mercadores ingleses de tecidos de rivalizar com seus inimigos em empréstimos e suborno), a posição competitiva desses mercadores se fortaleceu gradualmente enquanto os privilégios dos estrangeiros na Inglaterra iam terminando. No reinado de Elisabete, os mercadores de Steelyard foram antes de mais nada excluídos da compra de tecidos ingleses em Blackwell Hall (1576) e finalmente, nos últimos anos do século, o Steelyard de Londres foi fechado. Em 1614, a exportação de lã inglesa foi oficialmente proibida. Tal proibição, uma concessão à indústria têxtil, afetou não só os mercadores estrangeiros como também os emporistas ingleses, que, desde então, deixaram de ser uma companhia de exportadores de lã, e, voltando sua atenção para o comércio interno de lã, em 1617, obtiveram o direito de ser os únicos intemediários de lã dentro do reino, confinando-se a venda de lã a certas cidades emporistas do país.[88]

Em meados do século XVI, os mercadores britânicos tinham ousado ir muito longe, tanto através do mar do Norte como pelo Mediterrâneo, inaugurando umas cinco ou seis novas companhias gerais, cada qual com privilégios numa área nova. O ano de 1553 viu a fundação da Russia Company (dois anos depois esta companhia recebia uma patente dando-lhe um monopólio) que foi a primeira companhia a empregar capital sob a forma de ações e a possuir navios de forma incorporada. Vários membros dos Mercadores Aventureiros eram também membros da nova companhia e é possível que tenham tomado a iniciativa em sua formação. No mesmo ano em que obteve sua patente da Coroa inglesa, ela conseguiu negociar, através de seu representante Richard Chancellor, um acordo com o Tzar Ivã IV, pelo qual iria desfrutar o direito exclusivo de comerciar com Moscóvia pela rota do mar Branco e estabelecer depósitos em Kholmogory e Vologda. Em 1557, Jenkinson, enviado da companhia, viajou até a Pérsia e Bucara e, em 1567, a companhia obteve o direito de comerciar com a Pérsia passando pela Rússia por Cazã e Astracã. No mesmo ano em que a Russia Company recebeu sua patente, formou-se a

---

[88] Cf. E.K. Rieh, *op. cit.*, 77-86.

Africa Company, cujos membros iriam tirar o máximo proveito da empresa lucrativa descrita mais tarde por Nassau Senior como "raptar ou comprar os nativos da África e obrigá-los, sem piedade, a trabalhar até morrer", no que "os ingleses e holandeses, naquela época os homens mais sábios e religiosos do mundo... não tinham mais escrúpulo... do que o demonstrado na subjugação de cavalos".[89] Em 1578, foi concedida carta-patente à Eastland Company (Companhia do Báltico) para "desfrutar do comércio exclusivo através do mar do Norte com a Noruega, Suécia, Polônia, Lituânia (exceto Narva), Prússia e também Pomerânia, do rio Óder para leste até Dantzick, Elbing e Konigsberg; e também Copenhague e Elsinore e Finlândia, Gothland, Barnholm e Oeland". Entre os poderes que lhe eram atribuídos, estavam "fazer leis suplementares e impor multas, prisão etc., a todos os homens não livres que comerciem com essas partes". Logo depois de sua fundação, a companhia conseguiu abrir uma brecha importante nos contrafortes do monopólio hanseático, conquistando o direito de lidar diretamente com os mercadores de Elbing e com outras cidades prussianas.[90] No ano anterior à fundação da Eastland Company, vários membros dos Mercadores Aventureiros fundaram a Spanish Company para monopolizar o lucrativo comércio de vinho, azeite e frutas com Espanha e Portugal, e conseguir poderes delegados por uma carta-patente para excluir concorrentes. Finalmente, em 1581, cartas-patentes foram concedidas pela Coroa a quatro cavalheiros, inclusive um certo *Sir* E. Osborn e um certo *Mr.* Staper, e "a outros ingleses que não ultrapassem doze em número, nomeados pelos referidos *Sir* E. Osborn e Staper para que se reúnam a eles e seus feitores, servos e delegados, pelo espaço de sete anos, para comerciar com a Turquia... sendo tal comércio exclusivamente deles durante o referido prazo". Foi essa a origem da Levant Company (incorporada em 1592 como fusão da antiga Turkey Company com a Venice Company), que contava com a Rainha Elisabete entre seus principais acionistas, e que gerou, em 1600, a East India Company, tendo, em 1605, sua carta-patente de monopólio renovada em perpetuidade por Jaime I.[91]

---

[89] Senior, *Slavery in the U.S.*, 4.
[90] Cf. A. Szelagowski e N.S.B. Gras, em *Trans. Ryl. Hist. Society,* 3ª série, VI, 166, 175. Antes disso, os Mercadores Aventureiros tinham feito um tratado com Hamburgo, no mesmo sentido, por um período de dez anos, de 1567 a 1577; e em 1564, depois do fechamento de Antuérpia aos mercadores ingleses, a cidade de Emden (que não era membro da Liga Hanseática) admitia os Mercadores Aventureiros que puderam usá-la como porto de trânsito para Colônia e Frankfurt. Em 1597, entretanto, houve um recuo temporário: em desforra por medidas tomadas contra mercadores de Hansa na Inglaterra, a mesma persuadiu o Imperador a expulsar os Mercadores Aventureiros do Império como uma companhia de monopolistas.
[91] Cf. C. Walford, "Outside History of Hanseatic League", *Trans. Ryl. Hist. Society*, IX (1881), 128; M. Sellers, *op. cit.*; Cawston e Keane, *Early Chartered Companies,* 15-22, 103; I. Lubimenko, *Les Relations Commerciales et Politiques de L'Angleterre avec la Russie avant Pierre le Grand*, 23-34, 82, 114 em diante; M. Epstein, *Early History of the Levant Company*.

Em grau variado, essas companhias estrangeiras eram órgãos altamente exclusivos. Os Mercadores Aventureiros empreenderam vigorosa luta contra qualquer intromissão em seu comércio, de modo que esse intercâmbio lucrativo pudesse ser preservado para alguns poucos e os preços defendidos contra a influência da concorrência. De forma semelhante, a Russia Company esforçou-se estrenuamente (no que foi muito malsucedida) para excluir intrusos que comerciavam através de Narva, e tanto os membros da Eastland quanto os da Spanish Company usaram seus poderes para controlar o comércio. Centralizada em Londres, a poderosa Merchant Adventurers Company tinha contrapartida em companhias irmãs nas cidades provincianas como Newcastle, York e Bristol. Em geral, no entanto, enquanto os mercadores provincianos obtinham direitos de comércio, o grosso do tráfego passava pelas mãos dos mercadores londrinos, que dominavam a organização. A entrada para as companhias privilegiadas se restringia por uma limitação de aprendizado e taxas de admissão que tendiam a elevar-se cada vez mais no curso do tempo. No início do século XVII, por exemplo, a taxa de admissão para os Mercadores Aventureiros subira à cifra de 200 libras.[92] Além disso, os artesãos e varejistas eram geralmente barrados, sendo "o desejo expresso de excluí-los" descrito por Unwin como "um traço comum que caracterizava todas as cartas-patentes" das companhias de comércio exterior.[93] Ademais, as quantidades comerciadas eram cuidadosamente regulamentadas, presumivelmente no interesse da manutenção dos preços, pelo controle dos embarques exercido pela companhia e o método de "limitação" pelo qual era restringida a parcela de cada participante, como na cota de um cartel moderno. Não está inteiramente claro se, além disso, os preços mínimos de venda e os preços máximos de compra eram impostos aos membros como uma regra geral. Há evidência de que os Mercadores do Empório tinham adotado acordos de fixação de preços nos séculos XIV e XV, favorecendo uma única cidade-empório estrangeira para facilitar a imposição de acordos sobre preços,[94] e parece provável que os Mercadores Aventureiros usassem métodos semelhantes. No reinado de Jaime I, a Levant Company não só controlava o suprimento como também fixava preços máximos de compra para produtos adquiridos no Oriente Próximo.[95] De qualquer modo, os fabricantes de roupas e comerciantes locais, que agiam como intermediários entre o artesão e o mercador exportador, não tinham ilusões quanto ao efeito dos monopólios, pois, no século XVI, os ouvimos queixarem-se cada vez mais de que suas saídas para

---

[92] Ver adiante, pp. 195-196.
[93] *Studies in Economic History*, 173, também 181.
[94] Eileen Power, *op. cit.*, 89-90.
[95] M. Epstein, *Early History of the Levant Company*, 117-26, 130-1.

os começos da burguesia   123

venda estavam restringidas e o preço pelo qual podiam desfazer-se dos artigos de exportação se mostrava anormalmente baixo: em 1550, por exemplo, certos fabricantes de roupas queixaram-se ao Conselho Privado de que os Mercadores Aventureiros tinham, mediante acordo, fixado o preço de compra tão baixo para o tecido que os fabricantes perdiam uma libra por peça.[96] Essa política de exclusividade não deixava de ter imitadores nas fileiras menos exaltadas da sociedade urbana. Em virtude de seus regulamentos de aprendizagem, os artesanatos sempre haviam mantido controle bem severo sobre a admissão aos mesmos. Mas, nos séculos XIV e XV, surgiu uma tendência geral no sentido de aumentar os requisitos de ingresso num artesanato, a fim de limitar o número de membros. O patrimônio — direito de um filho de assumir o lugar do pai no artesanato — sempre fora um meio pelo qual aquele cuja família se achava estabelecida na profissão podia evitar os requisitos de admissão onerosos e o patronato podia tornar-se privilégio hereditário. Com o tempo, tornou-se cada vez mais difícil para qualquer um que não pertencesse a certo círculo de famílias, e que não fosse bastante rico para comprar uma posição na guilda, estabelecer-se como mestre. Essa tendência exclusivista se mostrou notavelmente difundida e mais pronunciada ainda nas grandes cidades continentais do que na Inglaterra, onde (como afirmou Pirenne), "em cada cidade, a indústria local se torna um privilégio restrito de um consórcio de mestres hereditários".[97] As guildas artesanais inglesas tinham desde cedo conquistado o direito de exercer um veto virtual contra qualquer novo membro em sua indústria por meio da dupla cláusula de que ninguém poderia estabelecer-se como mestre-artesão, a menos que tivesse obtido a cidadania, e de que nenhum recém-chegado poderia reivindicar os direitos da cidade (isto é, assumir a plena cidadania) a não ser com a recomendação e garantia de seis membros idôneos de seu artesanato.[98] Mais tarde, estipulou-se com frequência que o consentimento dos Guardiães da guilda artesanal era necessário à admissão.[99] Ashley declara que "antes da metade do século XIV surgem sinais inconfundíveis do desejo de limitar a concorrência pela diminuição do influxo de recém-chegados".[100] Em 1321, os tecelões londrinos foram acusados de cobrar taxas de admissão anormais aos que desejavam entrar para o artesanato, e, dez anos mais tarde, dirigiram-se às guildas artesanais queixas gerais de que cobravam aos

---
[96] *Studies in Econ. History: the Papers of George Unwin*, 148.
[97] H. Pirenne, em *La Fin du Moyen Age*, vol. II, 147.
[98] No caso de Londres, o último foi feito em 1319.
[99] Ashley. *Introduction*, vol. I, livro II, 77.
[100] *Ibid.*, 75; Gretton, *op. cit.*, 69-70.

aprendizes "taxas quase proibitivas para converter-se em membros das referidas associações".[101] A Sra. Green chega a dizer que quando um homem terminava seu aprendizado, encontravam-se dispositivos engenhosos para atirá-lo de volta à mão de obra assalariada".[102] A julgar pela legislação de dois séculos mais tarde, que proibia a prática (a legislação da década de 1530), tornara-se, em alguns casos, costume que os mestres exigissem de seus jornaleiros e aprendizes o juramento de não se estabelecerem como artesãos por conta própria sem permissão do mestre.[103]

O resultado foi, nos tempos dos Tudor, uma tendência crescente, por parte dos jornaleiros incapazes de pagar as despesas de mestrado, a trabalharem secretamente em águas-furtadas de ruas pouco movimentadas, ou a retirarem-se para os subúrbios, numa tentativa de fugir à jurisdição da guilda: práticas contra as quais as guildas, por sua vez, declararam guerra, tentando ao mesmo tempo ampliar a área de sua jurisdição e aumentar a eficiência das "buscas" oficiais, por meio das quais as portarias das guildas aplicavam o castigo aos transgressores. No século XV, os tecelões londrinos introduziram a proibição do aluguel de teares, impedindo que evidentemente pretendia tornar mais difícil aos jornaleiros pobres estabelecerem-se por conta própria.[104] Nisso, como veremos, residia muitas vezes um motivo de conflito entre a guilda artesanal e a oligarquia mercantil da cidade, uma vez que, em geral, era de interesse desta última que se multiplicasse a competição de artesãos desejosos de vender a preços mais baixos, como sucedia no caso dos mestres das águas-furtadas e dos subúrbios. Quanto às guildas mercantis e ao pessoal das maiores companhias londrinas, ditavam eles mais do que seguiam a moda da exclusividade, e o aumento de taxas de admissão chegara a tal ponto em meados do século XVI que (nas palavras do historiador da Companhia de Fanqueiros de Londres) "a *Livery* se restringia praticamente a homens de consideráveis posses e apenas os mais prósperos dos Fanqueiros

---

[101] Kramer, *Craft Gilds and the Government*, 78-9; F. Consitt, *London Weavers' Company*, 21 em diante. Os tecelões foram acusados também de restringir a produção e a capacidade produtiva, alegando-se que haviam reduzido o número de teares em Londres de 280 para 80 nos últimos trinta anos. Isso foi (como vimos acima) na época em que os tecelões travavam uma batalha perdida contra os *burellers*, que tinham se tornado seus empregadores; e tais acusações contra os tecelões, originadas na inimizade dos *burellers*, provavelmente continham alguns exageros propagandísticos.
[102] Sra. Green, *op. cit.*, 102; cf. também A. Abram, *Social England in Fifteenth Century*, 121.
[103] Unwin, *Industrial Organization*, 56; Kramer, *op. cit.*, 80; Hibbert, *Influence and Development of English Gilds*, 66-7. Não está claro por que este último autor deveria pensar que tal prática exibia as guildas "num estado de desmoralização por atacado"; todas elas, em graus diversos, tentavam conseguir uma posição de monopólio para si próprias e restringir o ingresso num comércio, como parte de sua função essencial.
[104] Consitt, *op. cit.*, 105.

podiam tirar vantagem das oportunidades oferecidas".[105] Brentano nos diz que, no continente, muitas vezes "a liberdade (da guilda) se tornou praticamente hereditária devido à dificuldade de satisfazer as condições de admissão". Algumas vezes existia uma regulamentação postulando que os mestres não podiam comerciar com dinheiro emprestado, o que excluía efetivamente o dono de pequeno capital de conseguir um ponto de apoio. Ou então, nas cidades alemãs, exigia-se dos jornaleiros que viajassem durante cinco anos antes de poderem estabelecer-se como mestres. Tornaram-se costumeiros os custosos jantares inaugurais, que o novo mestre tinha de pagar.[106] Desenvolveu-se bastante nas guildas continentais a prática de exigir de um aprendiz um *chef d'oeuvre,* ou obra-prima, antes que ele pudesse tornar-se mestre — obra que, por sua elaboração e perfeição, lhe exigia um ano ou mais de trabalho. Na França, um edito de 1581 houve por bem denunciar "os gastos excessivos que os artesãos pobres têm de fazer para conseguir o grau de mestre". Em Paris, o número de aprendizes foi, de início, severamente reduzido. Em geral, existiam duas categorias: *apprentiz-privez,* filhos dos mestres e isentos das restrições, e os *apprentiz-estranges,* usualmente limitados a um por oficina. Não só se exigia desses *apprentiz-estranges* um considerável período mínimo de serviço, como se cobrava aos pais um preço pelo aprendizado do filho, e, quando estes não podiam pagá-lo, o período de aprendizagem era prolongado por dois anos. Como resultado, "o acesso ao grau de mestre só era obtido pelos estranhos graças a sacrifícios, e consideráveis vantagens estavam reservadas para o filho que seguisse a profissão do pai", enquanto, para um número cada vez maior de pessoas, "as dificuldades para se chegar a mestre mostravam-se insuperáveis".[107]

O resultado desses desenvolvimentos foi não só defender os lucros dos artesãos existentes do efeito nivelador da concorrência de recém-chegados, proporcionando assim uma base para uma acumulação moderada de capital dentro das próprias guildas mais prósperas, como também criar, no fundo da sociedade urbana, uma classe crescente de servos assalariados e jornaleiros que não tinham quaisquer oportunidades de progresso e que, embora nominalmente membros da guilda em muitos casos, não exerciam controle sobre a mesma, dela não recebendo qualquer proteção. Ao contrário, tanto a guilda quanto a legislação urbana geralmente impunham regulamentos

---
[105] A.H. Johnson, *op. cit.*, vol. I, 193.
[106] Brentano, em *Eng. Gilds,* cxxxviii, cl; M. Kowalewsky, *Die Ökonomische Entwicklung Europas,* vol. V, 165-75.
[107] Lespinasse et Bonnardot, *op. cit.*, c-cx; H. Hauser, *Les Débuts du Capitalisme,* 34-6; Levasseur, *Hist. des Classes Ouvrières en France* (ed. de 1859), tomo I, 230.

draconianos aos jornaleiros, controlando seus salários, obrigando-os à mais estrita obediência a seu mestre e proscrevendo-lhes impiedosamente qualquer forma de organização, ou mesmo reuniões (que eram invariavelmente denunciadas como "conspirações e cabalas"). Na medida em que essa classe empobrecida de servos assalariados existiu, começou a surgir a possibilidade de se conseguir lucro, e assim acumular-se capital, com o investimento direto no emprego de trabalho assalariado. Mas, até o final do século XVI, isso aparentemente continuou sendo uma fonte pouco importante de renda capitalista e os ganhos notáveis do capital mercantil nos séculos XIV e XV, embora frutos do monopólio, foram conseguidos pela exclusão da massa de produtores da participação nos benefícios de um volume crescente de comércio, e não por qualquer depressão real no padrão geral de vida.[108] Em outras palavras, os lucros excessivos da nova classe comercial deviam sua fonte a uma redução relativa, e não absoluta, na renda dos produtores. Na segunda metade do século XVI, entretanto (e provavelmente também no século XVII, pelo menos durante sua primeira metade), há evidência de que a situação mudou. No século caracterizado por essa grande "inflação de lucros" — segundo a expressão de Lorde Keynes — torna-se claro que os salários reais mostraram uma queda catastrófica, não só na Inglaterra como na França, Alemanha e Holanda. Para esse fato, certamente contribuiu o crescimento de um proletariado despojado de outras oportunidades de subsistência e competindo confrangedoramente por emprego.[109] Contudo, parece também provável (embora haja aqui muito menos evidência em forma quantitativa) que, de qualquer modo, o padrão de vida da metade mais pobre do campesinato e dos artesãos declinou no curso desse século resplandecente.[110] A isso devemos acrescentar, como fonte de enriquecimento

---

[108] De fato, como sugeriu Thorold Rogers, houve provavelmente nesses dois séculos um aumento substancial do padrão de vida, tanto do aldeão médio como do artesão urbano.
[109] Ver adiante, pp. 240-241.
[110] Por exemplo, no que diz respeito aos mercados exportadores, Unwin citou alguma evidência em favor da conclusão de que, pelo final do século XVI, como resultado das atividades monopolistas das companhias patenteadas, não só os preços foram influenciados em desvantagem dos produtos artesanais como o *volume* de exportação dos produtos da indústria nacional foi reduzido (*Studies in Econ. History*, 181-5, 198-204, 216-20).

Pode-se perguntar: como, em tais circunstâncias, se o consumo real das massas declinou, podia o nível de preços ter subido e permitido que os grandes lucros do período (dependentes essencialmente da margem entre preço e salários em dinheiro, multiplicada pelo movimento de mercadorias) fossem realizados com êxito? Em outras palavras, de onde vinha a procura em expansão? A resposta, ao que parece, está no fato de que foi a despesa dos ricos e dos medianamente prósperos (isto é, a nova burguesia, a Coroa, e também a classe nascente de capitalistas provincianos e grandes agricultores *yeomen*) que supriu o mercado em expansão; a despesa aumentada dessa parcela criava, em certo sentido, as condições para a realização de lucros. Muitas das indústrias em expansão desse período proviam o consumo de artigos de luxo por parte dos mais prósperos. Havia também um investimento

burguês, os resultados da execução de hipotecas e confisco da propriedade alheia, tanto a feudal quanto a dos pequenos produtores, que será, mais adiante, objeto de maior consideração.

Uma característica dessa nova burguesia mercantil, à primeira vista tão surpreendente quanto universal, é a presteza com que tal classe entrou em acordo com a sociedade feudal, assim que seus privilégios foram conquistados. Tal acordo, em parte, foi econômico — ela adquiriu terra, entrou em sociedades comerciais com a aristocracia e recebeu a pequena nobreza e seus filhos como membros de suas principais guildas. Em parte, foi social — os matrimônios mistos entre aristocracia e burguesia e a aquisição de títulos de nobreza por membros da burguesia. Em parte, foi político — a presteza em aceitar uma coalizão política (como sucedeu muitas vezes no governo de cidades italianas e de outras cidades continentais entre os burgueses ricos e as famílias nobres mais antigas) ou para aceitar cargos ministeriais e um lugar na Corte com base na antiga forma de Estado (como ocorreu com o regime Tudor na Inglaterra). O grau em que o capital mercantil floresceu num país nesse período não nos proporciona medida alguma da facilidade e rapidez com que a produção capitalista estava destinada a se desenvolver: em muitos casos deu-se exatamente o contrário. Tendo existido antes, como adequadamente observou Marx, "da mesma forma que os deuses de Epicuro nos mundos intermediários do universo", o capital mercantil, em seu florescimento entre os séculos XIV e XVI, exerceu efeito profundamente desagregador, mas, num sentido importante, continuou a existir "nos poros da sociedade". Floresceu como intermediário, cujo sucesso dependia de sua habilidade insinuante, de sua facilidade de adaptação e dos favores políticos que conseguisse. As necessidades satisfeitas pelos mercadores e usurários eram em grande parte as dos senhores, príncipes e reis. Esses novos homens tinham de ser agradáveis e astuciosos, de temperar extorsão com bajulação, combinar avareza com lisonja e encobrir a dureza do usurário com as vestes de um cavalheiro. Tinham pouco interesse pelo produtor, a não ser por sua submissão contínua, e pouca consideração pelo sistema de produção, a não ser como uma fonte de suprimentos pronta e barata. Preocupavam-se tanto com as condições de comércio (das quais dependia sua margem de lucros) quanto com seu volume, sendo-lhes indiferente se negociavam com escravos ou marfim, lã ou tecidos de lã, estanho ou ouro, desde que fosse lucrativo. Adquirir privilégio

---

em expansão na navegação, na construção e (em grau muito pequeno) na maquinaria e implementos artesanais, bem como na artilharia e no equipamento militar. A isso devemos acrescentar o efeito importante do comércio exterior — conduzido em termos altamente favoráveis e equilibrado por uma importação apreciável de ouro para o reino.

político era sua primeira ambição. A segunda era que o menor número possível de pessoas dele desfrutassem. Como eram essencialmente parasitas da antiga ordem econômica, embora pudessem exauri-la e enfraquecê-la, seu sucesso, em última análise, estava ligado ao do corpo que os nutria. Daí as camadas superiores desses *nouveaux-riches* burgueses adotarem sem grande embaraço, mansões campestres, falcoaria e outros costumes, como se fossem cavalheiros. Daí o que restou das antigas famílias baronais aceitarem socialmente esses homens com bastante alegria. O mercador da história de Defoe retrucou ao proprietário rural que lhe dissera não ser ele um cavalheiro: "Não, senhor, mas posso comprar um cavalheiro."[111] No final do século XVI, essa nova aristocracia, ciosa de suas prerrogativas recém-adquiridas, tornara-se uma força mais conservadora do que revolucionária, e sua influência, bem como a das instituições que fomentara, como as companhias patenteadas, iria, em vez de acelerar, retardar o desenvolvimento do capitalismo como modo de produção.

---

[111] *The Compleat English Gentlemen* (Buhlbring ed.), 257.

CAPÍTULO IV

O SURGIMENTO DO CAPITAL INDUSTRIAL

1

No correr de suas notas históricas sobre o capital mercantil, Marx assinalou que este, em seu estágio inicial, tinha uma relação puramente externa com o modo de produção, que permanecia independente e intocado pelo capital: o mercador era apenas "o homem que 'removia' os artigos produzidos pelas guildas ou pelos camponeses", para ganhar com as diferenças de preço entre as diversas zonas produtoras. Mais tarde, no entanto, o capital mercantil começou a ligar-se ao modo de produção, em parte para explorá-lo mais eficientemente — para "deteriorar a situação dos produtores diretos... e absorver seu trabalho excedente com base no antigo modo de produção" —, e, em parte, para transformá-lo no interesse de maiores lucros e a serviço de mercados mais amplos. Marx sugere que tal desenvolvimento seguiu dois caminhos principais. De acordo com o primeiro — "o caminho realmente revolucionário" —, uma parte dos próprios produtores acumulou capital e passou a comerciar, começando, com o tempo, a organizar a produção em bases capitalistas, livres das restrições artesanais das guildas. De acordo com o segundo, uma parte da classe mercantil existente começou a "tomar posse diretamente da produção" e, desse modo, "serviu historicamente como um modo de transição", mas tornou-se finalmente "um obstáculo a um modo de produção realmente capitalista, passando então a declinar com o desenvolvimento deste último".[1]

Nas últimas décadas, tem-se tornado bem claro que o tipo de transição a que Marx se referia já estava em andamento na Inglaterra na segunda metade do sé-

---

[1] *Capital*, vol. III, 388-96. Noutras partes, Marx situa "a era capitalista a partir do século XVI", embora "encontremos, esporadicamente, os primórdios da produção capitalista já no século XIV ou XV em certas cidades do Mediterrâneo" (ao que poderia ter acrescentado Flandres e o distrito do Reno). (*Capital*, vol. I, 739.)

culo XVI. E que, na época da ascensão de Carlos I, já se tinham efetivado certas mudanças significativas no modo de produção: circunstância particularmente relevante para os acontecimentos políticos na Inglaterra do século XVII, nos quais vemos todos os sinais da clássica revolução burguesa. No entanto, as linhas desse desenvolvimento ainda não foram traçadas claramente. Elas formam um complexo de tendências diversas, e o ritmo e a natureza do desenvolvimento diferem muito em diferentes ramos da indústria. Os dois caminhos a que Marx se refere não permanecem distintos durante todo o seu percurso. Muitas vezes se fundem por algum tempo, cruzando-se em diversos lugares. Como é particularmente característico de períodos de transição, os interesses e as fidelidades misturam-se curiosamente e as linhas divisórias sociais mudam rapidamente. Não obstante, a despeito dessa complexidade, algumas grandes tendências se destacam, representando um domínio crescente do capital sobre a produção. Nas indústrias existentes, esse desenvolvimento tomou a forma tão claramente elucidada por Unwin, ou seja, a do crescente domínio de um elemento puramente mercantil sobre a massa de artesãos e a subordinação destes ao primeiro. Em certos casos, uma organização já em grande parte composta de um elemento puramente comercial (como os Fanqueiros ou Armarinheiros), e que monopolizava o comércio atacadista de alguma mercadoria acabada, submeteu as organizações de artesãos ao seu controle, ou mesmo as absorveu, enquanto começava a distribuir trabalho entre artesãos no campo, onde atuava livre das regulamentações das guildas artesanais urbanas. Em outros casos, como sucedeu com os Tecelões, o elemento mercantil, constituindo o Livery, chegou a dominar tanto a guilda quanto o elemento artesanal que ocupava o posto mais baixo da companhia, chamado *Yeomanry* ou *Bachelors*. Com o desenvolvimento ulterior, quando o elemento artesanal conseguiu sua independência em relação aos mercadores pela incorporação como um novo órgão dotado de carta-patente, como sucedeu com a maioria das corporações Stuart, a nova companhia parece geralmente ter caído, por sua vez, sob o controle de uma pequena oligarquia formada pela parcela capitalista próspera. Ao mesmo tempo, numa série de novas indústrias como as de cobre, bronze e material bélico, papel e fabricação de pólvora, alume e sabão, e também na mineração e na fundição, a técnica de produção foi bastante transformada, como resultado das invenções recentes, que tornavam necessário um capital inicial muito além da capacidade do artesão comum. Consequentemente, as empresas eram iniciadas nesse setor por homens de iniciativa que se associavam ou reuniam ações, começando a empregar trabalho assalariado em escala considerável.

De modo semelhante, a agricultura no século XVI sofria uma transformação importante, embora parcial. Por um lado, nesse século foi comum que mercadores das cidades investissem na compra de propriedades rurais.

Embora a intenção dos mesmos, na maioria das vezes, não pareça ter sido explorar diretamente a terra para auferir lucros, mas especular ou mesmo extrair aluguéis de arrendamentos em vez dos lucros resultantes da atividade agrícola, não eram incomuns exemplos de capital aplicado em melhorias e da propriedade ser trabalhada com mão de obra assalariada como uma fazenda capitalista. Isso sucedia especialmente onde a terra era usada para pasto, e a época viu muitas pessoas de posses tornarem-se criadoras de ovelhas em grande escala, visando ao lucrativo comércio de lã. Entre elas se achavam alguns dos mais antigos proprietários rurais, levados pelas dificuldades econômicas do século XV a melhorar suas terras e a cercar as dos camponeses. De qualquer forma, o cercamento das terras e sua reunião em fazendas ou em propriedades arrendadas, sobre o qual se levantou tanta celeuma na época, situou a agricultura em novas bases, mesmo quando a propriedade era arrendada e seu novo dono nada mais fosse do que um cobrador de aluguéis. Quem se sacrificou com o cercamento foi, em geral, o pequeno lavrador, que, assim destituído, ia engrossar as fileiras do proletariado ou semiproletariado rural, conseguindo emprego assalariado quando tinha sorte e sendo caçado pela crueldade da Lei dos Pobres dos Tudor quando essa fortuna não lhe sorria. Conforme observa concisamente o Professor Tawney, "cessa a Vilania e começa a Lei dos Pobres".

Por outro lado, o século assistiu a um crescimento notável da agricultura camponesa independente, feita pelos arrendatários que alugavam a terra como faixas demarcadas, fora do sistema de campo aberto. Entre eles se desenvolveu (como vimos no capítulo anterior) um setor importante de camponeses mais ricos ou pequenos proprietários (*yeomen*)[2] que, ao prosperarem, aumentavam seus campos por arrendamento ou compra, tornando-se eventualmente usurários (juntamente com o proprietário rural, o pároco, o preparador local de malte e o negociante de cereais) com relação a seus vizinhos mais pobres, e transformando-se, pelo final do século, em fazendeiros de grandes posses que se apoiavam no trabalho assalariado recrutado em meio às vítimas dos cercamentos dos campos ou aos aldeões mais pobres. A maioria dos melhoramentos nos métodos de cultivo da terra parece ter sido introduzida por essa classe de pequenos proprietários (*yeomen*) em ascensão. O Professor Tawney nos diz que, pelo início do século XVI, "as pequenas locações em propriedades feudais já tinham desaparecido de muitas propriedades senhoriais, mesmo quando sempre houvessem existido nelas, e o método normal

---

[2] A palavra *yeoman* significava legalmente o dono livre de uma terra pela qual pagava 40 xelins anuais, mas empregava-se popularmente com relação a qualquer agricultor próspero; como definição contemporânea, quer dizer "pessoas médias de uma condição entre cavalheiros e aldeões ou camponeses" (cf. Mildred Campbell, *The English Yeoman*, 22 em diante).

de usar a propriedade senhorial era alugá-la a um único agricultor maior, ou então, no máximo, a três ou quatro". E que, em meados do século XVI, "o crescimento das grandes fazendas fora tanto que em algumas partes do país a área mantida pelo fazendeiro era mais ou menos igual à mantida por todos os demais locatários", e, numa amostragem de 67 fazendas pertencentes a 52 senhorios, em Wiltshire e Norfolk e alguns outros burgos, "mais da metade apresenta uma área superior a 200 acres, enquanto a área de mais de um quarto supera 350 acres".[3]

É claro que a linha divisória entre o fazendeiro *yeoman* de recursos moderados ou o pequeno mestre-artesão e o empregador capitalista *parvenu*, ou entre os monopolistas mercantis mais antigos do século XV e o fabricante-mercador e o empregador-mercador dos séculos XVI e XVII não pode ser nitidamente traçada. Em cada caso, é uma questão de crescimento quantitativo que, num certo estágio, basta para acarretar uma mudança qualitativa. No primeiro, um crescimento nos recursos do homem de poucos meios, suficiente para fazê-lo depositar maior confiança nos resultados do trabalho assalariado do que no seu trabalho e no de sua família, e relacionar, em seus cálculos, os ganhos de seu empreendimento com seu capital, e não com seus próprios esforços. No segundo, uma mudança gradual da atenção, que vai se afastando dos ganhos puramente especulativos, baseados nas diferenças de preço como o comerciante já as encontra, e se volta para o lucro a ser ganho pela redução do custo da compra, o que envolvia certa medida de controle sobre a produção. Para a primeira dessas tendências — o nascimento de uma classe capitalista das fileiras da própria produção — não pouco contribuíram as rápidas mudanças de preço do século XVI, com seu consequente efeito depressivo sobre salários reais, e a "inflação do lucro", ao que, indubitavelmente, devem ser acrescentados os ganhos substanciais provenientes da usura, à custa de seus irmãos mais pobres. A segunda tendência — a penetração da produção pelo capital mercantil vindo de fora — pode ter sido incentivada pela concorrência crescente nos mercados existentes, devido ao número e à riqueza crescentes da burguesia comercial, tendendo a estreitar as oportunidades de ganhos puramente especulativos e a causar uma maior aproximação aos "mercados perfeitos" de uma era posterior. Até então, tal influência dificilmente poderia ter sido muito forte e provavelmente funcionou pouco, se o fez, na esfera da exportação, onde os mercados, a um só tempo em expansão e muito protegidos, se mostravam ainda suficientemente abundantes (relativamente aos privilegiados que os desfrutavam) para proporcionar lucros generosos advindos da troca, e a política estatal impunha barreiras suficientes entre o mercado de compra e o de venda. Na esfera do

---

[3] *Agrarian Problem in the Sixteenth Century*, 210-13.

comércio interno, entretanto, apesar de uma expansão do mercado nacional, a posição deve ter sido bem diferente, e a linha divisória entre o grupo mais antigo de capital mercantil e o novo se situava em grande parte entre os mercadores de uma geração mais velha, que tinham conseguido uma posição dominante no comércio exportador, e os que, chegando ao campo de atividades mais tarde, viam-se excluídos do cobiçado e rigorosamente guardado reino da exportação, sendo obrigados a restringir suas atividades ao comércio atacadista dentro das fronteiras nacionais.

Até mesmo os monopólios mais antigos não deixaram, naturalmente, de ter sua influência sobre a taxa de intercâmbio que predominava entre eles e os produtores dos mercados locais com que comerciavam. Em outras palavras, provavelmente sempre existiu algum elemento de exploração do produtor. Na medida em que o comércio exportador de lã ou de tecido estava restrito às mãos de uns poucos, e os novos participantes eram excluídos pelas restrições contra "intrusos", a concorrência na compra de lã era reduzida. Isso tendia a tornar o preço pelo qual a lã ou o tecido poderiam ser comprados do criador ou artesão no mercado local mais barato do que teria sido se o número de compradores para exportação fosse irrestrito. Observamos, por exemplo, que, em data bem recuada, as restrições que impediam os estrangeiros de entrar no país e comprar lã diretamente nos mercados locais eram apoiadas pelo interesse mercantil exportador e obstadas pelos interesses dos criadores de ovelhas; ao passo que, no final do século XVI, ouvimos falar da tentativa, por parte dos mercadores londrinos de obrigar os fanqueiros de Norwich a trazer seus tecidos a Blackwell Hall, em Londres, para venda, em vez de vendê-los diretamente a mercadores estrangeiros.[4] Vimos que o objetivo essencial do monopólio pela guilda sempre fora criar, tanto quanto possível, uma situação de oferta excedente no mercado de compra e de demanda excedente no mercado de venda, mantendo um estrangulamento privilegiado entre eles.[5] E que esse princípio fundamental das

---
[4] Unwin, *op. cit.*, 101.
[5] Poderia paracer que, se os mercadores atacadistas tivessem possuído recursos suficientes, a simples concorrência entre eles, ainda que seu número fosse limitado, devesse bastar para estabelecer preços competitivos "normais" nos mercados de compra e venda. Na verdade, entretanto, a procura de cada comprador era, provavelmente, limitada, de modo bem drástico, pelos recursos líquidos de que dispunha em determinado momento (cf. as referências às contínuas dificuldades financeiras dos mercadores de lã, que compravam dos criadores de Cotswold e vendiam aos emporistas, em Postan e Power, *Studies in Eng. Trade in the Fifteenth Century*, 62, etc.; também *Cely Papers*, xii-xv e xli, e, quanto a um exemplo de transações de permuta com tecido que provavelmente possa ter-se devido a essas circunstâncias, cf. G.D. Ramsay, *The Wiltshire Woollen Industry*, 23). Além disso, com os negócios por atacado confinados a uma fraternidade fechada, os acordos costumeiros acerca da invasão de mercados privados e redução de preços, sem dúvida, restringiram severamente a concorrência de preços entre eles. No caso das companhias comerciais estrangeiras como os Mercadores Aventureiros e Mercadores do Empório houve uma limitação de vendas através de uma cota ou "limite" e do con-

políticas da guilda e do Empório estava sendo aplicado pelas companhias de mercadores de exportação numa escala nacional. Tal orientação, entretanto, adquiriu uma série de traços significativamente novos quando medidas deliberadas começaram a ser adotadas para multiplicar o número de concorrentes entre produtores, ou para exercer pressão direta sobre eles com o fito de desenvolver fontes de suprimento novas e mais baratas. A forma principal que tais tentativas de baratear o suprimento tomaram foi a de estabelecer uma relação privada de dependência entre uma *clientèle* privada de artesãos e um empregador mercantil que "determinava" a quantidade de trabalho a ser executado pelos primeiros. A oferta podia então ser barateada tanto pela diminuição da remuneração que o artesão concordava em aceitar por seu trabalho quanto pelo incentivo a uma melhor organização do trabalho (por uma aperfeiçoada divisão de trabalho entre os artesanatos, por exemplo). A linha divisória entre isso e o "colonialismo urbano" de uma data anterior não pode, naturalmente, ser traçada com clareza. Ambos os processos tinham o sentido de baratear os suprimentos, tanto pelo aumento da dependência dos produtores a uma fonte de procura para seu produto como pelo alargamento da área da qual os suprimentos eram obrigados a fluir para um determinado mercado. A diferença estava no grau de controle que o comprador-mercador exercia sobre o produtor e na medida em que tal controle influenciava o número de produtores, seus métodos de produção e sua localização. Quando esse controle atingiu certo ponto, começou a modificar o caráter da própria produção: o fabricante-mercador não mais se beneficiava simplesmente com o modo de produção existente e aumentava a pressão econômica sobre os produtores, mas, mudando o modo de produção, aumentava sua produtividade. É neste ponto que surge a mudança qualitativa real. Embora o interesse crescente que certas parcelas do capital mercantil demonstravam em controlar a produção — em desenvolver o que podemos chamar de um sistema deliberadamente planejado de "exploração pelo comércio" — preparasse o caminho para esse desfecho, e possa, em alguns casos, tê-lo alcançado, tal estágio final parece, geralmente, como Marx indicou, ter-se ligado ao surgimento, entre as fileiras dos próprios produtores, de um elemento capitalista, meio fabricante, meio mercador, que começou a subordinar e organizar aquelas próprias fileiras das quais saíra tão recentemente.

O primeiro estágio dessa transição — o emprego de parcelas do capital mercantil para um controle cada vez mais íntimo sobre a produção — parece ter ocorrido

---

trole dos embarques, havendo evidência de que, em alguns casos, as guildas e companhias realmente regulamentavam os preços (cf. Lipson, *op. cit.*, vol. I, 337-8, e vol. II, 224-5, 233, 237-9, 342; E.E. Rich, *The Ordinance Book of the Merchants of the Staples*, 90, 92, 149-52; W.E. Lingelbach, *The Merchant Adventurers of England*, 67-76, 90-8, e anteriormente, pp. 122-123).

em grande escala nos ramos têxtil, de couro e de metais, no século XVI, quando os grandes mercadores, à frente de companhias como as dos Armarinheiros, Fanqueiros, Tecelões e Coureiros começaram a incentivar o estabelecimento de artesão nos subúrbios e no campo. Como isso constituía um desafio às restrições da guilda, que limitavam o número de artesãos, a questão dos regulamentos de aprendizagem e sua aplicação tornou-se, em todo lugar, uma das principais questões de conflito entre a massa de artesãos e seus novos mestres. Em muitos casos, os mercadores-empregadores buscaram subordinar as organizações artesanais urbanas a si próprios, de modo que a aplicação das restrições artesanais fosse afrouxada ou mesmo abandonada. No caso da Companhia de Cinteiros (para tomarmos um exemplo pouco posterior), vemos, no início do século XVII, os seus artesãos queixando-se ao prefeito e aos Vereadores da cidade de Londres de que "não havia execução das portarias dessa Companhia que se referisse aos Cinteiros, pelo que os pobres artesãos estavam arruinados", inclusive as portarias referentes aos que "começam a trabalhar sem terem servido por sete anos à arte, e também põem estrangeiros e moças a trabalhar", e "que muitos cinteiros ultrapassaram o número permitido de aprendizes que podem ter, e muitos cinteiros põem a trabalhar estrangeiros, mulheres e moças". Nesse caso, durante algum tempo parece ter sido alcançado um acordo não muito estável pelo qual o elemento artesanal participou do Direito de Busca, graças ao qual se faziam valer os regulamentos. Em 1633, entretanto, encontramos a acusação de que "recentemente diversos mercadores, negociantes de seda e homens de outros comércios entraram para a Companhia e, ocupando os seus cargos principais, rebaixaram os pequenos proprietários e se apropriaram do governo exclusivo da Companhia, e... negligenciaram a supressão dos abusos".[6] Tentativas bem amplas foram feitas para impedir que os produtores vendessem seus artigos a compradores rivais. Às vezes, o artesão mais pobre era suprido de matérias-primas pelo mercador numa base de crédito, de modo que o laço da dívida era adicionado à sua já restrita liberdade de venda. Nesse ponto parece ter ocorrido pouca mudança nos próprios métodos de produção, a não ser talvez na parte de acabamento do ramo têxtil, e menos ainda na técnica de produção. O papel progressista do mercador-fabricante limitou-se aqui a *estender* a produção artesanal e romper os limites impostos pelo monopólio urbano tradicional.

Já no século XV, o surgimento dos mercadores-empregadores na indústria têxtil fica evidenciado nas queixas de que trabalho estava sendo dado a artesãos residentes fora dos limites urbanos, e portanto isentos da jurisdição das guildas artesanais, com sua limitação de aprendizes e controle de ingresso na indústria.

---

[6] W. Durnville Smythe, *A Historical Account of the Worshipful Company of Girdlers of London*, 84, 88, 90-2.

136 a evolução do capitalismo

Encontramos uma queixa desse tipo apresentada por Northampton em 1464. E vemos Norwich e outros centros têxteis proibindo a qualquer burguês empregar tecelões residentes fora dos limites urbanos. Não está claro se os transgressores eram grandes mercadores londrinos ou comerciantes de tecidos locais. Mas, em vista de novas queixas vindas de diversas cidades no século XVI, foi aprovada legislação que proibia a atividade do artesanato têxtil fora dos tradicionais centros urbanos: tal legislação, porém, parece ter tido apenas um efeito temporário quanto a deter o surgimento da indústria do campo. Em vista das queixas de Worcester, no sentido de que sua prosperidade estava sendo arruinada pela concorrência dos artesãos do campo, foi aprovada uma lei em 1534 pela qual nenhum tecido devia ser feito no condado de Worcestershire fora dos limites das cinco cidades principais. Pela Lei dos Tecelões, de 1555, esse princípio se estendeu a todas as demais partes do reino mediante a limitação a qualquer tecelagem e feitura de tecidos e ao "acabamento de teares" fora "de uma cidade, burgo, município privilegiado ou mercado, ou em lugar ou lugares onde esses tecidos tenham costumeiramente sido fabricados nos últimos dez anos".[7] Além disso, a Lei dos Artífices de 1563 proibiu a todos empreender a arte de tecer, menos quem tivesse sido aprendiz, e proibia de se tomar aprendiz quem não fosse filho de um *freeholder* (proprietário livre) com 3 libras de renda, "barrando assim o acesso à indústria a três quartas partes da população rural".[8]

Entretanto, a demonstração mais clara de um movimento geral no sentido da subordinação dos artesãos por parte de um elemento mercantil é dada pelo desenvolvimento por que passaram as doze grandes Livery Companies de Londres. Metade delas fora composta inteiramente de comerciantes desde o início (como os negociantes de fazendas e merceeiros), e estes continuaram, em geral, a restringir suas atividades ao comércio atacadista ou exportador. Porém, as que inicialmente tinham sido organizações artesanais ou continham um elemento artesanal passaram a ser dominadas por uma minoria de comerciantes que usava seus poderes para subordinar os artesãos nas primeiras décadas do século XVI. Isso ocorreu no caso dos Ourives, Armarinheiros (que, depois de absorverem os mercadores de chapéus e outros, tomaram o título de Mercadores Armarinheiros), Mercadores Alfaiates, Peleiros e Tecelões. No caso dos Cinteiros, já mencionamos um exemplo um tanto posterior da mesma tendência.

Geralmente, o aparecimento de um elemento exclusivamente mercador numa guilda encontrou expressão na tendência de seus membros principais adquirirem

---

[7] Cf. Lipson, *op. cit.*, 487, 502-6; Froude, *History of England*, vol. I, 58. Froude referiu-se a essa lei dizendo que brilhava "como um belo raio de humanidade em meio à fumaça dos fogos de Smithfield".
[8] *Studies in Econ. History: Papers of George Unwin*, 187.

participação em organizações similares, pois isso lhes proporcionava um meio de fugir às restrições de suas próprias guildas no referente à zona de compra e venda. Às vezes esse entrelaçamento de interesses entre elementos comerciantes de companhias similares resultava na fusão das mesmas. A Companhia dos Tecelões, por exemplo, originou-se de uma fusão dos pisoeiros e tosquiadores, dos quais alguns membros em boa situação parecem ter adquirido o hábito de tornar-se membros da Companhia de Fanqueiros, como também faziam tecelões e tintureiros.[9] Em casos assim, a primeira camada da Companhia, a Livery, passou a se constituir quase exclusivamente do elemento comercial, e o órgão governante, os Guardiães e Tribunal de Assistentes, era tirado da Livery. Unwin observa que "como eram feitas despesas consideráveis em cada estágio de promoção [para a condição de membro com plenos direitos na Companhia, a Livery e o órgão governante], todos, a não ser os membros mais ricos, se achavam permanentemente excluídos dos cargos", resultando que "a maioria dos homens livres gradualmente perdeu toda participação na escolha anual dos quatro guardiães".[10] O historiador da Companhia de Fanqueiros declara que "o artesão propriamente dito, sob o nome de *Bachelor* ou *Yeoman* passou a uma posição de dependência".[11] No caso da Companhia de Cuteleiros, enquanto a *Yeomanry* consistia em cuteleiros de ofício, a Livery "se compunha inteiramente de mestres, ou de pessoas não relacionadas com o negócio". "Apenas homens de posses podiam entrar na Companhia de Roupas, pois, além das taxas de admissão a pagar à Companhia, a seu Secretário e ao seu Bedel, esperava-se que o novo membro recepcionasse a Corte da Companhia em uma taverna, total ou parcialmente à sua custa."[12] O governo dos Mercadores Alfaiates "foi redefinido em bases mais estreitas" no início do século XVI. "Embora para a legislação afetando todos os membros uma assembleia geral possa ainda ser necessária, não vemos qualquer sinal de uma reunião desse tipo que tenha sido convocada, e o Mestre, em vez de apresentar seus recibos e pagamentos após o término de seu ano de mandato, de maneira pública, no recinto comunal e diante de toda a Fraternidade, só o fa-

---

[9] Um interessante exemplo estrangeiro dessa tendência foi o caso de Andreas e Jacob Fugger. As guildas principais em Ausburgo eram as de Tecelões e Mercadores, que, em 1368, obtiveram alguma participação no governo da cidade, anteriormente monopolizado pelas famílias aristocráticas. O pai, Hans Fugger, fora um tecelão que se dedicara também ao comércio. Seus dois filhos foram membros tanto da Guilda dos Tecelões quanto da dos Mercadores, e Jacob era Mestre da primeira, embora tivesse de deixar de se dedicar à tecelagem (cf. R. Ehrenberg, *Capital and Finance, in the Age of the Renaissance*, 64).
[10] G. Unwin, *Industrial Organization in the 16th and 17th Centuries*, 42.
[11] A.H. Johnson, *History of the Company Drapers of London*, vol. I, 23, também 148-51. Cf. também Lipson, *Econ. History*, vol. I, 378-81; Cunningham, *Growth* (Middle Ages, I), 513; Salzmann, *Industries in the Middle Ages*, 177-8.
[12] C. Welch, *History of the Cutlers' Company of London*, vol. II, 79, 86-7.

zia para a Corte de Assistentes ou para os auditores nomeados por ela."[13] Mais ou menos na mesma época surge uma divisão da guilda em Companhia de Mercadores e Companhia de *Yeomen*. Esta última consistia em artesãos. Como seus documentos se perderam, a relação precisa entre ela e a matriz não é clara, mas presumivelmente foi de subordinação, em vez de independência completa.[14] E, embora uma oligarquia mercantil controlasse as Livery Companies, as principais Livery Companies controlavam por sua vez o governo da cidade de Londres. "O governo da cidade estava agora de tal modo nas mãos das guildas maiores que a maioria dos Vereadores e Xerifes e todos os Prefeitos, durante muitos anos, eram membros das maiores Livery Companies; desse modo, no final do século XV, a organização de guildas e a da cidade se tinham fundido numa só."[15]

Ao mesmo tempo, há evidência de que a oligarquia mercantil, à semelhança dos Mercadores Alfaiates, Tecelões, Fanqueiros e Armarinheiros, começou a organizar, no campo, a indústria doméstica, ou seja, baseada no trabalho a domicílio. Ao fazê-lo, tendia a entrar em rivalidade com os fabricantes de roupas e fanqueiros das cidades provincianas: por exemplo, os fabricantes de roupa provincianos que, em 1604, se queixaram à Câmara dos Comuns do "açambarcamento e restrição do comércio pelos mercadores ricos de Londres como a ruína ou grande estorvo de todos os demais", ou os Fanqueiros de Shrewsbury, que "puseram a trabalhar mais de seiscentas Pessoas da Arte ou Ciência da Tosquia ou Frisagem" dentro daquela cidade e, durante algum tempo, conseguiram uma proibição no sentido de que os mercadores londrinos fossem impedidos de enviar agentes ao País de Gales para comprar tecido branco galês, que, de outra forma, teria ido para o mercado de Shrewsbury para abastecer sua própria indústria de acabamento de tecidos.[16] Como os Fanqueiros de Shrewsbury, esses fabricantes de roupa ou de acabamentos de tecido provincianos achavam-se comumente empenhados no emprego de artesãos urbanos, e seu interesse estava em fazer valer e, se preciso, reviver, as portarias da guil-

---

[13] C.M. Clode, *Early History of the Guild of Merchant Tailors*, parte 1, 153.
[14] *Ibid.*, 61 em diante.
[15] A.H. Johnson, *op. cit.*, vol. I, 50-1.
[16] *Per contra*, os tecelões galeses eram a favor do livre comércio e se opunham às restrições em favor do mercado de Shrewsbury. Na época da agitação antimonopólio, na década de 1620, o Parlamento aprovou um projeto de Comércio Livre de Tecido Galês, em favor dos mercadores de Londres. (Cf. A.H. Dodd, em *Economica*, junho de 1929.) Outro exemplo é o dos Fanqueiros de Coventry que, depois de uma luta vitoriosa com os Tintureiros pela hegemonia, passaram a subordinar tanto os tosquiadores quanto os tecelões. Conseguiram proibir os primeiros de empregar ou comprar tecido dos fanqueiros "estrangeiros". Mas uma queixa feita pelos tecelões, de que os fanqueiros e tintureiros estavam, eles mesmos, comprando tecido não tingido de Gloucester, foi rejeitada pelas autoridades urbanas. O prefeito, que era um fanqueiro, aparentemente repreendeu o porta-voz dos tecelões e "ensinou algo ao patife". (M.D. Harris, *Hist. of Drapers Coy. of Coventry*, 7-13, 21.)

o surgimento do capital industrial 139

da local, conseguindo sanção legislativa para as mesmas, como foi o caso da Lei de 1555, que tinha o fim de barrar a concorrência da indústria do campo, financiada por capital maior vindo de Londres. Sob tal aspecto, a influência desses capitalistas locais se mostrou reacionária, tendendo como tendeu a impedir a expansão da nova indústria doméstica e a limitar a divisão do trabalho entre setores do comércio que muitas vezes parece ter evoluído com ela. Em outros casos ainda, os fabricantes de roupa locais parecem às vezes ter-se tornado mercadores-empregadores de artesãos fora dos limites urbanos e no campo vizinho, como os prósperos fabricantes de roupa de Suffolk e Essex, contra os quais ouvimos, em 1539, os tecelões queixando-se de que "os homens ricos, os fabricantes de roupa, resolveram e concordaram entre si manter e pagar um preço único pela tecelagem dos panos". Ou os fabricantes de roupa de Wiltshire, que parecem ter-se furtado com êxito à Lei de 1555, aumentando livremente o número de teares no campo.[17]

Nessa rivalidade entre províncias e metrópole, entre o capital menor e o maior, temos uma contracorrente importante de conflito econômico. Até certo ponto, ela se assemelha à rivalidade entre grandes e pequenos capitais, entre metrópole e províncias, que mais tarde ganharia significativa influência dentro do campo parlamentar na época do *Commonwealth*. Mas entre o período anterior e o posterior havia uma diferença importante. Durante o período Tudor e o período Stuart inicial, o interesse artesanal nas guildas provincianas usou sua influência contra o aumento das manufaturas e, em especial, da indústria rival no campo, enquanto os interesses mercantis, principalmente os de Londres, exerciam uma influência contrária. E o fato de que a legislação Tudor e Stuart demonstrava especial interesse em restringir a influência das guildas evidentemente era fator que contribuía para a oposição crescente de poderosos interesses mercantis ao regime Stuart na década de 1620. Em meados do século XVII, no entanto, uma parte dos próprios artesanatos tornara-se interessada no aumento da indústria e na fuga às tradicionais restrições da guilda. Até entre os organizadores provincianos da indústria rural, fossem eles artesãos mais ricos ou membros das guildas mercantis locais, existiam linhas significativas de divisão entre grandes e pequenos capitais: entre os ricos fabricantes de roupa, que compravam diretamente dos produtores de lã e os fabricantes pobres, que não tinham alternativa senão comprar a lã do atacadista. No entanto, embora fosse na indústria têxtil, a principal indústria da Inglaterra na época, que tais tendências se mostrassem mais acentuadas, elas não se limitavam a esse ramo. O aparecimento de uma classe semelhante de mercadores-empregadores pode

---
[17] G.D. Ramsay, *The Wiltshire Woollen Industry*, 58-9.

ser visto também nessa época, no caso dos Coureiros, Cordovaneiros (que subordinaram os sapateiros artesãos), Cuteleiros (que já se tinham tornado empregadores dos alfagemes e tosquiadores quando conseguiram a incorporação em 1415), Estanheiros, Ferreiros e Forrageiros.[18]

O início do século XVII testemunhou o começo de uma alteração importante no centro de gravidade: o crescente predomínio de uma classe de mercadores-empregadores saídos das fileiras dos próprios artesãos entre a *Yeomanry* das grandes companhias — processo descrito por Marx como "o caminho realmente revolucionário". Os detalhes desse processo mostram-se obscuros e há pouca evidência diretamente relacionada ao mesmo, mas o fato de que esse processo tenha se registrado parece ser a explicação única para acontecimentos ocorridos nessa época nas Livery Companies. A oligarquia mercantil formadora das Livery parece em alguns casos ter transferido suas atividades exclusivamente para o comércio, com sua riqueza e influência crescentes no correr do tempo presumivelmente conferindo-lhe uma posição dentro das fileiras privilegiadas do comércio exportador, ou, pelo menos, como agentes comissionados em sua periferia. Mesmo onde isso não sucedeu, suas atividades em relação aos produtores aparentemente se tornaram cada vez mais restritivas, tendendo a recompor-se o antigo destaque pelo qual eles formavam entre si um círculo fechado, com a exclusão de todos os estranhos ao comércio. Deixaram cada vez mais de desenvolver e estender a indústria artesanal por todo o país, como tinham dado sinais de fazer no século XVI. O surgimento de um elemento mais rico, capitalista, entre os artesãos, que desejava investir seu capital no emprego de outros artesãos, assumindo ele mesmo o papel de mercador-empregador representava um desafio à corporação fechada do elemento mercantil mais antigo. O controle deste último era exercido através de seu domínio da companhia, que possuía (graças à sua carta-patente) o direito exclusivo de dedicar-se a determinado ramo de produção.[19] Por isso, o desafio ao mesmo tomou duas formas: a luta da *Yeomanry* (dominada, como essa tendia, por sua vez, a se tornar, pelos mestres-artesãos mais ricos) por uma participação no governo da Companhia e, num certo número de casos, a tentativa de conseguir para si independência e um novo *status* jurídico, mediante sua constituição como companhia separada. Esta última foi a base das novas corporações Stuart, formadas a partir de elementos artesanais oriundos de algumas das antigas Livery Companies. Como

---
[18] Cf. G. Unwin, *op. cit.*, 26-46.
[19] Em Londres, contrastando com o que aparentemente sucedia em outras cidades, qualquer cidadão (isto é, homem livre) da cidade tinha o direito de ser dedicar a qualquer ramo de *comércio* atacadista. Essa liberdade, entretanto, não se aplicava aos artesanatos e artesãos.

Unwin demonstrou, essas corporações rapidamente se tornaram subservientes ao elemento capitalista que havia em seu meio, ao qual a massa de artesãos se subordinava como uma classe semiproletária. Foi o que sucedeu no caso da Companhia de Luveiros que (com auxílio da influência da Corte para conseguir sua incorporação) foi formada pelos trabalhadores em couro anteriormente subordinados aos vendedores de artigos de couro. Tentativas semelhantes, mas durante algum tempo menos bem-sucedidas, no sentido de conseguir sua liberdade, foram feitas pelos estofadores, subordinados aos Armarinheiros, pelos fabricantes de alfinetes, que antes haviam pertencido à Companhia dos Cinteiros, pelos Relojoeiros, que se separaram dos Ferreiros, e pelos trabalhadores em seda, que vieram mais tarde a obter sua independência face à Companhia de Tecelões. Em 1619, numa petição endereçada a Jaime I, os trabalhadores em artigos de couro se queixavam contra os vendedores dos mesmos artigos, dizendo que "uma vez pondo as garras entre o Criador e o Mercador e qualquer das profissões referidas, jamais se separam da mercadoria que compram até a terem vendido por seus próprios preços aumentados, sem levar em conta se o trabalhador poderá com ela ganhar algum dinheiro ou não". Mais tarde, queixam-se de que o grupo dominante da companhia "desde muito mudara para aqueles que não conhecem o couro, pois em geral o Mestre, Guardiães e Quadro... são homens de outros ofícios, como bronzeiros, malheiros etc." Na época do Commonwealth, os alfaiates da Companhia de Mercadores Alfaiates se referem, numa petição, a "diversos homens ricos de nosso ofício" que, "empregando grande número de aprendizes, enfraquecem os mais pobres de nós", e demonstram "a intenção de excluir os membros alfaiates da Sociedade de qualquer cargo e função de controle das contas". Os inferiores da Companhia de Gráficos declaram que foram tornados "servos perpétuos ao serviço de alguns dos ricos por toda a vida, em condições, preços e ocasiões que os Mestres estabelecem", e muitos aprendizes "depois do aprendizado, como os peticionários, tornam-se para sempre mais servis do que antes". Os tecelões alegam que os governadores de sua companhia agora "ganham com os intrusos" e por isso despediram os oficiais da *Yeomanry* cuja função consistia precisamente em caçar tais "intrusos". Os estofadores, que tinham feito tentativa sem êxito nos primeiros anos do reinado de Jaime I para fundar uma sociedade por ações com o fim de suprir sua deficiência de capital, parecem ter-se composto principalmente de artesãos médios e menores. Num manifesto do final do século XVI, afirmam que, enquanto "os estofadores mais ricos de algum modo estão contentes, pois com dinheiro de contado e em parte com crédito compram muita (matéria-prima) e assim têm a escolha do melhor", os artesãos mais pobres têm de se contentar com lã inferior, vendida ao preço da melhor e "diariamente são prejudicados e levados a tal pobreza que não se atrevem a mostrar os rostos", ficando endividados com mercadores que lhes cortam o suprimento de lã caso mostrem qualquer tendência à queixa. Em outras palavras, é uma queixa de homens de recursos escassos contra a posição inferior para negociar, à qual estão condenados por falta de capital. De outra feita, queixam-se de armarinheiros-mercadores que "mantêm grande número de aprendizes e instruem mulheres em sua arte... e vendem grandes quantidades de artigos a vendedores inteiramente despreparados, com o que dizem que muita gente pode encontrar trabalho e ficar livre". Mas quando, sob o Commonwealth, os estofadores finalmente conseguem obter sua carta-patente de incorporação, são, claramente, os mais ricos deles que surgem à frente da proposta. Faz-se referência ao fato de que "muitos do ofício empregam dez, vinte, trinta pessoas ou mais, na seleção e cardagem da lã e preparação para o uso, além de jornaleiros e aprendizes", enquanto os armarinheiros, opondo-se à nova companhia, acusam-na de não cuidar de modo nenhum da conservação de seus membros mais pobres, mas do sustento de companheiros em melhor situação". Como observa Unwin, eis um bom exemplo "do modo como as organizações criadas para defender o pequeno mestre contra um certo tipo de capitalista se tornaram o instrumento de sua sujeição a outro tipo". Uma tentativa menos eficaz foi feita pelos artesãos peleiros, no sentido de obter certos direitos na Companhia de Peleiros, por "um pedido sub-reptício em 1606 de novas cartas-patentes à Coroa, sem o consentimento ou conhecimento do Mestre e dos Guardiães da guilda". Embora os artesãos obtivessem sua carta-patente, o órgão dirigente da companhia recusou-se a reconhecê-la e, mediante apelo ao Conselho Privado, conseguiu cancelá-la. No caso dos fabricantes de roupas, a situação também se mostrava diversa. O elemento mercantil da Livery, no final do século XVI, se empenhava principalmente no comércio exterior e, por isso, se interessava menos pelas condições de fabricação, o que em parte pode justificar a resistência menor que demonstrou à concessão de parte do governo da companhia aos Guardiães da *Yeomanry:* fórmula de compromisso finalmente atingida durante o Commonwealth. Essa concessão, entretanto, não significou que a massa dos pequenos artesãos viesse agora a exercer um controle parcial na administração da companhia, como seria de supor. Ao contrário, parece claro que, a essa altura, eram os interesses dos artesãos mais ricos, que empregavam artesãos menores em escala considerável, que estavam representados no governo da *Yeomanry.* Como indica Unwin, "os guardiães da *Yeomanry* não eram eleitos pela maioria dos mestres e jornaleiros, (mas) indicados por cima, pela Corte de Assistentes, dentre os principais manufatureiros". E, quando surgiu a reivindicação de sufrágio universal, os Guardiães da *Yeomanry* na verdade fizeram-lhe oposição.

o surgimento do capital industrial 143

Além disso, enquanto esses empregadores maiores, que tinham passado a dominar a *Yeomanry*, aparentemente tentavam ignorar os tradicionais regulamentos de aprendizes para multiplicar o número de artesãos empregáveis por eles, os artesãos menores, cujo *status* estava sendo solapado por essa tendência, parecem haver feito causa comum com o elemento mercantil da Livery para fazer valerem os regulamentos antigos, aquele mesmo elemento mercantil ao qual tanto os artesãos maiores quanto os menores se tinham oposto, na controvérsia acerca da exportação de tecido não tingido, na qual os principais membros mercantis dos fabricantes de roupas tinham tido considerável interesse.[20]

Além do "trabalho a domicílio", ou sistema *Verlag*, organizado pelos mercadores-fabricantes, havia também alguns exemplos de fábricas possuídas por capitalistas que empregavam trabalhadores diretamente numa base salarial. Nessa época, contudo, tais exemplos eram raros no setor têxtil, onde os instrumentos de produção não se mostravam ainda bastante complexos, fora da parte de acabamento, para proporcionar uma base técnica para produção fabril. Os instrumentos em uso achavam-se ainda dentro da capacidade de um artesão de recursos modestos, podiam ser convenientemente instalados num sótão ou água-furtada, e, como o trabalho era altamente individualizado, a única diferença entre a produção fabril e doméstica estava em que, na primeira, se instalava uma série de teares lado a lado no mesmo edifício e não espalhados pelas casas dos trabalhadores. A localização da produção concentrava-se, sem qualquer alteração no caráter do processo produtivo. Nessa altura, havia pouca oportunidade para a subdivisão do trabalho dentro da própria oficina ou para o trabalho de equipe coordenado como resultado da concentração. Ao contrário, se o trabalho fosse dado aos artesãos em suas casas, o capitalista poupava os custos de manutenção acarretados por uma fábrica, bem como o custo da supervisão. Com exceção do moinho de pisoamento e da tinturaria, a produção fabril dos tecidos continuou a ser algo excepcional até a segunda metade do século XVIII. Ainda assim, os casos encontrados têm importância por indicarem a existência de capitalistas consideráveis, imbuídos do desejo de investir na indústria, bem como dos começos de um proletariado industrial. O mais conhecido dos capitalistas-fabricantes é John Winchcomb, popularmente conhecido como Jack of Newbury, que, sendo filho de um fanqueiro e aprendiz de um rico fabricante de roupa, foi sagaz o bastante para casar-se com a viúva de seu mestre. Se as descrições que deixou forem verdadeiras, empregava várias centenas de tecelões, além de possuir uma tinturaria e um pisão.[21] Na mesma

---

[20] Unwin, *op. cit.*, 126-39, 156-71, 196-210; Margaret James, *Social Problems and Policy during the Puritan Revolution*, 205, 211-12, 219; J.F. Wadmore, *Some Account of the Skinners' Company*, 20.
[21] Johnson, *op. cit.*, vol. II, 48; V.C.H. *Berks*, vol. II, 388.

cidade, ouvimos falar de Thomas Dolman, que, com os lucros acumulados de seu estabelecimento, construiu a Shaw House por £10.000. Em Bristol, existiu Thomas Blanket, e, em Wiltshire, William Stumpe, filho de um tecelão, que alugou a Abadia de Malmesbury e instalou teares e tecelões nos edifícios monásticos vazios da Abadia de Oxfordshire Osney, jactando-se de poder empregar 2.000 trabalhadores. Mesmo onde prevalecia o sistema rural de trabalho a domicílio, o trabalho de acabamento era muitas vezes executado na Inglaterra ocidental, em grande instalação possuída pelo fabricante de roupa.[22] Na verdade, isso às vezes constituía motivo de conflito entre os fabricantes de roupa que tinham seu capital investido no acabamento de tecidos e o capital mercantil "puro" da cidade de Londres, que tratava da exportação de tecidos e por isso tanto desejava exportar o tecido acabado quanto o não acabado, como atesta a disputa de 1614 sobre o projeto do vereador Cockayne de proibir a exportação de tecidos não acabados.

Numa série de indústrias, entretanto, o desenvolvimento técnico já progredira bastante para proporcionar as bases para uma produção de tipo fabril e, nessas empresas, capitais até maiores do que o de um Dolman, Stumpe ou Blanket se achavam aplicados. Na mineração, por exemplo, antes do século XVI um capital de algumas libras geralmente bastava para iniciar operações em pequena escala, e o carvão muitas vezes era extraído por lavradores que trabalhavam por sua própria conta ou por conta do proprietário senhorial. Mesmo quando executadas por estabelecimentos eclesiásticos ricos, como sucedia frequentemente, uma soma de £50 ou £60 mostrava-se elevada para aplicação nas operações de drenagem. No entanto, a drenagem aperfeiçoada, feita no início do século XVI e resultante da invenção de bombas melhores, incentivou o aprofundamento das minas (muitas vezes a uma profundidade de 70 metros) e levou a um grande desenvolvimento das atividades mineradoras na região do Tyne. Levar as minas a essa profundidade e instalar aparelhagem adequada de bombeamento era coisa que exigia capital considerável, e muitas das minas mais novas passaram a ser financiadas por grupos aventureiros, como a de *Sir* Peter Ridelle outros, que financiaram uma mina de carvão em Warwickshire, por volta de 1600, ao custo de £600, ou *Sir* William Blacket, mercador de Newcastle, de quem se diz ter perdido £20.000 numa tentativa de secar a água de um filão. Um capital de £100 ou £200, que tinha sido comum entre os aventureiros elisabetanos, começou a ser coisa do passado no século XVII. Em vez disso, ouvimos falar de uma série de minas de carvão na margem sul do Tyne em 1638, produzindo

---

[22] *V.C.H. Gloucester*, 2, 158.

quase 20.000 toneladas por ano cada uma, tendo a produção de uma delas o valor anual de £450, e de Woolaton, perto de Nottingham, produzindo 20.000 toneladas já em 1598. A essa altura, se tem notícia de capitais que chegam a alguns milhares de libras, gastos comumente em maquinaria de bombeamento. Mais tarde, no século XVII, não se achou surpreendente que uma soma entre £14.000 e £17.000 fosse gasta para reabrir a mina de carvão de Bedworth. Entre 1560 e 1680, a produção de carvão em todo o reino aumentou quatorze vezes.[23] Na mineração de chumbo e prata na Gales do Sul, ouvimos falar em *Sir* Hugh Middleton, nos primeiros anos do reinado de Jaime I, alugando minas em Cardiganshire por £400 anuais, minas que, em 1609, se dizia estarem dando um lucro de £2.000 mensais. No primeiro ano do *Long Parliament*,* um empresário chamado Thomas Bushell empregava 260 mineiros em Cardiganshire, e, durante a Guerra Civil, pôde (aparentemente devido a seus lucros na mineração) emprestar £40.000 ao Rei, que lhe dera a valiosa concessão naquela região. Trinta anos depois, após a Restauração, foi fundada uma companhia para operar as minas em Cardiganshire e Merioneth, com um capital de £4.200 em ações de £100, enquanto nos anos finais do século um verdadeiro combinado conhecido como "Mine Adventure", que possuía minas de chumbo, prata, cobre e carvão na Gales do Sul, juntamente com um cais, canal, fundição e olaria, tentava levantar um capital de mais de £100.000 por subscrição pública.[24]

Durante o reinado de Elisabete, o método de extração do sal pela dissolução do sal-gema veio substituir o método mais antigo de evaporar a água do mar em tabuleiros ou ferver o líquido extraído de poços e fontes de salmoura. Às vésperas da Guerra Civil, havia uma salina em Shields que provavelmente produzia já 15.000 toneladas anuais, ao passo que, no reinado de Carlos II, as salinas em Cheshire produziam talvez 20.000 toneladas anuais.[25] "Durante os últimos 60 anos do século XVI, as primeiras usinas de papel e pólvora, as primeiras fábricas de canhões, as primeiras refinarias de açúcar e as primeiras usinas de salitre foram introduzidas no país, vindas do exterior", estando a

---

[23] J.U. Nef, *Rise of the Brit. Coal Industry*, vol. 1, 8, 19-20, 26-7, 59-60, 378. "Quando a nova e enorme procura de combustível mineral estourou no mundo elisabetano, foram os grandes latifundiários, os mercadores ricos e os cortesãos que obtiveram as concessões. Poucos camponeses formaram parcerias para trabalhar em minas sem o apoio de capital exterior. Onde o fizeram, estavam destinados a fracassar" (*ibid.*, 414).
Long Parliament, o parlamento reunido em 3 de novembro de 1640, expulso por Cromwell em 30 de abril-de 1653. Voltou a se reunir em 1659, depois de sua morte, sendo dissolvido em 1660. Conhecido também como *Rump Parliament*, "parlamento da rabada". (N.T.)
[24] D.J. Davies, *Econ. Hist. of South Wales prior to 1800*, 71-4, 125-7. Em diversas épocas no século foram requisitados e mandados criminosos para trabalhar nas minas de chumbo. Ver adiante, p. 236.
[25] Nef, *op. cit.*, 174 em diante.

146 a evolução do capitalismo

importância dessas novas indústrias no fato de que "a instalação acarretava investimentos muito além das somas que os grupos de artesãos-mestres podiam mobilizar, mesmo que fossem homens de algumas posses".[26] Usinas de pólvora acionadas a vapor surgiram no Surrey, em meados do século. Em Dartford, foi montado um moinho para a produção de papel com duas rodas hidráulicas das quais uma custou entre £1.000 e £2.000. Por volta de 1630, havia dez ou mais instalações de tipo semelhante, destinadas à produção de papel, em diversas partes da Inglaterra. No reinado de Jaime I, encontramos até uma cervejaria londrina com capital de £10.000.[27] No referente à siderurgia, "mesmo em tempos antigos, a aparelhagem das oficinas representava um volume de capital de que poucos, a não ser os proprietários de terras, podiam dispor".[28] Altos-fornos que muitas vezes acarretam uma despesa de alguns milhares de libras substituem, a partir de então, as antigas forjas ou fornos de pequena escala. Na Floresta de Dean, em 1683, calculava-se que, para construir um forno de tipo moderno e duas forjas, juntamente com as casas para os trabalhadores e outras instalações, era necessária uma despesa de £1.000, tendo tal forno uma capacidade de produção de 1.200 toneladas anuais. Na Inglaterra ocidental, muitos desses fornos parecem ter sido financiados por proprietários de terras e pela pequena nobreza locais. Mais ou menos na mesma época, na indústria de fabricação de pregos situada nas Midlands Ocidentais, o surgimento da máquina estiradeira criava uma classe de pequenos capitalistas, muitas vezes vindos das fileiras de prósperos agricultores, pequenos proprietários ou dos mestre mais prósperos da fabricação de pregos, como sucedia também com a máquina laminadora, geralmente acionada por força hidráulica, e que fabricava espadas e adagas no distrito de Birmingham.[29] No final do século XVI, foram fundadas duas sociedades irmãs, empresas com grandes capitais, a Mines Royal e a Society of Mineral and Battery Works, a primeira para minerar chumbo, cobre e metais preciosos, a segunda para fabricar bronze. Diz-se que as duas companhias empregavam conjuntamente 10.000 pessoas. As atividades de fiação em Tintern, promovidas pela segunda companhia, ao que parece acarretaram por si sós o emprego de £7.000 em capital e de 100 trabalhadores, ou mais. Em 1649, dois capitalistas gastaram £6.000 para instalar a produção de arame em Esher, que trabalhava com cobre sueco importado. No final do século XVII, uma companhia chamada English Copper Company tinha um capi-

---
[26] Nef, em *Econ. Hist. Review*, vol. V, nº I, 5.
[27] *Ibid.*, 7, 8, 11, 20.
[28] T.S. Ashton, *Iron and Steel in the Industrial Revolution*, 5.
[29] W.H.B. Court, *Rise of the Midland Industries 1600-1838*, 80 em diante, 103 em diante.

tal de aproximadamente £40.000, dividido em 700 ações, mas já antes da Restauração "a mineração, fundição, fabricação de bronze, trefilação e, até certo ponto, a fabricação de artigos em série estavam todas sendo executadas em bases fabris, sendo os trabalhadores reunidos em números comparativamente grandes e controlados por gerentes nomeados pelos acionistas ou seus administradores".[30]

No entanto, tais casos em que a técnica mudara o bastante para tornar essencial a produção em fábrica, embora fossem importantes como precursores de coisas futuras, não tiveram nesse período mais do que um peso secundário na vida econômica do país como um todo. Tanto no que diz respeito ao capital aplicado como ao número de capitalistas a ele ligados bem como ao número de pessoas empregadas, continuaram claramente sendo de importância menor do que a produção baseada no "sistema de trabalho a domicílio", embora fossem em grande parte capitaneados por potentados aristocráticos, cuja iniciativa era incentivada por concessões especiais de privilégio feitas pela Coroa. Se foram de importância igual ou menor do que aquilo que Marx chamou de "manufatura" — a produção realizada em "manufaturas", ou oficinas onde o trabalho era executado não com máquinas acionadas a força, mas com o que continuavam a ser essencialmente instrumentos artesanais[31] — eis algo menos fácil de afirmar. Entre outras coisas, alguns dos estabelecimentos possuídos por capitalistas aos quais nos referimos merecem provavelmente ser classificadas como "manufaturas", no sentido estrito em que Marx usou o termo. Tal classificação certamente se aplica às oficinas têxteis de um Jack of Newbury ou um Thomas Blanket, como sucede explicitamente com algumas "manufaturas" têxteis iniciadas na Escócia em meados do século XVII, das quais New Mills, em Hadding-

---

[30] H. Hamilton, *English Brass and Copper Industries to 1800*, 85; também, 13-17, 27, 60, 244. O salário médio nas indústrias de Tintern, no século XVI, parece ter sido de cerca de 2 xelins e 6 pence semanais, sendo a alimentação mínima de uma pessoa na época calculada em cerca de 2 xelins. Tanto a Mines Royal quanto a Mineral and Battery Works tinham o poder de reter os trabalhadores, e existe evidência de pagamento em artigos, em algumas de suas oficinas, e de trabalho de mulheres e crianças em suas minas. (*Ibid.*, 319-23.) Cf. também Scott, *Joint Stock Companies*, vol. I, 31, 39-58.
[31] Cf. Marx, *Capital*, vol. I, 366 em diante. Marx exprime aqui a opinião de que o uso da força mecânica não precisa ser a diferença única ou mesmo essencial entre uma "máquina" e uma "ferramenta", e daí entre "maquinofatura" e "manufatura". O ponto nevrálgico da diferença está mais em tomar a ferramenta que opera imediatamente sobre o material das mãos do homem e ajustá-la a um mecanismo. Mas para a exploração dessas novas possibilidades, os mecanismos inteiramente acionados por meio mecânico são, naturalmente, necessários. Ver adiante, pp. 260-61. Mantoux segue Marx ao definir uma máquina como algo que "difere de uma ferramenta, não tanto pela força automática que a mantém em movimento quanto pelos movimentos que pode executar, pois o mecanismo planejado pela habilidade do engenheiro permite substituir os processos, hábitos e habilidade da mão" (*Industrial Revolution in the 18th Century*, 194).

ton, talvez seja a mais conhecida.³² No todo, entretanto, parece evidente que, naquele século, a indústria doméstica inglesa, em lugar da fábrica ou da oficina manufatureira, continuou sendo a forma mais típica de produção, e a "manufatura" parece ter sido menos comum na Inglaterra nessa época do que, por exemplo, o foi em certas regiões da França.

A indústria doméstica desse período, no entanto, diferia do artesanato de guilda, do qual proviera, num aspecto decisivo: na maioria dos casos, subordinara-se ao controle do capital e o artesão produtor perdera grande parte de sua independência econômica dos tempos anteriores. Nessa época, as referências aos artesãos "empregados" ou "mantidos" pelo elemento mercador-manufatureiro tornam-se cada vez mais comuns, como a afirmação, feita num panfleto do século XVII sobre a produção de lã, de que existiam na Inglaterra 5.000 fabricantes de roupa e de que "cada um mantém 250 trabalhadores, atingindo o total de mais de um milhão".³³ A posição do artesão começava já a se aproximar da de um simples assalariado, e, nesse particular, o sistema estava muito mais próximo da "manufatura" do que dos artesanatos urbanos mais antigos, ainda que tanto a indústria doméstica quanto a "manufatura" se assemelhassem à indústria da guilda na natureza do processo produtivo e dos instrumentos usados, partilhando assim um contraste comum com a produção fabril da Revolução Industrial.³⁴

A subordinação da produção ao capital e o aparecimento dessa relação de classe entre capitalista e produtor devem, portanto, ser encarados como o divisor crucial entre o antigo modo de produção e o novo, mesmo se as alterações técnicas por nós associadas à Revolução Industrial fossem necessárias tanto para completar a transição quanto para dar horizonte ao amadurecimento completo do modo de produção capitalista e do grande aumento do poder produtivo do trabalho humano que lhe está associado. Como tal subordinação da produção ao capital era característica tanto do novo sistema doméstico quanto da "manufatura", já é verdade quanto aos primeiros tempos dos Stuart que o primeiro, como o último, nada tinha "exceto o nome, em comum

---

³² Cf. *Records of a Scottish Manufactury at New Mills*, W.R. Scott. org. A referência é feita aqui a um capital equivalente a £5.000 (inglesas) gasto na compra de vinte teares e no emprego de 233 pessoas, com um movimento anual mais ou menos igual ao capital, e à compra de uma série de "habitações", cada qual capaz de abrigar um tear amplo e proporcionar "acomodação a seu lado para os fiandeiros" (*ibid.*, xxxiv, lvi, lxxxiv, 31).
³³ *Reply to a Paper Intituled Reason for a Limited Exportation of Wool*, anônimo.
³⁴ Cf. Marx: "A manufatura, em seu sentido estrito, dificilmente pode ser distinguida em seus primeiros estágios dos ofícios artesanais das guildas, a não ser pelo maior número de trabalhadores empregados simultaneamente pelo mesmo capital individual... Um número crescente de trabalhadores sob o controle de um capitalista é o ponto de partida natural, tanto da cooperação quanto da manufatura em geral" (*ibid.*, 311, 353).

com a indústria doméstica antiga, cuja existência pressupunha artesanatos urbanos independentes... Aquela indústria antiga (fora) agora convertida em um departamento externo da fábrica, da manufatura ou do armazém".[35] A produção doméstica e a "manufatura" achavam-se na maioria dos casos intimamente ligadas em diversos estágios na mesma indústria, às vezes mesmo com a produção fabril, como sucedia no caso do tecelão doméstico com o pisão de seu empregador ou no caso do artesão fabricante de pregos na Inglaterra ocidental com a máquina estiradeira da usina. Também a transição da indústria doméstica para a "manufatura", e desta última para a produção fabril, mostrou-se relativamente simples (uma vez que as condições técnicas favoreciam a alteração), sendo bem cedo mediada por uma série de tipos intermediários. Encontramos frequentemente os dois sistemas misturados até no mesmo estágio de produção. No século XVIII, por exemplo, o tecelão de Exeter alugava seu tear de um capitalista, trabalhando às vezes em dependências do patrão (diversamente do fiandeiro, que trabalhava em casa). No vizinho vale de Culm, a independência do tecelão "tinha deixado de existir mais completamente, sendo ele obrigado a viver no quarteirão de casas próximo à do patrão e a trabalhar no pátio formado dentro desse quarteirão".[36] Algumas vezes, especialmente no século XVIII, vemos um fabricante de roupas capitalista empregando simultaneamente trabalhadores em suas casas e trabalhadores reunidos num lugar, trabalhando com teares que ele instalara numa única oficina.[37]

Ademais, a indústria doméstica capitalista não só abriu o caminho como alcançou uma mudança apreciável no processo de produção, estando a crescente hegemonia do capital sobre a indústria nesse período muito longe de ser apenas um crescimento parasita. Estágios sucessivos de produção (como os de fiação, tecelagem, pisoagem e tinturaria na fabricação de tecidos) achavam-se agora mais intimamente organizados como uma unidade, o que resultava não só na extensão da divisão do trabalho entre estágios sucessivos de produção, ou entre trabalhadores empenhados numa variedade de elementos a reunir num produto acabado,[38] como na possibilidade de se economizar

---

[35] Cf. Marx, vol. 1, 464-5.
[36] W.G. Hoskins. *Industry, Trade and People in Exeter, 1688-1800*, 55.
[37] Cf. os casos, citados por Heaton, de James Walker de Wortley, que empregava vinte e um teares, dos quais onze se achavam em sua própria oficina de tecelagem, estando os demais nas casas de tecelões, e de Atkinson de Huddersfield, que tinha dezessete teares num aposento e também empregava tecelões trabalhando em suas casas (*op. cit.*, 196).
[38] Marx, *op. cit.*, 327 em diante. Marx refere-se a esses dois tipos de divisão do trabalho sob os termos manufatura "heterogênea" e "orgânica" na primeira metade do século XVIII, a indústria de estambre consistia em quarenta processos, cada qual um ofício especializado.

tempo na passagem do material de um estágio para outro, e de se conseguir um processamento mais equilibrado, porque mais integrado. A importância latente disso pode ser aferida pela frequência das queixas feitas na indústria têxtil a respeito dos resultados da falta de coordenação entre estágios diversos, que levavam o tecelão principalmente a um desperdício periódico de tempo, esperando para trabalhar por lhe faltar a matéria-prima.[39] Além disso, o fabricante de roupas capitalista, operando com lã ou estambre, que controlava o produto desde a lã crua até a tinturaria, achava-se em melhor posição para conseguir uma qualidade uniforme de fiação na preparação para a tecelagem do tipo determinado de fazenda que desejava. Já nos casos em que a fiação era feita por trabalhadores independentes não diretamente empregados por um fabricante de roupas ou seus agentes, as queixas contra a qualidade inferior e variável eram comuns. Às vezes, essa consideração funcionava em favor da "manufatura" e não da distribuição de trabalho caseiro e parece, na verdade, ter sido a principal vantagem técnica desse sistema nesse período, com a produção numa única oficina permitindo uma supervisão muito mais rigorosa do trabalho em andamento do que era possível no sistema doméstico, mesmo quando os trabalhadores sob este último eram empregados dependentes de um mestre fabricante. Ao mesmo tempo, o mercador-fabricante capitalista tinha interesse cada vez maior pela promoção de melhorias nos instrumentos e métodos de produção: melhorias que tanto a falta de capital do artesão como a força dos costumes da guilda teriam de outra forma impedido. A própria divisão do trabalho que é particularmente característica desse período preparou o terreno do qual a invenção mecânica poderia mais tarde surgir. A divisão do trabalho gera uma "diferenciação dos instrumentos de trabalho — uma diferenciação pela qual os implementos de um dado tipo adquirem formas fixas, adaptadas a cada situação particular; ...simplifica, melhora e multiplica os implementos de trabalho, adaptando-os às funções exclusivamente especiais de cada trabalhador especializado. Cria assim, ao mesmo tempo, uma das condições materiais para a existência da maquinaria, que consiste em uma combinação de instrumentos simples".[40]

A malharia e a pequena metalurgia nos proporcionam dois exemplos de formas transitórias que evidenciam a continuidade íntima entre o sistema doméstico capitalista e a manufatura, e entre ambos e a produção fabril. Um exemplo pertence ao século XVII e o outro ao início do século XVIII. No reinado de Elisabete, William Lee, um coadjutor de Nottinghamshire, "ven-

---

[39] Cf. Lipson, *op. cit.*, vol. II, 47-8.
[40] Marx, *op. cit.*, 333.

do uma mulher fazer meia, inventou um tear para malharia". Contudo, o tear resultante dessa invenção era mais complicado e revolucionário em caráter do que essa simples descrição do ato da invenção poderia sugerir; e, sendo um mecanismo complexo, era caro demais para que um artesão pobre o pudesse comprar e possuir. Nas palavras de uma Petição de 1655, ele não era "nada diferente do meio comum de fazer malha, mas apenas no número de agulhas em funcionamento instantâneo, cem vezes mais rápido que no outro meio, dispostas num Aparelho ou Quadro composto de mais de 2.000 peças de trabalho de Ferreiros, Marceneiros e Torneiros".[41] Ao que parece, o instrumento podia fazer 1.000 a 1.500 pontos por minuto, ao passo que, à mão, o rendimento era de cerca de 100 pontos. Há uma menção à fabricação de instrumentos dessa natureza requisitados por um mercador italiano ao preço de £80 cada no dinheiro da época. É claro que raramente era possível, a não ser para os mais prósperos entre os artesãos-mestres da indústria mais antiga, investir nesse novo instrumento. E a introdução do novo método não parece ter sido coisa comum até que, em 1657, durante o Commonwealth, um grupo de capitalistas (muitos deles aparentemente malheiros mercadores) conseguiu incorporação para si como a Framework Knitters Company.[42] Essa Companhia parece ter-se formado principalmente da iniciativa de mercadores de bastante projeção, e sua constituição foi de molde (pelo menos depois de 1663) a pôr o controle em mãos de "uma oligarquia rigidamente fechada de funcionários". Uma de suas funções principais era controlar o aluguel de instrumentos aos artesãos domésticos, e, embora o sistema doméstico continuasse, a despeito da nova máquina, fazia-o na base da propriedade dos instrumentos de produção pelos capitalistas e pelo aluguel dos mesmos ao produtor individual. Diz-se que, entre 1660 e 1727, o número de instrumentos no país aumentou de 600 para 8.000, principalmente sob o estímulo de uma crescente procura de sua exportação, em especial por parte da França. Os instrumentos eram arrendados aparentemente aos trabalhadores por taxas equivalentes à compra em dez anos ou menos, e os capitalistas maiores usavam sua influência sobre a Companhia para conseguir um afrouxamento das restrições de aprendizado a fim de assegurar um suprimento forte de mão

---
[41] *Representation of the Promoters and Inventers of the Art, Mystery or Trade of Framework Knitting to the Lord Protector for Incorporation*, 1655. Outro documento contemporâneo, *The Case of the Framework Knitters*, fala do tear como "um mecanismo dos mais curiosos e complicados, consistindo em quase 3.000 membros ou Peças", e se refere a "100.000 famílias e 10.000 teares empregados na Manufatura".
[42] Depois da Restauração, a companhia foi reincorporada como The Worshipful Company of Framework Knitters, em 1663. Aparentemente, mesmo antes de 1657 um núcleo de tal companhia estivera em funcionamento por alguns anos.

152 *a evolução do capitalismo*

de obra barata.⁴³ No final do século XVIII, uma Comissão da Câmara dos Comuns (em 1779) manifestou-se a respeito das "exigências absurdas feitas pelos patrões a seus trabalhadores nesse ofício. Como resultado do monopólio dos empregadores, aluguéis exorbitantes pelos aparelhos estavam sendo cobrados, de modo que o salário líquido não passava de 6 a 8 xelins por semana. Parece que um trabalhador que por acaso possuísse um instrumento era geralmente boicotado e privado de trabalho até concordar em alugar um aparelho de um membro da Companhia.

O segundo exemplo apresenta em muitos aspectos um sabor moderno. No final do século XVII um ex-ferrageiro de Greenwich, chamado Ambrose Crowley, estabeleceu, nas margens do Derwent, uma pequena cidade industrial, meio-termo entre uma manufatura e um centro de indústria doméstica, destinada à fabricação de pregos, fechaduras, parafusos, formões, pás e outras ferramentas. No que fora antes uma pequena aldeia, logo surgiu uma comunidade industrial com cerca de 1.500 habitantes. As diversas famílias residiam e trabalhavam em suas próprias casas, embora estas pertencessem a Crowley e fossem por ele alugadas, como também o eram os instrumentos, ferramentas e materiais de trabalho dos artesãos. Em primeiro lugar, cada mestre-artesão tinha de depositar "uma caução de considerável quantia", o que lhe dava o direito de ocupar uma oficina, onde ele trabalhava com sua família, provavelmente empregando um ou dois jornaleiros e um aprendiz. O pagamento era feito pelo trabalho executado por tarefa, depois de deduzido o valor dos materiais usados. O estabelecimento tinha até uma espécie de Whitley Council para tratar das disputas: um tribunal composto de dois árbitros nomeados por Crowley e dois outros pelos mestres-artesãos, presidido pelo capelão. Tornado cavaleiro em 1706, *Sir* Ambrose Crowley mais tarde se tornou M.P. (Membro do Parlamento) por Andover, ocasião em que podia jactar-se de possuir uma fortuna de £200.000.⁴⁴ Não é improvável que um tipo semelhante de organização fosse característico de outras manufaturas do período: por exemplo, New Mills, na Escócia, em cujos registros faz-se referência à compra, pela administração, de uma série de "residências" nas quais instalar-se-iam teares; uma colônia de tecelões de linho iniciada no século XVIII por um Capitão Urquhart, em Farres, Escócia; e as pequenas casas construídas em Newark, Northamptonshire, por uma firma de fabrican-

---

⁴³ Cf. J.D. Chambers, em *Economica*, novembro de 1929; A.P. Usher, *History of Mechanical Invention*, 240-5; W. Felkin, *History of Machine-wrought Hosiery and Lace*, 23 em diante.
⁴⁴ V.C.H. *Durham*, vol. II, 381-7. À sua morte, o negócio passou para seu filho, John Ambrose, e, no final do século XVIII, para sua neta. Quanto aos homens, a "turma de Crowley", como se chamavam, de início eram *Tories*, mas no século XIX se tornaram *cartistas* ardorosos.

tes de roupas a fim de alojar cem tecelões.⁴⁵ Tanto a fábrica de espadas em Newcastle, de que falam os registros contemporâneos, quanto a mais famosa Carron Iron Works provavelmente possuíam uma forma de organização não muito diversa da adotada pela cidade de Crowley.⁴⁶

No caso da Framework Knitters, a complexidade e os gastos crescentes dos instrumentos de produção foram o fator responsável pela dependência cada vez maior dos artesãos, como também foi o caso da transição inicial para a produção fabril no cobre e no bronze e em alguns setores da siderurgia. Em outros casos, entretanto, onde o capital fixo ainda desempenhava um papel relativamente sem importância, sugeriu-se que o motivo principal para o domínio da indústria doméstica pelo capital, onde isso ocorreu, foi o custo e a dificuldade com que os artesãos adquiriam suas matérias-primas. Assim, em Yorkshire, onde os suprimentos locais de lã eram acessíveis, pelo menos para os tecidos mais grosseiros, o tecelão geralmente mantinha-se em grande parte independente, comprando seus suprimentos de lã no mercado local e vendendo seu tecido aos mercadores (o que era comum, no século XVIII, em balcões nos salões de tecidos de Halifax, Wakefield ou Leeds).⁴⁷ Por outro lado, na fiação e tecelagem de algodão em Lancashire, em vista da dependência do ofício quanto aos materiais importados, capitalistas como os Chetham de Manchester exerceram uma influência bem dominante desde os primeiros tempos da indústria.⁴⁸ O mesmo era verdade, no século XVII, quanto à produção de lã no Sudoeste, onde o fabricante de roupas capitalista "possuía a matéria-prima e, por consequência, o produto, em suas formas sucessivas", enquanto "aqueles por cujas mãos esse produto passava nos processos aos quais era submetido nada mais eram, a despeito de sua independência aparente, do que trabalhadores a serviço de um empregador". Em Norwich, de forma semelhante, os fabricantes de roupas eram "uma verdadeira aristocracia" e "afetavam ares de cavalhei-

---

⁴⁵ *Records of a Scottish Manufactory at New Mills*, 31; S.J. Chapman, *Lancs. Cotton Industry*, 23; Usher, *Introduction to Industrial History of England*, 348.
⁴⁶ Scrivenor, *History of the Iron Trade*, 75 em diante.
⁴⁷ Cf. Cunningham, *Growth* (Mod. Times, I), 506; o autor explica a maior independência do tecelão de Yorkshire, comparado ao de outros distritos, como devida ao fato de que "os pequenos agricultores próximos de Leeds, que trabalhavam como tecelões, podiam confiar em certa medida nos suprimentos locais". Cf. também Lipson, *op. cit.*, 70, 86-7, e Lipson, *Hist. of Engl. Wool and Worsted Industries*, 71-8, 177. Schmoller fala de trabalhadores domésticos possuidores de outros recursos como estando em situação muito melhor do que aqueles cuja "dispersão pelo distrito, ignorância do mercado ou incapacidade de adotar outro emprego os situam em dependência absoluta quanto ao mercado" (*Principes d'Economie Politique*, vol. II, 511-12).
⁴⁸ Wadsworth e Mann, *Cotton Trade and Industrial Lancashire, 1600-1780*, 36 em diante, 78 em diante.

154 *a evolução do capitalismo*

ros e portavam espada".[49] No caso da indústria de Cotswolds e Wiltshire, no entanto, a dificuldade de acesso aos suprimentos de matéria-prima não poderia ter sido a razão, e a explicação mais provável era (como se afirmou no caso de Wiltshire) que "o tempo e a despesa de transportar (o tecido) ao mercado distante em Londres prejudicavam o pequeno tecelão independente e contribuíam para submetê-lo finalmente ao fabricante de roupas, que comercializava seu tecido".[50] Além disso, a manufatura de estambre de Yorkshire se achava, desde o início, em mãos de grandes empregadores capitalistas, possivelmente porque se tinha de ir mais longe para conseguir sua matéria-prima (a Lincolnshire, por exemplo, para comprar a lã de fibras longas daquele condado).[51]

Provavelmente, no entanto, nada mais do que uma influência secundária deveria, na maioria dos casos, ser atribuída a essa questão do acesso ou não acesso aos suprimentos de matéria-prima ou aos mercados. O fato de que a matéria-prima tinha de ser comprada de mercadores que a traziam de longe e não localmente, embora pudesse significar às vezes que o mercado de venda do material era menos competitivo do que no caso alternativo, não colocava necessariamente o artesão na dependência do mercador de quem adquiria seus suprimentos, enquanto seus próprios meios fossem adequados e sua necessidade de crédito não o colocasse em dívida com o fornecedor do material. Tanto em Yorkshire quanto em Lanchashire as duas classes de mestres-artesãos, prósperos e independentes e pobres e dependentes, parecem ter existido: muitos dos primeiros eram empregadores dos outros e agiam como intermediários entre os últimos e o mercador maior no principal mercado da cidade. Juntamente com os pequenos artesãos dos distritos de Leeds e Halifax, existiam (pelo menos no século XVIII) os fabricantes de roupas "manufatureiros" que reuniam uma dúzia ou mais de teares numa só oficina e, nos casos descritos por Defoe, combinavam cardagem, fiação, tecelagem e acabamento sob o mesmo telhado.[52] O que exerceu influência de fato importante na determinação do grau em que o produtor doméstico se tornou dependente foi provavelmente o próprio *status* econômico do produtor e não a proximidade ou distância das fontes de suprimentos de matéria-prima. E aqui, provavelmente, pode-se afirmar ter sido a posse da terra o que consti-

---

[49] Paul Mantoux, *Industrial Revolution in the 18th Century*, 63, 67.
[50] G.D. Ramsay, *op. cit.*, 20.
[51] Cf. Heaton, *Yorkshire Woollen and Worsted Industries*, 297-8. Geralmente, a produção de estambre precisa de lã de fibras longas, ao passo que a produção de artigos de lã é servida pela lã de fibras curtas mas bastante cerradas.
[52] Cf. Heaton, *op. cit.*, 353.

o surgimento do capital industrial 155

tuiu a base de tal independência que o artesão doméstico pôde manter nesse primeiro período da produção capitalista.[53] Se fosse um próspero pequeno proprietário agrícola, empenhado na tecelagem como segunda atividade, podia sustentar a família e dispor de matérias-primas por intervalo considerável e consequentemente, sendo independente do crédito e dos favores de um comprador, escolher tanto o comprador quanto o tempo de venda e esperar, se a espera lhe desse oportunidade de conseguir preço melhor. Não se via necessariamente reduzido à penúria, como seu vizinho mais pobre, quando os tempos andavam maus, e provavelmente estava a seu alcance viajar mais além em busca de mercados, em vez de aceitar a primeira oferta vinda em sua direção. Mas o aldeão mais pobre, que tecia por necessidade, não desfrutava qualquer dessas vantagens e não só lhe faltava o dinheiro disponível a gastar na compra de materiais algumas semanas antes da venda e do pagamento de seu tecido (que às vezes sofria retardamento considerável) como durante certas estações do ano poderia não ter meios de sustentar a família, a menos que hipotecasse sua futura produção a um comprador. De fato, ele já era meio proletário, e sua relação com o mercador-comprador estava consequentemente bem próxima à do sobrecarregado trabalhador doméstico de nossos dias. A menor circunstância desfavorável relativa à disponibilidade de matérias-primas, ao estado do mercado ou à data de venda e pagamento, era suficiente para tornar desesperadora sua situação e criar assim as condições de sua futura servidão. Para um homem nessa posição, um incidente minúsculo, uma alteração secundária na situação, podia exercer influência decisiva. Parece não haver dúvida de que a pobreza dessa parcela de artesãos e sua consequente necessidade de crédito eram o fator responsável pela tendência crescente de os teares caírem em mãos capitalistas: os instrumentos eram certamente empenhados pelo artesão a seu empregador como garantia por um adiantamento de dinheiro.[54] A indústria doméstica, e sua sujeição incompleta ao capital, mantinham sua base enquanto a independência pertinaz de uma classe de

---

[53] Cf. a divisão de Gaskell, para quem os tecelões pertencem "a duas classes distintas", "divididas por uma linha demarcatória bem definida". "Essa divisão surge da circunstância de serem donos de terras ou inteiramente dependentes da tecelagem para seu sustento... A classe inferior de artesãos sempre fora de sofredores, pela impossibilidade de se suprir de materiais para seu trabalho" (*Artisans and Machinery*, 26). Na indústria de sarja de Devon parece ter sido o aparecimento precoce de "uma classe considerável de famílias sem terra", tanto quanto a dependência da indústria com relação à lã importada do País de Gales, da Irlanda e da Espanha, o fator responsável pelo domínio conseguido por mercadores de Exeter e Tiverton sobre a indústria do século XVII e pela "concentração do controle em mãos de comparativamente poucos homens" (W.G. Hoskms. *Industry Trade and People in Exeter, 1688-1800*, 12-14).
[54] Cf. Mantoux, *op. cit.*, 65, que diz: "Desde o final do século XVII... esse processo de alienação, lento e despercebido, teve lugar onde quer que a indústria doméstica tivesse sido prejudicada."

pequenos proprietários agrícolas e de dimensões médias continuava.[55] Desse modo, a pequena propriedade de terra e a propriedade pessoal dos meios de produção necessários ao próprio trabalho artesanal se achavam ligados entre si. Essa base para a indústria doméstica só foi finalmente solapada quando a concentração de propriedade fundiária avançara o bastante para anunciar o fim da classe dos pequenos proprietários de terra (*Yeomen*).

2

Na Holanda e em certas cidades italianas tais desenvolvimentos da produção capitalista característicos da Inglaterra elisabetana e dos Stuart podem ser encontrados já amadurecidos em data bem anterior. Sem dúvida, esse aparecimento precoce do capitalismo se prendeu ao aparecimento precoce, nas cidades flamengas (já no século XII e mesmo no XI), de uma classe errante e sem terras, sem recursos e disputando emprego — "uma rude classe inferior", de que fala Pirenne.[56] Em certas cidades flamengas, o mercador-fabricante capitalista já começara a fazer seu aparecimento no século XIII. Em muitos casos, já por volta de 1200, as guildas se tinham tornado corporações fechadas dos mercadores mais ricos, que monopolizavam o comércio atacadista, cobravam taxas de admissão além das posses dos menores e excluíam de suas fileiras os que pesavam no *tron*, ou balança da cidade — os varejistas — e os de "unhas azuis" — os artesãos manuais.[57] Estes últimos podiam ainda vender suas mercadorias a varejo no mercado local e, onde este oferecia um escoamento suficiente para seus artigos, isto é, em grandes centros como o Hainault, Namur e Liège, o interesse do artesão não sofria grandes prejuízos. Mas, onde dependia de um mercado externo, ele iria ver que os monopolistas da Guilda eram seus únicos clientes e que, se também tivesse de recorrer aos mesmos para adquirir os materiais de seu artesanato, logo estaria condenado a cair numa situação de dependência perante o atacadista rico. De qualquer forma, é o que parece ter sucedido no caso dos artesanatos de lã flamengos e dos artesanatos de cobre de Dinant e do vale do Mosa, onde o artesão dependia tanto dos suprimentos externos de matéria-prima quanto dos mercados fora da localidade em que vivia. O resultado foi um sistema de produção caseiro bem extenso,

---

[55] Quanto à importância da ligação entre a tecelagem e a terra no Lancashire, cf. Wadsworth e Mann, *op. cit.*, 314 em diante.
[56] Pirenne, *Mediaeval Cities*, 160, também 117 em diante.
[57] Cf. Pirenne, *Belgian Democracy*, 112; também Brentano, em *English Guilds*, cvii.

organizado pelos capitalistas que davam trabalho a artesãos independentes. Um espécime bem conhecido desses primeiros capitalistas foi Jean Boine-Broke, fanqueiro e xerife de Douai no final do século XIII, que dava matéria-prima a um grande círculo de artesãos e controlava os estágios de acabamento da confecção de tecidos em suas próprias oficinas. Diz-se que "ele reduzira seus empregados a uma condição de dependência absoluta. A maioria destes estava em dívida para com ele, muitos alojados em casas alugadas por ele, que estabelecera um tipo de sistema de pagamento em gêneros".[58] Havia muitos como ele em outras cidades como Dinant, Lille, Bruges, Ghent, Saint-Omer, Bruxelas e Louvain. E como as Flandres eram nessa época o grande *entrepôt* de tráfego na Europa setentrional, havia muito a ganhar para quem tinha os meios e posição para dedicar-se a esse tipo de comércio. No caso desses homens, "os recursos à sua disposição lhes permitiam comprar de vez, às centenas, quintais de trigo, tonéis de vinho ou fardos de lã... Só eles estavam em posição de adquirir aqueles preciosos velos ingleses, cuja ótima qualidade garantia a reputação do tecido flamengo e, como donos da matéria-prima, da qual tinham realmente monopólio, dominavam inevitavelmente o mundo do trabalho industrial".[59] No que diz respeito às fileiras inferiores dos produtores semiproletários, um emissário de Eduardo III exprimiu seu espanto pela "escravidão desses pobres servos, a quem seus mestres usavam mais como pagãos do que como cristãos, mais como cavalos do que como homens. Acordam cedo, dormem tarde e trabalham duramente o dia todo, recebendo uma alimentação mim (alguns arenques e queijo mofado), tudo para enriquecer seus avarentos patrões, sem qualquer lucro para si próprios".[60]

O surgimento desse novo poder do capital mercantil, do qual algumas parcelas já começavam a voltar-se para a produção mesmo nessa altura, teve efeitos importantes no governo municipal das principais cidades flamengas. Duas tendências ligadas entre si logo tornaram-se evidentes. Nas principais cidades, o poder político passou para a classe dos burgueses mais ricos, a quem veio a ser dado o nome de "patriciado". Os funcionários municipais chamados *échevins*, cuja função era supervisionar os artesanatos, regulamentar salários e controlar o mercado urbano, eram agora nomeados por esse patriciado dentre seus próprios membros, em vez de eleitos por todo o corpo burguês. Ao mesmo tempo, o patriciado das diversas cidades entrou em acordos mútuos pelo intercâmbio de privilégios e formou uma Hansa composta dos principais mercadores exportadores das principais cidades holandesas.

---

[58] A.H. Johnson, *History of the Company of Drapers of London*, vol. I, 76-7; também Pirenne, *op. cit.*, 97, 100.
[59] Pirenne, *op. cit.*, 98-9.
[60] Cit. Ashley, *Early History of Eng. Wool Industry*, Publications Amer. Econ. Assocn. (1887), 43.

O resultado dessas modificações foi que os regulamentos municipais estruturados para dar ao residente urbano uma vantagem em seus negócios com mercadores de outras cidades perderam vigência e, em seu lugar, outros regulamentos foram estabelecidos, no sentido de reforçar a posição de todos os mercadores da Hansa em suas relações com os artesãos nas diversas cidades onde a Hansa estava representada. Os artesãos foram impedidos de vender seus tecidos por atacado, sendo obrigados a lidar apenas com os mercadores da Hansa. Na indústria de lã, as organizações artesanais foram subordinadas aos mercadores, cabendo a estes o controle do artesanato e seu regulamento. O antigo localismo urbano deu lugar à influência de uma organização de classe que exercia um monopólio do comércio atacadista. "Nas margens do Scheldt e do Mosa, como em Florença, os *majores*, os *divites*, os 'grandes homens', daí em diante governavam os *minores*, os *pauperes*, os *plebei*, a 'gente menor'."[61] Nas cidades alemãs, desenvolvimentos semelhantes estavam ocorrendo mais ou menos na mesma ocasião: foi tal o domínio de um patriciado em Estrasburgo, por exemplo, que "algumas das famílias dominantes extorquiam dos artesãos um aluguel anual de 300 a 400 quintais de aveia", enquanto em Colônia "os artesãos eram quase servos dos patrícios".[62]

Não foi em todas as cidades que o poder passou assim inteiramente para uma pequena oligarquia burguesa. Nas cidades episcopais como Liège e Arras, enquanto uma população de banqueiros, artesãos e lojistas que vendiam a varejo se desenvolvia, e recebia certos privilégios, considerável parcela de poder continuava em mãos feudais sendo consequentemente retardado, ainda que não 'inteiramente impedido, o aparecimento tanto de um patriciado burguês quanto de uma produção capitalista. Tanto aqui quanto nas cidades onde o comércio era mais desenvolvido existia certa medida de coalizão, tanto social quanto política, entre as famílias feudais e proprietárias de terra mais antigas e os burgueses mais ricos. Estes últimos compravam propriedades em terra e casas, como seus colegas ingleses, abandonando às vezes o comércio para viver como pequenos nobres com as rendas oriundas do arrendamento da terra e do empréstimo de dinheiro, ganhando para si próprios o apelido popular de *otiosi*. Paralelamente a necessidade dos príncipes carentes de dinheiro logo os colocou em situação de endividamento para com essa nova classe endinheirada. Onde esse patriciado burguês dominou, surgiram muitos sinais visíveis de progresso e de prosperidade, embora a massa dos artesãos continuasse decadente e empobrecida. Foi uma idade não só de rá-

---

[61] Pirenne, *Belgian Democracy*, 110 em diante; também Pirenne, *Histoire de Belgique*, vol. I, 69 em diante.
[62] Brentano, em *English Guilds*, cix, cx.

pido crescimento do comércio e das indústrias de tecidos e cobre, mas da construção de instalações para mercados, aquedutos, armazéns, cais, canais e pontes. Datam desse período o reservatório de Dikkebosch, o Mercado de Tecidos de Ypres e a fundação de escolas seculares.

Já no século XIII, no entanto, encontramos essa hegemonia dos capitalistas maiores ameaçada por uma revolta dos artesanatos: uma revolta que parece em alguns casos ter sido auxiliada pela Igreja (como em Liège) e por setores da nobreza feudal, sendo engrossada pelos produtores nas indústrias mais recentes controladas pelos capitalistas. Em 1225, houve um levante em Valenciennes, onde os magistrados patrícios foram depostos e estabeleceu-se uma comuna. Mas esta foi suprimida após a cidade ser cercada e tomada de assalto. Vinte anos depois, uma outra onda de greves se espalhou pelas cidades flamengas: houve uma breve revolta em Dinant e, posteriormente, diversos levantes malogrados em Ghent, que resultaram numa secessão de artesãos a fim de formar uma comunidade independente no Brabante. A essa altura, o patriciado conseguiu manter a supremacia recorrendo a severa repressão. "A Hansa das dezessete cidades... parece ter perdido qualquer outro objetivo, a não ser a manutenção dos interesses do governo patrício contra as reivindicações dos trabalhadores."[63] Aos tecelões e pisoeiros foi proibido o porte de armas ou a reunião em grupos de mais de sete de cada vez, sendo os grevistas impiedosamente punidos.

No início do século XIV, entretanto, a luta armada irrompeu de novo, complicada agora pelo fato de que Felipe, o Belo, da França, apoiara os patrícios, enquanto os artesãos buscavam auxílio junto ao Conde de Flandres, o que dava ao conflito a forma de uma guerra nacional dos flamengos contra os franceses. A guerra teve início com particular aspereza em 1302: houve um levante geral, no curso do qual os patrícios e seus aliados franceses foram indiscriminadamente massacrados (em Bruges, por exemplo). Terminou em 1320 com uma vitória flamenga na batalha de Courtrai. O resultado foi, de modo geral, uma reafirmação dos direitos dos artesanatos no governo urbano e uma volta à antiga ordem de regulamentos das guildas e localismo urbano, com um consequente retrocesso do desenvolvimento capitalista. O segundo ano da guerra, em Liège (onde o cabido da Catedral apoiara o povo), os cargos foram divididos entre os comerciantes e os artesãos e, quando os patrícios organizaram um levante, este foi esmagado, sendo a qualidade de membro de um artesanato tornada condição para se participar da magistratura. Em Utrecht, foi introduzida uma democracia na base da representação igualitária dos diversos artesanatos. Em Dinant, o poder foi dividido entre os mercadores, o grande artesanato do trabalho de

---
[63] Pirenne, *Belgian Democracy*, 132.

cobre e nove artesanatos menores. Em Bruges e Ghent, os artesãos reconquistaram o controle parcial dos *échevins*, tornando-se os artesanatos autônomos, em vez de sujeitos à autoridade dos magistrados. Os regulamentos de guildas, destinados a limitar o número de membros de cada artesanato e a conferir aos membros da guilda a supremacia no mercado local, foram em geral fortalecidos. E foram feitas tentativas, não só para suprimir a indústria do campo em favor da indústria da cidade, mas também para limitar a liberdade de comércio do campo em favor do mercado urbano, para o qual os privilégios de Empório eram ciosamente buscados. A manufatura de tecidos foi proibida nos distritos próximos a Ghent, Bruges e Ypres. Poperinghe tornou-se subserviente a Ypres; e Grammont, Oudenarde e Termonde, a Ghent. A Hansa foi despojada de seu monopólio exclusivo e alguns dos artesãos (presumivelmente os mais ricos) receberam o direito de se empenhar no comércio atacadista.[64]

O crescimento do capitalismo, no entanto, embora retardado por essa reafirmação dos privilégios da guilda, estava longe de ser completamente extinto. Houve distritos, como Bruges e Dinant, onde a vitória dos artesãos nunca foi completa, e a indústria doméstica capitalista nas aldeias conseguiu escapar à autoridade das guildas numa série de lugares. Além disso, no século XV, uma aliança dos capitalistas maiores com os príncipes e a nobreza liderados por Felipe o Bom da Borgonha (aliança que se valeu do apoio do campesinato em sua oposição à hegemonia comercial das cidades) passou a subordinar a autonomia das cidades a uma administração centralizada. Várias cidades opuseram férrea resistência a essa usurpação de seus direitos. Porém, suas rivalidades intestinas impediram-nas de cooperarem entre si com êxito contra o perigo comum, e sua posição interna enfraqueceu-se pelo fato de que, em cada lugar, os burgueses mais ricos, interessados no comércio exportador ou na indústria do campo, deram seu apoio à Casa de Borgonha. Liège resistiu heroicamente às forças borgonhesas, mas foi finalmente dominada pelos exércitos de Felipe e impiedosamente saqueada por sua teimosia. Ghent e Bruges foram igualmente batidas. Desde então, o controle da administração urbana se dividiu entre os homens do Príncipe. O governo central passou a participar da nomeação dos magistrados urbanos. Estabeleceu-se o direito de apelar para um tribunal nacional contra a autoridade urbana. O domínio urbano sobre cidades e aldeias vizinhas foi desfeito, e os privilégios especiais de Empório foram abolidos.

Estava pronto o cenário para um novo domínio por parte de um patriciado burguês, favorável pelo menos a um crescimento parcial da produção capitalista, ainda que a subordinação das guildas e do localismo urbano tivesse sido adquirida

---

[64] Pirenne, *Histoire*, vol. I, 405 em diante; *Belgian Democracy*, 128-71.

por aliança do capital mercantil com os remanescentes do poder feudal. Pirenne nos diz que, após a guerra com a Espanha, "a ordem foi finalmente restaurada em toda parte, no interesse da classe comercial rica". "O conselho, 'a lei' da cidade, recrutado dentre um número bem pequeno de famílias ricas, monopolizava o policiamento e a jurisdição da municipalidade", e os regulamentos e privilégios das guildas caíram em desuso. Tanto nacional quanto localmente "a classe mercantil rica fornecia o pessoal da administração e tinha assento nas assembleias do Estado". O resultado dessas novas condições foi um revivescimento impressionante da manufatura têxtil do campo, parte dela organizada em "manufaturas" e a maior parte ligada a Antuérpia, novo mercado têxtil e capital. As empresas capitalistas de siderurgia e de mineração de carvão começaram a surgir nos distritos de Liège, de Namur e do Hainault; e, das cinzas da hegemonia das guildas, surgiu uma classe de mestres mais ricos que davam emprego a seus irmãos mais pobres, especialmente aos tecelões e pisoeiros que tinham virtualmente sido assalariados por algum tempo e, estando excluídos dos direitos corporativos, pouco mais eram que "mendigos trabalhando compulsoriamente".[65]

Não só nas cidades do Norte da Itália como em algumas cidades da Renânia a situação parece ter sido semelhante, com a diferença importante de que, na Itália, o poder dos príncipes feudais e especialmente da Igreja era bastante grande para impedir que as repúblicas burguesas atingissem mais que uma autonomia condicional e garantir que mesmo dentro dessas repúblicas o poder fosse em geral partilhado entre a oligarquia mercantil e as famílias feudais mais antigas, que eram donas de terras e exerciam certos direitos tradicionais na cidade ou em suas vizinhanças. Desde os primeiros tempos, essas cidades parecem ter sido dominadas por uma aristocracia, e "a grande massa da população, os artesãos, os comerciantes, foram inteiramente excluídos" do governo.[66] Obrigações feudais sobreviveram mesmo dentro das cidades, numa medida sem paralelo na Inglaterra. Muitos artesãos aparentemente continuaram a prestar serviço semifeudal aos bispos e famílias nobres até uma data bem posterior, com a classe feudal de *ministeriales* ocupando uma posição de especial destaque. Como o comércio mediterrâneo reviveu após as Cruzadas, as guildas de mercadores exportadores, nas cidades dotadas de porto marítimo, tornaram-se ricas e poderosas, vindo a formar a aristocracia dentro do corpo burguês. Retinham em suas mãos o monopólio do comércio de exportação e passaram a usar seu poder para impor restrições às guildas menores. Por sua vez, estas últimas impuseram restrições a que aprendizes se estabelecessem como mestres e fixaram salários máximos

---

[65] Pirenne, *Belg. Dem.*, 188-238; *Histoire*, vol. II, 347 em diante.
[66] W.F. Butler, *The Lombard Communes*, 80; também E. Dixon, em *Trans. Ryl. Hist. Society*, NS. XII, 160.

162 a evolução do capitalismo

para os trabalhadores. Já se disse que, "praticamente, o trabalhador era o servo do mestre".[67] Na parte inicial do século XIV, pode-se encontrar não só evidência de um sistema bem extenso de produção baseada no trabalho distribuído a domicílio, sob controle capitalista, na indústria de lã, mas também de produção realizada em manufaturas. Em Florença, no ano de 1338, dizia-se haver 200 oficinas dedicadas à fabricação de tecido, empregando um total de 30.000 trabalhadores, ou seja, uma quarta parte de toda a população ativa da cidade; e lutas implacáveis foram travadas pelo direito de organização independente por parte do trabalhador.[68] Mas, em geral, para quem tinha tanto o capital quanto uma posição privilegiada nas guildas principais, geralmente o investimento no comércio exportador para o Levante, ou, através dos Alpes, para a França e a Renânia, ou a coleta das rendas papais e a concessão de empréstimos hipotecários sobre as propriedades dos príncipes mostravam-se mais lucrativas que a exploração dos artesãos dependentes e o desenvolvimento da indústria.

Como em Flandres, o domínio de uma oligarquia mercantil não deixou de ser desafiado. O século XIV assistiu a uma série de levantes democráticos entre os artesãos e as guildas menores, registrando-se um período durante o qual um regime mais democrático predominou numa série de cidades. Em Siena, por exemplo, em 1371 houve um levante que resultou numa magistratura de artesãos. Em Florença, no ano de 1378, uma revolução semelhante conseguiu transferir o poder dos Artesanatos Maiores para os Menores. Por algum tempo houve até a tomada do poder pelos *Ciompi*, assalariados dedicados à indústria de lã, que, por sua vez, se rebelaram contra o domínio das guildas artesanais às quais se subordinavam. Via de regra, no entanto, a aliança íntima da aristocracia mercantil e bancária das cidades com a nobreza feudal mostrava-se forte demais para o movimento democrático. A primeira contava com o apoio dos dependentes e da cavalaria feudais, e, em vista da força conjunta das armas feudais e do poder financeiro, os recursos mais modestos das guildas menores dificilmente poderiam fazer-lhes frente.[69]

Numa série de cidades alemãs, também ouvimos falar de movimentos insurrecionais entre os artesanatos nos séculos XIV e XV, em seguida ao surgimento de um elemento capitalista empregador (como o *Tucher*) que buscava dominar os artesanatos. Tais movimentos ocorreram, por exemplo, em Colônia, Frankfurt,

---

[67] J.L. Sismondi, *History of the Italian Republics*, Boulting ed., 242 em diante; também E. Dixon, *op. cit.*, 163-9, e Gertrude Richards, *Florentine Merchants in the Age of the Medici*, 41, que indica serem os trabalhadores incapazes de deixar seu emprego. A fiação era principalmente uma indústria caseira, distribuída às mulheres para que trabalhassem nos lares.
[68] Cunningham, *Western Civilization* (Mod. Times), 165; N. Rodolico, em *Histor* (NS.), vol. VII (1922), 178-9.
[69] Sismondi, *op. cit.*, 443-50, 564 em diante; também cf. N.S.B. Gras, *Introduction to Economic History*, 147-8.

Ausburgo, Halle, como tinham ocorrido também em Florença ou Bruges. O resultado parece ter sido com frequência um acordo, no qual o governo foi repartido entre as guildas artesanais e o patriciado das mais antigas famílias latifundiárias e puramente comerciais; e isso, em certos casos, permitiu um certo revivescimento do monopólio urbano. Às vezes, no entanto, a aliança do patriciado urbano com a nobreza resultou num esmagamento completo dos artesãos. Nas cidades a leste do Elba houve prolongadas lutas democráticas contra o patriciado urbano, que se estenderam durante os séculos XIV e XV, o que levou os patrícios a buscarem aliança com os margraves vizinhos, e, do esmagamento final do movimento democrático, resultou "o estabelecimento da nobreza como classe dominante na sociedade".[70] O que mais tarde parece ter limitado tal monopólio urbano nessas cidades alemãs, onde ainda persistia, não foi o aparecimento de uma classe capitalista cujos interesses estavam no comércio inter-regional e na promoção de uma indústria de campo dependente, mas o poder dos príncipes e proprietários rurais, que afirmavam os direitos do campo de comprar e vender onde desejasse e usavam sua influência para privar as cidades de muitos de seus direitos de Empório. O regime de guilda retinha seu controle dentro dos limites da cidade, mas não sobre o interior rural e, uma vez despidas de seus privilégios comerciais especiais, a prosperidade de muitas dessas cidades se desvaneceu, sem que, entretanto, qualquer vigorosa indústria do campo viesse a tomar seu lugar.[71]

Embora na maioria das cidades francesas algo que pudesse ser propriamente chamado de produção capitalista só viesse a ter ocorrido provavelmente muito mais tarde do que em Flandres e na Itália setentrional, o desenvolvimento subsequente da nova ordem econômica acompanhou ali de muito mais perto o modelo inglês do que em outras partes do continente. Mesmo no século XIV, entretanto, em lugares como Chartres e Paris, encontramos evidência de uma classe incipiente de capitalistas que, como o fabricante de roupas inglês dos séculos XV e XVI, oferecia trabalho a artesãos e assegurara uma posição dominante nas guildas, conseguindo em vários casos subordinar outras guildas artesanais à sua. Essa tendência se mostrou particularmente proeminente na indústria de artigos de lã, embora não se limitasse a tal ofício. Em Paris, era evidente tanto nas guildas têxteis e de metais quanto nas de couro, e, no século XV, em cidades provincianas como Amiens e Abbeville, a guilda dos negociantes de fazendas parece ter obtido controle sobre os demais artesanatos, inclusive os dos chapeleiros e fabricantes de outros artigos similares. Em Paris e Reims, houve aparentemente uma luta prolongada entre fanqueiros e nego-

---

[70] F.L. Carstcn, em *Trans. Ryl. Hist. Society*, 1943, 73 em diante.
[71] Cf. Brentano, sobre "Hist. of Gilds", em *English Gilds*, de Toulmin Smithe, cvii-cxx; Schmoller, *Mercantile System*, 16-37.

ciantes de fazendas pela supremacia, com a vitória final dos primeiros numa cidade e dos últimos na outra. De forma semelhante, em Estrasburgo, "uma classe de mercadores-empregadores, conhecidos como *Tucher* ou fabricantes de roupas, surgiu... e traçou uma distinção cada vez maior entre si e os membros trabalhadores, a quem se proibiu, em 1381, de fabricar por conta própria", e que, mais tarde, viram-se inteiramente proibidos de vender qualquer tecido.[72] De fato, como Unwin demonstrou exaustivamente, o desenvolvimento dentro das guildas de cidades como Paris e Estrasburgo acompanhou de perto nessa época linhas semelhantes às das guildas e companhias de Londres descritas acima. Em indústrias mais novas como as de papel, seda, vidro e impressão, a empresa capitalista pode ser encontrada desde data bem recuada, como na Inglaterra. E a suspensão temporária das prerrogativas da guilda por decreto oficial do século XVI pode talvez ser encarada como expressão da medida em que a influência do capital já se desenvolvera tanto nos ofícios novos quanto em alguns dos mais antigos, exercendo sua influência para conseguir campo de expansão. Como diz Hauser, "com o século XVI, a era do capitalismo teve seu verdadeiro início. Todas as novas indústrias são indústrias centralizadas, que recrutam seus inúmeros trabalhadores do exército crescente de desempregados". No século seguinte, o da regulamentação colbertiana, vemos tanto um sistema bastante desenvolvido de indústria dependente organizado pelos mercadores-fabricantes (como em Sedan, Reims, Roven, Lyon e Elbeuf, por exemplo) quanto também de manufaturas possuídas por capitalitas, usando capitais consideráveis e empregando às vezes centenas de assalariados, em centros como Montauban, Reims, o distrito de Carcassonne e Louviers. Nessa época, por exemplo, metade dos teares no distrito de Reims, ao que se afirmava, estava em manufaturas pertencentes a capitalistas. A importância substancial de um proletariado despojado e assalariado na França do século XVII é atestada pelo número de decretos do período que conferiam poderes para recrutar mão de obra, proibiam os trabalhadores de mudar de emprego ou proibiam reuniões de trabalhadores ou greves, sob pena de castigos corporais ou até mesmo de morte. (Até a Faculdade de Teologia da Universidade de Paris houve por bem manifestar-se solenemente contra o pecado da organização dos trabalhadores.) Nova evidência da importância desse proletariado é dada pelas revoltas, verdadeiras insurreições, que irrompiam intermitentemente em Paris, Lyon e na

---

[72] Unwin, *op. cit.*, 36-7. Essa proibição foi relaxada mais tarde, mas aparentemente "só em favor dos poucos tecelões comerciantes prósperos, pelo pagamento de uma multa aos fabricantes de roupas, e quatro anos depois disso todo o mecanismo recebeu sua consumação pela fusão das duas organizações em um só órgão, que, no século XVI, exerceu controle sobre todos os artesanatos empenhados na manufatura de tecidos".

Normandia, em protesto desesperado contra o que Boissonnade chama de sua "miséria pavorosa" nesse período.[73] No caso da Itália, da Alemanha e da Holanda (e, em medida menor, da França), o notável não é tanto a data recuada, se comparada com a Inglaterra, em que a produção capitalista fez seu aparecimento, quanto a incapacidade do novo sistema para crescer muito além de sua adolescência promissora e precoce.

Pareceria que o próprio êxito e maturidade do capital mercantil e financiador nesses ricos centros continentais de comércio, em vez de fomentar, retardaram o progresso do investimento na produção, de modo que, comparado às glórias da pilhagem no Levante ou das Índias, ou do empréstimo feito aos príncipes, o capital industrial estava destinado a ocupar o lugar de uma irmã mais nova, desprovida de dote e sem encantos. De qualquer forma, é claro que um desenvolvimento maduro do capital mercantil e financeiro não é por si só garantia de que a produção capitalista se desenvolva sob sua proteção, e que, mesmo quando certas parcelas do capital mercantil se voltaram para a indústria e começaram tanto a subordinar quanto a modificar o modo de produção, isso não resultou necessariamente em qualquer transformação completa. Quando vista à luz de um estudo comparativo do desenvolvimento capitalista, a afirmação de Marx de que nesse estágio o aparecimento de uma classe de capitalistas industriais das fileiras dos próprios produtores é uma condição de qualquer transformação revolucionária da produção começa a adquirir uma importância capital.

3

Já deve estar evidenciado, com base no que até aqui se disse, que a derrubada do localismo urbano e o enfraquecimento dos monopólios das guildas artesanais é uma condição do crescimento da produção capitalista, seja na manufatura, seja na forma doméstica. E é a essa tarefa que aquelas parcelas do capital mercantil que começaram a assumir o controle da indústria emprestam o peso de sua influência. Mas dificilmente se pode ter como menos importante uma segunda condição essencial: a necessidade de que o próprio capital industrial nascente se emancipe dos monopólios restritivos na esfera de comércio em que o capital mercantil já se acha entrincheirado. Sem essa segunda condição, o alcance de qualquer extensão

---

[73] Cf. Unwin, *op. cit.*, 21, 25-36, 42-8, 80-1, 98-9; H. Hauser, *Les Débuts du Capitalisme*, 14-16, 22-3, 26-7, 42, 102-6; H. Sée, *Modern Capitalism*, 125-6; Boissonnade, *Le Socialisme d'Etat*, 124-30, 280-308; Renard e Weulersee, *Life and Work in Modern Europe*, 169 em diante, 185-9, 200 em diante.

considerável do campo de investimento industrial permanecerá limitado, e os ganhos a serem obtidos pelo investimento na indústria, e, consequentemente, a possibilidade de uma acumulação especificamente industrial de capital, deverão ser modestos, pelo menos em contraste com as fortunas proporcionadas pelos comércios de exportação cuidadosamente monopolizados. Por isso é que as lutas políticas desse período adquirem tal importância; também é por isso que as divisões sociais formadoras da base dessas lutas se mostram tão complexas e mutáveis.

Talvez devêssemos acrescentar uma terceira condição que merece destaque igual às duas outras: provavelmente também é preciso que estejam presentes as condições que favoreçam, em vez de obstruir, o investimento de capital na agricultura, não apenas no sentido de hipotecar as propriedades dos principais dignitários feudais ou de adquirir uma renda formada de arrendamentos, mas no sentido do crescimento de uma verdadeira agricultura capitalista lado a lado com aquelas formas de "acumulação primitiva" que em geral a acompanharam. Não só tais desenvolvimentos em geral desempenham papel importante na criação de um proletariado rural, mas também constituem fator crucial na criação de um mercado interno para os produtos manufaturados — fator ausente, por exemplo, na maior parte da França até a Revolução, tanto devido às sobrecargas feudais na agricultura quanto às restrições que estrangulavam qualquer comércio interlocal dos produtos do solo.

Em alguns aspectos, a monarquia Tudor na Inglaterra poderia talvez ser comparável ao regime de Felipe o Bom na Holanda, após a subordinação da autonomia urbana a uma administração nacional. Há, porém, diferenças importantes entre os dois. Embora as fileiras das antigas famílias baroniais na Inglaterra estivessem diminuídas, e a aristocracia em grande parte fosse recrutada entre cidadãos comuns *nouveaux-riches*, as tradições e interesses de uma aristocracia feudal continuaram a dominar grandes regiões do país e também a política estatal, que demonstrava predileção especial pela estabilidade da antiga ordem. Ao mesmo tempo, a propriedade fundiária estava passando em grande parte para as mãos da classe mercantil rica: classe que devia sua posição principalmente aos privilégios desfrutados como membros das poucas e exclusivas companhias que mantinham o monopólio sobre certas esferas de comércio exterior. Nelas, a nova monarquia passara a confiar tanto em matéria de apoio financeiro quanto de apoio político e, às vezes, adquiria ações (como sucedeu no caso de Elisabete e Jaime I) nas empresas comerciais mais lucrativas. Em troca, essa *haute bourgeoisie* recebia títulos e cargos reais que lhe conferiam um lugar na Corte, onde residia na época o centro real de poder político.

Como vimos, não era do interesse imediato desses grandes mercadores das maiores companhias comerciais que o monopólio urbano e as restrições das guildas artesanais viessem a ser solapados. Geralmente mostravam-se neutros quanto a essa questão e não havia uma divisão acentuada, como na Holanda, entre artesanatos urbanos e a Hansa interurbana. O ataque às restrições das guildas artesanais e ao poderio econômico dos governos urbanos vinha daquela geração mais nova de capitalistas mercadores e de alguns dos proprietários rurais que empreendiam o desenvolvimento da indústria do campo como empregadores de artesãos domésticos. Foram também esses mercadores-fabricantes que, quando não conseguiram entrar para as fileiras privilegiadas das companhias exportadoras (o que sempre constituiu sua maior ambição), entraram em acerbo conflito com os monopólios comerciais que limitavam seu mercado e diminuíam o preço pelo qual podiam efetuar suas vendas. Esse antagonismo se mostrou especialmente acerbo entre os comerciantes provinciais ou mercadores-fabricantes e os mercadores exportadores de Londres, quanto mais não fosse devido à dificuldade maior que geralmente enfrentavam os primeiros para ingressar em órgãos como os Mercadores Aventureiros ou a Eastland Company, ambos governados no essencial por uma corporação fechada de comerciantes metropolitanos ricos, inclinados a não aceitar provinciais em seu meio. No comércio têxtil, por exemplo, durante o século XVI, ouvimos falar de queixas reiteradas e ásperas por parte dos fabricantes de roupas provinciais contra as restrições que lhes eram impostas pelas companhias de comércio exterior e especialmente pelos notáveis metropolitanos que encabeçavam tais órgãos; e o veredicto de Unwin é que, no curso do reinado de Elisabete, "os Mercadores Aventureiros conseguiram tornar os canais de exportação mais estreitos que em qualquer época anterior".[74] Vemos fabricantes de roupas da Ânglia Oriental protestando contra o controle monopolístico de vendas imposto pela Levant Company; e vemos também os fabricantes de roupas de Ipswich que se achavam excluídos da Eastland Company recusando o preço oferecido por seu tecido pela Companhia e pedindo ao Conselho Privado licença para vender diretamente a mercadores estrangeiros.[75] Em 1585, no Norte da Inglaterra, encontramos um autor queixando-se da estagnação do comércio no porto de Hull e dizendo que "os mercadores estão presos a companhias cujos dirigentes são cidadãos de Londres que fazem portarias benéficas para si próprios, mas prejudiciais e onerosas para outros no país". Certa feita, tentou-se até mesmo um movimento para boicotar todos os negócios com londrinos sob o fundamento de que "por meio das referidas companhias todo o comércio de mercadores é arrastado para Londres". Por alguns anos, os mercadores de Hull travaram uma luta com a

---

[74] *Studies in Economic History*, 185.
[75] Lipson, *Econ. History*, vol. II, 323, 342; *V.C.H. Suffolk*, vol. II, 265-6.

Greenland Company, que denunciavam como uma "patente monopolizadora", declarando que o comércio com a Groenlândia deveria ser livre.[76] Em meados do século XVII, a invasão de "intrusos" nas esferas das companhias exportadoras assumiu dimensões consideráveis, a julgar pelas queixas dessas últimas, sendo a ocasião uma época de conflito perpétuo. Revigorados pelo Commonwealth, os mercadores de York convocaram uma reunião geral de seus colegas em Newcastle, Hull e Leeds, para pedir ao Conselho de Comércio que nenhum mercador londrino "viesse ou mandasse manter quaisquer feiras ou mercados no lado setentrional do Trent", pois "com essas feiras, o londrino absorve quase todo o comércio das partes setentrionais"; e, em carta ao membro do Parlamento por Leeds, os mercadores de York e Hull acrescentam lamentosamente: "Nós, como peixinhos, somos engolidos por uma baleia enorme."[77]

Em seu todo, a influência da monarquia estava ao lado da "baleia enorme" com a qual tão intimamente se ligava. De qualquer forma, pouco ou quase nada se fez para dar aos peixinhos uma liberdade maior de movimento. Por outro lado, na luta entre os organizadores da nova indústria do campo e a autoridade dos governos urbanos, a influência da monarquia tendeu a favorecer as cidades e o antigo regime industrial. Não resta dúvida de que isso se deveu em parte aos princípios de conservadorismo, a um desejo de manter a estabilidade na ordem social e um equilíbrio das forças de classe seriamente ameaçadas pelo organizador da indústria do campo, como, por exemplo, o dono de terra que, ao cercar seus campos, desmantelava a vida aldeã. Em parte, deveu-se também ao interesse em manter um suprimento barato e pronto de mão de obra para as propriedades rurais, que a disseminação da indústria do campo tendia a perturbar, por oferecer ao aldeão pobre um outro emprego. Qualquer que fosse seu motivo principal, no entanto, a significação da política governamental no retardamento da produção capitalista reveste-se de notável importância.

Os germes de um movimento de livre comércio por isso mesmo estão no interesse imediato tanto dos senhores da terra que demarcavam suas propriedades como dos fanqueiros e fabricantes de roupas provinciais e dos membros das Livery Companies londrinas que tinham interesses na indústria do campo. Aqui não deve haver qualquer mal-entendido. O comércio livre que se buscava era condicional e limitado, concebido não como princípio geral, como sucederia no século XIX, mas como propostas *ad hoc* para remover certas restrições específicas impostas aos queixosos.

---

[76] *Cal S.P.D.*, 1653-4, vol. LXV, 62-70.
[77] Cit. Heaton, *op. cit.*, 165-7, que acrescenta: "Durante o século XVII, esse sentimento elevou-se a grande intensidade de amargura e foi a causa de demonstrações constantes de antagonismo entre as partes setentrionais e a capital."

Nem nas questões internas, nem no comércio exterior, o movimento contra os monopólios implicava qualquer suspensão geral de controle pelo Estado ou pelas companhias comerciais e industriais. Muitas vezes, na prática, nada mais representava que a retirada dos privilégios de uns para, com isso, fortalecer os de outros. A questão só faz sentido se encarada não como uma luta por um princípio geral, mas como expressão de interesses de determinada classe.

Mas a antipatia por determinadas restrições, danosas aos interesses de certos setores, transformou-se num movimento geral contra o monopólio pela prática empregada em escala crescente pelos Stuart de vender monopólios para o início de novas indústrias. A prática se origina com Elisabete, que conferia patentes valiosas a seus favoritos e pensionistas, aos servos da rainha e a funcionários, em lugar de lhes pagar salários. Porém, o que sua antecessora iniciara como expediente ocasional, Jaime I transformou em sistema regular. É claro que o objetivo primário dessas concessões era de natureza fiscal, visando a reabastecer um tesouro esgotado pelas crescentes despesas devidas à revolução dos preços, e não fruto de uma política colbertiana ponderada de fomentar a indústria. O resultado foi um paradoxo curioso. Uma prática que, à primeira vista, representava a concessão do favor real e de proteção à indústria, na verdade despertou a oposição dos interesses industriais e agiu como freio ao desenvolvimento da produção capitalista. Não se deve negar que em certos casos, como na mineração, o favor concedido pelo rei desempenhasse um papel progressista no estímulo ao investimento industrial onde, por falta de proteção, ele poderia mostrar-se ausente; ou que certos industriais da época, que recebiam tais favores, permanecessem seguidores leais da monarquia mesmo durante o curso da guerra civil.[78] Essa lealdade seria de esperar, quando não porque a maior parte desses privilégios industriais era concedida ou a pessoas da Corte ou a amigos a quem tais cortesãos patrocinavam. Mas, em geral, o sistema de monopólios industriais mostrava-se desajeitado e restritivo, tanto por causa da exclusividade dos direitos de patente concedidos quanto por causa do círculo estreito ao qual a concessão de tais direitos era geralmente limitada. Nisto oferecia semelhança com o sistema de monopólios industriais de Colbert na França. O ressentimento mostrava-se naturalmente maior entre os que tinham interesses em indústrias mais novas e em especial entre aquelas parcelas mais ricas dos artesãos que ambicionavam lançar-se como investidores e empregadores. Foram esses homens, como vimos, que se revelaram a força efetiva por trás do movimento no sentido das novas corporações Stuart, por meio das quais buscava-se a in-

---

[78] Exemplo disso foi Thomas Bushell, um arrendatário privilegiado de algumas minas galesas das Mines Royal. Dizia-se que ele financiara o Rei com a importância de £40.000 durante a Guerra Civil.

dependência com relação à oligarquia comercial à frente da Livery Company respectiva que procurava subordinar a indústria ao seu controle.

Contudo, enquanto tais industriais *parvenus* se mostravam desejosos de adquirir cartas-patentes reais como instrumento de sua própria independência, o estado de coisas que finalmente veio a favorecer seus fins foi aquele onde apenas a posse de capital determinava quem deveria ocupar o terreno. O regime Stuart de concessões reais de monopólio substituiu isso por um sistema onde a influência na Corte determinava a distribuição de direitos econômicos. O sistema não só era custoso para os industriais em potencial, acarretando tanto um pagamento ao Erário quanto as acidentais despesas para a obtenção da influência necessária na Corte,[79] como também, por sua própria natureza, era muito desfavorável ao homem de origem social humilde, o provincial, em contraste com o londrino, e contra o *parvenu*. Vemos isso bem exemplificado no caso dos fabricantes de alfinetes, pessoas de meios modestos e posição social humilde, que tinham de recorrer para obter sua carta-patente à influência de cavalheiros na Corte, resultando finalmente que o verdadeiro controle da nova companhia caía em mãos dos últimos. E, embora em alguns casos, como nos dos luveiros, estofadores, engomadores e tecelões de seda, as fileiras inferiores dos próprios produtores (ou melhor, o elemento capitalista entre eles) conseguissem algum benefício com o sistema, a maioria dos monopólios concedidos ia diretamente para os promotores cortesãos, que gozavam não só de riqueza, mas também de influência, como os monopólios de alume e vidro, sabão e cartas de jogar, da compra de estanho. Exemplos eloquentes são a patente dada a *Sir* Giles Mompesson para fabricar fios de ouro e prata e o caso do Duque de Buckingham e seu notório "círculo", escandaloso o bastante para que uma Comissão Parlamentar fizesse investigações no reinado de Jaime I.[80] Foi graças à influência de Lorde Dudley que a patente para a redução de carvão foi obtida por Dudley. Apenas por meio de generoso suborno de influentes cortesãos é que o vereador Cockayne conseguiu sanção para o seu famoso plano. Não há dúvida de que foi por estarem Cecil, Leicester e outros cortesãos proeminentes interessados como principais acionistas que as companhias Mines Royal e Mineral and Battery Works receberam tantos

---

[79] George Wood, dono de patente na produção de linho, pagava um *royalty* anual de £10 à Coroa e £200 por ano como suborno aos que lhe tinham dado o privilégio. Os estofadores tiveram de pagar £100 a um Sr. Typper, membro do Parlamento, para defender sua causa. Os patenteados para a construção de faróis declararam que para obter a concessão tiveram de gastar inicialmente £600, mais uma taxa anual de £300. Scott comenta: "A obtenção de uma carta-patente acarretava o suborno de cortesãos proeminentes e desse modo o ofício achava-se sujeito a uma taxação indireta elevada" (*op. cit.*, 170-6).
[80] Cf. W. Hyde Price, *English Patents of Monopoly*, 25-33.

privilégios.[81] Os interesses burgueses nas províncias mostraram-se acerbamente ofendidos por essa política Stuart de dar privilégios a corporações com número pequeno e exclusivo de membros e com poder de controlar uma indústria em todo o país no interesse de um círculo pequeno situado na metrópole. O círculo de interesses prejudicado pelo sistema era bem amplo. A patente de vidro, concedida a *Sir* R. Mansell, acarretava a supressão das oficinas rivais, sendo renovada duas vezes desafiando os protestos enérgicos dos vidreiros independentes. O monopólio do sal instigou a ira dos portos pesqueiros porque estes declararam que isso resultara na duplicação do preço daquele artigo. O monopólio concedido à Sociedade de Saboeiros de Westminster — "o odioso e gritante projeto do sabão", como até mesmo Clarendon o chamou — prejudicou a indústria de lã; e afirmou-se que o monopólio de embarcar carvão para Londres, concedido aos Newcastle Hostmen, aumentou em 40% o preço do carvão no mercado de Londres em detrimento dos fabricantes de sabão e vidro, entre outros, que usavam esse produto. Até os interesses de algumas das maiores companhias comerciais londrinas foram atingidos pelo sistema. O monopólio da compra do estanho, que em certo estágio foi concedido a *Sir* Walter Raleigh, invadiu o que antes fora terreno exclusivo da Companhia de fabricantes de utensílios de estanho. O monopólio do fumo afetou a Sociedade da Bermuda, e a supressão dos antigos saboeiros no interesse dos Saboeiros de Westminster prejudicou a Greenland Company, que antes vendia óleo de baleia ao produtor de tipo mais antigo. Carlos I chegou a cometer a tolice de prejudicar a Companhia das Índias Orientais, sancionando uma companhia rival da qual iria receber uma parte dos lucros, enquanto pessoas de privilégios tão antigos como os Mercadores Aventureiros se lembravam de que recentemente tinham sido forçados a distribuir cerca de £70.000 em propinas para conseguir uma nova carta-patente.[82]

A oposição aos monopólios ensaiou suas primeiras lutas parlamentares em 1601 e depois em 1604, quando foi apresentado um projeto de lei abolindo todos os privilégios no comércio exterior. Indicou-se como o regime existente favorecia muito Londres e reduzia à penúria os demais portos comerciais[83] e sugeriu-se que as companhias que se ocupavam do comércio exterior deveriam estar imparcialmente abertas a todas as pessoas mediante pagamento de uma pequena taxa de admissão. Ao apoiar o projeto, *Sir* Edwin Sandys declarou que "sendo a mercadoria a maior e mais rica de todas as coisas e de maior dimensão e importância que tudo

---

[81] *Ibid.*, 109; Scott, *op. cit.*, 1, 40, 46, 143.
[82] Cf. Hyde Price, *op. cit.*, 73, 114-17; Scott, *op. cit.*, 145, 169, 203, 217, 219; H. Levy, *Economic Liberalism*, 21 em diante.
[83] As declarações alfandegárias mostram Londres com um importante comércio de £110.000 e o resto da Inglaterra com apenas £17.000 (cf. Scott, *op. cit.*, 119-20).

o mais, é contra o direito natural e a liberdade dos cidadãos ingleses restringi-la a uns poucos". Aparentemente, "as 200 famílias" já eram uma entidade nos tempos dos Stuart, pois o orador aduziu que "os governadores dessas companhias, por suas ordens monopolizantes, têm tratado a questão de tal modo que a massa de todo o comércio do reino se acha em mãos de umas 200 pessoas quando muito, servindo as demais de testemunhas e colhendo poucos benefícios".

Após algumas escaramuças intermitentes, em 1624 a oposição voltou a atacar com uma lei geral antimonopolista, de cujos dispositivos os privilégios das corporações, companhias e burgos se achavam isentos, como também "qualquer tipo de manufatura nova dentro deste reino" por um período de 21 ou 14 anos. Como a legislação semelhante de tempos mais recentes, entretanto, isso parece ter conseguido pouco êxito na cura do mal a que se destinava. Às vésperas da criação do Commonwealth, em 1640, um orador no Parlamento podia dizer: "Não poderiam ter sido feitas leis melhores do que o Estatuto dos Monopólios contra Especuladores e no entanto, como se a lei os tivesse engendrado, nestes poucos anos tem havido mais monopólios e infrações das liberdades do que em qualquer ano desde a Conquista", ao passo que *Sir* John Colepepper apresentava sua denúncia famosa contra monopólios que, "como as rãs do Egito, apoderaram-se de nossas residências e é difícil encontrar um aposento livre deles; bebericam em nosso copo, comem em nosso prato, sentam-se à nossa lareira; nós os encontramos na tina de tingir, na bacia e no tonel; estão com o despenseiro, e nos marcaram e selaram dos pés à cabeça; não nos poupam um alfinete". Juntamente com a negação pelo Parlamento do direito à tributação arbitrária e à prisão, pode-se dizer que o desafio parlamentar às concessões feitas pelos soberanos em privilégios e monopólios econômicos constituiu a questão central na irrupção da revolução do século XVII.

Na abertura de Long Parliament, parece que mesmo os membros privilegiados das companhias comerciais londrinas se inclinaram para o lado parlamentar. Alguns vereadores eram monarquistas, e, em 1641, um monarquista, *Sir* Richard Gurney, foi eleito para o cargo de Lorde Prefeito. O Conselho Comum, no entanto, era quase que completamente parlamentarista, e quando o rei nomeou comandante da Torre *Sir* T. Lunsford, "um conhecido malfeitor", o próprio *Sir* Richard Gurney foi obrigado a apelar ao rei para que revogasse a nomeação, pois, de outra forma, os aprendizes de Londres invadiriam a Torre.[84] Até os Mercadores Aventureiros fizeram grandes empréstimos ao Parlamento em 1641 e 1642,[85] mas se isso se devia ao entusiasmo pela causa parlamentar

---

[84] C.H. Firth, sobre "London during the Civil War", em *History,* 1926-7, 26-7.
[85] Margaret James, *Social Problems and Policy during the Puritan Revolution,* 149. Na verdade, existiam duas facções dentro da companhia e há alguma evidência de que a majoritária era monarquista

ou se destinava a tornar propício um possível adversário, é ponto que continua obscuro. De qualquer forma, os membros individuais das maiores companhias londrinas se encontravam entre os adeptos de Cromwell e mesmo entre seus subordinados e conselheiros.[86] É bastante claro, no entanto, que tais círculos constituíam a força principal da ala de extrema direita dentro do campo parlamentarista e que, embora não fossem contra a pressão feita sobre o rei para ceder uma parte de suas prerrogativas, jamais desejaram um rompimento completo com a Coroa, favoreceram as negociações de Carlos depois de sua derrota em Naseby e, nos anos seguintes (quando se separavam os caminhos dos presbiterianos e dos independentes), e mostraram-se oponentes poderosos às reivindicações do Exército. Entre os Fanqueiros Londrinos, por exemplo, parece ter existido boa quantidade de apoio indeciso aos presbiterianos, mas o sentimento majoritário entre eles era fortemente hostil aos independentes.[87] É evidente que o grupo dominante no governo da cidade de Londres formava essencialmente o partido da transação e da acomodação e não o da revolução. No próprio Parlamento, o número de mercadores e financistas mostrava-se aparentemente pequeno, nada mais do que trinta no Long Parliament e menos de vinte no primeiro Parlamento do Protetorado.[88] A maioria dos membros era constituída de advogados ou fidalgos rurais, entre os quais certamente se incluíam alguns dos maiores fazendeiros médios, bem como membros da nobreza rural, proprietários progressistas empenhados nos cercamentos.

Mas embora Londres, com seu comércio e indústrias, fosse o bastião principal da revolução — aquilo a que Clarendon chamou "o espírito indisciplinado e amotinado da cidade de Londres, que era a cloaca de todo o mau humor do reino"[89] — foi das províncias que adveio grande parte do apoio em massa à revolução, e a rivalidade por nós descrita entre os interesses industriais ou semi-industriais nas províncias e o capital comercial mais privilegiado da metrópole sem dúvida constituiu elemento importante no antagonismo que começou a se aguçar, em meados da década de 40, entre presbiterianos e independentes. É desnecessário dizer que a divisão do país entre os partidos do rei e do Parlamento seguiu bem de perto as linhas econômicas e sociais. Os centros de manufatura da lã, principalmente, mostravam-se bastiões da

---

(cf. M.P. Ashley, *Financial and Commercial Policy under the Cromwellian Protectorate*, 122). Inicialmente, tinham adiantado £40.000 a Carlos, mas, como se recusaram a pagar tonelagem e libragem, o Rei em represália tirou-lhes o monopólio ao irromper a Guerra Civil, após o que passaram a emprestar somas que provavelmente totalizaram cerca de £60.000 ao Parlamento, entre 1642 e 1649.
[86] Cf. M.P. Ashley, *op. cit.*, 5-10.
[87] A.H. Johnson, *History of the Drapers' Company*, vol. III, 215.
[88] M.P. Ashley, *op. cit.*, 7.
[89] *History of the Great Rebelion*, vol. VI, 264.

causa parlamentar, como sucedeu no caso da Ânglia Oriental, Gloucester e Cirencester, no West Country, e nos distritos manufatureiros do West Riding. Uma cidade como Leicester revelava-se bastião do puritanismo, predominante principalmente entre os elementos ligados ao comércio de malharia e aos lojistas (embora não entre os estalajadeiros, ao que parece).[90] Clarendon aceitou naturalmente como fato consumado que "Leeds, Halifax e Bradford, vivos exemplos de cidades populosas e ricas, dependendo inteiramente dos fabricantes de roupas, difamassem a pequena nobreza", enquanto esta e os distritos agrícolas de Yorkshire estavam predominantemente ao lado do rei. Interessante é notar que o pequeno grupo dos mercadores em Leeds que dominava o governo urbano parece ter sido monarquista, ao passo que a massa da população na cidade se mostrava solidamente parlamentarista.[91]

Em linhas gerais, parece ser verdade que aqueles setores da burguesia que tinham qualquer raiz na indústria, fossem fabricantes de roupas provinciais ou mercadores de uma Livery Company londrina que tinham usado seu capital para organizar a indústria do campo, constituíam adeptos sem reservas da causa parlamentarista. Exceções eram alguns poucos donos de patentes reais, que paradoxalmente costumavam ser os proprietários das empresas capitalisticamente adiantadas. Por outro lado, os elementos mais distantes da participação ativa na indústria, que tinham investido em terras e títulos e se tornado predominantemente *rentiers* e ociosos, como os *otiosi* flamengos de séculos anteriores, sentiram seus interesses ligados à estabilidade da ordem existente e tenderam a dar seu apoio ao rei. Assim, o Norte e Oeste agrícolas da Inglaterra, à parte as cidades têxteis e os portos, juntaram-se à Coroa. Eram as partes mais atrasadas do país, onde a agricultura capitalista mais nova achava-se em menor evidência e onde era maior a presença dos remanescentes das relações feudais.[92]

Mas o novo exército cromwelliano e os independentes, que eram a verdadeira força impulsora da revolução, extraíam seu poder principal dos centros manufatureiros provinciais e, como se sabe, de alguns setores da *squirearchy* e dos tipos menor e médio do pequeno fazendeiro, que preponderavam no Leste e no Sudeste. Apoiando Cromwell (que era um cavalheiro-fazendeiro) e seu Exército modelado segundo novas características, achava-se o grosso dos artesãos, aprendizes, arrendatários e aldeões, com suas perigosas tendências

---
[90] R.W. Greaves, *The Corporation of Leicester*, 5.
[91] Heaton, *op. cit.*, 207, 227.
[92] Por exemplo, a pequena nobreza da Cornualha que, como *Sir* Bevil Grenvile, ameaçava seus locatários que, se não moessem em seu moinho, ele os "levaria ao tribunal" (cf. Davies, *The Early Stuarts*, 266).

"niveladoras" e seu ódio tanto aos bispos quanto aos presbíteros, aos especuladores e aos monopolistas, aos "senhores de terra perniciosos" e aos dízimos.

A esposa de um dos coronéis de Cromwell disse que eram descritos como puritanos todos os que "se opunham aos intentos dos cortesãos ávidos, dos sacerdotes arrogantes e abusados, dos especuladores ladravazes, dos nobres e dos pequenos nobres lascivos". Baxter, um dos principais teóricos puritanos, descreveu a composição social dos dois partidos na Guerra Civil como segue: "Uma parte bem grande dos cavaleiros e cavalheiros da Inglaterra... aderiu ao rei... e a maioria dos arrendatários desses senhores... Ao lado do Parlamento estava a parte menor (como achavam alguns) da nobreza rural na maioria dos condados e a maior parte dos comerciantes e proprietários livres e o tipo médio de homens, principalmente naquelas corporações e condados que dependem dos tecidos e manufaturas semelhantes."[93]

Há pouca dúvida quanto ao fato de que a questão da terra desempenhou papel importante, quando menos como pano de fundo, nos desacordos internos da causa parlamentar. E esta mesma questão pode bem ter sido principalmente responsável pelo acordo final representado pela Restauração.[94] À época da Guerra Civil, o investimento em terras se tornara bastante extenso por parte da classe rica para lhe impor uma tendência conservadora e intimidá-la com relação a qualquer medida que parecesse questionar os direitos dos proprietários rurais e incentivar os arrendatários e locatários à insubordinação. Além disso, o investimento de capital na compra de terras e, em medida menor, a agricultura capitalista verdadeira tinham já progredido o bastante para que restassem quaisquer outras alterações no regime agrário que o dono da terra ou agricultor progressistas pudessem desejar com urgência, exceção feita à abolição dos títulos feudais de posse, elevada a cabo pelo Parlamento em 1646. Notável, por exemplo, foi a decidida oposição apresentada não só pela Câmara dos Lordes como pela seção presbiteriana dos Comuns e especialmente pelos principais mercadores que compunham o conselho comum da cidade de Londres, ao proposto sequestro das propriedades de monarquistas e bispos e à venda organizada das terras dos delinquentes, depois de assentado aquele sequestro.[95] Quando mais tarde, em 1656, foram apresentados projetos

---

[93] Cit. por Christopher Hill, *The English Revolution, 1640*, 18.
[94] Cf. Christopher Hill, em *Eng. Hist. Review*, abril de 1940, onde a opinião do Professor Archangelsky é citada para esse fim.
[95] Cf. Christopher Hill, em *Eng. Hist. Review*, abril de 1940, 224-34. O autor fala aqui dessa oposição como tendo "lutado por uma ação rápida de retaguarda, por todo o tempo" sobre a questão. Enquanto isso, o exército pressionava pela venda dessas propriedades. Cf. também o comentário de outro historiador desse período: "O presbiteriano geralmente era homem de propriedades e detestava e temia as opiniões radicais muitas vezes expressas pelos sectários" (G. Davies, *The Early Stuarts*, 195).

de lei com o fim de controlar as propriedades fechadas e fixar o montante das multas aos foreiros, até então arbitrárias, os mesmos tiveram de fazer frente a uma vigorosa oposição.

No entanto, o agricultor arrendatário e possivelmente também o proprietário livre e alodial, e certamente o aldeão mais pobre, prejudicados pelo senhor rural que cercara as terras deles ou lhes extorquia arrendamentos elevados, estavam preparados para mostrar-se muito mais radicais; e o tipo mais pobre de agricultor, de acordo com a estimativa de Gregory King, representava cerca de uma oitava parte da população nessa época. É evidentemente a sua voz a que ouvimos em muitos dos panfletos populares de então, voz essa que logo começou a espalhar o desalento nos círculos de proprietários e a fazer com que estes recuassem, alarmados. Assim vemos expor-se com clareza notável aquele traço contraditório encontrado em toda revolução burguesa: embora essa revolução requeira o ímpeto de seus elementos mais radicais para executar sua missão emancipadora até o fim, o movimento se destina a perder grandes parcelas da burguesia assim que surgem tais elementos radicais, precisamente porque os últimos representam o homem pequeno ou despojado, cujas próprias reivindicações põem em questão os direitos da propriedade em grande escala.

Curta ainda era a existência do Commonwealth, e já se ouviam queixas dos arrendatários contra os novos compradores das propriedades sequestradas: diziam que "esses homens são os maiores tiranos onde quer que existam homens, pois arrebatam dos pobres arrendatários todas as Imunidades e Liberdades que antes desfrutavam". Ouvia-se falar também da proposição de decretos legislativos "para auxílio aos arrendatários oprimidos por donos de terra perniciosos", de oposição organizada ao cercamento das propriedades e de petições para a abolição dos dízimos.[96] Winstanley, o Cavador, exprimia apenas um sentimento popular generalizado ao queixar-se de que "nas Paróquias onde há campos Comuns, os Proprietários Livres normandos e ricos, ou a nova (e mais cobiçosa) Pequena Nobreza sobrecarregam-nos com ovelhas e bois, de modo que os arrendatários inferiores e trabalhadores pobres mal podem manter uma vaca, a não ser matando-a de fome"; de que "os Arrendatários e Trabalhadores inferiores suportam todos os gravames no trabalho da Terra, pagando Impostos e Aquartelamento além de suas possibilidades; e no entanto a Pequena Nobreza que os oprime e vive ociosa à custa de seus trabalhos leva consigo os melhores produtos da Terra";

---

[96] Margaret James, *op. cit.*, 87; *Cal. S.P. Dom.*, 1649, 20 de junho; 1650, 21 de janeiro e 28 de janeiro; 1650, 13 de abril; vol. XXXIX, 88 e 91-2; vol. XLI, 2.

e de que "a Inglaterra não será um Povo Livre até que os Pobres que não têm Terra adquiram liberdade para cavar e laborar os Campos Comuns".[97] Assim falou também Lilburne, quando, com inclinação mais urbana, fulminou contra "Dízimos, Impostos de Consumo e Direitos Alfandegários: esses ladrões e salteadores ocultos e sanguessugas das pessoas pobres e de médios recursos e que são os maiores obstáculos ao comércio", e ainda contra "todas as Companhias Monopolizadoras de Mercadores, os obstáculos e responsáveis pela decadência do comércio, da fabricação de tecidos, e de outras profissões úteis, em que milhares de pobres poderiam trabalhar, estando hoje à beira da inanição".[98]

Não constitui surpresa encontrarmos um dono de terras dotado de consciência de classe declarando, por sua vez, que "se não forem reprimidos de início, farão uma revolta geral contra todos os senhores de terras,"[99] ou um panfletário opositor das tendências "niveladoras" denunciando às claras o que designava alternadamente como "um plano contra as famosas doze Companhias da cidade de Londres" e como uma trama "para criar sedição e perturbações na Cidade, Aldeia e Campo" e 'levantar o servidor contra o patrão, o arrendatário contra o senhorio, o comprador contra o vendedor, o devedor contra o credor, o pobre contra o rico, e, para incentivar, qualquer mendigo deveria montar a cavalo".[100] Em linguagem mais moderada, Ireton apresentou sua resposta num debate sobre o sufrágio universal: "Se admitirmos qualquer homem que tenha alento e ser... com isso destruiremos a propriedade... Pessoa alguma que não tenha um interesse local e permanente no Reino deve ter direitos iguais nas Eleições".[101] Antes disso, Edmund Waller resumira claramente o ponto de vista presbiteriano. "Vejo o episcopado como uma contraescarpa ou defesa que, se tomada por esse assalto do povo... poderemos em seguida ter tanto trabalho em defender nossa propriedade como recentemente tivemos em recuperá-la da prerrogativa real. Se, pela multiplicação das mãos e petições, eles obtiverem uma igualdade nas coisas

---

[97] Winstanley, *Law of Freedom in a Platform* e *The True Levellers' Standard Advanced*.
[98] John Lilburne, *England's New Chains Discovered* (1648). Em outro texto, Lilburne denuncia a "Patente dos Mercadores Aventureiros, que açambarcaram em suas mãos o comércio exclusivo de todas as mercadorias de lã que devem ser mandadas à Holanda", bem como o monopólio da impressão, "uma grande companhia de sujeitos perniciosos, investidos com Poder ilimitado e arbitrário", acrescentando estarem os homens que anteriormente atacavam os monopólios agora "criando Patenteados ainda maiores do que os primeiros" (*England's Birthright Justified against all Arbitrary Usurpation*).
[99] *Cal S. P. Dom.*, vol. CCCCL, 27.
[100] *England's Discoverer or the Levellers' Creed* (1649).
[101] *Clarke Papers*, C.H. Firth, org., vol. II, 314.

eclesiásticas, a exigência seguinte poderá talvez ser a *Lex Agraria,* a mesma igualdade nas coisas temporais."[102]

É certo que entre o povo, tanto de Londres quando das cidades provinciais — entre os artesãos, aprendizes, jornaleiros — o período do Interregno assistiu a um dos desenvolvimentos extraordinários de uma têmpera democrática. Afirmou um contemporâneo que "os cidadãos e homens comuns de Londres se haviam até então imbuído a tal ponto dos costumes e comportamentos de um *commonwealth* que mal podiam suportar a visão de um cavaleiro, de modo que o cumprimento dirigido a um homem bem vestido era 'cachorro francês' ou coisa parecida".[103] Mesmo depois do regresso de Carlos II, torna-se patente que uma forte oposição republicana continuava a existir, com bastante apoio entre as classes trabalhadoras, tanto em Londres quanto nas cidades provincianas, oposição que não só fazia reuniões e manifestações, como também era responsável por levantes locais, tendo sua presença sido um importante fator entre os que obrigaram a classe dominante a chamar Guilherme de Orange e a destronar Jaime II.[104]

Em sua política econômica, o Commonwealth introduziu uma série de modificações de importância substancial para o desenvolvimento do capitalismo. Durante esse período, a voz dos interesses provinciais recebeu muito maior atenção da legislatura do que antes, e o mesmo sucedeu quanto à dos interesses industriais. Encontramos um aumento marcante no número de movimentos democráticos entre a *Yeomanry* das Livery Companies, alguns dos quais, como os Estofadores, conseguiram obter incorporação, libertando-se assim do domínio do elemento mercantil. Na esfera do comércio exterior, a Lei de Navegação de 1651 não só proporcionou poderoso estímulo ao comércio e à navegação ingleses, como também foram grandemente reduzidos os privilégios das companhias monopolistas. Como testemunham as queixas feitas pelas companhias à Coroa depois de 1660, foi um período no qual os intrusos prosperaram e conseguiram concessões importantes. Enquanto a Levant Company tinha confirmados seus privilégios (em troca de um empréstimo ao governo), os da Eastland Company não eram renovados, e novas cartas-patentes só foram concedidas aos Mercadores Aventureiros e à Greenland Company depois de prolongadas negociações, nas quais foram feitas tentativas de conciliar os interesses dos intrusos com os da Companhia. Durante um período de três anos, sob o Protetorado, o comércio com as Índias Orientais esteve realmente livre e aberto, para gáudio dos inimigos

---
[102] Cit. E. Bernstein, *Cromwell and Communism*, 54.
[103] *Reresby Memoirs*, cit. Beloff, *Public Order and Popular Disturbances, 1660-1714*, 32.
[104] Cf. Beloff, *op. cit.*, 34-55.

das companhias patenteadas, e mesmo quando, sob ameaças da Companhia de vender todos os seus fortes e bases na Índia, a carta-patente da East India Company foi renovada em 1657, tal renovação parece também ter sido com base num acordo entre interesses colidentes. Há alguma evidência de que o resultado líquido desse afrouxamento do monopólio foi o de que o comércio se expandiu e os preços de exportação bem como lucros das companhias de comércio exterior caíram.[105]

Algumas dessas mudanças sociais e políticas desapareceram juntamente com o Commonwealth, mas de modo algum todas elas, e a Restauração esteve bem distante de constituir apenas um simples regresso ao *status quo ante*, conforme se supõe às vezes.[106] Politicamente, a prerrogativa dos reis sofrerá golpe mortal, e o controle do comércio e das finanças, do judiciário e do exército, fora transferido para as mãos do Parlamento. Com a abolição de tribunais privilegiados como a *Star Chamber*, a Coroa perdera um instrumento essencial de poder executivo independente. Os títulos de posse feudais, abolidos em 1646 como final de um capítulo, jamais foram restaurados. Quando o sucessor de Carlos II esqueceu o que o próprio Carlos fizera muito bem em lembrar, foi forçado a partir para suas viagens novamente. A pressão popular foi suficiente para derrotar os objetivos da reação sem uma guerra civil e para instalar um monarca tratável no trono e atá-lo ao Parlamento por uma Carta de Direitos contratual. A influência da Corte, ainda que não de todo neutralizada, via-se agora subordinada ao Parlamento. "Os comuns tinham fortalecido seu controle sobre as finanças e trouxeram, do período revolucionário, um método de trabalho que iria mais tarde proporcionar os meios pelos quais aumentaram gradualmente sua influência sobre a administração (o sistema de comissões)."[107] O campo da indústria não se achava mais embaraçado pelas concessões de monopólio feitas pelo rei, e, com exceção da East India Company, os privilégios exclusivos das companhias de comércio exterior tinham sido por demais solapados para que elas reconquistassem sua posição anterior.[108] Em seu lugar, o tipo mais novo de sociedade por ações estava assumindo destaque, e o capital se tornava o soberano. Apenas uma pequena parcela das propriedades sequestradas às famílias monarquistas foi devolvida a seus antigos proprietários: o restante permaneceu nas mãos de

---

[105] Cf. M.P. Ashley, *op. cit.*, 111-31.
[106] Por ex., Durbin, *Politics of Democratic Socialism*, 196-7, onde a revolução do século XVII é apresentada, *tout court*, como um fracasso e "uma vitória dos interesses fundiários" sobre a burguesia.
[107] G.N. Clark, *The Later Stuarts*, 11.
[108] Por lei de 1688, o comércio foi liberado e os antigos direitos dos monopólios abolidos, exceto nas esferas do Levante, Rússia, África e Eastland Companies. Um dos resultados foi a grande expansão do comércio de outros portos ingleses, relativamente a Londres.

seus compradores burgueses *parvenus*. Embora seja verdade que a revolução burguesa na Inglaterra do século XVII percorreu distância relativamente pequena em sua política econômica e social, ela conseguiu o bastante para acelerar muitíssimo o crescimento do capital industrial no meio século seguinte — crescimento que ultrapassava em muito o de outros países, os quais ainda careciam de um levante político semelhante — e preparar o terreno para a Revolução Industrial do século seguinte.

CAPÍTULO V

A ACUMULAÇÃO DE CAPITAL E O MERCANTILISMO

1

Falar de um processo de acumulação de capital como etapa essencial na gênese do capitalismo pode parecer, à primeira vista, um enunciado simples que ninguém iria questionar. Que o capital deve ter-se reunido nas mãos de uma classe de capitalistas, antes que quaisquer empreendimentos capitalistas em grande escala pudessem ser lançados, e o capitalismo, como forma de produção, pudesse dominar a cena, pareceria a muitos óbvio demais para requerer grande destaque. No entanto, assim que começamos a inquirir sobre a natureza exata do processo pelo qual essa reunião de capital se efetuou, aquele enunciado se mostra menos simples, e surge uma série de perguntas importantes. Além disso, há quem tenha sugerido ser um mito a existência de uma etapa específica de acumulação de capital — uma etapa separada no tempo e anterior ao crescimento da própria indústria capitalista.

A primeira pergunta é aquela que pode ser formulada pelos economistas. Deve a acumulação ser concebida como uma acumulação dos próprios meios de produção, ou como uma acumulação de direitos ou títulos de patrimônios, capazes de se converter em instrumentos de produção, embora não sejam por si mesmos agentes produtivos? Se a resposta for que, neste contexto, a concepção correta é a primeira, logo nos defrontamos com outra pergunta. Por que deveria o surgimento da indústria capitalista requerer todo um período de acumulação *prévia*? Por que não deveria a acumulação de capital, no sentido de objetos tangíveis, ser sinônimo do crescimento da própria indústria? Não há evidência histórica de que capitalistas tenham acumulado teares, máquinas de fiar, tornos ou estoques de matéria-prima, em armazéns gigantescos, durante décadas, até que, com o tempo, tais reservas se mostrassem suficientes para o início da indústria fabril. Tampouco sugere o raciocínio que tal atitude fosse sensata e, menos ainda, essencial. Não parece haver razão pela qual o

181

crescimento do equipamento e da produção não devessem marchar *pari passu*; e se não há razão pela qual o crescimento do equipamento industrial não devesse ser financiado, no essencial, passo a passo, com os lucros dos anos anteriores (suplementados em ocasiões especiais pelo crédito), o problema relativo à necessidade de alguma acumulação prévia como uma condição preliminar da indústria capitalista parece desaparecer.

Se quisermos, portanto, obter algum sentido da noção de uma "acumulação primitiva" (na acepção dada à expressão por Marx) *anterior no tempo* ao pleno florescimento da produção capitalista, ela deverá ser interpretada, em primeiro lugar, como uma acumulação de *valores* de capital — de títulos a bens existentes acumulados inicialmente por motivos especulativos; e, em segundo lugar, como acumulação em mãos de uma classe que, em virtude de sua posição peculiar na sociedade, é finalmente capaz de transformar esses títulos de patrimônios acumulados em meios reais de produção. Em outras palavras, quando se fala de acumulação num sentido histórico deve-se fazer referência à *propriedade* de bens e a uma *transferência* de propriedade, e não à quantidade de instrumentos tangíveis de produção existentes.

No entanto, tal afirmação não resolve completamente a tarefa de esclarecer a questão. Se nada mais se achar envolvido além do processo de transferência de, digamos, títulos de dívidas, metais preciosos, ou terra, de uma antiga classe dominante, carente de iniciativa ou do gosto pela indústria, para uma nova classe, prática por inclinação e empolgada por uma sede aquisitiva, poder-se-á justificadamente pretender que a palavra "acumulação" está sendo mal empregada: mal empregada no sentido de que denota um processo a ser mais corretamente descrito como uma transferência de direitos de propriedade de uma pessoa para outra do que como um entesouramento, quer de valores, quer dos próprios bens. Por trás dessa questão de terminologia acha-se um ponto importante. Se a transferência de riqueza é tudo que está envolvido no processo, por que não deveria um desenvolvimento suficiente de instituições creditícias, como os intermediários financeiros entre a classe antiga e a nova, bastar para pôr os meios de iniciar a indústria nas mãos da última? Por que dever-se-ia buscar qualquer processo histórico mais complexo do que esse, para não falar numa revolução social, como condição preliminar do capitalismo industrial?

Se existe uma resposta para essa pergunta, deve ser que algo *mais* do que uma simples transferência se faz necessário: que existem motivos pelos quais o pleno florescimento do capitalismo industrial exige não só uma transferência de títulos de riqueza para as mãos da classe burguesa, mas uma *concentração* da posse da riqueza em mãos muito menos numerosas. No que se segue, deverá tornar-se claro que existem tais motivos; e essa é uma questão à qual voltaremos logo. Mas se tais razões existem, evidentemente elas darão um caráter particular à acumulação de capital como um processo histórico; e o termo acumulação será doravante usado para designar uma concentração, bem como uma transferência, da propriedade dos títulos de riqueza.

Os diversos modos pelos quais uma classe pode aumentar sua posse de propriedade parecem redutíveis a duas categorias principais. Em primeiro lugar, essa classe pode comprar a propriedade de seus donos anteriores em troca dos meios de consumo ou desfrute imediato. Em outras palavras, essa propriedade pode ser vendida por dinheiro ou bens não duráveis. Nesse caso, os antigos donos aumentarão seu consumo ou seus estoques de dinheiro, separando-se em troca de sua terra, casas, ou outros objetos duráveis tais como prataria. A classe nova esgotará suas reservas de dinheiro ou então reduzirá seu consumo abaixo do nível de sua renda para poder formar sua propriedade de coisas duráveis e, no segundo caso, pode-se dizer que financia suas compras mediante a "poupança". Esse método de adquirir riqueza durável, pela prática de poupança da renda, tem sido frequentemente encarado como a única forma que a acumulação pode tomar, ou pelo menos a que tem tomado; e dessa suposição derivam uma série de teorias que procuram explicar a origem do capitalismo por algum enriquecimento inesperado, obtido pela burguesia nascente no período pré-capitalista, tal como a inflação de lucros devida a mudanças monetárias, aluguéis urbanos aumentados, ou a abertura repentina de algum novo canal comercial.

Entretanto, há uma segunda forma pela qual a classe *parvenue* pode aumentar sua posse de riqueza durável. E esta tem, provavelmente, desempenhado o papel mais importante entre as duas. A burguesia pode adquirir um tipo determinado de propriedade quando ela se torna excepcionalmente barata (no caso extremo adquirindo-a durante a crise por preço insignificante) e realizá-la mais tarde, quando o valor de mercado dessa propriedade estiver relativamente alto, em troca de outras coisas (como força de trabalho ou equipamento industrial) que estejam num valor relativamente inferior. Através desse duplo ato de troca, a burguesia adquirirá uma proporção maior da riqueza total da comunidade.

O traço essencial dessa segunda forma de concentração é que o resultado depende de um incremento no valor em capital da propriedade, e não da renda corrente ou da poupança de renda. A não ser que tal incremento tenha lugar em certa escala apreciável, é claro que circunstâncias bem especiais têm de estar presentes. A transação dupla se divide em duas metades: uma fase de aquisição e outra de realização. O que é necessário é a intervenção de alguma circunstância suficientemente poderosa para fazer o valor da propriedade ou propriedades em questão *subir* entre dois períodos, *a despeito* da existência de toda uma classe de pessoas que se acham prontas a comprar aquela propriedade na primeira fase e a dispor dela na segunda. A presença de tal circunstância especial, na verdade, seria uma necessidade, embora menor, mesmo para que qualquer acumulação considerável se fizesse pelo processo de poupança de renda, pois sem ela os esforços da burguesia para adquirir um certo tipo de propriedade, como a terra, exerceriam uma pressão ascendente em seu valor,[1] e a tentativa subsequente pela burguesia, de dispor dessa propriedade para investir na indústria, exerceria uma pressão decrescente em seu valor, em seu próprio prejuízo, A tentativa de acumular mostrar-se-ia assim inócua. O resultado seria um decréscimo, ao invés de um acréscimo, na propriedade, entre a fase de aquisição e a de realização, podendo essa perda em valor de capital ir bem longe no sentido de neutralizar a tentativa burguesa de enriquecer pela poupança de renda. Por esse motivo, parece improvável que a aquisição de propriedade pela poupança de renda viesse a resultar, sem qualquer auxílio, em qualquer quantidade maior de acumulação de capital.

Aquilo que se mostrou principalmente necessário, portanto, como instrumento histórico da acumulação de riqueza em mãos burguesas, foi alguma influência que viesse a reduzir o valor daquilo que fosse objeto de acumulação por parte da burguesia durante a fase de aquisição e aumentasse seu valor relativo durante a fase de realização: por exemplo, alguma influência que pusesse os donos anteriores da terra em estado de necessidade urgente, ou então os tornasse excepcionalmente perdulários ou inclinados à acumulação de dinheiro, e por isso prontos a desfazer-se de sua terra por preço baixo durante o primeiro período, e que, no segundo, tornaria os meios de produção (ou algum elemento importante entre eles) anormalmente baratos. Isso não deveria ocorrer em condições normais, e só se poderia esperar como coincidência acidental de circunstâncias fortuitas. Deveria ser menos provável ainda sob condições próximas de mercado livre e concorrência perfeita. Poderia ocorrer como resultado de política deliberada pela Estado, e como incidente na queda de uma ordem antiga da sociedade, o que tenderia a apresentar o efeito duplo de empobrecer aqueles associados ao antigo modo de produção e proporcionar à burguesia uma oportunidade de ganhar certa medida de poder político, graças ao qual poderia influenciar a política econômica do Estado.

---

[1] É preciso lembrar que esses eram tempos em que os objetivos comuns do entesouramento apresentavam alcance muito limitado. Como disse o Professor Tawney, "as poupanças da massa da população, à parte a terra e compra ocasional de anuidades, consistiam, conforme suas diversas posições, em cereais, gado, estoques de matérias-primas, móveis, objetos de prata, joias e moedas. Estas eram as coisas que se podiam passar ao morrer e que os homens acumulavam com sua frugalidade" (Introdução a *A Discourse upon Usury*, de Thomas Wilson, 103-4).

Se tal for o caso, poderemos ter a explicação de um traço crucial da transição entre a sociedade feudal e o capitalismo, do qual fizemos menção no primeiro capítulo: o fato de que o capitalismo como modo de produção não atingiu qualquer estatura até a desintegração do feudalismo ter atingido um estágio avançado. Se essa própria desintegração tinha de ser a alavanca histórica para iniciar o processo de acumulação de capital, nesse caso o crescimento da população capitalista não poderia por si só prover o instrumento principal de tal desintegração. Era preciso que decorresse um intervalo, durante o qual o pequeno modo de produção, legado da sociedade feudal, estivesse sendo, ele próprio, parcialmente rompido ou então subordinado ao capital, e a política do Estado se modelasse por novas influências burguesas num sentido favorável aos objetivos burgueses.[2] A nova sociedade tinha de nutrir-se da crise e decadência da ordem mais antiga.

Quando examinamos as mudanças reais ocorridas na Inglaterra nos séculos XV e XVI, torna-se evidente que as dificuldades econômicas em diversos períodos, tanto dos grandes senhores feudais quanto de certas parcelas de outros, menores, pondo-os na posição de vendedores em época de crise e arrastando-os à hipoteca e à dívida, devem ter desempenhado importante papel ao facilitar a compra da terra em condições favoráveis pela burguesia *parvenue*. Aqui, a força das circunstâncias e a pressão aberta muitas vezes se fundiram, como no caso dos pobres lavradores de *Sir* Thomas More, que "por conspiração e dolo" estavam "tão atribulados que se viram forçados a vender tudo". Além de hipotecas, existiam nesse período outros tipos de instrumentos de dívida, tanto privada quanto estatal, disponíveis em condições bem fáceis de investimento. Sua significação no nosso presente contexto consiste menos na renda por eles proporcionada do que na oportunidade que davam de executar hipotecas sobre a propriedade dos devedores ou de alcançar ganhos especulativos pela subsequente revenda da dívida, quando a taxa de juro baixava. Principalmente, com o correr do tempo, e com a melhoria da posição social e o aumento do poder político da nova classe, surgiram oportunidades para o exercício de *force majeure* ou de trapaças jurídicas, ou ainda o emprego do favor e da influência políticos, dirigidos no sentido da aquisição de propriedade em termos favoráveis. Exemplo conhecido disso é a dissolução dos mosteiros pelos Tudor; como também o é, no século XVII, o confisco e venda de terras dos monarquistas sob o Commonwealth. Mas houve também

---

[2] Vale a pena lembrar que as lutas políticas dos tempos finais da era Tudor ocupavam-se em grande parte com a tendência da legislação Tudor em manter a estabilidade da sociedade rural existente (por exemplo, contra a pressão dos cercamentos de propriedades e especulação fundiária) e da economia artesanal urbana antiga, isto é, em deter a ulterior desintegração do antigo sistema de propriedade.

exemplos menores de tomada de propriedade, ou de sua aquisição por baixo preço, sob algum tipo de influência coercitiva. E no caso do comércio ultramarino, principalmente no comércio colonial, houve, como veremos, muita tomada de propriedade pela força e simples pilhagem. Uma circunstância especial, à qual uma importante influência na história da acumulação tem sido comumente atribuída, foi o aumento rápido do suprimento de metais preciosos ocorrido no século XVI, e a inflação de preços dele resultante. A influência a que geralmente se faz referência foi o aumento das rendas burguesas que tal inflação de preços deve ter ocasionado. Embora isso fosse importante, não foi o efeito único que as variações monetárias causaram na acumulação de riqueza burguesa, e numa visão mais ampla poderá não ter sido o efeito principal. Além disso, a inflação de preços certamente foi fator poderoso para facilitar a transferência da terra para mãos burguesas, pois na medida em que os donos da terra se inclinavam a adquirir dinheiro como objeto de entesouramento, ou pensavam em termos de valores tradicionais da terra, o preço pelo qual ela podia ser comprada tendia a ficar abaixo em relação ao aumento em outros valores.[3]

Não menos importante do que a primeira fase do processo de acumulação, no entanto, foi a segunda, que o completava, mediante a qual os objetos da acumulação inicial eram realizados ou vendidos (pelo menos em parte) para tornar possível um investimento real na produção industrial — uma venda dos objetos de acumulação iniciais para, com seu resultado, adquirir (ou criar) maquinaria algodoeira, edifícios fabris, usinas siderúrgicas, matérias-primas e força de trabalho. As condições necessárias para facilitar essa transição final para o investimento industrial eram, em quase todos os casos, exatamente o oposto daquelas que tinham aberto o caminho para o primeiro estágio. Um volume crescente de dívida estatal, empréstimos privados perdulários, ou condições favoráveis incomuns para compra de terra e uma tendência ao entesouramento do dinheiro (que tendia a manter elevada a taxa de juro) — as próprias condições em que prosperara antes a acumulação burguesa — exerciam agora uma influência retrógrada, pois, em vista de tais condições, qualquer tendência generalizada a transferir a riqueza dessas formas mais antigas para o capital industrial teria promovido uma depreciação acentuada das primeiras e impedido transferência

---

[3] Marx falou da "oferta crescente de metais preciosos a partir do século XVI" como "um fator essencial da história do desenvolvimento da produção capitalista". Porém, nisso se referia à necessidade de "uma quantidade de dinheiro suficiente para a circulação e a formação correspondente de um entesouramento" e acrescenta que "isso não deve ser interpretado no sentido de que um entesouramento suficiente deva ser formado antes que a produção capitalista possa começar. Ao invés disso, ela se desenvolve simultaneamente" (*Capital*, vol. II, 396).

ulterior ou resultado em empobrecimento considerável de seus donos *quondam*. Um mercado firme — uma demanda elástica — para os bens dos quais se desfazia a burguesia e um suprimento elástico e barato das mercadorias nas quais estava agora investindo tornavam-se necessários. Esta última condição pode mesmo ser considerada a mais importante das duas, pois a existência de algum incentivo positivo para investir na indústria pode ter sido mais decisiva nesse período do que a mera ausência de coibições à venda de outros tipos de bens. Aqui os requisitos primários eram reservas abundantes de mão de obra e fácil acesso a suprimentos de matérias-primas, juntamente com condições para a produção de ferramentas e maquinaria. Sem essas condições, o investimento industrial teria inevitavelmente sido frustrado e o progresso ulterior detido, por mais esplêndidas que se tivessem tornado anteriormente a riqueza e a posição social da burguesia. A preocupação marcante no final do século XVII com o mal dos salários elevados, os benefícios de uma população crescente, a necessidade de empregar crianças ainda bem pequenas[4] e a insistência crescente de economistas, no século XVIII, nos perigos da dívida estatal[5] e nas vantagens da liberdade de comércio parecem ter sido sintomas de uma consciência cada vez maior das necessidades de uma situação nova.

O processo pelo qual o proletariado se criou será o tema do capítulo seguinte. Sem esse processo, torna-se claro que uma oferta abundante e barata de mão de obra não poderia estar à disposição, a menos que houvesse um regresso a algo bem parecido com o trabalho servil. A força de trabalho não teria

---

[4] Cf. T.E. Gregory, em *Economica*, vol. I, nº 1; E. Heckscher, *Mercantilism*, vol. II, 155 em diante, que fala do "desejo quase fanático de aumentar a população", que "predominava em todos os países na parte final do século XVII" em contraste com os pontos de vista prevalecentes no início do mesmo século (158). Se tratarmos tais opiniões como relacionadas, não a qualquer teoria de bem-estar geral, mas ao interesse de classe, não teremos de partilhar a surpresa do Professor Heckscher ante o fato de que os autores da época não lograssem conciliar sua doutrinação em favor de uma população abundante com a existência de desemprego periódico.

[5] Cf. Adam Smith, *Wealth of Nations*. livro V. cap. 3, esp.: "Os fundos públicos das diferentes nações endividadas da Europa, particularmente os da Inglaterra, foram representados por um autor como a acumulação de um grande capital superadicionado ao outro capital do país, por meio da qual seu comércio é estendido, multiplicam-se seus fabricantes e sua terra é cultivada e melhorada... Ele não leva em conta que o capital adiantado ao governo pelos primeiros credores do público era, desde o momento em que o adiantaram, uma certa porção do produto anual, excluído da função de servir como um capital, para servir na de uma receita; excluído da manutenção de trabalhadores produtivos para servir a outros improdutivos, e a ser gasto e desperdiçado geralmente no correr do ano, sem ao menos a esperança de qualquer reprodução ulterior" (ed. de 1826, 879). Postlethwayt também condenou o crescimento da dívida pública e protestou contra o fato de que o povo estivesse possuído dessa "sarna de aumentar o estoque".

Na verdade, uma grande parte dos fundos públicos no século XVIII foi subscrita em Amsterdã e o influxo de capital holandês ajudou materialmente a manter baixas as taxas de juro na Inglaterra, a despeito dos empréstimos tomados pela Coroa. Quanto à influência retardadora de uma dívida pública crescente sobre o desenvolvimento do capitalismo na França, cf. H. Sée, *Modern Capitalism*, 83.

sido "ela própria convertida em uma mercadoria" em escala suficientemente ampla, e estaria faltando a condição essencial para o aparecimento da mais-valia industrial como uma categoria econômica "natural". O fato de que esse processo fosse tão crucial para aquele amadurecimento completo da indústria capitalista em que consistiu a revolução industrial é a chave para certos aspectos da acumulação primitiva que são comumente mal interpretados. Ao mesmo tempo, ele nos proporciona uma resposta a uma objeção plausível que se poderia fazer a qualquer separação dessas duas fases de acumulação que buscamos distinguir: uma fase de aquisição e outra de realização (ou de transferência de riqueza burguesa para o investimento industrial). Novamente encontramos a pergunta da qual partimos, a respeito da própria noção de acumulação como estágio histórico distinto. Por que, pode-se perguntar, essas duas fases devem ser tratadas como consecutivas, em vez de concorrentes? Por que os primeiros acumuladores burgueses de terra ou dívidas não devem ser encarados, em vez disso, como passando suas propriedades para a onda seguinte de investidores burgueses, e assim por diante, concorrentemente? Nesse caso, sempre teriam existido algumas seções da burguesia crescente a agir como compradoras de certo tipo de bem e algumas como vendedoras simultâneas do mesmo. E seria ocioso postular dois estágios separados no processo, cada qual com seus requisitos peculiares, no primeiro dos quais a burguesia investia exclusivamente, não nos novos meios de produção, mas na aquisição de títulos da propriedade existente, como a terra. Naturalmente é verdade que, na busca do essencial, simplificamos demais o quadro. Em certa medida, as duas fases certamente se superpuseram, de modo mais acentuado no século XVII. Até certo ponto, a acumulação de capital prosseguiu todo o tempo por um retorno direto dos lucros correntes ao financiamento de um movimento comercial aumentado e da indústria doméstica; e parte da riqueza dirigida para a terra pela burguesia foi não só aplicada na compra de hipotecas e na transferência de um patrimônio existente, mas também na melhoria da terra. Ainda assim, a parte superposta das duas fases aparentemente esteve longe de ser completa e dificilmente poderia sê-lo, por uma razão crucial: a de que as condições para o investimento lucrativo na indústria não tinham amadurecido de todo nos séculos anteriores. Outros investimentos eram preferíveis às dificuldades, riscos e menor liquidez do capital dedicado à empresa industrial. As condições cruciais necessárias para tornar atraente o investimento na indústria em qualquer escala considerável não podiam estar presentes até que o processo de concentração progredisse o bastante para causar um *desapossamento* real dos proprietários anteriores e a criação de uma classe substancial dos destituídos. Em outras palavras, a primeira fase de acumulação — o crescimento da concentração da propriedade existente e o simultâneo desapossamento — era um mecanismo essencial para criar condições favoráveis à segunda. E, como era preciso que decorresse um intervalo antes que a primeira desempenhasse sua função histórica, as duas fases têm necessariamente de ser encaradas como separadas no tempo. A essência dessa acumulação primária, por isso mesmo, é vista como consistindo não simplesmente na transferência de propriedade de uma classe antiga para uma nova, mesmo que isso acarretasse uma concentração de propriedade em poucas mãos, mas na transferência do patrimônio dos pequenos proprietários para a burguesia em ascensão, e na pauperização consequente dos primeiros. Esse fato, tão comumente ignorado, é a justificativa para a preocupação de Marx com fenômenos tais como os cercamentos de propriedades como a forma-tipo do que chamou "acumulação primitiva": uma ênfase pela qual muitas vezes ele tem sido criticado com base em que essa era apenas uma em meio a numerosas outras fontes de enriquecimento burguês. No entanto, não bastava apenas o enriquecimento. Tinha de ser enriquecimento por modos que acarretavam o desapossamento de pessoas diversas vezes mais numerosas do que as enriquecidas. Na verdade, a crítica deveria ser feita de outro modo. Esses diversos fatores no processo, aos quais muitos autores deram importância, tais como o endividamento, lucros inesperados, arrendamentos elevados e os ganhos da usura, podiam exercer apenas uma influência decisiva na medida em que contribuíssem para o divórcio de parcelas substanciais de pequenos produtores dos meios de produção. E a insuficiência de teorias que procuram explicar o surgimento do capitalismo pelos efeitos das mudanças monetárias ou da influência das finanças governamentais (dívidas, encomendas de armamentos etc.) consiste no fato de que acentuam apenas as fontes de enriquecimento e não proporcionam qualquer explicação de como, a partir de uma sociedade de pequenos produtores-proprietários, nasceu um vasto exército proletário.

Para o amadurecimento completo do capitalismo industrial, eram também essenciais certas condições ulteriores. Nos séculos anteriores, o investimento na indústria evidentemente foi retardado (como logo veremos) não só pela deficiência da oferta de mão de obra, como pelo desenvolvimento deficiente tanto da técnica produtiva quanto dos mercados. Também foi retardado, como vimos antes, pela sobrevivência, tanto do regime de regulamento da guilda urbana quanto da hegemonia das grandes corporações comerciais. Em certa medida, uma transformação de todas essas condições dependeu de uma dissolução do modo de produção anterior, centralizado no pequeno produtor e no mercado local. Até que todas essas condições, em uníssono, se modificassem, o solo no qual a indústria capitalista poderia crescer naturalmente, liberto de privilégios políticos e concessões de proteção, continuou limitado em extensão e diminuto em rendimento.

2

Sobre a importância dos embaraços financeiros causados pelas guerras e crises econômicas, no sentido de levar os donos de terras a hipotecar sua propriedade aos mercadores urbanos, já tivemos ocasião de falar. A queda dos valores da terra que já tinha ocorrido ao final do século XIV, foi seguida por um período de crise na atividade agrícola dos proprietários senhoriais no século XV e a dizimação de famílias e exaustão das fortunas particulares nas Guerras das Rosas. Nesses séculos, a propriedade existente mudou de mãos em escala considerável e a burguesia adquiriu tanto formas novas de riqueza quanto certa nobreza. Vemos a família bem conhecida dos Cely, negociante de lã, que produzia £2.000 daquele artigo por ano entre o Cotswolds e as Flandres, gastando seus lucros em falconaria, cavalos e negociando o casamento de suas filhas com cavalheiros prósperos.[6] Observa o Professor Postan a respeito: "É muito instrutivo observar os interesses da família deslocados de Mark Lane para sua propriedade em Essex. É ali que no final encontramos os ramos mais novos da família quase inteiramente fundidos na sociedade do condado e quase inteiramente absorvidos nos prazeres da caça."[7] Até em *The Lives of the Berkeleys* vemos, depois do início do século XV, "vendas de solares sem que se comprassem outros", feitas em número crescente a plebeus. Em 1514, foi dirigida uma petição ao rei, na qual se atribuíam os males da época aos muito mercadores aventureiros, tecelões, ourives, açougueiros, curtidores e outras pessoas cobiçosas que "diariamente invadem muitas fazendas, mais do que as que podem ocupar e manter". Na parte final do século XVI, surge uma peça legislativa curiosa, eloquente quanto à medida na qual a transferência de propriedade fundiária se efetuara durante aquele século e à ansiedade existente entre a pequena nobreza a respeito da comoção social que isso iria causar. Temerosa ante a compra de muitas terras, na época, por parte dos fabricantes de roupa do West Country, a pequena nobreza rural desses distritos conseguiu a inserção de uma cláusula numa Lei de 1576, destinada a limitar as futuras compras de terras por fabricantes de roupas em Wiltshire, Somerset e Gloucestershire, a 20 acres.[8] Há poucas indicações de que qualquer tentativa mais séria fosse feita para pôr em vigor essa cláusula, que certamente pouco serviu para deter aquela maré.

As dificuldades financeiras das principais famílias nobres não deixavam de ser representativas do que sucedia amplamente no século XVI. O Duque

---

[6] *Cely Papers*, xv.
[7] M. Postan, em *Econ. Hist. Review*, vol. XII, 6.
[8] 18 Eliz., c. 16.

de Norfolk contraiu uma dívida de £6.000 a £7.000 (o que equivale hoje a cerca de seis vezes essa soma), hipotecando três solares a seus credores. Os Condes de Huntingdon e Essex achavam-se endividados por soma três vezes maior, e o segundo hipotecou quatro solares a três negociantes de vinhos e um de tecidos. O Duque de Leicester era tido como devedor de £59.000. Somente pela dissolução dos mosteiros, "terra no valor anual de cerca de £820.000, ou valor capital de £16.500.000, de acordo com nosso padrão de moeda atual, foi distribuída entre cerca de mil pessoas de uma vez; e da terra restante, inicialmente arrendada, a maior parte fora alienada no final do período dos Tudor".[9] No reinado de Elisabete, a família Berkeley refez sua fortuna vendendo três solares por £10.000 a um vereador de Londres. O Professor Tawney observou que "a correspondência de Burleigh na última década de Elisabete parecia um relatório de falência da grande e da pequena nobreza".[10] Meio século depois, às vésperas do Commonwealth, só a dívida contraída pelos monarquistas para com a Cidade atingia uma cifra não inferior a £2 milhões.[11] A maior parte dos investimentos em propriedades dessa época pelos mercadores *parvenus* era especulativa em intenção e, onde tal não sucedia, a segurança ou melhoria social parece ter sido o motivo dominante. Em alguns casos, a terra era comprada por corporações urbanas, como sucedeu com o solar em Nottinghamshire de North Wheatley, assunto de uma petição de seus locatários a Carlos I, em 1629, onde o dono "decidiu vender o referido Solar à Cidade de Londres, que o vendeu ao Sr. John Cartwright e Sr. Tho. Brudnell".[12] Muitas dessas propriedades compradas, quando tinham tido arrendamentos extorsivos e criado oportunidade para demarcação, foram novamente vendidas por seus novos donos; e, no caso de North Wheatley, o medo que impelia os peticionários era o de que "os referidos Sr. Cartwright e Sr. Brudnell venham a tirar de seus arrendatários os referidos domínios e matas após o término de seus arrendamentos" e "seus peticionários e Arrendatários fiquem inteiramente arruinados". Na disputa pelas terras monásticas, aparece uma camarilha organizada de corretores e "individualmente, aos pares ou companhias, compra grandes propriedades em toda a Inglaterra, vendendo

---

[9] A.H. Johnson, *The Disappearance of the Small Landowner*, 78. "Do reinado de Henrique VII aos últimos dias de Jaime I a melhor parte das propriedades fundiárias inglesas mudou de donos e na maioria dos casos passou da antiga nobreza de nascimento e do clero para as mãos daqueles que tinham dinheiro no período dos Tudor, isto é, principalmente os mercadores e industriais" (S.B. Liljegren, *Fall of the Monasteries and Social Change*, 130-1).
[10] Tawney, em *Econ. Hist. Review*, vol. XI, nº 1, 11-12.
[11] Ibid.
[12] *English Economic History: Selected Documents*, Bland, Brown, Tawney, orgs., 259. Cf. também, no referente à hipoteca das propriedades, a Introdução de Tawney ao *Discourse upon Usury*, de Thomas Wilson, 32-6.

em seguida parcelas das mesmas... Há pessoas que conseguem as terras de vinte mosteiros ou mais, para revendê-las mais tarde".[13] Encontramos paralelo no continente, onde o empobrecimento de cavalheiros e de grande parte da nobreza na Alemanha levou à hipoteca de muitas terras aos mercadores urbanos. Tendências semelhantes surgem na Holanda depois do Tratado de Cambrai em 1529.[14] Na França, ouvimos falar de certo açougueiro de Orléans que "enriqueceu de tal modo emprestando dinheiro, que grande parte das casas da cidade lhe estava empenhada, e ele comprava fornos, moinhos e residências de campo aos nobres".[15] A base das famosas fortunas dos Fugger repousava na hipoteca de minas de prata e de propriedades imperiais, e seus concidadãos, os Welser, formaram suas fortunas pela especulação com minas de prata no Tirol, de cobre na Hungria e de mercúrio na Espanha.

Entre as influências mais poderosas que promoviam a acumulação burguesa estavam o crescimento das instituições bancárias e o aumento dos empréstimos feitos pela Coroa e da dívida estatal. No continente, banqueiros italianos tinham-se tornado ricos por meio de transações cambiais, coletas de impostos do Estado e rendas urbanas, e da manipulação da dívida. A famosa *Casa di S. Giorgio,* por exemplo, originou-se da consolidação das dívidas da cidade de Gênova. Esses banqueiros "não hesitavam em extorquir os devedores... e não era incomum exigirem juros de 50% e até mesmo de 100% às abadias ou indivíduos em dificuldades".[16] Na Itália, já no início do século XIV, vemos bispos tomando emprestados, numa única década, mais de 4 milhões de florins a cinco casas bancárias florentinas. No século XVI, os Fugger "lucraram entre 175.000 e 525.000 ducados anuais por adiantarem dinheiro aos reis da Espanha e coletar suas rendas".[17] Sabe-se bem que os hábitos perdulários ou a ruína econômica constituem sempre o terreno mais propício à usura. Na Inglaterra, os negociantes de fazendas lidavam com desconto de faturas, os escrivães passaram a agir como corretores de empréstimos e a aceitar depósitos, e os ourives habituaram-se a combinar o recebimento de depósitos em metais preciosos com a emissão de notas promissórias e realização de empréstimos. Já nos séculos XIV e XV, os empréstimos feitos pela Coroa inglesa tinham começado a tomar dimensões notáveis e os mercadores ingleses tinham começado a suplantar os judeus e lombardos no papel nem sempre seguro de

---

[13] Liljegren, *op. cit.,* 118-119.
[14] Cf. Pirenne, *Economic and Social History of Medieval Europe,* 82; Schapiro, Social Reform and the Reformation, 59, 63 etc.; J. Wegg, *Antwerp, 1477-1599,* 293.
[15] F.L. Nussbaum, *History of the Economic Institutions of Modern Europe,* 117.
[16] Pirenne, *op. cit.,* 132.
[17] Nussbaum, *op. cit.,* 119.

credores do rei. Os Mercadores do Empório, por exemplo, emprestaram bastante a ambos os lados nas Guerras das Rosas,[18] e continuaram, de tempos em tempos, a emprestar à Coroa até os anos da guerra civil. Conceder empréstimos, no entanto, não era inteiramente uma prerrogativa de *la haute bourgeoisie,* quer se tratasse de empréstimos à Coroa ou a pessoas em dificuldades. Em 1522, em Wiltshire, encontramos uma série de fabricantes de roupas sendo consultados com relação a um empréstimo compulsório à Coroa de £50 cada um, e, mais tarde, ainda no século XVI, uma série de fabricantes de roupas sendo incluídos entre os 75 cavalheiros de Wiltshire que, em 1588, atenderam ao urgente apelo real e emprestaram de £25 a £50 cada um.[19] Como afirmou o Professor Tawney com referência à era dos Tudor: "No plano inferior, os tiranos de um submundo retratado pelos dramaturgos eram os agiotas que comerciavam com as necessidades dos lojistas mais pobres e dos artesãos em dificuldades e cujos números e exigências — 'coisa capaz de atordoar os sentidos' — despertaram comentários atônitos entre os observadores das questões econômicas. No topo, encontrava-se a pequena aristocracia dos grandes financistas, em sua maior parte estrangeiros, que se especializaram em transações cambiais... (e) conseguiam consideráveis comissões por ajudarem na realização dos empréstimos do Governo... Entre esses dois polos... estava a grande massa de empréstimos intermediários de dinheiro executados pelos comerciantes, mercadores e advogados. Hipotecas, financiamento de pequenos negócios, investimento em empréstimos públicos, anuidades, tudo lhes interessava... Era pela atividade dessa sólida burguesia e não pelos *coups* mais sensacionais dos capitalistas maiores que se efetuaria o desenvolvimento financeiro mais momentoso do meio século seguinte."[20] Apenas em Norfolk, em cada cem, podiase encontrar "três usurários miseráveis", dos quais dois valiam £100.000 cada um, enquanto "mesmo na pequena cidade de Leek, em meio a uma charneca e distante dos centros de comércio e indústria, um agiota conseguia acumular o que era então a fortuna considerável de £1.000".[21]

A coleta de impostos era também, desde muito tempo, uma atividade suplementar lucrativa de mercadores ingleses, dificilmente distinguível das operações do Estado no setor de empréstimos. E tanto os grandes mercadores exportadores de Londres, Hull ou Bristol, quanto os fabricantes de roupas provincianos,

---
[18] Cf. Power e Postan, *Studies in English Trade in the Fifteenth Century,* 315.
[19] G.D. Ramsay, *op. cit.,* 47. Muitos fabricantes de roupas provincianos da época eram pessoas de posses. Um deles, chamado Peter Blundell, deixou, no final do século XVI, uma fortuna de £40.000 e um outro, no século XVII, deixou £100.000 (cf. Lipson, *A Planned Economy or Free Enterprise,* 95).
[20] Introdução ao *Discourse upon Usury,* de Wilson, 92.
[21] *Ibid.,* 89.

participavam dessa operação. Como Marx observou, com relação às crescentes necessidades financeiras do Estado, "a dívida pública se torna uma das mais poderosas alavancas da acumulação primitiva. Como pelo toque de uma varinha mágica, ela confere ao dinheiro estéril o poder de multiplicar-se e assim o transforma em capital, sem a necessidade de se expor aos riscos e dificuldades inseparáveis de seu emprego, ou mesmo da usura".[22]

O reinado do último Tudor foi essencialmente um período de transição, e, já antes dos últimos anos da Inglaterra da Rainha Virgem, a maré começara a fluir com alguma força no sentido do investimento industrial. Na Inglaterra do século XVII, as condições iriam tornar-se muito mais favoráveis à acumulação sob essa forma. O investimento de capital no melhoramento da agricultura começava a mostrar-se mais comum do que fora nos tempos dos Tudor. A popularidade crescente da companhia por ações e a prática também crescente de vender abertamente as ações (às vezes em leilão) atestavam tanto a disponibilidade de fundos para investimento quanto o desejo de investir nessa forma de riqueza. Desenvolveu-se até um grupo de especuladores e corretores de ações, já especializados nas artes de lidar com margens, opções e vendas a preços aviltados e cujas atividades no entanto (se dermos crédito a seus críticos de então) muitas vezes eram menos vantajosas para incentivar o investimento permanente do que benéficas para seus próprios bolsos. Também em Paris, existiam os "traficantes de projetos" que, como diz Defoe, "rodeavam as antessalas dos grandes, frequentavam os escritórios dos funcionários de Estado e mantinham reuniões secretas com as belas senhoras da sociedade". Em 1703, o capital em ações das companhias inglesas foi estimado como tendo atingido £8 milhões.[23] Grande parte dele, provavelmente metade, ao menos, representava capital investido no comércio exterior e não na indústria nacional. Mas a esse total devemos adicionar os investimentos dos subscritores individuais na mineração e metalurgia e dos mercadores-fabricantes na organização da indústria nacional. Se as estimativas de Petty e King podem ser consideradas comparáveis, o valor da propriedade em bens móveis dobrou nos vinte anos que se seguiram à Restauração. Embora os salários reais mostrassem uma tendência ascendente no curso do século, estavam por volta de seu ponto mais baixo no início deste e, por todo o período referido, continuaram bem abaixo do nível em que se tinham mantido na aurora da era dos Tudor. Embora houvesse uma tendência continuada a

---

[22] *Capital*, vol. I, 779.
[23] W.R. Scott, *Joint Stock Companies*, vol. I, 161, 340-2, 357-60, 371. Os £10 milhões podem ser comparados à estimativa de King de que, em 1688, a renda nacional era de £45 milhões, o valor da terra e edificações em capital £234 milhões e o capital líquido do campo, inclusive o gado, £86 milhões.

comprar propriedades por parte de elementos *nouveaux-riches* nas cidades, especialmente as terras da Coroa e, durante o Commonwealth, as propriedades monarquistas sequestradas,[24] o alto preço cobrado pela terra e pelas casas na Inglaterra na segunda metade do século agiu como considerável atração para que se aplicasse dinheiro na indústria e empresas por ações, em vez de o fazer na especulação de terra que se mostrara tão atraente para a riqueza *parvenue* no século anterior.[25]

À primeira vista poderia parecer que os ganhos fenomenais a serem auferidos com o comércio exterior nessa época agissem como freio ao investimento industrial, desviando o capital e o empreendimento para essa esfera mais lucrativa. Em certa medida, isso certamente aconteceu, proporcionando um motivo pelo qual a nova aristocracia burguesa do período dos Tudor dedicou relativamente pouca atenção ao crescimento da indústria, e, prosperando graças aos lucros fáceis das aventuras no exterior, tão rapidamente se tornou reacionária. Realmente, alguns dos lucros dessas aventuras comerciais ultramarinas são assombrosos. Diz-se que Vasco da Gama regressou a Lisboa em 1499 com uma carga que pagava sessenta vezes o custo da expedição, que Drake voltou no *Golden Hind* com um saque avaliado entre meio e um e meio milhão de libras esterlinas, após uma viagem que custou cerca de £5.000, e que a East India Company teve uma taxa média de lucros de cerca de 100% no século XVII.[26] Raleigh referiu-se mesmo a um lucro de 100% como "pequeno rendimento", comparado ao qual "teria sido mais rendoso enviar seus navios para a pesca". No comércio africano, com seu lucrativo tráfico de escravos, 50% era considerado ganho muito modesto, e uma nova companhia formada para monopolizar o tráfico de escravos depois da Restauração (da qual participavam o Duque de York e o Príncipe Rupert) auferiu lucros de 100 a 300%. No entanto, devemos lembrar que o comércio exterior naqueles tempos era monopolizado comparativamente por poucos e que, a despeito da preponderância de intrusos, as oportunidades de investimento nessa esfera por pessoas não situadas num círculo privilegiado eram limitadas.[27] Os forasteiros geralmente tinham de se

---

[24] Christopher Hill, em *Eng. Hist. Review*, abril de 1940.
[25] Ehrenberg, *Capital and Finance in the Age of the Renaissance*, 364.
[26] Earl Hamilton, em *Economica*, novembro de 1929, 348-9; J.E. Gillespie, *The Influence of Overseas Expansion on England to 1700*, 113 em diante; W.R. Scott, *op. cit.*, vol. I, 78-82, 87. Em 1611 e 1612, a Russia Company pagou 90%; em 1617, a East India Company conseguiu um lucro de £1.000.000 sobre um capital de £200.000 *(ibid.*, 141,146).
[27] A admissão para as companhias de comércio exterior, como vimos, era geralmente muito restrita, sendo possível apenas por patrimônio, por aprendizado (sendo limitado o número de aprendizes) ou por compra; enquanto os varejistas, lojistas ou artesãos em geral eram explicitamente excluídos. Para a East India Company a taxa de admissão era de £50 para um mercador, £66 para um lojista, e para os cavalheiros "as condições que julgassem justas" (cf. W.R. Scott, *op. cit.*, vol. I, 152). No reinado

contentar com a exploração de oportunidades de ganho no comércio interno ou na manufatura. Não fosse assim, a pressão da concorrência certamente teria bastado antes que muito tempo se passasse para reduzir os lucros excepcionais do comércio do Levante ou das Índias a um nível mais normal. Na maior parte, essa esfera era autofinanciada, sendo os novos investimentos tirados dos lucros do comércio anterior. Por esse motivo, os prêmios brilhantes do comércio exterior eram provavelmente rivais menos sérios do investimento na manufatura, pelo menos para os *nouveaux-riches*, do que se poderia supor. Além disso, havia modos indiretos pelos quais a prosperidade do comércio exterior na era dos Tudor auxiliou o investimento industrial no século seguinte. Indubitavelmente, algumas das fortunas feitas pelos aventureiros estrangeiros encontraram finalmente seu caminho para o empreendimento industrial ao passo que, como logo veremos, a expansão dos mercados ultramarinos, especialmente os mercados coloniais, no século XVII, em certa medida agiu como uma alavanca propulsora da rentabilidade da manufatura no país.

Entretanto, embora houvesse algumas vantagens compensadoras para a indústria nas atividades das companhias de comércio exterior, não foi delas que adveio a iniciativa do investimento industrial. A iniciativa nessa nova direção, como vimos, estava não com a alta burguesia preocupada com o mercado exportador, mas com a média burguesia provinciana mais humilde, em sua maior parte menos privilegiada e rica, mas com base mais ampla. Além disso, embora seja verdade que órgãos como os Mercadores Aventureiros e as companhias comerciais elisabetanas em seus tempos pioneiros trouxessem um crescente mercado para as manufaturas inglesas, foi seu aspecto restritivo — a ênfase no privilégio e exclusão dos intrusos — o que se destacou no final do século XVI e no curso do século XVII. Sua limitação ao número dos que se dedicavam ao comércio e o destaque que davam a condições favoráveis de comércio à custa de seu volume agiram cada vez mais como obstáculos ao progresso ulterior do investimento industrial e os levaram a opor-se àqueles cujas fortunas estavam ligadas à expansão da indústria. Por isso, os interesses da indústria, com o desenvolvimento desta, passaram a ser identificados com

---

de Jaime I, a taxa de admissão para os Mercadores Aventureiros subiu a £200 (embora fosse posteriormente baixada em vista da oposição) e os aprendizes pagavam £50 ou mais para serem admitidos. No caso da Levant Company, ninguém que residisse até a distância de vinte milhas de Londres, a não ser "nobres e cavalheiros de qualidade", era admitido, a menos que fosse homem livre da Cidade; a taxa de admissão era de £25 a £50; e elevados prêmios tinham de ser pagos pelo aprendizado com Dudley North pagando £50, e no final do século XVII às vezes exigia-se uma soma de £1.000 (cf. Lipson, *op. cit.*, vol. II, 217, 341). Na prática, também acontecia com frequência, pelo menos nas províncias, de os membros mais destacados numa localidade terem o poder de vetar a admissão de novos membros do distrito.

um assalto aos monopólios e com a emancipação do comércio com relação aos grilhões dos regulamentos. Tal repúdio ao monopólio, no entanto, não foi de modo algum incondicional. Na Inglaterra, é verdade que o comércio livre, tanto interna quanto externamente, passaria a ser, no século XIX, uma parte essencial da ideologia de um capitalismo maduro. Mas aí as condições, sob muitos aspectos, eram peculiares, e, em outros países, a doutrina do comércio livre só foi aceita com reservas substanciais. Até na terra natal do *Smithianismus* e do liberalismo manchesteriano, a maré começava a virar em favor do privilégio monopolista e do regulamento, antes do século XIX chegar a seu fim. Na época da Revolução Industrial, no entanto, a indústria britânica requeria não só um mercado crescente para seus produtos, caso o campo de investimentos nas formas mais novas de produção não devesse ser muito restrito, mas também um suprimento crescente de matérias-primas (muitas das quais vinham de fora, principalmente o algodão), bem como um suprimento barato de gêneros alimentícios como subsistência para seu exército cada vez maior de trabalhadores assalariados. Ao passo que a Inglaterra da época, como um importador de cereais e algodão e como um pioneiro da nova maquinaria que só tinha a ganhar com a abertura de mercados no exterior para suas manufaturas, podia elevar a liberdade do comércio exterior ao nível de um princípio geral, outros países raramente podiam fazê-lo. Muitos países, sobretudo os que dependiam de sua própria agricultura, e não da importação, para seu abastecimento alimentício, tais como a Alemanha e, no caso da América, também para suas matérias-primas, tendiam para uma política de proteção diferencial da indústria nascente. Onde os produtos agrícolas supriam as necessidades do consumo nacional e eram exportados, essa política significava não só excluir a concorrência de indústrias estrangeiras no mercado nacional, como também a tendência a aumentar o nível interno de preços industriais, embora mantendo os preços agrícolas ao nível mundial,[28] fazendo assim as condições de comércio dentro das fronteiras nacionais voltarem-se para a vantagem da indústria, exatamente como, dentro de um sistema de metrópole e colônias, o Sistema Mercantil fizera antes. Em outras palavras, o capitalismo no continente europeu, em países como Alemanha e França e mais tarde a Rússia, bem como nos Estados Unidos, se voltava para o que se pode chamar uma "política colonial interna" de capital industrial para a agri-

---

[28] Se houvesse mobilidade de capital e trabalho entre a indústria e a agricultura, tal resultado não poderia ter perdurado como tendência a longo prazo. Mas, nas condições da época, especialmente onde a agricultura era praticada principalmente por camponeses, qualquer modalidade dessas, mesmo como tendência a longo prazo, era muito pequena: na conhecida expressão de Taussig, a agricultura e a indústria constituíam "grupos não concorrentes".

cultura, antes que seu interesse num mercado exportador para manufaturas fosse despertado completamente.[29] Exemplo notável de como os atrativos do comércio exterior e operações creditícias exteriores podiam rivalizar com o crescimento da indústria é proporcionado pela Holanda. A despeito do florescimento precoce do capitalismo nesse antigo bastião da indústria têxtil, o investimento industrial nos séculos seguintes ver-se-ia estancado. E, no século XVIII, a Holanda seria inteiramente eclipsada pela Inglaterra no progresso da produção capitalista. As fortunas a ganhar nos negócios com ações estrangeiras parecem ter desviado o capital e a iniciativa empresarial da indústria. Os títulos ingleses tornaram-se o objeto principal de especulação na Bolsa de Amsterdã expulsando dessa posição até mesmo os títulos da Dutch East India, e "o capitalista holandês podia, pelo simples contato com um advogado em Londres, receber seus 5% de investimentos em Fundos Ingleses, ou pela especulação em tempos normais ganhar mais de 20 ou 30%".[30] Os mercadores importadores e exportadores, cujos interesses estavam na manutenção da abertura aos produtos estrangeiros, eram bastante poderosos para impedir a política de proteção tarifária pela qual a indústria se batia[31] ao passo que a escassez de mão de obra se exprimia em um custo de trabalho relativamente alto, que agia como um freio ao investimento industrial. Ao mesmo tempo, a indústria de linho holandesa sofria severo impacto com a queda de seu comércio exportador em vista da concorrência inglesa subsidiada (a produção da indústria de alvejamento de Haarlem viu-se reduzida a menos de metade entre o início e o fim do século XVIII e o número de suas fábricas de alvejamento caiu de vinte para oito).[32] "Muito longe de estimular o desenvolvimento industrial holandês", diz C.H. Wilson, "os empréstimos holandeses do século XVIII quase certamente o obstruíram e adiaram, direta e indiretamente... (A) atitude dos negociantes de empório e seus aliados, os banqueiros... interferiu no livre fluxo de capital interno, impedindo o que Unwin descreveu como a fertilização da indústria

---

[29] Naturalmente, isso só conservava sua *raison d'être* de um ponto de vista capitalista, enquanto o capitalismo não estava desenvolvido, permanecendo a agricultura primariamente como uma agricultura *camponesa*, cuja exploração em favor da indústria era capaz de alargar o alcance do investimento lucrativo de capital. Na Inglaterra, entretanto, o capitalismo na agricultura desenvolveu-se apreciavelmente no século XVII. Na Alemanha, o conflito de interesses entre o capital industrial e as grandes propriedades da Prússia oriental foi um fator importante no retardamento do desenvolvimento do primeiro, nos dias da monarquia, e na imposição do acordo entre a classe capitalista e a aristocracia prussiana que constituiu a peculiaridade do desenvolvimento alemão anterior a 1918.
[30] C.H. Wilson, *Anglo-Dutch Commerce and Finance in the Eighteenth Century*, 62.
[31] Não foi senão em 1816, depois do comércio exterior holandês ter sofrido declínio, que a proteção foi introduzida em benefício do comércio têxtil e metalúrgico.
[32] *Ibid.*, 61.

pelo capital comercial... O desenvolvimento econômico holandês foi adiado por uma drenagem de capital para a finança internacional".[33] O lançamento de um país nos primeiros estágios da estrada que leva ao capitalismo não é garantia de que ele complete todo o trajeto.

Falaremos mais, em capítulo posterior, da importância de um crescente mercado exportador na ampliação do campo de investimento industrial na Inglaterra, a partir de meados do século XVIII. Parte de sua importância pode ser julgada quando consideramos quão limitado fora o mercado nacional para as manufaturas antes dessa época. É verdade que o desenvolvimento de uma próspera burguesia média das cidades proporcionava, ele mesmo, um mercado substancial para os artigos da indústria artesanal. E, nessa medida, o crescimento da burguesia em número, bem como em riqueza, foi uma condição importante para o incentivo da indústria, revelando-se uma burguesia média e próspera de maior importância do que o esplendor de alguns príncipes-mercadores. Essa burguesia ascendente, no entanto, era uma classe frugal, e contribuía bem menos em despesas com os produtos dessa indústria do que os valores reais representados pela renda por ela extraída do comércio e indústria, e, geralmente, o crescimento de sua despesa sucedia ao crescimento da manufatura em vez de antecedê-lo. Ao mesmo tempo, a própria limitação do padrão de vida das massas, condição para o crescimento da acumulação de capital, estabelecia medidas bem severas ao mercado para quaisquer produtos que não os artigos de luxo.

Desde os primeiros tempos em que a manufatura de lã se expandiu para além dos confins das guildas e da economia urbana, a principal indústria inglesa dependera em alto grau dos mercados de exportação. E a expansão das fronteiras das regiões produtoras de tecido na Inglaterra, durante os séculos XV e XVI, manteve-se em íntima ligação com a expansão do mercado para tecidos ingleses na Holanda e na Alemanha. Embora o mercado exterior possa ter absorvido uma proporção menor da produção total do país do que em tempos mais recentes — no início do século XVIII pode ter absorvido apenas 7 a 10% — ainda assim, como observa Mantoux, "apenas uma quantidade diminuta de fermento basta para efetuar uma transformação radical num volume considerável de matéria".[34] Das manufaturas que figuravam com destaque na era dos Tudor é notável como muitas se destinavam à exportação ou à demanda dos ricos: as indústrias de couro, por exemplo, quer na fabricação de calçados, quer na selaria, chapéus e luvas, rendas, espadas, malharia, cutelaria e artigos de estanho. O mesmo sucedia com as principais

---
[33] Ibid., 200-1; também cf. C.H. Wilson, em Econ. Hist. Review, vol. IX, 113.
[34] P. Mantoux, Industrial Revolution in the Eighteenth Century, 105.

indústrias que prosperaram na França do século XVII sob o regime colbertiano: tapeçaria, vidros, seda, porcelana, dependiam principalmente da procura de artigos de luxo por parte dos círculos da Corte.[35] Até que a maquinaria se desenvolvesse e o próprio investimento marchasse em escala apreciável, os ofícios metalúrgicos apresentavam pouco horizonte, a não ser no referente às encomendas governamentais para fins militares. Tais encomendas foram um estímulo importante para a manufatura de bronze e a artilharia nas épocas dos Tudor e dos Stuart, como a expansão da manufatura de lã e sua necessidade de instrumentos de cardagem parecem ter sido um motivo principal da prosperidade coetânea da indústria de fabricação de arame. À parte isso, a demanda de metais bastava para manter nada de mais grandioso que o artesanato de fabricação de pregos no West Country, a manufatura de algumas ferramentas manuais e os poucos artigos da arte dos ferreiros. A demanda de navios, para a qual contribuíram a marinha dos Tudor e o século XVI e as Leis de Navegação no século XVII, trouxe prosperidade aos portos. Nessa medida, a noção de que o gasto governamental foi o parteiro do capitalismo industrial contém um elemento de verdade. Como uma influência que contribuiu (mas só isso) para a criação de condições favoráveis ao investimento industrial, ele teve alguma importância: uma importância que muitas vezes era maior na proporção em que o desenvolvimento social de um país estava atrasado, como ilustra a influência poderosa, ainda que prematura, das encomendas de armamento por parte de Pedro, o Grande, na manufatura russa nascente. A construção de casas de campo na Inglaterra dos Tudor e de um novo tipo de fazenda para os fazendeiros mais prósperos (composta de escadaria fixa, em vez de apenas uma escada removível, no final do reinado de Elisabete) e a grande quantidade de construções em Londres nos vinte anos que se seguiram ao Grande Incêndio de 1666 devem ter proporcionado um estímulo não só às artes da construção civil como, indiretamente, também a outros empregos.

 É verdade que o próprio crescimento do capitalismo serviu para desenvolver seu próprio mercado. Isso sucedeu de dois modos: pelos lucros que proporcionava e pelo emprego que incentivava. E, o que é não menos importante, por sua tendência a destruir a autossuficiência de unidades econômicas mais antigas, como a aldeia senhorial, trazendo assim uma parte maior da população

---

[35] Sobre o consumo de luxo como uma influência no capitalismo inicial, cf. Sombart, *Der Moderne Kapitalismus*, I, 719 em diante. A política protecionista de Colbert parece ter sido o produto de uma situação na qual o investimento na produção foi retardado, tanto pela estreiteza dos mercados quanto pela escassez da mão de obra. A segunda metade do século XVII parece ter sido um período de queda de preços na França, em grande parte devido ao entesouramento de dinheiro por parte do campesinato e da burguesia (cf. Joseph Aynard, *La Bourgeoisie Française*, 296-300).

e de suas necessidades à órbita da troca de mercadorias.[36] Foi principalmente nisso que se mostrou de importância especial o surgimento de uma agricultura capitalista na Inglaterra do século XVI e, com ela, de uma classe de agricultores médios bem prósperos ligados ao mercado, tanto como vendedores quanto como consumidores. É de notar-se, por exemplo, que, durante esse século, o padrão de conforto nas fazendas prósperas, como se exprimia, por exemplo, na quantidade de instalações internas e peças de mobília, aumentou bastante em muitas partes do país, especialmente onde florescia a criação de carneiros. Mas, nos primeiros dias da manufatura, o investimento em indústrias novas e a extensão das indústrias existentes evidentemente foram prejudicados pela noção predominante de que o mercado para mercadorias era limitado e de que novos empreendimentos só teriam alguma possibilidade de êxito se algum mercado novo se abrisse simultaneamente no exterior ou algum privilégio político fosse concedido para lhes permitir abrir caminho com êxito nos mercados existentes, à custa dos rivais. Para nascer aquele espírito de otimismo que seria um ingrediente tão essencial das atividades pioneiras da Revolução Industrial, essa noção de um "espiráculo" rígido para os produtos da indústria e a timidez comercial essencialmente ligada a ela tinham, em primeiro lugar, de ser banidas. E, para dar lugar ao crescimento imenso dos poderes produtivos da indústria ocasionado pela Revolução Industrial, tornava-se essencial que uma expansão do mercado, maior em dimensões do que qualquer outra coisa testemunhada durante o período anterior de artesanato, viesse a ocorrer. Mas até que as potencialidades imensas da nova era mecânica, e da nova divisão do trabalho introduzida pela maquinaria, se tornassem evidentes, era compreensível que mesmo os mais empreendedores elementos da burguesia buscassem a regulamentação comercial e o privilégio político para garantir o lucro de suas empresas.

3

Pode-se dizer que a preocupação com a importância de um mercado exportador crescente diferenciou os porta-vozes econômicos daquela segunda fase da acumulação primitiva, na distinção que fizemos, do pensamento econô-

---

[36] Cf. a observação de Lênin sobre a dependência da indústria com relação ao crescimento de um mercado nacional em *The Development of Capitalism in Russia*, em *Selected Works*, vol. I, 225 em diante; 297; por exemplo: "O mercado nacional para o capitalismo é criado pelo capitalismo em desenvolvimento que aumenta a divisão social do trabalho... O grau de desenvolvimento do mercado nacional é o grau de desenvolvimento do capitalismo no país."

mico da fase anterior, em que o investimento industrial mantinha ainda uma colocação bem modesta. De qualquer forma, era uma ênfase que se tornava mais evidente no pensamento e nos escritos econômicos à medida que transcorria o tempo. Por outro lado, não foi essa ênfase, mas outra, o que distinguiu a chamada escola mercantilista de suas sucessoras no final dos séculos XVIII e XIX. Adam Smith e sua escola, não menos que seus antecessores, encaravam a expansão dos mercados como precondição para o crescimento da produção e do investimento. A escola clássica certamente se mostrava mais otimista quanto à capacidade do mercado em crescer *pari passu* com o progresso da indústria e da divisão do trabalho, mas apercebia-se mais da importância desse crescimento. O que distinguia principalmente os autores econômicos anteriores ao século XVIII dos que vieram depois era sua crença na regulamentação econômica como condição essencial para o surgimento de qualquer lucro no comércio — para a manutenção de uma margem de lucro entre o preço no mercado de compra e o preço no de venda. Essa crença estava tão impregnada na tessitura de seu pensamento que era mais suposta do que demonstrada, e encarada como generalização axiomática sobre a ordem econômica por eles conhecida.

Não se tratava apenas de que, para a burguesia como uma classe em ascensão numa era de acumulação primitiva, a influência política se mostrasse uma condição *sine qua non* de seu próprio progresso, mas de que, numa sociedade baseada no pequeno modo de produção, com a indústria apoiada no emprego do trabalho assalariado ainda em sua infância, o arrendamento da terra parecia ser a única forma natural de excedente: uma noção que encontrou sua formulação mais explícita na famosa doutrina dos fisiocratas franceses a respeito do trabalho produtivo e trabalho estéril. A produtividade do trabalho era baixa ainda, e o número de trabalhadores empregados por um único capitalista raramente era muito grande. Por isso, era ainda difícil imaginar qualquer lucro substancial como "naturalmente" conseguido pelo investimento na produção. O juro era em geral encarado como uma exigência ao pequeno produtor, à custa de sua penúria, ou então advindo do arrendamento da terra, sendo por isso regulamentado pelo "arrendamento de tanta terra quanto o dinheiro emprestado possa comprar".[37] Se os mercadores ou mercadores-fabricantes tivessem de se submeter a uma concorrência sem limites, que fonte de lucro poderia existir? A margem entre o preço de venda e o de compra poderia bastar para cobrir as despesas do mercador, e, se não lhe

---
[37] W. Petty, *Economic Writings*, vol. I, 48; cf. também Turgot, *The Formation and the Distribution of Riches*, seções lvii, lviii.

faltasse muita sorte, proporcionar-lhe também um sustento mínimo. Mas era difícil para os contemporâneos descobrir qualquer fonte da qual, em condições de concorrência livre, até mesmo uma fortuna modesta pudesse formar-se. Daí não constituir surpresa nesse período que o lucro fosse encarado como fruto da especulação bem-sucedida, no sentido de tirar-se vantagem das diferenças de preço: lucro esse que desapareceria rapidamente se um número demasiado de pessoas estivesse em posição de participar nas transações de compra e revenda. O comerciante desses séculos sentia-se em grande parte como o dono de patente industrial de nossos dias: receoso de que aqueles que emulem seu exemplo venham logo a arrebatar o fruto de seu empreendimento, desencorajando-o. Sem regulamentação para limitar os números e proteger a margem de preços entre o que o mercador comprava e vendia, o capital mercantil poderia desfrutar de lucros inesperados intermitentes, mas não poderia ter uma fonte duradoura de renda. A concorrência e a mais-valia não poderiam estar muito tempo juntas. Era natural supor que, sem regulamentação, comércio e indústria minguariam à falta de iniciativa para aventurar dinheiro em tal empreendimento; e a burguesia como classe jamais poderia vir a existir. Até que o progresso da técnica favorecesse substancialmente a produtividade do trabalho, dificilmente poderia surgir a noção de uma mais-valia especificamente industrial, derivada do investimento de capital no emprego do trabalho assalariado como uma categoria econômica "natural", não precisando de regulamentação política ou monopólio, quer para criá-la, quer para preservá-la. Além disso, enquanto a mais-valia fosse concebida como dependente de regulamentação consciente para produzi-la, a noção de *objetividade econômica* — de uma economia funcionando de acordo com leis próprias, independente da vontade consciente do homem — que era a essência da Economia Política clássica dificilmente poderia desenvolver-se.

Tudo isso, como dissemos, estava mais implícito do que explícito no pensamento mercantilista. No que diz respeito à forma pela qual tal pensamento era expresso, as doutrinas desses autores eram evidentemente muito menos homogêneas do que as que os economistas clássicos, em seu ataque aos "princípios do Sistema Mercantilista", pareciam fazer crer. As normas particulares por eles apoiadas eram diversas, e alguns chegaram ao ponto de negar, com Schumpeter, que a "política mercantilista incorporasse qualquer conjunto de objetivos ou fins econômicos definidos".[38] O fio comum encontrado em suas obras e sobre o qual a atenção geralmente se concentrou foi a noção de que a moeda, se não é um sinônimo de riqueza, de qualquer forma é um ingredien-

---

[38] *Business Cycles*, vol. I, 234.

te essencial na riqueza de uma nação, noção esta que Adam Smith ridicularizou como absurdo evidente e Keynes reabilitou como um reconhecimento intuitivo da ligação entre a abundância de dinheiro e baixa taxa de juro no estímulo ao investimento e ao emprego.[39] Também nisso alguns autores negaram ao mercantilismo até esse elemento de unidade e Lipson afirmou enfaticamente que "a acumulação de tesouro não foi um dos fundamentos do mercantilismo", e que "a parte geral do pensamento mercantilista (1558-1750) não se erigiu sobre uma concepção tipo Midas da riqueza".[40] Que tal ênfase na vantagem de uma nação possuir grande quantidade dos metais preciosos não fosse elemento tão central ou universal em suas doutrinas, como tradicionalmente se supôs, provavelmente é verdade, pelo menos em relação aos autores mercantilistas posteriores, à diferença da escola metalista mais antiga, que, sem dúvida, representava a atração do "tesouro" como a vantagem maior do comércio exterior. Ainda assim, o influxo de ouro e prata era uma vantagem em favor da qual os mercantilistas continuavam a fazer frequentes apelos no século XVII, mesmo que o fizessem menos pelo dinheiro do que pela propriedade de proporcionar "sumo radical" ao comércio (na expressão

---

[39] Na verdade, foi mais o interesse fundiário do que o mercantil que, entre 1650 e 1750, agitou-se em favor de taxas de juro mais baixas com o fito de manter o valor da terra (fato para o qual Marx chama a atenção em sua *Theorien über den Mehrwert*). No entanto, sugerimos acima que a manutenção de valores elevados para a terra se mostrou condição favorável a que se completasse a segunda fase de acumulação — a fase de realização da propriedade anteriormente adquirida e de transferência para o investimento industrial. Ao mesmo tempo, havia autores como North e Petty que (em contraste com Locke) começavam a pregar que as taxas de juro dependiam não da abundância ou da escassez de dinheiro, mas da procura e oferta de capital industrial, ou "Estoque". Dizia North: "Não é o Juro baixo o que faz comércio, mas o Comércio, ao aumentar o Estoque da Nação, é que torna baixo o Juro... o Ouro e a Prata... são nada mais do que Pesos e Medidas pelos quais o Tráfico é mais convenientemente executado do que se poderia fazer sem os mesmos: e também um Fundo próprio para um excedente de Estoque nele se depositar" (*Discourses Upon Trade*, 1, 4 e 16). Ele fala também de "Os Dinheiros Empregados a Juros" como não estando "próximos à Décima parte à disposição dos Comerciantes", mas estando "em sua maior parte emprestados para suprir o Luxo e a Despesa de Pessoas, que embora Grandes proprietários de Terra, ainda assim gastam mais depressa do que auferem de suas Terras, e... hipotecam suas Propriedades" (*ibid.*, 67). John Bellers (que sendo um filantropo *quaker* talvez não deva ser encarado como inteiramente típico do interesse mercantil) escreveu que "o Dinheiro não aumenta, nem é útil, mas só quando nos separamos dele... Onde o Dinheiro é mais do que de necessidade absoluta para o Comércio nacional é no papel de Estoque morto para um Reinado ou Nação, e não traz lucro àquele país onde for mantido" (*Essays about the Poor Manufacturers* etc., 1699, 13). Child também divergia da opinião de que as baixas taxas de juro, predominantes na Holanda, se deviam a uma abundância de dinheiro nesse lugar (*New Discourse on Trade*, 9).
[40] *Econ. History* (3ª ed.), vol. II, lxxx, lxxxvii. Lipson acrescenta a observação de que os métodos mercantilistas eram "apenas a contrapartida" do "dispositivo moderno de elevar a taxa bancária para atrair o ouro do exterior", e que o desenvolvimento imperfeito do crédito conferia especial valor à posse do dinheiro vivo nas transações comerciais.

de Davenant) e embora isso tivesse deixado de ser uma ênfase principal antes do final do século.

O que parece mais provável é que, ao apelar para a suposta vantagem de atrair tesouro para o reino, os mercantilistas contivessem usando uma norma convencional para justificar medidas encaradas como vantajosas em outras bases, do mesmo modo como posteriormente os economistas usaram a alegada maximização da utilidade como justificação de uma política de *laissez-faire*.

Parece claro que a preocupação central, que conferiu aos escritos econômicos do século XVII seu elemento de uniformidade, foi a criação de uma balança favorável de comércio, no sentido de uma expansão de exportações não equilibrada por um ingresso equivalente de mercadorias estrangeiras no mercado interno. Era a expansão das exportações, como acréscimo líquido ao volume de vendas sobre o que se tomava como mercado nacional inelástico e mais ou menos limitado, o que constituía o objetivo comum dessa escola. Condição necessária para tal equilíbrio comercial (na ausência de investimentos feitos no exterior) era um influxo de metais preciosos, mas o objetivo principalmente desejado era o mercado suplementar para as mercadorias, e não os metais, que constituíam apenas os meios.

No entanto, é bastante claro que, embora afirmando sua teoria em termos de uma *balança* comercial favorável, achavam-se igualmente preocupados, se não mais ainda, com as vantagens dos *termos* favoráveis de comércio — comprar barato e vender caro, e, embora o primeiro recebesse consideração, o último era preocupação importante, e algumas vezes principal. A ligação entre os dois, se de fato havia, raramente foi examinada e jamais foi esclarecida naquela época. Diversos autores, no entanto, asseveraram que o que consideravam importante não era o volume absoluto de moeda num país, mas sua quantidade relativa à possuída por outros países: Coke, por exemplo, afirmava que "se nosso Tesouro fosse maior do que o das Nações Vizinhas, eu não me preocuparia se tivéssemos uma quinta parte do Tesouro que temos hoje".[41] Poder-se-ia esperar que uma balança comercial favorável, que trouxesse ouro ao país, aumentasse o nível dos preços internos e, de forma semelhante, baixasse o nível de preços do país do qual o ouro fora extraído, reduzindo assim o preço de importação dos produtos comprados no exterior, e elevando o preço das mercadorias exportadas. Locke, por exemplo, deixou claro que, para ele esse era o ponto nevrálgico da questão, ao dizer que a desvantagem de um país ter menos dinheiro do que os demais estava em que "isso tornará nossas mercadorias muito baratas" e "tornará todas as mercadorias estrangeiras muito caras".

---

[41] *Treatise*, III, 45; cit. Hechscher, *op. cit.*, 239.

E anteriormente tanto Hales quanto Malynes tinham indicado que o que mais lhes interessava não era a *quantidade* das exportações, mas a relação entre *preços* de exportação e de importação, por demonstrar as desvantagens da subvalorização da moeda inglesa nos câmbios externos (devida, como receava Hales, ao aviltamento, e como pensava Malynes, à especulação de moedas estrangeiras) ao tornar as exportações inglesas "boas e baratas demais" e as mercadorias estrangeiras demasiado caras. Em outras palavras, a política defendida por esses autores não era diferente das políticas modernas de supervalorização da moeda (embora Misselden de certa feita apresentasse uma proposta contraditória no sentido de supervalorizar as moedas *estrangeiras* a fim de tentar os estrangeiros a comprar na Inglaterra).

Se, como resultado de atração de dinheiro, os salários e os preços no país subissem, nessa medida então está claro que a vantagem para o mercador ou fabricante teria sido em parte anulada pelo aumento consequente no custo dos bens exportados, mas os autores mercantilistas aparentemente presumiam que os regulamentos do Estado poderiam e deveriam impedir que isso sucedesse. Pouca atenção foi prestada também aos possíveis efeitos de tal política, reduzindo o preço de demanda que o comprador estrangeiro podia ou queria pagar pelas mercadorias exportadas para seus mercados e provocando desse modo uma reação inevitável na direção de um excedente de importação. Existe, no entanto, um vislumbre de reconhecimento disso em certa passagem de *England's Treasure by Foreign Trade*, de Mun, onde este observa que "todos concordam em que a abundância de dinheiro num reino torna as mercadorias do país mais caras, pois a abundância assim como traz lucro a alguns homens em suas rendas, assim também vai diretamente contra o benefício do Público na quantidade de comércio; pois como a abundância de dinheiro torna mais caras as mercadorias, também estas declinam em seu uso e consumo".[42] Hales, no curso de seu diálogo, faz com que seu "Médico" responda ao, "Cavaleiro", na questão da retaliação, dizendo que as exportações inglesas são indispensáveis aos estrangeiros; o que sugere que, entre os autores da época, uma demanda externa, altamente inelástica, dos produtos ingleses era coisa aceita sem discussões. Em outra parte, Mun fala de vender as exportações por elevado preço "até onde esse preço elevado não cause uma saída menor na quantidade".

O motivo pelo qual uma demanda externa inelástica deveria ser suposta com tanta facilidade não se mostra claro à primeira vista. Um dos principais motivos pelos quais se imaginou que as exportações podiam ser impostas a

---
[42] *England's Treasure*, Pol. Econ. Club Ed. of Tracts on Commerce, 138.

outros países a um preço aumentado sem diminuição de quantidade estava provavelmente em que não se pensava em termos das condições do século XIX, onde em geral um país disporia de mercados alternativos, mas de uma situação na qual uma pressão considerável, se não a simples coerção, podia ser aplicada aos países com os quais se efetuava o grosso do comércio. O sucesso dessa política dependia principalmente de sua aplicação a um sistema de comércio *colonial*, no qual se podia usar a influência política para garantir ao país metropolitano certo elemento de monopólio. É essencialmente na aplicação à exploração de um sistema colonial dependente que as teorias comerciais mercantilistas adquirem sentido. Maior força é conferida a essas recomendações se encararmos seus autores como porta-vozes antes do capital industrial, do que do mercantil (ou talvez devêssemos dizer do capital mercantil que adquiria já interesse direto na produção), pois o comércio que evidentemente tinham presente consistia em uma troca dos produtos da manufatura nacional por produtos coloniais, principalmente matérias-primas, e, portanto, registrados como um fator no custo dos primeiros.[43] Qualquer variação favorável nas relações de troca tenderia, portanto, a reduzir os custos industriais com relação aos preços das mercadorias industriais acabadas e, por consequência, aumentar o lucro industrial.[44] Que, quando falavam em estimular as exportações, era nas manufaturas que se concentrava a atenção, e que sua preocupação em restringir a importação

---

[43] As principais exportações inglesas no final do século XVI eram tecidos e linho (as mais importantes), chumbo e estanho, inclusive estanho trabalhado, peles e facas (para as Índias Ocidentais Espanholas), algum cobre para a Espanha, alguns cereais para a França e Portugal, e ainda certa quantidade de peixe. Entre as importações, havia uma variedade de coisas tais como vinhos da França e Espanha; açúcar e melado das Índias Ocidentais; cânhamo e linho, peles, piche, alcatrão, sebo e peles do Báltico; algodão e seda, groselha, peles e óleos do Mediterrâneo e regiões mais orientais; e sabão, laranjas e especiarias da Espanha.

[44] Na medida em que a diferença entre preços internos e externos era mantida por uma tarifa de importação uniforme, o ganho com a diferença de preços iria ter, naturalmente, não aos importadores ou compradores no país, mas ao Estado como receita; mas, se a limitação à importação atingisse algo parecido a um sistema de cotas, seria o importador quem auferiria aquele ganho. Na verdade, a restrição à importação consistia em proibições reais em alguns casos, e impostos que na realidade se mostravam proibitivos em outros, enquanto os próprios impostos diferiam amplamente para as diversas mercadorias. O efeito de diferenciação, portanto, era favorecer a importação de matérias-primas em prejuízo da importação de manufaturas acabadas, criando assim divergências de preço dentro do país entre as matérias-primas, que tendiam a aproximar-se do preço mundial, e as mercadorias manufaturadas altamente protegidas. Um motivo secundário para a diferenciação contra as importações de luxo era aparentemente incentivar o investimento. Misselden se referiu ao contraste entre gastar a renda em importações de luxo e investi-la como "Estoque" para dar emprego aos pobres ociosos no comércio de exportação. Mun, ao admitir que um influxo de moeda poderia elevar os preços, inclusive o das importações, argumentava que tal dano podia ser evitado se a renda aumentada não fosse usada no consumo, mas investida — e investida, ao que ele esperava, de maneira que viesse a estimular ainda mais as exportações.

não pretendia aplicar-se à entrada de matérias-primas (e sim exatamente o contrário), eis algo bem documentado pelas afirmações dos autores contemporâneos. Colbert definiu "toda a questão do comércio" como consistindo em "facilitar a importação de bens que servem à manufatura do país e embargar os que entram manufaturados".[45] Parte da defesa do comércio da Índia Oriental feita por Mun, bem como sua licença de exportar metal, estava em que esse comércio trazia matérias-primas para a manufatura, enquanto Coke declarava que as mercadorias importadas podiam ser mais valiosas do que o dinheiro, se usadas na indústria. John Hales deplorava anteriormente a exportação de matérias-primas, preconizando ao mesmo tempo uma restrição à exportação de lã e liberação da saída de cereais a fim de aliviar as dificuldades agrárias.

As medidas não só de coerção, aplicadas ao comércio colonial para que este servisse principalmente às necessidades do país metropolitano, mas também de controle da produção colonial, tornaram-se uma preocupação especial da política no final do século XVII e primeira metade do XVIII. Um Relatório do Comissário de Comércio e Plantações declarava, em 1699, que "a intenção de criar nossas plantações na América era a de que o povo ali se ocupasse com coisas que não sejam o produto da Inglaterra, à qual pertencem". Foram tomadas medidas para proibir a manufatura colonial de mercadorias que concorressem com os produtos exportáveis da indústria inglesa e para impedir a exportação de determinados produtos coloniais para outros mercados que não a Inglaterra. Esperava-se com isso que a Inglaterra ficasse com a nata do comércio colonial. Às colônias americanas, uma lei de 1699 proibiu, por exemplo, que exportassem artigos de lã, enquanto o fumo e o açúcar eram "relacionados" e só podiam ser exportados para a Inglaterra ou outras colônias. Durante o tempo em que Robert Walpole ocupou o posto de Primeiro-Ministro, foram concedidos prêmios para incentivar a exportação de manufaturas tais como a seda, enquanto os impostos de importação sobre matérias-primas como anilinas, cânhamo e madeira eram revogados, mas proibida a manufatura colonial de chapéus no interesse dos chapeleiros ingleses. À Irlanda foi proibida a exportação de artigos de lã, para que não concorressem nos mercados europeus com o tecido inglês, ou que comerciasse com as outras colônias, a não ser através de Londres.[46] Já em 1636, o

---
[45] Cit. Heckscher, *op. cit.*, 146.
[46] C.F. Brisco, *Econ. Policy of Robert Walpole*, 166, 185. A *Cambridge Modern History* se refere a "prêmios às manufaturas exportadas que davam vantagem ao mercador abastado sobre o seu colega menos favorecido", e ajudavam "as indústrias melhor desenvolvidas a capturar o comércio exterior" (vol. VI, 48-9). O Discurso do Rei em 1721, embora continuasse a se refe-

Conde de Strafford delineara sua política para a Irlanda como a de "desencorajar o mais que eu puder... os pequenos começos no sentido de um comércio têxtil" que ele encontrara ali, porquanto "pode-se recear que nos alijem do próprio comércio, vendendo por preços inferiores aos nossos", e "enquanto não tecerem sua própria lã, terão de conseguir seus tecidos conosco."[47] O historiador econômico da Irlanda do século XVII afirmou que "o ovinocultor e o mercador de lã irlandeses não podiam, por lei, mandar sua lã para nenhum outro lugar que não a Inglaterra, pelo que, falando-se legalmente, os ingleses eram compradores monopolistas e podiam fixar o preço tão baixo quanto lhes aprouvesse".[48] Em 1750, embora a importação de ferro-gusa e ferro em barras pelas colônias fosse permitida em benefício dos produtores ingleses de ferro, a construção de qualquer oficina de laminação, usina ou forno siderúrgico nas colônias era proibida.

Como declarou um autor a tal respeito, esta era a antiga "política da cidade, agora ampliada para os negócios de Estado".[49] Tratava-se de uma política de monopólio semelhante àquela que, em estágio anterior, as cidades haviam adotado em suas relações com o campo circunvizinho, e que os mercadores e mercadores-fabricantes das companhias privilegiadas tinham seguido em relação ao artesão. Era a continuação do que sempre fora o objetivo essencial da política do Empório, e tinha seu paralelo na política de cidades como Florença, Veneza, Ulm, Bruges ou Lübeck, nos séculos XIII e XIV, à qual, em capítulo anterior, demos o nome de "colonialismo urbano". O objetivo de reduzir o custo da manufatura no país, conservando baixos os salários, naturalmente, era mantido — política à qual o Professor Heckscher cautelosamente se refere como a de "riqueza para 'o país' baseada na pobreza da maioria de seus cidadãos", e "aproximando-se demasiado suspeitosamente da tendência de manter a massa do povo subme-

---

rir à necessidade de um *equilíbrio favorável* do comércio, interpretava isso como facilitar-se a importação de matérias-primas e expandir-se a exportação das manufaturas do país. O comércio colonial, ao que se estima, representava 15% do comércio inglês em 1698 e 33% em 1774 (Lipson, *op. cit.*, vol. III, 157).
[47] *English Economic History: Select Documents*, Bland, Brown, Tawney, orgs., 471.
[48] G. O'Brien, *Econ. Hist. of Ireland in the Seventeenth Century*, 186. Por outro lado, a indústria irlandesa de linho (em grande parte, embora não exclusivamente no Norte) se beneficiou no século XVIII com os prêmios de exportação introduzidos em 1743, sendo a intenção deles (nas palavras usadas por *Sir* William Temple algumas décadas antes) "reduzir o comércio tanto da França quanto da Holanda, e atrair boa parte do dinheiro que sai da Inglaterra para aquelas partes às mãos dos Súditos de Sua Majestade na Irlanda, sem atrapalhar qualquer interesse comercial na Inglaterra". Sempre houve, como é claro, em considerável medida, evasão a esses regulamentos coloniais, por parte das atividades de contrabando. No referente às evasões no comércio americano, cf. A.M. Schlesinger, *Colonial Merchants and the American Revolution*, 16-19.
[49] N.S.B. Gras, *Introduction to Economic History*, 201-2.

tida pela pobreza, para fazer dela animais de carga para poucos".[50] Mas a regulamentação monopolista iria agora ser ampliada também externamente às regiões coloniais, que deveriam ser mantidas na qualidade de fornecedoras de produtos agrícolas baratos para o benefício da crescente indústria da economia metropolitana. A *raison d'être* disso estava na influência que poderia ter no sentido de criar oportunidades melhores de lucro para o capital industrial, elevando o nível de preços dos produtos industriais e reduzindo o dos produtos agrícolas no interior da economia controlada de metrópole e colônia:[51] influência para a qual (como vimos) a obtenção de um excedente exportável vindo da metrópole poderia contribuir, esgotando o ouro do país colonial e aumentando o fluxo do mesmo para a metrópole. É a luz desse intuito tradicional de criar a escassez nos mercados de venda e barateza e abundância nos de compra que o "medo às mercadorias" e a convicção de que "homem algum tem lucro, a não ser pelo prejuízo alheio", acentuados pelo Professor Heckscher como ingredientes primordiais do pensamento mercantilista, adquirem significado.

Como a maior parte dos projetos de monopólio, essa política corria o risco de reduzir o *volume* das vendas enquanto elevava seu preço unitário. Mas, se isso seria ou não o resultado, eis coisa que depende da medida em que a pressão econômica e política conseguisse reduzir os custos nas colônias, fazendo-as trabalhar mais, para dar mais mercadorias em troca da mesma quantidade de antes. Essa pressão política muitas vezes bastava, na verdade, para tornar o comércio colonial um comércio forçado, tornando-se o seu lucro indistinguível do saque. As viagens de descobertas dos Tudor, no dizer de Sombart, "muitas vezes nada mais eram do que expedições de saque para pilhar as terras de além-mar". Na França, usava-se a mesma palavra para designar embarcador e pirata, e "os homens que no século XVI mandaram suas carracas de Dieppe, Havre, Rouen ou La Rochelle à África

---

[50] *Op. cit.*, vol. II, 153, 166. Child era quase o único, entre os autores econômicos da época, que falava contra a "restrição ao assalariamento de mão de obra" como política "bem de acordo com um usurário". Mas falava como defensor da East India Company contra os críticos da mesma entre os mercadores e industriais *Whigs*.

[51] Cf. James Mill: "O país colonizador, ao obrigar a colônia a vender os bens mais baratos para ele próprio do que o poderia fazer se os vendesse a outros países, simplesmente impõe um tributo à última... tributo esse que não é menos verdadeiro por estar disfarçado" (*Elements of Pol. Economy*, 3ª ed., 213), e J.B. Say: "A metrópole pode obrigar a colônia a comprar nela tudo quanto tenha a oportunidade; tal monopólio... permite aos produtores metropolitanos fazer com que as colônias paguem mais pela mercadoria do que ela vale" *(Treatise on Pol. Economy*, ed. de 1821, vol. I, 322). Cf. também Adam Smith, *Wealth of Nations*, ed. de 1826, 554 em diante; exemplo: "esse monopólio contribuiu obrigatoriamente para manter elevada a taxa de lucro em todos os diferentes ramos do comércio britânico, maior do que teria sido naturalmente se a todas as nações se permitisse um comércio livre com as colônias britânicas" (558).

ou América, eram embarcadores e piratas ao mesmo tempo".[52] Como observou Alfred Marshall, "a prata e o açúcar dificilmente chegavam à Europa sem uma mancha de sangue". Na rapacidade cruel de sua exploração, a política colonial nos séculos XVII e XVIII diferia pouco dos métodos pelos quais, em séculos anteriores, os cruzados e mercadores armados das cidades italianas tinham roubado os territórios bizantinos no Levante. Na Índia, exercia-se pressão sobre os camponeses para que cultivassem seda bruta para exportação, e Burke denunciou "a mão que, na Índia, arrebatou o tecido ao tear e roubou a pequena porção de arroz e sal ao camponês de Bengala". "Os grandes dividendos das companhias da Índia Oriental, no curso de longos períodos, indicam claramente que elas convertiam seu poder em lucros. A Hudson's Bay Company comprava peles de castor por artigos que custavam entre sete e oito xelins. No Altai, os russos vendiam panelas de ferro aos nativos pelo número de peles de castor necessárias para enchê-las. A Dutch East Indian Company pagava aos produtores nativos de pimenta cerca de uma décima parte do preço recebido por esse artigo na Holanda. A French East Indian Company comprou mercadorias orientais em 1691 por 487.000 libras, vendendo-as na França por 1.700.000... A escravidão nas colônias era outra grande fonte de riqueza", com o açúcar, o algodão e o fumo cultivados pelo braço escravo.[53] Já se disse em relação a Bristol que "cada tijolo da cidade custou o sangue de um escravo".[54] Na Inglaterra seiscentista não só eram os condenados, crianças sem recursos e "vagabundos sem patrão" mandados para as colônias para ali aumentar a mão de obra, como também o rapto destinado ao mesmo fim se tornou um ofício lucrativo, do qual participavam magistrados, vereadores e senhoras da Corte.[55] "As grandes companhias comerciais... não eram diferentes das de seus precursores genoveses e podem ser descritas como empreendimen-

---

[52] Sombart, *Quintessence of Capitalism*, 70, 72.
[53] Nussbaum, *op. cit.*, 123. J.A. Hobson escreveu: "A Economia Colonial deve ser encarada como uma das condições necessárias do capitalismo moderno. Seu comércio, em grande parte compulsório, foi em boa medida pouco mais do que um sistema de roubo velado, e em sentido algum um intercâmbio de mercadorias" (*Evolution of Modern Capitalism*, 13). E acrescenta que "os lucros do comércio eram suplementados pelos lucros industriais representando a mais-valia do trabalho escravo ou forçado". Sombart afirmou em direção semelhante que "o comércio forçado é o termo a se aplicar a toda a permuta entre povos não civilizados e os europeus naqueles dias" *(op. cit.*, 74) e que "todas as colônias europeias se desenvolveram na base do trabalho forçado" (*Der Moderne Kapitalismus*, I, 696; e sobre a escravidão colonial, 704 em diante). Alguns detalhes reveladores quanto aos métodos de exploração da Índia pela East India Company foram dados por Unwin num trabalho apresentado à *Manchester Statistical Society,* em 9 de janeiro de 1924, e depois transcrito em *Studies in Economic History: Papers of George Unwin.*
[54] Cit. Eric Williams, *Capitalism and Slavery*, 61.
[55] J.E. Gillespie, *Influence of Oversea Expansion on England to 1700*, 23-7.

tos conquistadores semiguerreiros, aos quais direitos soberanos tinham sido concedidos pelas forças do Estado."[56]

Em suma, o Sistema Mercantil foi um sistema de exploração regulamentado pelo Estado e executado através do comércio, que desempenhou um papel importantíssimo na adolescência da indústria capitalista: foi essencialmente a política econômica de uma era de acumulação primitiva. Era considerado tão importante em sua própria época que, em algumas obras mercantilistas, encontramos uma inclinação a tratar o ganho auferido no comércio exterior como a forma única de excedente e, portanto, a fonte única de acumulação e de renda estatal (como os fisiocratas *per contra* deram ênfase paralela ao arrendamento como o *produit net* exclusivo). Mun, por exemplo, declarou que, se o soberano "acumular mais dinheiro do que o ganho pelo saldo positivo de seu comércio exterior, não estará tosquiando, mas esfolando, seus súditos e, com a ruína destes, derrubará a si próprio, pela necessidade de futuras tosquias".[57] Temos também a afirmação de Davenant de que o comércio interno não enriquece uma nação, apenas transfere a riqueza de um indivíduo para outro, enquanto o externo faz um acréscimo líquido à riqueza da mesma. Com isso Davenant evidentemente entendia "um acréscimo líquido à riqueza do país" como um aumento excedente, exatamente como fizeram os fisiocratas ao contrastarem a "produtividade" da agricultura com a "esterilidade" da manufatura.[58]

Na atitude diante dessa questão de relações de comércio regulamentadas, encontramos uma diferença crucial de perspectiva entre o pensamento econômico da época e o posterior, modelado na tradição "clássica": diferença que os comentaristas modernos parecem ter tardado em examinar. Os economistas modernos se acostumaram a lidar em termos de mapas de oferta e de procura que são fatores constantes era seu problema e arraigam-se a certas atitudes mentais básicas, de indivíduos racionalmente calculistas e autônomos, tendo por consequência que um aumento do preço contra

---
[56] Sombart, *Quintessence*, 73.
[57] *England's Treasure by Foreign Trade*, 68.
[58] A doutrina de autores mercantilistas (como a dos fisiocratas) muitas vezes é interpretada como se negasse que o volume de comércio tenha qualquer efeito no aumento da riqueza. Embora não tenham geralmente sido explícitos a esse respeito, parece haver pouca dúvida de que não tinham a intenção de negar que o comércio aumentasse a riqueza, no sentido de utilidades. Mas eles não se achavam especialmente interessados nisso, estando sua preocupação no lucro ou "produto líquido" (excluindo os salários). Sua posição sustentava-se na suposição de que (à parte os salários menores) uma alteração na proporção entre preços de importações e exportações era o modo único de aumentar a taxa de lucro disponível para o comércio e a manufatura. Schrötter, por exemplo, torna isso bem claro numa passagem citada pelo Professor Heckscher, ao dizer que o comércio interno torna as pessoas felizes, mas não ricas.

compradores, ou sua redução em prejuízo dos fornecedores, pela ação monopolista, foram tomados como, respectivamente, diminuindo compras ou vendas. É verdade que, em anos recentes, aumentaram os comentários sobre a "inclinação regressiva das curvas de oferta" (principalmente no caso da mão de obra), do possível "efeito-renda", bem como do "efeito-substituição" de uma variação no preço, e de possíveis alterações nos mapas de procura dos consumidores como resultado da publicidade e método de vendas altamente compulsórios. Ainda assim, os hábitos tradicionais de pensamento resistem. Mas os autores econômicos da era mercantilista foram treinados numa tradição bem diversa e evidentemente concebiam as condições de oferta e de procura como aquilo que hoje se poderia chamar "produtos institucionais" e muito moldáveis em face da pressão política. Por isso mesmo, modificar as condições em que repousavam relações de comércio para vantagem própria — modelar o mercado conforme o interesse próprio — parecia ser o objetivo natural da política comercial e se tornou preocupação destacada dos seus responsáveis. No referente ao mercado interno, a experiência presumivelmente lhes ensinara que tais medidas podiam atingir com rapidez um limite, principalmente quando o campo já se achava congestionado por privilégios e regulamentos monopolistas estabelecidos. Nessas condições eram poucas as possibilidades de que um mercador expandisse seu ramo, a não ser à custa de outro, e o comércio interno era por isso encarado como proporcionando pequena possibilidade de ganho com uma regulamentação maior. Nas terras virgens do ultramar, porém, com populações nativas a serem espoliadas e escravizadas e os colonizadores a arregimentar economicamente os colonos, a situação se mostrava inteiramente outra e as possibilidades do comércio forçado e da pilhagem devem ter parecido riquíssimas.

4

Talvez mais revelador do que aquilo que os autores dessa escola possuíam em comum sejam as diferenças observáveis entre as obras pertencentes a um período anterior e a outro, posterior. Uma diferença flagrante está na atitude adotada, em diferentes períodos, quanto às proibições de importar e exportar e especialmente na atitude referente aos diversos tipos de mercadorias. Nos séculos XIV e XV, a política econômica regulamentara a exportação não só dos metais preciosos, mas também de produtos como cereais e lã.[59] Certas importações (como o vinho que servia às necessidades das classes superiores), por outro lado, eram incentivadas. Embora algumas dessas regulamentações, principalmente a restrição da exportação de lã, fossem em parte uma concessão à indústria nacional nascente, a ênfase principal de tais restrições apresentava um contraste com a doutrina posterior. A barateza era elogiada nesse período como virtude e a exportação era encarada com desconfiança, pois operava contra a abundância no país. Essa "política de aprovisionamento", como a chama o Professor Heckscher, é descrita por ele como uma tradição medieval advinda das condições de uma "economia natural" que revelava o objetivo real da troca, a abundância, sem a capa de "um véu monetário". Parece mais razoável, entretanto, supor que o destaque conferido à barateza pertencesse a um período anterior ao crescimento da manufatura capitalista quando a Inglaterra era primordialmente um produtor de gêneros alimentícios e matérias-primas e o interesse tanto do consumidor (principalmente o urbano) como do mercador estava na barateza da fonte de fornecimento. Mesmo quando a manufatura se desenvolveu, inicialmente ela demonstrava mais interesse pela barateza de sua matéria-prima do que por uma expansão dos mercados externos. Embora os mercadores tivessem interesse na exportação, os mais poderosos deles, como os *Staplers*, podiam confiar na aquisição de licença especial para esse fim e tanto mais lucravam quanto mais restringida fosse a exportação para os demais.

A ênfase conferida às virtudes do aumento da exportação esperava pelo aparecimento de um poderoso interesse manufatureiro, distinto do comercial, pois era benéfico para o fabricante que o mercado para seu produto se mostrasse tão amplo quanto possível, como também redundava em sua vantagem que a importação dos artigos competitivos fosse reduzida. É verdade que ele tinha ainda interesse em incentivar a barateza de suas matérias-primas e da subsistência dos trabalhadores: fato que vimos a doutrina mercantilista levar inteiramente em conta ao reservar sua recomendação de exportação às manufaturas e restringir sua condenação às importações do que não fosse matéria-prima ou mercadorias acabadas, destinadas ao consumo de luxo.

---

[59] A política a respeito da lã achava-se sujeita a alguma flutuação, e a exportação desse artigo era permitida, sujeita a uma licença de exportação específica. Embora continuasse o comércio ilícito, a tendência da política estatal no século XVI marchava gradualmente no sentido de restringir a exportação de lã, no interesse da indústria nacional de tecidos; até que sob Jaime I foi inteiramente proibida. Antes de 1670, a exportação de cereais só era permitida quando o preço nacional caía abaixo de certo nível, substancialmente menor do que o preço normal.

No entanto, a ênfase foi deslocada, e a venda de exportações passou a ser a preocupação maior. Por exemplo, à medida que se desenvolveu a manufatura têxtil, os fabricantes de roupas, embora advogassem uma proibição à exportação de lã, demonstravam interesse no desenvolvimento das exportações de tecidos, exatamente como mais tarde aqueles que davam os toques finais às roupas (e os rivais dos Mercadores Aventureiros que formaram a organização "Mercadores Aventureiros do Rei" em 1614, para exportar tecidos tingidos) acreditavam fervorosamente na exportação desde que ela não fosse de tecido não tingido. No século XVII, enquanto os curtidores e mercadores de couro peticionavam contra um embargo à exportação de couro, a Companhia de Cordovaneiros de Londres pedia uma renovação desse embargo, afirmando que a exportação "deve arruinar muitos milhares de famílias ocupadas na transformação de couro em produtos acabados, existindo cem vezes mais manufatureiros do que curtidores e transportadores".[60]

Já em 1611, Jaime I, no *Book of Rates* (Livro de Tarifas), anunciara uma política "de isentar todas as mercadorias entrantes que servem para dar trabalho ao povo de nosso reino (como algodão cru, em fio, seda crua e cânhamo bruto)" e, ao mesmo tempo, reduzir as taxas sobre a exportação de certas matérias-primas. Foi emitida uma proclamação restringindo a exportação de lã (embora certas exceções continuassem a ser concedidas por uma venda de licenças pela Coroa como expediente fiscal): política continuada por Carlos I e Cromwell e incorporada numa lei do Parlamento ao tempo da Restauração.[61] Em 1700, as exportações de tecidos foram isentas de todas as obrigações e, depois de um duelo com a East India Company a respeito da acusação de que esta importava tecidos orientais em prejuízo da manufatura inglesa, a importação de seda ou morim indiano, persa ou chinês foi proibida. A hostilidade quanto à exportação de cereais continuou até meados do século XVII, presumivelmente porque seu preço entrava diretamente no da mão de obra, mas depois da Restauração, quando o investimento de capital na agricultura começara a tomar dimensões maiores, a política de restrição à exportação foi substituída por outra de impostos sobre a importação e até mesmo de incentivo à exportação de cereais.

---

[60] Diferenças semelhantes entre o elemento comerciante e manufatureiro, quanto à exportação de produtos semiacabados, podem ser achadas em outros ramos de comércio. Assim, os fabricantes de utensílios de estanho de Londres peticionaram em 1593 contra a exportação de estanho não trabalhado (cf. *History of the Company of Pewterers*, vol. II, 21 em diante) e as seções artesanal e mercadora da Companhia de Peleiros disputaram por muitos anos quanto à exportação de peles não curtidas.
[61] Lipson, *op. cit.*, vol. III, 21-3. Um defensor dos criadores de ovelhas, batendo-se pelo comércio livre de lã, denunciou a política protecionista como "mau legado da Grande Rebelião" e como "obra do Partido do Commonwealth" (cit. *ibid.*, 30).

Os autores do século XVI que pregavam maiores facilidades de exportação para as manufaturas, podiam, portanto, aparecer como pensadores progressistas que emancipavam o pensamento dos preconceitos obsoletos. Em grande parte realmente o foram. Entre outras coisas, as opiniões metalistas tinham-se mostrado difíceis de conciliar com a restrição à exportação, e os autores que indicavam a contradição e demonstravam a ligação entre a entrada de ouro e o saldo de exportação de mercadorias estavam dando uma contribuição pioneira a uma teoria do comércio exterior. Era natural que sustentassem a suposição tradicional de que o "tesouro" era coisa desejável por si mesma, embora ela tivesse perdido grande parte de sua plausibilidade, agora que passara a fase em que a acumulação burguesa tomara a forma de entesouramento de dinheiro ou de metais preciosos, ou de compra de terras, e a afeição continuada a esses antigos objetos de acumulação se tornava um obstáculo ao investimento industrial que se convertera na moda burguesa. Poucos motivos existiam para levá-los diretamente a uma crítica dessa suposição quando esta se ajustava tão bem às recomendações de proteção do mercado nacional e liberação das exportações.[62] Em parte por causa de seus ensinamentos, e em parte (talvez em proporção maior) por causa de instâncias da East Indian Company, afrouxou-se a dureza da política anterior com relação à proibição da exportação de ouro. O argumento essencial consistia em que as importações que acarretassem a exportação de ouro em seu pagamento poderiam não ser indesejáveis, se tais importações se compusessem de matérias-primas, que, ao incentivarem, a manufatura resultariam em exportações maiores e, finalmente, trariam mais tesouro de volta ao reino.

Na segunda metade do século XVII, entretanto, a suposição de que a abundância de dinheiro deve ser desejada por si mesma, e não porque pode permitir a promoção de relações de comércio mais lucrativas, cada vez mais sai de cena. Nesse particular, e como observamos, uma condição crucial residia na admissão de que não era o volume monetário absoluto que possuía um país, mas a sua relação com o de outros países, a consideração de real importância. Embora o ponto de vista de que pelo menos um aumento relativo no estoque monetário de um país era uma vantagem fosse abandonado apenas em casos raros, a ênfase gradualmente passou a modificar-se. Davenant, por exemplo, embora rendesse homenagem à tradição metalista ao afirmar que um "Saldo Positivo" exportador se pagava em ouro, e media "o Lucro de uma Nação pelo Comércio", já mudara o bastante do ponto de vista anterior para

---

[62] Quando Mun, por exemplo, argumentou que "os dinheiros exportados voltarão mais do que triplicados", na forma de sua argumentação, ele não se afastava da doutrina tradicional a respeito da moeda. Mas ao fazer uma afirmação desse tipo mudara completamente o enfoque da questão.

poder dizer, quanto ao ouro e à prata, que estes eram apenas "a Medida de Comércio", e que "sua Fonte e Origem é o Produto Natural ou Artificial do País". "O ouro e a prata", dizia ele, "estão tão longe de ser as únicas coisas a merecer o nome de Tesouro ou Riquezas de uma Nação, que na verdade o Dinheiro, no fundo, nada mais é do que o Elemento de Contagem com o qual os homens em suas transações se acostumaram a calcular". E sua preocupação maior era acentuar a vantagem de aumentar as exportações mantendo-se baixos os custos nacionais.[63]

Isso não corresponde a dizer que as opiniões dos autores nesse período, a respeito dos efeitos da política comercial, não permanecessem, em muitos aspectos, confusas. É característica de toda ideologia que, embora reflita e ao mesmo tempo ilumine o mundo que lhe é contemporâneo, o faça a partir de determinado ângulo, e, com isso, em grande parte turve e deforme a realidade. Certas relações sobre as quais o cenário histórico dos autores em questão faz com que o pensamento se focalize são iluminadas, ao mesmo tempo que outras escapam à atenção e se obscurecem. A ideologia desse período de capital industrial nascente dificilmente poderia basear-se na suposição explícita de que o maior bem consistia em elevar ao máximo o lucro de uma determinada classe. Daí essa ideologia aparecer sob o disfarce do princípio de que o comércio deve subordinar-se aos interesses gerais do Estado, e, como o poder soberano se personalizava na Coroa, parecia razoável aplicar às transações econômicas do Soberano a analogia do comerciante individual cujo lucro se media pelo saldo em dinheiro restante após completadas todas as operações de compra e venda. Quanto mais realista seu pensamento, tanto mais o autor percebia que não era esse o objetivo real da política. No entanto, a suposição de que tal sucedesse tinha raízes bem profundas na tradição da qual se nutria seu pensamento. Até que mudanças bastante radicais no mundo dos negócios tivessem provocado uma arrancada revolucionária no pensamento — um repúdio explícito da tradição — o caminho do compromisso era natural para qualquer pensador filho de seu tempo. Ao fetiche do ouro, eles continuavam, pelo menos, a prestar homenagens superficiais. Por consequência, embora ressalvada pela interpretação moderna, a contradição central continuou por algum tempo a gerar falácias e a semear confusão: por exemplo, a confusão dominante entre os termos de troca e a balança comercial, entre o lucro para um comerciante ou companhia comercial e o ganho para a nação, e a tendência a identificar o acréscimo ao lucro total devido ao comércio exterior com a importação de moeda. Os homens

---

[63] *Essay on the East India Company*, 1697, 31, e *Discourses on the Public Revenues*, 15-16. Cf. também as passagens de outros autores do final do século XVII citadas por Lipson, *Economic History of England*, vol. III, 65-6.

continuaram a aceitar tais corolários da doutrina econômica como a afirmação de Napoleão de que a Inglaterra seria prejudicada se lhe fossem vendidos bens durante a guerra, desde que suas exportações pudessem ser impedidas e, por consequência, o ouro se esvaísse do reino, ou a opinião de Davenant, no sentido de que uma guerra travada dentro de um país o empobreceria menos do que outra, travada em terreno estrangeiro, pois os custos da primeira não acarretariam qualquer exportação de ouro.

Entrelaçada à questão protecionista central, achava-se uma série de temas subordinados. A questão da usura, por exemplo, era tópico de uma série de autores da época, e, de qualquer forma, os primeiros autores aparentemente viam uma relação causal entre a fartura de dinheiro e a queda das taxas de juro. Nisso, eram sucessores do debate anterior, do tempo dos Tudor, a respeito da ética da usura e da desejabilidade de sua proibição, mas com a diferença de que, embora partilhando a ânsia de autores como Thomas Wilson de que os juros fossem baixados, buscavam fazer isso indiretamente, por medidas preconizadas por eles, ao invés de o obter por proibição legal.[64] Como observou o Professor Viner, "pelo menos verbalmente identificaram a moeda ao capital" e "grande parte de sua argumentação só pode ser explicada se encarassem a moeda e o capital como idênticos na realidade como em nome".[65] Naquela era de empreendimento nascente, no entanto, uma identificação assim não se mostra apenas compreensível: espelhava também grande parte da verdade. Aquilo de que precisava o capitalista individual, se quisesse tornar-se um pioneiro econômico, era o comando dos recursos: o que limitava o alcance de seus esforços numa era de crédito não desenvolvido era não só a falta de disponibilidade dos recursos necessários (como a mão de obra, matérias-primas ou direitos de mineração), mas também a falta de disponibilidade dos meios líquidos com os quais os recursos pudessem ser mobilizados. A experiência lhe ensinara (ou, pelo menos, causara forte impressão em seu espírito) que "quando a moeda for abundante no reino", não só o crédito se mostrará mais farto, como também os mercados serão mais ativos, o que representaria vendas melhores e maiores e um período mais curto entre a produção e venda, para as quais seria preciso fazer uma previsão. No entanto, esse aspecto da política mercantilista raramente parece ter ocupado um lugar de primazia na mente das pessoas, subordinando-se geralmente a uma preocupação com o

---

[64] Tanto Malynes quanto Misselden, por exemplo, concordavam em que "o remédio para a usura pode ser a abundância de Dinheiro".
[65] *Studies in the Theory of International Trade*, 31. O Professor Heckscher também comenta o fato de que eles tratavam virtualmente o dinheiro como um fator de produção, sendo o juro encarado como o aluguel do dinheiro, tal como aluguel da terra.

maior lucro a obter mediante melhoria das relações de comércio. Entre os autores mais destacados da parte final do século XVII e de data posterior, qualquer ligação simples entre a moeda e taxas de juro começou a ser explicitamente negada, conferindo-se ênfase (e não foi apenas Hume que o fez), antes, ao crescimento do comércio e de uma classe capitalista e, com isso, ao crescimento de "estoque" como o meio mais seguro de baratear o crédito.[66] Em meio a essas opiniões, estava o empenho de alguns autores em mostrar o entesouramento (de moeda real ou metais preciosos) como tendente a desviar fundos emprestáveis do comércio e assim tornar caro o crédito para o mercador. Outros autores pretendiam que as despesas de luxo e a vida faustosa — que, identicamente ao entesouramento, eram encaradas como pecado especial da aristocracia — tinham efeito semelhante.[67]

Havia também, como cenário para a teorização econômica destes autores, a acerba controvérsia quanto à East India Company e aos Mercadores Aventureiros, dos quais os panfletários Stuart mais conhecidos eram partidários interessados. Misselden escreveu como propagandista da Companhia de Mercadores Aventureiros inicial, da qual se tomara representante-governador, em oposição a Malynes que estivera em sociedade com Cockayne em seu malogrado projeto rival, os chamados "Mercadores Aventureiros do Rei". Em seu primeiro panfleto, Misselden, embora defendendo as companhias patenteadas em geral, criticava (implicitamente) a East India Company e sua licença para exportar ouro, ponto de vista que modificou em seu segundo panfleto depois que aquela companhia lhe deu um emprego. Também Mun, filho de um negociante de fazendas e diretor da East India Company, desenvolveu em seu *Discourse of Trade* aquilo a que se chamou a tendência mais liberal de sua doutrina (afrouxamento do controle sobre a exportação de ouro e sua substituição de uma teoria de "equilíbrios particulares" por outra de "equilíbrio geral") como apelo especial em favor das atividades da East India Company e contra seus críticos. O mesmo sucedeu ao que, em geral, se encarou como as tendências de "livre comércio" dos autores da parte final do século XVII, tais como Child, Davenant e North, que eram *tories* (em uma época na qual a East India Company era essencialmente uma corporação *tory*), bem como dos críticos *tory* da *British Merchant*, cujos donos eram *whigs*, e à sua política de proibir o comércio com a França.[68]

---

[66] Cf. pp. 203, em diante.
[67] Embora houvesse, naturalmente, certos autores da época que defendessem a despesa com luxo, ênfase maior achava-se no outro lado, o que indica que as noções sobre "subconsumo" entraram diretamente muito pouco na doutrina mercantilista.
[68] Cf. E.A.J. Johnson, *Predecessors of Adam Smith*, 57-62, 73-6, 145-9. Na década de 1660 e no iní-

Poder-se-ia talvez desculpar a quem examinasse as obras mercantilistas através de uma óptica moderna e concluísse que a ênfase por elas conferida a uma balança comercial favorável indicava uma intenção confusa de aumentar a taxa de lucro pelo incentivo ao investimento no exterior. Tal interpretação, no entanto, tem poucas indicações em seu favor. Não resta dúvida de que certo volume de investimento no exterior ocorreu nesse período, o qual, após o transcurso de um século chegava a uma quantia considerável para aquela época. E parte dos lucros do comércio representava lucros não só sobre o capital de giro, mas também sobre o capital fixo empregado no equipamento e fortificação das agências de comércio no exterior e em navios, em propinas para comprar a boa vontade de notabilidades estrangeiras (como no Oriente) e nas plantações no Novo Mundo. Ainda assim, com algumas exceções, como as plantações de açúcar trabalhadas por escravos negros, tal investimento era um acessório a aventuras comerciais, em vez de empreendimento independente, valorizado por si próprio, e as preocupações dos homens práticos e teóricos econômicos eram essencialmente com as relações de comércio e não com as condições de investimento no exterior. Aí estava a diferença vital entre o Antigo Sistema Colonial do período mercantil e o sistema colonial do imperialismo moderno: a exportação do capital não ganhara qualquer dimensão considerável e não ocupava o centro do palco.

Sob certo aspecto, no entanto, é verdade que certa ênfase no investimento começou a surgir nas obras da parte final do século XVII: os panfletários *whigs*, por exemplo, ligados ao *British Merchant*. Devidamente examinada, essa ênfase nos proporciona, a meu ver, uma chave para a diferença mais importante entre as doutrinas do período posterior e do anterior. O investimento a que esses últimos autores fizeram referência implícita, no entanto, era o investimento aumentado, não no exterior, mas no país, resultante de uma expansão dos mercados de exportação. Em suas mãos, a tese de uma balança comercial favorável passou a ser interpretada não tanto como uma balança de mercadorias *simpliciter*, mas como a de emprego criado pelo comércio. O comércio devia ser regulamentado de tal modo que os bens exportados criassem mais emprego que as coisas importadas criavam no exterior, o que tais autores achavam que aconteceria se os produtos acabados fossem exportados e só se importasse matéria-prima.[69]

---

cio da década de 1670, havia uma boa dose de sentimentos antifranceses em relação às importações de manufaturas francesas, e o elemento *whig* na Câmara dos Comuns mostrava hostilidade ao Rei por este último estender favores demais à França. "Os *Whigs* eram os nacionalistas da época... em oposição a um monarca não nacional, em aliança com o principal competidor do país" (L.B. Packard, em *Quartely Journal of Economics*, maio de 1923, 435).

[69] Cf. a doutrina de "rendas pagas no exterior" preconizada durante a controvérsia sobre o Tratado de Utrecht e a distinção bem obscura de Stuart entre o equilíbrio de "matéria" e o equilíbrio de "mão de obra".

Essa nova ênfase no emprego realmente não é tão surpreendente como poderia parecer à primeira vista. A preocupação dos autores mercantilistas fora sempre com o excedente ou produto líquido restante depois de pagos os salários da mão de obra. E um comércio colonial cuidadosamente regulamentado, servindo ao princípio de "comprar barato e vender caro", fora encarado por eles como o principal método para aumentar esse excedente, e aumentá-lo em proporção maior do que qualquer aumento no capital envolvido. Numa era em que o investimento industrial estava pouco desenvolvido e o interesse prevalecente era o dos elementos privilegiados das companhias comerciais dotadas de cartas-patentes, o ganho de monopólio num dado movimento comercial era o foco natural de interesse e por isso a atenção se centralizava em *termos* favoráveis de comércio.

Na parte final do século XVII, entretanto, como observamos, uma mudança da atenção para o *volume* da demanda de exportação dos produtos de fabricação nacional podia ser observada. Exportações maiores significavam oportunidades melhores para o emprego da mão de obra na manufatura nacional, e o maior emprego da mão de obra (como o cultivo maior da terra numa economia de *plantation*), representava um alcance também maior para o investimento de capital na indústria, porquanto cada trabalhador a mais era um criador latente de excedente adicional, e mais emprego significava mais criadores de excedente em funcionamento. Enquanto uma modificação nos *termos* de comércio (e daí presumivelmente na proporção entre preço e custo) tendia a aumentar a *taxa* de lucro a ser auferido sobre um *dado* capital, e era assim mantida como objeto da política (pelo menos durante algum tempo), uma expansão no *volume* do comércio, desde que a mesma pudesse ser alcançada sem qualquer reação desfavorável nos termos de comércio, permitiria que um volume *maior* de capital fosse empregado a uma dada taxa de lucro.[70] Ao final, é claro, o foco de atenção devia fixar-se por inteiro no volume de comércio e em seu aumento. Nesse sentido, a base principal para o ataque desferido por Adam Smith contra "o monopólio do comércio colonial" estava em que este servia para estrangular qualquer expansão do mercado, no interesse de estabelecer um conjunto de preços de monopólio. Mandeville, na verdade, escrevendo no início do século XVIII, antecipara-se a essa crítica de tal modo que sustentava ser "a compra uma barganha, e nação alguma pode comprar bens de outras que nada tenham de si próprias para efetuar a compra", e que "se nos recusarmos a aceitar mercadorias [de outras nações], em pagamento por nossas manufaturas, elas não

---

[70] Posto que, se a demanda das mercadorias manufaturadas crescia e não havia uma baixa concomitante no seu preço, e aumento nenhum no preço das matérias-primas, equipamento ou mão de obra, o excedente total disponível para o capitalista tenderia a crescer *pari passu* com o aumento de capital necessário para comprar a matéria-prima, equipamento e força de trabalho.

poderão mais comerciar conosco e terão de se contentar com comprar o que querem a nações que aceitem aquilo por nós recusado".[71] Mas até mesmo o crescente interesse industrial mantinha, por enquanto, sua afeição pelo sistema de regulamentação e proteção. O sistema colonial não fora ainda abalado pela revolta norte-americana e muitas das potencialidades de sua exploração pareciam intactas. Por isso mesmo, a nova ênfase no emprego foi meramente enxertada na estrutura da teoria mais antiga.

Nesse elemento duplo das obras mercantilistas posteriores, chegamos ao cerne de uma questão bem fundamental. Não só nesse período, mas ao longo de toda a história do capitalismo, encontramos essa contradição vital. Para expandir-se, para encontrar lugar para acumulações sempre novas de capital, a indústria precisa de uma expansão contínua do mercado (e, em última análise, do consumo). No entanto, para preservar ou aumentar a rentabilidade do capital já investido, tem-se de recorrer de quando em vez a medidas de restrição monopolistas, cujo efeito é agrilhoar o mercado e impedir as possibilidades de nova expansão. A própria depressão do padrão de vida das massas, condição para que o lucro seja ganho, estreita o mercado servido pela produção. No período da adolescência do sistema, tal contradição surgia geralmente na forma de um conflito entre os interesses de uma geração mais velha de capitalistas, já enriqueirados em certas esferas de comércio e da usura, onde o capital penetrara primeiramente, e os interesses de uma nova geração que se tornara investidora em atividades ou indústrias novas, ou em novos métodos de produção. É para esse fato que devemos evidentemente nos voltar se quisermos encontrar algumas das razões pelas quais parcelas mais antigas e estabelecidas da burguesia sempre se tornaram rapidamente reacionárias e mostraram tamanha presteza em se aliar aos remanescentes feudais ou a um regime autocrático a fim de preservar o *status quo* contra mudanças mais revolucionárias. No século XVII, a contradição se expressou no conflito entre o capital industrial nascente e os príncipes mercadores, com seus monopólios concedidos por cartas-patentes; no início do século XIX encontramos essa expressão no desafio apresentado pela nova classe de capitalistas fabris à aristocracia *whig* e a todo o Sistema Mercantil. Em cada caso, a queixa do capital industrial nascente era não só que o regime existente de monopólio fazia com que uma parcela indevida dos lucros do comércio e manufatura fosse parar às mãos de um círculo privilegiado, mas também que o mesmo limitava o crescimento e a expansão — impunha limites estreitos ao campo de investimento industrial.

Logo depois dessa nova atenção à necessidade de um campo mais amplo de investimentos, veio a percepção de uma nova possibilidade: a de *intensi-*

---
[71] *Fable of the Bees* (ed. de 1795), 58 (observações à linha 180).

ficar o campo de investimentos existente, mediante melhorias técnicas que aumentassem a produtividade do trabalho. Essa possibilidade, uma vez examinada, iria ter consequências revolucionárias, tanto no reino da doutrina quanto no da prática. No século XVII, achamos apenas traços de tal previsão, e também ficou como tarefa para os economistas clássicos examinar tanto as possibilidades quanto as implicações do aumento da produtividade do trabalho, bem como expor, com clareza e decisão, tais implicações. As indicações constatáveis por volta de 1700 em autores que tinham captado a atmosfera da descoberta científica e técnica do século XVII, porém, são sinais das tendências dominantes: por exemplo, a sugestão de autores como Grew ou Postlethwayt de que o caminho mais seguro para a riqueza estava na promoção de invenções que causassem uma "economia no trabalho dos homens". São indicadores da direção em que o capital industrial já começava a olhar: indicações de que avizinhava-se a época da invenção industrial.

CAPÍTULO VI

CRESCIMENTO DO PROLETARIADO

1

Os méritos rivais dos diferentes tipos de colônia constituíram tópico central de debate entre os primeiros autores que trataram das questões coloniais. E a principal diferença entre as examinadas era aquela entre colônias (como a Nova Inglaterra) constituídas quase exclusivamente de pequenos proprietários e colônias (como a Virgínia) onde a propriedade da terra se concentrava, e existia uma classe assalariada. Estas últimas reproduziam a estrutura social da mãe-pátria e por isso eram admiradas pelos autores de temperamento aristocrático e conservador, enquanto as primeiras recebiam os encômios dos apóstolos da *Liberté* e da *Egalité* como modelos de uma sociedade de tipo novo e ideal. Logo se compreendeu que o ponto nevrálgico da diferença estava na política adotada pela autoridade dominante com relação à venda e distribuição da terra. Onde as concessões fundiárias eram feitas a colonos em lotes pequenos a um preço nominal, ou em fáceis condições de crédito, a sociedade ali desenvolvida era a de pequenos cultivadores, onde poucos se inclinavam a trabalhar por salários. Em contraste, a venda de terra em grandes faixas tendia a criar uma sociedade econômica de grandes proprietários com uma divisão de classes definida entre proprietários e não proprietários. Como Gibbon Wakefield destacou em passagem conhecida, "a fartura e barateza da terra em países pouco povoados permite a quase todos que assim o desejem tornarem-se proprietários de terras... (e) a barateza da terra é a causa da escassez da mão de obra para o trabalho assalariado... Onde a terra é muito barata e todos os homens são livres, onde cada um que o desejar pode obter um pedaço de terra para si próprio, o trabalho não só é muito caro, no que diz respeito à participação dos trabalhadores no produto, como a dificuldade está em obter trabalho por qualquer preço".¹ Tornou-se claro para os que desejavam reproduzir as relações capitalistas de produção no novo país que a pedra fundamental de seus esforços devia ser a restrição da propriedade da terra a uma minoria e a exclusão da maioria quanto a qualquer participação na propriedade. A compreensão dessa mesma verdade levou os administradores coloniais em tempos mais recentes a reduzir, em certas partes da África, reservas das tribos nativas e impor tributos aos nativos nelas residentes, a fim de manter uma oferta de mão de obra para os empregadores brancos. É evidente que isso estava no entendimento de muitos observadores das transformações agrárias que acompanharam a Revolução Industrial na Inglaterra. Com efeito, vemos o autor do *Survey* de Gloucestershire em 1807 registrar a opinião franca de que "o maior dos males para a agricultura seria colocar o trabalhador em situação de independência [isto é, permitir-lhe possuir terra] e destruir assim as graduações indispensáveis da sociedade". "Os fazendeiros, como os manufatureiros", disse outro autor na época, "precisam de trabalhadores regulares, homens sem qualquer outro meio de sustento além de seu trabalho diário, homens com os quais possam contar."²

Dizer hoje que o capitalismo pressupõe a existência de um proletariado já se tornou lugar-comum. Mas o fato de que a existência de tal classe dependa de um determinado conjunto de circunstâncias históricas raras vezes mereceu atenção no passado em mãos de autores que dedicaram uma boa soma de análise à evolução do capital sob suas várias formas e ao desabrochar do espírito capitalista — talvez porque os estratagemas dos prestamistas lombardos e dos corretores de fundos públicos de Amsterdã dão elementos para uma narrativa mais cheia de encantos do que o relato de como os pobres eram marcados a fogo e enforcados, e os aldeões perseguidos e despojados do que tinham. Já vimos, em capítulo anterior, que o processo criador, tanto do Capital quanto do Trabalho, como produtos conjuntos, a chamada "acumulação primitiva", mostrou-se por um lado como concentração de propriedade pela ação da pressão econômica e monopólio, usura ou expropriação real, e, por outro, como o consequente desapossamento dos donos anteriores. Um tipo de propriedade nasceu das cinzas de um tipo mais antigo: a grande propriedade atingiu estatura adulta digerindo a pe-

---
¹ *A View of the Art of Colonization*, 325; *England and America*, vol. I, 247. A opinião de Wakefield era que a escravidão era uma base tão comum da economia colonial porque a abundância de terra nesses países tornava cara a mão de obra livre. No entanto, a mão de obra livre se mostrava mais produtiva. Seu remédio era que o Governo sempre pusesse um preço substancial em toda a terra. "Se a terra da colônia fosse de dimensão limitada, uma grande importação de pessoas aumentaria seu preço e obrigaria algumas pessoas a trabalhar por salários" (*Art of Colonization*, 328).
² Cit. W. Hasbach, *A History of the English Agricultural Labourer*, 103, 136.

quena. E uma classe capitalista surgiu como produto não da frugalidade e da abstinência, como os economistas tradicionalmente afirmaram, mas do desapossamento de outros através da superioridade econômica ou política. Para que o capitalismo amadureça como sistema de produção, disse Marx, "dois tipos bem diversos de donos de mercadorias têm de se defrontar e entrar em contato: de um lado, os donos do dinheiro, meios de produção e de subsistência, desejosos de aumentar a soma de valores possuídos pela compra da força de trabalho de outras pessoas; de outro, os trabalhadores livres, vendendo sua própria força de trabalho... Com essa polarização do mercado de bens, as condições fundamentais da produção capitalista passam a ter existência. O sistema capitalista pressupõe a separação completa dos trabalhadores quanto a toda propriedade dos meios pelos quais podem realizar seu trabalho... A chamada acumulação primitiva, portanto, nada mais é que o processo histórico de divorciar o produtor dos meios de produção... A expropriação do produtor agrícola, ou camponês, assim afastado de qualquer propriedade do solo, é a base de todo o processo".[3]

Pode ser que um dos motivos para a negligência comum quanto a esse aspecto da questão tenha sido a suposição implícita de que o aparecimento de uma grande reserva de mão de obra fosse um simples produto da população crescente, criando mais braços do que os empregáveis nas ocupações existentes e mais bocas do que as sustentáveis pelo solo então cultivado. A função histórica do Capital foi dotar com o benefício do emprego esse exército de braços excessivos. Se fosse essa a história real, poderíamos ter algum motivo para falar do proletariado como uma criação natural, em vez de institucional, e tratar a acumulação e o crescimento do proletariado como processos autônomos e independentes. Tal quadro idílico, no entanto, carece de ajustar-se aos fatos. Na verdade, os séculos nos quais um proletariado foi recrutado mais rapidamente foram aqueles de aumento demográfico natural lento, e não rápido, e a escassez ou plenitude de uma reserva de mão de obra nos diversos países não se correlacionava a diferenças comparáveis em suas taxas de crescimento demográfico. É bem verdade que a Revolução Industrial na Inglaterra coincidiu com um aumento natural de rapidez incomum, mas foi também um período no qual outros motivos para a existência de uma crescente reserva de mão de obra se mostraram em maior evidência: como, por exemplo, a morte do campesinato como classe e o fim dos ofícios artesanais. Certamente é verdade, como acentuaram alguns autores, que, uma vez

---

[3] Marx, *op. cit.*, 737-9. Noutra parte ele diz: "Para tornar o trabalhador coletivo, e por seu intermédio o capital, rico em poder produtivo, cada trabalhador tem de ser feito pobre em poderes produtivos individuais."

firmemente estabelecido o capitalismo industrial, sua necessidade crescente de mão de obra foi suprida na maior parte pela taxa natural de crescimento do proletariado — por sua própria capacidade de reprodução. Por exemplo, temos que, durante o século XIX, a população da Europa aumentou quase duas vezes e meia, mas no decorrer dos três séculos nos quais a indústria capitalista adquiria uma base (entre meados do século XIV e a época da estimativa feita por Gregory King) a população da Inglaterra provavelmente não cresceu mais do que 2 milhões, de 3,5 para 5,5 milhões de pessoas.[4] A França possuía tão grande "praga de mendigos" no século XVI quanto a Inglaterra, e talvez maior ainda. No final do século XV, dizia-se haver 80.000 mendigos só em Paris, e, no início do século XVII, um contemporâneo estimou que uma quarta parte da população daquela cidade se compunha de pessoas completamente pobres. Mais adiante no mesmo século, o bispo de Montauban declarou que "em minha diocese de 750 paróquias morrem cerca de 450 pessoas diariamente por falta de alimentos".[5] No entanto, a população da França em 1700 provavelmente continuava bem próxima da mesma cifra referente aos séculos XVI e XIV, e o século assinalado por sua "praga de mendigos" pode até ter sido aquele em que a população total do país se achava em declínio.[6] O que se discute aqui, primordialmente, são influências que afetam a proporção da população nas diferentes classes sociais em vez de influências que afetam a dimensão da população total.[7]

Os fatores responsáveis pelo crescente exército dos destituídos na Inglaterra, no século que se seguiu à Batalha de Bosworth, são bastante conhecidos. A dispersão dos dependentes feudais, a dissolução dos mosteiros, o cercamento dos campos para ovinocultura e as modificações nos métodos de amanho da terra desempenharam cada um seu papel. E, embora o número

---

[4] Ela pode não ter sido maior do que 2,5 milhões na ascensão de Henrique VII ao trono, de modo que, a partir de então, a população levou quase dois séculos para dobrar, e, durante o próprio período em que o desemprego na era dos Tudor estava no ápice, a população total não era maior do que fora em meados do século XIV. Thorold Rogers sugere que a população, ainda assim, pode não ter sido maior do que 2,5 milhões no final do reinado de Elisabete. Se isso é verdade, então a duplicação da população se restringiu ao século XVII, século em que a reserva de trabalho anormal da era dos Tudor dava lugar a um certo aperto no mercado de trabalho, devido ao revivescimento do cultivo da terra e à expansão da indústria.
[5] Cit. F.L. Nussbaum, *History of the Economic Institutions of Modern Europe*, 108.
[6] Cf. Levasseur, *La Population Française*, vol. I, 169, 202-6; G. D'Avenel, *Paysans et Ouvriers*, 370. Levasseur acentua que o desemprego e estado de miséria prevalecentes no século XVI deviam-se primordialmente ao *déclassement*.
[7] Cf. observação de J.S. Mill, quando falava meramente das rendas e dos diferentes graus entre os assalariados: "Os salários de cada classe ate aqui têm sido regulamentados pelo aumento de sua própria população, e não pela população geral do país" (*Principles of Pol. Economy*, livro 2, cap. 14, seção 2).

absoluto de pessoas afetadas em cada caso possa parecer pequeno pelos padrões modernos,[8] o resultado foi grande em proporção à demanda de trabalho assalariado na época. Foi o período em que as ovelhas devoravam os homens, a era dos "gananciosos insaciáveis" que despovoavam aldeias, quando os agricultores eram "expulsos de sua propriedade, fosse pela opressão violenta, ou pela conspiração e dolo tão completos que se viam obrigados a vender tudo e partir, pobres, tolas e desgraçadas almas". Foi a época dos "senhores que inventavam novos meios de diminuí-los (aos seus arrendatários), dobrando, triplicando e de vez em quando aumentando sete vezes suas multas, levando-os por qualquer ninharia a perder e abandonar seus arrendamentos". Foi a fase em que homens desesperados se tornaram assaltantes de estrada, ladrões e vagabundos, sendo igualmente sujeitos às brutalidades da legislação Tudor, com suas marcas de ferro em brasa e seus chicoteamentos, seus enforcamentos e esquartejamentos públicos.

O que sucedia numa parte importante do campo se acha bem exemplificado em dois solares de Northumberland pertencentes ao mesmo dono, um certo Robert Delavale. "Havia no distrito de Seaton Delavale", afirma um documento contemporâneo, "doze arrendamentos, nos quais viviam doze homens capazes... Todos os arrendatários referidos e seus sucessores, com exceção de cinco, o referido Robert Delavale expulsou de seus arrendamentos, ou atormentou cobrando multas excessivas, aumentando os aluguéis para £3 cada um, e retirando parte de sua melhor terra e prado de seus arrendamentos... tirando boa terra deles e obrigando-os a trabalhar em solo ruim e agreste, e depois de cercar-lhes a terra à própria custa, forçando-os a pagar uma grande multa e grande indenização por construírem suas habitações, ele os expulsou em um ano, recusando-se tanto a devolver a multa quanto a resgatar a construção dos diques e outras obras". Os arrendamentos tratados eram bem grandes, sendo "cada um com 60 acres de terra arável". No solar de Hartley do mesmo Robert Delavale, "onde havia então 15 homens válidos dispondo de bastantes cavalos e equipamento, não existe um só hoje, nem tem existido nesses últimos 20 anos mais ou menos"; 720 acres de "terras de proprietários livres e alodiais", aráveis, com arrendamento, foram

---

[8] Tem sido sugerido que, entre 1455 e 1607, a área demarcada atingia cerca de meio milhão de acres (estimativa de Gay) e que o número daqueles que foram afastados de sua terra entre 1455 e 1637 orçou entre 30.000 e 40.000 (A.H. Johnson, *Disappearance of the Small Landowner*, 58). Eden mencionou uma cifra de 50.000 como o número diretamente tornado destituído pela dissolução dos mosteiros (*State of the Poor*, Rogers ed., 8). Isso pode ter representado uma cifra de mais de 10% de todos os pequenos e médios proprietários de terra, e entre 10 e 20% dos que se empregavam por salários na cidade e no campo, em cujo caso a reserva de mão de obra assim criada teria sido de dimensões comparáveis àquela existente em toda a crise econômica da década de 1930, com exceção de seus piores meses.

convertidos em pastagens "e tornados uma só propriedade".⁹ Embora incidentes assim não caracterizassem todos os solares (muito longe disso), ou mesmo todos os condados da Inglaterra, de modo algum não eram casos isolados, e a tendência geral da época quanto a uma porção substancial, ainda que minoritária, da terra cultivada do país, era no sentido de substituir muitas pequenas propriedades por algumas bem maiores. Esse processo é visto (ou pelo menos existe evidência *prima facie* bem forte do mesmo) nos dezesseis solares tomados como amostra e examinados pelo Professor Tawney, em oito dos quais dois terços de toda a superfície, e, em outros sete, mais de três quartas partes, tinham caído em mãos de um indivíduo, o fazendeiro das propriedades feudais. Escritas num mapa de 1620 de um desses solares (no Leicestershire), como um epitáfio, estão as palavras "o lugar onde existiu a Cidade de Whatboroughe".¹⁰ Dificilmente surpreende o fato de que, na época dos Tudor, o campo tenha sido o cenário de uma multidão de refugiados em estado deplorável, os "vagabundos e mendigos" de que falam os documentos oficiais de então: vagando pelos burgos para encontrar alojamento e emprego quando fosse possível ou migrando para aquelas aldeias de campo aberto que lhes permitissem alojar-se precariamente nas margens da terra comum ou desocupada. Era ao último e talvez mais afortunado tipo de vagabundos que se referia um panfletário do século XVII, ao dizer que "em todas ou quase todas as cidades onde o campo está aberto e é usado em comum existe um novo gênero de intrusos adventícios como moradores e habitantes de aldeias erigidas contrariando a lei", acrescentando a queixa de um empregador comum quanto à sua reserva de mão de obra, de que se tratava de "vadios que em geral não trabalham, a não ser quando recebem os salários excessivos que desejam".¹¹ Para torná-los mais submissos em mãos de um patrão era preciso que fossem ainda mais privados, sendo-lhes tirada até a parcela árida de terra a que se prendiam.

O movimento de cercamento das propriedades no campo — embora suas consequências fossem provavelmente menos drásticas no século seguinte (pois coincidiu com alguma reversão de pastagem a lavoura) — continuou depois de 1600, até atingir um novo clímax na orgia de projetos de lei referentes ao cercamento das terras que acompanharam a Revolução Industrial. Em contraste com esse clímax do movimento no século XVIII e início do século XIX, os efeitos dos cercamentos na época dos Tudor sobre a concentração da propriedade e sobre os números dos destituídos de terra mostraram-se moderados. A esses efeitos, os começos do capitalismo industrial que se pode encontrar no final do século XVI

---
⁹ Citado em Tawney, *Agrarian Problems in the Sixteenth Century*, 257-8.
¹⁰ Citado em Tawney, *op. cit.*, 223, 259-61.
¹¹ *Considerations concerning Common Fields and Enclosures* (Pseudonimus?, 1653). Cf. também W. Hasbach, *History of the English Agricultural Labourer*, 77-80.

e nos tempos dos Stuart acham-se claramente ligados. Mas, ao longo do século que se seguiu à Restauração, mostram-se abundantes as queixas contra a escassez de mão de obra, e o fraco desenvolvimento do exército proletário, a essa altura, deve ter exercido uma influência retardadora sobre o crescimento do investimento industrial entre o último dos Stuart e os anos finais do reinado de Jorge III.

Em meados do século XVIII, entretanto, o ritmo de desapossamento se acelera. "Um admirador dos cercamentos, pouco inclinado a exagerar seus efeitos nocivos, situa o número de pequenas fazendas absorvidas pelas maiores entre 1740 e 1788 numa média de 4 ou 5 em cada paróquia, o que eleva o total a 40 ou 50 mil em todo o reino."[12] Ao passo que, durante a onda anterior dos cercamentos dos Tudor, a porcentagem de terra cercada provavelmente nunca atingiu 10%, mesmo nos quatro condados mais afetados, durante o século XVIII e primeira metade do século XIX, já em quatorze condados, "a porcentagem de acres demarcados por Leis que cercavam o campo comum e alguma terra abandonada sobe de 25 para 50% e só cai abaixo de 5% em dezesseis condados; e, enquanto apenas vinte e cinco condados ao todo foram afetados no período anterior, nos séculos XVIII e XIX foram aprovadas leis para trinta e seis condados".[13] Além disso, no período final, a quantidade total de terra cercada era de oito a nove vezes maior do que a atingida no período anterior, abarcando cerca de uma quinta parte da acreagem do país.[14] Pouco surpreende que a consciência tenha levado até mesmo o Conde de Leicester à confissão franca: "Sou como o ogro da lenda e devorei todos os meus vizinhos."

No entanto, isso não dá toda a medida da mudança na posse da terra no sentido de substituir muitos pequenos proprietários por uns poucos grandes. Além da expulsão à força, muitos pequenos proprietários, sobrecarregados pela dívida ou, na parte final do século XVIII e inicial do século XIX, separados de seus empregos secundários na indústria da aldeia, ou então afetados adversamente pela crescente concorrência de fazendas maiores equipadas com novos métodos agrícolas que requeriam capital, devem ter entregue suas terras a camponeses em melhor situação ou a algum senhor sem qualquer ato de expulsão explícito. No referente aos arrendamentos, houve uma tendência geral dos proprietários a incentivar alguns arrendamentos maiores de preferência a fazê-lo numa série de outros menores. Arthur Young, por exemplo, combinava à sua recomendação de arrendamentos mais elevados o seguinte conselho: "Quem quiser uma agricultura vigorosa reúna quinze

---
[12] Mantoux, *Industrial Revolution in the Eighteenth Century*, 177.
[13] A.H. Johnson, *op. cit.*, 90.
[14] *Ibid.*, 90-1.

ou vinte sítios (pequenos) em um só, assim que seus ocupantes atuais saírem." Em certas partes do país tem início uma tendência acentuada, a partir de meados da segunda década do século XVIII, no sentido de substituir os arrendamentos vitalícios (aforamentos) por outros com número determinado de anos, e em algumas grandes propriedades "surgem sinais de um vivo esforço para readquirir os direitos dos arrendatários vitalícios que chega quase à magnitude de uma campanha".[15] Foi principalmente o pequeno agricultor arrendatário que se viu afetado por esse processo e pelo aumento nos arrendamentos por ele acarretado, e "donos da terra na parte inicial do século XVIII mostravam-se bem explícitos quanto ao que consideravam uma boa propriedade — aquela arrendada a grandes agricultores com 200 acres ou mais".[16] Addington, escrevendo em meados do século XVIII, declarava não ser incomum encontrar, em diversas partes do país, meia dúzia de agricultores onde antes existiam trinta ou quarenta. Um historiador moderno dessas mudanças agrárias, a quem já citamos, concluiu que, com base nas indicações disponíveis, "houve uma consolidação bem notável de propriedades e uma redução no número dos proprietários menores entre o início do século XVII e o ano de 1785, especialmente nos condados de Midland", tendo descoberto, por exemplo, que, em 24 paróquias de Oxfordshire, o número de proprietários livres e alodiais e foreiros com terras de menos de 100 acres diminuiu em mais de metade e a acreagem incluída em tais posses em mais de dois terços, ao passo que em dez paróquias de Gloucestershire o número "diminuiu para aproximadamente um terço e a acreagem para menos de uma quinta parte".[17] "A doce aldeia sorridente, a mais encantadora do campo", da poesia de Goldsmith, onde "os poderes do rico aumentam, os do pobre diminuem", onde

Em meio às tuas cabanas do tirano vê-se a mão
E o desalento entristece toda a tua plantação
Um único senhor de tudo se aproveita
Tira de ti sorriso e metade da colheita

não era simples fantasia, nem coisa excepcional na Inglaterra do século XVIII.

---
[15] H.J. Habbakuk, em *Econ. Hist. Review*, vol. X, nº 1, 17.
[16] *Ibid.*, 15.
[17] A.H. Johnson, *op. cit.*, 132-3. Um estudo feito pelo Professor Lavrovsky das paróquias ainda não cercadas (ou inteiramente cercadas) em 1793 o levou à conclusão de que "o campesinato independente já deixara de existir, mesmo nas paróquias não cercadas, no final do século XVIII". Em sessenta dessas paróquias não cercadas, apenas entre um quinto e um quarto da acreagem continuava na posse dos camponeses; enquanto da terra total ocupada por eles, fosse em posse livre, arrendamento ou aforamento, três quartas partes se achavam em mãos de um número comparativamente pequeno de

Coincidente com a influência dos cercamentos na era dos Tudor, vinha o exclusivismo crescente das guildas barrando a entrada em qualquer ocupação urbana, a não ser como assalariado. O maior rigor nos requisitos de admissão, a cobrança de taxas e pagamentos como preço para que alguém pudesse estabelecer-se como mestre, os requisitos complexos de uma "obra-prima", tudo isso servia para impedir que o homem sem meios se elevasse acima da categoria de jornaleiro. Algumas cidades impunham até obstáculos e proibições ao ingresso de adventícios, buscando expulsar as coletividades mistas de desempregados, vendedores ambulantes e ex-futuros artesãos estabelecidos como posseiros fora dos muros do burgo.[18] Em discurso de 1597, disse Cecil que "se os pobres forem expulsos de suas casas e se mudarem para morar com outros, logo os pegamos com o Estatuto dos Residentes; se saírem vagando, estarão, de acordo com o Estatuto dos Pobres, sujeitos ao chicote". O monopólio, por implicar exclusão, tem sempre como seu reverso uma concorrência aumentada e uma depressão consequente da posição econômica das zonas não fechadas de modo que o regime do monopólio de guilda, embora viesse afinal a ser um obstáculo para a indústria capitalista, executou a seu tempo a função inadvertida de engrossar para o capitalismo as fileiras daqueles cuja situação os tornava moldáveis à vontade de um mestre. Mesmo quando o regime da guilda se desintegrou ou foi contornado pelo crescimento de uma indústria no campo e o domínio do mercador-fabricante, a escada do progresso pouca melhoria apresentou para os situados nos primeiros degraus. À medida que se multiplicava o número dos artesãos, estes perdiam sua independência e se tornavam semiproletários em *status*, atados a um capitalista pela incapacidade de obter capital de giro e gradualmente aprisionados pela dívida. A multiplicação dos aprendizes, incentivada por toda parte pelo crescente domínio do capital sobre a produção, servia apenas para aumentar o número dos que estavam destinados

---

camponeses em boa situação (formando 11% do número total), ao passo que os pequenos proprietários, cultivando menos de trinta acres e compondo 83% do número total de camponeses com terra, não ocupavam mais do que uma sétima parte da área total de terra camponesa. Houvera aparentemente um crescimento, tanto do camponês *kulak* quanto dos proprietários mais pobres, mas o "campesinato médio" se tornara relativamente insignificante (cf. revisão das descobertas do Professor Lavrovsky, feita por Christopher Hill, em *Econ. Hist. Review*, vol. XII, n⁰ˢ 1 e 2, 93).

[18] Em 1557, o Conselho dos Comuns de Londres ordenou a todos os ocupantes de casas que expulsassem das mesmas quaisquer vagabundos ou "homens sem patrão", instituindo-se buscas periódicas a adventícios em Londres e outras cidades. Em numerosas cidades, houve até uma proibição real de novas construções. Uma Lei de 1589 determinava que apenas uma família podia residir em cada casa, e, em Londres, proibia a construção de casas para pessoas que tivessem menos de £5 em bens, ou £3 em terras. Nottingham proibiu qualquer elemento do campo de ser recebido como um locatário sem autorização do Prefeito e ordenou a retirada de todos os locatários estrangeiros que tivessem entrado na cidade nos três últimos anos (Tawney, *Agrarian Problem*, 276-7; E.M. Leonard, *English Poor Relief*, 107-9).

a ser toda a vida assalariados, mesmo que antes houvessem cultivado outras ambições. Finalmente, com o crescimento da técnica, a estrada de progresso para o jornaleiro ou mesmo para o pequeno patrão se mostrou de todo fechada, não por quaisquer restrições deliberadas à liberdade de ingresso num ofício, mas, simplesmente, pela dimensão do capital necessário para iniciar a produção. Para aqueles a quem faltavam os meios de instalar a fábrica, comprar uma reputação digna de crédito, ligações comerciais ou o preparo necessário, essa liberdade continuou puramente nominal, a não ser quanto à própria ocupação que não requeria qualquer daquelas coisas — o assalariado manual. E essa foi a ocupação que a recém-desenvolvida liberdade do mercado de trabalho fez crescer, graças a uma superabundância de braços desocupados e desejosos.

Seria erro, no entanto, supor que, no século XVI ou no século XVII, o proletariado constituísse uma parte importante da população. Seu número continuava pequeno, e sua mobilidade era restrita, tanto por restrições legais destinadas a proteger as propriedades e as maiores fazendas contra a perda de seu suprimento de mão de obra quanto porque boa parte do trabalho por salário era executada por aqueles que mantinham ainda uma ligação à terra, embora frágil e precária. O Professor Clapham sugeriu uma cifra de cerca de meio milhão como sendo a dimensão do proletariado rural na Inglaterra do século XVII e uma proporção entre proprietários livres e alodiais e agricultores por volta de 1,74:1.[19] Parece claro que, depois do estímulo inicial dado ao crescimento da indústria pela barateza e abundância da mão de obra no século XVI, e crescimento da indústria capitalista deve ter sido consideravelmente prejudicado até a parte final do século XVIII, a despeito dos acontecimentos no período dos Tudor, tanto pela fraqueza comparativa do exército de trabalho quanto por sua não disponibilidade naqueles lugares adequados para a concentração da indústria. Ao mesmo tempo, a existência no campo de número tão grande de pequenos aldeões, ainda presos ao solo mas incapazes de tirar dele seu sustento completo, foi evidentemente um fator importante no crescimento do sistema de distribuição de trabalho caseiro e na tendência a que o capital fosse investido no financiamento da indústria da aldeia, em vez de concentrar a produção na fábrica ou manufatura. Essa tendência à ligação continuada do campesinato ao solo para incentivar a indústria de aldeia e impedir a formação de uma oferta móvel de mão de obra serve em grande parte para explicar a persistência de formas mais primitivas de capitalismo e o crescimento retardado da indústria fabril em países onde a acumulação primitiva não estava desenvolvida. Só no

---

[19] *Cambridge Historical Journal*, vol. I, 95. A população total da Inglaterra e País de Gales no final do século era (de acordo com Gregory King) de cerca de 5,5 milhões.

período da Revolução Industrial é que esse semiproletariado rural viria finalmente a ser tirado da terra e seriam removidos os obstáculos à mobilidade da mão de obra da aldeia para a cidade. Só então a indústria capitalista pôde atingir maturidade completa.

Um testemunho do estado de desenvolvimento ainda atrasado de um proletariado naqueles séculos é a medida em que ainda se tinha de aplicar a compulsão de manter o suprimento de assalariados. A preocupação com o medo de que a reserva de mão de obra se mostrasse inadequada para satisfazer às demandas da agricultura e indústria está evidente nas medidas de coação tacitamente aceitas como um elemento normal da política pública nesse período. Nas ocasiões em que a deficiência de mão de obra assalariável se mostrava mais acentuada, ou quando surgiam demandas excepcionais da mesma, recorria-se a medidas especiais, tais como o recrutamento forçado dessa mão de obra. O pior resultado, se a procura de braços ultrapassasse a oferta, era o aumento nos salários; e, desde que a Portaria e Estatuto dos Trabalhadores em 1349 e 1351 tinham sido apressadamente aprovados para enfrentar a alarmante escassez de mão de obra em seguida à Peste Negra, a lei adotara salários máximos, ou conferira poderes aos magistrados locais para fixá-los, combinando penalidades severas não só para qualquer tentativa concertada pelos trabalhadores e artífices por melhorar as condições de seu emprego, como também para a aceitação, por parte de qualquer trabalhador, de um salário maior do que o ordenado estatutariamente.[20] Não satisfeitos com isso, os estatutos desse período determinavam que qualquer homem ou mulher válido com menos de 60 anos, fosse vilão ou livre e não dispusesse de meios independentes de sustento, podia ser obrigado a aceitar trabalho pelo salário prescrito, enquanto a liberdade de movimento do trabalhador era diminuída ao mesmo tempo.[21]

É verdade que, dois séculos mais tarde, a legislação elisabetana instruiu os magistrados locais no sentido de fixar salários mínimos e máximos, e uma Lei de 1904 impôs uma multa aos fabricantes de roupas que "não paguem salário... dentro dos limites a serem indicados" e proibiu os mestres fabricantes de roupas de servirem como magistrados em qualquer função destinada a tratar da fixação de salários em seu próprio ofício. No entanto, essa foi uma época em que a inflação rápida dos preços tornara obsoletos os antigos limites estatutários e reduzira os salários reais, especialmente no campo, a um

---

[20] O Estatuto dos Aprendizes em 1563, por exemplo, impunha uma penalidade de prisão por dez dias, ou multa, ao empregador que pagasse salários acima do nível prescrito, mas vinte e um dias de prisão para o trabalhador que aceitasse esse salário aumentado.
[21] Cf. B.H. Putnam, *Enforcement of the Statutes of Labourers*, 71 em diante.

nível tal que ameaçava causar um êxodo rural drástico (a despeito das proibições à migração sem licença): êxodo que se calculava teria consequências sérias para aquele equilíbrio entre indústria e agricultura que a política dos Tudor mostrava-se ansiosa por não romper. Na segunda década do século XVII, por exemplo, foi registrado em certas regiões do West Country, com sua indústria da lã, que os salários não tinham subido nos últimos quarenta anos, embora os preços houvessem quase dobrado.[22] E pelo país em geral parece provável que no século XVI os preços (em termos de prata) tenham mais do que dobrado, enquanto os salários em dinheiro subiram apenas cerca de 40%.[23] Além disso, essa foi uma época em que o número dos sem-terra e em estado de miséria crescera o bastante para afastar qualquer ameaça séria de que os salários reais crescessem pela influência livre da procura e oferta: foi uma época em que os funcionários se iravam com "o grande número de vagabundos dos quais o reino se acha repleto". Na verdade, as cláusulas que tratavam dos salários-mínimos, embora pareçam ter sido aplicadas à letra, aparentemente exerceram pouco efeito na proteção do trabalhador contra uma deterioração de sua situação, pois na maioria dos casos os magistrados, tendo estabelecido uma escala de salário em dinheiro, pouco mais faziam do que repeti-la ano após ano, a despeito de uma ascensão constante do custo de vida.[24] Thorold Rogers descreveu o Estatuto dos Artífices de 1563, que revigorava o controle dos salários, tornava compulsório o serviço agrícola para todas as pessoas não empregadas de outra maneira e proibia aos servos abandonar sua cidade ou paróquia sem licença por escrito, como "o instrumento mais poderoso já inventado para degradar e empobrecer o trabalhador inglês", uma degradação que um século depois a Lei da Colonização consumava e "o tornava, na situação em que o deixava, um servo sem terra, o mais portentoso dos fenômenos na agricultura".[25] "De 1563 a

---

[22] G.D, Ramsay, *op. cit.*, 69.
[23] Earl J. Hamilton, em *Economia*, novembro de 1929, 350-2; Georg Wieber, *Zur Geschichte der Preisrevolution des XVI und XVII Jahrhunderts*, 374. De acordo com o índice compilado pelo Prof. D. Knoop e por G.P. Jones *(Econ. History*, vol. II, 485-6), os salários dobraram no correr do século, mas, também de acordo com seu índice de preços, os alimentos subiram equivalentemente mais — ou seja, mais de quatro vezes (e os preços do trigo por volta de seis vezes) — de modo que o resultado líquido é o mesmo, no caso desse índice, que o de Wiebe, isto é, uma queda nos salários reais em mais de metade no correr do século. A diferença entre os dois conjuntos de índices é explicada pelo fato de que Wiebe mediu os preços em termos de prata, e os dados usados no outro caso o foram em termos de *moeda*.
[24] Cf. Lipson, *op. cit.*, vol. III, 258, 276. Um exemplo citado por Lipson é o das avaliações de salários de Wiltshire, que permaneceram imutáveis desde a ascensão de Jaime I até o Commonwealth, a não ser por uma modificação em 1635 na avaliação para os trabalhadores agrícolas.
[25] *History of Agriculture and Prices*, vol. V, 628; *Six Centuries of Work and Wages*, vol. II, 433. A Lei de 1563 dera poder aos juízes para fixar a taxa salarial de artífices, artesãos, agricultores e outros

1824", declara o mesmo autor em passagem merecidamente famosa, "uma conspiração preparada pela lei e executada pelas partes interessadas em seu êxito foi feita para esbulhar o trabalhador inglês do seu salário, prendê-lo ao solo, privá-lo de esperança e degradá-lo na pobreza irremediável... Por mais de dois séculos e meio, a lei inglesa, bem como os que a administravam, empenharam-se em esmagar o trabalhador inglês e reduzi-lo ao mínimo, eliminar qualquer expressão ou ato que indicasse qualquer descontentamento organizado, e multiplicar as penalidades a lhe aplicar quando pensasse em seus direitos naturais".[26]

Quando a oferta de mão de obra para qualquer empreendimento novo, mesmo sob tais condições, não se mostrava bastante abundante, como na mineração, por exemplo, não era incomum que a Coroa concedesse o direito de recrutamento forçado ao empresário ou requeresse que sentenciados fossem mandados para o trabalho, sob pena de enforcamento caso se mostrassem refratários ou fugissem. Isso era feito no caso das minas de chumbo da Gales do Sul, arrendadas a cidadãos donos de patentes reais na era dos Stuart, e das quais aparentemente muitos condenados fugiram, a despeito da penalidade imposta, dizendo que "prefeririam ser enforcados a ficar presos àquele emprego".[27] Por todo esse período, a compulsão ao trabalho se manteve nos bastidores do mercado de trabalho. A legislação Tudor providenciava trabalho compulsório para os desempregados, e tornava o desemprego uma infração punível com brutalidade característica. Uma lei de 1496 determinava que vagabundos e pessoas ociosas deviam ser postas no tronco por três dias e três noites, e, no caso de reincidência, por seis dias e seis noites. Os vagabundos em Londres, em 1524, deviam ser "atados à cauda de uma carroça" e "surrados pelos auxiliares do xerife com chicotes" e ter "colares redondos de ferro" afixados ao pescoço. O famoso estatuto de Eduardo VI decretava que quem se recusasse a trabalhar devia "ser marcado com um ferro em brasa no peito" e "considerado escravo por dois anos de qualquer pessoa que desse parte de tais ociosos", sendo o senhor autorizado a levar seu escravo ao trabalho "por pancada, agrilhoamento

---

trabalhadores cujos salários em tempos idos tinham sido proporcionados; mas a Lei de 1604 estendeu isso a todos os trabalhadores, de ambos os sexos, assim, como observou Eden, "proporcionando frequentemente aos mestres manufatureiros meios amplos de dominar seus trabalhadores" (*State of the Poor*, Rogers ed., 24).

[26] *Six Centuries*, vol. II, 398. Cf. também o veredicto de dois historiadores continentais: "A existência desse exército de reserva de trabalho [no século XVI] sempre à mão e semigratuito, além dos trabalhadores em emprego regular, naturalmente diminuía a posição de toda a classe assalariada ... A legislação salarial elisabetana . . . retardou e atrapalhou o aumento considerável que teria sido preciso para manter os trabalhadores no mesmo grau de conforto real" (Renard e Weulersee, *Life and Work in Modern Europe*, 93-4).

[27] D.J. Davies, *Econ. Hist. of S. Wales prior to 1800*, 81.

ou de outra maneira, por mais vil que seja esse trabalho" e torná-lo escravo por toda a vida e marcá-lo a fogo na face ou testa se tentasse fugir. A legislação elisabetana determinava que a mendicância devia ser punida pela queimadura através da cartilagem do ouvido direito e, na reincidência, pela morte, sendo a primeira penalidade substituída humanitariamente em 1597 pela de ser despido até a cintura e chicoteado até que o corpo estivesse coberto de sangue.[28] Depois da Restauração, quando a escassez de mão de obra se tornara novamente uma queixa séria e a classe proprietária fora seriamente assustada pela insubordinação dos anos do Commonwealth, o clamor no sentido de que a intervenção legislativa mantivesse baixos os salários, levasse obrigatoriamente os pobres ao emprego, ampliasse o sistema de hospícios e "casas de correção" e eliminasse os pobres atingiu novamente um crescendo.[29]

A legislação nesses séculos, no continente, era, se possível, ainda mais draconiana. Tanto nas Flandres como na França (e o mesmo acontecia na Alemanha), o século XVI foi um século de pronunciado empobrecimento e povoado por um exército de trabalhadores sem ocupação, assim como também foi um século de salários reais decrescentes. A intervenção governamental tentou, aparentemente com mais decisão do que na Inglaterra, manter os salários em dinheiro em seu nível antigo, em face da duplicação dos preços. Acordos entre os trabalhadores recebiam punição brutal. Açoitamento, prisão e deportação eram os castigos para as greves. Os trabalhadores eram compromissados a longos prazos de serviços que muitas vezes se elevavam a diversos anos, sendo caçados como desertores das forças armadas se deixassem seu emprego. No século seguinte, que foi de grande escassez de mão de obra, Colbert desencadeou uma guerra aos miseráveis com brutalidade ainda maior do que a do regime Tudor na Inglaterra: pessoas sem meios de subsistência tinham a alternativa de ser expulsas do reino ou condenadas à temida escravidão das galés. "Caças aos vagabundos" eram organizadas tanto na Holanda quanto na França para fornecer tripulações aos navios, e se fazia pressão sobre os tribunais para que tornassem a condenação às galés uma punição comum, ainda que por infrações pequenas. Havia frequentes recrutamentos forçados de mão de obra para estabelecimentos privilegiados de todos os tipos, e os pais que não mandassem os filhos para a indústria eram ameaçados com multas pesadas. "Casas de correção" para os sem-trabalho multiplicavam-se como estabelecimentos que eram virtualmente colônias de trabalhos forçados, sendo seus

---

[28] E.M. Leonard, *Early History of English Poor Relief*, 25; F.M. Eden, State of the Poor, Rogers ed., 10-18.
[29] Cf. T.E. Gregory, em *Economica*, nº 1,45, sobre a recomendação feita nessa época dos hospícios como meio de reduzir os salários no mercado.

ocupantes frequentemente alugados a empregadores particulares. Em outros casos, a própria instituição era arrendada a um contratante.[30] Se a formação de um proletariado pelos métodos que acabamos de delinear desempenhou no crescimento do capitalismo o papel que lhe atribuímos, seria de esperar que encontrássemos uma ligação bem íntima entre os estágios principais nesse processo e a situação do mercado de trabalho, como a mesma se refletia no movimento de salários reais, e por consequência entre este processo e o crescimento da indústria. Tal ligação não é difícil de encontrar, sendo fato conhecido que, durante os dois séculos de escassez de mão de obra, antes dos acontecimentos da era dos Tudor, os salários reais na Inglaterra subiram consideravelmente e no final do século XV se achavam em nível relativamente elevado. Estimativas sugerem que, entre as primeiras décadas do século XIV e o final do século XV, os salários reais podem ter aumentado mais ou menos metade, ou, em termos de trigo, mais do que dobraram. Depois de 1500, no entanto, surge o movimento inverso e o que os assalariados tinham ganho nos dois séculos anteriores, dentro de um século iriam perder, e mais do que perder.

Em anos recentes, muita importância tem sido dada à chamada revolução dos preços do século XVI como instrumento poderoso na transição do mundo medieval para o moderno. O Professor Earl Hamilton atribuiu ao influxo de ouro e prata vindos da América para a Europa nesse século "a maior influência que a descoberta da América apresentou sobre o progresso do capitalismo", e Lorde Keynes, em passagem citada com frequência, criticou os autores da *Cambridge Modern History* por "não terem feito qualquer menção a esses fatores econômicos como modeladores da Era Elisabetana, que tornaram possível sua grandeza".[31] Se a ênfase muitas vezes conferida a tais acontecimentos é exagerada, eis um ponto no qual se dividiram as opiniões. Mas que tenham exercido poderosa influência, poucos estarão dispostos a negar. O importante para nosso objetivo presente, no entanto, é menos a dimensão dessa influência do que o fato de que o caráter exato da influência que tal revolução dos preços exerceu foi em grande parte determinado pelo estado do mercado de

---

[30] Cole, *Colbert*, vol. II, 473; G. Rusche e Kirchheimer, *Punishment and Social Structure*, 41-5, 53-4, 84-5; P. Boissonnade, *Colbert, 1661-83*, 256-269, 276-8; P. Boissonnade, *Le Socialisme d'État: L'Industrie et les Classes Industrielles en France, 1453-1661*, 303-8.
[31] Earl J. Hamilton, em *Economica*, novembro de 1929, 344; J.M. Keynes, *Treatise on Money*, vol. II, 156. Entre aproximadamente 1520 e 1620, a produção mexicana de prata aumentou quatro vezes e meia. Em 1519, os primeiros despojos astecas chegaram à Espanha, mas o aumento maior veio da exploração das minas de Potosi depois de 1545. Na Espanha, os preços (em termos de prata) parecem ter subido até 400% no século; e na Grã-Bretanha por volta de 300% entre 1550 e 1650. Cf. também Sombart, *Der Moderne Kapitalismus*, I, 529-33, 554 em diante.

trabalho — a dimensão da reserva de mão de obra — no momento ou lugar determinados em que tais acontecimentos monetários ocorreram. É lugar-comum afirmar que uma revolução de preços que afetasse igualmente todos os preços não teria efeitos de monta sobre a ordem econômica ou, pelo menos, qualquer dos efeitos marcantes de que falam esses autores. O que conferiu à inflação de preços da era dos Tudor seu significado especial foi a influência que exerceu, seja sobre as rendas relativas das diferentes classes, seja sobre o valor da propriedade. Uma parte, como já vimos, certamente foi desempenhada por sua tendência a empobrecer o interesse fundiário mais antigo, cujas exigências de arrendamento em dinheiro tendiam a ser bem rígidas (ou pelo menos isentas em seu ajustamento ascendente a um nível de preços crescente) e por conseguinte se inclinava a desfazer-se de sua propriedade por baixa avaliação, vendendo-a à burguesia ascendente. Essa influência pode ter sido em parte contrabalançada pela demanda crescente de lã durante esse século, e pelas vantagens que os senhores de terra derivavam do cercamento,[32] que tendiam a apresentar um efeito favorável sobre o valor da terra. Tal influência, no entanto, deve ter continuado importante. Não menos importante, porém, foi o efeito de uma variação monetária sobre o movimento de salários reais, sendo sem dúvida deste efeito que o papel histórico da revolução de preços dependeu em grande parte. Na medida em que os salários em dinheiro deixaram de subir enquanto subia o nível de preços das mercadorias, todos os empregadores e donos de capital enriqueciam anormalmente à custa do padrão de vida da classe trabalhadora: a revolução dos preços gerava aquela "inflação de lucros" de que Lorde Keynes falou como a responsável por aqueles "anos dourados" quando "nasceu o moderno capitalismo" e como "a fonte e origem do Investimento Britânico no Exterior".[33] A questão crucial, portanto, era se os salários monetários tendiam a se mover conforme os preços, ou a ficar para trás.

Sob esse aspecto, os efeitos da inflação monetária se mostraram longe de uniformes. Na Espanha, enquanto os salários reais parecem de início ter caído sob o impacto da revolução de preços na primeira metade do século XVI, mais tarde subiram e, por volta de 1620, mostravam-se na verdade *mais altos* do que tinham sido em 1500. Em contraste, na França e na Inglaterra,

---

[32] As queixas contemporâneas quanto a um retardamento entre o arrendamento e os preços, no entanto, não eram incomuns: por exemplo, a queixa do Cavaleiro no *Discourse* de Hales (citada pelo Professor Hamilton) de que "a maior parte das terras deste Reino se mostra ainda no arrendamento antigo". O Professor Hamilton cita esse retardamento dos arrendamentos como argumento contra a opinião de Sombart de que o retardamento do arrendamento era uma das principais fontes de acumulação de capital na época.
[33] *Op. cit.*, 155-9.

240 a evolução do capitalismo

os salários reais continuaram a cair por todo o século XVI e se mantiveram por todo o século XVII abaixo do nível em que se tinham situado em 1500.[34] Tanto o Professor Earl Hamilton em sua estimativa (baseada em cifras de Thorold Rogers e Wiebe) quanto o índice compilado pelo Professor Knoop e o Sr. Jones sugerem que os salários reais na Inglaterra de 1600 eram menos de metade do que tinham sido um século antes.[35] Citando novamente Lorde Keynes, vemos que: "A grandeza da Espanha coincide com a Inflação de Lucros de 1520 a 1600, e seu eclipse com a Deflação de Lucros de 1600 a 1630. O aparecimento do poderio da Inglaterra foi retardado pelo mesmo intervalo como o efeito dos novos suprimentos de dinheiro ao seu sistema econômico, que esteve em seu máximo de 1585 a 1630. No ano da Invencível Armada, a Inflação de Lucros de Filipe se concluía, e a de Elisabete começava".[36]

Se o fator monetário apresentou influência tão diversa, de acordo com as circunstâncias com as quais colidia, a presunção é que as condições do mercado de trabalho devem ter desempenhado o papel decisivo na determinação do desfecho: pois, como disse Weber, "a tendência resultante de um influxo de metal precioso depende inteiramente da natureza do sistema de trabalho".[37] E se buscarmos um motivo nesse sentido, encontramos um bem simples à nossa disposição. O estado do mercado de trabalho na Inglaterra do século XVI, quando recebia o impacto da revolução de preços, era o de

---
[34] Na França, parece ter havido uma trégua curta nas duas primeiras décadas do século. A queda subsequente e a continuação dos salários reais em nível baixo por todo o século (enquanto na Inglaterra houve alguma recuperação) parecem ter sido devidas à legislação repressiva que os primeiros sinais da escassez de mão de obra no início do século evocavam. Na Inglaterra, entretanto, os acontecimentos revolucionários de 1640-60 deram algum alcance aos movimentos democráticos entre jornaleiros, artesãos e arrendatários.
[35] Earl Hamilton, *American Treasure and the Price Revolution in Spain, 1501-1650*; Thorold Rogers, *Hist. of Agriculture and Prices*, vol. IV; Wiebe, *Zur Geschichte des Preisrevolution des XVI u. XVII Jahrhunderts*, 374 em diante; Knoop e Jones, *loc. cit.;* Lorde Keynes e também o Professor J.U. Nef exprimem a opinião de que a estimativa dos salários reais caindo em mais de metade deve ser um exagero. Mas, a julgar pelos preços do trigo, e se medirmos os salários em termos desse trigo, a queda pareceria ainda maior. É esse o período a que Thorold Rogers se referiu como "a longa nuvem que vinha cobrir o longo sol do trabalho". As massas, escreveu, iriam "trocar uma situação de opulência, comparativamente, e de conforto, pela penúria e miséria infelizmente prolongadas por séculos... Desde a Reforma até a Revolução, a situação da mão de obra inglesa se tornou cada vez pior. Desde a Revolução, até a irrupção da Guerra da Independência Norte-Americana, seu fardo viu-se um pouco aliviado, mas só pela generosidade das estações e pelo calor do sol" *(op. cit.*, vol. IV, vi-vii).
[36] Keynes, *op. cit.*, 161.
[37] M. Weber, *General Economic History*, 353. Schumpeter chega a dizer que "todas as realizações duráveis da indústria e comércio ingleses podem ser explicadas sem referência à pletora de metais preciosos", e que na Espanha o influxo daqueles metais preciosos realmente retardou o crescimento do capitalismo (*Business Cycles*, vol. I, 232). Isso parece ser um exagero. A inflação monetária *per se* indubitavelmente teve o efeito de *facilitar* uma queda nos salários reais, que de outra forma poderia

mão de obra excedente, em seguida àqueles acontecimentos por nós descritos e que tornaram o reinado de Elisabete a era do "mendigo robusto", do vagabundo e do destituído, a quem uma legislação selvagem condenava ao enforcamento público ou à marcação pelo ferro em brasa. Uma superabundância semelhante de mão de obra, tornada evidente pelo exército anormal de vagabundos errantes, mostrou-se característica da França e da Alemanha nesse século, em grande parte como produto da opressão e expulsão do campesinato e das restrições das guildas.[38] Na Espanha, em contraste, havia uma procura muito maior de mão de obra por parte dos estabelecimentos feudais e da Igreja. Havia possibilidades de emigração, como mercenário, para o Novo Mundo. A população diminuíra recentemente pela expulsão dos mouros e iria ser mais reduzida ainda no final do século XVI pela peste. Além disso, o processo de acumulação primitiva nesse país ainda feudal não tivera início até então. É bem verdade que, na primeira metade do século seguinte, a reserva de mão de obra na Inglaterra iria também ser esvaziada, e, com o crescimento da indústria na era dos Stuart e algum afrouxamento do processo de cercamento dos campos e o aumento das fazendas, iria seguir-se um período de escassez real de mão de obra: escassez que durou até os cercamentos Georgianos e a Revolução Industrial. Foi também o que ocorreu no continente europeu, ainda que por motivos diferentes. Na Alemanha, por exemplo, os efeitos devastadores da Guerra dos Trinta Anos sobre a população iriam ajudar a estrangular a atividade econômica por algum tempo. Mas foi precisamente durante esse período que os salários reais se estabilizaram, embora em nível inferior àquele do final do século XV. E, durante o século XVII, mostraram até uma tendência a subir, tanto na Inglaterra (durante o Commonwealth) quanto na França (nas duas primeiras décadas do século, antes da legislação opressora reduzi-los novamente). Na Inglaterra, finalmente, com a nova e mais poderosa onda de cercamentos na parte final do século XVIII, desalojando o exército de aldeões das últimas e magras terras que estes possuíam às margens das terras comunais, surgiu, entre a década de 1760 e o final das guerras napoleônicas, uma tendência

---

ter sido mais lenta e menor. O que afirmamos aqui é simplesmente: *a)* tal efeito que a variação monetária teve foi principalmente *através* de seu efeito sobre os salários reais, que dependeu da situação do mercado de trabalho, e *b)* que provavelmente a *maior parte* da queda nos salários reais ocorrida teria acontecido na ausência da inflação monetária.
[38] Cf. Rusche e Kirchheimer, *Punishment and Social Structure*, 11-14; E. Levasseur, *La Population Française*, vol. 1,189; E.M. Leonard, *Eng. Poor Relief*, 11-13. O século anterior, o XV, fora no entanto um século de despovoamento na França, em seguida à Guerra dos Cem Anos e à Peste Negra, como na Inglaterra. Depois do século XVI, a população da França parece ter permanecido estacionária por todo o século seguinte, e, no século XVII, um novo período de escassez de trabalho se estabeleceu (Levasseur, *op. cit.*, 202-6).

para um declínio maior dos salários reais:[39] tendência que coincidiu com uma nova época de expansão industrial.

Quanto à substituição de muitas pequenas propriedades por algumas poucas e grandes, a Inglaterra nos proporciona o exemplo clássico, e a transição comparativamente precoce para o capitalismo industrial nesse país acha-se evidentemente ligada à natureza radical dessa modificação. Se acontecesse, entretanto, que apenas por esse método clássico de desapossamento pudesse surgir um proletariado, o crescimento do capitalismo industrial em certos outros países da Europa, se mais tardio ali e menos seguro em seus inícios, seria difícil de explicar. Em algumas partes do continente, mas não em todas, poderíamos achar algum paralelo com a situação inglesa no início do século XIX. Em certos distritos da França por volta de 1789, inclusive a Picardia, Artois e Île de France, existiam (na maior parte em terras da Igreja) grandes fazendas do tipo que começava a predominar na Inglaterra do século XVIII. "Alguns poucos senhores de terra franceses tinham reunido as fazendas e deixado as terras consolidadas para homens de posses."[40] Mesmo nesses distritos, porém, provavelmente nada mais do que uma quinta parte da terra foi tratada desse modo, e na maior parte da França "a nobreza, quase sem exceção, se desfez da terra em faixas, passando-a a pequenos agricultores desgraçados e vindos das fileiras mais baixas do campesinato".[41] Poucos dos trabalhadores que se empregavam como assalariados eram gente inteiramente destituída de terra, fora das Flandres, da Normandia, Picardia, Borgonha, bretanha e das vizinhanças de Versalhes. Tratava-se na maioria de camponeses pobres: um semiproletariado possuidor ainda de um pedaço de terra que, embora insuficiente para sustentar a família, bastava em geral para livrá-los da destituição absoluta.[42] Em partes da França setentrional, entre 60 e 70% do campesinato possuía menos de um hectare de terra e entre 80 e 90% possuía menos de cinco hectares (sendo essa geralmente a área considerada como o tamanho mínimo que podia sustentar uma família camponesa), ao passo que existia ao mesmo tempo uma pequena minoria de fazendeiros camponeses em boa

---

[39] Hasbach, *op. cit.*, 116-31, 174-6. As cifras de Arthur Young mostram uma duplicação do preço do trigo entre 1770 e 1812, contra um aumento de salários de uns 60%. Os preços da carne, leite e manteiga mais do que dobraram. O Prof. Clapham, usando as estimativas de preço de Silberling, acha que, entre 1794 e 1824, os ganhos reais rurais podem ter subido ligeiramente, mas ainda assim pouquíssimo *(Econ. Hist. of Modern Britain*, vol. I, 127-31). Devemos notar que *ganhos*, e não simplesmente taxas salariais, estão sendo mencionados aqui, e que o aumento foi no Norte, onde a demanda de mão de obra crescia. No Sul da Inglaterra, houve uma queda.
[40] J.H. Clapham, *Economic Development of France and Germany*, 17.
[41] J.H. Clapham, *ibid.*, 17.
[42] *Ibid.*, 18: "Quanto mais numerosas as posses componesas em qualquer província, tanto menos espaço existia para uma classe de camponeses sem terra."

situação e com propriedades grandes.⁴³ Até a grande compra de terras da Igreja e das propriedades confiscadas da nobreza pela burguesia e pelo que Sée chama "a aristocracia camponesa" durante a Revolução não resultou em cercamentos conforme o modelo inglês. O burguês tomou-se o *rentier*, em vez do clérigo ou cavaleiro, mas o arrendamento e trabalho reais da propriedade continuaram em geral intatos.

No Schleswig-Holstein e na Dinamarca, houvera um movimento de cercamento do tipo inglês na parte final do século XVIII, no segundo caso apoiado pelo Governo, e algo semelhante sucedera na Suécia meridional. "A antiga estrutura da vida de aldeia cedeu diante de um ataque deliberado, desfechado de cima."⁴⁴ Mas, na Alemanha ocidental, as condições mostravam-se muito mais próximas daquelas predominantes na maior parte da França. Embora tivesse havido alguma tendência para a expulsão e consolidação da terra em mãos do proprietário, ela mostrara relativamente pouco desenvolvimento, em parte devido à debilidade dos cavaleiros, e em parte porque os príncipes se inclinavam (como os Tudor na Inglaterra) a legislar contra tais tendências, no interesse de manter a tradicional ordem econômica. No campo não existia ainda uma classe distinta dos sem-terra, mas existia, como na França, um semiproletariado formado por aqueles incapazes de extrair o sustento de sua terra, trabalhando para os camponeses mais ricos e executando trabalho suplementar por salários na propriedade do senhor. Na Alemanha oriental, a pátria dos poderosos *Junkers*, as coisas eram bem diferentes e a tendência dos *Junkers* de destituir os camponeses e aumentar suas próprias terras marchara lado a lado em muitos distritos. "Em partes da Pomerânia, as coisas tinham ido a tal ponto que o verdadeiro camponês vivendo de sua própria terra quase desaparecera."⁴⁵ Quando a servidão foi abolida na Prússia pelos editos de Stein e Hardenberg, o tipo mais privilegiado de servo (em traços gerais equivalente ao lavrador foreiro [*copyholder*] inglês) teve, como compensação, de sacrificar uma parte (às vezes um terço, outras vezes metade) de sua posse para o senhor ao passo que os escalões mais baixos do campesinato, aldeões e arrendatários virtuais a título precário, eram, na verdade, destituídos e se tornavam uma reserva de mão de obra para as propriedades dos *Junkers*.

Nos Estados bálticos russos, a emancipação no reinado do tzar Alexandre I foi simultânea à destituição do campesinato, de modo que os antigos servos constituíam agora um proletariado sem terra, proibido ainda de emigrar e

---
[43] H. Sée, *Economic and Social Conditions in France during the Eighteenth Century*, 2-6, 17-21.
[44] Clapham, *op. cit.*, 32.
[45] *Ibid.*, 37. Cf. também F.A. Ogg, *Economic Development of Modern Europe*, 203.

obrigado a trabalhar para os senhores de terra, mas agora, nominalmente, por um contrato salarial livre. No restante da Rússia, a Emancipação de 1861 determinava a retenção, pelos camponeses, da terra antes ocupada por eles, não ocorrendo destituição geral como na Prússia e nos Estados bálticos. Os donos de servos eram compensados por pagamentos de indenização feitos pelo Estado, os quais iriam ser cobrados do campesinato em pagamentos anuais feitos durante 49 anos.[46] Do modo como tais disposições de indenização funcionaram, no entanto, resultaram numa diminuição da área distribuída ao campesinato em comparação àquela por ele ocupada às vésperas da Emancipação: redução pequena, quando tomada em média para todo o país, mas que atingiu até 25% na faixa de terras negras no lado oriental do Dnieper, onde as propriedades em muitas regiões tinham antes sido excepcionalmente pequenas. A instâncias dos senhores de terra, fora introduzida uma emenda pela qual o camponês que desejasse ser absolvido dos pagamentos de indenização poderia escolher, em vez disso, o recebimento de apenas uma quarta parte da área padrão de terra distribuída. E, nas regiões onde a terra era valiosa, os proprietários incentivaram essa forma de colonização, sendo numerosos os chamados "lotes dos pobres". Isso resultou na criação imediata, nesses distritos, de um semiproletariado, forçado pela insuficiência de sua terra a trabalhar por salário na propriedade vizinha ou nas indústrias locais, ou levado àquele "arrendamento de fome" de mais terra a preços inflacionados ou em troca do trabalho executado para o dono (o sistema *otrabotnik*) que caracterizou o meio século que se seguiu à Emancipação: tendência acentuada por desenvolvimentos subsequentes na economia da aldeia russa na parte final do século XIX e início do século XX, que examinaremos adiante. Uma parte dos antigos servos, os servos domésticos ou *dvornie lyudi*, foi emancipada sem terra e inteiramente destituída dela, tomando-se a seguir "o campo de recrutamento do novo exército industrial".[47]

---

[46] Tais pagamentos pendentes foram cancelados em 1905 como concessão aos movimentos revolucionários de 1905-6.
[47] G.T. Robinson, *Rural Russia under the Old Régime*, 89, também 83-92. No Oeste e especialmente na Polônia (por motivos políticos), o tratamento do campesinato na Emancipação era dos mais favoráveis. Além disso, os camponeses nas terras do Estado e imperiais (que tinham pago taxas em dinheiro antes) saíram-se melhor do que os das propriedades privadas. Nestas últimas, "na faixa de terra negra que valia a pena manter, os donos expulsaram os camponeses mediante a redução dos lotes, a serem pagos por preço moderado; no Norte, os lotes eram mais amplos, mas o preço dos mesmos foi quase dobrado para fins de pagamento. No Norte e no Sul, a balança pesava contra o camponês" (*ibid.*, 88).

2

Existe outro método pelo qual um proletariado poderá formar-se. É, talvez, mais lento e certamente menos forçado do que o método clássico inglês de expulsão e aumento das fazendas, como política iniciada de cima. Mas, ainda assim, bastante comum. Consiste na tendência à diferenciação econômica existente dentro da maioria das coletividades de pequenos produtores, a menos que predominem instituições especiais capazes de impedir a desigualdade. Os fatores principais nessa diferenciação são as diferenças surgidas no correr do tempo na qualidade ou quantidade de terras possuídas e nos instrumentos de cultivo da terra e animais de tiro, sendo instrumento do desapossamento final a dívida. Nesse particular, dois exemplos demonstram claramente os elementos essenciais do processo pelo qual o pequeno produtor se tornou um servidor do capital e um proletário.

Talvez em lugar algum esse processo tenha surgido com mais clareza do que no caso daquelas coletividades mineiras caracterizadas antigamente pela prática do que se conhece por "mineração livre". O exemplo oferecido por elas é de especial importância porque tanto a lei quanto o costume, em seu caso, foram feitos de modo a proporcionar estabilidade máxima a tais coletividades de pequenos produtores e preservar os direitos do homem pobre. A despeito disso, no entanto, as forças que levam a diferenciação econômica e a desintegração final dessas coletividades finalmente predominaram. Os distritos da Inglaterra onde o direito de "mineração livre" existiu — direito costumeiro geralmente confirmado por uma carta real — compreendiam a Floresta de Dean, as regiões de mineração de estanho na Cornualha e no Devon, conhecidas como "As Estanharias" e as minas de chumbo do Derbyshire, as montanhas Mendip e de Alstor Moor, em Cumberland. O costume era que qualquer habitante da região, vilão ou fidalgo, tinha o direito, conhecido como "demarcar", de delimitar uma faixa para si próprio, e, com o pagamento de uma taxa à Coroa ou ao possuidor local dos direitos senhoriais, achava-se livre para minerar. Uma vez estabelecido, esse direito só poderia ser revogado se o seu dono deixasse de trabalhar em sua faixa ou transgredisse o código de mineração. Enquanto existissem jazidas de minério disponíveis, essa instituição da "demarcação" impedia que a propriedade dos minérios se tornasse o monopólio de uns poucos. O tamanho de qualquer faixa era explicitamente limitado, e estava "à disposição do vilão mais pobre tornar-se patrão de si próprio simplesmente pela demarcação de uma faixa e registro de seus limites no tribunal adequado".[48] A lei mineira de Mendip determinava

---

[48] G.R. Lewis, *The Stanneries*, 35. Lewis emite sua opinião de que "se as minas tivessem ficado ligadas à propriedade do solo, talvez nada pudesse salvar as Estanharias de um regime de capitalismo".

que, depois de obter uma licença, o futuro mineiro deveria, "por sua livre vontade, trabalhar dentro da referida floresta de Mendip e cavar no chão onde e em que lugar bem resolvesse". O tamanho da faixa era determinado, quer pela distância a que se pudesse atirar um machado, quer pela colocação de "um par de marcos dentro de 24 horas".[49] Na Cornualha e no Devon, a independência do mineiro era garantida pela determinação explícita de direitos de livre acesso à água corrente para lavar seu minério e obter lenha para sua fornalha de fundição. No Derbyshire, era-lhe permitido cortar lenha e madeira nas florestas do rei, e, em Somerset e Cumberland, estipulava-se expressamente que teria liberdade para fundir seu minério onde bem entendesse.[50]

Sob alguns aspectos, existe um paralelo entre essas comunidades mineiras e as guildas urbanas. Como na guilda, seus direitos em geral eram consagrados em uma carta patente, e exerciam certas funções judiciárias nas questões de comércio. Possuíam, desde tempos recuados, um tribunal de mineração que lidava, em grande parte, com questões técnicas. Tinham, nas Estanharias, um parlamento para legislar sobre questões referentes às leis de mineração e seu emprego. A diferença essencial estava na ausência de restrições, nas comunidades mineiras, quanto aos adventícios, estando todos livres para trabalhar, desde que continuasse desocupado lugar para novas demarcações. Aparentemente não existia qualquer organização corporativa em funcionamento, a não ser os tribunais de mineração e o parlamento das Estanharias, não se tendo indicação de que os mineiros livres estivessem comprometidos com qualquer ação corporativa. Apenas no caso da Floresta de Dean é que se tinha algo aproximado a uma corporação fechada, com regulamentos coletivos e funções também coletivas, onde em questões de venda existia uma espécie de negociação coletiva e fixação de preços mínimos, sob o controle de "negociadores" nomeados pelo tribunal mineiro. Diversamente de outros distritos, a admissão era restringida aos filhos dos mineiros livres ou àqueles que tivessem passado por um aprendizado. Ao mesmo tempo, para impedir qualquer concentração de poder em mãos de uns poucos, a mineiro algum se permitia ter mais do que quatro cavalos ou uma carroça, ou tornar-se dono de uma forja, e, resumivelmente para salvaguardar a coletividade quanto à dependência de intermediários, o carregamento de carvão e minério só era permitido aos mineiros.[51]

---
[49] *V.C.H. Somerset*, II, 367.
[50] Saltzmann, *Industries in the Middle Ages*, 46; *V.C.H. Cornwall*, I, 526; *Somerset*, II, 368; *Derby*, 11, 326.
[51] Lewis, *op. cit.*, 168-73; *V.C.H. Gloucester*, II, 233-4.

A despeito dessas regulamentações igualitárias, sempre deve ter havido algumas tendências à desigualdade interna nessas coletividades mineiras. Os que chegavam primeiro, os afortunados que marcavam boas faixas para si próprios, devem sempre ter tido vantagens substanciais. Mas, enquanto houvesse novas faixas disponíveis e de livre acesso, as vantagens diferenciais dos poucos favorecidos dificilmente poderiam formar uma base para diferenciação de classe, pois, enquanto o trabalho autônomo estivesse aberto a todos, a base para uma classe de pessoas desejando trabalhar para outros por lhes faltar outra alternativa não existia. As vantagens diferenciais podem ter formado a base para o crescimento de uma pequena classe *kulak*, mas, não fora o impacto de forças externas, e as desigualdades provavelmente teriam continuado relativamente pequenas e os distritos mineiros livres teriam conservado seu caráter de coletividades bem homogêneas de pequenos produtores sem diferenças acentuadas. O que parece ter sido de importância capital, pelo menos como cunha inicial para uma série de influências perturbadoras, foi o surgimento do chamado sistema de "acordo de custos" no século XIV, pelo qual um dos associados a um grupo mineiro isentava-se de trabalhar mediante um pagamento em dinheiro. A despeito de determinações legais em contrário, muitos dos que tinham direitos de mineração os vendiam, ou então vendiam suas ações à pequena nobreza e clero locais, e a mercadores de cidades vizinhas. Como resultado, vemos surgir logo nas listas pessoas como Thomas o Ourives, Richard o Ferreiro e Thomas o Estanheiro, o Vigário de Bodmin e o Reitor de St. Ladoce, o escrivão de Lostwithiel, os priores de Tywardratch e Monte St. Michael, e diversos mercadores registrados como "produtores" de estanho. Mais tarde, vemos o "sistema de tributos", pelo qual os donos de uma faixa, quando não queriam trabalhar na mina, arrendavam-na a um grupo de trabalhadores ou a um pequeno mestre em troca de uma parte do produto."[52] Também aqui, no entanto, enquanto a mineração livre era disponível e o comércio do estanho desimpedido, permanecia limitada a possibilidade de que uma classe que extraísse renda da propriedade de faixas e não da atividade produtiva viesse a prosperar, pois os concessionários de uma mina não podiam exigir mais dos tributados do que o equivalente à produtividade superior de sua mina em relação à mineração "marginal" disponível, visto que, de outra forma, os tributados presumivelmente teriam preferido minerar uma faixa inferior por sua própria conta. Em outras palavras, o único excedente que poderia aparecer era o equivalente à renda diferencial.

No século XIV, entretanto, ouvimos falar de um certo Abraham o Estanheiro, que empregava cerca de 300 pessoas e de "alguns estanheiros ricos da Cor-

---

[52] Lewis, *op. cit.*, 189-90; *V.C.H. Cornwall*, I, 539, 556.

nualha" que "tinham usurpado as estanharias pela força e o encarceramento, e obrigado os homens da estanharia a trabalhar nelas, contra sua vontade, por meio *penny* diário, enquanto antes trabalhavam por vinte *pence* ou mais, pagos em estanho, e por muito tempo tinham impedido que os estrangeiros branqueassem e vendessem o estanho trabalhado por eles".[53] Ainda assim, tais casos eram excepcionais. Mas é claro que outras influências estavam em jogo para privar os mineiros de sua independência econômica. Entre elas a mais importante era a crescente vantagem econômica desfrutada pelos refinadores e negociantes de minério e compradores de estanho, e tais vantagens colocaram o mineiro numa posição de dependência cada vez maior. Desde os registros mais antigos vemos que a venda do metal se limitava a dois dias de cunhagem por ano, quando o estanho podia ser marcado nas cidades de cunhagem designadas para esse fim, fazendo-se também ali o pagamento das taxas devidas, conforme determinava a lei. No início do século XIV, ouvimos queixas feitas pelos estanheiros, no sentido de que o empório para o metal fora fixado em Lostwithiel, cidade a alguma distância das regiões mineiras".[54] A irregularidade das vendas e a distância do centro de venda se combinaram para colocar o estanheiro de pequenos recursos em desvantagem considerável. Faltavam-lhe os meios com que financiar suas operações naqueles seis meses durante os quais não podia vender seu estanho, podendo ser-lhe impossível aguentar o custo de transportar seu produto à distante cidade de cunhagem, enquanto o dono de uma faixa de mineração que tivesse algum capital, ou uma renda vinda de outras fontes, podia fazer ambas as coisas com mais facilidade. O resultado parece ter sido colocar os estanheiros e tributados pobres em situação de dependência cada vez maior perante os estanheiros que fossem cavaleiros ou os intermediários, que lhes podiam adiantar capital para conseguir o transporte para as cidades de cunhagem. Além disso, o comércio livre do metal, complemento necessário da mineração livre, começou a desaparecer. O sistema de adiantamentos de dinheiro, feitos aos tributados, conhecido como "subsistência", tornou-se cada vez mais comum e criou uma carga crescente de dívidas nos ombros do mineiro que não tivesse qualquer outra propriedade além de sua mina, aumentando assim a desvantagem na barganha sob a qual trabalhava e extraindo lucro de sua necessidade. No século XVI, o tributado parece ter-se afundado num carrascal de dependência, onde tendia a naufragar cada vez mais. Sua desdita agravou-se pelo costume de pagamentos de permuta, e sua renda se reduziu a um mero salário de fome. O sistema de tributos, por sua vez, finalmente cedeu lugar ao

---

[53] Lewis, *op. cit.*, 189-90.
[54] *Ibid.*, 210, 212; *V.C.H. Cornwall*, I, 558-9.

de *tut-work**, onde o dono simplesmente leiloava o trabalho da mina a chefes de turma por um salário proporcional ao minério extraído, entregando-o ao que se contentava com um pagamento menor.[55] Henrique VII tentou melhorar esse triste estado de coisas, designando duas cunhagens a mais, "pois os pobres estanheiros não têm podido guardar seu estanho para conseguir bom preço, quando havia apenas duas". E uma portaria de 1495 determinava que "pessoa alguma, ou pessoas, tendo a posse de terras e arrendamentos com valor anual acima de £10, sejam possuidoras de qualquer mina de estanho, exceto as pessoas com direito pela herança ou donas de minas em suas próprias terras". Tais medidas, porém, parecem ter tido efeito pouco duradouro no combate às tendências descritas. Talvez viessem tarde demais, quando a dependência apertara seus laços com demasiada firmeza sobre os mineiros e um número demasiado de pessoas com propriedades podia alegar a posse das minas por herança. À parte essas medidas dos primeiros tempos dos Tudor, Randall Lewis afirmou que "com verdadeiro espírito de *laissez-faire* a lei inglesa dos minérios deixou os estanheiros desorganizados... desprotegidos, e entregou-os à misericórdia do intermediário e reclassificador".[56]

Uma outra carga, no entanto, viria a ser depositada nas costas do produtor. Com o fito declarado de criar um mercado firme para o estanho e um meio de adiantar capital à indústria, formou-se um monopólio da compra de metal: monopólio que despertou os protestos da Companhia de Fabricantes de Utensílios de Estanho de Londres, bem como dos produtores daquele metal. Se a camada média dos interesses do estanho — os comerciantes locais e os refinadores e estanheiros ricos — se beneficiou ou não, benefício algum era visto pelos mineiros. Ao contrário, o monopólio evidentemente apresentava o efeito de reduzir o preço recebido pelo produtor, ao mesmo tempo que elevava o preço de venda do estanho ao fabricante de utensílios, e o preço de compra do metal parece ter ficado nesse nível baixo em vista de aumentos no preço de exportação. Durante o Commonwealth o monopólio suspenso, resultando que o preço de compra do estanho subiu de £3 para £6 por quintal e isso, combinado a um declínio no sistema de cunhagem, com seu número limitado de dias de venda, parece ter elevado os salários dos tributados e *tut-workers*** a um nível de 30 xelins por mês.[57] Com a

---
* Mineração. Na Cornualha, escavação paga por medida ou peso, sendo geralmente aberto um crédito extra para madeirame e um débito por artigos como velas, explosivos, ferramentas etc., fornecidos pelo dono da mina. (N.T.)
[55] L.L. Price, *West Barbary*, 37.
[56] Lewis, *op. cit.*, 211. Nessa época, os tribunais e parlamentos das estanharias pareciam ter-se composto quase inteiramente de fidalgos-marinheiros, negociantes de minérios e mercadores.
** Trabalhadores no sistema *tut-work*, cf. nota na p. 248. (N.T.)
[57] *Ibid.*, 220; V.C.H. *Cornwall*, 1, 558-9.

Restauração, entretanto, o monopólio de compra e as regras de cunhagem foram reimpostos, e os salários caíram para a metade. Seguiram-se distúrbios em Falmouth e Truro, com os mineiros exigindo a venda livre do estanho e a retirada do monopólio, exigência a que — é interessante observar — os estanheiros ricos se opuseram.[58] A resistência dos mineiros mostrou-se ineficaz, entretanto, e no final do século XVII a subordinação do produtor ao capital parece ter sido completa. Duas etapas de usura marcaram essa subordinação. Por cima encontravam-se os monopolistas mercadores, que adiantavam créditos aos mestres, negociantes e refinadores de estanho e, pelo preço vil pelo qual compravam o metal, extraíam uma margem de lucros por volta de 60%. Os últimos, por sua vez, adiantavam dinheiro aos tributados e *tut-workers* e não era incomum desfrutarem, por isso, de uma margem de 80 ou 90%. Por volta de 1700, os donos das fundições, em lugar de adiantar dinheiro aos grupos de trabalhadores, muitas vezes se tinham tornado "estanheiros aventureiros", empregando mineiros diretamente por salário de tarefeiros.[59] Estava acabando a exploração pela usura, e o sistema salarial capitalista tomava seu lugar.

Quanto às demais regiões de mineração livre, dispomos de informações escassas, e os fatores determinantes da transição daquele tipo de mineração para o trabalho assalariado mostram-se ainda mais difíceis de perceber. Ainda assim, as linhas principais da história continuam bem claras. Na Floresta de Dean, parecem ter-se tornado, com o correr do tempo, cada vez mais comuns as brechas abertas nos regulamentos protetores com que os mineiros se tinham fortalecido. Formou-se o costume, à imitação das guildas urbanas, de elegar fidalgos de recursos como mineiros livres, e, a despeito de proibições explícitas, as demarcações e faixas foram arrendadas por seus donos a estranhos. O fator mais poderoso da desintegração da antiga coletividade, no entanto, parece ter sido o crescimento do monopólio da fundição do minério. No final do século XVI, foram dadas licenças pela Coroa a capitalistas aventureiros para que construíssem altos-fornos na Floresta, vindo estes a suplantar os fornos de tipo mais antigo. Sua introdução, além disso, foi a causa das desordens entre os mineiros livres, que se queixavam de assaltos frequentes aos privilégios dos mineiros pelos donos de cartas patentes reais".[60] Em 1640, tais privilégios iriam sofrer uma usurpação ainda mais completa, sob a forma de uma concessão feita pela Coroa, pela qual todas as minas e direitos a minérios na Floresta foram dados a um certo *Sir* John Winter, mediante um *royalty* anual de £10.000 a £16.000. Ocorreram outras desordens, seguidas por um litígio prolongado. Mas, até onde

---
[58] Lewis, *op. cit.*, 220.
[59] Lewis, 214-16; H. Levy, *Monopoly and Competition*, 9.
[60] V.C.H. *Gloucester*, II, 225; Lewis, *op. cit.*, 208.

crescimento do proletariado 251

podemos ver, os mineiros não conseguiram sustentar seus direitos e, no curso das décadas seguintes, esses direitos tiveram de ser drasticamente reduzidos. Em 1678, a proibição do transporte de carvão e minério por estranhos foi abandonada, e nove anos depois os mineiros cederam seu direito de controlar os preços de venda. A invasão capitalista, capaz de minerar com métodos aperfeiçoados e comercializar o produto mais facilmente, aumentou gradualmente até que a mineração livre nada mais era do que uma recordação do passado.[61] A lei de mineração, no entanto, enquanto durou, deve ter exercido efeito considerável no retardamento da intromissão do empresário capitalista, sendo importante o fato de que este último não se estabeleceu inteiramente nesse distrito até o final do século XVII.

Nas montanhas Mendip, o crescimento do monopólio da fundição do minério parece também ter sido a maior influência na desintegração do sistema de mineração livre. Os dispositivos legais garantindo ao mineiro sua liberdade de fundir o minério onde bem quisesse passaram a ser cada vez mais desprezados pelos donos do solo, e "os mais poderosos empregaram todos os esforços a fim de garantir que o minério de chumbo tirado de suas terras fosse fundido nas suas fornalhas".[62] Por volta do fim do século XVI, vemos especuladores e empresários forasteiros adiantando capital aos mineiros em troca de "partes" ou ações e, por outro lado, os mineiros que se achavam em dificuldades hipotecando suas minas por dinheiro de contado. Dizem-nos que "mercadores de Bristol, cavalheiros vizinhos, homens públicos locais, todos participaram do jogo". Os que possuíam capital para investir podiam aprofundar mais os poços e alcançar jazidas mais ricas. Talvez estivessem também em posição melhor para fugir ao monopólio de fundição e tratar da comercialização do metal. De qualquer forma, o mineiro pobre a quem faltavam as vantagens conferidas pelo capital foi gradualmente expulso, provavelmente para se tornar, como em outras partes, o empregado de uma nova classe de proprietário. Quanto a tal desenvolvimento, no entanto, os registros disponíveis não nos proporcionam detalhes.[63]

Nas minas de prata da Saxônia podemos acompanhar um desenvolvimento que apresenta alguns paralelos notáveis com o caso inglês. Ali fora costume dos senhores, onde por algum motivo não queriam explorar o minério, eles mesmos, com a mão de obra dos servos, arrendar os direitos de mineração a associações de trabalhadores livres. Tais associações lidavam com o minério cooperativamente, de modo um tanto parecido ao de um *artel* russo. E, como o pagamento em geral se fazia ao senhor na forma de uma dada proporção do

---

[61] *V.C.H. Gloucester*, II, 225-8.
[62] *V.C.H. Somerset*, II, 368.
[63] *Ibid.*, 374-6.

produto, certos privilégios e certa proteção eram por ele conferidos a essas associações. Em alguns casos, tais associações recebiam imunidade quanto à lei feudal, como comunidades urbanas, e, onde prosperaram, houve casos nos quais subiram à dignidade de cidade mineira especial, possuindo certo grau de autonomia e o direito de manter um tribunal e lei locais, próprios. Se, na origem, tais associações mineiras eram compostas de servos privilegiados ou camponeses e artesãos que não fossem membros da classe servil, eis um ponto obscuro; provavelmente se tratava dos últimos. Por volta do século XIV, no entanto, uma série delas se tomara ao mesmo tempo próspera e exclusiva, e muitas haviam vendido direitos ou ações da associação a estranhos, tais como proprietários rurais, clérigos locais ou mercadores urbanos. Para ajudar na exploração rápida da mina, os senhores encorajavam o desenvolvimento do sistema de tributo e aparentemente estipulavam que os tributos, a quem a mina era arrendada, deviam ser trabalhadores sem propriedade e que os camponeses com terras se achavam excluídos. Tais tributados recebiam certos materiais, e como não possuíam propriedades, não dispondo de outro meio de vida, mostravam-se prontos a entregar grande proporção do produto de seu trabalho à associação. Desse modo, uma linha divisória bem clara veio a surgir entre os associados donos da mina, que eram puramente *rentiers*, extraindo renda de seus direitos à exploração mineral, e os tributados que arrendavam a mina e trabalhavam nela, mas retinham apenas parte de sua produção. Esse sistema de tributos representava por isso, como nas Estanharias Inglesas, um meio caminho para o sistema salarial e este, com o correr do tempo, tendia a substituir o primeiro, "devido à disparidade crescente no poder de negociação entre as duas partes interessadas".[64]

Na Saxônia, como na Floresta de Dean e nas montanhas Mendip, um outro fator viria intervir para completar o processo pelo qual o tributado era degradado à posição de assalariado. Esse fator, que completava a transição, foi novamente o crescimento do monopólio entre fundidores e compradores de minério. Os direitos monopolistas dos capitalistas fundidores arraigavam-se em concessões para construir fundições, compradas aos senhores, e, no século XV, "os registros dão indicações abundantes das dificuldades crescentes em vender, e as queixas dos tributados referem-se em termos nada incertos às dificuldades a que estavam reduzidos pela opressão dos compradores e fundidores do minério".[65] Para aliviar a situação deles, o Imperador Maximiliano, em resposta a apelos recebidos, construiu uma fundição concorrente para receber o minério dos tri-

---

[64] Lewis, *op. cit.*, 180, também 74.
[65] *Ibid.*, 180.

butados, e Ferdinando fez o mesmo na Floresta Negra. Tais remédios cautelosos, no entanto, não proporcionaram mais do que um alívio temporário. Por algum tempo ouvimos falar dos mineiros resistindo, pela formação de guildas e deflagração de greves, mas, no decorrer do século XVI, sua posição deteriorou constantemente. O trabalho por tarefa e, às vezes, até por hora, suplantou o sistema de tributo. No final do século XVI, tomou-se comum fossem dados arrendamentos diretamente aos arrendatários capitalistas que empregavam braços assalariados no trabalho das minas. "Isso continuou até que, com o correr do tempo, vemos o arrendatário tomando cada vez mais o caráter de um capitão de indústria, retirando aos associados... todos os seus direitos."[66]

As linhas principais desse relato sobre as comunidades mineiras podem, na verdade, ser acompanhadas na história de muitas comunidades camponesas de recente lembrança, com as quais parece provável que a história, em grande parte sem registro, da comunidade camponesa na Inglaterra em séculos anteriores, proporcione um paralelo próximo. No caso da aldeia russa, havia muito debate nos círculos social-democráticos ao findar o século XIX a respeito das tendências reais em jogo dentro da economia da aldeia com suas raízes no *mir* tradicional, ou comuna aldeã. Os autores da escola Narodnik, ou Populista, tinham argumentado que o *mir* representava o germe do socialismo do futuro e que, preservando-se os traços característicos da economia de aldeia, o desenvolvimento do capitalismo poderia ser evitado. Os marxistas, por outro lado, e especialmente Lênin, diziam que a economia de aldeia estava destinada a desintegrar-se em face das influências do mercado e já se achava bem adiantada na trilha para a agricultura capitalista, com o crescimento da diferenciação de classes entre os camponeses. Nesse desenvolvimento, a usura (juntamente com diversas formas de contratos de crédito semiusurários em espécie ou em trabalho) parece ter desempenhado papel destacado. O camponês que, por sorte ou boa administração, se achava melhor dotado de dinheiro de contado do que seus vizinhos podia arrendar mais terras ao latifundiário e equipar-se com gado de trabalho e instrumentos agrícolas. Já o camponês mais pobre não podia fazer o mesmo, achando-se menos equipado, e, se arrendasse terra, provavelmente tinha de fazê-lo pelo sistema de *métayage*, mediante o qual muitas vezes tinha de entregar até metade do produto ao senhor da terra, ou então pelo sistema de trabalho pelo qual se propunha pagar a terra adicional por uma certa quantidade de trabalho na terra do proprietário. Diversamente da compra ou arrendamento de mais terra pelo camponês rico, esse arrendamento da mesma pelo pobre era

---
[66] *Ibid.*, 181-3.

sinal de pobreza — de incapacidade de reunir o bastante para a subsistência de sua família em sua própria terra, com os métodos de cultivo de que dispunha. Em consequência, era geralmente forçado a pagar uma renda exorbitante sob tais formas de arrendamento. Foi esse o "arrendamento de fome" de que ouvimos falar tanto na literatura agrária russa da época. Na verdade, como Lênin indicou em seu *Desenvolvimento do capitalismo na Rússia*, a própria barateza com que o dono da terra e o camponês em boa situação podiam conseguir o trabalho feito sob essas formas transitórias de exploração servia como obstáculo à introdução de métodos aperfeiçoados de cultivo, e especialmente de maquinaria.

Muitas vezes, entretanto, aquilo por que o cultivador pobre ansiava mais do que pela terra[67] eram animais de tração e equipamento ou sementes com os quais trabalhar sua terra. Frequentemente era a deficiência de capital que impunha limite à extensão de terra que podia trabalhar e era motivo imediato de sua dependência econômica em relação a algum vizinho mais próspero. Fora costume na maioria das aldeias (a não ser na Ucrânia ocidental e na Rússia Branca) que a terra da comuna fosse periodicamente redistribuída de acordo com a extensão que cada qual pudesse trabalhar. Seria de esperar que uma instituição assim impedisse o crescimento da desigualdade, mas, se lhe faltasse equipamento ou sementes, essa redivisão periódica de pouco servia ao camponês mais pobre. Por consequência, as parcelas maiores eram em geral pedidas pelos cultivadores em melhor situação, que passavam a arrendá-las aos vizinhos mais pobres numa base de *métayage*. Quando tais arrendamentos eram feitos, os mais pobres nem sequer podiam trabalhar a terra com seus próprios animais e instrumentos, tendo também de arrendá-los, o que os relegava à posição de trabalhadores assalariados, suplementando o fruto de sua pequena posse pelo trabalho na terra alheia e recebendo como pagamento uma parte do produto em espécie. Além disso, como observou Stepniak, os camponeses ricos ou *kulaks* tinham "a grande vantagem sobre seus numerosos concorrentes na pilhagem dos camponeses", de ser "membros, e membros muito importantes, da comuna aldeã" e com isso se achavam muitas vezes em posição de usar "o grande poder político que o *mir* autogovernado exerce sobre cada um individualmente".[68]

O pagamento em espécie em troca de arrendamentos de terra, no entanto, não bastava: em certas estações do ano era preciso ter dinheiro para fazer frente ao ônus dos impostos ou talvez para comprar sementes. Diante des-

---

[67] A fome de terra era maior nas regiões mais densamente povoadas da Terra Negra, a leste do Dnieper, onde o camponês saíra em piores condições da colonização após a Emancipação de 1861.
[68] Stepniak, *The Russian Peasantry*, 55.

sa necessidade de dinheiro em mão que surgir regularmente, o aldeão mais pobre tinha de recorrer ao mais rico como prestamista. E, à dependência existente do primeiro em relação ao último quanto ao empréstimo de equipamento, e provavelmente também quanto à comercialização do seu cereal, vinha juntar-se a dependência do devedor face ao credor. Essa relação de dependência apresentava uma tendência cumulativa cujo fim tendia a ser a transferência da posse camponesa em favor do credor. Costumava acontecer "cerca de duas vezes por ano, durante a coleta de impostos e na época do plantio", que "o camponês, com falta de dinheiro ou semente, empenhasse qualquer coisa para salvar sua casa do desastre. Em alguns anos, o camponês geralmente se tomava um proletário sem lar".[69] Como etapa seguinte, o *kulak* que acrescentara campo a campo, e se tornara sucessivamente arrendatário de terra e de instrumentos agrícolas, negociante local de cereais e prestamista da aldeia, instituía as indústrias *kustarny* de aldeia e começava a empregar seus clientes sem dinheiro, e devedores, no sistema de trabalho caseiro. Mais tarde, esses novos capitalistas *kustarny* muitas vezes se tomavam bastante ricos, mudando-se para as cidades e tornando-se donos de fábricas modernas, e muitos deles (como os Artamanov da *Decadência* de Gorki) iriam constituir o alicerce da classe capitalista russa. Enquanto isso, seus vizinhos mais pobres tendiam a cair cada vez mais na dependência, até que, onerados pela dívida e impostos e não mais capazes de se sustentar com sua pouca terra, juntavam-se, as famílias inteiras, ao proletariado rural, ou pelo menos uma parte dos membros da família se convertia em semiproletários para reforçar a renda familiar pelo emprego assalariado nas minas próximas ou nas cidades fabris."[70]

Esses exemplos do crescimento de uma diferenciação de classes e a transição para um sistema de trabalho assalariado, que podem encontrar seus paralelos nas coletividades camponesas em quase todas as regiões do mundo, são instrutivos por uma série de razões. Mostram que o desaparecimento da terra livre, embora possa ter sido de importância capital nas coletividades primitivas, não é o fato único e não precisa ser tomado como o principal na criação de uma

---

[69] N.I. Stone, em *Political Science Quarterly*, XIII, 107 em diante.
[70] Cf. *ibid.*, também Lênin, "Desenvolvimento do Capitalismo na Rússia" e "A Questão Agrária na Rússia", em *Selected Works*, vol. I; L.A. Owen, *Russian Peasant Movement, 1906-1917*, 88 em diante; G. Pavlovsky, *Agricultural Russia on the Revolution*, 107-8, 199-206. Lênin citava cifras para mostrar que em alguns distritos, na época, cerca de metade dos aldeões que trabalhavam por salários se empregava com a *burguesia camponesa* local (*op. cit.*, 285). No final do século XIX cerca de uma quarta parte da população camponesa masculina, na faixa de Terra Negra, trabalhava como agricultores por salários (Pavlovsky, *op. cit.*, 199).

classe assalariada dependente, como se afirma algumas vezes.[71] Mesmo onde existe terra livre, fatores outros como a dívida ou o monopólio podem roubar ao pequeno produtor sua independência e finalmente ocasionar seu desapossamento. Ao mesmo tempo, é claro que as desigualdades econômicas não tendem a criar uma divisão da sociedade em uma classe empregadora e uma classe assalariada sujeita à primeira, a menos que o acesso aos meios de produção, inclusive a terra, seja de um ou de outro modo negado a uma parcela substancial da coletividade. Esses exemplos demonstram também como pode ser instável uma economia de pequenos produtores, em vista dos efeitos desintegradores da produção para um mercado, principalmente um mercado distante, a menos que ela desfrute de alguma vantagem especial que lhe confira vigor ou que se tomem medidas especiais para protegê-la, principalmente a seus membros mais pobres e fracos. É aí que a influência política e a intervenção do Estado podem ser de importância capital. Finalmente, esses exemplos nos dão uma ilustração bem viva do papel que desempenham o monopólio e a usura para desencadear, simultaneamente, o enriquecimento de uma classe privilegiada e a sujeição gradual de uma classe dependente. Na época da acumulação primitiva, a usura sempre apresenta dois lados: um voltado para a antiga classe dominante — para o cavaleiro, o barão, o príncipe ou monarca, cujos embaraços financeiros o levam a sair procurando dinheiro a qualquer custo; e o outro, voltado para a vítima mais indefesa dos dois, o pequeno produtor necessitado. É difícil dizer se a extravagância de um ou a penúria de outro é a maior fonte de enriquecimento do usurário, mas, enquanto o primeiro tipo de transação, efetuando a transferência final da propriedade dos bens empenhados em garantia, da antiga classe dominante para a nova, é uma poderosa alavanca no incremento da riqueza burguesa, o segundo tipo de transação é não só isso, mas serve ainda para gerar a própria classe cuja existência é condição capital, caso essa nova riqueza burguesa deva encontrar terreno de investimento na produção. Essa classe, uma vez gerada, apresenta uma qualidade bem conveniente que lhe confere sobre as demais importante vantagem, como objeto permanente de investimento. Os bens da natureza são limitados, as jazidas minerais exauríveis, a usura, como sanguessuga, tende a tornar exangue a fonte de que se nutre, e até as populações escravizadas parecem mostrar uma tendência a desaparecer. Já um proletariado apresenta a qualidade valiosa de não só se reproduzir a cada geração, mas (a menos que a época atual dê provas de constituir uma exceção) de fazê-lo numa escala sempre crescente.

---

[71] Por exemplo, Achille Loria, em *Economic Foundations of Society*, 1-9, e *Analyse de la Propriété Capitaliste*.

CAPÍTULO VII

A REVOLUÇÃO INDUSTRIAL E O SÉCULO XIX

1

Quando atingimos o período da Revolução Industrial, defrontamo-nos com o primordial problema da escala e da perspectiva de qualquer estudo deste tipo. Vemo-nos diante de matéria-prima, sob a forma de registros fatuais à mão e imensamente ricos, e de boa parte desse material (embora não todo) já selecionada e classificada por mãos experimentadas em tais campos de trabalho. A bem trabalhada tela acha-se tão cheia de detalhes que um intruso, ao dela se aproximar, desejando fazer uma representação viável e impressionista da cena, se vê diante de um sério dilema. Conseguirá esboçar apenas algumas pinceladas triviais, que guardarão pouco das qualidades do original, ou poderá deixar-se absorver tanto na reprodução de detalhes nos quais não é mestre que o resultado se mostre uma cópia inferior do que outros já fizeram. Ainda que esse dilema fosse adequadamente solucionado e o esforço de abstração realizado de maneira competente, a forma desse trabalho teria de depender de algum princípio de seleção a respeito do qual talvez não se possam encontrar duas pessoas em concordância.

Acerca dos principais contornos assumidos pelos acontecimentos econômicos na Inglaterra do século XIX — ou, na verdade, na Europa ocidental ou na América — provavelmente resta muito pouco a dizer que já não tenha sido dito, e dito de modo muito melhor. Permanecem certamente lacunas da crônica que, quando preenchidas, iluminarão os recantos ainda obscuros. Mas o século da imprensa ao alcance de todos e da disseminação quase universal da alfabetização nos legou fontes documentárias de uma abundância até agora superior à de qualquer outro século anterior, deixando-nos pouca dúvida quanto às linhas principais da história, ou a respeito dos pontos essenciais do quadro da vida econômica e social com o qual nos defrontaríamos se vivêssemos num determinado meio social nos dias de Pitt, Peel ou Gladstone. No entanto, a dificuldade do economista contemporâneo que se volta para o estudo do material de cem anos atrás não é primordialmente a de *embarras de richesse*. Por estranho que pareça, a dificuldade em alguns aspectos é a oposta: uma pobreza de material do tipo mais necessário. Quando ele passa da descrição à análise, dos incidentes principais da história à sua motivação, e, do detalhe do quadro como este se apresenta em cada ponto no tempo, para o seu movimento, é mais provável que se encontre na obscuridade. Em parte, certamente, porque as perguntas que precisa fazer raramente tenham sido formuladas com correção e inteireza para que o historiador econômico selecione o material relevante para sua resposta. Em certas direções, no entanto, isto sucede aparentemente porque os dados necessários para encontrar respostas a essas perguntas ainda não se acham à mão. De início, somos tentados a pensar que isso se deve apenas aos acontecimentos do século XIX se acharem tão próximos de nossos olhos, e daí a riqueza de detalhes conservados nos permitir adotar um nível bem diferente de visão, que nossa busca pela sequência causal desse período se mostra particularmente exigente nas perguntas que faz. Uma reflexão maior, no entanto, sugere que a explicação está mais provavelmente na situação objetiva com que nos defrontamos nesse período: no fato de que o sistema econômico surgido da Revolução Industrial crescera tanto em complexidade e, além disso, era tão grande a diferença entre sua essência e sua aparência, que tornara a própria tarefa de interpretação mais formidável.

Se nos afastarmos da tela e deixarmos a cena em seu conjunto modelar-se em nossos olhos numa configuração distinta, devemos de imediato nos impressionar por dois traços notáveis. Em primeiro lugar, está o fato já familiar de que, no século XIX, o ritmo da modificação econômica, no que diz respeito à estrutura da indústria e das relações sociais, ao volume de produção e à extensão e variedade do comércio, mostrou-se inteiramente anormal, a julgar pelos padrões dos séculos anteriores: tão anormal a ponto de transformar radicalmente as ideias do homem sobre a sociedade de uma concepção mais ou menos estática de um mundo onde, de uma geração para outra, os homens estavam fadados a permanecer na posição que lhes fora conferida ao nascer, e onde o rompimento com a tradição era contrário à natureza, para uma concepção do progresso como lei da vida e do aperfeiçoamento constante como estado normal de qualquer sociedade sadia. Na expressão de Macaulay, o progresso econômico de 1760 em diante se tornou "portentosamente rápido". É evidente — mais do que em qualquer outro período histórico — que a interpretação do mundo econômico do século XIX tem de ser essencialmente uma interpretação de sua transformação e movimento.

Em segundo lugar, vem o fato de que a cena econômica no século XIX (ou pelo menos nos seus três primeiros quartéis, na Inglaterra) nos proporciona uma combinação de circunstâncias excepcionalmente favoráveis para o florescimento de uma sociedade capitalista. Uma era de transformação técnica que rapidamente aumentava a produtividade do trabalho testemunhou também um aumento natural anormalmente rápido nas fileiras do proletariado,[1] juntamente com uma série de acontecimentos que ampliaram simultaneamente o campo do investimento e o mercado dos bens de consumo, em grau sem precedente. Vimos com que aperturas, nos séculos anteriores, o crescimento da indústria capitalista foi dificultado pela estreiteza do mercado e sua expansão ameaçada pela baixa produtividade imposta pelos métodos de produção do período, sendo esses obstáculos reforçados de quando em vez pela escassez de trabalho. Na Revolução Industrial, essas barreiras foram simultaneamente banidas e, em vez disso, a acumulação e o investimento do capital se viram, a cada ponto do quadrante econômico, diante de horizontes cada vez mais amplos para incitá-los.

É bem pouco provável que, em seu aparecimento simultâneo no cenário, tais circunstâncias novas e propícias relativas à oferta de trabalho, produtividade e mercados, estivessem desligadas entre si. Quanto à natureza precisa da ligação entre elas, poucos achariam suficiente a evidência disponível para autorizar uma resposta completa. Mas foi claramente produto, em grande parte, da etapa do desenvolvimento que o capitalismo na Grã-Bretanha já alcançara, e não o resultado fortuito de circunstâncias externas a esse processo de desenvolvimento. O aumento da população, ao que se sabe hoje, deveu-se a uma queda na taxa de mortalidade mais do que a um aumento na de natalidade. As melhorias na atenção médica e na saúde pública que resultaram nessa mortalidade menor podem ter sido em parte uma reação à escassez de trabalho registrada na parte inicial do século XVIII, como as invenções que economizavam trabalho naquele mesmo século também o devem ter sido. A própria expansão do mercado foi produto conjunto das invenções, da maior divisão do trabalho, da produtividade aumentada e do aumento da população (como a hoje desacreditada Lei de Say teve, pelo menos, a virtude de acentuar). Sejam quais forem o grau em que e a forma pela qual tais fatores se ligaram em seu aparecimento singular, não havia qualquer motivo válido (a não ser, talvez, de acordo com as versões mais exageradas daquela lei) para encarar sua associação continuada como parte da ordem natural das coisas,

---

[1] Arnold Toynbee falou da "rapidez muito maior que marca o crescimento demográfico" como "a primeira coisa que nos impressiona a respeito da Revolução Industrial — um aumento decenal por volta de 10% no final do século XVIII, e de 14% na primeira década do século XIX, em comparação com 3% como o maior aumento decenal antes de 1751" (*Lectures on the Industrial Revolution of the Eighteenth Century*, 87).

ou como destinada a sobreviver indefinidamente. No entanto, foi isso o que muitos, se não a maioria, dos autores do século XIX parecem ter suposto implicitamente. O último quartel daquele século já levantava dúvidas quanto a tal hipótese; sombras de dúvida, que o século XX iria aprofundar, até que, no período entre as guerras, uma opinião exatamente oposta se cristalizasse. Tal opinião, surpreendente quando enunciada pela primeira vez, provavelmente encontraria em nossos dias uma ampla medida de concordância. É que a situação econômica dos cem anos entre 1775 e 1875 nada mais era do que uma fase passageira na história do capitalismo, produto de um conjunto de circunstâncias destinadas não só a passar, mas, a seu tempo, a gerar seu oposto. Nas palavras de um autor mais recente, "nada mais foi do que um vasto *boom* secular".[2]

Hoje é lugar-comum dizer-se que a transformação na estrutura da indústria a que se conferiu o título de Revolução Industrial[3] não constituiu um acontecimento singular que se possa localizar entre as fronteiras de duas ou três décadas. A desigualdade do desenvolvimento, como aquela entre indústrias diversas, foi um dos traços principais do período. Não só as histórias das diversas indústrias, e mesmo de seções de uma só indústria (quanto mais da indústria nos diferentes países), deixam de coincidir no tempo em suas etapas principais, como ocasionalmente a transformação estrutural de uma determinada indústria se mostrou um processo arrastado por mais de meio século. A essência da transformação estava na mudança do caráter da produção que, em geral, se associava à utilização de máquinas movidas por energia não humana e não animal. Marx afirmou que a transformação crucial foi na verdade a adaptação de uma ferramenta, antes empunhada pela mão humana, a um mecanismo; a partir daquele momento, "a máquina toma o lugar de um mero implemento", sem levar em conta "se a força motriz vem do homem ou de outra máquina". O importante é que "um mecanismo, depois de acionado, executa com suas ferramentas as mesmas operações antes executadas pelo trabalhador com ferramentas semelhantes". Ao mesmo tempo, Marx mostra que "a máquina individual conserva um caráter anão enquanto for trabalhada

---

[2] J.R. Hicks, *Value and Capital*, 302 em diante.
[3] O primeiro uso dessa descrição muitas vezes foi atribuído a Arnold Toynbee em suas *Lectures*, publicadas em 1887, tendo-se dito que "a circulação geral do termo" data da publicação das mesmas (Beales, em *History*, vol. XIV, 125). Na verdade, Engels usou o termo em 1845, em sua *Condition of the Working Class in England in 1844* (ed. de 1892, 3 e 15), onde fala da Revolução Industrial como tendo "a mesma importância para a Inglaterra quanto a revolução política para a França e a revolução filosófica para a Alemanha"; e a origem do termo foi creditada a ele (cf. Mantoux, *The Industrial Revolution in the Eighteenth Century*, 25). No entanto, a expressão parece ter sido corrente entre os autores franceses já na década de 1820 (cf. A. Bezanson, *Quarterly Journal of Economics*, vol. XXXVI, 343).

apenas pela força do homem", e que "sistema algum de maquinaria poderia ser adequadamente desenvolvido antes que a máquina a vapor tomasse o lugar da força motriz anterior".[4] De qualquer forma, essa transformação crucial, quer a localizemos na passagem da ferramenta da mão humana para um mecanismo, ou na adaptação do implemento a uma nova fonte de energia, transformou radicalmente o processo de produção. Ela não só exigiu que os trabalhadores se concentrassem num só lugar de trabalho, a fábrica (isso já acontecera às vezes no período anterior ao que Marx chamou de "manufatura"), como impôs ao processo de produção um caráter coletivo, como a atividade de uma equipe meio mecânica e meio humana. Uma característica desse processo de equipe foi a extensão da divisão do trabalho a um grau de complexidade jamais testemunhado e sua extensão, além disso, a um grau inimaginável dentro do que constituía, tanto funcional quanto geograficamente, uma única unidade ou equipe de produção. Uma outra característica foi a necessidade crescente no sentido de que as atividades do produtor humano se conformassem aos ritmos e movimentos do processo mecânico: uma mudança técnica de equilíbrio que teve seu reflexo socioeconômico na crescente dependência do trabalho em relação ao capital e no papel cada vez maior desempenhado pelo capitalista como força disciplinadora e coatora do produtor humano em suas operações detalhadas. Andrew Ure, em sua *Philosophy of Manufactures*, anunciou triunfalmente como o "grande objetivo" da nova maquinaria o ter ela levado à "igualdade do trabalho", dispensando as aptidões especiais do operário qualificado "dotado de vontade própria e intratável" e reduzindo a tarefa dos operários "ao exercício de vigilância e destreza — faculdades que, quando concentradas em um processo, rapidamente são levadas à perfeição nos jovens".[5] Nos velhos tempos, a produção era essencialmente uma atividade humana, em geral individual em seu caráter, no sentido de que o produtor trabalhava em seu próprio tempo e à sua própria maneira, independentemente de outros, enquanto as ferramentas ou os implementos simples que usava pouco mais eram do que uma extensão de seus próprios dedos. A ferramenta característica desse período, diz Mantoux, era "passiva na mão do trabalhador; sua força muscular, sua habilidade natural ou adquirida, ou

---

[4] *O Capital*, vol. I, 308, 378. "A máquina, que é o ponto de partida da Revolução Industrial, substitui o trabalhador que empunha uma única ferramenta por um mecanismo que funciona com uma série de ferramentas semelhantes e impelido por uma única força motriz, seja qual for a forma dessa força" (*ibid.*, 370-1).
[5] *The Philosophy of Manufactures*, ed. de 1835, 20-1. Ure definia uma fábrica como "um vasto autômato, composto de diversos órgãos mecânicos e intelectuais, agindo em concerto ininterrupto... subordinado a uma força móvel autorregulada" (*ibid.*, 13).

sua inteligência determinam a produção até o menor detalhe".⁶ As relações de dependência econômica entre os produtores individuais ou entre produtor e mercador não eram diretamente impostas pelas necessidades do próprio ato de produção, mas por circunstâncias externas a ele: eram relações de compra e venda do produto acabado ou semiacabado, ou então relações de dívida relativas ao fornecimento das matérias-primas ou ferramentas da profissão. Isso continuou verdadeiro até mesmo com relação à "manufatura simples", onde o trabalho se congregava num só lugar, mas em geral como processos paralelos e atomísticos de unidades individuais e não como atividades interdependentes que precisassem ser integradas num organismo para funcionar. Enquanto na situação antiga o pequeno mestre independente, incorporando em si a unidade de instrumentos de produção humanos e não humanos, só conseguira sobreviver porque estes últimos continuavam modestos e nada mais eram do que um apêndice da mão humana, na situação nova, não conseguia mais sustentar-se, tanto porque o tamanho mínimo de um processo de produção unitário se tornara grande demais para ele controlar como porque a relação entre os instrumentos humanos e mecânicos de produção se transformara. Era agora necessário capital para financiar o equipamento complexo requerido pelo novo tipo de unidade de produção; e criara-se um papel para um tipo novo de capitalista, não mais apenas como usurário ou comerciante em sua loja ou armazém, mas como capitão de indústria, organizador e planejador das operações da unidade de produção, corporificação de uma disciplina autoritária sobre um exército de trabalhadores que, destituídos de sua cidadania econômica, tinham de ser coagidos ao cumprimento de seus deveres onerosos a serviço alheio pelo açoite alternado da fome e do supervisor do patrão.

Essa transformação foi tão crucial em seus diversos aspectos que mereceu integralmente o nome de revolução econômica. E nada do que subsequentemente se tenha escrito qualificando a descrição clássica de Toynbee dessa transformação basta para justificar o abandono do termo que alguns adoradores da continuidade parecem desejar. Sua justificação está menos na rapidez da própria modificação técnica do que na íntima ligação entre ela e a estrutura da indústria e das relações econômicas e sociais, e na medida e importância dos efeitos das novas invenções sobre estas últimas. É verdade que a transformação veio muito antes em algumas indústrias do que em outras; e, embora esses acontecimentos descritos por nós como uma revolução devam corretamente ser tratados como um conjunto intimamente interligado,

---
⁶ *Op. cit.*, 193.

a sincronia desse conjunto de acontecimentos nas diversas linhas de produção não exibia qualquer relação próxima.

Nem se poderia esperar que tal sucedesse, em vista do caráter muito diferente dos diversos ramos da indústria e dos problemas técnicos bem diversos que cada qual tinha de resolver antes que a maquinaria acionada a motor pudesse tomar o campo para si. Talvez o mais notável tenha sido a teimosia com que o antigo modo de produção continuou a sobreviver e a sustentar uma posição nada apagada durante décadas, mesmo em ramos da produção em que a nova indústria fabril já conquistara parte do terreno.

Na opinião de Arnold Toynbee, foram "quatro grandes invenções" o fator responsável pelo revolucionamento da indústria algodoeira: "a máquina de fiar (*spinning-jenny*), patenteada por Hargreaves em 1770; o filatório tocado a água, inventado por Arkwright no ano anterior; o filatório de Crompton, introduzido em 1779; e o filatório autônomo, inventado primeiramente por Kelly em 1792"; embora "nenhuma dessas, por si só, tivesse revolucionado a indústria", não fosse o patenteamento da máquina a vapor de James Watt em 1769 e sua aplicação à manufatura algodoeira quinze anos depois. A estas, Toynbee acrescenta como elos cruciais no processo o tear mecânico de Cartwright de 1785 (que não entrou em uso geral até as décadas de 1820 e 1830), e, afetando a siderurgia, a invenção da redução do carvão na parte inicial do século XVIII e "a aplicação em 1788 da máquina a vapor aos altos-fornos".[7] Engels também usara como exemplo a máquina de fiar de Hargreaves como "a primeira invenção a dar início a uma modificação radical na situação dos trabalhadores ingleses", conjugando isso com a introdução feita por Arkwright de "princípios inteiramente novos" na "combinação das peculiaridades da máquina de fiar e filatório contínuo", com o tear mecânico de Cartwright e a máquina a vapor de Watt.[8]

A essa cadeia de inovações decisivas, costuma-se hoje acrescentar como elos anteriores: de um lado, a lançadeira volante apresentada em 1733 por Kay, descrita por Usher como "invenção estrategicamente importante" que resolvia uma dificuldade tida pelo grande Leonardo como crucial,[9] e que teve o que Mantoux descreve como "consequências incalculáveis", e a máquina de fiar de Paul e Wyatt, surgida no mesmo ano (que não era dessemelhante à de Arkwright, mas não constituiu êxito prático e permaneceu pouco conhecida); de outro lado, a patente de Dud Dudley para fabricar ferro com hulha já em 1621, o trabalho dos Darby em Coalbrookdale na fundição com carvão

---
[7] *Op. cit.*, 90-1.
[8] *Op. cit.*, 4-6.
[9] A.P. Usher, *History of Mechanical Inventions*, 251.

264 *a evolução do capitalismo*

nas primeiras décadas do século XVIII, e o processo de pudlagem e o laminador, ambos de Cort, o primeiro patenteado em 1784. Da mesma forma, a máquina a vapor de Watt teve como seus precursores o engenho atmosférico de Newcomen, surgido no ano de 1712, no qual "a fonte ativa de pressão era a atmosfera, mas a operação real girava em torno da produção de vapor", e o motor de Savery (1698), baseado no princípio de um vácuo criado pelo vapor em condensação. Ambas essas invenções anteriores, no entanto, se restringiam, no uso prático, ao bombeamento nas minas e obras hidráulicas.[10]

Já mencionamos que, em certas esferas, as modificações por nós associadas à Revolução Industrial tinham surgido ao encerrar-se a era dos Tudor.[11] Embora ainda excepcionais, tais casos de modo algum eram despidos de importância, como demonstraram recentemente os escritos do Professor Nef. Mas os métodos técnicos mais novos desse período não tinham ainda aplicação naquilo que eram ainda (no que dizia respeito à sua influência sobre o emprego e a estrutura social) as principais indústrias do país. Essas empresas primitivas de tipo fabril constituíam pouco mais do que postos avançados do capitalismo industrial, ainda que seu peso fosse mais considerável do que se supunha. Uma série delas confiava na proteção estatal e no privilégio político mais do que em seu próprio vigor econômico para sobreviver. As oficinas de um Jack of Newbury ou de um Stumpe, no ramo têxtil, dificilmente eram "fábricas" no sentido "máquino-fabril" do século XIX, ainda que como tal fossem chamadas, sendo mais do tipo das "manufaturas simples" de Marx. Além disso, eram exemplos bem raros numa indústria que continuava individual, de pequena escala, e dispersa no que dizia respeito ao processo de produção, mesmo que suas relações econômicas estivessem assumindo caráter capitalista com a figura do mercador-fabricante e o sistema de distribuição de trabalho caseiro.[12] Até mesmo a notável invenção de William Lee em 1589, o tear de malharia, não levou à produção fabril, e sim apenas a relações capitalistas (no sentido de dependência econômica do produtor quanto ao capitalista) na base da produção doméstica individual, sob o sistema de aluguel de teares, já descrito. Bem mais de um século depois, a lançadeira de seda de Lombe (1717), ao contrário, precipitou uma transferência para a produção fabril, "com suas ferramentas automáticas, sua produção contínua e ilimitada e as funções altamente especializadas de seus operadores".[13] Mesmo assim, no entanto, a medida dessa influência foi limitada. Como acentua Mantoux, a

---
[10] *Ibid.*, 307-9.
[11] Ver anteriormente, pp. 143-146.
[12] Ver anteriormente, pp. 150-156.
[13] Mantoux, *op. cit.*, 199.

máquina de Lombe "não foi o ponto de partida de nenhuma invenção nova": John e Thomas Lombe continuaram "precursores, em vez de iniciadores", e "a revolução industrial fora anunciada, mas não ainda começada".[14] Também na indústria siderúrgica, é bem verdade, as eras dos Tudor e dos Stuart viram algumas grandes fornalhas e fornos, que acarretavam o investimento de cifras em capital na casa dos quatro algarismos, e viram igualmente martelos mecânicos de forjar e foles acionados por moinhos de água bem como usinas automáticas de laminação e corte. Mas, enquanto predominou a fundição a carvão de lenha, a soberania econômica do pequeno forno, espalhado pelas matas e florestas, não sofreu qualquer ameaça séria. A disponibilidade de combustível era um limite imposto tanto à dimensão do forno quanto à sua localização e, até que fosse solucionado o problema técnico da fundição com carvão mineral, um tipo maior e mais moderno de usina siderúrgica não podia tornar-se uma solução econômica, e, por sua vez, a expansão da produção de metal em seus diversos ramos era impedida pela escassez de ferro-gusa.[15]

Hoje, reconhecemos que a rapidez com que a revolução conquistou o terreno principal da indústria, depois do conjunto crucial de invenções ter proporcionado os meios para essa conquista, foi menor do que se supunha. Na produção siderúrgica primária, o fim dos pequenos fornos de carvão vegetal era quase completo no final do século XVIII (embora, em 1788, produzissem ainda uma quinta parte do ferro-gusa inglês), e, na década de 1820, os novos métodos de pudlagem e laminação de Cort achavam-se bem estabelecidos nos distritos siderúrgicos do país, com o martelo a vapor de Nasmyth chegando para completar o processo. Ao passo que, em 1715, as usinas de Coalbrookdale eram avaliadas em £5.000, em 1812 "de acordo com as estimativas de Thomas Attwood, um conjunto siderúrgico completo não poderia ser construído por menos de £50.000 e, em 1833, um conjunto com capacidade produtiva de 300 toneladas de ferro em barras por semana custaria algo entre £50.000 e £150.000".[16] Mas os ofícios de acabamento de metal estavam muito mais atrasados. A indústria de pregos do Black Country (condados de Stafford e Warwick), na década de 1830, via-se em grande parte ainda em mãos de pequenos mestres que trabalhavam em pequenas oficinas e continuava em

---
[14] *Ibid.*, 201.
[15] *Ibid.*, 195. O Professor Usher acentuou que, "para muitas indústrias dos séculos XVI e XVII, o obstáculo ao uso de mais força era o custo e a disponibilidade física, tanto quanto a dificuldade mecânica de aplicar-se a força", resultando que as invenções dessa época tendiam meramente a suplementar o trabalho de homens e animais, e "pouca influência tiveram sobre a estrutura geral da indústria" (*op. cit.*, 298).
[16] T.S. Ashton, *Iron and Steel in the Industrial Revolution*, 163.

grande parte assim até a década de 1870, com um mestre do ofício possuindo armazéns dos quais distribuía barras e encomendas aos fabricantes domésticos de pregos, ou alugando espaço nas oficinas próximas a seu armazém a outros que não dispunham de forjas próprias. Quanto ao ofício metalúrgico de Birmingham em geral, em 1845 um autor da época observou que "como a agricultura francesa", entrara "num estado de parcelamento". Aí, em 1856 "a maioria dos fabricantes empregava apenas cinco ou seis trabalhadores", e "durante os primeiros sessenta anos do século XIX" em todo esse distrito "a expansão da indústria representara ... um aumento do número de pequenos fabricantes, mais do que a concentração de suas atividades dentro de grandes fábricas".[17] Na fabricação de armas, joalheria, fundição de bronze, selaria e arreamento, a década de 1860 testemunhou ainda uma coexistência notável de processos de produção altamente subdivididos, com a pequena unidade de produção do dono de oficina distribuindo trabalho aos artesãos que trabalhavam em suas casas. Mesmo a chegada da força do vapor deixou em muitos casos de transferir essas pequenas indústrias para uma base fabril adequada. As "fábricas" dividiam-se numa série de oficinas separadas, e através de cada uma se projetavam correias de transmissão movidas por máquinas a vapor, sendo tais oficinas alugadas a pequenos mestres que precisavam de energia em algumas de suas operações.[18] Embora a primeira fábrica de cutelaria em Sheffield fosse iniciada na década de 1820, ainda na década de 1860 até mesmo a maioria dos "grandes cuteleiros" tinha seu trabalho executado por trabalhadores externos, e muitos dos que trabalhavam nas chamadas fábricas estavam na verdade trabalhando por conta própria, alugando a força fornecida pela fábrica e, em alguns casos, para outros mestres.[19] Em vista de fatos como estes, o Professor Clapham chegou a dizer que na Inglaterra de Jorge IV o trabalho externo era "ainda a forma predominante" da indústria capitalista, pois embora "perdesse terreno de um lado para as usinas e fábricas, ganhava de outro, à custa da produção e do artesanato domiciliares".[20] No setor do algodão, só na década de 1830, mais de meio século após as invenções de Arkwright e Crompton e quase meio século depois do tear mecânico de Cartwright, é que este se mostrava em uso geral e a antiga máquina de fiar entrava definitivamente em declínio. Na indústria da lã, a maquinaria mecanicamente acionada só conseguiu sua vitória no correr da década de1850, e, mesmo em 1858, apenas cerca de metade dos trabalhadores nos lanifícios do

---

[17] G.C. Allen, *Industrial Development of Birmingham and the Black Country*, 1860- 1927, 113-14.
[18] *Ibid.*, 151.
[19] J.H. Clapham, *An Economic History of Modern Britain: the Railway Age*, 33, 99, 175.
[20] *Ibid.*, 178.

Yorkshire se encontrava em fábricas. Em 1851, a malharia se baseava predominantemente no sistema de pequenos mestres-artesãos (cerca de 15.000, com 33.000 diaristas), empregados pelos malheiros capitalistas num sistema de produção doméstica. A máquina rotativa e a circular de malharia de Brunel, acionadas mecanicamente, mal começavam a fazer incursões mais sérias na indústria. Uma quarta parte das firmas, no algodão, mas não mais do que uma décima parte delas, em lã e estambre, empregava mais de 100 trabalhadores. Em ofícios como alfaiataria e sapataria, a produção estava em sua esmagadora maioria em mãos de firmas pequenas, que empregavam menos de dez trabalhadores cada. Só no último quartel do século é que a produção de botas e sapatos, com a introdução trazida da América da máquina Blake de costura e outros instrumentos automáticos mudou do sistema de trabalho caseiro ou manufatura para uma base fabril.[21]

A sobrevivência da indústria domiciliar e da manufatura simples na segunda metade do século XIX teve consequência importante para a vida e população industriais que raramente vemos serem examinadas. Ela significava que só no último quartel do século a classe trabalhadora começou a tomar o caráter homogêneo de um proletariado fabril. Antes disso, a maioria dos trabalhadores mantinha as marcas do período anterior de capitalismo, tanto em seus hábitos quanto em seus interesses, a natureza da relação de emprego e as circunstâncias de sua exploração. A capacidade de organização duradoura ou de adotar políticas a longo prazo continuava sem desenvolvimento. O horizonte de interesse tendia a ser o ofício e mesmo a localidade, em vez da classe. A sobrevivência das tradições individualistas do artesão e mestre com ambição de se tornar pequeno empregador se mostrou, por muito tempo, um obstáculo a qualquer crescimento firme e geral do sindicalismo, quanto mais da consciência de classe. As diferenças internas no movimento cartista tinham refletido com muita clareza o contraste entre os operários fabris das cidades setentrionais, com seus tamancos e "barba grande, jaqueta de fustão" a quem Feargus O'Connor dirigia seus apelos, e os artesãos dos ofícios especializados de Londres, que seguiam Lovett, e os pequenos

---

[21] *Ibid.*, 33-5, 94-5, 143, 193. Em 1871, havia 145 "fábricas" de botas e sapatos registradas, com não mais de 400 HP de vapor, entretanto. A força só era usada no trabalho pesado, como o corte de peças mais grossas ou na costura, e diversos dos processos na fabricação de botas ainda eram executados por trabalhadores externos. Os encarregados da parte de moldes, e outros, muitas vezes trabalhavam na fábrica, em bancos lado a lado, mas quase todo o acabamento era feito em casa. Em 1887, havia na cidade de Northampton cerca de 130 fabricantes de calçados empregando uns 17.000 a 18.000 trabalhadores (cf. A. Adcock, *The Northampton Shoe*, 41-5). Nos primeiros anos da década de 1890, encontramos o sindicato afirmando que seus dois ramos maiores tinham finalmente acabado com o trabalho escorchante, conseguindo a abolição do que se realizava externamente (*Monthly Reports of the National Union of Boot and Shoe Operatives*, março de 1891).

mestres artesãos do Black Country. Essa heterogeneidade de uma força de trabalho ainda primitiva, favoreceu o domínio do Capital sobre o Trabalho. Pelo caráter primitivo da relação de emprego, que continuava tão comum, e a sobrevivência de tradições de trabalho de uma época anterior, tanto o crescimento da produtividade foi impedido quanto grande destaque se conferiu às formas mais brutais de pequena exploração ligadas ao número prolongado de horas de trabalho pesado, emprego de crianças, descontos, pagamento em gêneros e o desprezo pela saúde e segurança. Até 1870, o empregador imediato de muitos trabalhadores não era o grande capitalista, mas o empreiteiro intermediário, ao mesmo tempo um empregado e, por sua vez, um pequeno empregador. Na verdade, o operário qualificado em meados do século XIX tendia a ser, em certa medida, um empreiteiro, e na psicologia e aparência trazia as marcas desse *status*.

Não era só nos ofícios que ainda se encontravam na etapa de trabalho externo e produção domiciliar que tal tipo de relação predominava, com seus mestres-fabricantes de armas, pregos, ou seleiros e forrageiros de carruagem, ou feitores e "intermediários" com trabalhadores domiciliares sob seu comando. Até nos ofícios fabris o sistema de subempreitadas mostrava-se comum. Contra esse sistema e as oportunidades que criava para tirania sórdida e a desonestidade pelo pagamento em gêneros, dívidas e pagamentos dos salários em hospedarias,[22] o sindicalismo inicial travou dura e prolongada batalha. Nos altos-fornos havia os alimentadores e os retiradores, pagos pelo capitalista conforme a produção em tonelagem do forno, e que empregavam turmas de homens, mulheres, meninos e cavalos para encher o forno ou controlar a fundição. Nas minas de carvão, havia intermediários que firmavam contrato com a direção para o trabalho numa galeria e empregavam seus próprios

---

[22] Como nas indústrias domésticas de Birmingham, os feitores eram chamados às vezes de "matadores", devido a seu hábito de reduzir os salários dos trabalhadores, e, na fabricação de pregos, "o intermediário que fazia os pagamentos em artigos, muitas vezes um publicano, pagava em artigos caros e de má qualidade, e vendia a preço menor que o do mestre honesto", e também "o pagamento em artigos de tipo ruim era ainda praticado (nos primeiros anos da década de 1870) por alguns dos intermediários de Midlands e Sudoeste" [Clapham, *Econ. Hist.* (Free Trade and Steel), 456]. Pagar salários a longos intervalos era outro mal, levando ao endividamento dos trabalhadores junto aos subempreiteiros ou estalajadeiros, ou às lojas da companhia que lhes davam crédito, mas cobravam preços altos em troca. Em Ebbw Wale, por essa época, os salários só eram pagos mensalmente e às vezes, em Rhymney, apenas de três em três meses (*ibid.*, 457). Marx observou que "a exploração da força de trabalho barata e imatura é executada de modo mais desavergonhado na manufatura moderna do que na fábrica propriamente dita... Tal exploração é mais desavergonhada na chamada indústria doméstica do que nas manufaturas, e isso porque o poder de resistência dos trabalhadores diminui com sua dispersão, pois toda uma série de parasitas predatórios se insinua entre o trabalhador e o empregador, e a pobreza rouba ao trabalhador as condições mais essenciais a seu trabalho, espaço, luz e ventilação" (*Capital*, vol. I, 465).

ajudantes, alguns tendo até 150 homens sob suas ordens e precisando de um supervisor especial, chamado "cachorrinho", para superintender o trabalho. Nas usinas de laminação, havia o laminador-mestre. Nas fundições de bronze e fábricas de correntes, o *overhand* (supervisor), que às vezes empregava 20 ou 30 operários. Até as operárias nas fábricas de botões empregavam meninas ajudantes.[23] Quando as fábricas vieram substituir os pequenos ofícios metalúrgicos de Birmingham "não surgiu a ideia de que o empregador devesse encontrar por si os lugares de trabalho, aparelhagem e materiais, e exercesse supervisão quanto aos detalhes dos processos de fabricação".[24] E, mesmo em estabelecimentos bem grandes, persistiram por algum tempo sobrevivências de situações mais antigas, tais como o desconto, feito nos salários, de somas representando o aluguel de espaço na oficina e o pagamento da força e luz. Os operários, por seu lado, continuavam muitas vezes com os hábitos advindos das antigas oficinas, "divertindo-se" nas segundas e terças-feiras e concentrando todo o trabalho da semana em três dias.[25] Foi preciso chegar o motor a gás (tornando obsoleto o sistema antigo de alugar a força da máquina a vapor aos empreiteiros), o crescimento da padronização e a substituição do ferro trabalhado pelo aço (que se prestava à manipulação pelas prensas e máquinas-ferramentas como material básico dos ofícios metalúrgicos para completar a transição para a indústria fabril propriamente dita, e efetuar "uma aproximação do tipo de mão de obra empregada numa série de manufaturas metalúrgicas, devido à semelhança dos métodos mecânicos em uso".[26]

Muitos dos que buscaram descrever a Revolução Industrial como uma série contínua de transformações que perdurou além mesmo do século XIX, em vez de como uma modificação feita de uma só vez, parecem ter empregado o termo como sinônimo de uma revolução puramente técnica. Ao fazer isso, perderam de vista a importância especial dessa transformação na estrutura da indústria e nas relações sociais de produção, consequência da modificação técnica em um certo nível crucial. Se focalizarmos a atenção na modificação técnica *per se*, é ao mesmo tempo verdadeiro e importante que, uma vez lançada em sua nova carreira, essa modificação constituía um processo *contínuo*. Na verdade, temos de encarar o fato de que, uma vez vinda a transformação crucial, o sistema industrial embarcou em toda uma série de revoluções na técnica da produção, como traço notável da época do capitalismo amadurecido. O progresso técnico passara a ser um elemento do mundo econômico

---

[23] Allen, *op. cit.*, 146, 160-5.
[24] *Ibid.*, 159.
[25] *Ibid.*, 166.
[26] *Ibid.*, 448.

aceito como normal, e não como algo excepcional e intermitente. Com a chegada da força a vapor, foram abolidos os limites anteriores à complexidade e tamanho da maquinaria e magnitude das operações que esta podia executar. Em certa medida, a revolução da técnica adquiriu até um ímpeto cumulativo próprio, porquanto cada avanço da máquina tendia a trazer, em consequência, uma especialização maior das unidades da equipe humana que a operava. E a divisão do trabalho, simplificando os movimentos individuais, facilitava ainda outras invenções, pelas quais esses movimentos simplificados eram imitados por uma máquina. A essa tendência cumulativa, juntaram-se duas outras: a primeira no sentido de uma produtividade crescente da mão de obra, e portanto (dada a estabilidade ou, pelo menos, nenhum aumento comparável de salários reais) a um fundo cada vez maior de mais-valia, do qual se derivava uma nova acumulação de capital, e a segunda no sentido de uma concentração cada vez maior da produção e da propriedade do capital. Como se aceita hoje em dia, essa última tendência, filha da complexidade crescente do equipamento técnico, é que iria preparar o terreno para uma outra transformação crucial na estrutura da indústria capitalista, e gerar o "capitalismo de corporação" monopolista (ou semimonopolista ou quase monopolista) em grande escala da era atual.

A história genética daquela série crucial de invenções entre o século XVII e o XIX apresenta ainda muitos pontos obscuros. No entanto, embora ainda não saibamos o suficiente acerca das origens dessas invenções para podermos ser dogmáticos a respeito de sua causação, não temos o direito de encará-las como acontecimentos fortuitos sem relação com a situação econômica em que foram plantadas — como um *deus ex machina* que não precisa ter qualquer ligação lógica com a parte anterior da trama. Na verdade, hoje se reconhece amplamente que as invenções industriais são produtos sociais, no sentido de que, embora tenham uma linhagem independente que lhes é própria, cada inventor herdando tanto o seu problema quanto alguma ajuda para sua solução de seus antecessores, as perguntas apresentadas à sua mente, bem como os materiais para seus planos, são modelados pelas circunstâncias e necessidades econômicas e sociais da época. Como afirmou acertadamente Beales, hoje em dia "o inventor é visto antes como o porta-voz das aspirações do dia, do que como iniciador das mesmas".[27] Embora as invenções do século XVIII indubitavelmente devam parte de sua ascendência ao fermento científico do século XVII, um traço notável das mesmas foi a medida em que se mostraram produtos de homens práticos, esforçando-se empiricamente, e agudamente

---

[27] *History*, vol. XIV, 128.

cônscios das necessidades industriais de seu tempo. Por exemplo, embora seja verdade que as pesquisas de Boyle e outros no terreno das leis primárias da pressão dos gases tenham proporcionado uma das condições essenciais para a invenção das máquinas atmosférica e a vapor, o problema prático de fundir o minério com carvão, por outro lado, estava solucionado antes que a química dos compostos metálicos fosse devidamente compreendida. Os problemas que tais homens de indústria e invenção delineavam para si próprios eram formulados não *a priori*, mas pelo grande alcance de sua própria experiência. Além disso, para uma invenção vitoriosa — invenção que tenha importância no desenvolvimento econômico — não basta a simples solução de um problema em princípio. Há fartura de exemplos quanto à lacuna frequentemente observada entre a descoberta do princípio e sua tradução para a realização prática, como também exemplos da lacuna que costuma existir entre o completar-se de um projeto e sua adoção e lançamento como proposição comercial. Não apenas temos de nos lembrar do que foi chamado por Usher de "a complexidade do processo de consecução" (devida ao fato de que a invenção vitoriosa geralmente só vem como clímax de toda uma série de descobertas relacionadas, às vezes independentes entre si de início e dependentes para sua solução de homens diferentes[28]) como também não podemos nos esquecer de que as qualidades e experiências necessárias para a síntese e a aplicação vitoriosas são muitas vezes as de um organizador industrial, e não as de um técnico de laboratório. A menos que o *milieu* econômico seja favorável — até que o desenvolvimento econômico tenha atingido determinado estágio — nem o tipo de experiência e de qualidade de espírito, nem os meios, materiais ou financeiros, para tornar o projeto uma possibilidade econômica, costumam estar presentes, enquanto o problema provavelmente jamais será formulado na forma concreta que evoca uma determinada solução industrial. Embora Wyatt e Paul planejassem e construíssem ambos uma máquina de fiar, não foi senão 35 anos mais tarde que surgiu uma máquina semelhante, nos mesmos moldes, destinada a ter um futuro econômico. E isso provavelmente se deveu ao fato de que Arkwright possuía o senso comercial prático que os homens de antes careciam. Mesmo assim, Arkwright fora seriamente prejudicado por falta de dinheiro nos primeiros estágios, embora menos infortunado nesse aspecto do que Wyatt e Paul. Dud Dudley, em 1620, parece ter descoberto como fundir ferro com carvão (se pudermos acreditar em sua própria explicação), mas não foi senão um século depois que os Darby

---

[28] Sobre as invenções da máquina a vapor, motor a gás e motor a gasolina, e outras no setor têxtil como desenvolvimento *sucessivo*, cf. R.C. Epstein, "Industrial Invention" em *Quarterly Journal of Economics*, vol. XI, 242-6.

fizeram uso vitorioso do processo. A invenção de Brunel na malharia surgiu em 1816, mas não se introduziu na prática até 1847. Além disso, o desenvolvimento da máquina a vapor teve que aguardar uma melhoria qualitativa suficiente na técnica da produção de ferro para tornar possível fabricar caldeiras e cilindros capazes de suportar pressões elevadas. E a fabricação de máquinas bastante simples e precisas para servir a esse fim era limitada pela existência de máquinas-ferramentas capazes de modelar as peças de metal com suficiente precisão.[29] Ao mesmo tempo, embora o estado predominante da indústria restringisse o tipo de descoberta que podia ser feita, as condições da indústria também incitavam e guiavam o pensamento e as mãos dos inventores. A descoberta da fundição pelo carvão mineral foi resposta direta a um problema que se apresentara por algum tempo, em vista da escassez cada vez maior de madeira como combustível. A invenção da lançadeira volante de Kay veio como solução para uma dificuldade: antes a largura do tecido que podia ser fabricado se limitava ao comprimento dos braços do tecelão (passando a lançadeira de uma para a outra mão). Na década de 1760, os inventores receberam o incentivo explícito da oferta de dois prêmios pela Sociedade para Incentivo às Artes e Manufaturas, "para a melhor invenção de uma máquina que fie seis fios de lã, linho, algodão ou seda de uma vez e não precise de mais de uma pessoa para operá-la e servi-la". O objetivo era superar o atraso da capacidade de fiação, que não correspondia às necessidades dos tecelões e às encomendas dos mercadores, principalmente na estação "em que os fiandeiros se acham no trabalho de colheita", sendo "dificílimo (para os manufatores) conseguir um número suficiente de braços para manter empregados os seus tecelões".[30] As invenções que conduziram ao mundo moderno achavam-se não só intimamente ligadas entre si em seu progresso: estavam também entrelaçadas com o estado da indústria e dos recursos econômicos, com a natureza de seus problemas e o caráter de seu pessoal no período inicial do capitalismo em que nasceram.

É suficientemente óbvio que, até o aparecimento dessas invenções, o estado da indústria não era de molde a proporcionar um campo atraente para investimento de capital em qualquer escala muito extensiva. A usura e o co-

---

[29] Ficamos sabendo que Smeaton tinha de tolerar erros em seus cilindros que chegaram à grossura de um dedo mínimo, no caso de cilindros de 28 polegadas de diâmetro, e que Watt foi prejudicado por ter de trabalhar com um cilindro inicial com erro de três quartos de polegada. Somente com aperfeiçoamentos na maquinaria de perfuração, feitos por Wilkinson por volta de 1776, é que Boulton e Watt conseguiram cilindros adequados. Da mesma forma, o balancim nas máquinas a vapor continuou porque não era possível fazer superfícies bastante precisas para se ligar a cruzeta à manivela (Usher, *op. cit.*, 320).
[30] Cit. Mantoux, *op. cit.*, 220.

mércio, principalmente este quando privilegiado, como sucedia geralmente naqueles dias, retinham a atração de lucros maiores mesmo quando se levava em conta seus riscos, possivelmente maiores. Seria errôneo, naturalmente, encarar esse período de inovação de técnica como inteiramente isolado e sucessor de séculos de técnica completamente estacionária.[31] O final da Idade Média testemunhou o surgimento do pisão e da roda hidráulica. Os séculos XVI e XVII viram surgir uma safra de descobertas que lançaram um alicerce técnico para os primeiros exemplos de indústria fabril: aperfeiçoamentos na bomba de vácuo, o que facilitava a mineração em profundidades maiores, estudos científicos da trajetória de projéteis e do pêndulo e o estudo do movimento circular de Huygen, com sua aplicação prática na fabricação de relógios e mecanismos semelhantes. Ainda assim, mesmo dentro da própria linhagem de invenções, a época da máquina a vapor ultrapassou todas elas, pois o casamento dessa máquina com os novos mecanismos automáticos abriu todo um campo de investimentos na "diminuição do trabalho humano" que, em sua extensão e riqueza, não teve qualquer paralelo. Ao mesmo tempo, o conhecimento recém-adquirido da prática e teoria dos compostos minerais preparava uma base material como nunca antes existira para equipar a indústria com um estoque de instrumentos mecânicos de número, grandeza e complexidade crescentes.

Como resultado dessa transformação, o antigo modo de produção baseado na pequena produção do artesão individual, ainda que insistisse teimosamente em sobreviver, estava destinado ao desaparecimento. O proletariado fabril era engrossado pelas fileiras da classe de pequenos produtores que tinham adotado aquele pequeno modo de produção como meio de subsistência. E o abismo econômico entre a classe patronal e a de empregados, entre proprie-

---

[31] O Secretário Executivo do Comitê Econômico Nacional Temporário dos Estados Unidos, em seu Relatório Final, teve ocasião de enumerar as "principais invenções industriais" dos diversos séculos, obtendo o resultado seguinte:

século	X	. . .	6	"invenções industriais importantes"		
"	XI	. . .	4	"	"	"
"	XII	. . .	10	"	"	"
"	XIII	. . .	12	"	"	"
"	XIV	. . .	17	"	"	"
"	XV	. . .	50	"	"	"
"	XVI	. . .	15	"	"	"
"	XVII	. . .	17	"	"	"
"	XVIII	. . .	43	"	"	"
"	XIX	. . .	108	"	"	"
"	XX	(até 1927)	27	"	"	"

(*Final Report*, 105.)

tários e não proprietários, alargou-se significativamente com a nova barreira econômica da despesa inicial necessária à construção de uma nova unidade de produção imposta contra a passagem da última para a primeira classe. Não admira que os economistas da época encarassem a lentidão da acumulação de capital, e não qualquer limite a seu campo de investimento, como sendo a limitação essencial do progresso econômico, e postulassem que, dada uma oferta adequada de capital e um desenvolvimento suficiente dos diversos ramos da indústria, só a interferência dos governos no comércio ou a insuficiência da oferta de trabalho poderiam congelar o progresso e torná-lo estagnação econômica. Característica do otimismo da época foi a resposta apresentada por Ricardo, quando Malthus acentuou os perigos da superprodução devidos à "deficiência da demanda efetiva". A resposta de Ricardo foi que a situação antevista por Malthus (onde uma rápida acumulação de capital causava uma queda no valor das mercadorias relativamente ao valor da força de trabalho e uma queda consequente dos lucros) era, em essência, uma situação onde "a necessidade específica seria a de população",[32] necessidade essa que, como o próprio Malthus pregara, jamais poderia deixar de ser satisfeita, ainda que o abastecimento de gêneros alimentícios fosse apenas o bastante para manter reduzida a taxa de mortalidade.

Essa "necessidade de população", com a qual Ricardo naturalmente queria dizer uma população proletarizada desejando empregar-se com os novos capitães da indústria, era uma necessidade vital para o novo capitalismo em expansão. E, sem ambos os desenvolvimentos delineados no capítulo anterior e a taxa grandemente acelerada do crescimento natural do proletariado, esta necessidade não poderia ter sido satisfeita. Embora o efeito das invenções da época se produzisse no sentido de uma "diminuição do trabalho humano", o ímpeto imenso que estas conferiram à expansão do investimento promoveu um considerável aumento líquido da procura da mão de obra. Já observamos que a taxa de mortalidade caiu nas últimas décadas do século XVIII e a de natalidade continuou em nível alto durante os anos cruciais da Revolução Industrial. Além disso, a indústria das cidades fabris do Noroeste do país pôde, nessa época, conseguir a oferta abundante de imigrantes famintos vindos da Irlanda: importante reserva de mão de obra que supria ao mesmo tempo a necessidade de mão de obra não qualificada para a construção civil em Lon-

---

[32] Ricardo, *Notes on Malthus*, 169. Em seus *Principles*, Ricardo afirmou que "o progresso geral da população é afetado pelo aumento de capital, a consequente procura de trabalho e o aumento de salários" (561). Em outras palavras, uma maior procura de trabalho não tinha qualquer dificuldade em gerar sua própria oferta, desde que o comércio (inclusive a importação de gêneros alimentícios) fosse livre.

dres em meados do século XVIII, as cidades fabris em expansão da Revolução Industrial e o operariado para a construção ferroviária nas décadas de 1840 e 1850.[33] Depois de atingir seu ponto mais baixo por volta de 1811, a taxa de mortalidade, no entanto, passou a subir por volta do fim das Guerras Napoleônicas até o final da década de 1830; e isso a despeito de uma variação na composição de idade da população, que se mostrava favorável a uma baixa taxa de mortalidade. Esse aumento, mais acentuado entre as crianças nas cidades grandes, foi claramente o produto das dificuldades econômicas e das condições existentes nas novas cidades fabris do período, com seus casebres insalubres e porões fétidos, campos de cultura de "febres infecciosas e nervosas", de "desarranjos pútridos e tifo", e de cólera, sobre os quais escreveram a Sra. Gaskell e outros posteriormente. No final da década de 1830, a taxa de natalidade começou a cair e, a despeito de uma recuperação entre 1850 e 1876, jamais recuperou (como média durante uma década) os níveis das últimas décadas do século XVIII.[34] No final do século, com a perspectiva de uma menor taxa de aumento natural, e com a época de "acumulação primitiva" já tendo há muito passado, o otimismo da economia política clássica de que as fileiras do exército proletário se expandiriam sempre no grau em que o requeresse a acumulação de capital iria mostrar-se fundado em areias movediças.

Embora nos melhores dias da Revolução Industrial o aumento natural da população viesse reforçar poderosamente a proletarização dos que desfrutavam uma subsistência modesta na terra ou nos artesanatos domiciliares, um simples aumento de número em si mesmo não bastava às necessidades da indústria. A mercadoria "força de trabalho" não tinha apenas de existir — precisava mostrar-se disponível em quantidades adequadas nos lugares onde mais fosse necessária, e, para isso, a mobilidade da população trabalhadora surgia como condição essencial. Com a fome atuando como acicate incessante ao emprego e os trabalhadores desorganizados, muitos dos fatores aos quais se dirigem comentários com tanta frequência hoje, como retardadores da mobilidade, não ocorriam de modo algum. E os economistas afirmavam

---

[33] Em meados do século XIX quase 10% da população do Lancashire era de irlandeses. (Cf. J.H. Clapham, em *Bulletin of the International Committee of Historical Sciences*, 1933, 602).
[34] Cf. Clapham, *op. cit.*, 53-5; T.H. Marshall, em "Econ. Hist. Supplement Nº 4", ao *Econ. Journal*, janeiro de 1929; G.T. Griffith, *Population Problem in Age of Malthus*, 28, 36. Em 1751, a população do Reino Unido era aproximadamente de 7 milhões; setenta anos depois, em 1821, era duas vezes aquela cifra; e na década de 1830 ia além de 16 milhões. Clapham apresenta como motivos para a queda na taxa de mortalidade no final do século XVIII coisas tais como o domínio adquirido sobre a devastação da varíola e o desaparecimento do escorbuto, o fim de endemias pela melhor drenagem das terras e uma redução das doenças infantis e maternas e o início da profissionalização das parteiras. Cf. também Dorothy George, *London Life in the Eighteenth Century*, 1-61.

que, se o mercado de trabalho fosse livre e isento da intervenção dos legisladores ou das instituições de caridade, uma crescente demanda de trabalho, onde quer que surgisse, levaria em geral a oferta a satisfazê-la dentro de razoável período de tempo. Deve- se ter sempre em mente, é claro, que, ao falarem de abundância em ligação com a oferta, tanto os economistas quanto os capitães da indústria pensavam não só na quantidade, mas também no preço; e que desejavam uma oferta não só suficiente para preencher um dado número de empregos disponíveis, mas em superabundância bastante para fazer os trabalhadores concorrerem impiedosamente entre si pelo emprego, de modo a restringir o preço dessa mercadoria, não o deixando subir com o aumento da demanda. Depois de revogadas as Leis de Assentamento, após terem finalmente caído em desuso os regulamentos mais antigos quanto aos salários, feitos pelos juízes locais, tais condições se mostravam aproximadamente cumpridas. A própria concentração e virulência do ataque desferido contra o sistema Speenhamland mostra que este era, no período seguinte às Guerras Napoleônicas, o único obstáculo sério para se atingir aquela oferta perfeitamente elástica de trabalho para a indústria que tanto se desejava. A parte isso, com a coincidência dos cercamentos e a ruína dos artesanatos de aldeia que causavam uma superpopulação rural, a Inglaterra se encontrava excepcionalmente bem situada no tocante às condições favoráveis do mercado urbano de trabalho que o capitalismo industrial requeria. Embora o conflito de interesses entre a propriedade fundiária e o capital industrial se mostrasse na luta pelas leis dos cereais ("esse ato final de despotismo feudal", como as chamou Andrew Ure), a Lei de Assentamento (chamada por Adam Smith de "lei mal concebida" e "violação evidente da liberdade e justiça naturais") logo se viu emendada para excluir os que não eram realmente atribuíveis à paróquia, e o sistema Speenhamland permaneceu como exemplo único de qualquer tentativa séria no sentido de manter uma reserva de mão de obra no campo e restringir seu movimento para as cidades. Em 1834, esse próprio sistema iria dar lugar à "nova Lei dos Pobres" que punha o selo de comércio livre e desembaraçado no mercado de trabalho.

Em outros países, tais restrições ao movimento da mão de obra às vezes mostraram-se freio bem poderoso ao crescimento da indústria fabril. Dois exemplos, fora da Inglaterra, deverão bastar para acentuar o contraste. Já citamos o caso dos Estados bálticos onde, em seguida à emancipação dos servos, os camponeses emancipados foram impedidos de mudar-se da localidade, a fim de continuarem como trabalhadores nas grandes propriedades por baixos salários. Em outras partes do Império Russo, depois de 1861, a instituição da comuna de aldeia, com sua obrigação coletiva de impostos e os obstáculos à transferência da posse de uma família camponesa — obstáculos que continuaram até a legislação Stolypin de 1905 —, serviu para retardar o fluxo da mão de obra da aldeia para a cidade e das regiões de mão de obra excedente para aquelas de procura crescente nas usinas ou minas. Na Prússia, onde as propriedades fundiárias eram cultivadas em grande escala por seus próprios donos, a queixa quanto à escassez de mão de obra tendia a mostrar-se crônica por todo o final do século XIX e início do século XX, sendo feitos repetidos esforços pelos porta-vozes políticos dos *Junkers* no sentido de impedir essa "fuga da terra pelo trabalhador".[35] Uma medida dos obstáculos, em tais países, ao movimento da reserva de mão de obra rural para as cidades é a discrepância entre o seu preço nos distritos rurais e nas regiões da indústria em expansão. Na Rússia tzarista, por exemplo, aparentemente não era incomum que a diferença em salários entre os distritos rurais mais distantes e os centros industriais maiores atingisse uma proporção de 2:1 (com a diferença proporcionando importante fator na sobrevivência dos ofícios *kustarny* rurais, ou artesanato, na concorrência com a indústria fabril). De forma semelhante, a diferença em salários diários na Alemanha Ocidental e Oriental, ao iniciar-se o século atual, aproximou-se de uma proporção de 1,9 para 1,15.[36] Comparado com tais casos, o capitalismo na Inglaterra, na primeira metade do século XIX, era favorecido por um mercado de trabalho irrestrito. Raras vezes as condições de um mercado comprador foram mais plena e continuadamente sustentadas.

Quanto ao papel desempenhado pela abundância e pelo baixo preço da força de trabalho na Revolução Industrial, entretanto, encontramos uma contradição aparente. Há boa soma de indicações para a conclusão de que a invenção e a adoção da maquinaria nova, que oferecia tão grande "redução do trabalho", era acelerada pelo preço comparativamente alto da mão de obra no século XVIII. E isso, muitas vezes, em lugares onde a mão de obra era anormalmente barata, de modo que os métodos antigos de produção artesanal em pequenas oficinas ou o sistema de trabalho conseguiram sobreviver. É claro que muitos inventores do século XVIII estavam conscientes da economia de

---

[35] Cf. W.H. Dawson, *Evolution of Modern Germany*, 266 em diante. Entre as medidas pedidas pelos conservadores à Dieta prussiana estavam as severas restrições ao funcionamento das agências de emprego e uma proibição a qualquer oferta de trabalho pelas mesmas aos trabalhadores agrícolas, um fortalecimento da lei a respeito da quebra de contrato, uma restrição à distribuição de bilhetes aos trabalhadores para viagens ferroviárias, e uma proibição aos jovens com menos de 18 anos de que deixassem o lar e se dirigissem a outros distritos sem permissão expressa dos pais ou tutores.
[36] *Ibid.*, 273. A diferença aqui pode exagerar um pouco a eficácia das restrições à mobilidade, pois os salários na Alemanha Oriental foram mantidos baixos pelo influxo de mão de obra polonesa através da fronteira e pelo emprego de soldados nos trabalhos de colheita para suplementar a oferta de mão de obra dos *Junkers* nos períodos de procura maior.

trabalho como objetivo primário. Wyatt, por exemplo, registrou como vantagem principal de sua máquina de fiar o fato de que a mesma reduziria o trabalho necessário à fiação em um terço, e com isso aumentaria o lucro do fabricante.[37] É sabido que foi a escassez de fiandeiros, tornando insuficiente o suprimento de fio para fazer frente à procura por parte dos tecelões, o que acarretou a primeira introdução da maquinaria de fiar. No ano de 1800, realizou-se uma reunião de mercadores numa cidade do Lancashire com o propósito de introduzir aperfeiçoamentos no tear mecânico, em vista da escassez de tecelões. E um panfletário contemporâneo (em 1780) apresentou a opinião de que "Nottingham, Leicester, Birmingham, Sheffield etc., deveriam desde muito ter abandonado quaisquer esperanças de comércio exterior, se não estivessem agindo constantemente contra o preço crescente do trabalho manual pela adoção de todos os aperfeiçoamentos engenhosos que a mente humana pudesse inventar".[38]

Talvez essa influência não mereça receber maior destaque em meio a outros fatores que, em combinação, produziram a Revolução Industrial, e deva ser encarada mais como afetando o *timing* preciso da modificação técnica e o ponto de sua introdução inicial.[39] Mas, seja qual for a ênfase que lhe confiramos, a contradição não é mais do que aparente. Uma revolução econômica resulta de todo um conjunto de forças históricas, dispostas em certa combinação, não sendo produto simples de uma delas apenas. A presença de algum elemento mineral (para usar uma analogia) em quantidades mínimas pode ser necessária para a produção das qualidades distintas de uma certa liga metálica; no entanto, sua presença além de certa proporção crítica poderá alterar radicalmente as qualidades do composto. Pode ser simultaneamente verdade que a existência de uma oferta de trabalho proletário a um preço abaixo de certo nível crítico seja condição necessária para o crescimento da indústria capitalista, e que a presença desse elemento necessário, trabalho barato, num grau desproporcional aos outros ingredientes essenciais da situação, sirva para retardar a modificação na técnica que se destina a precipitar a nova ordem econômica.

Pode bem ter sucedido que o retardamento da oferta de trabalho em relação a outros fatores no processo de desenvolvimento capitalista na primeira me-

---

[37] Mantoux, *op. cit.*, 217.
[38] Cit. Lilian Knowles, *Industrial and Commercial Revolutions in the Nineteenth Century*, 31-2. A Dra. Knowles supunha "óbvio que essa escassez (de mão de obra), combinada com a crescente procura externa dos bens, foi um dos grandes impulsos para a adoção da maquinaria".
[39] Como vimos, Ure, por exemplo, parece ter tomado a grande vantagem da maquina como a troca da mão de obra "intratável" por outra mais tratável, e o emprego de mulheres e crianças, impondo assim uma nova disciplina ao processo produtivo.

tade do século XVIII tenha precipitado as modificações da técnica que iriam abrir novas visões de um novo avanço. Mas, a menos que, pela aurora do novo século, o trabalho fosse tão abundante quanto estava então começando a ser, o progresso da indústria fabril, uma vez iniciado, talvez não fosse tão rápido e pudesse até ter sido detido. Parece existir acordo geral em que, influenciada pelo nível de salários ou não, a transformação técnica desse período se fez predominantemente no sentido de economizar trabalho: uma característica da transformação técnica que provavelmente caracterizou todo o século XIX. Se verdadeira, esta conclusão é evidentemente da maior importância pois, no grau em que a invenção apresentou esse caráter, o capitalismo, à medida que se expandia, conseguia economizar na expansão paralela de seu exército proletário: a acumulação de capital, com isso, podia prosseguir em velocidade bem maior do que crescia a oferta de trabalho.

É fato conhecido que, embora o capital, para financiar a nova técnica, tenha vindo em grande parte das casas mercadoras e de centros mercantis como Liverpool, o pessoal que capitaneava a nova indústria fabril e tomava a iniciativa em sua expansão era, em grande parte, de origem humilde, vindo das fileiras de ex-mestres-artesãos ou pequenos proprietários rurais com pequeno capital, que o tinham aumentado entrando em sociedade com mercadores de mais posses. Traziam consigo o vigor bruto e a ambição sem limite da pequena burguesia rural e, mais do que os que tinham gasto seu tempo no escritório comercial, ou no mercado, interessavam-se em perceber os detalhes do processo de produção, mostrando-se assim mais conscientes das possibilidades da nova técnica e de sua manipulação eficiente. Entre esses homens novos achavam-se mestres relojoeiros, chapeleiros, sapateiros e tecelões, bem como agricultores e comerciantes.[40] O pequeno proprietário agrícola que antes se empenhara na tecelagem como emprego suplementar apresentava a modesta boa sorte de possuir algum capital e conhecimento da indústria, bem como terra que podia hipotecar ou vender para conseguir mais fundos. Muitos dos novos nomes do início do século XIX eram dessa classe: Peel, Fielden, Strutt, Wedgwood, Wilkinson, Darby, David Dale, Isaac Dobson, Crawshay, Radcliffe. Embora Cartwright fosse filho de um cavalheiro e um "Fellow of Magdalen", entre seus colegas inventores achavam-se Hargreaves, tecelão, Compton, vindo de uma família de pequenos proprietários de terra e Arkwright, que começara com meios muito

---

[40] Cf. Cunningham, *Growth* ("Modern Times", II), 619; Gaskell, *Artisans and Machinery*, 32-3, 94-5; Radcliffe, *Origin of Manufacturing*, 9-10; S.J. Chapman, *Lanes. Cotton Industry*, 24-5; Marx, *Capital*, vol. I, 774. Em certa medida, esses homens novos foram auxiliados pelo crescimento rápido dos "bancos do interior", parecendo provável que o sistema bancário escocês contribuísse para a disseminação inicial da nova indústria na Escócia.

modestos, embora sua segunda esposa lhe trouxesse algum dinheiro. Desse renomado quarteto, nenhum dos três primeiros, no entanto, fundou uma grande organização industrial. Mas, embora seja verdade que havia um forte traço democrático nos pioneiros da indústria fabril, diferenciando agudamente seus interesses e os das famílias *whigs* mais antigas e dos mercadores monopolistas, escudados nos regulamentos comerciais e no privilégio econômico, devemos evitar cair no exagero de que se tenham erguido de origens humildes por força de sua iniciativa e de seu engenho, a que seus admiradores contemporâneos, como Samuel Smiles, se inclinavam. Era raro que um homem prosperasse, a menos que dispusesse de algum capital de início. Radcliffe organizara a distribuição de trabalho caseiro entre tecelões de aldeia, dando emprego a cerca de mil teares manuais. Dale, sogro de Robert Owen, por ser escriturário de um negociante de fazendas, encontrara os meios de organizar a indústria de tecelagem doméstica antes de se tornar o fundador dos New Lanark Mills. É de se notar que bem poucos tenham vindo das fileiras de jornaleiros ou assalariados, e os que se achavam nesse caso deviam seu início a algum acidente da sorte ou a algum apadrinhamento. Até os que começaram com a vantagem de algum capital e de ligações comerciais frequentemente eram prejudicados pela dificuldade de adquirir meios suficientes para se lançar na escala exigida pela nova técnica (como aconteceu com Arkwright, por exemplo); e, em setores onde a expansão do mercado se mostrou menos rápida e o campo de ação para homens novos menos amplo, o homem de pequenos recursos era muito menos comum. No West Riding do Yorkshire, os novos donos de fábricas parecem em sua maioria ter vindo da classe de mercadores capitalistas,[41] tendo os pequenos mestres tecelões de se contentar com a operação de fábricas em algum tipo de base cooperativa. Nas indústrias de ferro e de maquinaria, o homem de pequenos recursos enfrentava obstáculos formidáveis, a julgar pelas queixas quanto à dificuldade de levantar capital por empréstimo, que nesse caso parecem ter-se mostrado excepcionalmente veementes. Boulton, por exemplo, escreveu a um certo Peter Bottom, que lhe pedira aceitar um irmão como aprendiz: "Não acho que seja um bom plano para seu irmão, por não se tratar de um tipo de negócio que admita mediocridade de recursos. Na verdade, requer mais do que basta para um grande mercador, de modo que uma pessoa criada nele deve ser ou um jornaleiro, ou então dono de fortuna muito grande."[42] Boulton aprendera isso com sua própria experiência. Tendo vendido parte da propriedade herdada do pai e levantado £3.000 sobre a pro-

---

[41] Cunningham, *op. cit.*, 618; Mantoux, *op. cit.*, 271.
[42] J. Lord, *Capital and Steam-Power*, 91; também 108.

priedade da esposa, vira-se obrigado a tomar £5.000 emprestadas com um amigo próspero, além de fazer outros empréstimos menores, e, de certa feita, se encontrou em sérias dificuldades para fazer frente ao pagamento dos juros sobre os fundos assim conseguidos.[43]

Dos vinte e oito "homens de invenção e indústria" vitoriosos e imortalizados por Samuel Smiles e sobre os quais este oferece detalhes precisos, quatorze vinham das fileiras de pequenos proprietários agrícolas, mestres tecelões, sapateiros, mestres-escolas e atividades afins, seis de círculos bem prósperos da classe média e apenas oito parecem ter qualquer traço de origem na classe trabalhadora.[44] Dos oito, daqueles vinte e oito, que se tornaram capitalistas de maior monta apenas um, Neilson, era originário da classe operária e "teve de abrir mão de dois terços dos lucros de sua invenção (entregando-os a sócios) para conseguir o capital e a influência necessários para fazê-la entrar em uso geral".[45] Os outros sete eram homens da classe média inferior ou da classe média. Dos trabalhadores sobre os quais Samuel Smiles escreveu, pouquíssimos apresentaram quaisquer realizações surpreendentes em seu favor *qua* capitães da indústria. Henry Cort morreu na pobreza, e sua invenção foi adotada por Richard Crawshay; demonstrando assim, como Smiles acrescenta francamente, que "no referente a ganhar dinheiro a astúcia é mais poderosa do que a invenção e o dom comercial mais do que a capacidade manufatureira".[46] Graças a um trabalho árduo e conservando um emprego seguro em Londres, Joseph Clement recebeu uma promoção ao posto de superintendente e morreu como mestre de uma pequena oficina que empregava trinta homens. Fox era o filho de um mordomo que teve a sorte de interessar o patrão de seu pai em suas invenções e conseguir assim o capital para iniciar um pequeno negócio. Murray, aprendiz de ferreiro, foi promovido a mecânico-chefe de uma firma em Leeds como recompensa por aperfeiçoamentos que fizera e, mais tarde, entrou em sociedade numa pequena fábrica de máquinas na cidade. Richard Robert tornou-se sócio numa firma onde um certo Sr. Sharp fornecia o capital, e Koenig, filho de um camponês alemão, tomou dinheiro emprestado para começar uma empresa gráfica na Inglaterra, mas fracassou e morreu pobre.

A história mais pitoresca da série é a de Bianconi, onde se exemplifica muito bem o quanto a mistura de sorte e práticas desonestas, além do emprego astuto

---

[43] E. Roll, *An Early Experiment in Industrial Organization*, 10-11.
[44] *Men of Invention and Industry* e *Industrial Biography*. Dos mecânicos citados em *Lives of the Engineers*, de Smiles, Stephenson, Metcalf e Telford vieram de famílias da classe trabalhadora, Edwards, Smeaton, Brindley e Rennie eram filhos de agricultores ou proprietários rurais. Os demais, em número de cinco, eram da classe média ou superior.
[45] Smiles, *Industrial Biography*, 159.
[46] Smiles, *ibid.*, 114.

282   a evolução do capitalismo

de lucros inesperados, contribuiu para a trajetória vitoriosa de um capitalista da época, a partir de origens humildes. Aprendiz de um vendedor itinerante de estampas que percorria a Irlanda, Bianconi veio mais tarde a estabelecer-se por conta própria com algum dinheiro que sua família camponesa da Lombardia lhe deixara, passando a usar astutamente os recursos de que dispunha para comprar guinéus aos aldeões numa época em que o ouro estava sendo pago com ágio. Valendo-se da ignorância da gente do campo quanto às tendências do mercado de ouro, descobriu uma atividade lucrativa e, com os ganhos adquiridos, começou um serviço de carroças de duas rocias nas vizinhanças de Waterford para atrair a freguesia dos aldeões que não podiam pagar a viagem em carruagem. Finalmente, conseguiu uma pequena fortuna numa eleição em Waterford, alugando suas carroças a um dos partidos e depois transferindo-as ao partido rival em meio à eleição. Contribuiu desse modo para uma virada repentina da sorte em favor do último e ganhou um presente de £1.000 do candidato vitorioso, a quem sua abrupta *volte-face* ajudara. Daí em diante, não tendo mais falta de capital, podia "controlar o mercado de cavalos e forragem", tendo morrido como personalidade próspera e respeitável.[47]

Quanto ao capital para a industrialização do algodão, a maior parte parece ter vindo de mercadores já estabelecidos. Arkwright levantou inicialmente capital para sua invenção tomando empréstimos em um banco de Nottingham e, mais tarde, valendo-se de empréstimos feitos por dois ricos mercadores manufatureiros no setor da malharia. Radcliffe, um dos mais destacados dos novos capitães de indústria, só conseguiu começar com firmeza quando entrou em sociedade com um mercador escocês que negociava com Frankfurt e Leipzig; e mesmo ele "entrou em dificuldades em seus últimos anos, dependendo do capital alheio".[48] Era bem comum que "o mercador que importava algodão permitisse ao jovem manufatureiro estabelecer-se por conta própria, dando-lhe crédito de três meses, enquanto o mercador de exportação lhe dava um auxílio semelhante, pagando sua produção semanalmente. Foi assim, por um fluxo de capital vindo do comércio, que a maior parte das primeiras empresas industriais do Lancashire se iniciou e tornou-se possível a expansão imensa da indústria do algodão".[49] Às vezes, os próprios mercadores capitalistas se estabeleciam como industriais, tanto no Lancashire quanto no Yorkshire. Nathan Rothschild, comerciando entre Manchester, Frankfurt e o Oriente, com um capital de £20.000 proveniente de seu pai, empenhou-se na manufatura e no negócio de tingir, bem como no fornecimento de matérias-primas a outros

---
[47] Smiles, *Men of Invention and Industry, passim.*
[48] G. Unwin, na Introdução a *Early History of the Cotton Industry*, de G.W. Daniels. XXX.
[49] *Ibid.*

manufatureiros. Tendo triplicado seu capital em menos de dez anos, transferiu suas atenções para o mercado monetário de Londres. Com ganhos assim diante de si, não é surpresa que nem os industriais nem os economistas da época se preocupassem muito com o receio de que o investimento industrial pudesse ultrapassar a expansão do campo de investimento.

2

Se voltarmos ao caráter e às consequências da transformação técnica do século XIX, apresenta-se uma pergunta crucial a exigir uma resposta: como pode a modificação técnica *per se*, se é que pode, ocasionar um aprofundamento do campo de investimento no sentido de proporcionar oportunidade de investimento de capital a uma taxa de lucros maior? Frequentemente se nega que se possa, corretamente, fazer tal afirmação; e no exame dessa questão atingimos imediatamente o cerne do problema do impulso do progresso capitalista, sobre o qual os economistas do século passado mostraram em sua maioria opiniões tão otimistas.

A alguns pareceria que não poderia existir razão suficiente para esperar que a modificação técnica, por mais que economizasse trabalho, viesse a aumentar a lucratividade do investimento. Embora a modificação técnica que aumente a produtividade do trabalho vá (em termos ricardianos) aumentar a riqueza (ou o total de utilidades), ela não aumentará obrigatoriamente os valores criados, pois o trabalho necessário para produzir o agregado maior de mercadorias não será maior do que o anteriormente necessário para produzir um agregado menor. Em outras palavras, o efeito do aperfeiçoamento será o de reduzir os custos, e com isso os preços; e, embora o volume de produção seja maior, seu preço por unidade e o lucro por unidade de produção se mostrarão equivalentemente menores. Para muitos essa negativa de que os aperfeiçoamentos na produtividade do trabalho venham obrigatoriamente a aumentar a taxa de lucro surgiu como um dos mais perversos corolários da doutrina ricardiana. Mas, da maneira em que é posta, a argumentação é válida e parece ter sido a base para a noção implícita no pensamento clássico de que a modificação técnica *per se* não precisa ter lugar entre os fatores que governam o lucro sobre o capital. De acordo com tal ponto de vista (como vimos), o campo para o investimento de capital era definido essencialmente pela oferta de trabalho, e esta, por sua vez, pelas condições da oferta de alimentos para proporcionar subsistência ao exército de trabalhadores. Obcecada como se achava a escola clássica com a ameaça de rendimentos decrescentes da terra (na ausência de importação livre), tendia a focalizar a atenção sobre a influência limitadora desse fator, com exclusão de qualquer outro: sobre o perigo de um custo crescente de subsistência, à medida que crescia a população, acarretando um aumento no custo da força de trabalho e uma queda no lucro como consequência inevitável.[50]

É contra o pano de fundo desse debate que temos de ver a famosa demonstração de Marx, no sentido de que existia um motivo puramente técnico para uma queda na taxa de lucros, e daí uma tendência autodestruidora inerente ao próprio processo de acumulação de capital. Tratava-se de um fato simples, notado anteriormente por alguns economistas (como Senior e Longfield), mas que não fora por eles considerado de importância central e raramente trazido ao corpo geral de doutrina: a tendência da modificação técnica era para elevar a razão entre "trabalho acumulado e trabalho vivo", ou seja, entre bens de capital (medidos em termos de valor) e trabalho na produção corrente. Com uma dada "taxa de mais-valia", ou razão entre valor do produto e o valor (expresso em salários) da força de trabalho diretamente empenhada na criação daquele produto, a tendência seria no sentido de uma queda na taxa de lucro sobre o capital *total* (tanto o que era adiantado para pagamento dos salários desses trabalhadores diretos quanto o incorporado nos bens de capital).

Ao mesmo tempo que enunciava esse princípio, no entanto, Marx acentuava a possibilidade de um outro efeito do aperfeiçoamento técnico, e bem oposto. O aperfeiçoamento técnico, se afetasse a produção da subsistência dos trabalhadores tanto quanto outras linhas de produção — se barateasse tanto os bens de consumo dos assalariados quanto os de outra natureza — tenderia a baratear não só os produtos da indústria, mas a própria força de trabalho. Era verdade que, com uma dada força de trabalho à sua disposição, um capitalista poderia achar-se na posse de um produto do mesmo valor total, tanto após o aperfeiçoamento como antes (pois cada unidade de produto fora barateada pela modificação). Mas se os salários monetários tinham ao mesmo tempo caído, por ter sido barateada a alimentação dos trabalhadores, a força de trabalho absorveria uma proporção menor daquele valor produzido e tanto a proporção quanto a quantidade disponível para o capitalista subiriam em

---

[50] Cf. Ricardo: "Nenhuma acumulação de capital reduzirá permanentemente os lucros, a menos que haja alguma causa permanente para o aumento de salários. Se os fundos para manutenção do trabalho fossem dobrados, triplicados ou quadruplicados. não haveria por muito tempo qualquer dificuldade em conseguir o número necessário de braços a empregar pelos mesmos; mas, devido à dificuldade crescente de fazer adições constantes aos alimentos do país, os fundos do mesmo valor provavelmente não manteriam a mesma quantidade de trabalho. Se os bens necessários ao trabalhador pudessem ser aumentados com a mesma facilidade, não poderia haver qualquer alteração permanente na taxa de lucro ou salários, qualquer que fosse a quantidade do capital acumulado" (*Principles*, 398-9).

consequência. "Para efetuar uma queda no valor da força de trabalho", dizia Marx, "o aumento na produtividade do trabalho tem de se exercer naqueles ramos da indústria cujos produtos determinam o valor da força de trabalho e, consequentemente, ou pertencem à classe de meios costumeiros de subsistência, ou se mostram capazes de substituir esses meios... Mas um aumento na produtividade do trabalho naqueles ramos da indústria que não suprem as necessidades da vida, nem os meios de produção para tais necessidades, deixa o valor da força de trabalho intocado". Em outra parte, Marx afirma: "O valor das mercadorias está na razão inversa da produtividade do trabalho... A mais-valia relativa, ao contrário, se acha em proporção direta com aquela produtividade... Daí haver no capital uma inclinação imanente e uma tendência constante a aumentar a produtividade do trabalho, para baratear as mercadorias, e assim baratear também o próprio trabalhador."[51]

É *nesse* caso, portanto, em que a modificação técnica produz um barateamento universal das mercadorias, que podemos corretamente falar de uma *intensificação* no campo de investimento como consequência do aperfeiçoamento técnico. Mas, a menos que tenha o efeito de baratear a força de trabalho relativamente ao valor total do seu produto,[52] não existirá tal consequência. Duas observações mostram-se claramente pertinentes a esta altura. Tal efeito deverá tornar-se mais fraco (isto é, até onde está em jogo o efeito *proporcional* sobre o lucro) à medida que aumente a produtividade do trabalho. Quando esta se mostra baixa e os salários engolem uma parte relativamente grande do produto líquido, um aperfeiçoamento das artes industriais que barateie, em certa quantidade, as mercadorias, e com elas a força de trabalho, fará aumentar o excedente disponível como lucro para o capitalista, em quantidade proporcional relativamente grande. Em estágio de produtividade mais elevado, entretanto, onde o volume de excedente proporcionado por unidade de trabalho se mostra bem maior, um dado barateamento das mercadorias, e, com estas, da força de trabalho, aumentará aquele excedente numa quantidade proporcional muito menor — até o limite em que (como Marx observou[53]) os trabalhadores não precisando de salários porque os bens de consumo dos assalariados se tornaram bens gratuitos, os aperfeiçoamentos da produtividade

---

[51] *Capital*, vol. I (ed. Unwin), 304-5, 577.
[52] Devemos notar que o afirmado aqui é uma redução de salários relativamente ao *valor total* do que é produzido por aquele trabalho (aumentando assim a diferença entre essas duas quantidades). *Não* é o mesmo que baratear a força de trabalho em proporção maior do que o barateamento do produto (isto é, do que a queda em seu valor *unitário*). Se tanto a força de trabalho quanto o produto caírem de preço na *mesma* proporção, a diferença entre os salários totais e o valor produzido total ainda assim aumentará, porque a invenção aumentou a produção por trabalhador.
[53] *Capital*, vol. III, 290.

não podem exercer outro efeito sobre a dimensão do excedente. Daí esperar-se que essa influência opere com menos força — isto é, a possibilidade do que chamamos uma intensificação do campo de investimento seja menor — num estágio adiantado de capitalismo industrial do que noutro estágio anterior e mais primitivo, quando a produtividade do trabalho fosse menor.

Em segundo lugar, não existe qualquer "lei de ferro" lassalliana pela qual um barateamento das coisas que entram na subsistência dos trabalhadores obrigatoriamente e sempre resulte numa queda equivalente no custo da força de trabalho para um empregador. Se isso acontecerá ou não, é coisa que evidentemente depende do estado do mercado de trabalho em qualquer dado momento e lugar. A situação mais favorável ao funcionamento de tal tendência será, naturalmente, aquela em que a oferta de trabalho se mostrar bem elástica — onde um grande excedente de mão de obra existe, ou está em processo de formação. Na primeira metade do século XIX, com seu mercado de trabalho desorganizado e os trabalhadores em constante desvantagem de condições de negociação diante do empregador, não há dúvida de que seria razoável supor ser esse o caso. De qualquer forma, pelo menos enquanto a oferta de trabalho superasse a demanda (demanda essa que, numa era de economia de trabalho, marcha em velocidade menor do que aquela com que o capital se acumula) e um exército industrial de reserva continuasse a ser recrutado para exercer uma pressão decrescente e contínua sobre o preço do trabalho. Mas, na medida em que tais condições mudam, especialmente quando o trabalho se organiza para negociar coletivamente, a consequência líquida do aperfeiçoamento técnico poderá mostrar-se de todo diversa. Um barateamento dos bens de consumo dos assalariados poderá não resultar em barateamento equivalente da força de trabalho. E uma parte, ou mesmo uma grande parte, da consequência poderá ser não aumentar a lucratividade do capital, mas fazer com que os salários reais subam. Na última segunda metade ou nos três últimos quartéis de século, em países industriais adiantados como a Inglaterra ou os Estados Unidos, o processo ao qual chamamos intensificação do campo de investimento, resultante de modificação que aumenta a produtividade do trabalho, poderá muito bem ter sido de importância bem pequena. Pelo menos, deve ter desempenhado papel muito mais modesto do que nos grandes dias do capitalismo durante a primeira metade do século XIX.

Embora possa parecer elementar a distinção entre investimento e o seu objetivo, o exame desse tipo de questão muitas vezes foi obscurecido por não se separarem os efeitos do aperfeiçoamento técnico, como tais, dos efeitos da simples acumulação de capital: isto é, o efeito de uma modificação no conhecimento técnico, com o volume de capital em certo sentido considerado como dado, e o efeito de uma maior acumulação num dado estado da técnica. É verdade que raramente ou nunca é possível, na prática, separar os dois tipos de modificação, mas deixar-se de fazer a distinção para fins de análise é coisa que evidentemente pode resultar em grande confusão de ideias. Há ainda a dificuldade de que mesmo a suposição de um "dado estado da técnica" não está livre de ambiguidade, podendo referir-se a um estado constante de *conhecimento* técnico, com sua aplicação sujeita a variação, ou a um estado constante dos *métodos* técnicos realmente em uso. Se supusermos a técnica como constante do segundo sentido, segue-se então que a maior acumulação de capital não tem outra escolha a não ser tomar a forma de uma simples multiplicação de fábricas e máquinas de um dado tipo — processo ao qual se refere hoje às vezes como "alargamento" do capital, e chamado por Marx de "um aumento de capital com uma composição técnica constante de capital".[54] À medida que se multiplicam as máquinas, o mesmo sucede com a necessidade de trabalho para manejá-las; e, a menos que a oferta de trabalho possa expandir-se juntamente com a expansão de capital, esse processo de alargamento deverá ser levado a uma parada em algum estágio. Será atingido um ponto em que as fábricas novas não disporão de trabalho para manejá-las, e o efeito de maior investimento será simplesmente aumentar o preço do trabalho até que o lucro desapareça e surja uma crise. Aqui parece que temos algo como o quadro clássico. O progresso da indústria é essencialmente limitado pela taxa de expansão do exército proletário. De forma inversa, o desemprego (a não ser por dificuldades de mercado como as que poderiam ser precipitadas por uma interrupção súbita do processo de investimento — matéria a que voltaremos a seu devido tempo) poderia ser encarado como sintoma de uma escassez absoluta de capital.

Mesmo que deixemos de lado o problema da demanda de mercado por um instante, no entanto, poderemos duvidar de que se trata de um quadro bem realista da situação, pelo menos em um país capitalista maduro como a Inglaterra do século XIX, sendo questionável se podemos encontrar grande coisa nas crises econômicas do século XIX que corresponda a ele com precisão. Na depressão da década de 1870, como veremos, há sinais de que algo assim possa ter caracterizado a situação do investimento. Mas, em outras ocasiões, no século XIX e subsequentemente, qualquer coisa correspondente mostra-se mais difícil de perceber. Talvez se aplique com frequência maior do que os economistas de hoje, com sua inclinação para a variação contínua, se prestam a imaginar. Argumenta-se comumente, no entanto, que o empresário em geral se defronta, em um momento determinado, não com uma única forma

---
[54] *Capital*, vol. I, 625-35.

técnica na qual é praticável investir, mas com uma escolha entre diversas. Em outras palavras, defronta-se com alguma faixa de alternativas técnicas, caso em que a escolha real será determinada pelo cálculo das taxas de lucro possíveis a extrair do investimento em cada uma delas na situação dada. Pode ser que as alternativas praticáveis com que o empresário se defronta sejam, em geral, muito menores em número do que os economistas tenderam a supor, e sua escolha mais limitada. Pode ser também que em épocas em que a modificação técnica se está efetuando por (falando-se economicamente) "saltos" consideráveis, e cada inovação seja um marco substancial, a diferença em produtividade física de métodos diferentes seja tão grande que, na prática, deixe ao empresário pouca ou nenhuma escolha; nesse caso, o método adotado pela indústria em qualquer dado momento será simplesmente determinado pelo degrau que a história alcançou na escada da invenção. Mas em períodos em que a modificação marcha mais gradualmente por aperfeiçoamentos e alterações de menor monta de um processo mecânico, cuja estrutura geral e princípios básicos estejam estabelecidos por algum tempo, a faixa de escolha praticável por parte do empresário será ampliada. Mesmo quando a revolução industrial se achava em plena execução, no final do século XVIII, o fiandeiro ainda assim podia usar a máquina de fiar ou o filatório, ou, no início do século XIX, o tear movido a água, ou aquele acionado a vapor, podendo-se argumentar que a diferença da produtividade física das alternativas, embora considerável, talvez não fosse tão grande que uma diferença entre trabalho barato e caro pudesse deixar de afetar a escolha.

Se for esse o caso, segue-se que é menos irrealista apresentar o investimento de capital marchando em face de um estado constante de *conhecimento* (isto é, de uma dada faixa de métodos alternativos) do que com um dado método técnico em uso em cada indústria. Em tal situação, o investimento de capital se moveria inicialmente na direção do *alargamento* — multiplicação do número de fábricas de um tipo que, nas condições existentes, se mostra o mais lucrativo. Tal continuará a ser feito, como linha de menor resistência, enquanto existir um excedente suficiente de trabalho (ou uma expansão suficientemente rápida do mesmo) para permitir a construção de novas fábricas e a contratação de pessoal para operá-las *pari passu*. Mas, assim que o trabalho se torne escasso, — assim que se esgote o excedente, ou sua taxa de crescimento se torne inferior ao aumento de capital — e surjam sinais dessa escassez exercendo uma pressão ascensional em seu preço, existirá uma tendência (ao que se afirma) no sentido de que o empresário tome um outro caminho: escolha outra entre as demais alternativas técnicas de que dispõe. Segue-se que essa mudança de direção de sua escolha deverá fazer-se no sentido de um método técnico que economize mais trabalho do que aquele em uso antes: método que, na situação antiga, era menos lucrativo mas que agora, quando o trabalho para operá-lo se mostra mais caro, tornou-se a alternativa preferível. Essa mudança de direção, em contraste com o "alargamento" do capital, foi chamada de "aprofundamento". E a modificação de método técnico envolvida foi descrita como sendo "induzida", pelo crescimento do capital à busca de investimento e por uma alteração no custo do trabalho, em vez de "autônoma", no sentido de ser o resultado de um acréscimo ao nosso fundo de conhecimento existente.[55] Podemos demonstrar que nessa nova posição a taxa de lucro será provavelmente menor do que inicialmente, antes do "alargamento" ter ocorrido com o alcance ou na velocidade que fez subir os salários. Mas, embora o movimento ao longo da linha de "aprofundamento" venha a atingir uma posição mais lucrativa do que se o "alargamento" fosse adotado, e nesse sentido representa uma fuga parcial ao "aperto" exercido pela mão de obra mais cara, ambas as posições tenderão a ser de rentabilidade menor do que a inicial (isto é, antes que o processo de investimento tenha chegado a esse ponto e a mão de obra escasseado). Esta é, portanto, a situação *par excellence* em que a "tendência decrescente da taxa de lucro", de Marx, supera a "influência compensadora" de um "aumento da mais-valia relativa". E, na medida em que a dinâmica real dos acontecimentos se aproxima desse modelo abstrato, pode-se esperar que o processo de investimento de capital esgote gradualmente suas oportunidades, exceto na medida em que as possibilidades de intensificar o campo de investimento (pelo modo recentemente examinado) sejam proporcionadas ao capitalismo pelas criações "autônomas" do inventor — criações que devem ser aplicáveis à produção de coisas que entram no orçamento dos trabalhadores.

Existem, no entanto, duas dificuldades acerca dessa análise, como acabamos de apresentá-la. Em primeiro lugar, a validade do argumento de que um aumento *geral* dos salários propiciará a adoção geral de mais métodos de economizar trabalho repousa numa suposição particular, e geralmente não observada, qual seja a de que não só os salários sobem, mas também a taxa de juro cobrável pelo capital emprestado cai ao mesmo tempo. Se tudo que corre é um aumento no custo do trabalho, então, desde que tal aumento se aplique à fabricação das máquinas bem como à sua operação, o custo inicial da máquina poupadora do trabalho e mais complexa subirá (e com isso os custos de capital a serem de-

---

[55] Cf. J.R. Hicks, *Theory of Wages*, 125 em diante, onde afirma: "Uma variação dos preços relativos dos fatores de produção é, em si própria, um estímulo à invenção, e à invenção de um determinado tipo — dirigida a economizar no uso de um fator que se tornou relativamente caro. A tendência geral a um aumento mais rápido de capital do que de trabalho, que marcou a história europeia durante os últimos séculos, proporcionou naturalmente um estímulo à invenção poupadora da última" (124-5).

bitados à mesma) no mesmo grau em que os custos de operação da máquina que poupa menos trabalho. Se o obstáculo à instalação da primeira antes fosse essencialmente seu custo maior de construção, nesse caso tal obstáculo continuará irredutível, porquanto o custo de construção terá aumentado na mesma medida que o custo do trabalho que sua introdução iria poupar. Só se no meio tempo a taxa de juro houver caído é que a máquina mais complexa (acarretando uma despesa de capital inicial maior, contra a qual devemos debitar os juros) subirá em custo, em proporção *menor* do que o método rival.

Para os economistas do molde clássico, esta última suposição aparentemente era tão conveniente que foi tacitamente aceita, com a afirmação ricardiana de que "se os salários sobem, os lucros caem" provavelmente levando-os a concluir que uma queda nas expectativas de lucro deve necessariamente resultar logo num ajustamento decrescente das taxas de juro. A doutrina moderna, no entanto, inclinou-se a questionar essa necessidade e a apresentar dívida quanto a se, em tais circunstâncias, existe qualquer motivo para esperarmos que caiam as taxas de juro. Se for esse o caso, tal modo de fugir a essa situação e recorrer a métodos mais poupadores de trabalho encontrar-se-á vedado ao capitalismo. E se o processo de investimento e sua fome de trabalho superarem os recursos do exército industrial de reserva, precipitando assim uma queda do lucro, o único resultado pode ser uma crise econômica e uma paralisia do processo de investimento, até que alguma nova invenção surja para aumentar a produtividade do trabalho e criar novas oportunidades para o investimento lucrativo do capital. A possibilidade de que períodos de estagnação mais ou menos crônica se instalem ver-se-á correspondentemente fortalecida.

A segunda dificuldade diz respeito à linha traçada entre a modificação técnica, "induzida" por um aumento do capital investido, e uma modificação "autônoma" do conhecimento técnico, que altere toda a faixa de escolhas técnicas disponíveis. Será realmente possível, mesmo para fins de análise apenas, traçar uma linha entre as duas? Quando as condições mudam, o empresário não irá simplesmente apanhar o esquema de uma nova máquina na gaveta, onde teria estado aguardando uma situação favorável a seu uso econômico: provavelmente terá de pôr seus mecânicos a trabalhar (ou, hoje em dia, seu departamento de pesquisas e projetos) para explorarem a possibilidade de algum modelo novo, ou de alguma modificação adequada dos modelos existentes, que permita a economia necessária de trabalho pelo menor custo adicional.[56] Na verdade, é provável, como já vimos, que uma série de inven-

---

[56] O Professor Hicks, na verdade, parece ter isso em mente ao sugerir uma distinção dentro da categoria de invenções "induzidas", entre os métodos recentemente descobertos que, se fossem conhecidos antes, "teriam compensado mesmo antes de mudarem os preços" e aqueles que não o fariam (*ibid.*, 126).

ções que marcaram época tenha sido feita sob uma motivação deste tipo. No processo real de modificação histórica com que nos defrontamos, a invenção não é um processo autônomo, livre do progresso do investimento de capital, nem o processo deste último é separável de seus efeitos sobre o crescimento da invenção, que, por sua vez, reage sobre o processo de investimento através de sua influência na rentabilidade. A distinção por nós mencionada é útil para aclarar os papéis desempenhados por dois elementos num processo conjunto, até onde os mesmos podem ser separados sem distorção demasiada da realidade. No entanto, não nos deverá levar a pensar que, de fato, os dois sejam outra coisa que não interdependentes e que suas consequências possam em geral ser tratadas como algo que não um produto conjunto.

Isso significa ser menos fácil do que às vezes se supôs postularmos *a priori* qual será o efeito a longo prazo, seja da modificação técnica, seja da acumulação de capital. Muita coisa dependerá da composição precisa dos elementos do processo conjunto; e apenas o estudo empírico das situações reais poderá esclarecer qual seja esta composição. Como simplificação inicial, que nos permite sustentar certos pontos essenciais do processo real, o tipo de distinção do qual temos falado certamente tem importância. Mas tudo quanto parece possível dizer, a este nível de análise, é que a expansão do capitalismo será constantemente condicionada por um conflito e interação entre a expansão do capital em busca de investimento, de um lado, e as condições de seu emprego rentável, de outro; que estas girarão em torno do caráter da modificação técnica, da taxa de aumento do exército proletário e do suprimento de recursos naturais (ou possibilidades de importação) para nutrir os trabalhadores e matérias-primas para o processo industrial, cada um dos quais reagirá em certa medida sobre os demais no modo descrito; e que existem motivos, mencionados por nós, para supor que as possibilidades de expandir as oportunidades de investimento lucrativo se tornem mais estreitas, à medida que avance a acumulação de capital.

Nesta simplificação inicial dos fatores de que depende a modificação, menção alguma foi feita aos mercados. No entanto, pareceria ao senso comum que a expansão daqueles, em diversos sentidos, deve ser um limite crucial à taxa em que o capitalismo pode expandir-se. Até Adam Smith, pai da escola clássica, atribuía importância central às dimensões do mercado como sendo o fator controlador da extensão da divisão do trabalho (e daí, por implicação, do desenvolvimento da maquinaria). Mas será que não existe um sentido diferente e mais direto em que o campo de investimento para o capital seja limitado pela extensão do mercado: a saber, o de que o lucro a ser ganho sobre dada quantidade de capital investido depende de ser grande ou pequena a procura dos produtos da indústria?[57] Uma vez admitida essa consideração torna-se evidente que existe um outro sentido no qual a modificação técnica pode ampliar o campo de investimento para o capital: sentido que é bem distinto daquele mencionado acima, embora se preste a ser confundido com ele. É o sentido em que a invenção dos teares mecânicos criou um campo novo para investimento de capital na expansão da manufatura de máquinas a vapor, ou, em tempos mais modernos, a invenção do avião criando um campo novo de investimento: fábricas de aviões.

É evidente por si mesmo que, se os mercados se expandissem *pari passu* com o crescimento do estoque de capital investido, não poderiam exercer qualquer influência limitadora sobre o desenvolvimento do capitalismo (embora, como é claro, a configuração da demanda influenciasse o modo pelo qual um dado total de capital fosse distribuído, e por conseguinte o crescimento relativo dos diferentes ramos da indústria). Os economistas da escola ricardiana conseguiram eliminar esse fator em seu raciocínio, graças a uma determinada suposição, e, assim, capacitaram-se para encarar o consumo como sendo ele próprio sempre dependente da produção, em vez do contrário. Trata-se da suposição implícita (ou algo equivalente a isso) de que toda a renda recebida, fosse pelo trabalhador, pelo capitalista ou pelo senhor da terra, era empregada de alguma forma dentro de cada período unitário de tempo, de modo que, mesmo com um fluxo crescente de renda, e despesa, o recebimento de dinheiro e seu gasto se mantinham mais ou menos passo a passo, com uma defasagem desprezível. O gasto nesse contexto se referia à despesa direta em bens de consumo (às vezes chamada "consumo improdutivo") e também ao que costumeiramente se chama "consumo produtivo"[58] — a despesa feita pelos empresários capitalistas na contratação de trabalho adicional e na compra de novos bens de capital. Em tais circunstâncias, tanto a demanda de bens de consumo quanto de bens de capital marcharia passo a

---

[57] Tal efeito sobre os lucros será expresso por meio de variações da quantidade de trabalho empregado por fábrica, isto é, por meio de variações no *número* de trabalhadores que pode ser empregado com a demanda existente, e não por meio de variações na taxa de mais-valia por trabalhador.
[58] O uso desses termos inclinava-se a variar, principalmente de acordo com a inclusão ou exclusão do consumo de alimentos pelos trabalhadores em "consumo produtivo". Mountifort Longfield definiu o "consumo improdutivo" como aquele "onde o valor da mercadoria consumida é destruído, e não transferido a uma outra mercadoria. Em tal consumo reside todo o desfrute que o homem extrai da riqueza" (*Lectures on Pol. Economy*, L.S.E. Reprints No. 8, 164). Senior definiu o "consumo produtivo" como "aquele uso de uma mercadoria que ocasiona um produto ulterior" e incluiu as necessidades de um trabalhador e sua família (*Outline of the Science of Pol. Economy*, ed. 1938, 54). J.S. Mill declarou que "os únicos consumidores produtivos são os trabalhadores produtivos", mas acrescentou que "só é consumo produtivo o que vai manter e aumentar os poderes produtivos da coletividade, sejam aqueles residentes em seu solo, em seus materiais, no número e eficiência de seus instrumentos de produção, ou em seu povo" (*Principles*, livro I, cap. III, § 5).

passo com qualquer aumento no equipamento industrial; e qualquer problema de demanda que pudesse existir teria de ser não de deficiência absoluta da demanda, mas apenas do correto equilíbrio ou proporção em que o novo equipamento industrial se distribuía entre essas duas categorias principais de indústria, ou entre seus diversos ramos constitutivos.

A introdução dessa suposição na estrutura da doutrina ricardina foi um daqueles engenhosos artifícios simplificadores que muitas vezes agrilhoam o pensamento subsequente na mesma medida em que servem de muletas para os primeiros e cambaleantes estágios da análise. Mas não foi de todo a prestidigitação que, para o senso comum leigo, muitas vezes parece ter sido. Tal suposição tinha pelo menos certa dose de justificação nas circunstâncias de sua época. É verdade que, quando olhamos o mundo real, seja o de então ou o de hoje, encontramos inúmeros motivos pelos quais essa condição crucial não se sustenta. O sistema capitalista não inclui mecanismo algum pelo qual as decisões das pessoas no sentido de poupar uma parte de sua renda (no sentido de se abster, por um período de tempo, de gastar toda a sua renda no consumo, e com isso aumentar, ou tentar aumentar, suas posses em dinheiro) se coordenem com as decisões simultaneamente tomadas pelos empresários de ampliar suas fábricas e aumentar seus estoques de matérias-primas ou bens em processamento com o fito de expandir. Embora se costumasse pensar que a taxa de juro proporcionava o instrumento mediador necessário entre os dois conjuntos de decisões, os economistas hoje reconhecem que, quando muito, ela constitui um instrumento muito imperfeito nesse sentido, ainda que possa ser encarada como instrumento destinado a esse fim. Outra maneira de enunciar o problema, e muito em moda hoje, é que não existe mecanismo pelo qual o investimento (e, portanto, a renda e consumo dos que recebem emprego por esse investimento) se sustente em nível suficiente para criar uma demanda que mantenha o funcionamento do equipamento industrial existente a plena capacidade. Daí poder existir, de quando em vez e possivelmente na maior parte do tempo — e na verdade *provavelmente* existirá —, um hiato entre a demanda e o crescimento do equipamento produtivo. Com isso, tal equipamento não pode ser inteiramente utilizado e não realiza o lucro que a situação teria de outro modo permitido. Como iremos ver, há motivos para pensar que, na era moderna, tal situação de excesso de capacidade produtiva se tornou mais ou menos crônica. Contudo, na primeira metade do século XIX, a situação era bem diferente. Existia uma série de circunstâncias que mais uma vez explicam a inclinação da mente clássica para uma visão otimista. Tal período se revelou excepcionalmente rico em influências estimuladoras de demanda tanto dos bens de consumo quanto dos de capital. Na ocasião, a situação era de molde tal que a intervenção de fatores continuamente tendentes a expandir o mercado passou a ser encarada como normal e como traço permanente da nova era que irrompia com a chegada do *laissez-faire*. Principal entre esses fatores era a rapidez da inovação técnica em si mesma, criando não só toda uma nova raça de mecanismos jamais vistos antes, mas toda uma indústria nova, ou conjunto de indústrias, de fabricação de máquinas para gerar aquelas novas criaturas mecânicas e servi-las. Reforçando isso, havia a situação excepcional do comércio exportador da Inglaterra na época, e também os efeitos sobre a demanda de uma população — crescentemente urbanizada — que se multiplicava numa velocidade sem precedente.

No século ou dois séculos anteriores à Revolução Industrial, a demanda de bens de capital era pequena, tanto relativa quanto absolutamente, e as dimensões daquilo que se podia chamar de indústria de bens de capital mostravam-se correspondentemente pequenas. A atividade de investimento, como vimos, restringia-se em grande parte à construção comum, que só assumia proporções consideráveis em períodos especiais como o da reconstrução de Londres após o Incêndio, e à construção naval. As atividades normais de construção consistiam em consertos correntes — a feitura de telhados com colmo, por exemplo, deve ter constituído uma indústria local importante, ainda que pequena, nas localidades do interior — e a construção de casas para abrigar a população crescente. A isso, se somavam aqueles surtos de construção de casas no campo, e antes os de igrejas, e a construção de fazendas dos pequenos proprietários e seus paióis espaçosos, que caracterizaram os anos mais prósperos da Inglaterra dos Tudor e Stuart. No século XVIII, a urbanização crescente e, particularmente o crescimento de Londres iniciaram algo parecido a um crescimento acelerado da construção. Existia certo volume de fabricação de ferramentas e de ofícios como a indústria de fabricação de pregos do West Country, em sua maior parte obra de artesãos. Poucas dessas coisas, no entanto, proporcionavam alcance ao investimento de capital, se é que alguma o fazia.

As primeiras máquinas eram, em sua maior parte, feitas de madeira e construídas, tanto quanto possível, na localidade em que viviam os homens que as usavam e por artesãos trabalhando diretamente sob suas ordens. Apenas as partes metálicas mais essenciais eram encomendadas em localidades distantes. Artesãos como carpinteiros, serralheiros ou relojoeiros vinham ajudar, quando necessário, nos mecanismos de rodas ou na montagem de uma máquina de fiar ou de um tear. À medida que a maquinaria se tornava mais complicada e surgiam as primeiras fábricas, aquele artesão versátil, o construtor de moinhos, adquiria uma posição de importância capital: um ofício que (de acordo com uma narrativa contemporânea) "era um ramo da carpintaria (com alguma ajuda do ferreiro) porém trabalho muito mais pesado, e ainda assim bem engenhoso".[59] A própria fabricação do ferro mostrava-se muito limitada em escala — em 1737, havia cerca de 59 forjas espalhadas por dezoito condados e produzindo umas 17.000 toneladas por ano[60] — e grande parte de seu mercado se formava da demanda de apetrechos bélicos. Na verdade, "a madeira era a matéria-prima de toda indústria, em medida que se mostra difícil concebermos hoje".[61] Veículos e recipientes eram feitos de madeira, bem como navios e pontes, e mais as carroças que transportavam os canhões e grande parte de todas as casas. O trabalho em madeira era, em sua maior parte, campo de trabalho ao tipo antigo de artesão que trabalhava com as mais simples das ferramentas tradicionais. O mercado nacional para os artigos manufaturados de consumo geral, como observamos antes, era bem estreito e o mercado exportador, tão importante para os lanifícios, continuava contido e restrito sob as condições do Sistema Mercantil. Em 1700, a tonelagem dos navios saídos dos portos ingleses somava não mais do que 317.000 toneladas, ou cerca de 1 ou 2% do tráfego atual apenas no porto de Liverpool.[62]

Com a chegada da Revolução Industrial, tal situação se transformou radicalmente. Em meados do século XVIII, a tonelagem registrada de navios saídos era o dobro do que fora no início do século. Daí em diante, o comércio exportador exibiu um crescimento notável. No referente ao comércio de têxteis, vemos todos os sinais de que o aumento da demanda externa se manteve à frente da capacidade produtiva, sendo o principal incentivo da modificação técnica na segunda metade do século. Em 1785, a tonelagem registrada da exportação ultrapassara a cifra de um milhão e, nas duas décadas finais do século, quase triplicara. Avaliadas em libras esterlinas, as exportações eram, no final do século, três vezes maiores do que em meados do mesmo e cinco vezes as do início.[63] Dos valores totais de exportação em 1800, as exportações de lã e algodão constituíam, reunidas, quase 30%. Em 1850, todos os fios e tecidos combinados constituíam 60% de um total de valores de exportação que dobrara no correr do meio século. À medida que a primeira maquinaria se adaptou à força-vapor e o equipamento produtivo cresceu em volume, em quantidade e na complexidade de suas peças metálicas, não só se criou a necessidade de construir edifícios especiais para abrigá-los, e às vezes habi-

---
[59] Cit. Mantoux, *op. cit.*, 221.
[60] L.W. Moffit, *England on the Eve of the Industrial Revolution*, 147.
[61] J.U. Nef, *Rise of the British Coal Industry*, vol. I, 191.
[62] Mantoux, *op. cit.*, 102.
[63] *Ibid.*, 103-4.

tações para os operários na vizinhança das novas fábricas, como também se tornaram necessárias firmas especializadas no fabrico de máquinas. Antes de 1800, a única firma desse gênero era a Boulton e Watt, localizada do Soho, que até então fabricara cerca de 300 máquinas ao todo, mais de um terço das quais destinadas a tecelagens e entre uma quinta e sexta parte das mesmas destinadas à mineração. Não foi senão na década de 1820, entretanto, que começaram a surgir firmas profissionais especializadas na fabricação de máquinas, em Londres ou no Lancashire.[64] As invenções cruciais de Bramah e Maudslay em matéria de novas máquinas-ferramentas, pouco antes da virada do século, principalmente o torno de corte helicoidal e o torno de carro móvel, formaram a base para outros ramos mais especializados da indústria de fazer máquinas para fazer máquinas. E a "economia externa" principal de cada indústria nesse período, da qual o desenvolvimento dessas diversas indústrias dependia em tão grande parte, consistia nesse crescimento novo de engenharia mecânica especializada. Por sua vez, a produção crescente da maquinaria e sua manutenção vinham engrossar as encomendas feitas à indústria do ferro e à mineração de carvão e de minério de ferro. A produção de ferro atingiu um milhão de toneladas em 1835 e triplicou nos vinte anos seguintes. A produção de carvão, que girava em volta de 6 milhões de toneladas no final do século XVIII, atingiu 20 milhões em 1825 e cerca de 65 milhões em meados da década de 1850.[65]

No que diz respeito à demanda interna de bens de consumo, esta viu-se também inevitavelmente ampliada pelo crescimento da população e pela urbanização crescente, ainda que tal crescimento não fosse tão espetacular quanto se poderia esperar, devido às condições miseráveis e aos magros ganhos da maioria da população. Mas se o proletariado fabril possuía poucos *pence* para gastar além das necessidades mínimas de subsistência, existia uma soma inevitável de coisas que agora tinha de adquirir no mercado, enquanto antes tais coisas podiam em grande medida ser fabricadas em casa. Não só o tecido feito em casa declinou, em favor do produto fabril, como o mero aumento em números trouxe um aumento na quantidade de xales e tamancos que cada família precisava possuir.

Não pode haver dúvida de que, no período seguinte às Guerras Napoleônicas, a influência conjunta desses fatores era expansionista em grau até então sem paralelo. Mas, nas décadas de 1840 e 1850, surgiu em cena uma atividade nova que, em sua absorção de recursos monetários e bens de capital, ultrapassou em

---
[64] Clapham, *op. cit.*, vol. I, 152-3.
[65] *Ibid.*, 425,431.

importância qualquer tipo anterior de despesa de investimento. Mesmo quando rotulamos essas décadas de meados do século XIX como a "era ferroviária", deixamos muitas vezes de avaliar inteiramente a singular importância estratégica que a construção ferroviária ocupou no desenvolvimento econômico do período. As ferrovias apresentam para o capitalismo a vantagem inestimável de absorverem enorme volume de capital; nesse particular são ultrapassadas apenas pelos armamentos da guerra moderna e dificilmente igualadas pela construção urbana moderna. Com isso não queremos dizer que fossem a fonte única de demanda do ferro nesse período. Outros projetos grandiosos da época eram filhos da era do ferro, tais como a construção de cais sobre pilares de ferro fundido: um exemplo, nos anos iniciais da década de 1840, foi o molhe de Southend, descrito na narrativa contemporânea como "de comprimento extraordinário, estendendo-se por sobre a baía numa distância de milha e meia".[66] Mas as 2.000 milhas de estradas de ferro abertas no Reino Unido em 1847-8 devem ter absorvido quase meio milhão de toneladas de ferro apenas em trilhos e coxins de trilhos, ou seja, uma quarta parte da produção de ferro naquela data. Segundo Tooke, o dispêndio em ferrovias deu emprego a 300.000 homens "na linha e fora dela", durante o ano de atividade máxima.[67] Em 1860, cerca de 10.000 milhas de ferrovias tinham sido construídas na Grã-Bretanha e na Irlanda do Norte, cifra que iria aumentar pela metade, entre 1860 e 1870.

A construção ferroviária no país não representava de modo algum toda a importância das ferrovias para o investimento e a indústria pesada na Inglaterra. Embora geralmente tenhamos presentes a década de 1880 e a década anterior a 1914, ao falarmos de exportação de capital, não devemos esquecer que o investimento no exterior desempenhou papel nada desprezível em meados do século XIX, assumindo, nessa época, principalmente a forma de empréstimos a governos, e não a de investimento direto, como mais tarde sucederia. Tal investimento no exterior, entretanto, em grande parte dirigia-se afinal de contas à construção ferroviária, e cumpria a função dupla de proporcionar uma saída lucrativa para o capital e estimular a exportação de bens de capital ingleses. Logo atrás do surto ferroviário britânico na década de 1840, veio a construção ferroviária continental, e, em seguida a esta, entreabria suas fauces a norte-americana, maior ainda. Entre 1850 e 1875, registrou-se uma exportação anual média de capital no montante de £15 milhões, além do reinvestimento dos ganhos líquidos de investimentos anteriores, que por volta da década de 1870 tinham atingido o nível de £50 milhões.[68] A década

---
[66] *The Times*, 3 de outubro de 1844.
[67] Tooke e Newmarch, *History of Prices*, vol. V, 357.
[68] L.H. Jenks, *Migration of Capital*, 332 e 413.

298 *a evolução do capitalismo*

de 1850 assistiu a um aumento considerável na exportação de bens de capital. As exportações de ferro e aço dobraram em valor nos três primeiros anos dessa década, atingindo nos anos iniciais da década de 1970 um nível cinco vezes superior ao de 1850. Entre 1856 e 1865, £35 milhões em material ferroviário foram exportados e, entre 1865 e 1875, £83 milhões.[69] Já em 1857, do total das exportações inglesas, uma quinta parte era composta de produtos de ferro, cobre e estanho. Entre 1857 e 1865, ocorreu um certo deslocamento do capital britânico para as ferrovias e obras públicas indianas, sendo o ferro para as estradas da Índia quase exclusivamente fornecido por encomendas britânicas.[70] A construção ferroviária na Rússia e na América continuava, entretanto, a criar forte demanda do ferro britânico na década de 1860. E, embora a construção das ferrovias na Alemanha se encontrasse mais ou menos concluída em 1875, na Rússia só atingiu seu ponto culminante na década de 1890, quando cerca de 16.000 milhas de ferrovias foram construídas, ao passo que, na América, o trabalho continuava espasmodicamente até o último quartel do século. Em 1887, num novo surto de atividade, 13.000 milhas de leito ferroviário foram lançadas nos Estados Unidos.[71] No período de 1865 a 1895, na verdade, a milhagem ferroviária norte-americana multiplicou-se quatro ou cinco vezes, embora uma proporção crescente do equipamento ferroviário norte-americano, à medida que o século se encerrava, fosse suprida por fontes locais e não britânicas. Tomando-se os Estados Unidos, a Argentina, a Índia, o Canadá e a Australásia juntamente, a extensão do leito ferroviário elevou-se, nesses países, de cerca de 62.000 milhas em 1870 para 262.000 em 1900; e, mesmo nos sete anos anteriores a 1914, os capitalistas britânicos forneceram £600 milhões para construção ferroviária em países estrangeiros, países esses, aliás, que se achavam principalmente empenhados na produção de matérias-primas e gêneros alimentícios.[72]

Tais fatores de animação do mercado, como já dissemos, são naturalmente transitórios. Seu efeito será imediato e não continuado, no sentido de que há um limite para a quantidade de ferrovias que se poderá desejar em qualquer região dada da superfície terrestre, e que um determinado conjunto de inven-

---
[69] *Ibid.*, 174.
[70] *Ibid.*, 207 em diante. Esse autor afirma que, em 1869, havia cerca de 50.000 acionistas e portadores de debêntures ingleses, possuindo uma média de cerca de £1.500 em títulos ferroviários garantidos pelo Governo indiano. "O *India Office* era o agente fiscal verdadeiro das companhias ferroviárias, e na verdade adiantava somas para cobrir suas necessidades de capital quando o mercado se mostrava temporariamente difícil" (220).
[71] D.L. Burn, *Economic History of Steelmaking*, 78.
[72] A.K. Cairncross, *Home and Foreign Investment in Great Britain, 1870-1930* (uma dissertação não publicada de doutorado na University Library, Cambridge), 333.

a revolução industrial e o século XIX   299

ções que cria a necessidade de uma indústria fabricar um novo tipo de máquina pode criar o alicerce daquela indústria nova uma vez, mas não continua a criar indústrias novas indefinidamente. Argumentou-se às vezes que tais fatores só parecem transitórios se focalizarmos a atenção em cada exemplo separado, e que não existe motivo óbvio pelo qual não devam ter uma linha permanente de sucessores, e exerçam assim uma influência expansionista contínua sobre as condições da demanda. Por que motivo um conjunto de invenções não geraria filhos, e depois netos, cada geração exigindo uma indústria produtora de máquinas maior e mais complexa do que a precedente, ou pelo menos mantendo por suas novas criações técnicas a demanda da indústria produtora de máquinas já existente? Mesmo que a construção ferroviária gradualmente se aproxime do ponto de saturação, o progresso econômico não torna provável que ela venha a ser sucedida por objetos mais novos para estimular o investimento e a indústria pesada, como a indústria elétrica, a ligação de continentes com oleodutos ou a construção de *autobahnenT*[73] Para esse enigma sobre probabilidades é difícil ver uma resposta, à parte de nossa observação do que realmente ocorreu numa série de décadas, questão a que voltaremos depois. Se tais acontecimentos tendem a repetir-se, é coisa que depende obviamente de todo o complexo mutável de seus processos históricos interdependentes — depende da cambiante situação total de que são parte, e não pode ser deduzido de suas próprias características como espécie.

Existe um motivo especial para acharmos que o tipo de era dourada do capitalismo por nós descrita aqui, no entanto, deverá ser transitória. Tal motivo se acha ligado à natureza essencial do que queremos dizer por investimento em equipamento produtivo: o fato simples de que cada ato de investimento deixa o estoque de equipamento produtivo maior do que era antes. Como o Dr. Kalecki observou: as crises do capitalismo ocorrem porque "o investimento não é apenas produzido, mas também produtor... A tragédia do investimento é que ele cause crises porque é útil."[74] Se supusermos que os investimentos sejam realizados a uma taxa anual constante, sob a inspiração contínua de fatores tais como os examinados, o resultado poderá ser um aumento comparável no equipamento produtivo da indústria, inclusive presumivelmente no das indústrias produtoras de artigos de consumo final.[75] Para permitir a plena

---
[73] Cf. argumentação de Schumpeter, em *Capitalism, Socialism and Democracy*.
[74] *Essays in the Theory of Economic Fluctuations*, 148-9.
[75] Isso é tomado aqui como significando que o investimento é realizado num volume absoluto constante por unidade de tempo. Em tais circunstâncias, o mercado de bens de capital só se expandirá na medida em que a demanda de substituição cresça, ao crescer o estoque de equipamento de capital. Com uma taxa constante de investimento, não haverá motivo, *ceteris paribus*, para que a renda total cresça; e, a menos que a proporção de renda total gasta no consumo *aumente*, o lucro realizável pelos

ocupação desse volume crescente de bens de capital e impedir que os lucros auferidos por seus proprietários diminuam, por não poderem ser inteiramente utilizados, o consumo deverá não só ser mantido, mas terá de expandir-se continuamente no mesmo grau. Se isso não acontecer, a influência de mercados deprimidos deverá, mais cedo ou mais tarde, aplicar um freio ao processo de investimento. Numa sociedade de classes, onde o consumo da maior parte da população é restrito por sua pobreza, enquanto os aumentos de renda excedente acima dos salários continuem predominantemente em mãos dos ricos cujo consumo já se aproxima do ponto de saturação ou que têm sede de acumulação, é óbvio que tal hiato do consumo em relação ao crescimento de bens de capital operará como tendência poderosa. Por isso mesmo, para que tal tendência seja contrabalançada, os contraestímulos aos quais chamamos fatores de animação do mercado (seja uma nova demanda do exterior ou o crescimento do consumo dos ricos por novas necessidades)[76] terão não só de continuar, mas de crescer continuamente em potência — terão não só de reproduzir sua espécie, mas cada geração deles terá de criar uma geração seguinte, maior do que ela própria. Não parecem existir bases suficientes para esperarmos tal curso de acontecimentos.

3

O que se tomou conhecido como Grande Depressão, iniciada em 1873, interrompida por surtos de recuperação em 1880 e 1888, e continuada em meados da década de 1890, passou a ser encarado como um divisor de águas entre dois estágios do capitalismo: aquele inicial e vigoroso, próspero e cheio de

---
capitalistas não poderá aumentar, e o efeito da quantidade crescente de equipamento de capital deverá ser o de reduzir o lucro realizado por unidade de equipamento (fazendo com que caia a intensidade em que cada unidade de equipamento é utilizada, e a proporção entre o equipamento e a mão de obra empregada e entre equipamento e produção suba). Aquilo a que chamamos imprecisamente "fatores de animação" terá, portanto, de exercer não só uma influência constante, mas *crescente*, para contrabalançar as dificuldades também crescentes de aumentar o consumo como proporção da renda, à medida que essa proporção se elevar. Alternativamente, no caso em que a taxa de investimento e a renda total estejam ambas subindo, o efeito do equipamento de capital crescente será o de retardar gradualmente o investimento, a menos que os fatores que estimulam a elevação do investimento (seja diretamente ou através de um aumento no consumo) aumentem de modo a contrabalançar o retardamento.
[76] Esses estímulos, naturalmente, podem operar, não sobre o consumo, mas sobre o investimento, diretamente, encorajando uma taxa de investimento *crescente* (para contrabalançar o retardamento do consumo) em virtude de um ritmo cada vez mais acelerado de inovação técnica, em vez da taxa *constante* de investimento que supusemos acima.

otimismo aventureiro, e o posterior, mais embaraçado, hesitante e, diriam alguns, mostrando já as marcas da senilidade e decadência.

Foi esse o período de que Engels falou em sua frase bem conhecida a respeito do "colapso do... monopólio industrial da Inglaterra", com o qual a classe trabalhadora daquele país "perderia sua posição privilegiada" e "existiria novamente o socialismo na Inglaterra".[77] A respeito de seu caráter e importância, bem como de suas causas, houve boa dose de controvérsia. Que estivesse longe de ser uniformemente um período de estagnação, é algo que recebeu especial ênfase por parte de comentaristas recentes, pois, julgado pelos índices de produção e progresso técnico esse período na verdade, mostrou-se antes o contrário, de um período de estagnação e, para os assalariados que mantiveram seu emprego, foi um período de ganho econômico, ao invés de prejuízo.[78] Mas o fato de que tenha sido um período de crise econômica em preparação, no sentido de um conflito agudo entre o crescimento do poder produtivo e o da lucratividade dos negócios, não recebeu negativa séria, e todos os sinais indicam que, no caso do capitalismo britânico ao menos, certas modificações fundamentais na situação econômica estavam ocorrendo no último quartel do século XIX.

Em nossa apreciação da significação desse período, muito depende obrigatoriamente de nosso diagnóstico; e, embora certos traços superficiais da Grande Depressão e da sequência de acontecimentos ligados a seu início se mostrem bem claros, há uma série de perguntas mais fundamentais a seu respeito, para as quais as respostas continuam obscuras. Uma pergunta em torno da qual muita coisa gira é a que se refere ao peso relativo, em sua causação, dos diversos fatores limitadores do campo de investimento examinados anteriormente por nós. O que sucedeu, naturalmente, não pode ser atribuído com exclusividade a qualquer deles isoladamente, tendo de ser considerado fruto de todos em combinação. O campo de investimento, como vimos, é coisa de diversas dimensões; quando se diz que ele se apresenta inelástico, tal inelasticidade deverá referir-se a todas as suas dimensões e não somente a uma delas. Ainda assim, pode ser apropriado falar de um certo limite como sendo decisivo, no sentido de que nenhuma expansão praticável em outras direções poderia compensar sua estreiteza, sendo de

---

[77] Prefácio à 2.ª edição de *The Condition of the Working Class in England*.
[78] Fato que, aliás, explica muito a oposição teimosa por ocasião do chamado "antigo sindicalismo" (*Old Unionism*) às tendências militantes do "novo sindicalismo" (*New Unionism*), levando a uma disputa nas fileiras do Trabalho, assim como um fenômeno um tanto paralelo (e como veremos adiante) explica a sobrevivência vigorosa de uma tradição de "aristocracia do trabalho" no movimento do trabalhismo inglês nas décadas de 1920 e 1930.

certa importância determinar (se o pudermos fazer) a importância relativa de diversos fatores como causas imediatas da depressão. Até onde a *malaise* econômica da década de 1870, por exemplo, poderia ser atribuída, se o pudesse ser, a uma saturação parcial das oportunidades de investimento no primeiro dos sentidos em que a examinamos — a uma queda na taxa de lucro devida à rapidez da acumulação de capital como tal, que marchou à frente das possibilidades de aumentar a massa de mais-valia que se podia extrair do processo de produção, mesmo que a procura de mercadorias se expandisse *pari passu* com a produção e nenhuma limitação séria de mercados surgisse?[79] Ou até onde se deveu a não poder a procura efetiva manter-se à altura da expansão da produção — a uma influência decrescente daqueles fatores da animação dos quais falamos, e em especial a não poder o consumo expandir-se *pari passu* com a expansão do poder produtivo dirigido no sentido da produção de bens de consumo?

Há provavelmente alguma evidência quanto à existência do primeiro tipo de situação, no fato de que os salários reais subiram nas décadas próximas da metade do século. Isso poderia ser tomado como indicação *prima facie* do fato de que a demanda de trabalho começava a ultrapassar a expansão do exército proletário, e que a situação receada pelos ricardianos estava por surgir. De acordo com as estimativas do Professor Bowley, os salários monetários subiram de 58 em 1860 (1914 = 100) para 80 em 1874, e os salários reais de 51 para 70.[80] E, o que é muito importante para o investimento, estimou-se que os custos da mão de obra na construção subiram entre 1860 e 1875 em cerca de 50%, muito mais rápido do que o custo das matérias-primas.[81] Para esse aumento de salários, a crescente organização da mão de obra qualificada como resultado da fusão de sindicatos nacionais nas décadas de 1850 e 1860 certamente contribuiu. A década de 1860 foi um período de investimento de capital anormalmente rápido, e de expansão muito rápida do equipamento produtivo da indústria. Entre 1866 e 1872, por exemplo, a produção mundial de ferro-gusa aumentou de 8,9 para 14,4

---

[79] A "rapidez da acumulação de capital" referida aqui se aplica ao crescimento, no correr do tempo, do *estoque* de capital em relação ao crescimento de fatores outros como a oferta de trabalho ou modificações apropriadas na técnica, resultando no que muitos autores chamariam "uma queda na eficiência marginal do capital". Não pretendo referir-me a qualquer efeito possível sobre as margens de lucro devido a ser alta ou baixa a taxa de investimento por *unidade de tempo*. Aqui faz-se uma tentativa de distinguir a operação de fatores que causariam um declínio na lucratividade, ainda que a situação de mercado inicialmente (isto é, antes de começar a depressão) não pusesse obstáculos ao funcionamento de plena capacidade e, por outro lado, de fatores que afetam primordialmente a lucratividade por tornarem impossível o funcionamento a plena capacidade do equipamento existente.
[80] *Wages and Income in the United Kingdom since 1860*, 34.
[81] G.T. Jones, *Increasing Returns*, 89.

milhões de toneladas, aumento no qual a Grã-Bretanha foi responsável por dois quintos. No distrito de Cleveland, cerca de trinta altos-fornos novos foram construídos apenas entre 1869 e 1874, aumentando o poder produtivo dessa região em 50%. Na região produtora de hematita de Cumberland e North Lancashire houve uma expansão de cerca de 25% nos primeiros anos da década de 1870 e o Lincolnshire, em quatro anos, aumentou o número de seus fornos para utilizar minérios fosforados, passando de 7 para 21,[82] Em seu todo, estimou-se que o capital investido nas usinas siderúrgicas triplicou, e dobrou nas minas, entre 1867 e 1875.[83]

Além disso, nos dois anos imediatamente anteriores à crise houve um aumento especialmente acentuado nos salários,[84] e a cifra referente aos desempregados (de acordo com os dados incompletos da época) em 1873 via-se reduzida a pouco mais de 1%. Em toda a década de 1870, as taxas de juro mostraram-se excepcionalmente baixas e, no inverno de 1871, as taxas de desconto, principalmente, mostraram-se (de acordo com *The Economist*) "bem abaixo do nível" em que se poderia esperar que se situassem, em vista da expansão dos negócios.[85] Alfred Marshall atribuiu esse fenômeno ao fato de que "a quantidade de capital em busca de investimento aumentara tão depressa que, a despeito de um grande alargamento do campo de investimento, forçou o rebaixamento da taxa de desconto".[86] A modificação técnica fora rápida, absorvendo uma quantidade maior de capital para pôr uma dada quantidade de mão de obra em movimento; mas a despeito disso a absorção de mão de obra na produção (sobre cuja dimensão não temos estatísticas idôneas) deve ter se dado em taxa bem considerável.

---

[82] D.L. Burn, *op. cit.*, 21.
[83] D.H. Robertson, *A Study in Industrial Fluctuations*, 33. Colin Clark estima que o capital real no Reino Unido cresceu em 50% entre a década de 1860 e o período de 1875-85, e dobrou nas três décadas entre 1860 e 1890 (*Conditions of Economic Progress*, 393 e 397). A poupança, como porcentagem da renda nacional na década de 1860, foi estimada por ele em 16 ou 17%.
[84] Entre 1871 e 1873, de acordo com os dados disponíveis, os salários monetários subiram cerca de 15%. O índice de preços para minérios subiu de 86 para 131, indicando o aparecimento de pontos de estrangulamento nos estágios iniciais de produção, do que conclui o Sr. W.W. Rostow que "os custos crescentes de mão de obra e matéria-prima começaram a corroer a lucratividade dos negócios" (*Econ. Hist. Review*, maio de 1938, 154). *Sir* Lothian Bell, em seu depoimento diante da Comissão Real sobre a Depressão do Comércio e Indústria, declarou: "O preço da mão de obra subiu como o preço do ferro a tal ponto que afirmo que o custo do ferro-gusa, e talvez de todos os tipos de ferro, elevou-se ao dobro do que fora em anos anteriores" (29 Relatório da Comissão Real, p. 40, Qu. 1, 923). D.L. Burn, no entanto, adota a opinião de que "a discriminação dos custos não deu apoio à opinião de que, na crise imediata, os salários desproporcionalmente elevados quanto aos preços podiam ser culpados pelas dificuldades do comércio de ferro, tendo os salários se movido em harmonia com os preços, e não à frente dos mesmos (*op. cit.*, 41).
[85] *Economist*, 27 de janeiro de 1872.
[86] *Official Papers*, 51.

Há muito a dizer em favor da opinião expressa por alguns autores contemporâneos sobre a Depressão, de que a queda dos preços nas décadas de 1870 e 1880, em vez de ser ocasionada por influências monetárias ligadas à oferta de ouro, como os economistas têm sustentado tão amplamente,[87] foi consequência natural da queda nos custos que as modificações técnicas dos anos anteriores tinham causado. D.A. Wells, escrevendo no final da década de 1880 e falando tanto dos Estados Unidos quanto da Grã-Bretanha, calculava que a economia em tempo e esforço envolvida na produção em anos recentes atingira até 70 ou 80% "em algumas" indústrias, "em não poucas" até mais de 50% e entre um terço e dois quintos como média mínima para a produção em seu todo.[88] É possível que na indústria em geral, na Grã-Bretanha, o custo real da mão de obra na produção de mercadorias tenha caído em 40% entre 1850 e 1880. De qualquer forma, parece existir evidência bastante de que tal queda de preços não constitui por *si mesma* um sinal de demanda decrescente. Por outro lado, se a queda de preços fosse inteiramente interpretada em termos de aperfeiçoamento técnico e queda dos custos, a consecutiva queda dos lucros e o clima de depressão continuam sem explicação.

Neste particular é importante ter em mente, mais uma vez, a distinção entre as duas direções pelas quais pode se dar um aumento no estoque de capital investido e seus efeitos distintos. Em primeiro lugar, o aumento pode tomar a forma de financiamento da inovação técnica, que aumenta a razão entre "trabalho acumulado e trabalho vivo" e favorece a maior produtividade do trabalho. Suponhamos que, nesse caso, os preços de venda tenham caído no mesmo grau da queda no custo real, medida em termos de trabalho. Teremos então que a taxa de lucro decairia como resultado líquido da modificação, a menos que o preço da força de trabalho tenha caído também o bastante para aumentar o excedente disponível como lucro em grau suficiente para contrabalançar o aumento daquilo que Marx chamou a "composição orgânica do capital" (isto é, o aumento da razão entre maquinaria etc., e o tra-

---

[87] Quanto a explicação monetária, foi dito recentemente: "Nenhuma das características principais da Grande Depressão pode ser atribuída a uma resposta restrita do sistema bancário. As tendências dominantes no mercado de capital a curto prazo, ao contrário, eram no sentido de uma oferta abundante" (W.W. Rostow, "Investimento e a Grande Depressão", em *Econ. Hist. Review*, maio de 1938). *Sir* Lothian Bell declarou, perante a Comissão sobre a Depressão do Comércio e Indústria: "A falta de poder aquisitivo não se deve à falta de dinheiro, pois banqueiros e outros possuem grandes somas não empregadas" (Qu. 1, 998, em resposta ao Professor Price). *The Economist* era, na época, um grande adversário da opinião de que a queda dos preços gerais se devia a causas monetárias (cf. edição especial de 31 de julho de 1886).
[88] D.A. Wells, *Recent Economics Changes*, 28.

balho direto ocasionado pelo progresso da técnica).[89] Em segundo lugar, o aumento de capital poderia tomar a forma simples de uma multiplicação de fábricas e equipamentos de produção, expandindo o emprego do trabalho, e com isso a produção, sem fazer baixarem obrigatoriamente os custos. Nesse caso, um declínio da lucratividade resultaria se, mas apenas se, a expansão, quer do mercado, quer da oferta de trabalho, deixasse de se manter à altura da expansão da capacidade produtiva. E uma queda nos preços de venda seria, *neste* caso, evidência presuntiva de que a capacidade produtiva tinha na verdade superado o crescimento da demanda. O que torna especialmente difícil nossa tarefa presente é que o investimento durante esse período obviamente tomou ambas essas formas, em proporções que dificilmente podem ser calculadas.

Se a produtividade do trabalho houvesse sido aumentada, durante esse período, em grau tão marcante, seria de esperar descobrir-se que tinha havido pelo menos algum aumento compensador na "mais-valia relativa" de Marx. No entanto, já vimos que os salários monetários, em vez de cair, na verdade subiram consideravelmente entre 1860 e 1874; e mesmo depois de 1874, quando os preços de venda projetaram-se em sua queda espetacular, o grau em que aqueles salários monetários caíram mostrou-se comparativamente pequeno. Não parece existir, portanto, muita evidência de que tal fator compensador tivesse qualquer importância considerável antes de 1873, ou mesmo subsequentemente. É bem verdade que, entre as décadas de 1870 e 1890, ocorreu um barateamento marcante nos gêneros alimentícios em relação aos produtos manufaturados, como resultado da abertura do interior do continente americano pelas ferrovias e o aperfeiçoamento rápido do transporte oceânico. Mas tal barateamento dos gêneros alimentícios se operou numa situação em que o trabalho estava forte o bastante para resistir às reduções devastadoras dos salários monetários que ocorreriam em circunstâncias semelhantes em fase anterior do século: o resultado foi principalmente favorecer os salários reais, enquanto efetuava um barateamento da força de trabalho para os empregadores em grau apenas menor.

---

[89] Se os preços de venda não tivessem caído como resultado da produção aumentada, ou pelo menos caíssem em qualquer grau comparável à queda em custos reais cm termos de trabalho, nesse caso, naturalmente, poderia não ter existido motivo para que a lucratividade declinasse, embora os salários permanecessem inalterados, ou mesmo que estes tivessem subido um tanto. Mas, em vista da queda no preço de venda e do aumento da produtividade do trabalho, as variáveis decisivas de que o resultado depende serão: a variação proporcional na composição orgânica do capital, a variação proporcional em salários monetários e a proporção entre lucro total e folha de pagamentos total (por unidade de tempo) na situação inicial.

Entre as causas próximas da crise de 1873, os acontecimentos no mercado de investimento no exterior geralmente recebem lugar destacado, sendo preciso lembrar que, antes disso, tal investimento constituía importante válvula de segurança contra qualquer tendência do processo de acumulação a superar as possibilidades de emprego lucrativo no país. Esse investimento no exterior era modesto, em comparação com as dimensões assumidas mais tarde, não sendo absolutamente um dispositivo infalível, como iriam demonstrar os acontecimentos. Estava longe, entretanto, de ser um fator desprezível. A irrupção imediata da crise se prendeu a um fechamento abrupto dessa válvula. Entre 1867 e 1873, fora feita uma série de empréstimos ao Egito, à Rússia, à Hungria, ao Peru, ao Chile e ao Brasil, juntamente com muitos empréstimos ferroviários, além de numerosas aventuras irregulares. Dos dois bilhões de dólares em capital ferroviário norte-americano postos no mercado entre 1867 e 1873, os capitalistas ingleses subscreveram parte substancial. "O negócio favorito por muitos anos antes de 1873", declarou *Sir* Robert Giffen, "tornou-se o do investimento no exterior".[90] A bancarrota da Espanha e o não pagamento de juros sobre a dívida turca serviram de duchas frias na atitude predominante quanto aos investimentos; e as dificuldades financeiras em países "mais ou menos amanhados pelo capital da Inglaterra e em outros países antigos" (na afirmação de Giffen), como a Áustria e mais tarde a América do Sul ("quase um domínio da Inglaterra")[91] e a Rússia, causaram uma paralisia abrupta do mercado para empréstimos ao exterior.

A uma suspensão inicial do investimento, seguiu-se o incentivo a um investimento maior no mercado nacional, fato que serviu para explicar um dos traços mais curiosos da depressão: produção e a capacidade produtiva continuaram a se expandir, só que em ritmo ligeiramente moderado em comparação com a década de 1860. Essa expansão da capacidade produtiva se mostrou especialmente marcante nas indústrias de bens de capital em meados da década de 1870. O número de altos-fornos continuou a crescer; e a produção daqueles bens de capital subiu em seu conjunto, de uma cifra-índice de 55,3 em 1873 para a de 61,6 em 1877.[92] No final de 1877, o investimento no país entrou também em colapso, como sucedera com o investimento no exterior alguns anos antes. A despeito disso, contudo, o índice da produção de bens de capital se mostrava apenas oito pontos abaixo, em 1879, do que fora em

---
[90] *Economic Enquiries and Studies*, vol. II, 101: "A indústria notória que fracassou foi a da 'exploração' de países novos com pouco capital excedente."
[91] *Ibid.*, 102. A depreciação de títulos só no caso dos empréstimos à Turquia, Egito e Peru, atingiu £150 milhões em um ano.
[92] W.W. Rostow, *loc. cit.*, 154.

1877, e, apesar de uma cifra de desemprego acima de 10%, o índice de produção caíra, entre 1873 e 1879, apenas de 62 para 60.[93] Um revivescimento do investimento no país contribuiu para a curta recuperação de 1880-3, mas o aumento continuado da capacidade produtiva nesse período, conjugado à expansão anterior a 1873, serviu para exercer uma outra pressão decrescente sobre os preços e margens de lucro em meados da década de 1880. Como Goschen observou em 1885, "os capitalistas têm tremenda dificuldade em achar um bom retorno para seu capital". Durante mais de uma década o preço do ferro caiu 60% ou até mais,[94] e o do carvão em mais de 40%. O aço vendido por £12 em 1874 era vendido por apenas £4 5s. em 1884. Boa parte dessa queda, como vimos, iria explicar-se como resultado de economias de custo devidas ao aperfeiçoamento técnico. Calculou-se que a quantidade de trabalho necessário à produção de uma tonelada de trilhos era apenas metade do que fora em meados do século. O barateamento do aço deveu-se em parte às economias do novo processo básico (que a indústria britânica, no entanto, tardara em introduzir e se inclinava a negligenciar). O aço Bessemer, na Inglaterra, em 1886, era fabricado e vendido por apenas uma quarta parte do preço por tonelada de 1873, e bastava apenas metade do carvão para fabricar uma tonelada de trilhos de aço, em comparação com o que fora necessário em 1868.[95]

As economias de produção nos bens de consumo mostravam-se, em seu conjunto, muito menos marcantes, mas ainda assim eram apreciáveis: os custos reais na indústria do algodão, na década de 1870, por exemplo, provavelmente caíram numa taxa média de 0,5% por ano. Mais notável é o fato de que quase 400 novas companhias algodoeiras foram oferecidas aos compradores de títulos entre 1873 e 1883. Em medida pequena, mas apenas secundária, as variações de preço podem ser atribuídas a uma queda nos salários monetários, que caíram bem menos de 10% entre seu ápice em 1874 e 1880, depois do que continuaram mais ou menos estacionários ou mesmo subiram ligeiramente.[96] Parece claro, no entanto, que a queda no preço, resultante da maior capacidade produtiva, deve, em muitos sentidos ter superado o que se podia explicar em termos de redução de custos apenas. De acordo com as evidências apresentadas por *Sir* Lothian Bell à Comissão Real sobre a De-

---
[93] *Ibid.*
[94] Os preços de ferro-gusa escocês, que estavam em £5 17s. 3d. em 1873, achavam-se em £2 2s. 2d. em 1874, e o preço de trilhos de ferro reduziu-se à metade entre 1874 e 1880 (Lothian Bell no 2º Relatório da Comissão Real sobre a Depressão do Comércio, 43).
[95] D.A. Wells, *op.cit.*, 28.
[96] Bowley, *op. cit.*, 8, 10, 30, 34.

pressão do Comércio e Indústria, a produção mundial de ferro-gusa aumentara na proporção notável de 82%, entre 1870 e 1884, e a produção britânica sozinha em 31%, o que contribuíra para "um declínio bem considerável no preço", superando qualquer declínio compensador nos custos e resultando em que (acrescentou a testemunha, sem dúvida com o exagero ao qual se inclinam os industriais nessas ocasiões) "os trabalhadores estavam ficando com todo o lucro e os fabricantes de ferro com nenhum".[97] A Comissão, em seu Relatório Final, descobria que condições semelhantes predominavam no carvão, enquanto nos têxteis "os lucros foram muito reduzidos", diante da produção que "fora mantida ou aumentada". A conclusão geral a que chegou a Comissão quanto à indústria e ao comércio em seu conjunto expressava-se assim: "Achamos que... a superprodução foi um dos traços mais destacados do curso dos negócios nos anos recentes; e que a depressão sob a qual estamos agora pode ser parcialmente explicada por esse fato... O traço notável da situação atual, e aquele que a nosso ver a distingue de todos os períodos anteriores de depressão, é a extensão de tempo que tal superprodução vem durando... Achamo-nos satisfeitos porque, em anos recentes e, mais especialmente, nos anos durante os quais a depressão predominou, a produção de mercadorias em geral, e a acumulação de capital, neste país, têm avançado em taxa mais rápida do que o aumento da população".[98] Um comentarista recente apresentou a seguinte interpretação ao aspecto de "superprodução" da Grande Depressão: "A produção se expandia, o suprimento de homens era limitado, o capital não era substituto suficiente do trabalho. Embora tenha sido introduzida a maquinaria economizadora de trabalho, seus resultados para a indústria em seu todo não se mostravam de escala suficientemente grande para reduzir a demanda de trabalho de modo a permitir uma redução dos salários monetários."[99]

Quando nos voltamos para o exame da influência do fator mercado, a evidência de sua contribuição surge bem mais clara, sendo abundantes as indicações de que aqueles "fatores de animação", que tinham sustentado a demanda em períodos anteriores do século, estavam afrouxando ou, pelo menos, deixando de crescer em influência conforme exigiria a imensa expansão da capacidade produtiva, caso esta fosse inteiramente acionada. É verdade que o estímulo à

---
[97] Relatório Final de Com. Real, p. viii.
[98] Ibid., ix e xvii.
[99] Rostow, loc. cit., 150. Na verdade, as reduções de salários ocorreram imediatamente em seguida a 1873 e novamente em 1878-9, quando o desemprego subira a mais de 10%. Mas, no curso de todo o período, tais reduções, como vimos, se mostraram relativamente pequenas, bem menores do que seria de esperar diante da magnitude da depressão.

invenção parecia continuar intacto e a taxa de obsolescência da maquinaria (acarretando uma demanda consequente maior no correr de uma década, digamos, para o equipamento de reposição) provavelmente fora acelerada (com raras exceções) em vez de ser retardada. Testemunhas disso são o processo Bessemer no aço, a turbina e os motores marítimos aperfeiçoados, a maquinaria hidráulica e as máquinas-ferramentas (estas últimas em grande parte como resultado de calibradores de precisão aperfeiçoados e da disseminação do costume de se trabalhar com eles), a introdução de cilindros de aço na fabricação de farinha, do "forno-tanque" Siemens na fabricação do vidro, das máquinas de costura e rotativas gráficas. Ainda assim, há bons motivos para supor que o efeito *proporcional* dessas inovações sobre o mercado de bens de capital se mostrou consideravelmente menos poderoso do que a influência das invenções da primeira metade do século o fora sobre a indústria muito menor de bens de capital de então. A construção ferroviária, que constituíra estímulo tão poderoso em meados do século, estava pelo menos diminuindo, ainda que não se possa dizer, em vista do revivescimento da construção ferroviária no final da década de 1880 e de sua disseminação pela África e Ásia, que atingira já a saturação. Nos sete anos anteriores à crise, a extensão total dos trilhos nos Estados Unidos dobrara, e, nos últimos quatro desses sete anos, a América construíra cerca de 25.000 milhas.[100] Depois de 1873, houve um congelamento repentino dos projetos de construção, e tal declínio súbito, que acompanhou a crise financeira de 1873 e 1874, mostrou-se poderosa causa imediata da baixa. Além disso, a substituição de trilhos de ferro por outros de aço, com sua duração maior, estava ao mesmo tempo causando uma economia apreciável na demanda de reposição do metal, criada por uma dada extensão de leito ferroviário.

De especial importância para a indústria britânica foi a contração aguda da demanda de exportação, em parte apenas uma consequência do declínio de investimento externo e da cessação das encomendas de construção ferroviária. Nos anos imediatamente anteriores a 1873, as exportações britânicas tinham sofrido uma expansão muito grande em quantidade e ainda mais em valor. Entre 1867 e 1873, o comércio exterior britânico crescera em mais de um terço, e, em 1873, as exportações totais mostravam-se 80% maiores do que tinham sido em 1860. O aumento na exportação de ferro e aço mostrou-se ainda mais notável, com o crescimento de 66% no curto período de 1868 a 1872. Veio então a virada da maré, inesperada e alarmante. Em 1876, as exportações de produtos britânicos se tinham reduzido (em valor) de 25%, em comparação com o ponto mais alto de 1872. Só as exportações para os

---

[100] Clapham, *op. cit.*, vol. III, 381.

Estados Unidos se viram reduzidas à metade, e as exportações de ferro e aço recuaram um terço em tonelagem e mais de 40% em valor.[101] O colapso do mercado de trilhos de ferro mostrou-se especialmente severo e, embora a construção ferroviária norte-americana exibisse uma recuperação cautelosa em 1878 e houvesse surtos de atividade novamente em 1882 e 1887, uma proporção crescente de equipamento ferroviário norte-americano passou a ser suprida, após o início da década de 1870, por sua própria indústria siderúrgica em crescimento. Jamais nas depressões anteriores, como explicou Sir Robert Giffen, o comércio da Grã-Bretanha recuara tão drasticamente.[102] A despeito de recuperações nas exportações em 1880 e novamente em 1890, não foi senão na virada do século que a cifra máxima (em valores) de 1872-3 foi superada. Além disso, o declínio de exportações foi seguido por um aumento marcante no excedente de importações divíveis sobre exportações visíveis. Enquanto as exportações em 1883 foram de apenas £240 milhões (em 1879 tinham sido de apenas £191,5 milhões), em comparação com £255 milhões dez anos antes, as importações em 1883, a valores declarados, situavam-se em £427 milhões, em comparação com apenas £371 milhões dez anos antes.

Se existe alguma obscuridade quanto à causação da Grande Depressão, há muito menos quanto a seus efeitos sobre o capitalismo britânico. Tendo testemunhado o efeito drástico da concorrência na redução de preços e margens de lucro, os homens de negócios mostravam simpatia cada vez maior por medidas pelas quais a concorrência pudesse ser restringida, tal como o mercado protegido ou privilegiado e o acordo de preços e produção. Essa maior preocupação com os perigos da concorrência sem barreiras veio numa época em que a crescente concentração da produção, principalmente na indústria pesada, lançava os alicerces de uma centralização maior da propriedade e do controle da política dos negócios. Na indústria mais nova da Alemanha e dos Estados Unidos, tal centralização iria surgir mais cedo do que na Grã-Bretanha, onde a estrutura dos negócios, com alicerces firmemente lançados na primeira parte do século, se desenvolvera consoante uma configuração mais individualista, e a tradição ligada a essa estrutura se mostrava mais teimosa em sobreviver. Na estrutura dos organismos econômicos, como nos humanos, os ossos envelhecidos tendem a se tornar rígidos. Na América, a década de 1870 viu o surgimento dos trustes, que tinham crescido tanto, em extensão e estrutura, que provocaram a legislação contra as companhias-trustes no final da década de 1880 e a Lei Sherman, de 1890, mais ampla e dirigida contra

---

[101] Giffen, *Inquiries and Studies*, vol. I, 104-6.
[102] *Ibid.*, 105.

"a combinação para restringir os negócios". Na Alemanha, as associações de produtores na indústria siderúrgica e carbonífera se formaram na década de 1870 e, três décadas seguintes, se multiplicaram nessas e noutras indústrias, até que, em 1905, chegavam (conforme a Kartell-Commission daquele ano) aproximadamente a 400 cartéis, o que, na opinião de Liefmann, conhecido apologista dos cartéis, era "um produto... de todo o desenvolvimento moderno da indústria, com sua concorrência crescente, riscos de capital cada vez maiores e lucros declinantes".[103] Na Inglaterra, as formas estáveis de acordo de preços provavelmente não tomaram dimensões consideráveis até o início do novo século, e, mesmo no ferro e no aço, os começos do movimento de fusão (que se mostrou em escala mais modesta do que na América) datam do final da década de 1890.[104] É significativo, no entanto, que o Acordo Internacional dos Fabricantes de Trilhos (para dividir o mercado exportador), do qual participaram os produtores britânicos, bem como o início da agitação pelo comércio justo (fair trade), com sua reivindicação de restrição à entrada de produtos estrangeiros no mercado nacional, datem ambos da década de 1880. A depressão do último quartel do século na Inglaterra foi relativamente pouco marcada pela capacidade excedente extensiva que se iria tornar traço tão proeminente da segunda Grande Depressão no período entre as guerras: foi essencialmente uma depressão de concorrência desenfreada e de redução de preços do tipo encontrado nos manuais clássicos. Uma diferença principal entre os acontecimentos do período posterior e o do anterior, que, em tantos outros aspectos, provocam a comparação, é que no intervalo a política monopolista de fazer frente a um recuo da demanda pela restrição da produção e manutenção dos preços já passara a predominar. Citamos anteriormente a caracterização feita pelo Professor Heckscher da época mercantilista de séculos precedentes como obsedada pelo "temor aos bens". O período que surgia agora, e que, na década de 1880, já era mencionado como de neomercantilismo, iria mostrar-se cada vez mais obsedado por medo semelhante: o temor aos bens tornar-se-ia medo à capacidade produtiva.

Os últimos vinte anos do século XIX foram marcados por outra preocupação que faz lembrar o mercantilismo dos séculos anteriores: uma preocupação com as esferas privilegiadas do comércio exterior. Bem junto a isso ia um interesse pelas esferas privilegiadas de investimento no exterior. Essa preocupação com o investimento no exterior é já uma marca distintiva do período novo, não apresentando qualquer semelhança maior com seu protótipo. A diferença marca o

---

[103] Cit. Dawson, *Evolution of Modern Germany*, 174. Cf. também H. Levy, *Industrial Germany*, 2-18. Em 1925, o número de cartéis alemães era avaliado em cerca de 3.000.
[104] Burn, *op. cit.*, 229; também Clapham, *op. cit.*, vol. III, 221.

contraste entre uma era de acumulação de capital não desenvolvida e os últimos dias do capitalismo industrial. A exportação de capital e de bens de capital constituía um traço dominante desse capitalismo maduro, impelido pela necessidade de encontrar novas extensões no campo de investimento. Na década de 1880, despertou um sentido novo no valor econômico das colônias: um despertar ocorrido com simultaneidade notável entre as três principais potências industriais europeias. Durante aquela década, como acentuou Leonard Woolf, "cinco milhões de milhas quadradas em território africano contendo uma população de mais de 60 milhões de habitantes, foram tomadas e submetidas a Estados europeus. Na Ásia, durante os mesmos dez anos, a Grã-Bretanha anexou a Birmânia e submeteu a seu controle a península malaia e o Beluchistão, enquanto a França dava os primeiros passos no sentido de submeter ou esmagar a China, pela tomada de Anam e de Tonquim. Ao mesmo tempo, houve um corre-corre pelas ilhas do Pacífico entre as três Grandes Potências".[105] Os interesses comerciais em centros como Birmingham e Sheffield começavam a apresentar a exigência de que, "para compensar a perda do mercado americano, devemos ter o colonial"; e Joseph Chamberlain pediria ao Governo proteção para os mercados do país, enquanto tomava medidas para "criar mercados novos" no exterior e erguia a taça em brinde simultâneo a "Comércio e Império, porque o Império, meus senhores, parodiando expressão consagrada, é o Comércio".[106] Em tom semelhante, os autores alemães falavam, na virada do século, sobre a participação de seu país "na política de expansão para fora da Europa, a princípio modestamente, nos últimos tempos com decisão crescente", forçada pelo "aumento enorme de sua produção industrial e comércio", e das atividades germânicas no Oriente Próximo como "fazer o que estamos fazendo em outras partes do mundo — buscando mercados novos para nossas exportações e novas esferas de investimento para nosso capital".[107] Rostow resumiu o efeito da experiência sobre os capitalistas na Grande Depressão como segue: "começaram a buscar uma saída [em relação às margens de lucro mais estreitas] nos mercados exteriores garantidos, de imperialismo positivo, nas tarifas, monopólios, associações de empregadores".[108] A extensão do campo de

---

[105] Leonard Woolf, *Economic Imperialism*, 33-4.
[106] Discurso ao Congresso das Câmaras de Comércio do Império, Londres, 10 de junho de 1896; também discurso em Birmingham, 22 de junho de 1894; cit. L. Woolf, *Empire and Commerce in Africa*, 18. Neste último discurso, declarou que "jamais afrouxaria a mão que temos hoje sobre nossa grande dependência indiana — que é, sem comparação, o mais valioso de todos os nossos fregueses". "Pelo mesmo motivo [isto é, a necessidade de criar mercados] aprovo a ocupação continuada do Egito, e pelo mesmo motivo insisti, junto a esse Governo... pela necessidade de usar toda oportunidade legítima a fim de estender nossa influência e controle naquele grande continente africano, que está sendo aberto agora à civilização e ao comércio".
[107] Cit. Dawson, *op. cit.*, 345, 348.
[108] *Loc. cit.*, 158.

investimento e a busca dos estímulos de mercados novos para manter o equipamento produtivo em pleno funcionamento, a corrida pela partilha das partes não desenvolvidas do globo em territórios exclusivos e mercados privilegiados iriam tornar-se rapidamente as ordens do dia. Os acordos de preço, é bem verdade, não eram coisa nova — tinham sido comuns entre os ferrageiros logo no início do século — e a exportação de capital não constituía novidade repentina. Mas essa preocupação nova representava um foco de interesse bem diverso e proporcionava um arranjo de estratégia econômica bem diferente daquele que ocupara as mentes dos pioneiros industriais dos tempos de Ricardo.

A Grande Depressão, cujo curso acompanhamos na Inglaterra, não restringiu suas atenções e a esse país, absolutamente. Sua incidência mostrou-se igualmente severa na Alemanha, na Rússia e nos Estados Unidos, embora a França, industrializada com menos profundidade, sentisse seus efeitos mais ligeiramente e seguisse um curso mais suave. De fato, o choque inicial foi mais violento na Alemanha do que na Inglaterra, e, entre 1873 e 1877, o consumo alemão de ferro caiu a 50%. O desfecho da depressão, no entanto, seguiu trilhas um tanto diferentes naqueles outros países. Na Rússia, o capitalismo fabril nascente do final da década de 1860 e início da de 1870 sofreu um retrocesso violento a partir da crise de meados da década de 1870: uma depressão que se prolongou por dez a quinze anos. Mas o início da década de 1890 testemunhou uma recuperação rápida, estimulada por um surto renovado de construção ferroviária, e, no investimento acelerado que se seguiu, o número de operários fabris aumentou em metade e a produção da indústria fabril duplicou.[109] Na Alemanha, havia elementos de animação que trouxeram o revivescimento mais cedo do que em outras partes e lhe conferiram mais força ao surgir. Entre outras coisas, a Revolução Industrial ali começara recentemente, e até à unificação da Alemanha, fora de alcance restrito. Os acontecimentos de 1866-1872 mostraram ser um ponto crucial em seu desenvolvimento econômico. As três últimas décadas do século iriam testemunhar uma urbanização rápida da Alemanha, e sua população acusou um aumento médio anual maior durante a segunda metade do século do que durante a primeira. O crescimento da indústria elétrica e, em medida menor, o da indústria química, desempenharam também um papel importante no estímulo à recuperação, especialmente no final da década de 1890. Nos Estados Unidos, a "fronteira em expansão",[110] com suas ricas possibilidades tanto para o investimento quanto para os mercados, bem como uma reserva de mão de obra engrossada pela imigração e por um grande aumento natural da

---

[109] P. Liashchenko, *Istoria Narodnovo Khoziaistva S.S.R.R.*, vol. 1,438.
[110] No sentido geográfico, a expansão da fronteira chegara ao fim em meados da década de 1870, mas no sentido econômico pode-se dizer que continuou a ser uma força até o final do século.

314 a evolução do capitalismo

população, deram ao capitalismo norte-americano, na última quadra do século XIX, uma resistência que o capitalismo mais antigo da Grã-Bretanha não poderia ter. O espírito de otimismo comercial, confiante em que nenhuma estreiteza de mercados ou de oferta de trabalho iria roubar ao pioneiro os seus ganhos, continuou por alguns decênios a nutrir-se de suas próprias realizações na esfera da técnica e da organização industrial. A construção ferroviária, como vimos, continuou, no continente norte-americano, a absorver tanto o capital quanto os produtos de sua crescente indústria pesada, até os anos finais do século, e sua população, engrossada por quase 20 milhões de imigrantes vindos da Europa, quase triplicou entre 1860 e 1900. No continente norte-americano, na verdade, até o primeiro decênio do século atual, houve algo a que podemos chamar de "colonialismo interno",[111] que explica muito do atraso com que os Estados Unidos voltaram sua atenção para os despojos do novo imperialismo.

Na Inglaterra, não pode haver dúvida de que a recuperação da exportação de capital e as oportunidades proporcionadas pelo novo imperialismo constituíram o fator essencial daquela nova fase de prosperidade entre 1896 e 1914.[112] Esse período favorável fez desaparecer da lembrança as recordações da Grande Depressão, reabilitando a reputação do Comércio Livre, abalada nos anos da Grande Depressão. Trouxe também uma fé renovada no destino do capitalismo como capaz de promover o eterno progresso econômico. O socialismo iria ser ouvido novamente como evangelho das ruas nas décadas de 1890 e 1900, enquanto o Partido Trabalhista crescia até tornar-se uma grande força política depois de 1906. Mas a crença no capitalismo como sistema operante não estava seriamente abalada na Inglaterra na década anterior à Primeira Grande Guerra.

Na verdade, o investimento externo já demonstrara uma recuperação modesta na década de 1880, sob o impulso do novo movimento colonial e a mudança de atenção no mercado de investimento para a América do Sul (principalmente Argentina, Chile e Brasil) e para o Canadá e a Índia. A especulação fundiária na Argentina e a produção de nitratos no Chile foram fatores importantes, tanto na atividade de investimentos revigorada de 1887 quanto no colapso de 1890, ligados especialmente ao nome dos Baring, fortemente envolvidos em negócios na América do Sul.[113] Em 1888 (de acordo com as

---

[111] Ver pp. 197-198.
[112] É esse o período descrito pelo Professor Schumpeter como a fase de retorno superior de um novo movimento "Kondratiev" de onda longa, tendo 1873-96 constituído a fase de retorno inferior da anterior. Fiel à sua teoria especial de "inovações", no entanto, ele parece atribuir a nova fase de prosperidade exclusivamente às inovações técnicas associadas à eletricidade (*Business Cycles*, vol. I, 397 em diante).
[113] Cf. Wesley Mitchell, *Business Cycles*, 47-8.

estimativas de C.K. Hobson), o investimento externo atingira novamente a cifra de 1872, isto é, ultrapassara a marca dos £82 milhões. Na década de 1890, no entanto, reduzira-se novamente a nível quase tão baixo quanto em meados da década de 1870. Em 1894, somava apenas £21 milhões, tendo chegado a £17 milhões em 1898.[114] Nesses anos, houve até algum resgate por parte da América de títulos retidos anteriormente pela Grã-Bretanha. No início da recuperação, em 1896, não desempenhou papel digno de nota. De fato, essa recuperação verificou-se inicialmente em vista do declínio real nas exportações, principalmente para a América do Norte e do Sul, Austrália e África do Sul. E, entre 1897 e 1900, ocorreu aquele aumento dramático das cifras norte-americanas de exportação que provocou artigos nas publicações periódicas dos Estados Unidos, intitulados "Invasão Norte-Americana da Europa".[115] Muito mais importante, como causa inicial da recuperação naquele ano, foi a introdução da bicicleta e o surto da indústria desses veículos em Birmingham. Também a construção naval, certa quantidade de extensão ferroviária nacional e a construção elétrica em certa medida se mostraram importantes. O papel que o investimento externo e os mercados ultramarinos desempenharam foi mais o de sustentar a recuperação e, particularmente, fazer reviver a atividade, depois de terem aparecido sinais de uma nova recaída nos primeiros anos do século que se iniciava.

Foi em 1904 que o investimento britânico externo iniciou sua ascensão espetacular. O Empréstimo ao Transval, em 1903, foi seguido pelos empréstimos ao Japão, Canadá e Argentina, destinados a ferrovias. A corrente principal do capital britânico dirigiu-se para o Canadá e a Argentina, mais uma vez para os Estados Unidos e também para o Brasil, o Chile e o México. Em parcelas menores, para o Egito, a África Ocidental e Oriental, a Índia e a China. Ferrovias, cais, utilidades públicas, telégrafos e carris urbanos, mineração, plantações, companhias de crédito fundiário mediante hipoteca, bancos, companhias de seguros e de comércio foram os objetos favoritos dessa aceleração de investimentos. Mas, como C.K. Hobson escrevia em 1906, desenvolvera-se "nos últimos anos uma tendência a investir em manufaturas e organizações industriais", tais como têxteis, papel, ferro e aço no Canadá, juta na Índia, têxteis e ferro na Rússia, e "pareceria que os obstáculos ao investimento externo bem-sucedido no setor da manufatura estão sendo sobrepujados".[116] Em 1906,

---
[114] C.K. Hobson, *Export of Capital*, 204. Cairncross dá apenas 72,4 para 1888, mas também cifras inferiores para 1894 e 1898, a saber, £17 milhões e £14 milhões.
[115] Cf. Wesley Mitchell, *op. cit.*, 60, 69. Mitchell fala de um artigo de Vanderlint no *Scribners* onde teria tido origem essa expressão.
[116] C.K. Hobson, *op. cit.*, 158-60.

a cifra de exportação de capital se situava em £104 milhões, ultrapassando os anos anteriores em que o investimento externo tinha atingido níveis mais altos, 1872 e 1890. Em 1907, chegou a £141 milhões, ou seja, perto de 75% mais do que em 1890. Daí em diante, e a despeito de uma parada em 1908 e 1909, ascendeu a £225 milhões em 1913.[117] Na véspera da Primeira Guerra Mundial, o capital britânico no exterior crescera para se tornar provavelmente uma terça ou quarta parte de todas as posses da classe capitalista inglesa e o investimento corrente no exterior pode até mesmo ter superado ligeiramente o investimento nacional líquido.[118] Desse capital no exterior, cerca de metade se achava nas colônias e possessões inglesas e o restante estava aplicado em grande proporção na América do Norte e do Sul.[119] Durante os anos de 1911 e 1912, "foram exportados mais de 30% de capital do que durante toda a década entre 1890 e 1901 e, em cada um desses dois anos, muitíssimo mais do que em qualquer dos anos, de auge dessa exportação entre 1870 e 1880"[120]

Ao mesmo tempo, as exportações de mercadorias ascendiam, ainda que se mostrassem lentas nos primeiros anos da recuperação após 1896. De apenas £226 milhões em 1895 (e £263 milhões em 1890), as exportações de produtos e manufaturas britânicos tinham aumentado para £282 milhões em 1900. Tal melhoria viu-se igualmente dividida entre as exportações para os países estrangeiros e as exportações para as colônias e possessões inglesas (em parte porque regiões como a América do Sul, virtualmente "esferas de influência econômica" da Inglaterra nessa época, achavam-se relacionadas entre as primeiras). Em 1906, a cifra das exportações atingira £375 milhões, e, em 1910, ano em que (de acordo com Wesley Mitchell) "a Inglaterra surgia distintamente como a mais próspera das grandes nações do mundo",[121] atingira £430 milhões. Desse total, as exportações para as colônias e possessões britânicas representavam cerca de um terço. Naquele mesmo ano tão próspero, as exportações de ferro e aço eram mais do que o dobro do que tinham sido em 1895, em *valores*, 70% maiores em *tonelagem* e mais de 30% acima das cifras de valores de 1890 e 1900. A ligação entre a exportação de bens de capital e o investimento no exterior é bem demonstrada pelo fato de que, até 1904, as exportações de ferro e aço registraram apenas um modesto aumento de tonelagem, em meados da década de 1890, mostrando-se mais baixas em

---

[117] Cf. Hobson, *op. cit.*; Clapham, vol. III, 53. O Dr. Cairncross, que reviu as cifras de Hobson, sugere totais ligeiramente menores do que esses, mas a diferença é pequena. Ele apresenta 99,8 milhões para 1906, 135,2 milhões para 1907 e 216,2 milhões para 1913 (*op. cit.*, Tabela 14).
[118] Cairncross, *op. cit.*, 223. C.K. Hobson apresenta cifra menor (*op. cit.*, 207).
[119] Cairncross, 247.
[120] Clapham, *op. cit.*, 61.
[121] *Op. cit.*, 79.

1903-1904 do que tinham sido entre 1887 e 1890. Foi depois de 1904 que o movimento ascensional da tonelagem, e ainda mais o dos valores, teve lugar. A exportação de maquinaria, principalmente a têxtil, aumentou também e, entre 1909 e 1913, manteve uma média anual quase três vezes maior do que o nível de 1881-1890. Na esteira do ferro, aço e engenharia, seguiu a construção naval, que, em 1906, atingiu o que *The Economist* chamou "atividade sem precedente", no lançamento de mais de um milhão de toneladas no ano. Como observou o Professor Clapham, "o aumento de 50% nas exportações entre 1901-1903 e 1907 foi essencialmente um aumento de investimento... Os fabricantes e todos os que pensavam como tais se vangloriavam das exportações aumentadas... Foram dedicados recursos ao investimento no exterior, ao invés de aplicá-los na reconstrução das cidades imundas da Grã-Bretanha, simplesmente porque aquela atividade parecia mais remuneradora".[122] Não só a indústria de bens de capital partilhou a febre da demanda em expansão, no entanto. "Que as raízes da prosperidade estavam no ultramar, era coisa reconhecida inteiramente na época. As únicas queixas surgidas nos três anos (1905-1907) vieram de setores principal ou inteiramente dependentes da demanda interna".[123] Embora os fios e tecidos formassem agora apenas uma terça parte de todas as exportações (em 1850 tinham constituído 60% dos valores), a metragem total de artigos de algodão exportados em 1909-1913 mostrava-se 40% maior do que fora em 1880-1884.[124]

Havia elementos na situação, na primeira década do novo século, entretanto, que iriam tornar o capitalismo britânico bem diverso daquele dos dias agradáveis de meados do século XIX e diferente até dos tempos serenos de 1867-1873, antes de irromper a tempestade. Em primeiro lugar, a população aumentava em taxa muito mais lenta do que o fizera quatro ou cinco décadas antes. Entre os cinco primeiros anos do século e os quatro anos anteriores à Primeira Guerra Mundial, a população da Inglaterra, Gales e Escócia crescera pouco mais de 9% em comparação ao aumento decenal entre 12 e 13% de meados do século XIX.[125] A acumulação de capital, enquanto isso, caminhara muito mais depressa. Nos quarenta anos anteriores à Primeira Guerra

---

[122] *Op. cit.*, 53. Houve até algum desemprego no setor de construção nessa época, em contraste com a expansão da construção e do emprego na década de 1890, proporcionando exemplo do fato (acentuado por Cairncross) de que o investimento no país e no exterior era predominantemente competitivo.
[123] *Ibid.*, 52.
[124] *Ibid.*, 66.
[125] Nos anos anteriores a 1914 a taxa de natalidade mostrava-se inferior a 24 por 1.000, comparada a quase 34 por 1.000 nos primeiros anos da década de 1850. A taxa líquida estimada de reprodução (por mulher) em 1910-12 era de apenas 1.129, comparada a 1.525 em 1880-2 (D. Glass, *Population Policies and Movements*, 13).

318 a evolução do capitalismo

Mundial (ou seja, entre os anos de *boom* de 1873 e de 1913), o número de pessoas empregadas subira 50% enquanto o total de capital investido no país provavelmente ascendera mais de 80% e o total de capital investido no exterior o fizera na proporção de 165%.[126] Em segundo lugar, embora o investimento nacional e no exterior avançasse em velocidade considerável (ainda que um tanto frouxa se comparada à de 1865-1895) e o equipamento produtivo crescesse, consequentemente, em algo na ordem de grandeza de 20% por década, havia sinais de um progresso bem menor nos aperfeiçoamentos redutores dos custos na indústria. Como afirmou o Professor Clapham, a indústria carbonífera estivera em situação "pior do que a de estagnação em matéria de eficiência, desde antes de 1900". Houve provavelmente um declínio real na eficiência da indústria de construção, medida pela produtividade do trabalho, entre 1890 e 1911. No algodão, "a maior parte das economias de maquinaria fora conseguida muito antes disso. Não houve qualquer aperfeiçoamento fundamental no alto-forno e seus acessórios entre 1886 e 1913. Em nenhuma das duas indústrias teve lugar qualquer reorganização que pudesse tornar o trabalho mais produtivo".[127] Dois autores recentes que trataram da indústria do ferro e do aço concluíram que, desde 1870, "a indústria na Grã-Bretanha se manteve atrás do resto do mundo, tanto em termos absolutos quanto em termos relativos": caracterizava-se por "negligência no desenvolvimento da técnica" e pela "falta de flexibilidade", enquanto seus empresários se mostravam "despreparados para empreender a grande despesa de capital necessária à mecanização em escala adequada", com "uma negligência já antiga quanto ao desenvolvimento e organização das fábricas" surgindo como consequência.[128]

Em terceiro lugar, há indicações de que os chamados "termos de trocas comerciais" entre a Grã-Bretanha e o resto do mundo — a taxa pela qual adquiria importações em troca de suas exportações — que se haviam tornado cada vez mais favoráveis à Inglaterra na parte final do século XIX, estavam

---

[126] Cairncross, *op. cit.*, 223. As cifras citadas aqui são como se segue: um crescimento de capital no país, entre 1875 e 1914, de £5.000 milhões para £9.200 milhões, e o capital no exterior de £1.100 milhões para £4.000 milhões. Colin Clark estima que o capital real do Reino Unido dobrou, mais ou menos, entre a década de 1860 e meados ou final da década de 1890, e que entre meados da década de 1890 e a Primeira Guerra Mundial aumentou novamente entre 40 e 50% (*Conditions of Economic Progress*, 393).
[127] Clapham, *op. cit.*, 69-70; G.T. Jones, *Increasing Returns*, 98 e *passim*.
[128] T.H. Burnham e G.O. Hoskins, *Iron and Steel in Britain, 1870-1930*, 70, 80, 101, 148, 155. Esses autores atribuem boa dose do "conservantismo inerente" da indústria britânica à persistência da firma familiar, com "homens sem qualquer preparo especial" à sua frente, ao "sentimento de segurança pela herança de riqueza", a "uma tendência acentuada a reter diretores idosos" e à incapacidade, ou inexistência de preparo, para a direção das oficinas e a atividade de contramestre (248).

a revolução industrial e o século XIX 319

começando, no decênio anterior à Primeira Guerra Mundial, a voltar-se no sentido oposto. Tal movimento ainda era apenas leve e talvez devesse ser encarado como nada mais do que uma parada da tendência anterior. Mas, como dizia respeito à razão entre os preços dos gêneros alimentícios e as matérias-primas adquiridas pelo país e os artigos manufaturados que vendia, qualquer movimento nessas relações apresentava uma importância crucial, pois tal proporção de preços influenciava o nível dos custos industriais, diretamente *via* preços das matérias-primas e, mais indiretamente, *via* preço da subsistência dos trabalhadores, em referência ao nível de preços de venda industriais, afetando assim a margem de lucro disponível. Tal modificação parece ter refletido uma mudança importante na situação econômica do mundo em geral relativamente ao país que por tanto tempo desfrutara a posição de pioneiro industrial. No século XIX, vimos que a exportação de capital se dirigira principalmente para o desenvolvimento dos transportes e para a produção primária. Barateando a oferta de produtos primários disponíveis para um país capitalista adiantado como a Grã-Bretanha, o investimento no exterior redundara em vantagem para o capital investido no país, e cada ampliação da esfera do comércio internacional aumentava o alcance dos ganhos a serem conseguidos desse modo. No entanto, isso não poderia ser mais do que uma fase passageira na história do capitalismo em escala mundial. À medida que o desenvolvimento de outras partes do mundo passava da produção primária para a indústria manufatureira, e até para indústrias que produziam bens de capital, as relações de troca entre as exportações manufatureiras dos países industriais mais adiantados e os produtos primários não mais tendiam a marchar em favor das primeiras. Tendiam mesmo a mover-se no sentido contrário, privando assim os países industriais mais adiantados de uma das fontes das quais sua prosperidade (avaliada em termos de lucro) derivara em fase anterior do desenvolvimento mundial.

No que dizia respeito às influências que afetavam o preço pelo qual a indústria podia adquirir força de trabalho, havia provavelmente um novo elemento mais importante no horizonte. O Problema Capital-Trabalho, a Questão Social ou a Luta de Classes, conforme o nome que lhe tenham dado, causara ansiedade nos círculos das classes empregadoras em numerosas ocasiões, no curso do século anterior, tendo às vezes provocado ameaças e ação repressiva para deter a insubordinação crescente dos empregados com relação a seus patrões. De outras vezes, fizera surgir belas palavras e "pão e circo", bem como muita conversa sobre a harmonia essencial de interesses entre as classes num aumento contínuo do produto da indústria. No final do século XIX, o Trabalho se encontrava mais organizado do que em qualquer época anterior.

320 *a evolução do capitalismo*

Com o "Novo Sindicalismo", essa organização se estendera aos operários não qualificados e, além disso, a incursão do Trabalho pelo terreno político estava prestes a inaugurar um novo período de reconhecimento, por parte do Estado, das negociações coletivas e os primeiros sinais modestos de um salário-mínimo legal. Aproximavam-se os anos em que o movimento sindicalista iria sofrer uma expansão tanto em números quanto em poder, em moldes que nenhuma época anterior testemunhara, e atingir uma posição de influência sobre o funcionamento da indústria totalmente sem precedente, e que deve ter feito pularem em seus túmulos os industriais do ferro ou magnatas do algodão da época vitoriana, diante da visão de uma nêmese com a qual, durante sua existência, dificilmente poderiam ter sequer sonhado.

CAPÍTULO VIII

O PERÍODO ENTRE AS DUAS GUERRAS E SUAS CONSEQUÊNCIAS

1

Sob muitos aspectos, mas não todos, os vinte anos que separaram a Primeira da Segunda Guerra Mundial testemunharam a continuação daquelas tendências imanentes que modelaram o cenário econômico na primeira década do novo século. E uma continuação em nível mais adiantado e num *ritmo* acelerado. Era opinião comum na década de 1920 que os males econômicos da época tinham sua origem nos deslocamentos legados pelo conflito e nas perturbações monetárias do pós-guerra, e que, como desajustamentos transitórios, tais males passariam uma vez que a "estabilização" fosse atingida.[1] Para certos comentaristas, a "estabilização", por muitos identificada com demasiada facilidade à restauração de algum tipo de conjunto "normal" de relações de preços, se tornou uma fórmula mágica e como tal um substituto para o pensamento realista. Bem no encalço dessa opinião marchava uma interpretação aparentada com a mesma, porém mais flexível. Certas transformações estruturais, dizia-se tinham ocorrido no corpo econômico, em parte devido à guerra e em parte devido a modificações a prazo mais longo nas condições de produção e dos mercados. E, embora a adaptação a essas

---

[1] Essa posição foi, substancialmente, aquela adotada nas publicações da Seção Econômica da Liga. Por exemplo, eis o diagnóstico apresentado em 1932: "As causas básicas (da crise de 1929) remontam à desorganização produzida pela guerra e aos ônus de dívida e tributação impostos por ela... O mecanismo de ajustamento funcionou com dificuldade crescente e atrito cada vez maior no período de pós-guerra." Para isso, o remédio estava "em estender o alcance e volume do comércio internacional" e "permitir que as forças da concorrência nos mercados mundiais reorganizem a especialização territorial", para "levar e gradualmente eliminar os legados financeiros da guerra, como os legados semelhantes de 1793-1815 e 1870 foram liquidados" (*World Economic Survey, 1931-2*, 27, 28, 30). No ano anterior, *The Course and Phases of the World Economic Depression* se referira a "mudanças estruturais, seguidas por um ajustamento lento e insuficiente, (que) causaram a instabilidade do sistema econômico" (p. 71).

321

modificações estivesse sendo embaraçada por elementos de fricção na situação, a adaptação vitoriosa depois de um intervalo ainda assim poderia ser conseguida, bastando que a liberdade de empresa e comércio fosse restaurada. A opinião de que os sintomas de crise econômica eram transitórios reforçava-se pelo contraste entre as dificuldades da Europa e a prosperidade que caracterizava algumas outras partes do mundo. Antes da década chegar ao fim, a América se lançava numa fase de prosperidade que iria gerar um sentimento de otimismo quase embriagador. O continente norte-americano viu-se varrido pela fé de que sua terra, aquela terra de capitalismo em expansão e livre empresa *par excellence*, tinha um destino inspirado: banir o problema da escassez e enriquecer seus cidadãos e mesmo o resto do mundo. No ano pressago de 1929, um relatório da Comissão sobre Recentes Modificações Econômicas, sob a direção do Presidente Hoover, apresentou o pronunciamento confiante de que "economicamente, temos um terreno sem limite à nossa frente; há necessidades novas que abrirão incessantemente caminho para outras mais novas ainda, à medida que sejam satisfeitas... Parecemos ter apenas tocado na orla de nossas potencialidades". Quando examinamos essas coisas, o ânimo de tal período vem a se enumerar entre as maravilhas dos tempos modernos. Tal otimismo não estava destinado a perdurar por muito tempo. Os sonhos de um paraíso econômico iriam ser rudemente desfeitos pelos acontecimentos de 1929 a 1931: pelo início de uma crise econômica sem paralelo mesmo na Grande Depressão das décadas de 1870 e 1880, e além disso mundial. Os próprios fatos desses anos sombrios, com suas falências repentinas, fábricas abandonadas e filas de gente a pedir pão, forçaram nos espíritos já refeitos a conclusão de que algo muito mais fundamental do que uma adaptabilidade lenta de desordenadas relações de preços devia estar errado no sistema econômico, e que a sociedade capitalista fora tomada por algo com todos os sinais de ser uma doença crônica e ameaçando tornar-se fatal.

    Numa perspectiva mais ampla, a fisionomia desse período entre as guerras não nos apresenta qualquer problema difícil de reconhecer. Os traços principais se ajustam com toda a simplicidade num quadro associado a uma era monopolista e o caráter essencial do período acha-se tão claramente espelhado em sua face que mal precisa de análise. Os próprios contrastes exibidos por essas décadas em relação à Grande Depressão anterior, no século passado, proporcionam testemunho convincente: rigidez dos preços numa ampla faixa de indústrias principais e manutenção das margens de lucro, em vez de colapsos de preços; restrição da produção, em vez da redução de custos como remédio favorito dos industriais e estadistas; capacidade excedente e desemprego crescentes e mundiais, com teimosia e dimensões sem precedente. Certamente não lhe falta indicação daquele "medo à capacidade produtiva" neomercantilista de que falamos antes, que transparecia tanto nas políticas tarifárias quanto na extensão generalizada de cotas de cartel e esquemas de restrição, na moda crescente de campanhas publicitárias em grande escala, propaganda comercial concertada e mercados privilegiados, e na adoração quase mundial de *superavits* de exportação. Esse medo dava cor às políticas econômicas dos governos. Perseguia toda proposta de reorganização industrial e projeto de reconstrução econômica. Impunha cautela e conservantismo correspondentes, às vezes, a uma paralisia da vontade, onde antes tinham existido empreendimento e gosto pela aventura e pelos riscos. Levava até os economistas a desafiar tradições seculares, modelando a teoria econômica em formas inteiramente novas.

A fim de elucidar o que dissemos, construamos um modelo abstrato representando o modo pelo qual devemos esperar que funcione um sistema de indústria capitalista organizado principalmente na base de elevado grau de monopólio.[2] A fim de aguçar as comparações entre nosso modelo e o mundo real, e dirigir os olhos em busca do essencial, exageremos mesmo a simplicidade do modelo, acentuando alguns de seus membros e omitindo certos traços que se poderiam encontrar em qualquer sistema real com o qual a abstração se destina a ter relação.

Em primeiro lugar, esse modelo se caracterizaria por um hiato anormalmente grande entre preço e custo; disso se concluiria que as margens de lucro (isto é, o lucro expresso como razão para com a despesa corrente) seriam anormalmente aumentadas e com toda a probabilidade a parcela de renda industrial apresentada como salários também diminuiria anormalmente. Em segundo lugar, nosso modelo mostraria que as reduções da demanda em determinados mercados, ou em mercados em geral, eram acompanhadas por reduções da produção, em vez de reduções de preço (à vista do desejo e da capacidade dos monopolistas de maximizar os lucros mantendo seu preço face à queda da demanda).[3] Em terceiro lugar, e consequentemente, tal sistema tenderia a se caracterizar por uma subcapacidade extensiva de fábricas

---
[2] Esta expressão é usada aqui não no sentido técnico limitado que alguns economistas recentemente lhe conferiram, mas inclui um elevado grau de restrição ao ingresso num ramo da indústria, aproximando-se do monopólio completo no sentido tradicional.
[3] O mesmo se aplicaria, *mutatis mutandis*, a um aumento na demanda se a indústria estivesse trabalhando abaixo de sua capacidade (e os custos primários por unidade fossem consequentemente mais ou menos constantes, diante de variações de produção). Mas, se o aumento ocorresse numa situação de plena capacidade, não poderia, como é claro, evocar (no período curto) um aumento de oferta, e o monopolista presumivelmente faria frente ao crescimento da demanda pela elevação de seu preço.

e equipamento, e por uma reserva anormalmente grande de mão de obra desempregada, principalmente em ocasiões em que os mercados estivessem em depressão. Na medida em que o predomínio de práticas restritivas funciona em conjunto com grandes unidades indivisíveis de equipamento fixo, tal situação de capacidade excedente tende a tornar-se permanente,[4] como também a existência de uma maior reserva de mão de obra. Em outras palavras, numa época assim o "medo à capacidade produtiva" resultará em que uma parte do poder produtivo existente seja mantida fora de ação ou subutilizada, enquanto o exército industrial de reserva terá seus contingentes ampliados por uma restrição deliberada da produção.

Em quarto lugar, tenderia presumivelmente a existir um declínio na taxa de novos investimentos, devido à relutância dos monopólios já estabelecidos numa certa esfera em expandir a capacidade produtiva e devido à obstrução feita a que novas firmas entrem nesses territórios sagrados. No caso extremo, cada ramo da indústria se tornaria, senão o território exclusivo de uma única firma gigantesca, uma corporação virtualmente fechada, da qual os intrusos seriam tão ciosamente expelidos como sob o regime das guildas de séculos anteriores. Na medida em que as esferas "livres" continuassem, onde a entrada dos novos fosse livre e a produção e o investimento sem controle, essa defasagem do investimento nas indústrias monopolizadas poderia em parte ser contrabalançada por um avanço do capital nas indústrias "livres" e uma aceleração em sua taxa de expansão. A superexpansão dessas últimas, no entanto, apresentaria a tendência de fazer baixar a taxa de lucro tanto quanto esta se elevara noutras partes pela ação monopolista, até atingir-se um ponto onde novos investimentos deveriam diminuir também nesse setor.[5] Tal situação poderá ser assinalada por uma contradição notável. Por um lado, a concentração da riqueza e dos lucros que a monopolização causa tenderá a aumentar o desejo de investir. Por outro, as oportunidades existentes para investimento (sem prejudicar a taxa de lucro protegida na esfera monopolizada) serão diminuídas. O desfecho dessa contradição deverá ser uma busca intensificada de saídas externas para investimento — um impulso intensificado por penetrar ou

---

[4] Isso devido a que a indivisibilidade da fábrica (ou as economias sacrificadas se uma dimensão menor de fábrica entrar por substituição) coloca um obstáculo no caminho da redução da dimensão da mesma, o que as firmas poderiam, de outra forma, ver-se tentadas a fazer a longo prazo como meio de poupar os custos de capital e aumentar a *taxa* de lucro sobre o capital.
[5] Na medida em que os mercados para essas indústrias se caracterizassem pela situação de concorrência imperfeita, um outro efeito seria o de acentuar a capacidade excedente ali predominante.

anexar esferas que se apresentam em relação à metrópole da indústria monopolista como "coloniais".[6]

Em quinto lugar, essa taxa decrescente de investimento no país (a menos que compensada por uma exportação maior de capital para desenvolvimento colonial) resultaria num estreitamento do mercado para os produtos da indústria pesada; enquanto a existência do desemprego em massa e o deslocamento de salários para lucro, de que falamos anteriormente, baixariam o consumo e o mercado de bens de consumo. Seria de esperar, por isso, que uma época de capitalismo monopolista se caracterizasse por uma queda anormal dos mercados e uma deficiência crônica da demanda, fator que não só propiciaria um aprofundamento dos declínios e redução dos períodos de recuperação, mas também agravaria o problema a longo prazo da capacidade excedente crônica e do desemprego. Além disso, dos dois grupos principais de indústrias, parece provável que a indústria pesada veria seus mercados ainda mais retraídos, de modo que uma época assim poderá notabilizar-se por uma crise especial da mesma e pelo aparecimento de uma estratégia comercial dando especial ênfase à criação de novos mercados privilegiados para os bens de capital e mesmo o estrangulamento das indústrias rivais em outros países, e a anexação de seu território.

Finalmente, seria de esperar que se constatasse uma tendência no sentido da ossificação da estrutura industrial, tanto nos ramos da indústria dominados pelas formas mais sólidas de organização monopolista quanto naqueles caracterizados por uma forma de cartel de controle mais frouxo, que tem o efeito de congelar a configuração existente de cada ramo da indústria pela distribuição de cotas de produção às diversas firmas.[7] Isso não equivale a dizer que a organização monopolista seja de todo despida de elementos progressistas. Ela pode estar em posição melhor para organizar a pesquisa e adotar uma visão mais ampla e prolongada do que a firma pequena, e ser capaz de concentrar a produção nas fábricas mais eficientes, o que não deverá suceder num estado intermediário de concorrência imperfeita. Schumpeter chegou mesmo a argumentar que uma grande organização monopolista deverá atingir um padrão incomum de iniciativa construtiva, tanto por poder reunir recursos suficientes para planejar a estratégia comercial numa escala ambiciosa quanto por ser bastante forte para fazer frente aos riscos e incertezas que viriam a perturbar um empreendimento mais fraco, argumento

---

[6] Cf. Paul Sweezy, *Theory of Capitalist Development*, 275-6. [Ed. brasileira: *Teoria do Desenvolvimento Capitalista*, 4ª ed., Rio, Zahar, 1976.]
[7] Onde as cotas podem ser vendidas, a porta se encontra aberta à mudança, por meio da ampliação de firmas mais eficientes (que compram as cotas das menos prósperas) à custa do fechamento de outras. Ainda assim, a mudança é restringida pela introdução de um custo adicional ligado à mudança: o custo de comprar cotas adicionais para dar o direito à ampliação, a preços que podem representar simplesmente o "valor de incômodo" das firmas que estão sendo liquidadas.

esse que parece ignorar a medida em que os monopólios gastam tempo e energia no fortalecimento de uma posição estabelecida contra as invasões de inovações rivais e na resistência à intrusão de recém-chegados empreendedores em seu terreno — ignorar o fato de que o exame do efeito desfavorável de novos métodos sobre o valor do capital aplicado em métodos mais antigos exercerá (durante a vida da fábrica antiga) uma influência retardadora, sob o monopólio, o que não poderia fazer em condições de concorrência atomística.

Não há dúvida de que as considerações mais importantes afetando qualquer julgamento do monopólio são seus efeitos sobre o desenvolvimento econômico, e não seus efeitos sobre o equilíbrio econômico, com os quais até aqui a análise econômica mais se preocupou. Tais efeitos parecem cumulativos em caráter e podem alterar não só a taxa em que as modificações ocorrem, mas toda a trilha que o desenvolvimento do sistema econômico segue em dada época, como fez de modo tão marcante quatro ou cinco séculos atrás. O que parece decisivo é que em tal regime o foco de interesse muda tão acentuadamente de considerações de produção e custos produtivos para outras de supremacia financeira e comercial, como sucede, por exemplo, na coordenação de companhias de controle de ações ou no estabelecimento de contratos restritivos, ou de uma ligação íntima com os bancos, em vez da promoção da padronização ou descoberta da melhor localização para uma indústria. Cria-se mais um hábito de cerceamento do que de aventura — a menos que seja a aventura de conquistar faixas maiores de território exclusivo e afastar aqueles cujas atividades deem sinais de reduzir o valor dos bens de um monopolista. Os ganhos a auferir na manobra destinada a melhorar a posição estratégica própria — aumentar o valor daquilo que Veblen chamou a "margem de ativos intangíveis que representa a retirada capitalizada da eficiência" — passam a ser mais atraentes do que quaisquer outros lucros a auferir por uma exibição de iniciativa na esfera da produção. Como resultado, no mundo capitalista contemporâneo, uma parte cada vez maior do valor do capital e da expectativa de lucro que serve tanto como critério quanto como motivo das políticas comerciais representa o poder de restringir e obstruir, em vez de aperfeiçoar e melhorar, fenômeno expresso no fato de que (novamente de acordo com Veblen) "uma das singularidades da situação presente no mundo dos negócios e seu controle da indústria (é) que o valor nominal total, ou mesmo o valor de mercado total, dos títulos vendáveis que cobrem qualquer dado grupo de equipamento industrial e recursos materiais, e que dão direito à sua propriedade, sempre supera, e de muito, o valor de mercado total do equipamento e dos recursos a que dão título de propriedade".[8] Em outras palavras, o

---
[8] *The Vested Interests*, 105.

sistema industrial se torna cada vez mais ponderado por uma massa de custos improdutivos, inflacionado pela guerra intestina daquele novo "baronato econômico" (como o batizou recentemente um colaborador do *The Times*), lutando por posição e supremacia numa era de concorrência monopolista. A semelhança com esse modelo abstrato não é difícil de achar em acontecimentos recentes, e certos pontos de semelhança mostram-se ainda mais flagrantes quando os comparamos a alguns países europeus, ou à América na década de 1930. Levantamentos gerais de capacidade excedente são inexistentes, infelizmente, mas quanto à América dispomos da citadíssima estimativa do Brookings Institute de que, em 1929, no ápice da prosperidade naquele país, a capacidade excedente de fábricas e equipamento atingia a cifra considerável de 20%,[9] margem de poder produtivo desperdiçado que, no ano de maior depressão, cresceu para 50%. A evidência de que dispomos acerca da situação das indústrias básicas inglesas e da plenitude dos modernos planos de "destruição de máquinas" para eliminar a capacidade excedente, como o projeto da Shipbuilding Securities Ltd. ou o Cotton Spindles Act (para não falar dos planos agrícolas de limitação da superfície de cultivo, que talvez estejam em posição especial), indicam que um problema de dimensões comparáveis caracterizava a posição também nisso, mesmo que uma cifra de 50% em capacidade excedente pudesse exagerar o declínio na atividade no início da década de 1930 na Inglaterra. O desemprego na Grã-Bretanha na década de 1920 se manteve num nível médio de 12%, subiu nos primeiros anos da década de 1930 a uma cifra sem precedente, próxima a 3 milhões, e, na média dos anos 1930-5, se manteve numa porcentagem de 18,5% de todos os trabalhadores segurados, ou cerca de quatro vezes a média anterior a 1914 e quase duas vezes o desemprego máximo registrado em qualquer ano nas quatro décadas anteriores a 1914. Quanto à América, fizeram-se estimativas que atingem 13 milhões[10] ou mais ainda, na Grande Depressão de 1929-33. Para os países industriais principais em seu todo citou-se uma cifra total nas vizinhanças de 25 ou mesmo 30 milhões. Enquanto na Grã-Bretanha a absorção da mão de obra continuou, pelo menos durante os últimos três quartos das duas décadas, numa taxa média por volta de 1,5% anuais, esse crescimento, no correr dos 15 anos que separam 1923 de 1938, deixou o exército

---

[9] Essa cifra leva em conta apenas a medida em que o equipamento, como existia e se organizou na ocasião, estava sendo utilizado ou "carregado", isto é, repousa numa comparação entre o potencial e o real, em condições dadas. Não repousa em estimativas do que uma indústria poderia produzir, se fosse adequadamente reorganizada ou reequipada.
[10] Treze milhões foi a estimativa contemporânea feita por Kusnets, pela American Federation of Labor e pela National Industrial Conference Board para março de 1933.

de reserva de desempregados tão grande no final do período quanto fora em seu início; e isso a despeito da atividade de rearmamento dos últimos anos da década de 1930 e a despeito de uma taxa natural de aumento demográfico bem mais lenta do que a existente no século anterior a 1914. Se compararmos o emprego máximo após a Primeira Guerra Mundial com a situação no verão de 1939, veremos que o emprego total (nas profissões seguradas) aumentou no período em cerca de 20%, mas o número de trabalhadores buscando ocupação cresceu em cerca de 28%. Somente nas indústrias de transformação o aumento do emprego se mostrou muito menor no período, enquanto nas indústrias extrativas diminuía em cerca de um terço.

Quanto à rigidez de preços causada pelas políticas comerciais de manutenção e restrição de preços, surgiu uma série de estudos na década anterior à guerra, mais notadamente na América. No referente a esta, quando o declínio de preços se mostrou muito mais lento do que nas depressões anteriores, em 1929-30, afirmou-se que a situação estava marcada por "valores fortemente entrincheirados e uma relutância correspondente em reduzir os preços", circunstância que conferiu à depressão seu "aspecto mais prolongado e doloroso" em comparação às anteriores.[11] O Relatório Final e Recomendações ao Comitê Econômico Nacional Temporário citava a evidência de que "muitas de nossas indústrias básicas demonstraram uma redução definida da produção por preocupações monopolistas ou grupos industriais dominantes, a fim de manter preços e garantir os lucros", e uma das monografias escritas para aquele mesmo Comitê a respeito do comportamento dos preços indicava que "dentro de limites bem amplos, houve uma tendência a que a produção caísse menos onde os preços caíram mais, durante a recessão de 1929-33 e inversamente, onde os preços foram mantidos, a produção caiu muito mais acentuadamente".[12] Talvez a evidência mais surpreendente seja a comparação, feita pelo Institut für Konjukturforschung, da Alemanha e citada nos Levantamentos Econômicos da Liga das Nações, entre a queda de preços nos produtos sujeitos a controle pelos cartéis ou órgãos semelhantes e dos produtos comercializados com um certo grau de livre concorrência de preços. Esses dados alemães revelam uma queda entre 1929 e 1933 numa cifra-índice de 45,7 (1926 = 100) no caso dos últimos e uma queda a uma cifra de 83,5 no caso dos primeiros. Em outras palavras, a queda no preço de produtos con-

---
[11] F.C. Mills, *Prices in Recession and Recovery*, 17.
[12] Relatório Final e Recomendações do C.E.N.T., 23; Monografia do C.E.N.T., nº I, 51. Cf. também a observação de Willard L. Thorp, em *Recent Economic Changes in the United States* (1929), vol. I, 217: "Os dados indicam que as grandes companhias se acham sujeitas a flutuações mais amplas na produção e emprego do que as menores, mas que seus ganhos são mais estáveis."

trolados por cartéis foi apenas um terço daquela à qual os bens nos mercados livres se encontravam sujeitos.[13] Contraste semelhante se vê nas diversas histórias de preço dos bens de produção e de consumo no curso da crise, sendo as reduções de preços muito menores no caso dos primeiros. Tal resultado mostra-se mais notável por ser o oposto exato do que costumava suceder antes de 1914. Por exemplo, na crise de 1907-8 nos Estados Unidos, os preços dos bens de produção caíram duas vezes mais, e, na Alemanha, quase três vezes mais, do que os de bens de consumo. À primeira vista, o contraste é surpreendente, porquanto o investimento *líquido* provavelmente caiu de forma mais acentuada após 1929 do que em crises anteriores, embora o declínio da demanda *total* dos bens de produção (inclusive manutenção, bem como construção nova) possa não ter sido tão grande quanto parece à primeira vista. E, mesmo que esse declínio fosse grande, não há motivos para esperar que exercesse qualquer influência maior sobre a tendência dos preços.[14] Sem muita dúvida, a diferença é atribuível ao maior grau de organização monopolista na indústria pesada, à "grande resistência apresentada pelas indústrias de bens de capital poderosamente organizadas, muitas das quais cartelizadas e que, no processo de organização, foram sobrecarregadas por obrigações de capital excessivas".[15] Também a queda nos preços de atacado dos produtos agrícolas nos mercados mundiais mostrou-se maior do que a dos preços dos artigos manufaturados. Nos Estados Unidos, por exemplo, as matérias-primas caíram 49% e, na Alemanha, 35% entre 1929 e 1933, e as manufaturas 31 e 29%, respectivamente.[16] No caso da agricultura, entretanto, certos fatores especiais que afetavam a produção e a oferta se achavam presentes para explicar o colapso dos preços. Essa grande disparidade entre conjuntos diferentes de preços — essa "tesoura de preços" como veio a ser chamada, usando-se termo cunhado para descrever os movimentos divergentes dos preços industriais e agrícolas na Rússia em 1923 — mostrou- se traço notável da crise de 1929-33, exercendo um efeito perturbador sobre as relações normais de troca e sobre o volume de comércio, com as consequentes variações de renda relativa e poder aquisitivo e constituindo influência principal na perturbação financeira daqueles anos.

---

[13] Seção Econômica da Liga, *World Economic Survey*, 1931-2, 127-9; *World Economic Survey*, 1932-3, 62.
[14] A menos que as firmas estivessem operando anteriormente a plena capacidade, ou perto disso, os custos primários (que provavelmente são o fator relevante na determinação do preço a curto prazo) se mostrarão mais ou menos constantes diante de variações da produção; e o grau de monopólio e as variações no mesmo serão o determinante principal do preço.
[15] *World Economic Survey*, 1931-2, 133.
[16] *Ibid.*, 61.

Como as variações do lucro são uma função conjunta de variações da produção e do preço, seria de esperar que as flutuações do lucro se mostrassem especialmente marcantes entre os anos de expansão e de depressão. Além disso, como, ao falar de lucro líquido, nos referimos a uma margem entre a receita bruta e o custo bruto que poderá não representar uma fração muito grande de qualquer das duas últimas quantidades, essa margem poderá ser inteiramente eliminada por uma queda proporcionalmente pequena do preço (e, daí, das receitas); e poderemos por isso esperar que o lucro líquido desapareça e dê até lugar a prejuízos num ano de depressão realmente mau. Os lucros industriais nos anos iniciais da década de 1930, como é natural, experimentaram algumas retrações drásticas. Mas, em contraste com o que seria razoável de esperar em condições de concorrência de preços livre, o grau em que os lucros em geral se mantiveram deve mostrar-se surpreendente. Estimativas baseadas na distribuição de dividendos não contam a coisa toda e a posição de lucro real não poderá ser inteiramente apreciada até que se conheçam os fatos a respeito da distribuição de reservas e avaliação de ativos. Ainda assim, o fato de que (de acordo com o índice de lucros de Lorde Stamp) os dividendos em ações preferenciais e ordinárias mantivessem, na Grã-Bretanha, uma cifra média de mais de 6%, mesmo nos anos ruins de 1931-1933 (em comparação a 10,5% em 1929),[17] e, em ano algum, caíssem muito abaixo de 6%, é algo com que nos podemos maravilhar naqueles anos sombrios. Quanto à distribuição de renda, as evidências mostram-se inconclusivas. Algumas estimativas da parcela da renda nacional entregue aos assalariados, que figuraram em discussão recente, não sugerem qualquer variação marcante nessa proporção, seja no curso dos anos de crise, seja como uma tendência a prazo mais longo, desde o início do século. Mas deixam de revelar qualquer tendência deste tipo, não porque o grau de monopólio tenha deixado de crescer ou de exercer sua influência antecipada, mas porque os efeitos do monopólio na redução da parcela da renda entregue à mão de obra provavelmente foram obscurecidos pela influência contrária de fatores em grande parte fortuitos que sucedia estarem funcionando ao mesmo tempo.[18] Se tomarmos a parcela dos salários no produto líquido da indústria de transformação (como distinto da renda nacional como um todo), a posição se mostra diferente. Aqui parecemos capazes de discernir uma tendência a longo prazo no sentido de que essa parcela na Grã-Bretanha sofresse "um declínio lento, mas firme", nos

---

[17] Cit. *World Survey, 1934-5*, 130. Já em 1934 o número-índice fora restaurado para 96, ou quase o nível de 1929. O índice de Lucros do *Economist* estivera em 113, no final de 1929, e caiu para 67 em 1933. Em 1938, subira novamente para 130.
[18] Cf. M. Kalecki, *op. cit.*, 32-4.

Estados Unidos declinasse no correr da década de 1920 e nos anos iniciais da década de 1930, até 1933, após o que subiu novamente nos anos do *New Deal*, e, na Alemanha, sofresse uma "queda acentuada" entre 1929 e 1932 até um "nível baixo, mantido desde então". Além disso, tal proporção mostrava-se mais baixa na Alemanha e nos Estados Unidos (onde o monopólio, em geral, acha-se mais fortemente desenvolvido) do que na Grã-Bretanha, tornando-se a mais baixa de todas na Alemanha a partir de 1932.[19]

Sir William Beveridge já indicou que, na Grã-Bretanha, a violência da flutuação da produção entre expansão e declínio, que tendia a diminuir nas décadas anteriores a 1914, mostrou um aumento bem acentuado no período entre as guerras e se tornou "muito mais violenta do que fora desde os meados do século XIX".[20] O índice de atividade industrial por ele apresentado mostra uma flutuação que (medida em termos do desvio padrão) aparecia mais de duas vezes maior entre 1920 e 1938 do que fora entre 1887 e 1913, e quase duas vezes maior do que entre 1860 e 1886; enquanto para as atividades de construção apenas, a flutuação em 1920-38 mostrou-se quase três vezes o que tinha sido no quartel de século anterior a 1914 e mais de duas vezes o que fora entre 1860 e 1886.[21] Da crise de 1929-32 — "uma litania de lamentações e uma missa cominatória contra o infortúnio crescente" como *The Economist* chamou a história de um daqueles anos — já se disse que a produção "na maioria dos países industriais se reduziu a níveis que dificilmente poderiam ser considerados possíveis nos anos anteriores a 1929".[22] Nos Estados Unidos, o ponto mais baixo de produção no verão de 1932 representava uma queda de 55% em relação ao ponto mais alto de 1929, e o índice de produção dos materiais de construção em 1933 situava-se a pouco mais de um terço do correspondente em 1929. Em outros países o declínio variou entre 25 e 50%, sendo consideravelmente maior na Alemanha, Tchecoslováquia e Polônia em 1932 do que fora no Reino Unido e na Suécia. O colapso da produção na indústria pesada foi o mais espetacular. Em seis destacados países industriais tomados juntos, a produção de ferro gusa em março de 1932 declinara 64%, em comparação ao nível de 1929.[23] Numa série de países, o Produto Interno Bruto (em termos de valor) reduziu-se quase à metade. Enquanto isso, o co-

---

[19] Dr. L. Rostas, sobre "Productivity in Britain, Germany and U.S.", em *Econ. Journal* abril de 1943, 53-4.
[20] *Full Employment in a Free Society*, 294.
[21] *Ibid.*, 293, 312-13.
[22] *World Economic Survey, 1932-3*, 12.
[23] *Ibid., 1931-2*, 92.

mércio internacional se retraía para menos de 40% de seu volume de 1929 em valor e para 74% em volume físico.

À parte sua violência e pertinácia, a crise foi notável por sua ubiquidade e, como afirmou um economista norte-americano, "a severidade da segunda depressão do pós-guerra e a dificuldade em vencê-la deveram-se em grande parte à universalidade da crise. Nação alguma, exceto a Rússia Soviética, lhe escapou. Centros industriais e regiões coloniais sofreram igualmente o impacto do declínio geral".[24] Essa universalidade fora muito menos marcada na crise da década de 1920, a ponto desta última vir a ser encarada, em essência, apenas como as dificuldades da Europa devastada pela guerra. Depois de uma breve depressão de 1920 a 1921, a América iniciou aquele crescimento acelerado de oito anos que iria levar o volume físico da produção em 1929 a 34% acima do nível de 1922 e cerca de 65% acima do nível de 1913. Tão grande foi a taxa de novas construções que, só entre 1925 e 1929, a demanda de máquinas-ferramentas nos Estados Unidos cresceu quase 90% e a demanda do equipamento de fundição quase 50%. Durante esse período é notável que a taxa de aumento da produção de bens de capital (que subiu 70% entre 1922 e 1929) se tenha mostrado quase o dobro da taxa de aumento da produção de bens de consumo (embora o aumento da produção dos bens de consumo duráveis fosse também maior do que o da produção de não duráveis, em parte devido à expansão das vendas a prazo como forma de concorrência monopolista). Na verdade, esse fato de que "o equipamento para produzir bens de consumo final estava sendo aumentado em taxa excepcionalmente rápida" levou os economistas a indagarem se "uma proporção demasiadamente grande das energias produtivas do país não estaria sendo dedicada à construção de equipamento de capital".[25] Mas, além de um grande volume de investimento no país, foi durante essa fase de prosperidade que ocorreu também a expansão do capital norte-americano e, "embora a passagem do país de devedor a credor não fosse tão abrupta quanto se supõe às vezes, a rapidez com que realizou investimentos externos não tem paralelo na experiência de qualquer importante país credor nos tempos modernos".[26] Grande parte tomou a forma de investimento direto através ou sob o controle de companhias norte-americanas (como no caso de subsidiárias da Standard Oil ou da General Motors, mediante companhias subsidiárias especialmente

---

[24] F.C. Mills, *Prices in Recession and Recovery*, 37.
[25] F.C. Mills, *Economic Tendencies in the U.S.*, 280-1. Essa tendência caracteriza também o desenvolvimento entre 1900 e 1913. Em todo o período entre 1899 e 1927, o valor das construções industriais aumentara cerca de três vezes e meia. Nas duas décadas de 1899-1919, a força primária por assalariado na indústria aumentou 47% e, nos seis anos entre 1919 e 1925, apresentou o aumento notável de 30,9%. [*Recent Economic Changes in the United States* (1929), vol. I, 104, 136-7.]
[26] U.S. Dept. of Commerce, *The United States in World Economy*, 91.

formadas, ou companhias das quais capitalistas norte-americanos possuíam o controle). Algo por volta de 3 bilhões de dólares foi investido, durante a década, dessa forma.[27] Uma expansão de considerável grandeza caracterizou também outros países não europeus na década de 1920. Já em 1925 o índice de produção geral para a América do Norte mostrava um aumento de 26% sobre 1913 e, para todos os demais países fora da Europa, um aumento de 24% (contra um aumento de apenas 2% para a Europa capitalista como um todo).[28] Grande parte desse crescimento se efetuou na produção primária, mas incluía também taxas substanciais de aumento em certos tipos de indústria em países da América do Sul e no Japão.

Desse modo, o fato de que durante a década de 1920 os continentes se apresentassem em contraste tão marcante tornou a universalidade da crise de 1929 ainda mais surpreendente. Na verdade, quando a crise chegou à indústria norte-americana naquele ano, o colapso da produção se mostrou correspondentemente mais severo do que a média do mundo em seu todo e bem maior do que na Grã-Bretanha, na Suécia ou na França. Solomon Fabricant calculou que, no período de 1899 a 1937, a produção agregada de manufaturas dos Estados Unidos aumentou 2,75 vezes, ou numa taxa anual de 3,5%, e que, no curso dessas quatro décadas, houve nove ocasiões em que a produção de manufaturas sofreu um declínio absoluto, a maior parte delas cobrindo um ano apenas. Em contraste com os trinta anos anteriores, a contração de 1929-32 foi a "mais severa, bem como a mais longa em duração": em 1932, a produção voltara ao nível de 1913, e mesmo em 1937, depois de alguns anos de recuperação, a produção de manufaturas não conseguira mais do que ir além do máximo alcançado em 1929.[29] Do nível de 1937, houve uma outra recaída no ano seguinte, com o índice de Produção Industrial da Junta Federal de Reserva mostrando um declínio de 113 em 1937 (1929 = 110) para não mais de 88 em 1938: queda quase tão grande quanto a da maioria dos países europeus logo depois de 1929.

No mundo capitalista em geral, a recuperação depois de 1932, quando veio, mostrou-se hesitante e desigual. Faltava evidentemente ao sistema a resistência antes demonstrada. Em meados da década de 1930, o *Economic Survey* da Liga das Nações só conseguiu descrever a recuperação até então como "superficial, mais do que fundamental" e "marchando lenta e desigualmente", e (falando de 1935, seis anos após o colapso de 1929) tinha de confessar que o panorama econômico estava "confuso e pouco promissor",

---

[27] *Ibid.*, 100-1.
[28] *World Economic Survey, 1931-2*, 23.
[29] Solomon Fabricant, *Output of Manufacturing Industries, 1899-1937*, 6-7, 44.

sendo "ocioso pretender que a evidência de atividade econômica crescente numa ampla área baste para indicar o fim da depressão".[30] No ano anterior, o autor do *Survey* escrevera: "Nas depressões passadas, depois de um período bem longo e doloroso de reconstrução e estabilização, a iniciativa empresarial podia contar com oportunidades renovadas de lucro sob condições bem parecidas às existentes antes de iniciada a depressão. No presente, a iniciativa empresarial emerge de seus reajustamentos e descobre uma situação bem diferente diante de si."[31] Essa situação modificada era condicionada em grande parte pelas medidas restritivas aumentadas, o desvio para a autarquia e a desorganização da moeda que tinham sido os expedientes — e principalmente no sentido de explorar os vizinhos — que o mundo dos negócios e os governos que lhe espelhavam os interesses tinham adotado em resposta à crise. A situação, além disso, era diferente em outro aspecto altamente importante, mesmo em 1936 e 1937, quando os sinais de recuperação se tinham tornado mais gerais e menos hesitantes. A fase de recuperação de 1933 a 1937 surgia em contraste com períodos anteriores desse tipo, na medida em que a expansão da produção dependia agora da política governamental:[32] de início, das políticas monetárias ou tarifárias favoráveis à indústria, como por exemplo a depreciação da libra esterlina em 1932, com o pequeno estímulo temporário que deu às indústrias britânicas de exportação; das políticas governamentais destinadas a reduzir as taxas de juro e, com isso, estimular a atividade de construção; e, finalmente, do gasto com armamento, mais cedo e mais extensamente na Alemanha, mais tardio e fraco na Grã-Bretanha. Em outras palavras, a expansão da demanda, fosse do investimento em bens de capital ou do consumo, que provocou a recuperação hesitante da década de 1930, não vinha mais em qualquer medida considerável de dentro do sistema e de seus poderes inatos de resistência, mesmo no caso da América. Dependia de estímulos que, por assim dizer, vinham de fora do sistema e apresentavam uma origem política, tomando a forma de despesa governamental e de medidas públicas para estimular o investimento e demarcar os mercados como territórios pertencentes a determinadas empresas. Como observou *The Economist* em artigo intitulado "A Cartelização da Inglaterra": "desde 1932, o Estado não mais aparecia à indústria apenas no papel de monitor ou policial: tinha agora favores a conceder"; "a atitude da indústria perante o Estado" foi revolucionada e "o policial se tornou Papai Noel".[33]

---
[30] *World Economic Survey, 1934-5*, 6-7, 275.
[31] *Ibid., 1933-4*, 14.
[32] *Ibid.*, 10-12.
[33] *The Economist*, 18 de março de 1939.

2

Quando abordamos os detalhes desse período, entretanto, há uma série de traços especiais, tanto na Grã-Bretanha como em outros países, que não se ajusta ao modelo simplificado por nós esboçado antes e parece mesmo, sob alguns aspectos, estar em contradição com ele. O primeiro traço nessas condições é a medida em que, a despeito das dimensões anormais do exército industrial de reserva em todos os países, os salários reais daqueles que mantiveram seus empregos se sustentaram ou mesmo subiram nos primeiros anos de crise da década de 1930. Esse aspecto da depressão foi mais pronunciado na Grã-Bretanha do que em outros lugares, proporcionando-nos sob tal aspecto um paralelo para a posição da década de 1870. De fato, os salários monetários na Grã-Bretanha, tomando-se a indústria como um todo, caíram consideravelmente menos do que o tinham feito depois de 1873. Em outros países, a queda mostrou-se muito maior. Os custos da mão de obra, conforme os cálculos, caíram 20% entre 1929 e 1933 na Alemanha e, nos Estados Unidos, numa porcentagem entre 30 e 40%.[34] Tal fenômeno não é difícil de explicar, pois constitui, evidentemente, a expressão do vigor sem precedentes do trabalho organizado que, a despeito de seu recuo após o colapso da Greve Geral britânica de 1926 e do declínio no número de membros de trabalhadores sindicalizados a partir de 1920, conseguiu manter os salários na maioria das profissões altamente organizadas ao passo que a existência do instrumental da Trade Board muito fez para amortecer a pressão decrescente que a concorrência impiedosa pelos empregos teria exercido de outra forma (e em muitos países com êxito[35]) sobre os salários nas profissões não organizadas. Em outras palavras, esse fato se apresenta como testemunha de que o mecanismo do exército industrial de reserva, com o qual o capitalismo contara tradicionalmente para manter tanto a disciplina quanto o baixo preço de sua força de trabalho, cessara virtualmente (pelo menos na Grã-Bretanha) de executar sua antiquíssima função — ou ao menos uma parte crucial dessa função — e, a não ser na Alemanha, onde o fascismo introduzira a Junta de Trabalho e a Paralização de Salários para suplementar sua liquidação dos sindicatos, o capitalismo não dispunha de qualquer mecanismo que pudesse funcionar em seu lugar.

---

[34] *World Survey, 1933-4*, 51-2. A queda nos custos de mão de obra não foi certamente a mesma coisa que a queda nos salários monetários, pois refletia também os resultados de qualquer variação na produtividade.
[35] Bom exemplo disso é a Polônia, onde uma grande disparidade se desenvolveu entre os salários nas indústrias principais fortemente sindicalizadas (que via de regra acontecia serem também as cartelizadas) e nas atividades mais árduas e não sindicalizadas.

Para uma explicação do aumento real (embora pequeno) dos salários reais nesse período, entretanto, precisamos de mais do que a simples força do trabalho organizado e sua capacidade de conquistar êxitos defensivos. Como nas décadas de 1870 e 1880, esse resultado deveu-se principalmente a um barateamento dos gêneros alimentícios importados, resultado direto do movimento de "tesoura" dos preços agrícolas e industriais nos mercados mundiais a que nos referimos anteriormente. De fato, sucedera na década de 1920 em seu todo que, em comparação à situação anterior a 1914, os preços das importações britânicas tinham caído relativamente ao preço médio das exportações, mas agora a proporção entre aqueles iria sofrer um outro movimento em favor da Grã-Bretanha. Como a Grã-Bretanha mantivera sua política tradicional de importar livremente alimentos, essa virada súbita nos termos de troca entre agricultura e indústria se refletia numa queda no custo de vida e, assim, num aumento dos salários reais que, por surgir das relações externas do país, não acarretava qualquer aumento no custo salarial da produção para a indústria britânica. Exemplo notável disso é que, num período de dois anos, o trigo importado pela Grã-Bretanha perdera quase dois terços de seu valor no mercado mundial. Não fosse por essa eventualidade, o padecimento da classe trabalhadora britânica nesses anos de avanço da fome e da insegurança ter-se-ia mostrado muito pior do que foi. Sem ela, não teríamos assistido, provavelmente, à crescente divisão nas fileiras do Trabalho (que também teve seu paralelo na década de 1880) entre as disposições dos que sentiam na própria carne o choque principal da crise e as daqueles 40% mais felizes da classe assalariada que estiveram imunes ao desemprego durante todos os anos de depressão. De fato, testemunhamos o estranho espetáculo desta ilha mostrar-se surpreendentemente distante das correntes sociais e políticas que convulsionavam grandes regiões do continente, e os fenômenos contraditórios, tão intrigantes para muitos observadores, de atitudes de protesto e revolta entre a massa daqueles cuja subsistência era ameaçada coexistindo com uma virada conservadora, ao invés de radical, na política, tanto na ala industrial quanto na ala política, do movimento trabalhista oficial.

Em segundo lugar, há um traço desses anos que, à primeira vista, parece menos suscetível de explicação. Trata-se do fato de que a produtividade do trabalho mostrou uma taxa incomum de aumento, não só na América como também na Grã-Bretanha. O mais notável ainda é que tal aumento de produtividade continuou (como tinha feito nas décadas de 1870 e 1880) por toda a depressão. Uma estimativa situa o crescimento em produção por trabalhador na indústria britânica, entre 1924 e 1930, na cifra de 12% e, nos anos de depressão 1930-1934, em outros 10 a 11%.[36] Como exemplo do tipo de modificação a que se

---

[36] Witt Bowden, em *Journal of Pol. Economy*, junho de 1937, 347 em diante. A comparação entre 1924 e 1930 se relaciona a indústrias incluídas no recenseamento da produção, para a Grã-Bretanha

o período entre as duas guerras 337

podia atribuir isso, podemos observar que "a capacidade dos motores elétricos instalados em todos os ramos de negócio, a não ser em empresas de suprimento de eletricidade, aumentou 37,2%" entre 1922 e 1930.[37] Tal aumento era modesto, comparado ao que sucedia nos Estados Unidos. O crescimento da produção por assalariado nas indústrias manufatureiras norte-americanas fora estimado em cerca de 43% nos dez anos que vão de 1919 a 1929[38] e 24%, entre 1929 e 1933.[39] O mesmo fenômeno pode ser observado em outros países capitalistas nesse período. Na Suécia, a produção por trabalhador, entre 1920 e 1929, subiu em algo na vizinhança de 40%, enquanto "na Alemanha o número de trabalhadores empregados parece não ter sido 5% maior em 1929 do que em 1925, embora o volume do índice de produção fosse 27,5% maior", indicando assim "um aumento anual de produção por homem em torno de 5%".[40]

Esse crescimento surpreendente da produtividade proporciona *prima facie* a evidência de progressos consideráveis na técnica; e, no caso da Grã-Bretanha, de algum reinício (sob a bandeira da "racionalização") do aperfeiçoamento na organização e equipamento industriais, que vimos virtualmente ausente nas décadas imediatamente anteriores à Primeira Grande Guerra. Na Grã-Bretanha, o movimento de "racionalização" na década de 1920 pode não ter sido mais do que a recuperação de oportunidades perdidas. Mas, como o aperfeiçoamento não se restringia ao país, deve ter tido outro significado que não a adoção tardia de modificações que pertenciam propriamente a uma década anterior. Falando da América, F.C. Mills indicou que, antes de 1923, "o fator principal na expansão da produção foi um maior contingente de assalariados", ao passo que, desde então, "o equipamento técnico melhor, a organização aperfeiçoada e a qualificação aumentada da força de trabalho parecem ter suplantado definitivamente os números como instrumentos de expansão da produção".[41] Se essa virada do investimento para um "aprofundamento" do capital representava uma resposta à força crescente do trabalho organizado, se era o sinal de que, como o Dr. Paul Sweezy o expressou, o monopólio implica que "a economia de trabalho se torna mais do que nunca a meta da tecnologia capitalista e que a taxa de introdução de novos méto-

---

e Irlanda do Norte. A comparação entre 1930 e 1934, às indústrias no índice de Produção da Junta de Comércio. Entre 1928 e 1934, em indústrias abrangidas pela última, a produção média por empregado subiu 16,5%, inclusive 14% nas minas e jazidas ao ar livre, 16% no ferro e aço e 26% nos metais não ferrosos.
[37] *Ibid.*, 368.
[38] F.C. Mills, *Economic Tendencies in the United States*, 192, 290.
[39] *World Economic Survey, 1933-4*, 10.
[40] *Course and Phases of the World Economic Depression*, 66-7.
[41] F.C. Mills, *op. cit.*, 291.

dos será disposta de modo a reduzir ao mínimo a perturbação dos valores de capital existentes",[42] ou se era evidência de uma nova época de colheita em realizações científicas, forte o bastante para forçar certa medida de progresso industrial a despeito dos grilhões dos mercados contraídos e de uma era monopolista, o fato é que essa revolução técnica se mostrou de consequência notável e alguns chegaram mesmo a compará-la aos acontecimentos do final do século XVIII. Algumas de suas consequências, no entanto, não eram aquelas que anteriormente teriam sido esperadas. Funcionando num ambiente do qual tanto se afastara o estímulo anterior da demanda, serviu para aumentar o problema do desemprego, porquanto seu efeito era diminuir a quantidade de trabalho humano necessária para proporcionar um dado resultado, sem efetuar uma expansão compensadora da produção total em grau suficiente. Nos Estados Unidos, na verdade, o fato de que, entre 1923 e 1929, o número de assalariados na indústria de manufaturados caiu por volta de 7 ou 8% enquanto o volume físico da produção subiu 13%[43] ocasionou toda uma literatura acerca do "desemprego tecnológico" como característica principal da era moderna. Por ser a incidência do aperfeiçoamento muito desigualmente distribuída entre os diversos ramos da indústria e os diversos países, e mesmo entre setores diferentes de um mesmo ramo da indústria no mesmo país, mostrou-se influência poderosa por trás do abalo das proporções de preço e termos de troca que surgiu como traço da crise nos primeiros anos da década de 1930 e dos agudos conflitos de interesse evocados pelo mesmo. Como tais inovações redutoras de custos foram introduzidas num ambiente industrial onde a concorrência se mostrava tão aguda e encurralada, seu aparecimento muitas vezes serviu apenas para inaugurar um período de crônico funcionamento abaixo da capacidade produtiva e menor lucratividade por toda parte. O mecanismo normal pelo qual o método de baixo custo substituiu no correr do tempo o de alto custo não funcionava mais, e, em vez de ser levado à liquidação, o último frequentemente via-se incitado a impor à indústria planos de preços mínimos ou cotas de produção para amordaçar o primeiro e impedi-lo de pôr em ação sua capacidade latente. Isso surgiu com clareza especial numa série de produtos primários, dos quais borracha, açúcar, café e estanho são exemplos conhecidos. Mas não faltam outros tirados à indústria de transformação. Em casos assim, a expansão da capacidade na forma de métodos novos e mais baratos teve como efeito principal a precipitação

---

[42] P. Sweezy, *op. cit.*, 276.
[43] F.C. Mills, *op. cit.*, 290.

o período entre as duas guerras 339

de uma crise da indústria, da qual emergiu não a reconstrução sobre base nova, mas uma epidemia de planos restritivos e guerras intestinas entre os produtores de baixo e alto custo pela distribuição das cotas e o preço ao qual a restrição se devia aplicar.

Seria engano concluir, no entanto, que mesmo na década de 1930 tais variações não tiveram absolutamente o acompanhamento de uma produção em expansão, ou que, entre as duas guerras, o investimento tomou exclusivamente a forma de "aprofundamento" e não de "alargamento". É verdadeiro dizer que, na Grã-Bretanha, o crescimento da produção industrial avançou com lentidão bem maior nessas duas décadas do que antes enquanto nos Estados Unidos a produção industrial em 1939 achava-se ainda abaixo do nível atingido dez anos antes. Também é verdade que, nas indústrias básicas britânicas, um aumento na produtividade foi acompanhado por um retraimento da produção total na maior parte do período. Ao mesmo tempo, havia indústrias em expansão, nas quais não só a produção como também o emprego cresceram em taxa surpreendente. Que isso sucedeu, é algo muitas vezes citado como indicação de que ainda existiam estímulos de mercado e que a recuperação era apenas questão de adaptação estrutural à configuração mutável da demanda. Que todos os elementos de estímulo não haviam saído do mercado é bem verdade, naturalmente, e seria absurdo afirmar que a demanda de bens de investimento ou de consumo fossem incapazes, depois de 1929, de mostrar novamente qualquer expansão acentuada. Mas, quando examinamos os motivos que explicaram a expansão da produção ocorrida na Grã-Bretanha na década de 1920 e nos cinco primeiros anos após 1930 (isto é, antes do estimulante especial do rearmamento entrar em cena), vemos que tal expansão foi principalmente o produto de causas bem particulares, que não deram sinais de exercer uma influência que se possa comparar ao século XIX, quer em potência (relativa à capacidade produtiva contemporânea), quer em persistência.

As principais indústrias em expansão no período eram a de engenharia elétrica, transporte rodoviário, motores e aeronaves, seda artificial e alimentos. O número de trabalhadores empregados na indústria elétrica dobrou entre 1924 e 1937, e a produção de eletricidade também se viu duplicada entre 1931 e 1937.[44] A produção de veículos a motor, quase não afetada pelo declínio de 1929-30, também dobrou entre 1929 e 1937.[45] No correr da década de 1930, verificou-se uma expansão notável na construção, principalmente de casas para venda por parte dos construtores particulares, havendo também alguma

---
[44] *Britain in Recovery* (Relatório da Seção Econômica da British Association), 256, 259.
[45] *Ibid.*, 62.

expansão dos metais não ferrosos, devido à sua ligação com os ramos de motores, aeronaves e eletricidade. Havia três fatores principais contribuindo para essa expansão. Em primeiro lugar, o efeito de alimentos mais baratos, de que já falamos, iria aumentar apreciavelmente a renda residual em mãos da parte mais bem situada da classe trabalhadora, como os trabalhadores empregados no Sul mais próspero, onde o desemprego era relativamente pequeno, e também entre a classe média inferior, que podia criar uma demanda para coisas tais como roupas, aparelhos de rádio, móveis e até casas novas. Em segundo lugar, em certas direções, a atividade estatal, embora de dimensões modestas na década de 1920 e nos primeiros anos da década de 1930, começava já a exercer uma influência em medida inexistente no século XIX. A maior parte dos £27 milhões gastos pela Electricity Grid foi utilizada nos anos de declínio iniciais da década de 1930, constituindo fator importante no mercado para as atividades elétricas. Tarifas recém-impostas afetavam automóveis, ferro e aço, e a política de "dinheiro barato" adotada pelo Tesouro depois de 1932, combinada à garantia oferecida aos empréstimos de sociedades imobiliárias, provocou o surto da construção imobiliária daquela década. Em terceiro lugar, essa expansão foi, em parte, ocasionada por inovação técnica, mostrando-se, nessa medida, remanescente da expansão das décadas anteriores. As duas invenções que, até então, haviam tido significado econômico especial no século XX eram o motor de explosão e a eletrificação. O primeiro criou as novas indústrias de motores e aeronaves, como também de transporte rodoviário, tendo também aplicação importante na agricultura, em medida nunca alcançada pela força a vapor.[46] A eletricidade, no desenvolvimento da qual a Grã-Bretanha se mostrara excepcionalmente atrasada, criava agora toda uma família de esferas de investimento relacionadas, como eletricidade rural, aquecimento elétrico, eletrificação dos processos industriais e de tração, bem como a indústria do rádio. Em certa medida, pode ter sido verdade também que parte do investimento na época representava uma concentração de capital e de empresas em esferas onde a entrada de novos investidores era ainda relativamente livre, levando a um estugamento na marcha de expansão nos interstícios de um regime monopolista ou em território ainda não demarcado, onde o conglomerado e o cartel não se tinham ainda aventurado. Quanto à expansão dos negócios de distribuição, sobre a qual houve muitos debates, é evidente que tal expansão constituía,

---

[46] O número de segadeiras combinadas, fabricadas nos Estados Unidos às vésperas da Primeira Guerra Mundial, foi de apenas algumas centenas, e, em 1929, a cifra subira para se situar entre 30.000 e 40.000. O número de tratores em uso em 1916 orçava pelos 30.000, cifra que nos anos anteriores a 1930 subira e se via então entre três quartos de milhão e um milhão.

em boa medida, um sintoma da multiplicação dos custos improdutivos próprios de uma época de concorrência monopolista, na qual a rivalidade toma a forma não de corte nos preços, mas de campanhas publicitárias de venda para influenciar a demanda e anexar mercados.

No final da década de 1930, entretanto, surgiam sinais da Grã-Bretanha e na América de que tais influências expansionistas estavam começando a se desgastar. No final de 1937, tanto os motores quanto a eletrificação davam indicação de terem já ultrapassado seu ápice, e um declínio na produção de motores e de mobílias deu início a uma retração só detida por uma aceleração das despesas com armamentos, no correr do ano de Munique. Havia mesmo sinais de um declínio a caminho, no setor da construção, a julgar pela queda nos planos de construção aprovados em 1938, embora o declínio de atividade fosse aqui adiado (como também na construção naval) pela considerável defasagem existente entre a encomenda e seu cumprimento,[47] e parece existir "alguma evidência... de que o consumo atingiu seu máximo na primavera ou verão de 1937".[48] No verão de 1939, *The Economist* falava em tons graves sobre "uma inclinação permanente da economia norte-americana para a deflação, que as grandes despesas governamentais podem apenas temporária e precariamente inverter", da "recuperação na América se transformando em xeque-mate", e de um "recuo definido" na primavera daquele ano. Até sobre a recuperação na Grã-Bretanha, provocada pelas crescentes despesas armamentistas, fomos aconselhados a ter "cautela em profetizar sua continuação".[49] Como disse *Sir* William Beveridge, "uma repetição de 1929-32, ainda mais severa, estava se aproximando". Embora a aproximação da guerra detivesse a irrupção de uma nova crise, no entanto, a atividade rearmamentista certamente tendia em algumas direções a reservar dificuldades para o futuro, na forma de capacidade produtiva excedente que se poderia mostrar um grande peso morto para a indústria, se fosse preciso depositar confiança novamente na demanda privada como determinante da atividade e do emprego. Foi sugerido, por exemplo, pouco antes da guerra, que "o grande aumento recente na capacidade de produção de aço poderia mostrar-se financeiramente embaraçoso depois de completado o programa de rearmamento e começar a retração a partir da produção máxima de 1937... A restauração do volume do comércio exportador é imperativa, se quisermos manter a produção próxima à capacidade produtiva".[50]

A terceira característica da situação entre as guerras onde nos defrontamos com uma contradição aparente é que, juntamente com a tendência para a con-

---
[47] *Britain in Recovery*, 64.
[48] *Ibid.*, 65.
[49] *The Economist*, sobre "A Distorced Boom", 3 de junho de 1939.
[50] *Britain in Recovery*, 372.

centração da produção e seu controle e a extensão de formas monopolistas ou semimonopolistas de organização, houve uma persistência bem acentuada da pequena firma. Essa sobrevivência de formas econômicas típicas de uma época anterior ao mundo moderno, não deveria forçosamente nos surpreender. Foi um traço pronunciado de cada etapa da história econômica, e, sem uma apreciação da medida em que cada sistema econômico é em certo grau um "sistema misto", qualquer compreensão completa do movimento e desenvolvimento econômico, tão grandemente influenciada pela interação desses elementos colidentes, mostra-se impossível. Como já vimos, os mercados urbanos e elementos de economia monetária e mesmo o trabalho assalariado coexistiram com a economia natural do feudalismo; o artesão independente e a guilda artesanal local continuaram no período predominantemente caracterizado pela manufatura capitalista e pela pequena indústria doméstica, enquanto elementos da pequena indústria e da pequena oficina artesanal permaneceram até fins do século XIX e mesmo nos dias atuais. O que poderia parecer, entretanto, ser particularmente surpreendente acerca da persistência da pequena firma hoje é a extensão e teimosia de sua sobrevivência, em vista do fato de que a quinta-essência do monopólio é o seu caráter envolvente, — de que ele atinge seus objetivos na medida em que consiga dominar todo o seu terreno. Nossa surpresa poderá ser reduzida por duas considerações. Em primeiro lugar, de que o importante aqui não são meros números de unidades comerciais, mas o "peso" econômico: aquela concentração de produção (no sentido de controle sobre a produção) tenderá sempre a ser bem maior do que indicaria um levantamento do número simples de unidades econômicas e que é o controle sobre setores-"chave" da indústria e linhas-"chave" da produção, o que possui significado fundamental. Em segundo lugar, há diversos modos pelos quais uma grande organização, mesmo que não controle uma parte grande da produção de um ramo da indústria, pode de fato exercer liderança industrial, ou domínio, sobre as numerosas firmas independentes de pequena escala, que sobrevivem em concorrência aparente com ela, graças a algum tratado industrial ou à influência da grande organização sobre alguma associação comercial ou cartel, ou por *ligações* que tenha estabelecido com os bancos, ou simplesmente pelo fato de que a ameaça de serem encostadas à parede se desafiassem seu vizinho mais forte pode bastar para fazer com que as firmas menores aceitem a liderança *de facto* daquele. Mesmo fazendo tais restrições, no entanto, resta um elemento de surpresa.

    Os fatos da concentração industrial no mundo moderno são quase conhecidos demais para requererem muita ênfase aqui. Na Grã-Bretanha, como é sabido, tal tendência sempre se mostrou marcante antes da Primeira Guerra Mundial", ainda que operasse com menos força do que na Alemanha ou na América; e, como observou o Relatório Final do Comitê sobre Indústria e Comércio na década de 1920, "a informação disponível demonstra forte tendência, tanto neste quanto nos outros países industriais, no sentido de que as empresas dedicadas à produção aumentem em tamanho médio, tendência essa que não dá sinal de atingir seu limite".[51] Uma conhecida pesquisa, realizada por *Sir* Sydney Chapman e pelo Professor Ashton em 1914, mostrou que, na indústria algodoeira, "as dimensões 'típicas' de uma fiação mais do que dobraram entre 1884 e 1811".[52] Em 1884, pouquíssimas fiações tinham mais de 80.000 fusos ao passo que em 1911 de um terço delas chegara a essa dimensão e, no extremo inferior da escala, a proporção de firmas com 30.000 fusos ou menos caíra entre 1884 e 1911 de metade para menos de um terço. Na fabricação de ferro-gusa, "na capacidade média de produção por empresa, levando-se em conta tanto o tamanho dos altos-fornos quanto o número dos mesmos possuído por cada empresa" mais do que dobrara entre 1882 e 1913, e quase triplicara entre 1882 e 1924.[53] Em 1926, doze grande grupos (desde então já reduzidos em número) eram entre si responsáveis por quase metade da produção de ferro-gusa e quase dois terços do aço; e, em 1939, 39% do ferro e aço eram produzidos pelas três firmas maiores.[54] Na indústria britânica em geral, em 1935, cerca de metade da produção e quase metade do emprego eram proporcionados por grandes unidades empresariais onde trabalhavam mais de 1.000 pessoas em cada uma.[55] Na Alemanha, a proporção de minas de carvão produzindo menos de 500.000 toneladas anuais caiu de 72,7% em 1900 para 23,7% em 1928, enquanto a proporção das minas produzindo entre meio milhão e um milhão de toneladas subia correspondentemente de 27,2% para 60,2%.[56] Entre 1913 e 1927, a produção de ferro-gusa no mesmo país subiu aproximadamente 70% por forno;[57] e, naquele último ano, quase três quartos da produção em ferro e aço vinham de cinco produtores principais.[58] Em certos ramos da indústria química, havia em diversos países um grau excepcionalmente elevado de concentração, que se aproximava do monopólio completo. "De acordo com

---

[51] Pág. 145.
[52] *Journal of Royal Statistical Society*, abril de 1914. Na tecelagem, entretanto, o "número 'típico' de teares numa firma subiu em menos de 50%" no período.
[53] Comitê sobre Indústria e Comércio, *Factors in Industrial and Commercial Efficiency*, 4.
[54] Comitê sobre Indústria e Comércio, *Survey of Metal Industries*, 33; H. Leak e A. Maizels, trabalho apresentado à Royal Statistical Society, 20 de fevereiro de 1945, transcrito em *Journal of the Royal Statistical Society*, voL XVIII, parte II, 1945.
[55] *Ibid*. O número de tais firmas era 938. Essa cifra provavelmente *sub*estima o grau de concentração do *controle*, porquanto muitas das empresas que aparecem como unidades independentes em tais cifras podem estar sob o controle *de facto* de outras. As proporções se relacionam a todas as firmas empregando mais de dez trabalhadores.
[56] H. Levy, *Industrial Germany*, 26.
[57] *Ibid.*, SI.
[58] Comitê sobre Indústria e Comércio, *Survey of Metal Industries*, 33.

uma citação do Dresdner Bank, na indústria alemã de anilinas artificiais em 1927-1928 cerca de 100% da produção nacional real eram controlados pela I.G. Farben; a Imperial Chemical Industries Ltd. controlava cerca de 40%, e, na França, o Établissement Kuhlmann, cerca de 80% da produção nacional. Na produção de nitrogênio sintético, o truste alemão era responsável por cerca de 85% da produção nacional, enquanto a Imperial Chemical Industries controlava quase 100%, o Établissement Kuhlmann cerca de 30%, o truste Montecatini, na Itália, perto de 60% e a organização E.J. Du Pont de Nemours, nos Estados Unidos, certamente controlava uma porcentagem dominante da produção nacional."[59]

Nos Estados Unidos, havia uma tendência mais acentuada no sentido da concentração do que na Grã-Bretanha, tanto antes quanto depois de 1914. Entre 1899 e 1914, o índice de produção por estabelecimento, de acordo com um estudo da produção em cerca de sessenta indústrias feito por F.C. Mills, "revela uma tendência clara no sentido da produção em grande escala, com um número decrescente de estabelecimentos, a não ser entre 1904 e 1909". Também no surto entre 1923 e 1929 houve "uma queda de 6,2% no número de estabelecimentos, com um ganho de 20,5% na produção por estabelecimento". Em todo o período de trinta anos entre 1899 e 1929, enquanto o número de estabelecimentos nas indústrias estudadas se mostrou "ligeiramente maior" naquele último ano, a produção por estabelecimento se mostrava 198% maior ao passo que na última das três décadas o número de estabelecimentos caiu quase um quinto e a produção por estabelecimento subiu mais de dois terços. F.C. Mills conclui que "a integração e concentração da produção em estabelecimentos que produziam quantidades cada vez maiores de bens avançou mais rapidamente na última década [isto é, na década de 1920] do que em qualquer período semelhante abrangido por nós".[60] Essa "tendência definida durante as três últimas décadas em aumentar o tamanho médio dos estabelecimentos de fabricação" (nas palavras do Relatório Final do Secretário Executivo do Comitê Econômico Nacional Temporário) demonstrava um "aumento incomum" na década de 1930.[61] Em todo o período entre 1914 e 1937, o número médio dos assalariados por estabelecimento subiu de 35 a 38%, e o volume real de produção por estabelecimento de 80 para 85%.[62]

Quanto ao grau de integração do controle financeiro no mundo empresarial norte-americano, a evidência mais marcante é a conclusão muito citada

---

[59] Levy, *op. cit.*, 66.
[60] F.C. Mills, *op. cit.*, 45, 300-1.
[61] Relatório Final do Secretário Executivo, C.E.N.T., 32.
[62] C.E.N.T., Monografia nº 27, 4.

do estudo exaustivo da riqueza das empresas norte-americanas, realizado por Berle e Means, demonstrando que aproximadamente metade de toda a riqueza comercial não bancária nos Estados Unidos, nos últimos anos da década de 1920, era controlada por não mais de 200 companhias; que tais companhias gigantes tinham crescido duas e até três vezes mais depressa do que outras não financeiras; e que, se a sua taxa de crescimento entre 1909 e 1929 se mantivesse, bastariam quarenta anos (e trinta na taxa de crescimento dos anos 1924-9) para que toda a atividade empresarial e praticamente toda a atividade industrial fossem absorvidas por essas 200 empresas gigantes.[63] Em tempos mais recentes, o Comitê Econômico Nacional Temporário (órgão da Comissão de Títulos e Valores) estudou novamente o mesmo grupo e revelou que, nessas 200 companhias, metade de todos os dividendos iam ter a menos de 1% dos acionistas.[64] Na indústria de transformação, cerca de 28% do valor total da produção (e 20% do seu valor *líquido*) eram fornecidos por 50 companhias, que empregavam uma sexta parte de todos os assalariados ao passo que as 200 maiores companhias controlavam 41% do valor total produzido (32% do valor líquido) e empregavam 26% dos assalariados.[65] Conforme Berle e Means observam ao resumir suas conclusões: "O crescimento da empresa moderna trouxe uma concentração de poder econômico que pode competir em termos de igualdade com o Estado moderno... (e) o futuro poderá até vê-la substituir o Estado como forma dominante de organização social."

Ao mesmo tempo, no entanto, restavam, na Grã-Bretanha, aproximadamente 1.000 organizações na indústria carbonífera (ainda que cerca de quatro quintos da produção viessem de umas 300 firmas, cada qual empregando mais de 1.000 pessoas). Tanto a indústria do algodão (principalmente sua parte de tecelagem) quanto a de lã continuavam a ser território exclusivo da pequena firma. No algodão, havia entre 800 a 900 fiações na década de 1920 (não mais de 230 dela verticalmente integradas de modo a abarcar também a tecelagem), e na tecelagem mais de 900 firmas. Até nos Estados Unidos, o número médio de empregados por estabelecimento nos lanifícios era apenas de 206, embora esse número representasse o dobro daquele de 1899, acompanhado por uma diminuição do número de estabelecimentos.[66] Na indústria de botas e calçados da Inglaterra, há cerca de 800 firmas individuais, empregando em média não mais de 150 trabalhado-

---

[63] *The Modern Corporation and Private Property*, passim.
[64] C.E.N.T., *Investigation of Concentration of Economic Power*, Monografia nº 29, 13.
[65] Relatório Final do Secretário Executivo do C.E.N.T., 45-6.
[66] Comitê sobre a Indústria e Comercio, *Survey of Textile Industries*, 24-5, 257.

res. Em muitos tipos de atividades em engenharia e carpintaria predomina a pequena unidade; e, a despeito do recente aumento de algumas grandes sociedades por ações na indústria de construção, essa atividade continua, em sua maior parte, a ser território exclusivo do negócio encabeçado por um único homem, ou por companhias limitadas, na forma de construtores locais por empreitada, ou independentes.[67] Na indústria em geral, constatamos, na Inglaterra, alguns fatos surpreendentes: nos "negócios fabris" o número médio de empregados por firma, entre aqueles abrangidos pelo Recenseamento da Produção de 1935, era de apenas 125 (e nos "negócios não fabris" cerca de 172); em meados da década de 1930, havia mais de 30.000 firmas tendo de dez a cem trabalhadores cada uma, abrangendo entre si um quinto de todos os trabalhadores fabris; além disso, havia provavelmente outras 130.000 firmas de todos os tipos nos "negócios fabris" (e outras 71.000 nos "não fabris") que não empregavam mais de 10 trabalhadores cada, resultando que tais empresas anãs davam emprego a cerca de meio milhão de pessoas.[68] Sob esse aspecto, há um contraste entre a Inglaterra, de um lado, e a Alemanha e Estados Unidos de outro, pelo menos no que diz respeito às indústrias principais. Comparadas a mais de 2.000 minas, possuídas por mais de 1.000 empreendimentos separados, existentes na indústria carbonífera britânica nos fins da década de 1920, havia na Alemanha 175 minas de carvão possuídas por umas setenta companhias. A produção anual média dos altos-fornos britânicos em capacidade era de apenas 48.000 toneladas em 1929, comparadas a 97.000 na Alemanha e 138.000 nos Estados Unidos. Ainda assim, mesmo nos Estados Unidos, as firmas pequenas com menos de vinte trabalhadores compõem mais de nove décimos do número total de firmas em todos os tipos e abrangem cerca de uma quarta parte de todos os trabalhadores empregados.[69]

O que parece ter surgido em grande parte da indústria, portanto, é um desenvolvimento de formas de controle monopolista ou semimonopolista da produção e preços, que permite a sobrevivência da pequena organização, sujeita à vigilância e restrição de diversos modos. Organizar as unidades

---

[67] As três maiores firmas da indústria de construção e empreitada, em 1939, incluíam apenas 4% de todos os trabalhadores empregados nesse ramo da indústria. Na de roupas, apenas 13%; na mineração e jazidas ao ar livre, apenas 10% (H. Leak e A. Maizels, *op. cit.*).
[68] Quinto Recenseamento da Produção, 1935. Tabelas Resumidas Finais. O número médio de trabalhadores por *estabelecimento* era cerca de 105. Das firmas grandes nos negócios fabris, empregando mais de 1.000 trabalhadores cada uma, havia 649, abrangendo uns 1,6 milhão de trabalhadores, ou quase uma terça parte de todos os operários fabris. De *estabelecimentos* com mais de 1.000 havia 533, abrangendo entre uma quarta parte e uma quinta parte de todos os trabalhadores.
[69] Relatório Final do Secretário do C.E.N.T. sobre *Concentration of Economic Power*, 298.

de pequena escala e coordenar sua política de comercialização tem sido a função essencial da Trade Association e do cartel. Em alguns casos, isso ocorreu em ramos da indústria nos quais as condições técnicas não eram favoráveis à unidade de grande escala, seja devido ao atraso técnico (como em alguns ramos da indústria britânica), seja devido a particularidades na aplicação da técnica à manufatura do tipo de mercadoria a que se dedica. Em outros casos, foi um tipo de acordo, possivelmente não mais do que temporário, entre a firma gigante e suas rivais menores, sob o qual o domínio da primeira sobre a política de comercialização de toda a indústria se manteve. Até onde isso acontece, podemos ter a situação curiosa de que o meio-termo combine em si os defeitos de ambos os extremos, enquanto não apresenta suas vantagens, e ao mesmo tempo realmente incentiva a conservação da pequena organização. Até onde o tipo obsoleto de organização industrial e técnica pode sobreviver, devido à estrutura existente da indústria estar congelada pelo aguçamento da concorrência e a imposição à indústria de um sistema de cotas de produção, o progresso é retardado, a diferença entre a unidade de produção de mais alto custo e a de mais baixo custo tende a ser aumentada, e a vantagem de concentrar a produção na unidade mais eficiente de todas, que um tipo mais completo de monopólio poderia efetuar, é sacrificada.

No entanto, as firmas pequenas podem continuar a proliferar (e mesmo multiplicar-se em número) a fim de suprir as necessidades das maiores quanto a componentes e linhas especiais, ou ajudar em certas etapas de produção em períodos de máxima demanda. Nesse caso, as firmas pequenas preenchem o papel de subempreiteiras para as maiores, num tipo moderno de "sistema de trabalho caseiro" praticando entre grandes e pequenos capitalistas, como a experiência da guerra demonstrou ser característica tão comum na produção de armamentos. Na medida em que tais tipos variáveis de relação industrial são encontrados, a desigualdade do desenvolvimento e circunstâncias, e a divergência de interesses dentro das fileiras do próprio negócio capitalista, são evidentemente muito acentuados na era presente. Quando todas essas variantes são enumeradas, no entanto, continua a ser verdade que importantes elementos de concorrência tipo século XIX persistem até nossos dias — mesmo que tal concorrência seja aqui cada vez mais "imperfeita" e esteja a uma boa distância do tipo achado nos compêndios ó tanto na orla quanto nos interstícios da grande indústria e também por sobre algumas faixas "autônomas" de terreno econômico, que de modo algum são desprezíveis em sua extensão.

3

Entre os novos traços do capitalismo em sua fase mais recente, alguns comentaristas acentuaram o surgimento de uma nova classe média; Durbin chegou mesmo a falar do "aburguesamento" do proletariado, com suas casas próprias, jardins, aparelhos de rádio e mobília comprada a prazo, como fenômeno do século XX jamais previsto por Marx e sua escola."[70] Tal destaque, ao que se presume, destina-se a dar a entender que o capitalismo dos últimos tempos descobriu estar atenuada a luta de classes e por isso adquiriu maior estabilidade do que antes.[71] É bem verdade que as necessidades da indústria moderna causaram um crescimento nos quadros administrativos e técnicos, tanto absoluta quanto relativamente, dando-lhes uma importância no processo produtivo que não acha contrapartida nos dias da técnica mais primitiva. Juntamente com um declínio do tipo antigo de artesão qualificado em favor do operador de máquina semiqualificado, registrou-se o surgimento de um contingente dos que recebem ordenados e de um tipo novo de técnico superior. Na Grã-Bretanha, os que recebem ordenados foram calculados em mais de 4 milhões, ou cerca de um quinto da população ativa, no início da década de 1930. Recebiam, então, cerca de um quarto da renda nacional. Tal cifra, superior a 4 milhões, mostra um aumento de cerca de um terço desde 1911 (quando formavam aproximadamente uma sexta parte da população ativa), a maior parte desse aumento tendo-se efetuado entre 1921 e 1928.[72] Também é verdade, como já vimos, que a parte de assalariados afortunados o bastante para conservar seu emprego nos anos de crise melhorou sua posição, ainda que os situados nas regiões deprimidas e as profissões atingidas sofressem uma piora séria. Daí não segue, entretanto, que fatos assim tenham a importância atribuída por alguns autores. A nova camada de técnicos e funcionários de escritório não é de modo algum uma classe média no mesmo sentido em que o foram os antigos mestres artesãos do período manufatureiro do capitalismo — aquele sentido no qual Marx se referiu à classe média como em extinção. Estes últimos eram homens de alguma independência econômica, ainda que modesta, pelo fato de serem pequenos proprietários e empresários. Constituíam unidades econômicas individuais, em contato direto com o mercado, empregando às vezes o trabalho alheio, e sua atividade produtiva achava-se ligada a meios de produção que eles próprios possuíam e controla-

---

[70] *Politics of Democratic Socialism*, 107 em diante.
[71] Escreve Durbin: "Uma sociedade que se mostre cada vez mais proletária é coisa do passado. Aquela em que vivemos mostra-se cada vez mais burguesa" (*ibid.*, 112).
[72] Colin Clark, *National Income and Outlay*, 38, 100-1; Durbin, *op. cit.*, 370-1.

vam. Daí ocuparem um papel especial na sociedade, como representantes do modo de produção artesanal. Tal tipo de "trabalhador autônomo (para usar a classificação do Censo) representa hoje apenas uns 6% da população ativa. E Colin Clark calculou que o total de empregadores e trabalhadores independentes, combinados, mostrava uma queda de 14% no próprio período da década de 1920, quando o número de trabalhadores assalariados aumentava com especial rapidez. Em decorrência disso e do fato de que "a maior parte do aumento na população assalariada se encontra na categoria mais elevada", de pessoas com renda superior a £250 por ano, Clark concluiu que tal aumento pode em grande parte ter representado uma substituição dos empregadores independentes por empregados que recebem ordenados (presumivelmente devido ao crescimento das companhias por ações e da grande firma, e um declínio correspondente das pequenas organizações).[73] Quando temos em mente que três quartos de todos os que recebiam ordenados antes da guerra ganhavam menos de £250 por ano (e estavam portanto no mesmo nível de renda dos trabalhadores manuais mais bem pagos), que entre as guerras essas camadas só foram pouco menos atingidas pelo desemprego do que os trabalhadores manuais qualificados (e, como os mesmos, se organizaram cada vez mais em sindicatos) e que perto de 90% da população ativa se compõe de pessoas empregadas mediante contratos de serviços (do qual extraem quase toda a sua renda), parece restar pouca base para questionar o caráter esmagadoramente proletário da sociedade atual na Grã-Bretanha — a menos que esse caráter seja questionado por quem identifica o "proletariado" ao *lumpen*-proletariado e por aqueles que supõem ser o *status* de classe de um assalariado imediatamente modificado se suas roupas não estiverem poídas, se conseguir uma ou duas libras por ano em juros sobre bônus, ou se colher batatas num pequeno terreno.

Outro desenvolvimento do capitalismo moderno ao qual boa dose de atenção se prestou nas análises recentes é o surgimento daquilo que recebeu denominações diversas, tais como "capitalismo absenteísta" e "o divórcio entre a propriedade e o controle". Afirmou-se frequentemente que a disseminação da sociedade por ações exerceu influência democratizadora sobre a propriedade e o controle dos negócios, dando ao pequeno poupador uma parte do negócio e pondo o empresário de pouco capital em pé de igualdade com seu colega de maiores recursos. Há pouquíssimos sinais dessa influência, no entanto. Ao contrário, não só o crescimento do sistema de companhias parece ter favorecido fortemente a concentração de propriedade, em vez de o retardar,[74]

[73] *Op. cit.*, 38-40, 100-1.
[74] Cf. J. Steindl, em "Capital, Enterprise and Risk", em *Oxford Economic Papers*, nº 7, março de 1945, 40-3. A conclusão de Steindl é que: "O efeito notável da introdução do sistema de ações é o fortaleci-

350 *a evolução do capitalismo*

como serviu para incentivar um elevado grau de concentração do controle *de facto*. As formas modernas de organização de companhias proporcionaram uma oportunidade para a multiplicação de um elemento *rentier* que extrai sua parcela dos lucros e possui títulos legais de propriedade de porções do equipamento industrial, mas na verdade inteiramente distantes da indústria (e muitas vezes inocentes quanto à mesma). Como portadores de meros títulos, e títulos negociáveis, seu papel econômico é puramente passivo e, estando separados do processo ativo de produção, veem-se em geral impotentes para exercer qualquer controle sobre ele, ainda que o desejassem fazer. Certos aspectos do procedimento da sociedade por ações, como o voto por procuração, tornam improvável que o grupo geral de acionistas menores possa exercer qualquer influência sobre a política, e às vezes são deliberadamente excluídos pela divisão das ações em classes, algumas com direito a voto, outras não, e pela concentração da maioria (ou fração decisiva) dos primeiros em mãos de um interesse minoritário que domina a política. Quando tais aspectos se combinam a dispositivos financeiros como o truste ou a conjugação de companhias controladoras de títulos, o controle efetivo exercido pela maioria esmagadora dos acionistas vê-se diminuído ainda mais. O resultado é concentrar o controle *de facto* sobre a política de modo muito mais cerrado do que poderia parecer numa inspeção de títulos legais à propriedade; criar de quando em vez um conflito de interesses entre *rentier* e grupo diretor; reforçar a tendência aos motivos primacialmente financeiros (como no referente a modificações a curto prazo nos valores de capital) para dominar a política comercial; e, além disso, transformar de tal modo o teor, em contraste com a forma legal, dos direitos à propriedade, a ponto de desferir o *coup de grâce* na ideologia da propriedade privada que manteve tradicionalmente um lugar na *apologia* do capitalismo.[75] As considerações de poder se misturam às de lucro nessa nova época de "impérios econômicos".

Essa *penumbra* do capitalismo no século XX apresenta importância nada pequena para a história de nossos tempos, mas também aqui certas interpretações foram dadas às suas tonalidades, muito mal apoiadas pelos fatos. Alguns

---

mento da superioridade do grande empresário. Longe de favorecer uma distribuição mais eficiente de propriedade controladora das empresas, acelerou o processo de concentração dessa propriedade."
[75] Cf. "O controle físico sobre os instrumentos de produção foi entregue em grau cada vez maior a grupos centralizados, que administram a propriedade em bloco, supostamente mas de modo algum obrigatoriamente em benefício dos portadores de títulos... Daí resultou a dissolução do átomo antigo de propriedade em suas partes componentes, controle e propriedade benéfica. Essa dissolução do átomo da propriedade destrói o próprio alicerce em que repousou a ordem dos três últimos séculos... A explosão do átomo da propriedade destrói a base da suposição antiga de que a busca de lucros estimulará o dono de propriedade industrial ao seu uso efetivo" (Berle e Means, *op. cit.*, 7-9).

apressaram-se a concluir que o divórcio é tão completo que o controle da política não está mais com o capital, e, com isso, o capitalismo deixou de sê-lo, propriamente dito. Um autor chegou mesmo a descobrir uma "revolução de gerentes" como fenômeno mundial de nossa época. Tal tipo de interpretação, onde não se revela especulação fácil, parece apoiar-se numa leitura malfeita de alguns dos dados revelados pelo estudo de Berle e Means. O Comitê Econômico Nacional Temporário indicou que os casos de "controle empresarial" puro (como Berle e Means o denominaram), onde o controle era conferido a pessoas que não possuíam capital (ou possuíam parcela desprezível dele), eram uma clara minoria; e que, embora o controle por alguns indivíduos e uma pequena fração do capital em ações se mostrasse bem frequente, as pessoas que o exerciam eram na maioria dos casos acionistas substanciais. "Em cerca de 140 das 200 companhias, os lotes de ações em mãos de um grupo de interesses mostravam-se bastante grandes para justificar a classificação dessas organizações como estando mais ou menos sob controle de propriedade"; e os 2.500 funcionários e diretores diversos dessas companhias possuíam entre si mais de 2 bilhões de dólares de capital em suas respectivas companhias, estando essa soma concentrada em grande parte nas mãos dos 250 ocupantes das posições executivas decisivas.[76] O divórcio entre propriedade e controle, em outras palavras, embora seja de importância notável, não é mais do que parcial, seguindo as linhas de uma divisão entre numerosos pequenos donos e um número pequeno de grandes.

Um aspecto da concentração moderna do poder econômico a que esse tipo de discussão recente atribuiu importância é a distorção inevitável assim conferida ao funcionamento da democracia política. Esse "novo baronato" numa era de "impérios econômicos" — "usurpando a soberania do povo" na expressão de Henry Wallace,[77] — não é simples enunciado retórico. Que o capital, através de sua influência sobre a imprensa e outros órgãos de opinião, e sobre os fundos partidários, possa comprar influência política e frequentemente converter tanto os governos locais quanto os nacionais em seus porta-vozes, é coisa há muito tida como lugar-comum, mesmo que toda sua implicação para a teoria política raramente se veja apreciada. Quanto às políticas tarifárias e coloniais, e mesmo à política diplomática no exterior, os exemplos de tal influência se mostraram tão numerosos a ponto de não deixar dúvida a respeito de onde está o poder real quanto a essas questões. Em

---

[76] Monografia do C.E.N.T., nº 29, *Distribution of Ownership in the 200 Larges Non-Financial Corporation*, 56-7, 104 em diante. Também cf. P. Sweezy sobre "The Illusion of the Managerial Revolution", em *Science and Society* (N.Y.), vol. VI, nº 1.
[77] Discurso em Chicago, 11 de setembro de 1943.

relação às décadas imediatamente anteriores à guerra de 1914, o Professor H. Feis escreveu que "os hábitos e a estrutura da sociedade inglesa contribuíram para fomentar uma harmonia nacional de ação [entre finanças e política], Nos pequenos círculos de poder, o poderio financeiro se uniu ao político e sustentava em grande parte as mesmas ideias. Sócios das importantes empresas financeiras sentavam-se na Câmara dos Comuns ou entre os Lordes, onde tinham contato fácil com o Ministério... À medida que a indústria e o comércio altamente organizados alcançaram uma parte firmemente crescente na decisão do curso político da Grã-Bretanha, aumentou a exigência no sentido de que o governo usasse o poder do Estado para auxiliar a indústria britânica a conseguir oportunidades e contratos no exterior, e o Governo britânico acedeu a essa exigência".[78] Assim é que, no caso da China, o governo britânico usou ameaças de força para conseguir concessões para companhias inglesas. No caso da Grécia, "empreendeu o apoio direto a um grupo inglês organizado, controlando vasto investimento, contra uma pequena república", ao passo que, com relação à África, "o Colonial Office (Ministério das Colônias) se entrosava com forças maiores do que ele próprio", e "o Governo e a iniciativa privada muitas vezes se tornaram partes de um só mecanismo".[79] É desnecessário dizer que tais condições não eram peculiares à Grã-Bretanha nas décadas do imperialismo. Quanto à Alemanha, observa o mesmo autor "a estreita parceria de esforços entre governo e bancos" e do governo como "força impulsora, em grande parte do investimento alemão no exterior" enquanto, no caso da França, "para oportunidades nos setores ferroviário e bancário nos Estados bálticos, confiados ao capital francês, a diplomacia francesa trabalhava em meia dúzia de capitais".[80]

É no seu trato com o trabalho, entretanto, que esse regimento monstruoso de poder econômico concentrado se mostra mais evidente, surgindo muitas vezes como um domínio que opera não através, mas independentemente, da maquinaria governamental. Nos meios sociais não proletários, a influência do capital sobre a vida política pode-se mostrar como não mais do que ocasionalmente importuna. Hoje sabemos algo a respeito das tiranias exercidas sobre a vida dos trabalhadores na Grã-Bretanha nos primeiros tempos do sindicalismo, mesmo que na época isso fosse aceito como parte de uma ordem de coisas tradicional e santificada de modo a despertar poucos comentários. Hoje sabemos das tiranias da oficina *tommy-shop*,* da casa possuída pelo

---
[78] *Europe the World's Banker, 1870-1914*, 87, 96.
[79] *Ibid.*, 98-9, 102, 111.
[80] *Ibid.*, 144, 187.
* Artigos fornecidos a um trabalhador, em vez de salários em dinheiro; troca de trabalho por artigos, em vez de pagamento em dinheiro. (N.T.)

empregador e da expulsão de empregados que fizessem coisas desagradáveis para seus patrões, do poder destes para perseguir um trabalhador por causa de opiniões manifestadas por este ou de suas atividades, para privá-lo de emprego e pô-lo na lista negra entre os demais empregadores; do preconceito tanto da lei quanto de sua interpretação pelo magistrado local, que por muito tempo virtualmente privou a classe trabalhadora do direito de associação e reunião política independente. Com as vitórias do sindicalismo em tempos mais recentes, na luta pelo reconhecimento *de facto* e pela sanção legal das negociações coletivas, tais formas mais cruas de tirania do Capital sobre o Trabalho tornaram-se em grande parte coisa do passado na Inglaterra, mas não inteiramente. E as tentativas de retaliação contra os direitos recém-adquiridos do sindicalismo pelo fomento aos sindicatos patronais registraram em seu conjunto uma série de fracassos, mesmo na indústria de mineração, depois da derrota dos mineiros na luta obstinada de 1926.

Fora dos países fascistas, é nos Estados Unidos onde se encontra evidência mais completa, em tempos recentes, dos poderes exercidos pelas grandes companhias no sentido de privar os trabalhadores de seus direitos de associação, reunião e opinião, e, depois da aprovação da Lei de Relações de Trabalho de 1935, no sentido de frustrar os objetivos da legislação federal. Essa história está contada nos volumosos anais de uma comissão de inquérito do Senado: a Comissão La Follette. Em alguns aspectos, é uma história de sabor bem medieval, com seus bandos particulares de *condottieri*, sustentados pelas grandes companhias para uso contra seus próprios empregados, com a interpenetração do pessoal comercial e a administração pública local, com seus métodos mafiosos e o emprego da espionagem particular, suborno e brutalidade em escala impressionante. A National Association of Manufacturs (Associação Nacional de Manufatores), poderosa federação de 200 associações de empregadores em diversas partes dos Estados Unidos e em diversos ramos da indústria, organizou uma campanha de âmbito nacional para derrogar os objetivos da Lei de Relações de Trabalho, que estabelecia o direito legal dos sindicatos, quando suficientemente representativos de sua atividade, de negociar em nome de seus filiados. No distrito de Los Angeles, a Associação local organizou firmas para que se recusassem a manter quaisquer negociações com os sindicatos, fazendo pressão (por exemplo, através de seus banqueiros) sobre os empregadores que não quisessem entrar na linha, operou um centro especial para fornecer furadores de greve e estabeleceu ligações com a polícia a fim de espionar entre seus empregados. "Os interesses comerciais e financeiros mais influentes em Los Angeles", dizia o Relatório, "tentaram deliberadamente sabotar a política nacional de trabalho de negociação coletiva como a mesma era apresentada na Lei de Relações de Trabalho... Empenharam-se numa série de conspirações organizadas para destruir as liberdades civis dos trabalhadores... Fizeram alianças com a imprensa, polícia e funcionários de segurança locais. Por trás de sua política ilegal e antissocial, concentraram um poderio econômico e político que desafiava qualquer aplicação local da lei e do costume do país... A intervenção conspiratória organizada nas negociações coletivas incluía a aplicação em massa dos dispositivos antissindicais comuns como a espionagem dos trabalhadores, o uso de furadores de greve, profissionais, munições industriais, a lista negra, a demissão discriminatória e uma série de armas semelhantes... Por trás desse vasto e poderoso movimento, estavam os líderes do comércio e da indústria, titulares reais, os grupos de banqueiros e financistas, líderes da imprensa local e até recentemente muitos dos funcionários públicos." Em tudo isso a Califórnia não se achava, de forma alguma, sozinha: era "apenas um símbolo de muitas outras regiões em diversas partes da Nação".[81]

Ao mesmo tempo, nos distritos vizinhos da Califórnia, "grupos semelhantes aos *Associated Farmers* [que eram financiados pelos interesses das grandes companhias]... passaram impunemente a perpetuar um sistema de tirania que devia ser motivo de vergonha e preocupação nacionais", na tentativa de esmagar o sindicalismo incipiente entre os trabalhadores agrícolas pelo uso de pistoleiros, espionagem e violência.[82]

Destacadas firmas norte-americanas, como a Republic Steel Corporation, a U.S. Steel Corporation, Carnegie's Bethlehem Steel e Goodyear Tyre Company, gastavam grandes somas na compra de munições e praticavam o emprego de um corpo de guardas armados para usá-lo contra grevistas e organizadores sindicais. Essas "munições industriais" consistiam não só em revólveres, fuzis do exército, espingardas de cano serrado e de repetição, mas também em metralhadoras de tipo militar e "quantidades prodigiosas de gás e equipamento para gás, inclusive espingardas de gás e granadas de gás, "inteiramente inservíveis para qualquer uso, a não ser no desencadeamento de ação ofensiva de caráter militar contra grandes aglomerações de gente". As

---
[81] Relatório sobre *Violations of Free Speech and Rights of Labor: Employers' Associations and Collective Bargaining in California* (1943), parte VI, 792-3, 1019- 1021. História um tanto parecida é contada em outra parte do Relatório sobre as Indústrias de Cleveland onde, em desafio à lei federal, "a política de relações trabalhistas da 'Associated Industry' demonstra produzir luta, amargura, greves e guerra industrial do tipo mais impiedoso e implacável" (Relatório, *Labor Policies of Employers' Associations*, parte 2, 185). A Bethlehem Steel Corporation é acusada de "preferir resolver as disputas industriais, não de modo pacífico através de negociação, mas por meio do fomento à corrupção municipal e movimentos de 'vigilantes' na cidade de Johnstown" (*ibid.*, parte 3, 144).
[82] Relatório sobre *Employers' Associations in California*, parte VIII (1944), esp. pp. 1375-80, 1617.

empresas industriais, na verdade, eram compradoras de "gás lacrimogêneo em quantidades muitas vezes maiores do que as necessárias para os departamentos policiais de algumas de nossas maiores cidades". A alegação de que tais munições destinavam-se puramente a uso defensivo é rebatida pelo fato de que em geral se empregavam contra linhas de grevistas fora dos limites das fábricas, e não contra multidões que as invadissem, e em casos específicos de seu uso, investigados pela Comissão, "não existia perigo de danos para a fábrica em momento algum".[83] O próprio La Follette, em dois relatórios resumidos, provisórios, fala da "usurpação do poder de polícia por 'guardas' e 'delegados' pagos particularmente, às vezes contratados por agências de detetives, muitos com antecedentes criminais", como "prática geral em muitas partes do país"; de "regiões onde nenhum funcionário sindical pode ir e vir sem correr o risco de sofrer violência pessoal"; e da "ameaça ao governo democrático" inerente *ao* "desejo das organizações dos homens das grandes companhias... de fomentar os meios pelos quais partes pecuniariamente interessadas possam fazer a lei por sua própria conta".[84]

O uso em que tais "munições industriais" eram destinadas acha-se plenamente ilustrado no registro desses exércitos particulares. A "espionagem às claras" (ou fazer alguém seguir uma pessoa durante todo o tempo e em todos os lugares, de modo a intimidá-la)[85] e a inserção de espiões em todo o sindicato, com o intuito não só de espionar, mas de o perturbar e destruir, e agir até como agentes provocadores,[86] achavam-se entre as menos ameaçadoras de suas atividades. Empenhavam-se em ataques a indivíduos, espancamento e ferimentos à bala dos organizadores sindicais, dissolução de reuniões e manifestações, e destruição dos escritórios sindicais.[87] O uso dos sistemas

---

[83] Relatório sobre *Violations of Free Speech, etc.: Industrial Munitions*, 185-7, 123. O Relatório conclui que os casos investigados "demonstram claramente a invalidade de qualquer afirmação de que os empregadores precisavam de armas como proteção contra as de seus empregados". Num caso notório da "Pequena Greve do Aço" de 1937, "todo o curso da greve não exibe um só exemplo do uso de munições industriais para proteger as fábricas de invasão ou assalto" *(ibid.,* 124). São também citados casos nos quais "os policiais são armados por um lado, numa disputa industrial, para que venham a usar as armas contra o outro lado". "Aproximadamente metade das vendas de armas destinadas ao uso de gás lacrimogêneo no país vai ter aos empregadores industriais" e "não há registro de vendas feitas aos sindicatos" *(ibid.,* 188, 185). Dois terços das granadas de gás compradas por uma companhia eram de longo, e não de curto, alcance. Na greve de 1934 dos portuários em São Francisco da Califórnia, o gás usado pela polícia local para acabar com a greve foi pago pelos fundos dos empregadores *(ibid.,* 72, 104).
[84] Relatório datado de 12 de maio de 1936, e Relatório Provisório datado de 5 de janeiro de 1938.
[85] Relatório sobre *Private Police Systems: Harlan County* (1939), 53.
[86] Relatório sobre *Industrial Espionage* (1937), 63.
[87] Relatório sobre *Industrial Munitions*, 80-4, 86-7, 104, 109-10; Relatório sobre *Private Police Systems: Harlan County, passim.* Um caso de destruição de escritórios sindicais foi o dos empregados da Goodyear Company. Em 1935, numa fábrica da Republic Steel, carros blindados foram usados

de polícia particular é declarado por um dos Relatórios como tendo levado à "usurpação privada da autoridade pública, corrupção de funcionários públicos, opressão de grandes grupos de cidadãos sob a autoridade do Estado, e perversão do governo representativo".[88] As pessoas empregadas na polícia das companhias eram muitas vezes "homens com antecedentes criminais",[89] e as turmas profissionais para furar as greves eram "em sua maior parte compostas de um tipo especializado de rufiões... bem versados na violência e, às vezes, autênticos *gangsters*.[90] Numa cidade dominada pela Republic Steel, as "liberdades civis e os direitos do trabalho foram suprimidos pela polícia da companhia. Os organizadores sindicais foram expulsos da cidade".[91] Em certas cidades carvoeiras em Harlan County, não só as lojas e casas residenciais eram da companhia como existiam cadeias também dela, enquanto seus guardas, que "perseguiam os residentes da cidade e os organizadores sindicais visitantes" constituíam "os únicos encarregados de fazer cumprir a lei".[92] Por todo o país "quadrilhas particulares aterrorizavam os sindicalizados... agindo como auxiliares de delegados pagos particularmente" e faziam existir "um reinado de terror dirigido contra os mineiros e organizadores sindicais". Delegados e "turmas de malfeitores", sustentados pelas companhias carboníferas, "repetidamente disparavam armas de fogo contra organizadores sindicais, fazendo-o de emboscada nas estradas públicas, no campo aberto e em seus próprios lares. Raptavam e assaltavam funcionários sindicais e dinamitavam os lares dos organizadores", enquanto ao mesmo tempo "subvertiam e corrompiam o cargo de delegado... por meio de muitos favores financeiros extraordinários", bem como o promotor e o juiz do condado.[93] No entanto, esse reinado do terror era dirigido contra os trabalhadores que estavam simplesmente "exercendo os direitos garantidos pela seção 7*(a)* da Lei de Recuperação Industrial Nacional. Entre os métodos do fascismo e as polícias trabalhistas "normais" de poderosas organizações capitalistas, é difícil traçar uma linha divisória. O uso de tais métodos, mesmo que excepcional (o que a evidência norte-americana sugere estarem longe de ser), é testemunho do poder imenso e irresponsável reunido pelas modernas unidades empresariais e da ameaça constante de "uma concentração de poder econômico que pode competir em

---

para furar a linha de piquetes, e organizadores sindicais se viram atacados e gravemente feridos pela polícia particular da Republic Steel.
[88] *Ibid.*, 214.
[89] *Ibid.*, 211.
[90] Relatório sobre *Strike-breaking Services* (1939), 136.
[91] Relatório sobre *Private Police Systems: Harlan County*, 211.
[92] *Ibid.*, 208, também 48-52.
[93] *Ibid.*, 209-11; também 88-111.

termos de igualdade com o Estado soberano... e mesmo substituí-lo". Quando a política empresarial toma a providência de financiar e armar um movimento político de massa para capturar a máquina governamental, proscrever formas opostas de organização e suprimir a opinião hostil, temos apenas uma etapa lógica a mais, além das medidas que estivemos descrevendo.

4

Diversas vezes tivemos ocasião de observar a obsessão crescente da indústria capitalista, em sua fase mais recente, com a limitação dos mercados, obsessão que encontra pouco paralelo no século XIX, a não ser nos anos de hesitação durante a Grande Depressão. Isso se mostra manifestamente ligado ao fato de que a expansão do consumo e das oportunidades de investimento lucrativo veio a arrastar-se cronicamente atrás do crescimento das forças produtivas. No entanto, parece existir para essa obsessão um outro motivo mais profundo, ligado à natureza da técnica moderna. Que algumas das modificações técnicas nas forças produtivas que caracterizaram o século XX, e especialmente o período entre as guerras, tiveram uma significação muito maior do que se observou na época, é coisa que hoje começa a ter reconhecimento geral. A possibilidade de que possam ter efetuado certas alterações radicais em todo o panorama econômico, e nas reações dos empresários capitalistas em relação a ele, é coisa que tem recebido atenção menos frequente.

Essas modificações técnicas dos anos mais recentes apresentaram uma série de traços em comum, os quais passaram a ser popularmente referidos pela designação de "produção em massa".[94] Uma característica de muitas delas foi a introdução (auxiliada em certa medida pela eletricidade como força motriz) de métodos de fluxo contínuo, pelos quais o movimento do produto através de suas etapas sucessivas é governado por um só processo mecânico. "Um traço básico de grande parte de nossa moderna produção em massa é a serialização de máquinas e processos, de modo a reduzir a manipulação a um mínimo

---

[94] Os métodos de "produção em massa", como se emprega geralmente o termo, começaram na América durante a primeira década do presente século, mas, na engenharia britânica, não foram adotados em grande medida senão depois de 1918. Um autor disse que isso "começou, como tantos outros grandes movimentos, quase por acidente. Não como meio de reduzir os custos de produção, mas como recurso para aumentar significativamente a taxa de produção" (L.E. Ord, *Secrets of Industry*, 15). (Quando fala de custos de produção, esse autor presumivelmente se refere a custos primários. Uma taxa de produção aumentada, como é claro, geralmente tem uma redução no custo unitário total por consequência.)

e a arrumar a montagem e outras operações num transportador contínuo ou intermitente, com os processos altamente subdivididos e padronizados."[95] Desse modo, as etapas sucessivas, anteriormente atos separados de produção frouxamente coordenados, acham-se firmemente integradas, A produção se torna contínua, em vez de intermitente. Não só isso transforma e estende a divisão do trabalho, tornando necessária uma subdivisão mais complexa de operações entre as diversas etapas do fluxo de produção, como também faz avançar a subordinação das operações de trabalho ao processo mecânico levando-a a mais uma etapa importante, de modo que pouco resta da iniciativa do artesão de estilo antigo como agente produtor independente (governando o *ritmo* da produção por seus próprios movimentos de trabalho), e, no caso extremo, o trabalhador se torna um mero apêndice da máquina. Mas enquanto, por um aspecto, o trabalhador parece mais completamente ser um "escravo da máquina" — aspecto que certos críticos do industrialismo acentuaram, apontando a "Era da Máquina", em vez do capitalismo, como causa da degradação dos seres humanos — por outro, o trabalhador sob a técnica moderna adquire um novo tipo de independência, pelo menos latente. Deixando de ser "uma extensão dos próprios dedos do trabalhador", a máquina se tornou um agente produtivo mecânico que quase suplanta os membros e dedos humanos, e o trabalho humano se tornou (ou está em via de se tornar) seu supervisor. Com isso, os trabalhadores tendem coletivamente a adquirir um novo sentimento de poder como aqueles que governam os membros de um processo mecânico que está subordinado a seus próprios membros e objetivos. O papel subjetivo, ou ativo e consciente, do trabalho da produção recebe novo destaque; só agora, não em associação à posse individual ou ao orgulho de um artesanato original, mas em um novo cenário coletivo, o homem se vê como cérebro e sistema nervoso da maquinaria, como parte de uma equipe humana coordenada. São pelo menos perceptíveis as potencialidades no sentido de uma nova posição e dignidade do homem como produtor, diferente em espécie, mas não inferior àquela do artesão individual dos tempos idos: potencialidades essas que, quanto mais contrastem com as realidades atuais de posição social, mais terão de influenciar profundamente a psicologia do trabalho e acelerar suas aspirações. O homem como técnico no processo de produção opõe-se cada vez mais à força de trabalho como mercadoria, que é a base sobre a qual repousa o capitalismo.

De muitos modos, mais importante do que essas novas formas da divisão do trabalho e da relação entre o trabalhador e as forças produtivas mecâni-

---

[95] H. Jerome, *Mechanization in Industry*, 395.

cas é a maior unidade conferida ao processo produtivo, do qual cada parte constitutiva tem de ser intimamente entrosada às demais com uma disciplina um tanto aparentada àquela que coordena os distintos instrumentos de uma orquestra. A produção tem de ser um processo verticalmente equilibrado e observar um ritmo comum. Uma perturbação em qualquer ponto logo abala o conjunto. As exigências desse processo equilibrado muitas vezes se estendem além das fronteiras do que era antes um empreendimento separado, e acarretam a integração vertical, sob um controle, daquilo que antes foram unidades autônomas e mesmo a associação geográfica, em um lugar, de etapas de produção anteriormente dispersas. Há vários exemplos desse tipo mais novo de fluxo de produção contínuo integrado, cada qual com particularidades que distinguem seu caráter do de casos análogos. Em muitos ramos de produtos químicos pesados, encontramos uma forma das mais completas de coordenação mecânica de processos sucessivos como um todo técnico virtualmente único e autônomo. Nas indústrias metalúrgicas, vemos o laminador de tiras, ou o laminador de linguados, e a associação moderna em uma unidade complexa integrada de altos-fornos, coqueria, fornos de aço e laminadoras. Temos a linha de montagem contínua na fabricação de automóveis e aeronaves, e análogo a ela (ainda que com características menos marcantes) o sistema de correias transportadoras usado em outras indústrias de acabamento, como a têxtil. "Uma fábrica moderna", já se disse, "produzindo automóveis, máquinas de costura, relógios ou calçados, é como um rio, com seus diversos elementos *fluindo* como afluentes dos diversos departamentos e entrando suavemente na corrente de produção acabada que vem da área de montagem".[96] Sob tais formas, testemunhamos o mais alto desenvolvimento da produção como processo de equipe, mecânico e unitário — daquilo a que Engels chamou "produção social" — em contraste com a produção individual atomística da manufatura com que o capitalismo começou. Mesmo depois da Revolução Industrial, a indústria fabril conservou muito do caráter dessa fase anterior, da qual se originou e isso se prolongou por boa parte, pelo menos, do século XIX. Por exemplo, na tornearia ou na fiação dos têxteis usando-se filatórios, cada operador em seu torno ou cada fiandeiro com seu par de filatórios é em grande parte um processo unitário, cuja velocidade é governada pelo operador individual e que pode ser encerrado ou iniciado independentemente dos demais. Importante resultado disso era que a produção da fábrica em seu conjunto podia variar entre limites bem amplos, tanto por modificações no número de tais unidades individuais em trabalho quanto por

---

[96] *Recent Economic Changes in the U.S.*, vol. I, 90.

modificações no *ritmo* independente de cada unidade. Mas, na medida em que tais relíquias das formas de produção individual mais antigas dão lugar à técnica mais recente tal possibilidade começa a desaparecer. A produção não pode mais variar dessa maneira simples e contínua, vez que é ditada pela capacidade do processo mecânico unificado. Pode ser zero, se a maquinaria for parada, ou igual à capacidade normal do processo em seu fluxo, mas não pode (ou não pode sem dificuldades que não tiveram paralelo numa era anterior) ser intermediária entre os dois.

No quadro tradicionalmente construído pelos economistas para o funcionamento dos processos econômicos, as descontinuidades da oferta e as condições de custo eram encaradas como exceções, ou como cobrindo área pequena demais para terem importância com relação à escala em que as coisas estavam sendo vistas. As descontinuidades, quer devidas a unidades grandes e individuais,[97] quer a elementos de "oferta conjunta", eram encaradas como exceções, de modo que se construíram teoremas na suposição de que o mundo econômico se caracteriza por uma variação contínua. O significado do tipo de inovações técnicas que temos descrito é que as indivisibilidades técnicas e elementos de "demanda conjunta" e "oferta conjunta", conferindo rigidez ao sistema de relações econômicas (reduzindo, por exemplo, as possibilidades de substituição), são consideravelmente aumentadas em importância, quer se apliquem a componentes, quer a agentes produtivos, ou ainda a produtos finais. Além disso, a rigidez imposta pelas condições técnicas se aplica não só a etapas sucessivas no processo de produção, ou a coisas tais como subprodutos, mas também ao fluxo de produção da fábrica, ou grupos de fábricas, tomadas como conjunto. Sem dúvida, é raro encontrar essa rigidez absoluta: descobrir que é fisicamente impossível variar o tamanho da própria fábrica ou a sua taxa de produção, uma vez em funcionamento. Mas, na medida em que o processo de produção se torna um todo unificado, em vez de uma coleção de unidades atomísticas, impõe-se pelo menos um tamanho mínimo, abaixo do qual uma fábrica não pode operar. E, na medida em que os custos fixos ou gerais são aumentados, enquanto os custos diretos ou primários (ou variáveis) são simultaneamente rebaixados, a praticabilidade de variar a produção de uma dada fábrica (por exemplo, pela sua dotação com uma força de trabalho menor) fica ao mesmo tempo reduzida. A modificação técnica no passado teve geralmente a tendência a aumentar a proporção dos custos fixos em relação aos custos primários, mas uma simples alteração nessa

---

[97] No sentido de que a fábrica (ou alguma parte dela), para todos os fins práticos, é uma unidade mínima, cujo tamanho não se pode reduzir.

proporção não modifica obrigatoriamente a maneira pela qual a produção é determinada, em vista de um dado estado da demanda. O que parece novidade a respeito do tipo de aperfeiçoamentos técnicos de que estivemos falando é que eles, na realidade, reduzem (tanto absoluta quanto relativamente) os tipos de despesa que podem corretamente ser classificados como custos diretos pela inclusão do trabalho como parte integrante do processo mecânico unitário, convertendo assim os salários num tipo de custo geral (no sentido de custo que não será reduzido por uma redução na produção).[98] Se os custos diretos (primários) forem suficientemente reduzidos, poderão tornar-se uma influência desprezível nas decisões de produção de uma firma. Acresce que a própria modificação na situação técnica que converte os salários num tipo de custo geral aumenta ao mesmo tempo o tamanho daquela categoria de custos que pode ser evitada por um fechamento completo da fábrica (ou do processo unitário determinado), mas que não pode ser substancialmente alterada por qualquer redução da produção sem isso. Em outras palavras, estes últimos são custos que desaparecem quando a produção é zero, mas existirão como soma fixa em qualquer nível positivo da mesma. Acredito que esse tipo de custo corresponde ao que R.F. Kahn crismou de "custos gerais de operação".

Na situação de que falamos, o único modo pelo qual o empregador pode con-

---

[98] Isso é verdade se os trabalhadores forem pagos por tempo de trabalho (como tende a ser comum nos métodos de produção desse tipo, porquanto a taxa de produção é controlada pela máquina e não pelo operador individual, e o empregador por isso mesmo não tem motivo algum para pagar seus trabalhadores por tarefa). No entanto, onde os mesmos são pagos numa base de tarefa, seus ganhos cairão se a produção for reduzida ao nível da taxa de tempo mínima básica que real, ou virtualmente, acompanha a maioria dos sistemas de pagamento por peça.

Em geral será possível, naturalmente, reduzir a produção pela redução da "entrada" de matéria-prima no processo mecânico, ou pelo rebaixamento da taxa a que tal processo se dá. Com isso, haverá redução na despesa com materiais, mas à medida que o número de operações distintas a serem executadas, e com isso o número de operadores, poderão ser reduzidas, tenderá a ser bem limitada, a não ser com uma reorganização completa de todo o processo. As variações do número de operadores serão provavelmente limitadas à possibilidade (se a taxa em que o processo mecânico se move for substancialmente reduzida) de um operador assumir o que antes eram duas operações bem distintas (como numa linha de montagem): possibilidade que não se deverá mostrar muito grande, pois um princípio fundamental da produção em fluxo contínuo é que o tempo tomado por unidade de operação seja igual, para evitar a interrupção do fluxo. Mesmo que tal possibilidade se mostre extensa, o número de posições intermediárias entre a produção zero e a de plena capacidade será bem pequeno. Acresce que, a menos se espere a variação de produção continuar por algum tempo, um empregador não quererá recorrer a tal "duplicação" de operações, pois uma vez tendo demitido os operadores que se especializaram em uma de duas operações que ora se veem "dobradas" a dificuldade de obtê-los novamente poderá constituir barreira contra a expansão subsequente da taxa de produção.

Tem-se afirmado que um resultado dos métodos de produção em massa foi reduzir a proporção entre trabalhadores "produtivos" e "improdutivos", efetuando assim uma economia de custos gerais. O motivo sugerido é a redução de "papelório" (L.C. Ord, *op. cit.*, 34, 117-18). Mas isso não invalida a afirmação feita acima de que os salários dos trabalhadores "produtivos" deixam de ser um custo direto variável com a produção.

seguir qualquer redução apreciável de sua folha de pagamentos é parar inteiramente o processo mecânico, de modo que o todo (ou virtualmente o todo) dessa folha possa, nesse sentido, se tornar um "custo geral de operação". A existência de "custos gerais de operação" relativamente grande em face dos custos diretos e custos totais significará que, mesmo que seja *fisicamente* possível variar a taxa do fluxo da produção, tal variação poderá ainda assim ser *economicamente* impraticável, pois qualquer redução da produção (em vista, por exemplo, de uma queda da demanda), assim que tenha reduzido as receitas líquidas (isto é, receitas brutas, menos os custos diretos) abaixo das "despesas gerais de operação", tornará o fechamento completo da produção a alternativa preferível. No caso extremo,[99] não haverá nível intermediário de produção que seja praticável entre a produção a plena capacidade e aquela em nível zero.

Seria naturalmente absurdo supor que tal situação seja encontrada frequentemente em sua forma extrema, nem se pode dizer que a tendência a ela se mostre comum em toda a indústria, mas em esferas importantes desta última, e principalmente em algumas como a química — que prometem estar entre as principais indústrias do futuro — algo aproximado a essa situação parece ter sido o desfecho do aperfeiçoamento técnico nas últimas décadas: aperfeiçoamento que, em si mesmo, é filho legítimo da energia elétrica e da química industrial moderna.

No caso do ferro e do aço, especialmente no tipo moderno de fábrica integrada, podemos encontrar exemplos notáveis disso em alguns ramos, se bem que não em todos. No caso do alto-forno, temos a indivisibilidade do mesmo como unidade, que (para funcionamento eficiente) é hoje de tamanho considerável. Vale a pena conservá-lo aceso, ou não vale, e embora um forno possa ser operado mais ou menos lentamente pela variação da quantidade de ar injetada em sua coluna, essa possibilidade de variar seu ritmo não é mais do que limitada, sendo o trabalho necessário pouco modificado. É bem verdade que uma usina geralmente se compõe de diversos fornos, e poderia parecer que a produção pudesse variar com facilidade, com uma variação proporcional de custos, modificando o número de fornos acesos. Na prática, entretanto, raramente isso é realizável, a não ser em casos nos quais os fornos são de pequena capacidade e toda a usina se mostra grande o bastante para

---

[99] O caso extremo será onde os "custos gerais de operação" forem iguais às receitas líquidas em funcionamento de plena capacidade (sendo o preço tomado como dado pelo grau de monopólio em relação aos custos diretos). Tal não deverá ser o caso, a menos que *todos* os custos gerais sejam "custos gerais de operação" e assim se mostra extremamente improvável encontrá-los como caso normal na prática. Pode haver aproximações a isso, no entanto.

incluir um número considerável deles, operando um ao lado do outro. Particularmente a existência de grandes custos de paralisação e reativação milita contra o uso desse método de variar a produção e aconselha a rigidez face a qualquer coisa exceto variações da demanda que sejam grandes ou se espera venham a ser de longa duração. Nos altos-fornos, "a paralisação ou reativação podem ser custosas, e a primeira pode ocasionar uma deterioração séria de parte da unidade". Acresce que muitas vezes se acha "desejável ter diversos fornos fornecendo ferro ao misturador, numa usina de aço, para garantir sua uniformidade".[100] No caso de coquerias, tais fatores que causam a rigidez de produção mostram-se em evidência ainda maior. "Os revestimentos internos de sílica são estragados pelo resfriamento, com o que a continuidade do trabalho se mostra essencial", e, embora em medida limitada seja possível reduzir a produção pela redução do ritmo, "a força de trabalho continua quase inalterada" e os custos totais de mão de obra mostram-se quase os mesmos na pequena produção e na maior.[101] Em contraste, nos fornos de aço abertos, como a paralisação e reativação não representam custos elevados e os fornos em geral são apagados nos fins de semana, a produção pode ser facilmente ajustada em qualquer ocasião pela suspensão do funcionamento de um forno. Já nas laminações, o método comum de fazer frente às alterações da demanda é a modificação no número de turmas de trabalho.

Uma outra influência que causa rigidez na produção de uma usina integrada moderna de ferro e aço é a existência de produtos comuns, e além disso o uso do produto conjunto de um processo como constituinte essencial de outro, como sucede no caso do uso do gás dos altos-fornos para aquecer os fornos de aço ou a operação da usina de força elétrica, servindo à aciaria e oficinas ligadas à mesma, que recebem aquele gás de fornos como combustível. Daí a escala de produção em um ponto numa usina integrada complexa não poder ser alterada sem afetar a produção em outros pontos: o fluxo de produção não só nos diferentes estágios, mas de diferentes produtos na usina complexa, se achará entrosado.

Considerações semelhantes podem ser aplicadas à indústria química, chamada por um autor de "a indústria *par excellence* dos subprodutos e da produção conjunta".[102] Como disse o mesmo autor: "No caso de que todo o sub-

---

[100] D.L. Burn, *Economic History of Steelmaking*, 521, 522. Acrescenta Burn: "Os revestimentos dos altos-fornos não são obrigatoriamente danificados pela interrupção do funcionamento, mas poderiam ser, e o processo de interrupção é longo e caro".
[101] D.L. Burn, *op. cit.*, 522. Burn cita cifras para mostrar que o custo de mão de obra por tonelada seria quase o dobro se a produção de "uma bateria moderna de fornos caísse pela metade".
[102] Von Beckerath, *Modern Industrial Organization*, 80.

produto seja gasto dentro do próprio combinado (como, por exemplo, quando as minas, aciarias e laminações das oficinas integradas são supridas por energia dos fornos), mostra-se impossível reduzir a produção da mercadoria principal, se a mesma estiver conjugada à geração da energia. Assim temos que, nesse caso, a produção de ferro-gusa não pode ser reduzida sem se eliminar o subproduto 'energia', tão indispensável ao funcionamento de todo o complexo."[103] A possibilidade de variação mostra-se um tanto maior do que esse autor indica, devido à variação possível na proporção entre ferro-gusa e sucata no forno de aço, mas tal variação geralmente só é praticável dentro de um limite comparativamente restrito, restando veracidade substancial na afirmação de que a política de produção de uma unidade produtiva complexa em nossos dias, seja metalúrgica ou química, tende a se determinar dentro de limites bem estreitos, uma vez estabelecidas a escala e disposição geral da usina e feito o investimento original. De qualquer forma, as mudanças resultantes da técnica moderna roubaram a essas indústrias grande parte da flexibilidade de produção de que falam os compêndios econômicos e vêm cada vez mais ditando suas ordens aos responsáveis pelas decisões econômicas.

No que diz respeito à produção de toda uma indústria (em distinção à de uma usina individual) essa tendência a reduzir o alcance da sua variação se vê reforçada pelo crescente predomínio, à medida que se desenvolve a especialização, do que podemos chamar "indústrias de uma firma", ou melhor "indústrias de uma fábrica". O significado de uma indústria é algo a que os economistas geralmente não têm conseguido afixar qualquer definição coerente, e pareceria que qualquer definição precisa se mostra impossível peia natureza do caso. Na linguagem comum, a palavra "indústria" em geral significa uma classe ampla de produtos semelhantes, abarcando fábricas e firmas. Assim temos que o ferro e aço são comumente referidos como uma indústria, e de outras vezes encontramos até uma referência a uma entidade conglomerada, intitulada "a indústria metalúrgica". Para muitos dos fitos dos economistas, entretanto, torna-se necessária uma definição muito mais precisa do que isso, e a coerência lógica requer que eles tracem suas fronteiras ao redor da produção de uma mercadoria separada, que possui seu mercado separado, no sentido de que outros produtos semelhantes na prática não são encarados

---

[103] Ibid., 80-1. Cf. também: "Se examinarmos uma firma de produção de aço, a laminação, os poços de cozimento ou fornos de reaquecimento, a coqueria, os altos-fornos, foram desenhados de tal modo que sua produção se equilibra quando funcionando à plena capacidade. Nessa capacidade, a usina se mostrará altamente eficiente. Mas, se por algum motivo, for preciso produzir 30% menos do que à plena capacidade, toda a usina estará perturbada" (E.A.G. Robinson, *Structure of Competi- tive Indusrry*, 95).

como substitutos perfeitos da mesma. Quanto mais nos aproximamos dessa definição última e mais estreita, tanto mais provável é (se a produção estiver eficientemente organizada) que essa determinada "mercadoria" ou "linha" seja o produto não de diversas firmas, porém de uma fábrica especializada (ou seção de um complexo fabril). Na medida em que isso sucede, o monopólio na oferta de mercadorias distinguíveis entre si se mostrará mais comum, e a concorrência entre numerosas firmas servindo o mesmo mercado menos comum do que pareceria à primeira vista quando a indústria se vê definida mais amplamente e quando a homogeneidade de uma ampla e variada faixa de produtos é acentuada, em vez de sua heterogeneidade.

Ao examinar o mecanismo de ajustamento da produção e do preço à demanda, os economistas em geral focalizaram sua atenção em três variáveis principais: em primeiro lugar, o *número* de firmas (ou fábricas) em uma "indústria"; em segundo lugar, o tamanho de cada fábrica, e, em terceiro, a quantidade de "fatores primários" (mão de obra e materiais) que se combinam com os "fatores fixos" em cada usina em qualquer momento — ou a "carga de produção" de uma fábrica individual. Na medida em que um determinado tipo de produto seja o monopólio de uma única fábrica, o primeiro método de variação da produção de uma indústria se verá excluído.[104] O segundo tipo de variação só é possível num período bastante longo para que se empreenda a reconstrução da fábrica, e sua possibilidade, mesmo a longo prazo, se verá reduzida, na medida em que a técnica impõe um limite (devido às indivisibilidades) ao número de tamanhos de fábrica que é praticável escolher. O terceiro tipo de variação, como vimos, tende a mostrar-se muito mais restrito em nossos dias do que anteriormente, devido a certos traços dos métodos técnicos modernos. Com tais elementos importantes de descontinuidade em cada um desses níveis, pareceria que os ajustamentos satisfatórios

---

[104] Pode ser objetado que o menor grau de variabilidade, nesse caso, é puramente formal, devendo-se simplesmente a um estreitamento da definição de uma indústria, mas o mesmo contém uma implicação de importância fundamental para a teoria econômica, de que aquela variabilidade é relegada a uma esfera que cai *fora* do território de *determinadas curvas de demanda* e trata da questão de *quantas mercadorias* (ou quantas variedades dentro de um grupo de mercadorias) serão produzidas. Em certo sentido, a última é um elemento arbitrário em qualquer sistema de análise econômica (seja de equilíbrio particular ou geral). Como a questão das "novas mercadorias", satisfazer "novas necessidades" é algo geralmente governado pela iniciativa dos produtores e não pela escolha dos consumidores (porquanto estes, na prática, raramente têm simultaneamente diante de si, para escolher, o sortimento maior de mercadorias, aos preços apropriados à produção mais variada, e o sortimento menor, aos preços apropriados à produção mais padronizada — mesmo que, sob concorrência pura, tal alternativa se *possa* apresentar, se um concorrente correr o risco de se especializar e oferecer uma mercadoria padronizada a um preço menor em rivalidade com a variedade de preço maior). Não se trata, portanto, de coisa que se possa encarar simplesmente como parte do mecanismo pelo qual a oferta é tomada como adaptando-se a uma *dada* configuração da demanda.

das receitas aos custos marginais, em termos dos quais a teoria econômica veio a enunciar o problema econômico — e além disso enunciá-lo com generalidade bastante para se aplicar a qualquer tipo de sistema econômico — apresentam um grau decrescente de importância, e a situação econômica, com as forças cruciais a modelá-la, possui uma forma diferente daquela que tradicionalmente se supunha.

As consequências desses novos desenvolvimentos da situação técnica são diversas, e algumas delas parecem ter alcance maior do que inicialmente se poderia supor. Em primeiro lugar, tudo indica que fazem aumentar a extensão em que modificações importantes da técnica e da estrutura industrial têm de se efetuar por saltos revolucionários, ao invés de fazê-lo por uma sucessão gradual de pequenas adaptações, aumentando assim ao mesmo tempo o perigo da ossificação de uma estrutura existente, devido à relutância ou à incapacidade dos empresários para fazer frente ao custo e aos riscos próprios a tal modificação em grande escala. O estudo dos processos econômicos vê-se cada vez mais influenciado pelo reconhecimento de que aquilo a que podemos chamar "horizonte temporal" dos homens de negócios desempenha um papel preponderante na determinação das expectativas e, portanto, das ações dos empresários, sendo frequentemente decisivo na escolha entre a visão a curto e a longo prazo em torno da qual tanta coisa gira no desenvolvimento da indústria. Num mundo de incerteza quanto aos planos e intenções de outras firmas e outras indústrias, existe sempre uma inclinação pela visão mais curta, ao invés da mais longa, com sua multidão de imponderáveis. E cada aumento nos custos próprios à inovação — custos que são patentes e calculáveis, enquanto os frutos da inovação são distantes e incertos — fortalece essa inclinação para a visão a curto prazo e para a adesão ao *status quo* conhecido. A história recente, especialmente da indústria britânica, fervilha de exemplos dessa inclinação, e há sinais de que a tendência dos desenvolvimentos modernos seja aumentá-la. Von Beckerath indicou que, na indústria moderna, a inter-relação crescente das diversas partes de uma organização produtiva não só "diminui a adaptabilidade de uma usina complexa às flutuações da demanda pelos produtos de suas seções diferentes", como também aumenta as dificuldades ligadas à transformação e à inovação técnicas. "Uma combinação mecânica da mão de obra não pode ser mudada com facilidade, e a transformação da maquinaria de uma fábrica habitualmente causa modificações bem caras em todo o sistema. Quanto mais completa a mecanização, tanto maior a despesa."[105] De modo semelhante, E.A.G. Robinson indicou que

---
[105] *Op. cit.*, 86-7.

"quanto mais complexa uma firma, quanto mais altamente especializada em equipamento, quanto melhor adaptada ao ritmo de produção existente, tanto mais caro e difícil será seu reequipamento, tanto mais complicada a tarefa de mudar e ajustar às suas novas funções as peças pesadas e caprichosas da maquinaria".[106] Até onde isso acontece, pode bem suceder que somas maiores sejam necessárias para financiar a reorganização do que, de uma só vez e ao mesmo tempo, se pode conseguir com as reservas até de uma organização grande (a não ser, pelo menos, que tais reservas tenham sido acumuladas para isso ao correr de uma década, ou décadas, de condições incomumente lucrativas), ou se possam obter por uma emissão ordinária de novo capital.[107] O resultado aparece na dependência crescente da indústria, ao financiar as inovações técnicas, para com o auxílio dos bancos ou de instituições financeiras filiadas de bancos, e mesmo para com a ajuda do Estado, fortalecendo assim a tendência para o que se chamou de "capital financeiro" e mesmo para uma certa margem de "capitalismo de Estado".

Em segundo lugar, os riscos específicos ligados à operação de uma fábrica de tipo moderno numa economia não planejada (onde as flutuações da demanda se mostram tão grandemente incalculáveis) podem impedir sua adoção, e estabelecer uma preferência por uma forma técnica de um tipo mais antigo e menos eficiente. O fato de que a fábrica só possa ser operada lucrativamente à plena capacidade ou perto disso, e de que, se a demanda for menor do que o produto dessa capacidade, prejuízos substanciais podem ocorrer devido à inflexibilidade dos custos, pode levar o empresário a um conflito entre o *optimum* financeiro de tipo e dimensão e o *optimum* técnico, caso em que se inclinará a preferir o primeiro.[108] Por exemplo, o tamanho maior dos fornos de ferro e aço norte-americanos, em comparação aos britânicos, e a frequência muito maior de grandes fábricas integradas na América foram muitas vezes atribuídos à maior possibilidade de que gozam as fábricas norte-americanas de manter o funcionamento à plena capacidade, em vista de seu mercado nacional maior e mais seguro. Na União Soviética, com seu programa de investimentos planejado a se estender pelo período de um lus-

---

[106] *Op. cit.*, 85-6.
[107] Exemplo disso é o financiamento da racionalização da produção do ferro e do aço da Inglaterra, muito discutido nos anos finais da década de 1920, ou do reequipamento da indústria carbonífera britânica após a guerra.
[108] Isto é, de dois métodos, um dos quais é o mais eficiente *quando* se opera à plena capacidade ou perto disso, e o outro muito menos eficiente, mas acarretando uma proporção maior de custos variáveis que se mostram redutíveis quando cai a produção, o empresário tenderá a escolher o último por representar menos riscos de prejuízos se e quando a demanda se mostrar insuficiente para tornar possível o funcionamento à plena capacidade.

tro, e as possibilidades que isso proporciona ao entrosamento da capacidade produtiva na indústria pesada com a demanda pelos produtos da mesma, o tamanho de aciarias mais modernas tende a superar até mesmo o das norte-americanas, e a padronização geralmente é levada muito mais longe do que na América.[109] A esse conflito entre *optima* financeiro e técnico, acha-se ligada a tendência bem conhecida da "concorrência monopolista" a tomar a forma de multiplicar as variedades e manter ou criar, para cada qual, seu mercado privado distinto, ou clientela de fregueses ligados a cada firma, em vez de se esforçar por métodos de barateamento dos preços. Essa tendência opera contra a padronização, seja em bens de consumo ou de capital, resultando num grande número de mercadorias e fábricas, cada qual com seu mercado limitado, em lugar de um número menor de mercadorias e fábricas, cada qual servindo a um mercado maior e menos variável[110] onde todas as potencialidades dos métodos técnicos modernos poderiam ser exploradas. A produção em massa foi chamada "a arte de fabricar a quantidade máxima no mínimo de variedade".[111] Em alguns casos, a diferença em eficiência entre a produção de numerosas variedades, cada qual numa escala relativamente pequena, e a produção mais padronizada, numa escala maior, mostra-se espantosa. N. Kaldor recentemente afirmou que "para uma ampla faixa de bens de consumo duráveis — como móveis, aparelhos de aquecimento ou cozinha, aspiradores de pó, aparelhos de rádio, refrigeradores ou mesmo automóveis — os preços de antes da guerra em muitos casos eram três ou quatro vezes maiores do que seriam se fosse tirada toda a vantagem possível das potencialidades da produção em massa padronizada, e se esses bens tivessem sido comercializados de modo razoavelmente eficiente", citando o fato de que "a produtividade em homem-hora da indústria automobilística norte-americana se mostrou três a quatro vezes maior do que a da Grã-Bretanha" como evidência das potencialidades da produção em massa padronizada num país onde o mercado era grande em relação ao número de variedades produzidas.[112]

---

[109] Um exemplo de padronização em bens de capital é que, sob o Segundo Plano Quinquenal, a indústria soviética se concentrou na produção de quatro tipos de trator para a agricultura, cada qual numa fábrica especializada: um trator leve de 15 HP em Kharkov, um trator de esteira de 48 HP cm Cheliabinsk, um tipo especial para cultivo em fileiras nas usinas Putilov em Leningrado, e um quarto em Stalingrado. Isso se compara a cerca de oitenta tipos diferentes produzidos nos Estados Unidos, embora a URSS estivesse à frente na produção mundial de tratores (Gosplan, *The Second Five Year Plan*, 138-9).
[110] Menos variável, bem como maior, pois, quanto mais se multipliquem as mercadorias e "linhas" que sejam substitutos aceitáveis entre si, tanto mais sensível o mercado de cada uma delas se mostrará às variações em oferta e em preços nos outros mercados.
[111] L.C. Ord, *op. cit.*, 35.
[112] *The Times*, 10 de janeiro de 1945; 1º de fevereiro de 1945; cf. também as cifras para produção *per*

Em terceiro lugar, cria-se uma situação na qual um valor incomum é conferido às medidas destinadas a ampliar o mercado ou a capturar a demanda. Já falamos da tendência de monopólio a reduzir a produção no interesse de manter os preços. Na medida em que as condições técnicas conduzem à rigidez de produção, esse instinto comercial será contrariado; e, caso seja contrariado, poderá seguir-se que as flutuações da produção e do emprego serão moderadas e a política comercial terá menos efeitos antissociais do que a teoria do monopólio geralmente implica. Ter-se-á de fazer uma escolha inicial em favor de uma unidade de produção menos eficiente, com capacidade menor, ou, onde isso for impraticável ou, por qualquer outro motivo, tal alternativa não tenha sido escolhida, a situação de custos incentivará a manutenção da produção em nível próximo ao de plena capacidade, mesmo diante de uma contração da demanda. Esta última poderá ser a consequência provável, em vista de flutuações de preço de curto prazo, principalmente onde a produção pode ser feita para estoque (ou usada para reparos e manutenção próprios, como acontece às vezes num grande combinado metalúrgico), de modo que se possa manter sem qualquer grande sacrifício de preços como resultado. Onde a manutenção do estoque for difícil ou arriscada, no entanto, as flutuações da demanda que se espera sejam não temporárias provavelmente incentivarão alternações violentas entre o pleno funcionamento e o fechamento completo das fábricas ou seções das mesmas, tendo como consequência flutuações descontínuas e exageradas da produção e o recurso desesperado, quando a demanda for inadequada, àquelas medidas concertadas visando destruir a capacidade produtiva e que foram traço tão marcante de certas indústrias entre as guerras. O funcionamento abaixo da plena capacidade, em outras palavras, pode tomar a forma de fábricas abandonadas e subsídios concedidos àquele que destrói suas máquinas, em lugar de um ritmo menor de operação acompanhado de reduções parciais do pessoal em geral.

Seja qual for o efeito preciso sobre a política de produção, torna-se evidente que, em qualquer situação onde a redução desta última e a manutenção dos preços se tornem difíceis, a indústria monopolista será impelida à alternativa de tomar medidas para sustentar a demanda. Numa situação onde existisse alguma necessidade física de escolha entre o funcionamento à plena capacidade e nenhuma produção, pode-se dizer que a política comercial, visando elevar os lucros ao máximo, não teria outra alternativa senão exercer

---

capita em certas indústrias manufatureiras, no Reino Unido e Estados Unidos, dadas pelo Dr. L. Rostas em "Industrial Production, Productivity and Distribution in Britain, Germany and U.S., 1935-7", *Economic Journal*, abril de 1943, 46. Estas mostram que a produção física por operador em automóveis, nos Estados Unidos, era quatro vezes maior do que na Grã-Bretanha, no rádio cinco vezes e na indústria cm geral bem mais do que o dobro.

seus esforços no sentido de ampliar o mercado, ainda que tais esforços acarretassem considerável despesa. Mesmo onde não há tal necessidade física, entretanto, a combinação de custos diretos relativamente baixos ou variáveis com grandes custos fixos, e especialmente com grandes custos não variáveis de operação ou "despesas gerais de operação", poderá tornar tais medidas a alternativa única para prejuízos substanciais. Podemos apresentar a questão de outro modo, dizendo que, sob tais condições, a margem de lucros brutos sobre cada unidade de produção *extra* será tão grande que conferirá um valor óbvio e incomum a quaisquer medidas que possam expandir a demanda, e, se tais medidas tiverem sucesso, não só tornarão as vendas suficientes para absorver toda a capacidade da fábrica, mas poderão também permitir que o preço de venda seja igualmente elevado. Enquanto a manutenção de preço pela restrição é o primeiro capítulo da política monopolista, o segundo consiste em campanhas intensas para sustentar a demanda.

Tal política pode assumir uma variedade de formas, e cada uma delas teve seu lugar conhecido na história econômica dos últimos anos. Pode tomar a forma de campanhas de vendas, boicote organizado de fontes rivais de oferta, captura e fortificação de mercados desprotegidos, adiantar a integração para controlar ou influenciar o uso de produto, ou o uso de pressão política para conseguir a ajuda do Estado ou órgãos públicos como consumidor e empreiteiro. Mas, embora tais medidas possam melhorar a sorte de uma firma, e mesmo de toda uma indústria, desviando a demanda dos rivais, como política geral logo encontram limitações sérias. No caso das indústrias de bens de consumo, há o limite imposto pelo nível de rendas da maioria dos consumidores, que só pode ser substancialmente aumentado à custa de uma redução na desigualdade de rendas e, assim, da renda da classe proprietária. No caso das indústrias de bens de investimento, a expansão do mercado depende de um aumento na taxa de investimento, que é limitada pelo "medo à capacidade produtiva" e pela relutância dos capitalistas em aumentá-la.

Das medidas adequadas para afetar em grau substancial as vendas de qualquer setor importante da indústria capitalista, há duas que se destacam das demais. Em primeiro lugar, há o controle político dos territórios estrangeiros, destinado a abri-los como novas áreas de desenvolvimento e como mercados protegidos e preferenciais, o que se mostrou traço fundamental da expansão capitalista desde as últimas décadas do século passado. Em segundo lugar, e mais recentemente, há a despesa do Estado com armamentos, feita em cumprimento das necessidades de guerra mecanizada do século XX, com seu efeito dominante sobre toda uma cadeia de indústrias e particularmente a pesada. Essa modalidade de despesa apresenta a vantagem ímpar, para a sociedade capitalista, de criar e produzir instrumentos de destruição, em vez de mais instrumentos de produção, e de estar enraizada numa demanda aparentemente insaciável. Em vista da importância fundamental desses dois expedientes, não surpreende que a estratégia empresarial viesse tanto a tomar um caráter político, em medida que provavelmente só encontra paralelo nos primórdios da história da burguesia.

Na economia fascista, e mais notadamente no caso da Alemanha nazista, essas duas políticas se combinaram: a expansão territorial sistemática pelo Estado e a organização da economia normal dos tempos de paz na linha de uma economia de guerra, com as encomendas de armamento feitas pelo Estado como seu esteio. Nessa fusão de duas políticas, cada qual se viu reforçada pela outra, e, com elas, como suas sequências lógicas, combinaram-se outras: medidas extensas de controle estatal da economia, inclusive o controle do investimento e dos preços, e liquidação dos sindicatos como prelúdio a medidas de controle autoritário dos salários. Tais medidas faziam lembrar aquele regime de regulamentação econômica encontrado em certas etapas da infância do capitalismo, e o controle de salários particularmente executava a função, como seu protótipo, de estabilizar o mercado de trabalho numa situação onde os empregos achavam-se sob o risco de se tornar tão abundantes quanto os homens, e frear qualquer movimento ascendente de salários que pudesse advir da pressão ascendente da demanda. Como resultado, entre 1933 e 1938 e diante de um grande aumento no emprego, "ocorreu uma queda marcante das taxas de salários reais e provavelmente também um declínio do poder aquisitivo de salários por hora", enquanto "as margens de lucro mostravam-se extraordinariamente elevadas em comparação às condições existentes em outros países ou às condições predominantes na Alemanha na década de 1920".[113] Ao mesmo tempo, o controle sobre o investimento permitia impor um limite à expansão da capacidade produtiva, sendo proibida a instalação de equipamento novo numa ampla faixa de indústrias, a não ser mediante aprovação oficial. Tais medidas estavam entre os primeiros esforços do governo nazista destinados a adquirir o controle.[114]

Em sua política de expansão territorial, a economia fascista introduziu dois aperfeiçoamentos significativos no imperialismo antigo. O imperialismo do tipo anterior a 1914 voltara os olhos para as regiões agrícolas não desenvol-

---

[113] K. Mandelbaum, em *The Economics of Full Employment* (Oxford Institute of Statistics), 194-5.
[114] Cf. Otto Nathan, *The Nazi Economic System*, 154-62. "Entre 1933 e a irrupção da guerra em 1939, setenta e dois decretos regulamentando a capacidade produtiva foram promulgados, sob a autoridade da Lei do Cartel Compulsório. Em geral destinados a vigorar por períodos entre três meses e dois anos, na maioria eram renovados repetidamente, e ainda se achavam em vigor em 31 de dezembro de 1939" (*ibid.*, 156).

vidas do mundo, tendo a exportação de capital como sua preocupação maior. Os objetos de investimento tinham sido principalmente o desenvolvimento da produção primária, como a economia de mineração e plantação, ferrovias, telégrafos e construção de portos — tudo isso absorvendo capital em elevado grau —, e, em certa medida, de indústrias empenhadas no processamento de matérias-primas regionais. Mas o desenvolvimento da indústria nessas regiões coloniais foi limitado pelo fato de que, se qualquer industrialização extensa ocorresse, isso iria resultar inevitavelmente em repercussões daninhas sobre o valor do capital investido em indústrias similares no país metropolitano. Levado até o fim, tal processo de industrialização teria naturalmente resultado na descolonização econômica da colônia. Era de esperar que os grupos de interesse que encontravam uma saída para parte de seu capital no desenvolvimento colonial buscassem torná-lo complementar, e não rival, de seus investimentos em seu próprio país, e garantir que, naquilo que tinham destinado para mercados preferenciais seus, não se formassem concorrentes. Quanto maior a proporção em que os grupos de interesse atingidos nas colônias fossem os mesmos grupos de interesse atingidos nas principais indústrias de seu país, ou filiados a eles, tanto mais isso deveria suceder. Mas, ainda que tais grupos se mostrassem inteiramente separados, era de esperar que o Estado imperial, como guardião dos interesses do capital em seu conjunto, modelasse sua política econômica colonial tendo em vista o efeito provável sobre os valores de capital no país natal. Daí as vantagens dessas colônias como campo de investimento tenderem sempre a ser obscurecidas pela preocupação com retardar seu desenvolvimento industrial, pelo menos em linhas autônomas, para manter a economia colonial tão complementar da economia da metrópole como, em séculos anteriores, o mercantilismo quisera fazer. Assim, com o correr do tempo, os dois motivos econômicos predominantes do imperialismo — o desejo de expandir o campo de investimento e o desejo de expandir o mercado para os produtos industriais da metrópole — vieram a situar-se em contradição um com o outro.

As décadas da Primeira Guerra Mundial e de 1920 testemunharam o aparecimento do nacionalismo colonial, embora figura nova, como personagem destacado no cenário histórico. Nascido como reação à exploração dos territórios coloniais em benefício das principais potências capitalistas, o nacionalismo colonial nutria a ambição de converter as regiões coloniais em unidades autônomas, no sentido econômico bem como no político, seguindo políticas de industrialização livres da influência de capital estrangeiro e recorrendo a tarifa autônoma e política financeira modeladas para esse fim. Tais aspirações estavam começando a conquistar alguns êxitos substanciais, ainda que limitados até então, no período entre as guerras. E, no grau em que os atingiam, criavam barreiras contra qualquer extensão dos privilégios do capital estrangeiro nessas esferas. Como fator de animação para a economia capitalista do Velho Mundo, os mercados e campos de investimento coloniais pareciam ter tido a sua época. Pelo menos, as oportunidades de maior expansão nesses terrenos, ao longo das linhas tradicionais, estavam-se estreitando cada vez mais. Barreiras tarifárias dando preferência às indústrias nativas, o boicote dos produtos e modas estrangeiros, um movimento no sentido de uma política bancária autônoma e a retirada de privilégios políticos e econômicos especiais aos estrangeiros, tais como os direitos de extraterritorialidade na China, tudo isso constituía indicadores importantes da direção dos ventos, e os movimentos populares, que tão recentemente haviam ganho impulso na Índia e na China, no Oriente Próximo e na América Latina, poderiam perfeitamente espalhar-se amanhã pelo continente africano. Se o imperialismo queria continuar representando uma força expansiva do capitalismo nos países mais antigos, tinha de encontrar território novo, ou uma nova técnica.

Foi isso o que, em grande medida, o imperialismo fascista tentou fazer. Mais por necessidade do que por desígnio, talvez, o fascismo germânico voltou sua atenção para os países contíguos no continente europeu, que estavam já industrializados, totalmente ou em parte, e não proporcionavam qualquer *tabula rasa* para investimento de capital, como a África ou a China haviam proporcionado para o capital inglês, francês ou alemão na segunda metade do século XIX. Ali a exportação de capital não podia ser o cerne da política. Tratava-se, em vez disso, de entrosar as economias destes países com a da Alemanha, de tal modo que se tornassem economias-satélites dependentes. Tal plano inevitavelmente acarretava medidas de desindustrialização (pelo menos em parte) dessas novas regiões coloniais: medidas que se iriam tornar o objetivo declarado da Nova Ordem hitleriana na Europa, conforme proclamado no famoso discurso do Dr. Funk em julho de 1940 como objetivo da política a longo prazo e não simplesmente como expediente de guerra.[115] Nesses territórios-satélites, as indústrias alemãs iriam encontrar mercados novos e preferenciais onde poderiam desfrutar um monopólio ou semimonopólio. No que dizia respeito à indústria pesada, o papel da exportação de capital no estabelecimento de uma saída para seus produtos já fora assumido (pelo menos temporariamente) pelas encomendas do Estado a fim de suprir suas necessidades de armamento. A analogia com o mercantilismo era levada a mais uma etapa, enquanto ao mesmo tempo se ajustava às condições de um tipo moderno de economia onde a indústria pesada se

---

[115] Cf. C.W. Guillebaud, em *Econ. Journal*, dezembro de 1940.

mostrava tão grande. A subordinação inicial desses Estados vizinhos tornou-se mais fácil pelo fato de que, por serem já Estados capitalistas, sua classe dominante via-se aflita com o medo de uma revolução social, o que a predispunha a aliar-se ao movimento que afirmava ter acabado com a luta de classes em seu país e levantava a bandeira de um Pacto Anti-Comintern no exterior. Essa nova técnica fascista de penetração política, ao invés de ser uma expressão da sobrevivência teimosa do nacionalismo, é testemunho do significado maior do antagonismo de classes dentro de cada região nacional, no período entre as guerras, e mostra o quanto este antagonismo está profundamente arraigado nas relações de classes reais das sociedades capitalistas maduras no mundo contemporâneo.

Uma vez conseguido o controle político inicial sobre essas regiões, os métodos pelos quais se conseguiu a subordinação de seus sistemas econômicos como satélite do Reich também se mostraram novos em certo sentido. Eles incluíam a aquisição de bens industriais nesses países, através dos bancos alemães ou filiais locais dos mesmos[116] (aquisição que muitas vezes parece ter sido financiada por créditos a favor da Alemanha nas contas de compensação locais, ou simplesmente pela criação de crédito, e por isso não acarretavam a transferência de qualquer *quid pro quo* ao país em questão, no cumprimento da compra); o reagrupamento de suas indústrias em esquemas de monopólio organizados pelo Estado, já experimentada na Alemanha; a extensão do regime de cartelização compulsória, inaugurado na Alemanha pela conhecida Lei de 1933, a toda a região imperial; a distribuição de suprimentos de matérias-primas através de controles centralizados das mesmas. Exemplo inicial do funcionamento dessa política foi o acordo germano-romeno de março de 1939, pelo qual se acertava um programa de desenvolvimento onde a Romênia iria tornar-se primordialmente um produtor de matérias-primas e gêneros alimentícios, com a maior parte de seu petróleo e outros produtos sendo exportados para a Alemanha, enquanto o capital germânico recebia amplos privilégios para o desenvolvimento da produção de matérias-primas. Para as regiões agrícolas do mundo eslavo situadas mais além no oriente, que era objetivo da guerra subjugar, aparentemente se planejava algo como uma volta à servidão dos produtores nativos, sob senhores e *ministeriales* alemães, projeto irresistivelmente parecido ao da expansão alemã para o leste do Elba nos séculos XII e XIII. De qualquer modo, estava destinado a ser um imperialismo de tipo mais avançado e mais predatório, mais impiedoso

---

[116] Na Áustria, por exemplo, o controle sobre a indústria foi conseguido pela anexação dos grandes bancos aos maiores bancos alemães.

e intransigente, mais organizado e sistematicamente planejado, que seguiria em grande parte as linhas da economia de *plantation*, equipado com métodos técnicos modernos porém apoiado no trabalho de uma população colocada num nível mínimo de subsistência e consumo. Um vislumbre desse projeto foi visto no plano econômico alemão para a Polônia, pelo qual a parte ocidental e mais industrializada seria incorporada à Alemanha, devendo ser habitada por uma população alemã, sendo a polonesa expulsa, a não ser um pouco da mão de obra importada que formasse uma classe oprimida e empregada por baixos salários em ocupações não qualificadas. A metade oriental do que foi a Polônia antes de 1939 (e hoje é a Ucrânia ou Rússia Branca) seria destacada como região primordialmente agrícola, a não ser quanto a umas poucas fábricas de processamento de matérias-primas e gêneros alimentícios, que seriam postas sob administração alemã e funcionariam com base na mão de obra barata local. A importação para essa região era restringida, especialmente no caso de gêneros alimentícios e matérias-primas, que era inteiramente proibida, enquanto um saldo exportador de produtos brutos para a Alemanha era obtido por um sistema de cotas de entrega obrigatórias, impostas a todos os agricultores.[117] Está claro que, nesse novo e grandioso sistema imperial, a apoteose do monopólio organizado pelo Estado sobre a superfície de todo um continente, os frutos da exploração eram saboreados não só pela classe capitalista alemã e as novas camadas burocráticas, mas, em certa medida, até mesmo pelos mais humildes alemães.

O fascismo alemão, no entanto, teve um traço contrastante com o mercantilismo, pelo menos superficialmente. Em vez de adorar os *superavits* de exportação como fora a obsessão tradicional tanto do imperialismo moderno quanto do mercantilismo, a economia alemã nos anos finais da década de 1930 adotou uma política de *superavits* de importação. Em parte, isso era resultado acidental da escassez de matérias-primas para suprir o programa armamentista, e da escassez de divisas estrangeiras com que comprá-las no mercado mundial, circunstância que conferia grande valor à aquisição de um saldo importador de qualquer país sobre o qual a Alemanha pudesse exercer pressão política ou econômica. Isso foi realizado pelo mecanismo de acordos bilaterais de compensação e intercâmbio com países da Europa meridional, segundo procedimento hoje conhecidos. O saldo importador era contrabalançado por um crédito crescente em favor da Alemanha na conta de compensação, o que significava que, na verdade, tinha de ser financiado (enquanto o saldo importador continuasse)

---

[117] Cf. *Polish Fortnightly Review*, publicada pelo Ministério de Informações da Polônia em 15 de janeiro de 1943.

pelos bancos centrais dos próprios países-satélites. Representava essencialmente um empréstimo de mercadorias desses países à Alemanha, que esta podia pagar, quando o fizesse, em grande parte com mercadorias de sua própria escolha. O sistema provavelmente teve ainda o resultado de elevar o nível dos preços agrícolas nos países-satélites (pois eram produtos da agricultura e das indústrias extrativas o que a Alemanha mais importava) em relação aos preços industriais, tendendo assim a desencorajar as indústrias locais[118] e identificar os interesses dos exportadores desses países com a política alemã.

Visto em conjunto mais amplo, no entanto, esse esforço pelos saldos de importação era um incidente numa política dirigida para fazer com que as relações de troca com as economias-satélites se voltassem em favor da Alemanha: objetivo a que o mercantilismo visava também, como vimos em capítulo anterior. Essa "exploração pelo comércio" era objetivo essencial do Plano Schacht com seus complexos mecanismos de controle cambial, sendo levada mais a fundo por uma série de acordos, mediante os quais as taxas de câmbio com esses "países coloniais" de tipo novo foram estabelecidas numa cifra representando uma supervalorização substancial do marco (barateando assim os produtos coloniais em termos de marcos, e elevando o preço das exportações alemãs em termos das moedas "coloniais"). Notável entre os mesmos foi o acordo com a Romênia, em 1939, tratando de uma alteração na paridade cambial lei-marco, de 41 para 50 leis. Mais tarde, as taxas de câmbio com os países ocupados pelos alemães foram mudadas de modo semelhante, como sucedeu no caso da desvalorização do florim holandês e do franco francês e belga. A essência da política era essa. As encomendas de armamento tinham substituído a necessidade de mercados de exportação como meio de manter a indústria alemã funcionando à plena capacidade, e o controle de Estado ou cartel sobre qualquer equipamento existente agia como freio sobre a criação da capacidade excedente. Tornava-se agora preocupação dos industriais não só obter uma quantidade maior de matérias-primas, mas reduzir o preço pelo qual podiam ser adquiridas pela indústria e baratear os bens nos quais os trabalhadores gastavam seu salário, para ampliar assim a margem de lucro.

A obsessão com a demanda que a situação econômica moderna no mundo capitalista ocasiona é também evidente em países democráticos como a Grã-Bretanha e Estados Unidos, embora tenha aqui tomado outras formas. Testemunho disso é o desejo dos industriais, ao menos de certas frações dos

---

[118] Contra isso, por outro lado, estava o efeito expansionista da política na ampliação do mercado nacional, que, em alguns casos, pode ter resultado, afinal, em benefício até para os produtores do mercado nacional. Tendia também a manter um nível mais alto de emprego, tanto diretamente através da demanda de exportação quanto indiretamente pela influência expansionista desta sobre o mercado nacional.

mesmos, de examinar uma nova função para o Estado depois da guerra, para substituir as encomendas de armamento — a função de financiar um programa expansionista de despesas para sustentar o mercado. Diante do problema imenso apresentado pela cessação das despesas de guerra pelo Estado, e das lembranças de 1929-33 que tal possibilidade despertava, uma parte substancial do mundo dos negócios norte-americano parecia desejar tolerar, e mesmo preconizar, a despesa estatal em grande escala como política normal de paz após a guerra. Ao mesmo tempo, o governo britânico aceitou, em 1944, o princípio inteiramente novo de admitir "como um de seus objetivos e responsabilidades primordiais a manutenção de um elavado e estável nível de emprego após a guerra" e apresentava propostas para despesa governamental destinadas unicamente a manter a demanda.[119] É bem verdade que tais propostas se mantiveram cautelosamente dentro dos limites de uma política tradicional de "obras públicas", suplementando as tentativas de estabilizar o investimento pela indústria capitalista, devendo a despesa governamental ser ligada ou desligada conforme o estado geral do mercado para bens de investimento e de consumo. Essa política não se propunha, portanto, a aumentar substancialmente a esfera de despesas públicas, sendo criticada por "tratar quase inteiramente com a sincronia da demanda, nada propondo para sua expansão".[120] Outras propostas, no entanto, como as apresentadas por *Sir* William Beveridge, que não acarretam incursões substanciais na estrutura da sociedade capitalista, atribuíram à despesa estatal um papel maior e mais contínuo na economia de paz, e os sinais são de que é nesse sentido que a lógica dos acontecimentos obrigará os governos futuros a marchar.

A adoção de tais expedientes como política normal em tempo de paz, entretanto, pareceria estar diante de certas dificuldades cruciais: dificuldades que nada têm a ver com a situação produtiva *per se*, mas surgidas das relações sociais peculiares que constituem o modo de produção capitalista. Em primeiro lugar, as medidas que tentam remediar a capacidade excedente dentro do arcabouço do capitalismo evidentemente têm de cortejar aquele "temor à capacidade produtiva",[121] de cuja continuação a experiência econômica entre as guerras proporcionou evidência acumulada. Pode ser que, enquanto a despesa estatal puder sustentar a demanda, esse temor possa tornar-se uma obsessão menos dominante do que foi na década de 1930. Mas, enquanto a maximização dos lucros continuar sendo a motivação

---

[119] *White Paper*, sobre Política de Emprego, Cmd. 6527.
[120] W. Beveridge, *Full Employment in a Free Society*, 269.
[121] Cf. observação de V. Gaiev, num artigo sobre "Planos para o 'Pleno Emprego' da Força de Trabalho após a Guerra", em *Voina i Rabotchi Klass (A Guerra e a Classe Trabalhadora)*, nº 11, 1944: "Um traço característico de todos esses projetos é o medo a um crescimento do poder produtivo" (p. 20).

principal dos negócios, não é provável que saia inteiramente da mente dos indivíduos. Daí, se quiserem ser toleradas pelos interesses comerciais, especialmente nas indústrias onde a organização monopolista proporciona tanto os meios quanto o desejo de restringir a capacidade produtiva, as medidas destinadas a sustentar a demanda e dar à indústria oportunidade de trabalhar à plena capacidade não devem ser de modo a aumentar o equipamento fabril da indústria. Qualquer sugestão no sentido de que a despesa estatal deva envolver o investimento em linhas que concorram com o capital existente em mãos particulares deverá dar origem a uma oposição vigorosa, com base em que ela põe em perigo os valores de capital existentes. Exemplo notável disso é a oposição das partes interessadas ao plano do Vale do Tennessee norte-americano, que ameaçava concorrer com o capital privado no terreno das utilidades públicas. As despesas com armamento têm o benefício inestimável para o capitalismo de não acarretarem tal contradição, conjurando um novo destino para os produtos da indústria pesada além da própria indústria e executando assim algo como o papel da construção ferroviária no século XIX. No tempo de paz, porém, à parte a construção de casas, o desenvolvimento das estradas e a eletrificação, pouco existe como objetivo permanente de investimento estatal que pareça capaz de tomar o seu lugar.

Se a indústria capitalista resolvesse destrinchar o problema e aceitar a necessidade de investimento auxiliado pelo Estado nas indústrias de bens de consumo como meio único de proporcionar um mercado adequado para os produtos da indústria pesada, teria então apenas deixado de lado um fantasma para levantar outro. O problema da capacidade excedente nas indústrias de bens de consumo não pode, nesse caso, ser impedido por muito tempo de ressurgir mais uma vez, a menos que, no intervalo, o poder de consumo da massa da população tenha aumentado: aumento que dificilmente pode ocorrer em qualquer escala substancial, a menos que a desigualdade de renda, característica da sociedade capitalista, seja reduzida, diminuindo a renda advinda da propriedade. Também é possível que uma saída para os produtos da indústria possa ser buscada no financiamento em grande escala da industrialização de países coloniais, ampliando assim o mercado para bens de capital no fornecimento do equipamento para a indústria colonial e também ampliando o mercado para bens de consumo graças ao acrescido poder aquisitivo que o maior emprego na indústria colonial e no trabalho de construção proporcionaria. Há mesmo sinais de que esta é a solução favorecida por certos círculos capitalistas na América como a única coerente com a prosperidade de pós-guerra.[122] Por uma ou duas décadas isso poderia perfeitamente ser uma so-

---

[122] Outro exemplo dessa tendência (ainda que cautelosa até agora) e o Plano do Governo da Índia para o desenvolvimento industrial (de 1946).

lução temporária. A longo prazo, acarretaria a descolonização econômica do que antes tinham sido territórios economicamente dependentes e, com isso, a expulsão daquelas vantagens monopolistas que o capital nos países imperialistas desfrutara antes e que, como vimos, era objetivo do imperialismo fascista estender. No entanto, o problema da capacidade excedente assumiu hoje tamanhas dimensões,[123] notadamente na indústria norte-americana, que não é impossível que uma parcela importante dos interesses capitalistas venha a lançar mão desse expediente de curto prazo ainda que à custa de certas vantagens a longo prazo, cuja sobrevivência por muito tempo, aliás, pode muito bem estar sujeita a dúvida. Onde dúvida e incerteza predominam, os expedientes a curto prazo capazes de oferecer alguma vantagem rápida tendem a mostrar-se mais atraentes do que estratégias a longo prazo que, se vingarem, apresentam a promessa de ganho maior e mais duradouro. O otimismo ilimitado da prosperidade norte-americana da década de 1920 se retraiu em tal medida que a alternativa para muitas indústrias se tornou a de manter um estado de funcionamento à plena capacidade ou enfrentar um colapso no qual não deverão existir absolutamente lucros. Foi a esse ponto já que as "forças produtivas criadas pelo modo de produção do capitalismo moderno entraram em gritante contradição com aquele próprio modo de produção".[124] Estimou-se que, na América, o poder produtivo cresceu a tal ponto, bem como a força de trabalho, no correr do lustro 1940-5, que exige uma ampliação do mercado (comparado ao de 1940) equivalente à produção de 10 a 20 milhões de trabalhadores, caso se queira manter uma situação de funcionamento à plena capacidade. Não há evidência atual de que o capitalismo norte-americano seja capaz de expandir permanentemente sua exportação de capital, ou seu consumo em massa no país, em qualquer medida próxima a essa ordem de grandeza.

Em todas essas políticas para uma sociedade capitalista, no entanto, há uma outra dificuldade ainda mais fundamental. Cada setor da indústria capitalista aproveitará de qualquer expansão de seu mercado, desde que isso não se faça à custa de criar novos concorrentes dentro de sua própria esfera. Mas assim que uma expansão de mercado desse tipo se tenha tornado geral, e resulte não só no pleno funcionamento da fábrica mas também no pleno emprego da força de trabalho, todo o equilíbrio do mercado de trabalho se terá transformado. Como disse *Sir* William Beveridge, o mercado de trabalho se terá tornado "um mercado dos vendedores em vez de um mercado dos compradores".[125] A reserva de mão

---

[123] Vimos acima que a recuperação da década de 1930 foi bem hesitante, tendo se baseado em grande parte na intervenção estatal e já mostrando sinais, na véspera da guerra, de estar abrindo caminho para um novo colapso.
[124] F. Engels, *Anti-Dühring*, 179.
[125] *Full Employment in a Free Society*, 19.

de obra terá desaparecido, e a política governamental assumido a obrigação de impedir seu reaparecimento. A arma da disciplina industrial da qual a sociedade capitalista sempre dependeu, e para o aguçamento da qual já vimos ter ela se mostrado sempre tão anormalmente sensível, terá sido arrebatada das mãos dos capitalistas.[126] Isto não quer dizer que os trabalhadores, faltando-lhes o impulso da fome, venham a preferir a ociosidade ao trabalho e não mais produzam, como afirmaram alguns com infundado exagero. Mas quer dizer que o proletariado estará em posição muito mais forte do que em qualquer etapa anterior de sua história para influenciar as condições sob as quais o trabalho será executado. Um movimento ascendente e pronunciado dos salários, e uma parcela crescente da renda nacional, serão coisa que, pela primeira vez, estará dentro do alcance fácil do trabalho organizado, e contra essa ameaça a classe proprietária não mais contará com uma proteção econômica, a não ser mediante uma inflação geral e contínua de preços (devida, por exemplo, à inelasticidade do consumo dos ricos, que têm reservas de dinheiro com as quais mantêm seu consumo em face de qualquer aumento de preços) ou mediante a recriação do desemprego. Não só um nível salarial geral crescente seria o resultado provável, como também uma alteração radical da estrutura dos salários relativos, de modo a aumentar a tração relativa das ocupações mais perigosas, árduas e desagradáveis, que, no estado tradicional do mercado de trabalho, têm geralmente estado entre as mais mal pagas. É patente que, em tal situação, a estabilidade de uma sociedade de classes se veria seriamente ameaçada e que, se a renda auferida por virtude não de uma contribuição à atividade produtiva, mas de direitos de propriedade, continuasse a existir, isso se deveria a uma determinação de autorrenúncia por parte do Trabalho, e não mais ao fato de que a este faltasse o poder de terminar sua sujeição àqueles que possuem os instrumentos de produção e de recusar o tributo que por séculos teve de pagar. Enquanto existir uma sociedade de classes, com suas duas categorias de renda contrastantes, uma delas obtida por privilégio econômico e não por atividade produtiva, pode-se bem perguntar se o Trabalho deverá manter essa autorrenúncia por muito tempo.

Não é difícil ver que o alarme quanto à possibilidade de tal situação está na base de grande parte da relutância demonstrada em certos setores em patrocinar sem reservas uma política de pleno emprego. Tal temor parece até

---

[126] Cf.: "Sob um regime de pleno emprego permanente, 'a despedida' deixaria de desempenhar seu papel como medida disciplinar. A posição social do patrão seria solapada, e a consciência de classe da classe trabalhadora cresceria... Os interesses de classe (dos empregadores) lhes dizem que o pleno emprego duradouro não é seguro, do seu ponto de vista, e que o desemprego é uma parte integrante do sistema capitalista 'normal'" (M. Kalecki, em *Political Quarterly*, outubro-dezembro de 1943, 326). Cf. também Oxford Institute of Statistics, *Economics of Full Employment*, 207.

sublinhar uma boa dose da controvérsia monetária contemporânea a respeito das vantagens de um sistema monetário que opere "automaticamente", comparado a diversos tipos de "sistemas monetários administrativos", capazes de servir aos fins de determinadas políticas governamentais. Está claro que a vantagem decisiva vista por alguns no primeiro é não o automatismo apenas, mas o fato de que opera como impedimento automático a qualquer movimento ascendente do nível salarial, tendendo a recriar o desemprego, desemprego esse que é tirado da esfera da política humana e feito aparecer como produto da ordem natural das coisas. Por exemplo, em resposta a uma declaração recente feita por Lorde Keynes de que "o erro padrão ouro estava em submeter as políticas salariais nacionais à imposição externa",[127] o Professor F.D. Graham, de Princeton, afirmou que "o padrão ouro, original não submetia as políticas salariais à *imposição* de autoridade governante em qualquer lugar, mas as tornava a resultante de forças impessoais", e apresentou como objeção crucial a qualquer "sistema monetário livre" o fato de que o mesmo deixaria de limitar qualquer tendência a que os salários (monetários) possam subir além dos limites dentro dos quais é possível conservar um nível de preços estável", e que, "se nos recusarmos até a aceitar a ameaça do desemprego sob quaisquer condições que sejam, seremos forçados, sob qualquer tendência 'natural' dos salários a subir mais depressa do que a produtividade, a pagar quaisquer salários monetários que os trabalhadores resolvam exigir".[128]

Em vista dessa situação, alguns concluíram que o capitalismo, se continuar, terá por toda parte de passar para algum tipo de fase fascista, pelo menos na medida em que possa reverter a medidas de compulsão pelo Estado sobre o trabalho, especialmente sobre os salários. Cada desenvolvimento novo na direção do capitalismo de Estado é, por isso, visto por estes com apreensão, sendo tomado como um passo dado nesse sentido, pois qualquer que seja a intenção inicial do controle estatal, a pressão dos grupos monopolistas inevitavelmente a fará desviar-se para o serviço de seus interesses. Tais interesses exigirão a dissolução do sindicalismo livre e o agrilhoamento do trabalho, o reforço do monopólio com o braço da sanção legal, e o uso do poder do Estado externamente, para promover o controle de territórios-satélites e a arregimentação de sua vida econômica conforme propunha a Nova Ordem hitleriana na Europa. Um movimento de retorno do contrato para o *status*, o aprisionamento da indústria na camisa de força de um novo tipo de regime de

---

[127] *Econ. Journal*, junho-setembro de 1943, 187. Lorde Keynes cita aqui a opinião de que "um país capitalista está condenado ao fracasso, porque será impossível, em condições de pleno emprego, impedir um aumento progressivo dos salários", e acrescenta: "Se isso é assim, eis algo ainda por ver".
[128] *Econ. Journal*, dezembro de 1944, 422-9.

guilda com cartas patentes dadas pelo Estado abriria o caminho para a volta da Servidão.

Juntamente com esta viria uma nova era de cavalaria, onde o poder armado seria adorado tanto como requisito de todas as transações econômicas lucrativas quanto como fonte daquelas encomendas estatais com as quais a indústria moderna contava para seu perpétuo revigoramento.

É verdade que não faltam evidências de tendências nesse sentido, mesmo entre os países capitalistas democráticos, na década anterior à Segunda Guerra Mundial. A intervenção estatal na indústria tomou mais vezes a forma de reforço ao monopólio do que de restrição ao mesmo (como no caso da Lei Inglesa de Minas de Carvão de 1930 e na política do governo britânico quanto à indústria do aço), de servir os fins da restrição e desmantelamento da capacidade produtiva (como no caso da Lei Britânica dos Fusos de Algodão de 1936 e o registro dos governos em relação aos planos internacionais de restrição de mercadorias), em vez da expansão, e de oferecer estimulantes às indústrias falidas, adiar o colapso dos valores de capital e não de planejar a reconstrução econômica em grande escala no interesse social. Essa política foi cabalmente descrita pela Sra. Barbara Wootton como "uma comunidade contra a qual se planejava mais do que a seu favor", em que se agia segundo o princípio de "fazer crescer uma folha de grama onde antes cresciam duas". Não foi apenas na Alemanha que se pregou a doutrina de que o Estado devia retardar a marcha da inovação técnica por temor ao dano econômico causado aos que tinham investido em métodos mais antigos. O capitalismo de Estado que significa monopólio reforçado pelo Estado — restrição monopolística e engrandecimento monopolístico com a sanção da lei e a garantia do seu braço — apresenta um registro bastante firme para despontar como aviso de um caminho pelo qual pode enveredar o capitalismo de Estado. Não resta dúvida de que entre os membros da classe proprietária existem muitos que, intimamente, desejarão seguir esse rumo.

O que habitualmente se descreve sob o título genérico de capitalismo de Estado, no entanto, inclui uma série de espécies, bem diferentes em seu teor e significado sociais. A diferença depende da forma do Estado, das condições das relações de classe predominantes e dos interesses de classe servidos pela política estatal. O elemento comum nessas diversas espécies é a coexistência da propriedade capitalista e a operação da produção com um sistema de controles generalizados sobre as operações econômicas exercidos pelo Estado, que visa a fins não idênticos aos de uma firma individual. Tal sistema poderá ou não incluir uma quantidade limitada de produção nacionalizada e operada pelo Estado. Lênin usou o termo como significando "unificação da produção de pequena escala" sob a égide do Estado, e o aplicou em 1918 e no início da década de 1920 na Rússia à situação em que o Estado soviético exerce o controle sobre um tipo misto de sistema econômico, inclusive grandes faixas de iniciativa privada, algumas não capitalistas (economia camponesa pequena e média) e algumas de tipo capitalista (como as empresas concessionárias na década de 1920 e as firmas privadas não nacionalizadas em 1918). Ao mesmo tempo, usava o termo em referência â economia de guerra da Alemanha na Primeira Guerra Mundial.[129] Por extensão desse significado, o mesmo presumivelmente pode ser aplicado ao tipo de sistema de monopólio organizado pelo Estado de que estivemos falando, e do qual a economia fascista é o tipo mais desenvolvido.

Nos anos terríveis da Segunda Guerra Mundial, muita coisa mudou, tanto na política quanto na economia, e a situação ao final daquele conflito não proporcionava bases para se supor que a forma dos acontecimentos nos anos posteriores a 1918 viesse obrigatoriamente a se repetir ou que as tendências operantes na década de 1930 voltassem à cena. Em vez disso, havia motivo para a conclusão contrária, num mundo onde o fascismo como forma política e doutrina econômica fora derrotado, e desacreditado como ideologia. Muita coisa mudou depois da guerra, tanto no equilíbrio de poder entre as nações quanto no equilíbrio de poder entre as classes. Muita coisa anteriormente encarada, pelo menos até os anos finais da década de 1920, como parte integrante da estrutura econômica da sociedade, via-se agora em ruínas. Tornava-se patente para todos que os expedientes tentados nas décadas anteriores não bastariam mais para conseguir resultados na situação contemporânea e que, mesmo onde pudessem operar, os interesses que lucrariam com essa operação muitas vezes não dispunham do poder para levá-los a cabo.

Notável entre as alternativas resultantes da Segunda Guerra Mundial, foi a extensão da influência da União Soviética, tanto na Europa como na Ásia, e, com ela, a extensão daquele setor do mundo onde o capitalismo fora destronado e onde haviam sido lançados os alicerces para uma forma nova de economia — uma economia socialista. O surgimento das chamadas "novas democracias" da Europa oriental e sul-oriental, e de uma China dirigida pelos comunistas, transformou radicalmente o equilíbrio tanto da Europa quanto da Ásia. Ao mesmo tempo, os Estados Unidos surgiram da guerra com um poder produtivo grandemente aumentado e ocupando uma posição de hegemonia no mundo capitalista que não encontrava paralelo na história do capitalismo até então. A despeito das esperanças despertadas pela coalizão, em tempo de guerra, entre as potências capitalistas ocidentais e a União Soviética e pelo acordo de Potsdam após o conflito, a tensão entre os dois mundos do socialismo e capitalismo

---

[129] *Selected Works*, vol. IX, 169. Ele também usava o termo "capitalismo monopolista de Estado" e fala do mesmo como representando "num Estado realmente democrático-revolucionário" [que distingue de um Estado Soviético ou Estado Socialista] "um progresso no sentido do socialismo" (*ibid.*, 171).

tornou-se rapidamente mais aguda, e, enquanto a tensão entre os dois mundos se transformava na "guerra fria" no terreno internacional, dentro de cada país aguçou-se o conflito entre os seguidores do mundo novo e os do antigo. Na verdade, isso não é mais do que seria de esperar numa época modificações revolucionárias. A era das "economias mistas", em que muitos depositavam sua fé como lugar estável de repouso, já veio e já se foi. Do mesmo modo que os governos amplos de coalizão, unindo os interesses de classe burgueses e proletários na base de união nacional para a reconstrução do pós-guerra, tais formas transitórias se mostraram instáveis e rapidamente se definiram para a direita ou para a esquerda. Está na natureza das formas sociais e econômicas transitórias conter uma mistura de elementos de sistemas diferentes e repousar num equilíbrio precário de forças de classe colidentes, donde se segue que as mesmas tendem a ter problemas próprios e sendo inerentemente instáveis, não podem oferecer mais do que um caminho intermediário ilusório.

Vimos como o final da Idade Média, diante da perda dos serviços da mão de obra em que se apoiava a ordem feudal, tentou uma Reação Feudal para agrilhoar mais seguramente o produtor às suas obrigações tradicionais. Mas apenas em certas partes da Europa essa reação teve sucesso. Eram tais as condições que, nas demais partes, dificilmente se poderia tentar coisa semelhante. Existia certamente a vontade, mas muitas vezes faltam os meios aos que se propõem realizar um fim. Que as tendências ao capitalismo de Estado no mundo do pós-guerra se possam tornar o instrumento de uma reação capitalista semelhante, trazendo a arregimentação legal do trabalho e uma nova servidão para o produtor, eis uma possibilidade que não podemos negar. Com as sombras de uma nova crise econômica pairando no horizonte, na verdade é bem maior a probabilidade de tal período de reação no Ocidente do que parecia no dia seguinte ao fim da guerra. Que consiga êxito como solução estável durante qualquer período de tempo, eis algo bem mais duvidoso do que o fato de que vá ser tentado. A ordem tradicional, pelo menos na Europa, surgiu da guerra como estrutura abalada, não mais capaz de inspirar fé e obediência cegas. Certamente a massa de homens e mulheres comuns não deverá tolerar por muito tempo aqueles que pregam a economia de restrição e desemprego numa Europa onde

 Toda sua lavoura está aos montes
 Apodrecendo em sua própria fertilidade
 ... Vinhedos, alqueives, prados e cercas,
 Avariados em sua natureza, se asselvajam.

No mundo contemporâneo, os direitos de propriedade divorciados da atividade social são mundialmente desprezados e se encontram na defensiva, enquanto a classe trabalhadora por toda parte surge mais forte, mais consciente de sua força e mais resoluta do que em qualquer outra ocasião. A visão de um futuro rico em promessas, desde que o poder produtivo tenha sido posto pela comunidade a serviço do homem, começou a iluminar os espíritos com nova fé e esperanças novas. Embora alguns certamente tentem fazê-lo, o relógio não se atrasa facilmente, seja para o capitalismo do século XIX, seja para o capitalismo da década de 1930.

PÓS-ESCRITO

DEPOIS DA SEGUNDA GUERRA MUNDIAL

Se voltarmos ao exame dos quinze anos transcorridos desde o fim da Segunda Guerra Mundial, há dois traços principais do mundo capitalista que, de imediato, se apresentam e clamam por registro. Em primeiro lugar, a extensão marcante na América e na Europa ocidental, das atividades econômicas do Estado: isto é, desenvolvimentos em grande parte novos, tanto em grau quanto em espécie, daquilo a que se tem chamado variadamente capitalismo de Estado ou capitalismo monopolista de Estado.[1] Em segundo lugar, registra-se, em escala mundial, uma modificação radical na posição de grandes áreas do setor anteriormente colonial e semicolonial, principalmente na Ásia e na África, e, consequentemente, nas relações, tanto políticas quanto econômicas, entre elas e os países imperialistas aos quais se achavam antes subordinadas.

As tendências do capitalismo de Estado, naturalmente, não eram nenhuma novidade por ocasião da Segunda Guerra Mundial. Tendências semelhantes haviam se manifestado mesmo durante a Primeira Guerra Mundial, e, numa série de países europeus, inclusive a Grã-Bretanha e a Itália, entre as guerras e especialmente na década de 1930. Uma consequência da crise econômica de 1929-31 foi o surgimento, nos Estados Unidos, do *New Deal* de Roosevelt, com suas medidas de intervenção naquilo que era predominantemente uma "economia de mercado livre".

A Segunda Guerra Mundial e o período que se lhe seguiu, no entanto, testemunharam uma extensão bastante grande das funções econômicas do Estado, de modo a torná-lo uma linha divisória qualitativa nesse aspecto. A forma que essa extensão tomou era menos a de qualquer controle direto sobre

---

[1] Este último, como já tivemos a oportunidade de observar, foi o termo usado por Lênin para designar certos desenvolvimentos verificados durante a Primeira Guerra Mundial, por exemplo, quando, em 1921, pediu um estudo especialmente "do capitalismo de Estado dos alemães" (artigo sobre "O Imposto da Alimentação", 21 de abril de 1921).

a produção industrial, ou participação na mesma, do que uma grande ampliação das *despesas* do Estado, e a consequente influência de tais despesas sobre o mercado, notadamente para os meios de produção ou bens de capital. Sob o governo trabalhista dos anos imediatamente posteriores à guerra, algumas medidas de nacionalização foram tomadas: ferrovias, mineração de carvão, ferro e aço, transporte rodoviário e o Banco da Inglaterra. Certos controles de guerra sobre a economia também prolongaram-se em tempos de paz, mas quando muito esse setor estatal da economia não se estendeu a mais de uns 20% (medidos em termos de emprego) e, depois da mudança de governo em 1951, o novo gabinete conservador passou à desnacionalização do aço e do transporte rodoviário. Na França, na Áustria e na Itália existiam algumas companhias estatais estabelecidas (Renault na França e a famosa E.N.I. na Itália). Neste último país, inclusive, companhias mistas e companhias estatais como a I.R.I. italiana agiam como controladoras de títulos e ações (*holdings*) sobre setores da indústria de combustíveis e de energia elétrica.

Na Grã-Bretanha, entretanto, a importância do setor estatal se mostrava muito maior no que diz respeito à sua parcela de despesas brutas de investimento (que, em certos anos, se aproximaram da metade de todas as despesas de investimento) do que no tocante à quantidade de produção controlada diretamente. Nos Estados Unidos, onde o setor estatal era virtualmente inexistente, as despesas governamentais (federais, estaduais e locais) atingiram um quinto, e mesmo, nos últimos anos, um quarto do Produto Nacional Bruto. Cerca de metade disso é representada pelas despesas militares, e, nessa medida, a influência crescente das despesas do Estado sobre a economia se liga à militarização cada vez maior da economia na época da guerra fria e luta entre os dois sistemas mundiais.

Com o elevado grau de concentração econômica característico desta era do monopólio, mostra-se inconcebível que tais tendências de capitalismo estatal *per se* introduzissem qualquer modificação radical, seja no caráter do Estado, seja no sistema predominante de relações sociais (como supuseram alguns). Aceitar tal possibilidade é adotar uma visão puramente superficial do capitalismo como sistema econômico e ignorar as características historicamente determinadas do sistema que este livro procurou revelar.

Isso não quer dizer, porém, que tais desenvolvimentos de capitalismo estatal sejam incapazes de modificar, neste ou naquele particular, o funcionamento do sistema econômico. Em certos aspectos, eles evidentemente o conseguiram. Tanto a extensão quanto a direção de qualquer modificação deste tipo, no entanto, dependerá essencialmente do equilíbrio de forças sociais dentro da economia e, principalmente, do vigor político e econômico do movimento trabalhista. Também essas modificações foram exageradas por alguns au-

388 a evolução do capitalismo

tores, especialmente por aqueles que gostam de pintar o sistema capitalista como estando já transformado ou em processo de "socializar-se". À primeira vista, poderia parecer que isso é uma explicação suficiente do caráter modificado do "ciclo econômico" no correr dos últimos quinze anos, mas uma investigação mais profunda revela que a situação é menos simples do que tal afirmação implica.

Os fatos principais acerca do ciclo de pós-guerra podem ser resumidos do seguinte modo: houve crises ou "retrações" econômicas em quatro ocasiões desde 1945, ou seja, em 1948-9, em 1953-4, em 1957-8 e novamente em 1960-1 nos Estados Unidos (embora nesta última data não acontecesse isso em alguns países da Europa ocidental como a Alemanha Ocidental, a França e a Itália, que continuaram no movimento ascendente dos dois anos anteriores). No momento em que escrevemos este pós-escrito ouvimos falar novamente na possibilidade de uma nova "retração" norte- americana em 1963. Assim, as decaídas na atividade econômica mostram-se mais frequentes do que foram antes, e o desenvolvimento certamente não se mostrou livre das crises. Ao mesmo tempo, essas decaídas ou depressões se mostraram tanto menos profundas quanto mais curtas do que as do século XIX e das décadas anteriores a 1939 deste século, e nada aconteceu que se aproximasse da crise em 1929 em severidade e duração (como muitos continuaram a esperar durante alguns anos após a guerra). A medida da queda na produção industrial, em ocasiões sucessivas nos Estados Unidos, foi a seguinte: em 1948-9, 10,5%; 1953-4, 10,2%; 1957-8, 11,6%; 1960-1, 7%. (Em contraste, a produção caiu nos primeiros doze meses da crise norte-americana de 1929-30, em 25%, e, entre 1929 e o ponto mais baixo de 1931, em 40%.) A estabilidade surpreendente do consumo revelou-se um traço geral de todos esses períodos e, em cada caso, foi um declínio de investimento o que se mostrou como influência principal na queda da produção. Mas, como tais declínios foram relativamente breves, também breves se mostraram os períodos de recuperação e prosperidade, que, nos últimos anos, parecem ter encurtado mais ainda. Sobre isso, o *Levantamento Econômico Mundial (World Economic Survey)* das Nações Unidas para o ano de 1960 observou recentemente que o período de produção industrial crescente em 1958-60, nos Estados Unidos, durara menos de dois terços daquele de 1954-7 e pouco mais de metade do período de recuperação de 1949-53 (quando a guerra da Coreia se tornou um fator a dar ímpeto ao desenvolvimento acelerado).[2]

Dois outros traços característicos da última década nos Estados Unidos foram uma taxa de crescimento estagnada e uma margem crescente de desempre-

---

[2] A fase de expansão em 1949-53 durou uns 45 meses, a de 1954-7 cerca de 35 meses e a de 1958-60 apenas 25.

go. Sobre isso um autor, escrevendo na *Westminster Bank Review*,[3] observou: "A economia norte-americana cresce mais lentamente do que a maioria das economias adiantadas, e sua taxa de crescimento diminuiu nos últimos tempos... Começando em 1947 e tomando 1953 e 1960 como anos aproximadamente comparáveis, porquanto em ambos foi atingido um máximo e se iniciou uma queda, obtemos taxas de crescimento anual médio do produto nacional real, *per capita*, de 3% para 1947-1953 e 1% para 1953-60." Enquanto isso, "a diminuição do desemprego fica tipicamente atrás da melhoria na atividade", com a porcentagem de desemprego perto de 7% em 1961 (em cifras absolutas aproximadamente 5 milhões). Em contraste, a economia britânica se manteve próxima ao nível de pleno emprego por uma década, embora demonstrasse uma taxa de crescimento baixa e estagnada,[4] sendo a porcentagem de desemprego, na maior parte do tempo, perto de 1%. Enquanto isso, países da Europa ocidental, como a Alemanha Ocidental por alguns anos, e, mais recentemente, a França e a Itália, têm demonstrado taxas de crescimento consideravelmente maiores. Nesse particular, a Alemanha Ocidental, a Itália e o Japão se destacaram no mundo capitalista apresentando o que (para economias capitalistas) são taxas de crescimento notavelmente elevadas por alguns anos, embora pareçam dever-se a motivos especiais e dar sinais (pelo menos na Alemanha e no Japão) de estarem chegando ao fim.[5]

Durante esse período, as pressões inflacionárias e os conflitos e crises a elas ligados (como as crises nos balanços de pagamento) parecem ter tomado o lugar, pelo menos temporariamente, das pressões deflacionárias. O elevado nível de despesas governamentais parece ter sido responsável por isso em grande parte, embora não inteiramente, pois houve outros fatores na situação. Enquanto as despesas militares e de armamento estratégico durante a guerra da Coreia intensificaram o surto em 1950 e 1951, a recuperação já se iniciara em 1949, antes do início daquele conflito. Também a recuperação e o surto de investimento em 1954-6, nos Estados Unidos, ocorreram em face de uma queda das despesas norte-americanas com a defesa nacional, e, durante o primeiro ano (até 1955), diante de uma queda nas despesas totais do governo federal. Tratou-se, predominantemente, de um surto de investimento *privado*.[6]

---

[3] Novembro de 1961, 6-8.
[4] No momento em que escrevemos, subiu recentemente acima de 2%, pela primeira vez em alguns anos.
[5] Cf. artigos sobre a Alemanha Ocidental c Japão, respectivamente de M. Kalecki e S. Tsuru, cm *Economic Weekly* (Bombaim), 12 de maio e 9 de junho de 1962. (O artigo do Professor Kalecki apareceu inicialmente em polonês no *Ekonomista*, 1961, nº 6.)
[6] Entre 1954 e 1955, o investimento privado total aumentou em 12 bilhões de dólares, ou 25%, enquanto a despesa do governo federal continuava a cair (as despesas dos governos federal, estaduais

390 a evolução do capitalismo

Dois outros elementos da situação posterior à Segunda Guerra Mundial desempenharam, sem a menor dúvida, um papel importante, pelo menos suplementarmente: o nível aumentado dos ganhos totais da classe trabalhadora como resultado do alto nível de emprego e um "enxame" de inovações tecnológicas que serviram para manter o investimento bruto (e com isso a demanda pelos produtos do que Marx chamou Departamento I) em nível mais alto. O fato de que a dimensão do exército industrial de reserva se mostrasse, na Europa ocidental, muito menor do que no período entre as guerras, fortaleceu por si só o poder de negociação dos sindicatos e melhorou a posição do trabalho dentro do sistema existente de relações sociais. Assim, os índices salariais foram mantidos, bem como os ganhos totais, mediante o maior emprego. Quanto a isso, devemos, contudo, evitar o exagero na apreciação dos fatos, que se mostrou comum na Grã-Bretanha e na América. Embora tenha havido um aumento tanto do dinheiro quanto dos salários reais, os lucros subiram também e não surgiu qualquer alteração apreciável na *parcela proporcional* da renda nacional recebida pelos assalariados, nem houve qualquer alteração radical na configuração da distribuição de renda pessoal, a despeito de alterações nos grupos de renda superior, principalmente em sua parcela de renda *após os impostos* como resultado de taxas tributárias mais acentuadamente graduadas — alteração parcialmente contrabalançada, no entanto, pela despesa com ganhos de capital e das contas de despesa do mundo comercial. Nos Estados Unidos, a parcela na renda total dos três décimos inferiores de recebedores de renda na realidade declinou, em comparação ao período anterior à guerra.

A modificação tecnológica, que levou a um reequipamento extensivo da indústria (em grande parte pelo uso das reservas acumuladas pelas companhias), tomou a forma de uma automatização maior dos processos industriais — uma continuação daquelas tendências para os processos industriais contínuos mencionados antes como influência importante no período entre as guerras. Essa nova fase na revolução da técnica tem sido associada especialmente ao uso de controles eletrônicos e mecanismos de retroalimentação, e assim a aperfeiçoamentos científicos que receberam impulso especial da demanda de uma economia de guerra. A automatização como processo generalizado na indústria encontra-se ainda em uma etapa apenas preliminar, e sua extensão além de algumas poucas indústrias continua limitada. A revolução tecnológica por ela representada é retardada pela relutância das empresas em realizar os amplos investimentos por ela acarretados,

---

e locais, combinadas, elevaram-se ligeiramente em 2 bilhões). Entre 1955 e 1956, o investimento privado aumentou mais de 5,5 bilhões, e as despesas dos governos federal, estaduais e locais na mesma quantia.

em vista da capacidade excedente existente nas indústrias onde é possível — capacidade excedente que tem aumentado nos últimos anos. Um acontecimento das finanças das companhias, entretanto, ajudou consideravelmente a extensão do reequipamento no início e em meados da década de 1950. Este acontecimento foi o grande aumento nas reservas das companhias (lucros retidos) nos anos posteriores à guerra, que lançou as bases para o chamado "financiamento interno", feito com os recursos dessa acumulação interna pelas companhias. Como resultado, uma proporção notavelmente elevada de investimento bruto durante a década de 1950, tanto na Euorpa ocidental quanto na América, foi financiada desse modo, ficando, nessa medida, o reequipamento industrial e a extensão da capacidade produtiva independentes do mercado de capital e dos bancos (e com isso das restrições através da política monetária).

Quanto ao capitalismo como um todo, podemos dizer confiantemente que continuam a operar aquelas tendências à concentração econômica de que falamos antes e, com elas, o grau de monopólio em sua variedade de formas. Em certos aspectos, na verdade, o próprio crescimento do capitalismo de Estado serviu para reforçar essas tendências à concentração e ao monopólio, principalmente durante a guerra. Já em 1947 um levantamento efetuado pela Comissão de Comércio Federal dos Estados Unidos indicava que 135 empresas industriais do país, ou seja, um número menor do que 1% de todas as empresas congêneres, abarcavam sob seu controle 45% dos ativos de capital líquidos das mesmas.[7] Politicamente, isso foi acompanhado por um desvio pronunciado para a direita, a partir dos primeiros anos após a guerra. Sendo em parte um produto da crescente influência norte-americana (exercida economicamente pelos empréstimos e ajuda financeira e, militarmente, pela influência da América na OTAN e na OTASE como parceiro dominante) e das políticas da guerra fria e ideológica, isso se exemplificou não só com o mccarthismo e o regime de Eisenhower nos Estados Unidos, com as mudanças governamentais para a direita na Grã-Bretanha e na França (a Itália poderá em alguns aspectos mostrar-se uma exceção), porém, mais recentemente, com a formação do novo eixo Adenauer-De Gaulle e a restauração da Alemanha (Ocidental) a algo semelhante à sua posição anterior de hegemonia no continente europeu.

No que diz respeito ao mundo em geral, além dos limites da Europa ocidental e da América do Norte, os dois acontecimentos principais foram a emergência do setor socialista mundial como fator importante na situação do mundo, tanto economicamente quanto por sua extensão geográfica, bem como o aparecimento simultâneo, nos anos de pós-guerra, de um número crescente

---

[7] *Review of Economics and Statistics*, novembro de 1951.

de antigos países coloniais que surgem como países mais ou menos independentes: países que (a despeito do chamado "neocolonialismo") ocupam lugar especial, tanto econômica quanto politicamente, na maioria dos casos distinto de qualquer dos dois campos em que se dividiu o mundo de pós-guerra e não comprometido com eles. O primeiro desses acontecimentos certamente teve o efeito não só de aguçar o conflito entre os dois sistemas mundiais, mas também de exercer um impacto apreciável sobre o funcionamento interno dos próprios países capitalistas. No futuro, ele poderá exercer uma influência crescente sobre o desenvolvimento econômico e social do terceiro grupo de países semicoloniais ou ex-coloniais, que já se voltam em graus diversos para as medidas de planejamento econômico e de capitalismo de Estado com o fito de ultrapassar sua herança de atraso econômico. Uma característica desses países, na verdade, é que os mesmos tenham sido impedidos, por sua herança de dependência e atraso, de seguir a trilha tradicional do desenvolvimento capitalista, percorrida pelos países industriais mais antigos da Europa no século XIX durante a época da Revolução Industrial clássica.

Um pós-escrito não é bem o lugar para falarmos sobre o provável curso futuro do setor socialista do mundo, ou dos países subdesenvolvidos de três continentes. No entanto, parece provável que os historiadores futuros, ao fazerem um retrospecto, vejam esses dois acontecimentos como sendo os marcos principais do divisor de águas entre épocas históricas em meados do século XX.

ÍNDICE DE NOMES

Abram, A. 124
Adcock, A. 267
Addington, 231
Allen, G.C. 266,269
Ashley, W.J. 81-83, 85, 89, 92, 93, 98, 99, 100, 101, 107-109, 111, 112, 123, 157
Ashley, M.P. 173,179
Ashton, T.S. 146, 265, 343
Aynard, J. 200

Bateson, M. 84
Beales, H.L. 260, 270
Beardwood, A. 100, 118
Beckerath, von 363, 366
Bell, *Sir* L. 303, 304, 307
Bellers, J. 204
Beloff, 178
Below, 82
Bennett, H.S. 52-54, 93
Bennett, M.K. 53
Berle e Means 345, 350, 351
Bernstein, E. 178
Beveridge, *Sir* W. 53, 331, 341, 377, 379
Bezanson, A. 260
Bloch, M. 54, 55, 59, 61
Boissonnade, P. 33, 52, 60, 165, 238
Bowden, W. 336
Bowley, A.L. 52, 302
Bradley, H. 53

Brentano, L. 18, 19, 92, 106, 109, 124, 125, 158, 163
Brisco, C.F. 208
Bücher, 16, 88
Burn, D.L. 298, 303, 363
Burnham, T.H. 318
Butler, W.F. 161
Byrne, E.H. 92

Cairncross, A.K. 298, 316-318
Cam, H. 42, 84
Campbell, M. 131
Carsten, F.L. 107, 163
Carus-Wilson, E.M. 108
Cawston e Keane, 121
Cecil, Lord 232
Chamberlain, J. 312
Chambers, J.D. 152
Chapman, *Sir* S. 153, 279, 343
Child, *Sir* J. 204, 210, 219
Clapham, *Sir* J.H. 233, 242, 243, 266, 275, 296, 309, 316-318
Clarendon 171, 173
Clark, Colin 318,348
Clark, G.N. 179
Clode, C.M. 138
Coke, 205, 208
Colby, C.W. 92, 112, 114
Cole, 238
Consitt, F. 101, 112, 124
Coulton, G.G. 53

Court, W.H.B. 146
Cromwell, J.H.R. 13
Cunningham, W. 20, 81, 84, 89, 99, 108, 109, 153, 162, 279, 280
Curtler, W.H.R. 47, 70
Czerwonky, H.E. 13

Davenant, C. 205, 212, 218, 219
D'Avenel, J. 227
Davies, D.J. 145, 236
Davies, G. 174, 175
Dawson, W.H. 277, 312
Dechesne, L. 65
Defoe, 154, 194
Denton,W. 52, 55, 57, 61
Dicey, A.V. 14
Dixon, E. 88, 161
Dodd, A.H. 138
Douglas, D.C. 74
Durbin, E.F.M. 179, 348

Eck, A. 66, 77, 78, 87
Eden, F.M. 228, 237
Ehrenberg, R. 137, 195
Engels, F. 24, 35, 40, 48, 260, 263, 379
Epstein, M. 121, 122
Epstein, R.C. 271
Ernle, Lorde, 53

Fabricant, S. 333
Feis, H. 352
Felkin, W. 152
Firth, C.H. 177
Fisher, R.H. 104
Fletcher, G. 78
Froude, 136
Funk, 373

Gaiev, V. 377
Ganshof, F.L. 59, 81
Gaskell, P. 155, 279
Gaskfll, Mrs. 275
George, D. 275
Giffen, Sir R. 306, 310
Gillespie, J.E. 195, 212
Glass, D. 317
Goldsmith, 231
Goschen, 307
Gosplan, 368
Graham, F.D. 381
Gras, N.S.B. 98, 121, 209

Gray, H.L. 48
Greaves, R.W. 174
Green, J.R. 79
Green, Mrs. 93, 100, 103, 111, 114, 116, 124
Gregory, T.E. 187, 237
Grekov, B. 76, 78, 87
Gretton, R.H. 82, 93, 108, 109, 114, 123
Grew, 223
Griffiths, G.T. 275
Gross, C. 92, 99, 100, 103, 108, 109
Guillebaud, C.W. 373

Habbakuk, H.J. 231
Hales, J. 206, 208
Hamilton, E. 16, 195, 235, 238-240
Hamilton, H. 147
Harris, M.D. 108, 114, 138
Hasbach, W. 225, 229, 242
Hauser, H. 33, 125, 164, 165
Hayek, Prof. F. 36
Hazlitt, W.C. 110, 113
Heaton, H. 149, 154, 168, 174
Heckscher, E. 12, 33, 104, 187, 205, 208, 210, 212, 214, 218
Hegel, G.W.F. 24
Hibbert, 124
Hicks, J.R. 260, 289, 290
Hill, C. 174, 175, 195, 232
Hilton, R. 71
Hobson, C.K. 315, 316
Hobson, J.A. 94, 211
Hoskins, G.O. 318
Hoskins, W.G. 71, 149, 155
Hoover, President, 322
Hrushevsky, M. 50
Hume, D. 219

Ingram, J.K. 60

Jakubovsky, A. 87
James, M. 143, 172, 176
Jenckes, A.L. 104, 118
Jenks, L.H. 297
Jerome, H. 358
Johnson, A.H. 110, 111, 113, 125, 137, 138, 157, 173, 191, 228, 230, 231
Johnson, E.A.J. 219
Jolliffe, J.E.A. 74
Jones, G.P. e Knoop, 235, 240

índice de nomes 395

Jones, G.T. 302, 318
Jones, Richard, 72
Jusserand, J.J. 58

Kahn, R.F. 361
Kaldor, N. 368
Kalecki, M. 299, 330, 380, 389
Keane e Cawston, 121
Keynes, Lord J.M. 203, 238-240, 381
King, Gregory, 176, 194, 227, 233
Kluchevsky, V.O. 78
Knoop, D. e Jones, 235, 240
Knowles, L. 278
Kosminsky, E. 49, 54, 61-63, 70, 73
Kowalewsky, M. 125
Kramer, 109, 114, 124
Kusnets, S. 327

La Follette, R.M. 355
Latimer, J. 114
Lavrovsky, Prof. V. 231
Law, A. 102, 107
Leak, H. 343, 346
Lenin, N. 201, 255, 382
Leonard, E.M. 232, 237, 241
Leonard, R. 53
Lespinasse e Bonnardot, 107, 125
Levasseur, E. 54, 56, 107, 125, 227, 241
Levett, A.E. 63, 72
Levy, H. 171, 343
Lewis, G.R. 245-247, 249, 250, 252
Liashchenko, P. 66, 76-78, 87, 313
Liddell, H. 102
Liefmann, R. 311
Lilburne, J. 177
Liljegren, S.B. 191, 192
Lingelbach, W.E. 119, 134
Lipson, E. 20, 55, 57, 72-75, 81, 84, 85, 89, 90, 99, 102, 108, 110, 114, 134, 136, 137, 150, 153, 167, 193, 196, 204, 209, 215, 217, 235
Lobel, M.D. 85, 92, 112
Locke, J. 203
Longfield, M. 284, 292
Lord, J. 280
Loria, A. 256
Luchaire, A. 52, 55
Luchaire, J. 91, 106

Lovett, W. 268
Lubimenko, I. 121

Maine, H. 42
Maitland, F.W. 61, 83
Maizels, A. 343, 346
Malthus, T.R. 274
Malynes, G. 206, 218
Mandelbaum, J. 371
Mandeville, B. 221
Mann, J. 153, 156
Mantoux, P. 147, 154, 155, 199, 230, 260, 261, 263, 264, 272, 278, 280, 295
Marshall, A. 11, 211
Marshall, T.H. 275
Marx, Karl, 12, 16, 17, 19, 29, 35-37, 43, 45, 51, 70, 94, 96, 97, 127, 129, 134, 140, 147-149, 150, 165, 182, 186, 193, 204, 226, 260, 261, 268, 279, 284, 285, 287, 289, 305, 348, 390
Maurer, 82
Means, G. e Berle, 345, 350, 351
Mill, J. 210
Mill, J.S. 35, 37, 227, 292
Miller, E. 67
Mills, F. 328, 332, 337, 338, 344
Misselden, 206, 207, 218, 219
Mitchell, Wesley, 315, 316
Moffit, L.W. 295
Morris, D.B. 99, 100, 108
Mun, T. 206, 208, 212, 216, 219

Nabholz, H. 47, 57, 66
Nathan, O. 371
Neff, J.U. 145, 146, 240, 264, 295
Neilson, N. 44, 45, 72, 73
Normand, C. 107
North, D. 204, 219
Nussbaum, F.L. 16, 192, 211, 227

O'Brien, G. 208
Ogg, F.A. 243
Ord, L.E. 357, 361, 368
Owen, L.A. 255

Packard, L.B. 220
Parsons, Talcott, 15
Pavlov-Silvanski, 43
Pavlovsky, G. 255
Pearce, A. 99

396 índice de nomes

Petty, W. 194, 202, 204
Pirenne, H. 16, 19, 23, 27, 29, 31, 54, 57, 82-86, 89, 92, 93, 106, 123, 156-161, 192
Pitt, S.H. 101
Pokrovsky, M.N. 43, 105
Postan, M. 48, 58, 63, 70, 190, 193
Postlethwayt, M. 223
Power, Eileen, 69, 94, 118, 119, 122, 192
Price, L.L. 249
Price, W.H. 170, 171, 249
Putnam, B.H. 60, 71, 234

Ramsay, G.D. 125, 139, 154, 193, 235
Renard, 165, 236
Ricardo, D. 274, 284
Rich, E.E. 119, 120, 134
Richards, Gertrude, 88, 162
Riley, H.T. 100, 110, 113
Robertson, D.H. 303
Robertson, H.M. 19
Robinson, E.A.G. 364, 366
Robinson, G.T. 78, 244
Rodolico, N. 162
Rogers, Thorold, 72, 126, 227, 235, 240
Roll, E. 281
Rostas, L. 330, 368
Rostovstev, M. 49
Rostow, W.W. 303, 306, 312
Rowse, A.L. 74, 112
Rüsche, G. e Kirchheimer, 32, 238, 241
Rutkowsky, J. 50, 86, 104, 105

Saint-Leon 99, 101
Saltzmann, L.F. 114, 137, 246
Say, J.B. 210
Sayous, A.E. 19
Schapiro, J.S. 60, 192
Schlesinger, A.M. 209
Schmoller, G. 16, 43, 98, 101, 102, 104, 153
Schrötter, 212
Schumpeter, J. 203, 240, 299, 325

Scott, W.R. 121, 147, 148, 170, 171, 194, 195
Scrivenor, 153
Sée, H. 48, 165, 187, 243
Seligman, E.R.A. 11, 93
Sellers, M. 112, 119, 121
Senior, N. 121, 284, 292
Sismondi, J.L. 104,106,162
Smith, Adam, 52, 67, 82, 95, 187, 202, 203, 210, 277, 291
Smith, R.A.L. 57, 70, 72
Smythe, W.D. 135
Sombart, W. 11, 14, 15, 17-19, 54, 80, 94, 200, 210-212, 238, 239
Stark, W. 48, 62
Steindl, J. 349
Stephenson, C. 83, 84, 89
Stepniak, 254
Stone, N.I. 255
Struve, P. 43
Stubbs, 82
Sweezy, P. 325, 337, 338, 351
Szelagowski, A. 121

Tawney, R.H. 12, 71, 75, 79, 131, 184, 191, 193, 229, 232
Temple, Sir W. 209
Thompson, J.W. 56, 59, 89
Thornton, G.A. 82
Thorp, W.L. 328
Toynbee, A. 259, 263
Trenholme, N.M. 90, 92
Troeltsch, W. 19
Trotter, E. 75
Tsuru, S. 389
Turgot, A.R.J. 202

Unwin, G. 28, 102, 107, 108, 110, 113, 115, 116, 118, 123, 130, 133, 136, 140, 142, 143, 164, 165, 199, 211, 282
Ure, A. 261, 276, 278
Usher, A.P. 53, 88, 110, 152, 153, 263, 265, 271, 272